蓮都年鉴

2023

丽水市莲都区地方志编纂委员会　编

方志出版社
Publishing House of Local Records

图书在版编目（CIP）数据

莲都年鉴．2023 / 丽水市莲都区地方志编纂委员会编．—北京：方志出版社，2023.11
ISBN 978-7-5144-5878-7

Ⅰ．①莲…　Ⅱ．①丽…　Ⅲ．①区（城市）－丽水－2023－年鉴　Ⅳ．①Z525.54

中国国家版本馆CIP数据核字(2023)第219063号

责任编辑：刘方圆
责任校对：张玉霞
责任印制：梅中英
出 版 者：方志出版社
地　　址：北京市朝阳区潘家园东里9号（国家方志馆4层）
邮　　编：100021
网　　址：http://www.zgfzcb.cn
发　　行：方志出版社图书营销中心（010-67110500）
印　　刷：丽水市新时代教育印刷有限公司
开　　本：889毫米×1194毫米　1/16
印　　张：26.5
字　　数：702千字
版　　次：2023年11月第1版
印　　次：2023年11月第1次印刷
定　　价：150.00元

编辑说明

一、《莲都年鉴》是由中共丽水市莲都区委、丽水市莲都区人民政府主办，丽水市莲都区地方志编纂委员会负责编纂的综合性地方年鉴。2006年首卷出版，《莲都年鉴(2023)》是第17卷(2007年未编纂)。

二、《莲都年鉴》以马克思列宁主义、毛泽东思想、邓小平理论、"三个代表"重要思想、科学发展观、习近平新时代中国特色社会主义思想为指导，坚持辩证唯物主义和历史唯物主义的立场、观点和方法，全面、系统地记述丽水市莲都区在政治、经济、文化、社会和生态文明建设等方面情况，为广大读者了解、研究莲都提供资料，也为地方文化留下年度资料文献。

三、《莲都年鉴(2023)》记述时限为2022年1月1日至2022年12月31日，作为背景资料，有些条目内容或表格中的数据适当上溯，以保持资料的完整性。凡在文中直书月、日的，均指2022年年内的日期。书中"全年""年内""年底""年末"中的"年"均指2022年，"至年底"一律指"至2022年12月31日"。

四、《莲都年鉴(2023)》采用分类编辑法，基本结构为类目、分目、条目3个层次，条目是记述信息的基本形式，全书条目用【 】表示，少数包含多方面资料的条目在文内用楷体标题标明各段资料的主题。框架架构在上年基础上，结合年度热点及莲都实际情况，对"群众团体""军事""农业·农村·水利""科学技术""社会生活"类目中部分分目排列顺序做了适当调整；增设"应急管理"类目；"网络·邮政"类目名称修改为"电子政务·通信·邮政"；"专文"中收录"建设共同富裕示范区""推进碧湖新城建设""大搬快聚富民安居"工程年度重点内容。全书设类目36个、分目215个、条目1271个。

五、根据行文需要，文中区直部门单位使用区政府办公室印发的规范化简称。文中未标明党派的"区委"均为"中共丽水市莲都区委"，"党员"均指"中共党员"(各民主党派内容除外)。数字用法、标点符号用法分别采用国家标准《出版物上数字用法》(GB/T 15835—2011)、《标点符号用法》(GB/T 15834—2011)，计量单位采用国家技术监督局1993年12月发布的《量和单位》系列国家标准，"亩产"等部分约定俗称的单位名称保持原貌。

六、《莲都年鉴(2023)》收入的区和乡镇、街道机构及负责人名录，均系担任实职的副科级以上领导干部，由区委组织部提供。

七、《莲都年鉴(2023)》所用稿件均由区各单位专人负责提供，经年鉴编辑部编辑审核，完成全书总纂后由主编审定。主要数据以区统计局公布的数据为准，区统计局没有收集的数据以主管部门为准。有的数据因统计口径不同，前后记述不尽一致。"附录"类目中的重要文献，照原文录入，不做编辑规范方面的处理。

莲都区行政区划图

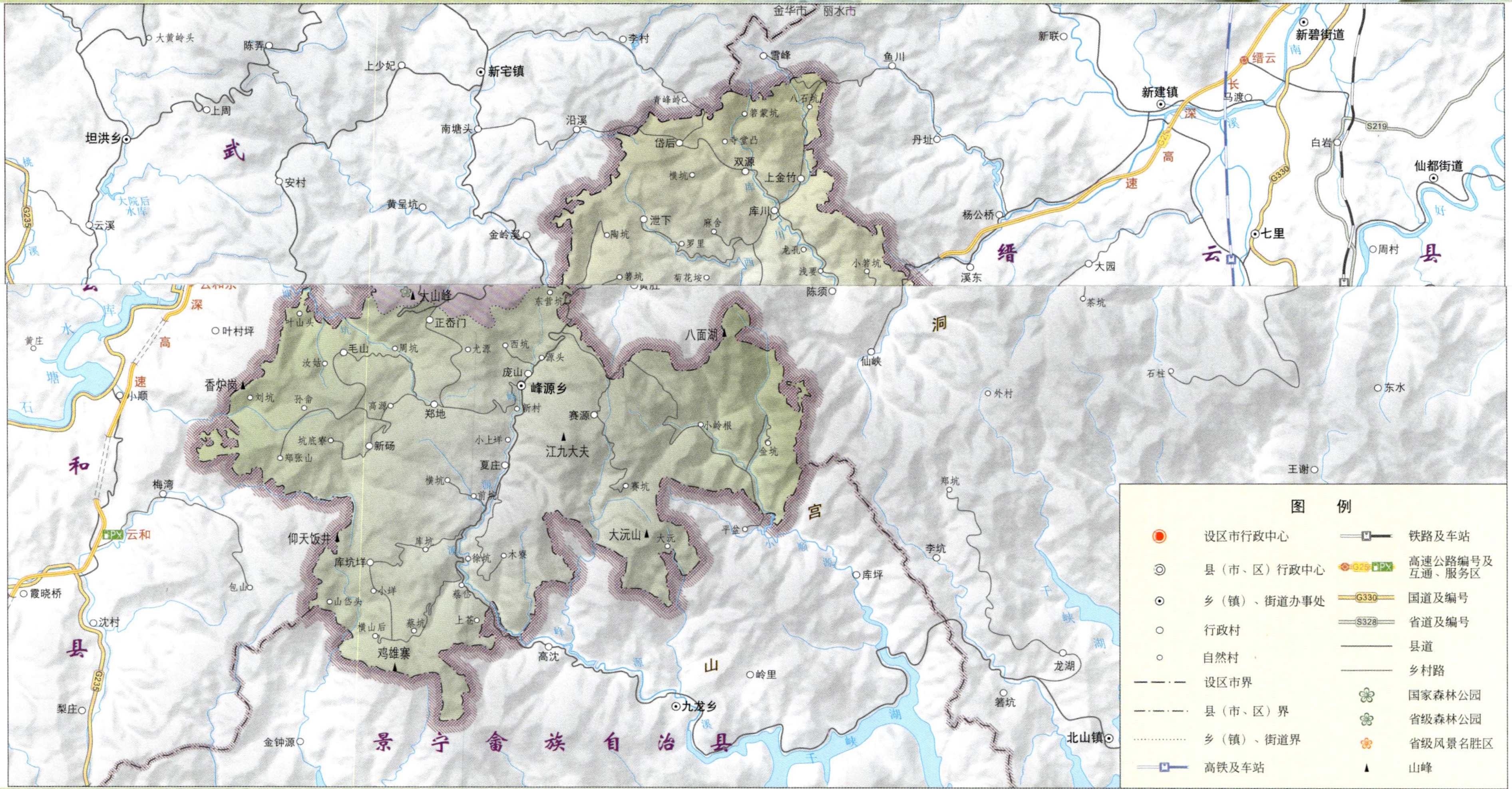

比例尺1:150 000

丽水市自然资源和规划局　浙江省测绘科学技术研究院　地图审核号：浙丽S(2022)1号　2022年11月

2月13日，丽水市莲都区第十七届人民代表大会第一次会议开幕（区人大　供图）

2月11日，中国人民政治协商会议第十六届丽水市莲都区委员会第一次会议开幕（区委宣传部　供图）

6月25日，莲杭青年在古堰画乡大樟树下开展沉浸式宣讲（团区委　供图）

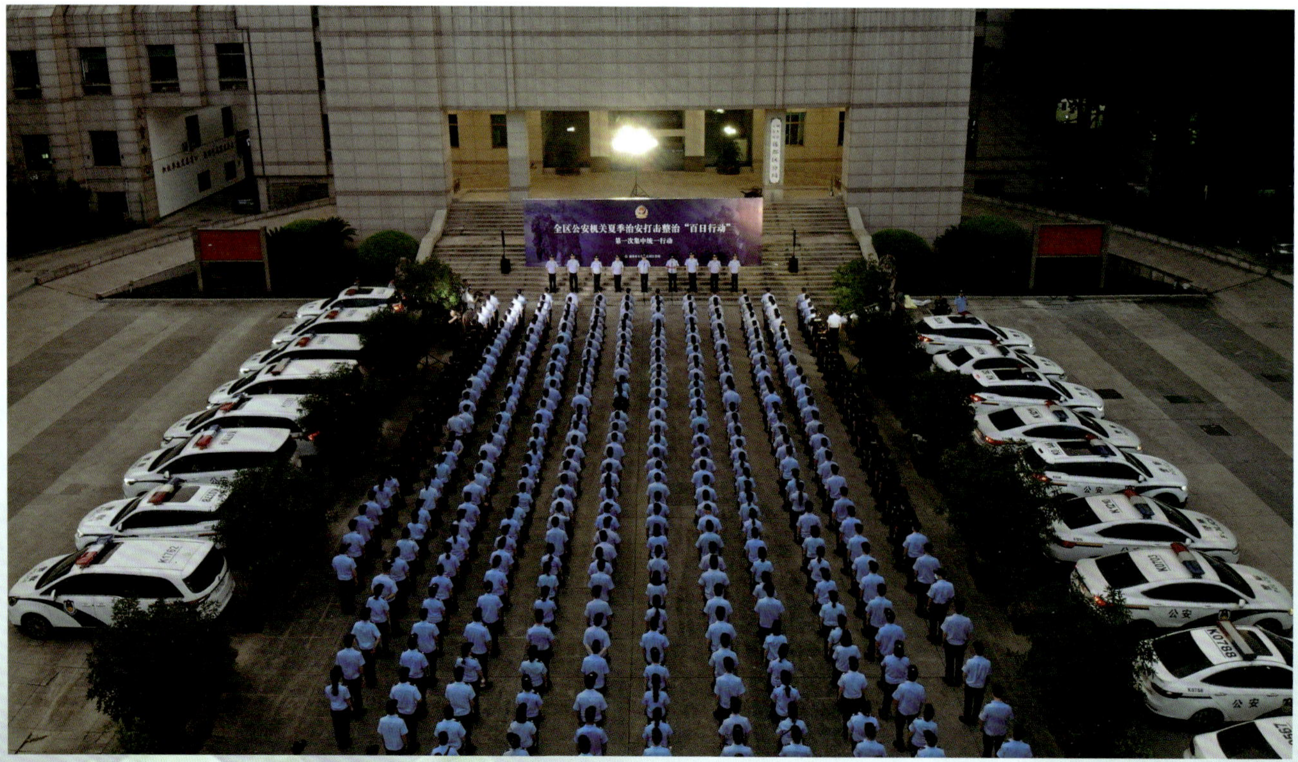

7月6日，全区公安机关夏季治安打击整治“百日行动”第一次集中统一行动暨重点场所区域清查行动启动仪式举行

（区公安分局　供图）

9月6日，莲都区2022年秋季开学法治第一课在天宁小学举行（区委政法委　供图）

9月9日，“永做挺进师 建设未来城”区委十五届二次全体(扩大)会议精神宣讲进农家小院（碧湖镇　供图）

10月16日，“侨界喜迎二十大　同心共圆中国梦”活动举行（区侨联　供图）

10月17日，万象街道“小巷宣讲团”在行春门城楼上开展党的二十大精神宣讲（万象街道　供图）

丽水市领源乡村振兴现代农业示范园项目（区财政局　供图　摄于6月8日）

大港头镇小井村订单农业基地（大港头镇　供图　摄于6月25日）

国家级专精特新"小巨人"企业——恒大电气有限公司（区经商局　供图　摄于3月4日）

3月15日，国网丽水市莲都区供电公司员工对35千伏树黄线开展年度综合检修（国网莲都区供电公司　供图）

盘活闲置农宅改造后的利山农房民宿农家乐（大港头镇　供图　摄于5月29日）

7月13日，国网丽水市莲都区供电公司在老竹镇荷仙子白莲种植专业合作社对供电线路、配电变压器及排灌设施进行重点排查　（国网莲都区供电公司　提供）

4月，大港头“莲城雾峰”茶叶开采（区农业农村局　供图）

9月16日，丽水·莲都重大项目集中签约仪式举行（区经合中心　供图）

11月20—21日，知名浙商助力莲都高质量发展座谈会召开（区工商联　供图）

12月1日，省乡投集团和区富民乐居公司合资公司——丽水市振兴乡村建设发展有限公司揭牌仪式举行

（叶君勇　供图）

浙江莲都经济开发区（莲都经开区管委会　供图　摄于12月21日）

【壬寅年】

5月18日，通济堰民俗——双龙庙会举行（李东一 提供）

1月10日，“我们的中国梦 文化进万家”系列活动之莲仔带你看村晚举行（梁超悦 供图）

3月7日，纪念“三八”国际劳动妇女节112周年暨莲都区家庭亲子研学产品大赛决赛举行（区妇联 供图）

5月24日，“弘扬科学精神　助力青少年‘双减’”科普宣讲举行（区科协 提供）

6月29日，华为丽水数字经济创新中心启动仪式举行（区经合中心 提供）

7月12日，2022浙江省乡村振兴战略分论坛——畜牧业绿色发展论坛举办（区科协 供图）

7月29日，“莲都有艺思 甬动新活力”莲都—宁波山海协作文化走亲活动举行（李东一 供图）

8月11日，抗美援朝老战士程龙义（左）参观“难忘峥嵘岁月——抗美援朝史料展”

（区档案馆和党史研究中心　供图）

9月17日，“喜迎二十大　科普向未来”莲都区科普教育基地交流展示会暨莲都区社科普及周启动仪式举行

（区科协　提供）

9月28日，“四史”学习系列活动之抗美援朝出国作战72周年纪念活动开展。图为大洋路小学学生参观“难忘峥嵘岁月——抗美援朝史料展”　　（区档案馆和党史研究中心　供图）

11月9日，舞台剧《账本》在古堰画乡开演（区文联　供图）

晨光中的莲都森林（区林业局　供图　摄于3月20日）

应星楼（国网莲都区供电公司　供图　摄于6月8日）

峰源乡水牛坪景区（峰源乡　供图　摄于11月3日）

菿垟湖(蛙类)高山湿地（峰源乡　供图　摄于9月16日）

6月10日，“一起跨越 最美山城”山区26县自驾线路及网红打卡点评选颁奖仪式举行，莲都区6个点位入选山区26县百佳网红打卡点（张文君 供图）

9月6日，浙江（丽水）金秋购物节启动仪式暨莲都区文旅消费生活节举办（陈泳伟 供图）

郎奇白桥康养旅游项目（区财政局　供图　摄于10月22日）

11月15日，增殖放流活动在红圩码头举行（区检察院　供图）

目 录

专　文

大 事 记

莲都概览

中国共产党丽水市莲都区委员会

丽水市莲都区人民代表大会

丽水市莲都区人民政府

中国人民政治协商会议
丽水市莲都区委员会

中共丽水市莲都区纪律检查委员会 丽水市莲都区监察委员会

民主党派

群众团体

外事·侨务·台务

法　治

军　事

电子政务·通信·邮政

农业·农村·水利

林　业

工业化信息化建设

经济合作交流

商贸业

金　融

旅　游

财政·税务

经济管理

教　育

科学技术

文化·广电·体育

人力资源和社会保障

交　通

城建·城管·环保·征收

卫生健康与医疗保障

社会生活

应急管理

乡镇·街道

人物·荣誉

统计资料

附　录

专 文

建设共同富裕示范区

2021年5月20日，中共中央、国务院批复《关于支持浙江高质量发展建设共同富裕示范区的意见》。意见要求，到2025年，浙江共同富裕建设取得明显实质性进展；到2035年，基本实现共同富裕。浙江凭借经济发展快、发展均衡性好、改革创新意识强、具备代表性等基础条件和发展优势，成为全国首个共同富裕示范区。近两年来，浙江始终胸怀“两个大局”，牢记“国之大者”，深入践行“八八战略”，切实承担主体责任，以高度的政治责任感和担当作为的实干精神，健全工作机制，打造标志性成果，推动示范区建设实现良好开局，形成了一批可复制可推广的经验做法。按照省委省政府、市委市政府的统一部署要求，2021年，莲都区研究制订《莲都加快跨越式高质量发展建设共同富裕示范区行动方案（2021—2025年）》，聚焦物质富裕向更高质量跃升、城乡富美向更高品质跃升、生活富足向更高水平跃升、精神富有向更高层次跃升、社会富安向更高效能跃升五个方面，奋力推动共同富裕高标起步。2022年，莲都区首创“村级事务阳光票决制”入选省共同富裕示范区建设第一批最佳实践，创新“爱心书屋”阅读服务样板入选浙江省公共文化服务典型案例，形成一批典型案例，群众获得感、幸福感、安全感、认同感向上向好。

一、致力顶层设计，建立高效协同工作机制

设立共同富裕“1+7”专题小组，建立健全联席会议、通报晾晒制度、信息报送制度、督查考核机制。印发《中共丽水市莲都区委社会建设委员会工作规则》《莲都区加快跨越式高质量发展建设共同富裕示范区专班工作方案》，绘制莲都区加快跨越式高质量发展建设共同富裕示范区系统框架图（1.0版），印发《2022年莲都区加快跨越式高质量发展建设共同富裕示范区工作要点》，重点推进69项重点工作、40项重大改革，绘制专班工作专题小组思维导图，进一步明确工作目标。在政策保障上，围绕稳进提质、服务保障、改革创新等内容，全区共制定出台共富相关政策制度30项。

二、谋划总体布局，出台“扩中”“提低”行动方案

莲都区委办公室、莲都区人民政府印发实施《莲都区“扩中”“提低”行动方案（2022—2025年）》，构建“扩中”“提低”目标体系、工作体系、政策体系和评价体系，制定出台支持就业、创业、帮扶激励的相关政策举措，促进群众在持续增加收入的同时稳步缩小相对差距，走出具有鲜明山区特点的共同富裕路径。2022年，积极推进高校毕业生就业见习，为155名高校毕业生提

供见习岗位，发放见习补贴63.5万元。鼓励高校毕业生到中小微企业就业，发放就业补贴155人次45.7万元，发放中小微企业招用高校毕业生社保补贴90.1万元。全面实施全民参保计划，全区养老保险参保人数达到32.1万人，参保率99.37%，排名全市第一。积极发挥重点群体帮扶、各类就业补贴及就业服务效能，促进城镇居民增收。实现城镇居民人均可支配收入58908元，绝对值排名全市第一，增幅4.5%。深化促进创业带动就业工作，发放创业担保贷款2043.5万元，开展创业培训548人，扶持创业329人，带动就业超1250人，重点群体就业帮扶5223人，帮扶就业4724人。打造基层就业服务站及零工驿站共20个。扩大“六税两费”享受范围，减免小微企业所得税4688.85万元，惠及企业2179户次。

三、扩大有效投资，加快推动跨越式高质量发展

以重大项目建设为牵引，努力扩大有效投资，全面激发发展活力创新力竞争力。全区25个市重点、56个区重点建设项目分别完成投资50.11亿元、70.87亿元。采桑社区、白口双创中心、石郎线改造提升工程等17个重点项目顺利开工建设，丽水电大莲都学院新建工程等7个重点项目如期完工。共发行专项债资金8.8亿元，涉及专项债项目13个，已全部开工。抓现代产业发展先机，将美丽健康产业新增为一县一业主导产业，着力推动产业向中高端迈进，出台《莲都区美丽健康产业发展和布局规划》。新认定国家级专精特新“小巨人”企业1家（恒大电气有限公司），实现历史性突破；组织申报隐形冠军1家、已公示专精特新中小企业4家、创新型中小企业34家，数量达历史新高。加速政策直达快享，全区上线产业政策123条，其中涉企政府补助补贴政策93条；兑现涉企补贴补助类资金4.08亿元。

四、锚定经济发展，打造碧湖新城为发展新增长极

聚焦碧湖新城“豹变”，以未来眼光发展建设高能级平台，加快打造革命老区共同富裕先行示范区强大引擎。产业发展方面，浙江莲都经济开发区整合设立，借力山海协作“飞地”和生态产业两大平台建设，招引蚂蚁、纳爱斯、领存等33个重大项目并逐步落地。文旅产业方面，莲都区作为全省唯一放心住宿“一件事”集成改革试点，赋能民宿产业发展的“莲宿码”场景应用入选省数字社会最佳案例；古堰画乡典型做法入选省文化和旅游促进共同富裕最佳实践案例，发展新模式被中央电视台等媒体报道。高效推进“大搬快聚 共建共富”新闻发布会，聚焦展示莲都区“大搬快聚富民安居”工程实施成效和写好后半篇共同富裕文章的计划安排。

五、聚焦社会治理，探索“村级事务阳光票决制”。

在黄泥墩村实践基础上，莲都区从党建引领、民主协商、决策程序、数字赋能等方面进行制度创新，升级打造“村级事务阳光票决制”，有效解决村民自治不到位、村务监督不到位、村务公开不到位的难点问题，使共建共治共享的同心圆越画越大。全区近2年信访总量分别下降18.85%、23.58%。该创新探索得到时任省委书记袁家军充分肯定，并入选省共同富裕示范区建设第一批最佳实践。

六、打造精神共富高地，创新“爱心书屋”阅读服务样板

立足山区特点，以政府主导，引进社会资本、社会力量共同参与建设，深入推进全民阅读，争创社会主义先进文化发展和公共服务优质共享先行示范。2022年，升级推出智能型“爱心书屋”场景应用，以平均0.5平方米的占地面积，打通省、市、县、乡镇、村5级阅读空间、流通40万册图书源，全区年新增图书流通量3.7万余册。“爱心书屋”掀起了“遍地开花”的阅读热潮，获全国智标委“标准贡献奖”，获评浙江省公共文化服务典型案例、浙江省优秀数字阅读推广“十佳案例”等。

（区发改局）

推进碧湖新城建设

2020年8月4日，丽水市委四届八次全会首次提出，中心城区要以瓯江为脉，激活北城、提升南城、开发碧湖新城，构筑“一脉三城”发展格局，增强中心城区首位度，正式将“开发碧湖新城”上升为全市战略范畴。丽水市委四届九次全会、丽水市第五次党代会、莲都区第十五次党代会、莲都区委十五届二次全体（扩大）会议均在不断完善碧湖新城建设规划、阐释发展理念，致力于将碧湖新城建设成一座百万级人口现代化城市、青年创业向往之城。

一、着力加快能级跃升，新城建设彰显新活力

一是以最强合力保障新城发展空间。“三区三线”（“三区”是指城镇空间、农业空间、生态空间三种类型的国土空间；“三线”分别对应在城镇空间、农业空间、生态空间划定的城镇开发边界、永久基本农田、生态保护红线三条控制线。）划定，新增建设用地4.5平方千米，开展有史以来规模最大的空间聚合行动，为新城发展空间开拓充分可能。土地征收上，完成九龙大桥东侧地块、工业路两侧等16个项目85.13公顷土地清场，黄塘窑周边A5地块、江滨路道路工程等17个项目66.47公顷土地组件上报，纳爱斯项目二期、碧湖大桥等10个项目94.20公顷土地测量。房屋征收上，完成采桑路东边出让地块、大众街中段产业园区块两大历史遗留项目政策处理，推进南山、郎奇、高溪片区40.25万平方米房屋征收。土地盘活上，完成章塘、概头等6个村100.73公顷土地流转，同比增长1118%，完成建设用地复垦7.47公顷，其中一户多宅4.14公顷。

二是以最实举措推进重点项目建设。2022年，新城范围内共实施项目106个，完成年度投资67.24亿元。镇域生态整治及环境修复、镇区配套基础设施改造及环境整治等一批关键项目完工；万洋PPP、区委党校等一批优质项目竣工验收；白桥双创中心、采桑未来社区等一批重点项目启动建设；碧湖平原水系综合治理（一期），石郎线、桃碧线改造等一批民生项目全速推进。

三是以最优政策放大人口集聚效应。接续推进“大搬快聚富民安居”工程，吸引全区6914名搬迁农户安置新城。全力满足群众安置需求，开工建设魏村二期、松坑口等安置小区项目。聚焦人才招引先导工程，不断优化人才发展环境，设立首家省级博士后科研工作站，签约落地“绿谷精英·创新引领行动”计划A类项目2个，顺利完成国家级海外引才计划申报，完成D类人才落户1人，引进高校毕业生230余人、硕士研究生7人、博士研究生7人。

二、着力强化产业支撑，综合实力迈上新台阶

一是农业压舱石地位不断凸显。稳步实施科技强农、机械强农“双强”行动。总投资15亿元，全市单体投资量最大的领源现代农业示范园项目开工建设；蔬菜、水果等主导产业持续壮大，前三季度，水稻产量6750吨、菌蔬产量7.75万吨、生猪出栏6.82万头、家禽出栏226万只，产出量均占全区一半以上；投资1200余万元，建设灌溉渠道9.62千米，机耕路23千米，完成非粮化整治87.47公顷，新改建高标准农田200公顷，为高水平推进农业农村现代化注入强劲动力。

二是工业主平台动能不断强劲。充分激发产业活力，助力招引纳爱斯、格派、联合基因等10亿元以上项目7个，亿元以上项目9个，实现单体“高大上”项目从10亿元到30亿元再到50亿元的连续进阶突破，蚂蚁、华为、百度等数字龙头企业相继落地。

有力保障用地空间，协同完成32公顷工业用地回收，同比增长1950%，实现14.53公顷工业土地出让，同比增长341%。扎实开展低效用地整治，完成4家企业淘汰关停。实现规上工业总产值69.05亿元，同比增长23.55%，企业投资10.49亿元，新上规企业22家。

三是文旅新势力潜质不断挖掘。深入推进古堰画乡国家级旅游度假区创建。莲丰享农庄、九龙热带水果园、南山特色民宿集群等成为短途休闲游新风尚，2022年，民宿农家乐累计接待游客21.8万人，营业收入2300万元。成功举办虎年云上春晚、通济堰双龙庙会、2022年碧湖新城金秋购物节等大型活动，承办区、镇两级文化活动20余场，组织送戏下乡50余场次。聚焦本土文化传承，深挖文旅资源，李氏钉秤等4家工坊获评区级非遗工坊，鱼跃酿造酱油技艺、南山中医骨伤科入选省非遗代表性项目名录推荐名单。

三、着力推进以城带乡，城乡发展迈出新步伐

一是城市宜居体感更强。镇区品质生活圈继续西扩，西生活区块道路网（一期）全面建成，扎实推进环北路等路网建设项目，区青少年宫等民生项目。投入近亿元提升镇区环境，完成新村基础设施改造主要道路优化提升。白口、高溪两个未来社区入选省第五批未来社区创建名单，碧湖镇获评全省第一批“千年古城”复兴试点镇、美丽城镇建设省级样板和省级县域风貌样板区。

二是共富乡村底子更实。大力推进松坑口村乡村振兴示范点创建，投资1500余万元推动石牛村、高溪村、九龙村实现村貌蝶变，创成新时代美丽乡村精品村5个、达标村6个，九龙村获评省级美丽乡村特色精品村，堰头村获评浙江省第二批未来乡村。深入推进“三改一拆”，累计拆违4.7万平方米。全力推进富民增收工作，村集体经济突破2400万元，强村公司产值842万元，利润261万元，居全区第二，农民人均可支配收入、低收入农户人均可支配收入增幅均居全区第一。

三是生态名片成色更亮。坚持生态惠民、生态利民、生态为民，持续抓好生态项目建设，稳步推进瓯江沿线重要节点生态修复及景观打造、黄碧线沿线提升和新治河绿道延伸等一批重点工程。加快发展林业产业，不断加强林木资源保护管理，完成彩色健康造林133.33公顷、国土绿化终验30.67公顷，砍伐清除疫木9200公顷。完善落实“五水共治”“河长制”长效机制，开展“找寻查挖”专项行动，全面完成市、区、镇三级互查整改任务。深入打好“碳达峰”攻坚战，5个村入选省第二批减污降碳试点创建村。

四、着力保障改善民生，人民至上交出新答卷

一是稳保障优供给，提升公共服务满意度。积极顺应新型城镇化发展要求。优化公共服务设施，碧湖小学文一路校区、城市书房、乡村博物馆等投入使用，建成“15分钟品质文化生活圈”37个，碧兴园商业综合体建设完成，区人民医院改扩建项目

5月29日，我们的节日——端午节“逐浪千年古堰 共建碧湖新城”2022年碧湖镇端午龙舟普及体验活动举办（区文明办 提供）

8月5日，碧湖镇湾竹区块征收工作政策答疑会现场（经开区管委会 提供）

即将投入使用，丽水学院与区教育局签订共建碧湖中学合作协议，实现新城教育、文化、医疗等事业协同发展。健全高标准保障体系，全年累计支出临时、急难型救助金56万余元，发放产业帮扶补助127余万元，城乡社会养老保险和农村医疗保险参保率均超99%。推进退役军人安置工作，九龙村、通济社区、蒲塘村获评“全省枫桥式退役军人服务站”。

二是强体系盯重点，打造社会治理新品牌。开展“除险保安”百日攻坚行动，圆满完成全国两会、党的二十大等重大活动维稳安保工作。大力推进社会风险隐患排查整治，积极开展安全生产检查82次，完成问题整改193个，征迁安置等领域重大风险隐患得到妥善处置。全力推动矛盾纠纷动态清零，全年累计排查化解351起，挽回经济损失2312.8万元，西乡调解室被评为省级金牌调解室。建立健全应急管理体系，新改建避灾安置场所4处。不断加强基层法治建设，堰头村、通济社区被评为省级民主法治村，基本实现市、区级民主法治村全覆盖。扫黑除恶专项斗争、反诈禁毒、反邪禁赌等工作持续走在全区前列。

（莲都经开区管委会）

“大搬快聚富民安居”工程

“大搬快聚富民安居”工程是一次人口集聚、产业布局、资源要素的大调整、大整合、大提升，是莲都区加快推进城镇化建设、建设共同富裕示范区和美丽大花园的重要民生工程。自2019年丽水市启动“大搬快聚富民安居”工程以来，尤其是市第五次党代会提出“一脉三城”发展构架，莲都区委、区政府以更高标准践行上级党委政府的决策部署，提出2022年到2026年，5年搬迁5万人，每年搬迁万人以上的目标，为建设百万人口大城市奠定基础，为人民群众创造美好生活奋力迈进。

一、迭代升级政策，以更大补助力度引导人口集聚

面对群众迫切的发展意愿，结合莲都实际，对原有政策进行调整，于2022年3月出台《关于修改〈莲都区“大搬快聚富民安居”工程实施意见〉的通知》（莲政发〔2022〕3号），加大政策扶持力度。一是提高了补助标准。新政策中搬迁专项补助和安置补助均得到了提高，并新增了自行拆除奖励。以一家三口测算，最高补助达到69万元，极大程度缓解了搬迁群众资金上的压力，提高了搬迁的积极性。二是丰富了安置方式。在原有货币安置方式中新增了“定点商品房+房票”模式，搬迁群众可自行购买以碧湖区域为主的定点商品房，在备案价9折的基础上享受房票补助，这一模式既有效解决了安置房建设周期长引起的“人等房”问题，又助力实现了人口向碧湖新城集聚。2022年，全区共完成安置9400余人，其中，选择碧湖新城安置的6900余人。

二、有序建设项目，以更高品质打造住房安置体系

2022年，莲都区在建安置房项目共3个，分别为魏村一期安置小区（碧云雅苑）、魏村二期安置小区（碧瓯佳苑）、常宅安置小区；待建安置房项目共2个，分别为秋塘安置小区、凤鸣安置小区。一是安置项目点位丰富。安置房项目选址上遵循“交通便利、配套齐全”的原则，布局碧湖新城、联城街道、岩泉街道等城乡接合区块，正在逐步绘制起“四纵两横”的建设格局，高品质搭建搬迁群众安居梦。二是安置项目体量大。莲都区大搬快聚安置房项目是全市体量最大、投入资金最多的项目。当前5个在建、待建项目总规划用地面积超32万平方米，总投资超30亿元，全部建成后预计可安置1.5万人。三是项目建设模式多样。莲都区安置房项目建设有部分回购、全部回购、EPC模式、限价商品房等4种不同的模式，为建设最优安置小区打下坚实基础。

三、创新合作模式，以更低财政资本撬动项目联动

为加快推动安置房项目实施和土地综合开发利用，区政府授权区富民乐居公司作为项目

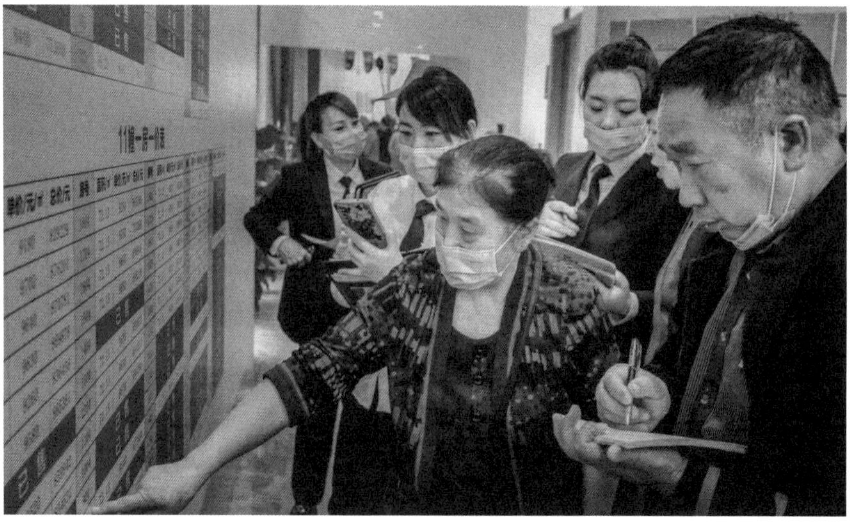

5月18日，区大搬快聚办开展选房周活动，图为搬迁村民在售楼部实地看房选房

（叶君勇　提供）

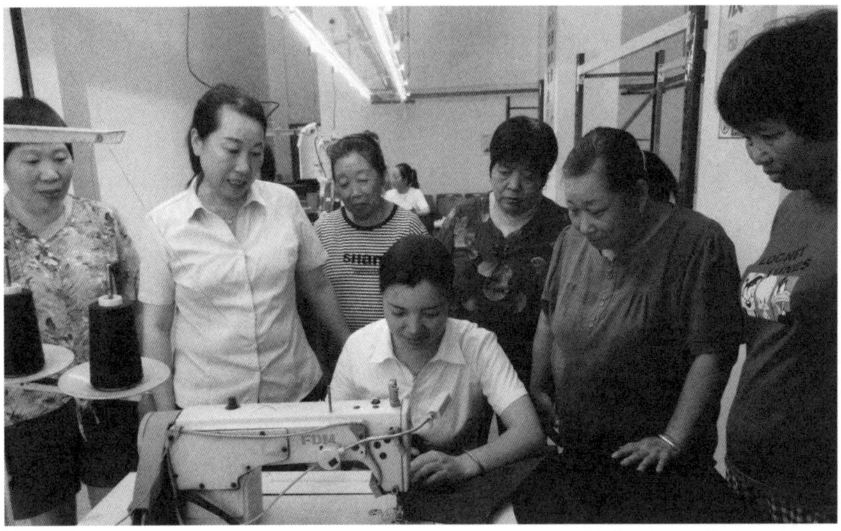

8月30日，来料加工经纪人为“大搬快聚”搬迁群众培训缝纫机使用方法

（曾翁杰　提供）

实施主体，通过公开招标的方式引入社会资本方（投资人+总承包单位），并与之合资成立项目公司进行项目运作。该种合作模式是省属国企履行国企助推山区26县“共建共富”的一种新探索，具有很强的示范和推广价值。一是创新了开发模式。采取“联合开发、市场运作”的实施原则，按照“投资人+EPC+O”全栈式开发运作模式，统筹安置房开发、土地综合整治。二是创新了运营机制。坚持助力山区、保本微利、自求平衡的原则，项目一体化开发运营，整体享受银行绿色信贷政策，极大程度降低项目资金成本。三是强化了“造血”功能。依托省乡投产业体系和莲都当地特色资源，着力开发规模农业、现代种业、农业物流电商、乡村文旅等产业，同时牵线与中科院长三角资本公司等客商共同投资开发医美健康产业，提升内生发展动力。

四、聚焦群众所需，以更多行动举措完善后续帮扶

莲都区从满足搬迁群众对美好生活的向往出发，积极谋划搬迁后半篇文章，实现搬迁群众“稳得住”“富得起”“融得入”。一是探索城乡社区管理方式。深入研究安置小区社区组织设置、管理模式、服务功能、队伍建设、社区群众自治制度，帮助搬迁群众跨区域享受社区管理、创业就业、教育医疗、社会保障等方面的服务。成立村社党建联盟，通过“人员联动、理论联学、治理联抓、活动联办”实现“搬出地+流入地”双向服务，让搬迁群众更好地适应新生活，增强搬迁群众对所在城镇的认同感和归属感。二是提供更精准的就业服务。定期开展针对搬迁群众的技能培训，结合就业创业热点，以封闭式专项技能教学，切实提升搬迁群众就业竞争力，激发就业创业热情。在安置小区设立来料加工点，组织志愿者手把手教学，帮助搬迁群众实现家门口就业。三是搭建新平台促农民增收。坚持产城融合创造就业，开展产业园区与周边安置社区“两区共建”，以产业迭代升级支撑安置区块能级提升。碧湖新城是莲都区“大搬快聚”主要安置点，在碧湖新城积极招引京东、蚂蚁、华为、百度、纳爱斯、宝业等知名企业进驻，总投资超120亿元，增强园区吸纳搬迁群众就业创业能力，促进富民增收可持续发展。

（区大搬快聚富民安居工程指挥部）

大事记

1月

8日，区委副书记、代区长张妍调研莲都区重点项目推进工作，强调要进一步树立责任意识、增强时效意识、强化质量意识，全力以赴推动莲都区重点项目建设增速提效。

10日，召开区委常委会会议，传达学习中共中央政治局党史学习教育专题民主生活会精神，听取区委常委会党史学习教育专题民主生活会建议方案的汇报；传达学习全市2022年一季度“开门红”会议精神，研究贯彻落实意见。

同日，区政府召开党组会暨第64次常务会议，传达学习长江经济带发展领导小组全体会议及省委常委会会议精神，审议区劳模评选表彰方案（草案），听取审计工作情况汇报等。

12日，莲都区通过2021年浙江省慢性病综合防控示范区复审。

13日，“丽水莲都 破冰启航”重大项目集中签约仪式在古堰画乡举行，13个招商引资重大项目现场集中签约，项目协议总投资超120亿元。

同日，莲都区开展全区科级领导干部学习贯彻党的十九届六中全会精神集中轮训。

14日，莲都区2022年春季征兵目测初检启动。

17日，“百村年货云上购，万人齐乐享莲都”暨2022“浙货国潮网上年货节”开启。

18日，区委书记张壮雄到纳爱斯集团开展“助企开门红”活动，强调要以政府有为和企业有效，推动莲都跨越式高质量发展。

24日，莲都区召开党史学习教育总结会议，传达学习习近平总书记在全党开展党史学习教育重要指示和中央、省、市党史学习教育总结会议精神，回顾总结、巩固拓展全区党史学习教育成果。

同日，召开全区领导干部会议，传达学习省十三届人大六次会议精神、省政协十二届五次会议精神。

同日，2021年度全区党委（党组）书记抓基层党建和人才科技工作述职评议会召开。

25日，区委书记张壮雄走访慰问驻莲都部队官兵、消防指战员和军队离退休干部，感谢他们过去一年为莲都经济社会发展作出的贡献，为他们送去新春问候与祝福。

同日，莲都区雅溪镇举行第四季度村支部书记“赛马会”暨“第一书记联盟”启动仪式，全区首个“第一书记联盟”正式成立。

同日，区政府召开党组会暨第65次常务会议，听取关于《政府工作报告》起草情况、关于2021年十方面民生实事完成情况和2022年十方面民生实事初选项目方案的情况汇报，审议《丽水市莲都区2022年基本建设项目投资计划》等。

26日，区委书记张壮雄带队检查平安建设、安全生产和疫情防控工作，强调要时刻守牢安全生产和疫情防控红线不动摇，严格落实责任，细化工作措施，确保全区安全生产和疫情防控形势持续稳定，为广大群众欢度佳节营造良好环境。

27日，区政府召开党组会暨第66次常务会议，审议《莲都区关于支持企业股改上市的若干意见》《瑞虎迎春·新年“莲”欢促消费消费券发放方案》《〈莲都区“大搬快聚富民安居”工程实施意见〉补充意见》等。

28日，召开区委全面深化改革委员会第四次会议，区委书记张壮雄主持。审议《中共丽水市莲都区委全面深化改革委员会关于开展“区乡一体、条抓块统”区域整体智治改革的实施意见（审议稿）》《莲都区进一步深化国有企业市场化改革方案（审议稿）》《莲都区国有企业深化人事制度改革工作方案（审议稿）》等。

同日，召开区委常委会会议，传达学习习近平总书记在省部级主要领导干部学习贯彻党的十九届六中全会精神专题研讨班开班式上的重要讲话精神；听取区“两会”筹备情况汇报、莲都区2021年度十方面民生实事完成情况和2022年度十方面民生实事征集初选工作的情况汇报；审议《碧湖新城建设管理体制机制实施意见》等。

2月

1日，农历大年初一，区委副书记、代区长张妍带队看望慰问春节期间坚守一线的干部职工，向他们致以新春的问候和祝福。

7日，开展“助企开门红”活动，区委书记张壮雄带队督促企业和项目开复工。强调各级各部门要以企业需求为导向，为企业发展赋能助力，要牢固树立项目为王理念，全力推动一季度“开门红”。

9日，全区干部大会召开，区委书记张壮雄出席会议并讲话，通过“识势 求是 干事”三个关键词，明确未来这一年莲都要如何干。

11—14日，莲都区政协十六届一次会议召开，选举产生政协第十六届丽水市莲都区委员会主席1名、副主席5名、秘书长1名、常务委员31名。

13—15日，召开莲都区第十七届人民代表大会第一次会议，选举产生区第十七届人民代表大会常务委员会主任1名、副主任6名、委员26名，并依法选举产生新一届政府领导班子等。张妍当选区人民政府区长。

18日，“莲都区2022春季开学法治第一课”活动在全区中小学校开展，宣传推广与未成年人相关的法律法规知识，引导广大青少年树立社会主义法治理念和法治意识，营造良好的校园法治环境，做优、做实、做强“莲心护蕊”工作品牌。

21日，区委常委会会议暨区委财经委员会会议召开，传达学习市委经济工作会议精神，审议《中共丽水市莲都区第十五届委员会巡察工作规划（试行）》，研究《莲都区关于支持企业股改上市的若干意见》等。

22日，莲都区纪委十五届二次全体（扩大）会议召开，区委书记张壮雄出席会议并讲话，强调以自我革命精神推进全面从严治党，为“接续高质量发展建设百万人口大城市”提供坚强保障。

24—27日，莲都代表团出席中国共产党丽水市第五次代表大会。

28日，中国共产党丽水市第五届委员会常务委员会第一次会议召开，区委书记张壮雄当选为市委常委。

3月

2日，区委常委会首次召开“奋斗实干”晒比会，进一步推进数字赋能、空间聚合、要素保障、工业跃迁、创新引领、全域美丽、服务优享、城市更新“八大行动”。

7日，市委常委、区委书记张壮雄调研碧湖新城建设并召开首次工作例会。强调碧湖新城建设使命非常光荣，愿景令人期待，要永做“挺进师”，以无限的担当，未来的眼光开发碧湖新城，为新城书写一个美好未来。

8日，区委审计委员会第四次会议召开，贯彻落实全国审计工作会议、省委审计委员会第七次会议和市委审计委员会第四次会议精神，听取莲都审计工作情况汇报，研究部署区委审计委员会工作。

同日，十五届区委第一轮巡察工作动员部署会召开，贯彻落实上级关于巡视巡察工作的新部署新要求，对新一届区委第一轮巡察工作进行动员部署，市委常委、区委书记张壮雄出席会议并讲话。

同日，市、区重点政策处理

项目“净地清零”攻坚行动部署会召开，区委副书记、区长张妍强调，要统一思想、认清形势，咬定目标、强化举措，压实责任、强化考核，坚决打赢重点政策处理项目“净地清零”攻坚战。

9日，莲都区召开山海协作乡村振兴示范点项目谋划陈述会，15个参与申报的乡村振兴项目集中亮相。

9—10日，市委常委、区委书记张壮雄赴四川省泸州市开展东西部协作、招商引资项目考察。

10日，副省长王文序一行在莲都调研民政、残联助力共同富裕工作并召开座谈会。

12日，区政府召开党组会暨第1次常务会议，听取莲都区2022年政府工作报告重点工作责任分解情况汇报、关于组建半导体集成电路基金相关事宜的汇报；审议《莲都区招商引资中介机构奖励实施办法》，区委副书记、区长张妍主持会议。

14日，全省首个集市消费维权站——老竹畲族镇“畲镇集市消费维权站”成立。

17日，全区数字化改革工作推进会暨“县乡一体、条抓块统”改革部署会召开。

22日，莲都区举行2022年春季新兵欢送暨“从戎之剑”赠剑仪式。

25日，区委召开区委常委会会议暨“奋斗实干”晒比会，深入推进“八大行动”及其他重点工作。

28日，莲都区召开2022年一季度全区经济运行分析会，区委副书记、区长张妍出席会议并讲话。强调要精准研判、狠抓落实，确保全区各项经济工作取得实效。

同日，丽水蚂蚁链产业创新中心揭牌仪式举行，标志着首家数字经济头部型企业正式落地莲都。

4月

2日，召开区委常委会会议，传达学习省政协主席黄莉新在丽水调研讲话精神，研究贯彻落实意见，听取莲都区1—2月重点指标运行情况分析以及一季度形势预判汇报，听取关于追授应建勇“莲都区优秀共产党员”称号的情况汇报等。

10日，市委书记胡海峰到市五届人大一次会议莲都代表团，与代表一起审议政府工作报告。强调对莲都的目标定位、发展要求是始终如一、一以贯之的。莲都作为中心城区要有与自己特殊地位相符的特殊作为和特殊贡献，始终坚持以“发展头雁、创新标兵、实干先锋”为目标，在跨越发展、创新驱动、奋斗实干上走在前、干在先，努力以莲都的担当作为为全市大局增光添彩。

同日，市委常委、区委书记张壮雄参加市五届人大一次会议莲都代表团审议《政府工作报告》。强调要深入学习贯彻市政府工作报告精神和书记胡海峰在莲都代表团的重要讲话精神，全面系统落实“八个必须坚持”，率先破冰，实干图强，努力在全“丽水之干”上争做表率。

15日，召开区委常委会会议，传达学习市“两会”精神和市委书记胡海峰参加莲都代表团审议时的讲话精神，听取《莲都区基层应急管理体系建设方案》汇报。

21日，全区党建工作会议召开，市委常委、区委书记张壮雄出席会议并讲话，强调要推动党建工作理念、机制、方法和手段迭代升级、系统重塑，进一步把党的政治优势、组织优势、宣传优势、统战优势转化为发展优势。

24日，区政府召开党组会暨第3次常务会议，听取2017—2021年度莲都区劳动模范和模范集体评选结果及追授应建勇“丽水市莲都区劳动模范”称号的汇报，听取“七张问题清单”指数分析的汇报；审议《莲都区“八大行动”五年实施方案》等。

25日，召开区委常委会会议暨“奋斗实干”晒比会，听取“奋斗实干”行动、“七张问题清单”、共同富裕工作推进情况、数字化改革和其他重点指标、重点项目、重点工作情况汇报。

26日，浙江清华长三角研究院党委书记、院长黄开胜一行到莲都就乡村振兴、产业发展等方面工作进行考察。

27日，莲都区召开区委武装工作会议暨区国防动员委员会第十八次全体会议和区国防教育委员会工作会议。

28日，莲都区召开“五一”国际劳动节庆祝大会，市委常委、区委书记张壮雄出席会议并讲话，区委副书记、区长张妍主持会议。

同日，莲都区召开根治欠薪专题部署会，莲都区委副书记、区长张妍出席会议并作重要讲话。

5月

4日，2022年浙西南千亩“节水抗旱稻”标准化示范基地开播仪式在莲都区雅溪镇莲房村举行。

6日，区委副书记、区长张妍实地调研市区重点项目征收工作，强调要紧盯目标、压实责任，以更大力度更实举措推进征收工作，为全区社会经济高质量发展提供有力保障。

11日，全区“七张问题清单”应用工作推进会召开，市委常委、区委书记张壮雄出席会议并讲话，强调在其位要履其职、知其责、尽其力，不断深化拓展“七张问题清单”工作机制，加快构建党建统领基层整体智治体系。

同日，莲都区委理论学习中心组举行“中国人权发展道路”和《信访工作条例》专题学习会。

同日，区四套班子领导看望慰问莲都区护理工作者代表，为他们送上节日的祝贺和亲切的慰问。

13日，区委副书记、区长张妍调研防汛抗旱暨危旧房治理工作，强调要强化思想、完善预案、抓好落实，筑牢汛期“安全网”，确保人民群众生命财产安全。

16日，莲都区岩泉街道社区卫生服务中心黄彬、白云街道社区卫生服务中心金小静、莲都区人民医院潘望红、黄村中心卫生院吴芳慧、丽云中心卫生院陈双平5名援沪队员完成支援上海任务。

17日，莲都区以“莲生动力 勇攀高峰”为主题的“来料加工＋助力共富”系列活动在东西岩举行。

同日，区委农村工作领导小组第一次全体会议召开，市委常委、区委书记张壮雄出席会议并讲话。会议强调要坚持安全为基、统筹为要、共富为重、党建为魂，努力实现更高水平的乡村振兴。

17—18日，区委副书记、区长张妍带领莲都党政考察团到丽水经济技术开发区、缙云县考察学习，深入学习借鉴两地先进做法，为莲都区高质量发展赋能。

19日，丽水市“共同富裕·青年说”宣讲暨“喜迎二十大 奋进新时代”微型党课决赛结束。5名莲都参赛选手表现出色，1人获特等奖，1人获一等奖，3人获二等奖，莲都区委宣传部获优秀组织奖。

21日，衢丽铁路新建东西岩站开工仪式举行，衢丽铁路项目莲都段工程进入新阶段。

22日，央视新闻频道《朝闻天下》栏目聚焦莲都，点赞太平乡多措并举，助力枇杷销售。

24日，丽水市、区两级市场监管部门开展电动自行车明码标价专项执法行动，对全区范围内的各经营户在售电动自行车价格进行排摸监测，向乱涨价说“不”。

25—26日，四川省叙永县组团到莲都考察，并召开跟班学习干部人才见面会，派送12名干部人才到莲都跟班学习。

26日，莲都区“致敬劳动者 迈向共富路”红五月全区职工文艺会演在莲城剧院举行。

同日，区政府召开党组会暨第4次常务会议，听取助企纾困、减税降费政策落实情况并研究部署下步工作，审议《莲都区加快推进文化、旅游、体育产业发展政策意见》《莲都区社区配套服务用房优化提升三年行动计划（2022—2024年）》等。

27日，浙丽侨助共富系列活动启动仪式暨浙丽侨助共富莲都行活动在莲都举行，省侨联党组成员、副主席张维仁以及市、区相关领导出席仪式。

同日，召开区委常委会会议暨区委财经委员会会议，传达学习全国稳住经济大盘、自建房安全专项整治等会议精神，听取重点指标、重点项目、重点工作等情况汇报，听取助企纾困、减税降费政策落实情况汇报。

6月

1日，莲都邮政管理局揭牌

成立，莲都区邮政行业监管工作开启新征程，莲都邮政快递业发展进入了新的阶段。

同日，碧湖平原水系综合治理工程（一期）项目开工仪式举行。

同日，市委常委、区委书记张壮雄，区委副书记、区长张妍与孩子们共度“六一”、喜迎节日，并代表区委、区政府向全区少年儿童致以节日问候，向为孩子们健康成长辛勤付出的教育工作者和社会各界人士表示亲切慰问。

6日，丽水市首届“新丽水 我的家”主题实践活动在莲都举办，首场活动以“城市有记忆 家风永绵延”为题，以家风文明带动社会文明。

同日，区政府党组会暨第5次常务会议召开，审议《莲都区产业招商工作专班管理办法》《2022年莲都区工业企业综合绩效评价细则》《莲都区推动经济稳进提质工作实施方案》等。

7日，莲都区委理论学习中心组举行“加强党内法规制度建设”专题学习会，围绕习近平总书记关于加强党内法规制度建设的重要论述重要指示精神、全国党内法规工作会议精神开展专题学习。

同日，区委常委会会议召开，审议《莲都区推动经济稳进提质工作实施方案》，听取经济稳进提质攻坚行动工作汇报。

8日，区委副书记、区长张妍调研碧湖未来新城片区开发以及重大项目进展情况。强调要牢固树立“项目为王”理念，锚定目标，加压奋进，抢抓机遇，全力以赴冲刺各项建设任务。

9日，莲都区委组织部、区人力社保局、区教育局、丽水工业园区管委会等部门联合举办“好年华 聚丽水 助共富 向未来”浙江丽水百校千企万岗毕业生集中巡回引才系列活动莲都专场宣讲，丽水职业高级中学240余名师生参加。

同日，莲都区组织召开“大综合一体化”行政执法改革推进会暨城区街道赋权工作部署会。

10日，莲都区举行“丽水市领源乡村振兴现代农业示范园”项目落地签约仪式。

同日，莲都区召开亿元企业、专精特新企业家座谈会。

11日，区委副书记、区长张妍实地调研全区项目征收工作，强调要高度重视、凝聚合力、科学谋划，以更大决心、更大力度推进征收工作，为促进全区高质量发展作出更大贡献。

13日，丽水市委常委、莲都区委书记张壮雄率莲都党政代表团赴义乌开展山海协作考察交流，考察山海协作重点项目，参加义乌—莲都山海协作联席会议，推进两地山海协作开启崭新篇章。

14日，2022年“浙江有礼 文明莲都”新时代文明实践风采展示活动暨仙渡乡创建文明示范乡镇现场会举行。莲都区首个道德银行——仙渡道德银行正式成立。

14—15日，莲都区人力社保局组织全市23家企业赴甘肃省酒泉市职业技术学院开展“好年华 聚丽水 助共富 向未来”酒泉职业技术学院2022丽水莲都专场招聘会。

20日，莲都区与省经济信息中心举行战略合作签约仪式，省经济信息中心党委书记、主任蒋明，区委副书记、区长张妍出席仪式。

23日，区委全面依法治区委员会第四次（扩大）会议暨创建全国法治政府建设示范市莲都区迎检工作部署会召开，市委常委、区委书记张壮雄出席会议并讲话。

同日，碧湖新城发展工作领导小组会议召开，听取碧湖新城重点工作情况汇报。

29日，举行“丽水莲都，云领智行”华为丽水数字经济创新中心启动仪式。

7月

1日，市委常委、区委书记张壮雄，区委副书记、区长张妍分别带队看望慰问莲都生活困难党员、烈士遗属、因公牺牲党员干部家属，送去组织的关怀，并向全区老党员致以崇高敬意和亲切问候。

同日，区委理论学习中心组举行省第十五次党代会精神专题学习会。

同日，召开区委常委会会议，传达学习山区26县高质量发展暨山海协作工程推进会精神，听取“奋斗实干”行动、“七张问题清单”、共同富裕工作推进情况、数字化改革和其他重点指标、重点项目、重点工作情况汇报等。

4日，浙江省委宣传部、省文明办、省文联联合开展“浙风十礼 艺路同行”文艺志愿服务走进丽水莲都活动。

5日，黄村乡举行“稻药轮作莲都示范基地”签约仪式，浙贝母良种选育——稻药轮作示范基地正式落户黄村乡和垟村。

6日，莲都区技能人才联合培育行动启动暨莲都工匠学院成立仪式在丽水职业技术学院举行。

7日，市委书记胡海峰到莲都区宣讲省第十五次党代会精神并调研农业产业发展情况。强调全市广大党员干部群众要切实把思想和行动统一到党代会精神上来，全面对照省第十五次党代会确定的目标任务，高举“丽水之干”行动奋斗旗帜，以永做新时代“挺进师”的奋进姿态，把省党代会描绘的宏伟蓝图转变为丽水大地的生动实践，努力在推进“两个先行”中贡献丽水智慧和力量。

11日，市委常委、区委书记张壮雄到雅溪镇、仙渡乡宣讲省第十五次党代会精神并调研共同富裕“大搬快聚”工作。

同日，莲都区举行首次重大项目（创新区、大花园）谋划赛比会，市委常委、区委书记张壮雄出席会议并点评。

12日，莲都区召开全区争创全国文明典范城市工作推进会，贯彻市委、市政府决策部署，对2022年文明创建工作进行再动员、再部署、再冲刺，全面吹响争创全国文明典范城市的进军号角。

17日，区政府召开党组会暨第6次常务会议，审议《丽水市莲都区统计造假不收手不收敛:问题专项纠治实施方案》《丽水市莲都区落实国家统计督察反馈问题整改实施方案》《莲都区农村集体土地“一户多宅”清理整治实施办法》，听取经济稳进提质政策落实情况汇报等。

18日，召开区委常委会会议暨区委理论学习中心组专题学习会，学习贯彻习近平总书记关于统计工作重要指示批示精神，听取《莲都区未来乡村建设五年行动计划（2022—2026年）》等。

19日，碧湖新城征收工作动员部署会召开，区委、区政府部署的城市更新五年行动计划正式启动。

21—22日，莲都文旅走进宁波江北区和义乌，开展2022文化旅游山海协作推广周活动。

22日，区委副书记、区长张妍实地调研市区重点项目征收工作并召开座谈会，强调要加强政策宣传、强化协同联动、严把时间节点、持续攻坚克难，全力推动征收工作取得新成效。

29日，召开区委常委会会议，审议《中共丽水市莲都区委关于落实市委意识形态工作责任制专项检查反馈意见的整改方案》，听取莲都区2022年上半年重点指标运行情况汇报，听取“奋斗实干”行动、“七张问题清单”、共同富裕工作推进情况、数字化改革、重点项目等重点工作和“八大行动”督察情况汇报等。

30日，莲都—义乌山海协作产业园高新科创企业孵化中心项目开工仪式在碧湖新城举行，碧湖新城建设掀开新篇章。

8月

1日，市委常委、区委书记张壮雄，区委副书记、区长张妍走访慰问区人武部、区军队离退休干部休养所、武警中队、区消防救援大队人员，向他们致以节日的问候和美好的祝愿。

2日，莲都区政府全体会议召开，全面贯彻习近平总书记“疫情要防住、经济要稳住、发展要安全”重要指示精神，认真落实省、市、区党代会精神，总结上半年政府工作，分析研判经济形势，部署下半年重点任务，全面打赢经济稳进提质攻坚战。

8日，莲都区举行“风展红旗如画”国旗巡回展开展仪式，以“中国红”点燃炽热爱国情，以拳拳赤子心大力弘扬践行浙西南革命精神。

14日，莲都区紧急筹备保供物资“义”起加油！莲都1万份农产品驰援义乌，助力当地保障群众的“菜篮子”“粮袋子”。

15日，“未来新城·携手共

赢”央地战略合作签约仪式在碧湖新城举行。

16日，碧湖新城征收工作指挥部举办征收工作规范性培训，邀请莲都区人民法院行政庭法官为近百名征收干部解读房屋征收补偿相关法律法规。

同日，市、区重点项目政策处理“百日攻坚”行动部署会召开。

18日，莲都区安全生产委员会全体会议暨安全防范“百日攻坚”和安全生产“执法季”行动推进会召开。

19日，第五个“中国医师节”，区四套班子领导分别看望慰问了一线医务工作者，送上节日的祝福和亲切的慰问。

23日，莲都区举行退役军人、其他优抚对象优待证首发仪式，首批优待证将持续发放。

同日，莲都区人民政府与中国农业发展银行浙江省分行战略合作签约仪式举行。

同日，以“喜迎二十大，强国复兴有我”为主题的2022年处州戏苑群英汇在古堰画乡老街文化礼堂开演。

25日，区委农村工作会议暨区委农村工作领导小组第二次全体会议召开，深入学习贯彻习近平总书记关于“三农”工作的重要论述，落实中央、省委、市委相关会议要求，总结分析上半年“三农”工作形势，部署下半年“三农”重点任务。

26日，区委理论学习中心组举行《习近平谈治国理政》第四卷和市委文化工作会议精神专题学习会。

同日，区委常委会（扩大）会议召开，传达学习市委五届二次全体（扩大）会议精神。

同日，区委常委会会议召开，听取“奋斗实干”行动、“七张问题清单”、共同富裕工作推进情况、数字化改革、重点项目等重点工作和“八大行动”督察情况汇报等。

27日，嘉兴桐乡—丽水莲都组团打造共同富裕现代化基本单元签约仪式举行，莲都、桐乡两地“山海协作”模式实现迭代升级，两地不断深化协作、不断合作共赢，莲都区创新发展进入了新的阶段。

28日，区政府召开党组会暨第7次常务会议，审议《莲都区人民政府关于将部分部门行政处罚权交由六个街道行使的通告》及附件《莲都区白云街道等五个街道综合行政执法事项目录清单（2022年）》《莲都区南明山街道综合行政执法事项目录清单（2022年）》《莲都区2021年度工业企业亩均效益综合评价结果》，听取关于全区拟增设7个新社区的情况汇报等。

29日，莲都区“浙西南节水抗旱稻”院地合作签约仪式举行，上海市农业生物基因中心助力莲都破解制约农业发展的关键问题，推进区域农业结构调整和农业产业向现代化、科技化转变。

9月

2日，全区副处级以上领导集中参加2022年“慈善一日捐”活动，并在现场进行捐款。

同日，丽水学院附属城北实验小学、丽水学院附属碧湖实验中学举行揭牌仪式。

6日，区委常委会会议召开，听取区委十五届二次全体（扩大）会议有关事项汇报，审议莲都区社会治理中心组建事宜、中国国际贸易促进委员会浙江省丽水市莲都区委员会成立事宜。

同日，区委统一战线工作领导小组会议召开，市委常委、区委书记张壮雄出席会议并讲话。强调要聚焦“三个认识”“三大服务”“三项保障”，为奋力建设革命老区共同富裕先行示范区、青年发展型城市，接续高质量发展建设百万人口大城市画好最大同心圆。

8日，区委十五届二次全体（扩大）会议举行，会议坚持以习近平新时代中国特色社会主义思想为指导，深入贯彻落实省第十五次、市第五次党代会精神和市委五届二次全会部署要求，动员全区上下在“两个先行”的新征程中实干争先，围绕“一脉三城”发展格局，全面加快碧湖新城发展豹变，以未来眼光发展建设高能级平台，打造革命老区共同富裕先行示范区强大引擎。

同日，区四套班子领导分组赴各学校开展教师节走访慰问活动，向全区广大教师、教育工作者和离退休教师致以节日祝贺和诚挚问候。

15日，莲都区召开壮大国有企业、促进莲都加快跨越式发展政党协商会议。

18日，区委副书记、区长张妍调研市、区重点项目政策处理"百日攻坚"行动工作进展，强调要明确目标任务做到心中有数、找准时机各个重点击破、统筹做好征收维稳，全力推动市、区重点项目政策处理"百日攻坚"行动落到实处、取得实效。

23日，莲都区召开加强对"一把手"和领导班子监督"五张责任清单"履责评议会。

26日，区政府召开党组会暨第9次常务会议，审议《莲都区稳进提质专班关于给予加班追产企业工业主营业务收入增量部分分档补助的政策意见》、莲都碳中和新材料产业发展基金组建方案。

27日，区委常委会会议暨经济稳进提质推进会、区委财经委员会会议召开，听取经济稳进提质、"奋斗实干"行动、"七张问题清单"、共同富裕工作推进情况、数字化改革、重点项目等重点工作和"八大行动"督察情况汇报，听取共同富裕和生态产品价值实现机制工作推进情况汇报、《莲都区法院关于司法公正感受度提升工程工作情况》汇报、国庆前后疫情防控工作汇报。

28日，市委常委、区委书记张壮雄带队开展国庆节前安全防范和应急管理大检查。

29日，区委副书记、区长张妍带队开展节前安全生产工作检查，深入在建项目督查应急管理措施落实情况，走访重点企业了解加班追产情况。

30日，莲都区街道综合行政执法队集中授牌仪式在丽水市青少年宫广场举行。

同日，莲都区加快跨越式高质量发展建设共同富裕示范区领导小组会议暨26县生态产品价值实现机制工作推进会议召开。

10月

7日，市委常委、区委书记张壮雄一行看望慰问国庆长假坚守奋战在一线的征收干部们。强调要勇当城市发展"开路先锋"，坚持依法征收、阳光征收，一鼓作气，确保征收工作顺利有序高效推进。

10日，区大数据发展中心牵头发起的以"数字化"为主题的项目引荐座谈会在丽水蚂蚁链产业创新中心召开。

同日，市委常委、区委书记张壮雄赴岩泉街道、紫金街道督导乡村振兴、共同富裕和信访维稳工作。强调全区上下要从推进"两个先行"的战略高度，深刻把握共同富裕工作的系统性和整体性，精准发力、持续用力，高水平推进乡村振兴，奋力谱写共富先行示范崭新篇章。

同日，莲都区开展2022年度"军事日"活动，区副处级以上领导参加活动。

12—13日，区委副书记、区长张妍带队赴宁波市江北区开展山海协作交流对接。

14日，召开区委常委会会议，学习中国共产党第十九届中央委员会第七次全体会议公报精神等，审议《关于2022年高质量推进乡村全面振兴的实施意见(审议稿)》等。

20日，区委副书记、区长张妍专题调研碧湖新城征收、疫情防控、"除险保安"等工作。

22日，市委常委、区委书记张壮雄深入企业督导"除险保安"、疫情防控、经济稳进提质、助企纾困等工作。强调要秉持"城市合伙人"理念，构建最优营商环境，打造最佳在地政府，在共同奋斗中见证"众筹"一座城的美好愿景。

23日，莲都区未成年人救助保护中心正式启用。

24日，区政府召开党组会暨第10次常务会议，审议《莲都区关于开展撤村建(并)居工作的实施方案》《丽水市莲都区2022—2023年度松材线虫病防治方案》，听取2022年省级民生实事"干事画像"自评督查情况汇报等。

25日，全区领导干部会议召开，传达学习贯彻党的二十大精神和全省领导干部会议、全市领导干部会议精神。

同日，区委常委会会议暨经济稳进提质推进会召开，传达学习习近平总书记在二十届中共中央政治局常委同中外记者见面时的重要讲话精神，审议《关于全面学习贯彻党的二十大精神 广泛开展“六学六进六争先、‘丽水之干’谱新篇、先行示范当头雁”学习实践活动的实施方案》，传达学习省、市党史工作会议精神，听取经济稳进提质、“奋斗实干”行动、“七张问题清单”、共同富裕工作推进情况、数字化改革、重点项目等重点工作和“八大行动”督察情况汇报。

26日，区委副书记、区长张妍调研市、区重点项目政策处理“百日攻坚”行动工作进展，强调要进一步统一思想认识、加强部门联动、优化工作机制，全力夺取市、区重点项目政策处理的最终胜利。

28日，丽水市领源乡村振兴现代农业示范园项目推进会举行，全市史上最大农业单体项目正式启动。市委常委、区委书记张壮雄出席活动。

11月

1日，区委理论学习中心组举行专题学习会，深入学习贯彻党的二十大精神。会议强调要迅速掀起学习贯彻党的二十大精神热潮，引导全区党员干部群众在真学真悟中坚定站位、在对标对表中勇毅前行、在善作善成中务求实效，更好地把党的二十大擘画的宏伟蓝图转化为“施工图”、变成为“实景图”。市委常委、区委书记张壮雄主持会议并讲话。

同日，区委常委会会议暨区委理论学习中心组专题学习会召开，传达学习习近平总书记在中共中央政治局第一次集体学习时的重要讲话精神，听取2021年度莲都区行政奖励项目和评比表彰通报表扬项目实施情况汇报，审议《中国共产主义青年团丽水市莲都区委第二十次代表大会方案（送审稿）》《莲都区关于开展撤村建（并）居工作的实施方案（送审稿）》等。

同日，区政府召开党组理论学习中心组专题学习会，传达学习贯彻党的二十大精神，开展集中学习交流，部署安排全区政府系统学习宣传贯彻工作。

3日，莲都区召开争创全国文明典范城市专题部署会，区委副书记、区长张妍出席会议并讲话。强调要坚持目标导向、问题导向、主动靠前、常态长效，以“奋力一搏、惊人一跃”的大干劲，努力为谱写美丽莲都新画卷添上浓墨重彩的一笔。

4日，丽水市区空气质量冬季攻坚战动员部署会在莲都召开。会议贯彻落实市美丽大会会议精神，进一步压实责任，确保完成环境空气质量“保十”攻坚目标。

同日，宁波市江北区委书记张国锋带队到莲都开展山海协作交流对接。

6日，莲都区第四届全民运动会开幕。

7日，“招引特色产业金凤凰，打造生态工业新高地”政党协商会召开，学习贯彻党的二十大精神，听取各民主党派、工商联和无党派人士的意见建议，集思广益、共谋良策，凝心聚力推动莲都加快跨越式高质量发展。

8日，市委常委、区委书记张壮雄到碧湖镇宣讲党的二十大精神。

9日，区政协十六届一次会议第12号重点提案面商会召开，市委常委、区委书记张壮雄出席会议并讲话。强调要凝聚共识，战略聚焦，奋发有为，竭尽所能按下新城发展建设“快进键”。

同日，区委召开法院工作会议暨“终本出清”专项行动启动仪式，学习贯彻党的二十大精神和习近平法治思想，扛起共商共建法治化营商环境的政治责任，为以未来眼光发展建设高能级平台、打造革命老区共同富裕先行示范区强大引擎提供坚实的司法保障。

10日，2022浙江数据开放创新应用大赛颁奖暨成果发布会在乌镇世界互联网大会“互联网之光博览会”举办。由莲都区大数据发展中心选送的“浙里好物”作品获大赛三等奖。

10—11日，叙永县党政代表团到莲都考察对接东西部协作工作。

15日，市委常委、区委书记张壮雄到社区宣讲党的二十大精神，实地调研宣传思想文化工作。

16日，由丽水市莲都区人民政府和丽水市数字经济发展有限公司联合承办的人才科技周子活动“智创新城 数引未来”丽水市数字经济成果发布会暨莲都区人才科技项目签约仪式举行。

17日，莲都区举行“碧湖新城 携手共赢”项目签约仪式。

同日，浙江莲都经济开发区揭牌仪式举行。

17—18日，区委副书记、区长张妍率莲都党政代表团赴义乌开展山海协作考察交流，考察山海协作重点项目，参加义乌—莲都山海协作联席会议，共话合作、共谋发展，推动两地实现更高质量区域协同发展。

21日，“莲宿码”场景应用入选《数字社会最佳案例集》（第十批），是2022年莲都区首个入选省数字社会最佳案例的场景应用。

同日，第十五届中国义乌国际森林产品博览会公布优质产品获奖名单，莲都区康源罐头食品有限公司“山水康源”油焖笋和处州蜂业有限公司“处州蜂业”土蜂蜜被评为金奖产品；莲都区逢春艺镜雕刻工作室“飞龙在天”树根根雕和莲都区原土陶艺工作室“春韵秋水”茶壶被评为优质奖产品。

22日，区城投公司下属全资子公司丽水市采桑建设发展有限公司、丽水市莲都区交通发展有限公司在碧湖家和公寓举行揭牌仪式。

28日，区委常委会会议暨经济稳进提质推进会召开，传达学习习近平总书记在中央政治局常委会会议上关于进一步优化疫情防控工作的重要讲话精神，审议《丽水市莲都区深化基层管理体制改革加快推动基层治理体系建设的实施方案（审议稿）》，听取经济稳进提质、“奋斗实干”行动、“七张问题清单”、共同富裕工作推进情况、数字化改革、重点项目等重点工作和“八大行动”督察情况汇报。

同日，区委副书记、区长张妍到岩泉街道宣讲党的二十大精神，调研创新金融中心项目。强调要从党的二十大精神中汲取奋进新时代新征程的磅礴力量，激活城乡融合发展新动能，打造莲都发展的新引擎。

12月

1日，跨乡镇全域土地整治项目汇报会召开。

同日，中共丽水市莲都区委全会召开，区委领导参加。

5日，全区疫情防控工作会议召开，区领导参加。

同日，“碧湖新城·莲禾共赢”重大产业项目签约仪式举行。

6日，莲都区召开根治欠薪冬季行动部署会。

同日，区政府党组会、区政府党组理论学习中心组专题学习会暨第11次常务会议召开，审议《莲都区强村富民乡村集成改革行动计划》《关于促进莲都区总部经济发展扶持政策的实施细则》《莲都区关于进一步强化食品安全属地责任和企业主体责任的实施方案》等。

15日，江北—莲都“山海协作 共富工坊”党建联建签约仪式在大港头镇举行，全省首家飞地工坊落户莲都。

20日，莲都区召开全区领导干部会议，传达学习省委十五届二次全体（扩大）会议暨省委经济工作会议精神，研究贯彻落实意见。

22日，“莲都区建设共同富裕示范区‘大搬快聚富民安居’工程实施”新闻发布会召开，通报莲都区实施“大搬快聚富民安居”工程的有关情况。

同日，区政府召开党组会暨第12次常务会议，审议《莲都区关于春节期间鼓励企业留员工稳生产的政策意见》《莲都区“扩中”“提低”行动方案（2022—2025年）》《莲都区关于疫情防控应急医疗物资的储备方案》。

26—27日，“让科技更文明，让文化更自信”2022首届世界数字文旅大会在莲都举行，全方位展示数字文旅融合发展的新业态、新模式、新服务。

29日，金华市副市长、义乌市委副书记、市长叶帮锐带领党政代表团到莲都开展山海协作工作考察活动。

30日，市委常委、区委书记张壮雄，区委副书记、区长张妍等领导走访慰问各金融机构工作人员，代表区委区政府致以节日问候和新年祝福，感谢他们为莲都经济社会发展做出的贡献。

莲都概览

自然环境

【地理位置】 莲都区位于浙江省西南部，瓯江中游，区境介于北纬28°06′～28°44′和东经119°32′～120°08′之间。东与青田县毗邻，南与云和县、景宁畲族自治县接壤，西与松阳县相连，西北与武义县交界，东北与缙云县连接。是丽水市人民政府驻地。

【地形地貌】 莲都区境处在括苍山脉、洞宫山脉、仙霞山脉3条山脉之间。地形属浙南中山区，以丘陵山地为主，间有小块河谷平原。地势具有盆地格局，四周高山环抱，峰峦连绵高峻，海拔1000米以上山峰有30余座。境内最高处为南部八面湖山峰，海拔1389米，最低处是下风化村河漫滩，海拔40米。地形大势自西南向东北倾斜。

境内地形可分为河谷平原、丘陵、山地3种。其中，河谷平原海拔在100米以下，面积192.2平方千米，占总面积的12.8%，主要有碧湖平原和城郊平原。碧湖平原面积80.3平方千米，地势平坦，海拔60~70米，相对高差小于20米。城郊平原面积44.8平方千米，海拔50~80米，相对高差小于30米。丘陵可分为低丘和高丘，低丘海拔100~250米，面积364平方千米，25度以上陡坡面积占78.3%。高丘海拔250~500米，面积493.1平方千米，相对高差100~200米，25度以上陡坡面积占89.16%。低丘和高丘合计面积857.1平方千米，占全区总面积的57%。山地可分为低山、中山。低山海拔500~800米，面积319.3平方千米，相对高差200~300米，25度以上陡坡面积占67.9%。低山、中山合计面积452.8平方千米，占全区总面积的30.2%。

境内山脉位于大溪以南的属洞宫山北支，位于大溪以北的属仙霞岭支脉，位于好溪以东的属括苍山西端。洞宫山北支主脉，自龙泉市黄茅尖（1929米）向东北延伸，经云和县的鸡头尖（1127.9米），至莲都云和界上有水苋湾（1069米）、李山坟（1062米）、朝头湾（814米），入境经新砀山（1062米）、坳帅（1135米）至莲都、青田界上大路后（1071米）分为两支：一支续向东北，经石步尖、双尖炎、大山尖、大梁山至境内大溪边下端尖；另一支向东南，经莲都、青田界上有葑垟湖（1059米），延伸境内水牛相筑（1325米），折往东北莲都、青田界上有草坳（1276米）、八面湖（1389米）。仙霞岭山脉呈西南—东北走向，西南接武义山脉，东北接大盘山脉、天台山脉。境内仙霞岭支脉有4支，千米以上山峰有千岗顶（1071米）、竹翠横栏尖（1082米）等。境内括苍山脉主要有2支，名山有天堂山（1010米）、连尖山（994米）等。

【水系径流】 莲都境内河流皆属瓯江水系。瓯江发源于庆元、龙泉两县市交界的锅帽尖北麓，上游段称龙泉溪，流经云和县进入莲都区大港头镇，与松阴溪汇合后称大溪，再经碧湖、水阁、联城、富岭、万象、紫金等乡镇（街道）后入青田县境，与小溪汇合后称瓯江，大溪干流在莲都境内长46千米，河道落差43米，流域面积1373.65平方千米。境内主要支流有好溪、小安溪、宣平溪、松阴溪4条。南部峰源一带溪流

（流域面积128.45平方千米）汇入瓯江支流——小溪。

江溪多年平均年径流深850毫米，最大年径流深1585.5毫米，最小年径流深411.5毫米。多年平均年径流量12.76亿立方米，其中从大溪出境水量11.30亿立方米，从峰源乡汇入瓯江支流——小溪的水量1.46亿立方米。外县（市）流入莲都境多年平均年径流量69.37亿立方米，其中龙泉溪入境水量34.5亿立方米，松阴溪入境水量18.41亿立方米。全区年均出境总水量82.13亿立方米。径流在年内分配不均，5—9月汛期径流量约占全年的2/3。大溪河底坡度较小。4条主要支流河床切割深度较大，均属山区性河流，源短流急，水位暴涨暴落，汛期保持一段时间中高水位，每年10月至次年2月，长期保持在低水位状态。

【气候特征】 莲都区气候属中亚热带季风气候类型，温暖湿润，雨量充沛，四季分明，具有明显的山地立体气候特征。其中，冬季温和少雨，时有冰冻，偶有降雪；春季回暖早，天气复杂多变，多强对流天气；初夏为降水集中期（俗称梅雨期），多暴雨天气，容易发生洪涝灾害，盛夏为高温少雨天气，多雷阵雨，容易发生干旱，且时有台风影响，有时会发生台涝；秋季少雨干燥，秋高气爽，气候宜人，常出现连晴天气。由于海拔高度的差异和地形、地貌、地势的不同影响，形成独特的山地垂直立体气候和小气候，主要表现为随海拔高度的升高，气温下降、降水增多、日照减少、无霜期趋短。总的来看，莲都区气候大致呈现北部温暖、夏秋半干燥，中部温热、夏秋干燥和南部温凉、夏秋湿润的气候特征。春季暖湿气流活跃，气温明显回升，冷暖空气交汇频繁，气温起伏较大，降水明显增多，容易出现雷暴、大风、冰雹等强对流天气，同时，春季也会出现霜冻、春寒、倒春寒、连阴雨等灾害性天气，给农业生产带来不利影响。夏季来自海洋温暖湿润的东南季风占优势，初夏北方冷空气尚有一定势力，与南来的暖湿气流相遇，形成“梅雨锋系”，造成降水集中的梅汛期，暴雨次数多，常引起山洪暴发及洪涝灾害。梅雨后即进入盛夏，常受副热带高压控制，造成高温酷热天气。某些年份梅雨量少或出梅较早，易造成严重的伏旱。秋季副热带高压减弱南撤，大陆高压逐渐增强，北方时有冷空气南下，气温逐渐下降。初秋，各地先后出现秋季低温，且冷暖空气再度交汇本地，常出现较明显的秋雨，终雷暴也常出现在这一时期。10—11月，由于南下冷空气常在长江中下游地区形成分裂的小高压稳定下来，大气层结下冷上暖，垂直结构稳定，从而形成晴朗少雨、秋高气爽天气，气温日较差大，温湿宜人，阳光和煦。冬季是冷空气最强、活动最频繁的季节。通常气温低、降水少、气候干燥。当冷空气影响时，常出现降温、大风和雨雪天气过程。干冷空气控制时，多晴冷干燥天气，即所谓“旱冬”；有些年份暖空气活跃，会出现多雨雪的“烂冬”天气。

【自然资源】 莲都区自然资源较丰富，生态环境保持较好，为国家级生态示范区。

土地资源 全区总面积15.02万公顷，合1502.10平方千米。其中，山区占28.52%，丘陵占45.18%，平原占26.3%。人均土地面积0.40公顷，全区耕地11150.8公顷，人均耕地面积0.03公顷。垦造耕地100.73公顷。

森林资源 1976年全区林木蓄积量135.01万立方米，1989年201.42万立方米。2002年开始，实施生态公益林、绿色长廊、退耕还林建设。2005年全区林业用地面积12.034万公顷，林木总蓄积量227.79万立方米。森林覆盖率79%，以马尾松、杉木等针叶树为主。樟树、枫香、柏林、苦槠等散生各处，无成片林。1990年前油茶林分布较广，莲都区为全省3个油茶重点基地县（区）之一。1994年消灭宜林荒山，1999年实现绿化达标。

矿产资源 20世纪90年代前，境内发现矿产20多种，分布在170个点，其中金属矿有钛磁铁矿、铅锌矿、银矿等，非金属矿有萤石、花岗岩、泥煤、高岭土等。

水力资源 全区水力资源比较丰富，理论储藏量为28.5万千瓦，可开发26.5万千瓦（其中

瓯江干流为19.5万千瓦，属市管辖），莲都区实际可开发量为7.4万千瓦。

生物资源　境内动植物资源较为丰富。木本植物有93科278属655种，主要分布在山间、山脚坡地、溪坎路旁。国家重点保护植物有11科12种，属二级重点保护植物有伯乐树（钟萼木）、香果树、银杏、鹅掌楸、华东黄杉、长叶榧6种。属三级重点保护植物有银钟树、凹叶厚朴、黄山木兰、短萼黄连、短穗竹、中华水韭6种。境内自然散生的古、珍、稀树种有南方红豆杉、樟、枫槠、漆、榕、罗汉松、槐等56个树种。动物种类较多，其中脊椎动物有5纲37目76科400多种。哺乳纲有8目19科36属44种，主要有山兔、松鼠、黄鼬、蝙蝠等。属国家一级保护的有黑麂、穿山甲、九江狸；属国家二级保护的有水獭、猕猴、野山羊等。爬行纲有3目9科25属40种，属国家一级保护动物的有鼋。两栖纲有2目7科13属35种，属国家二级保护动物的有大鲵。鸟纲有14目22科68属200种，属国家二级保护的鸟类有鸳鸯、勺鸡、白鹇。鱼纲有10目19科61属66种。节肢动物有多足、甲壳、蛛形、昆虫4纲，昆虫纲中天敌昆虫36种。

旅游资源　以“生态·休闲·养生”为主题，以瓯江流域和自然山水为主线，着力打造“绿色莲都”旅游品牌。国家AAAA级旅游景区东西岩距市区28千米，景区属典型的丹霞地貌，东、西两岩对峙，险峰绝壁、穹隆崛起，宏奇壮观，并以民族风情为特色。省级风景名胜区南明山多象形怪石、石梁、飞瀑，寺阁古迹掩映于远眺如螃蟹形的山崖之中，景区有摩崖石刻58处，自然、人文景观独特。古堰画乡包括碧湖镇和大港头镇，核心区块包括大港头镇区、坪地、堰头、保定，有建于南朝梁天监年间的全国重点文物保护单位通济堰、保定青瓷古窑址；有省内外著名的摄影、巴比松画派和专业美术写生创作基地，历史文化底蕴深厚，发展生态休闲度假中心具有独特优势。全区有省级森林公园白云山森林公园、大山峰森林公园2个；省级文物保护单位有南明山摩崖石刻、灵鹫寺石塔、谭宅古民居、沈家邸、花门楼、河桥、西溪村乡土建筑7处；国家级湿地公园有丽水九龙湿地公园1个；省级农家乐特色村有碧湖镇堰头村、老竹镇沙溪村2个。生态自然景观保持完好，正在组织开发或列入开发计划的旅游区有峰源猕猴峡、葑垟湖、西溪古民居、雅一电站库区、天堂山、石牛城市温泉度假中心、瓯江风情旅游度假中心等。全区有重要革命遗址、纪念地40多处，红色旅游点主要有中共浙江省委机关旧址、巨溪三岩寺红军洞、峰源小岭根村红军挺进师驻地、仙渡葛畈村北乡革命纪念馆、雅溪岱后村中共丽水县委旧址等。

沿革·区划

【历史沿革】　置县（市、区）1400余年，莲都区名的由来是因丽水城依山傍溪，在环山之中，形如莲瓣，宋代以后别名莲城，丽水又特产“处州白莲”，定“莲都”为市辖区区名，意欲将美丽的莲都建成繁华的都市。此一区名系从全丽水地区2000多名参与区名征集者中精选所得。

隋开皇九年（589），分松阳东乡置括苍县，置处州，治设括苍。开皇十二年（592），改处州为括州。大业三年（607），括州改称永嘉郡（隋代括苍县境包括今莲都区、云和县、景宁县、青田县大部，文成县、缙云县及武义县南部）。

唐武德四年（621），复为括州，括苍、丽水二县属括州。武德八年（625）省丽水入括苍。武周万岁登封元年（696）分括苍、永康两县地置缙云县。唐景云二年（711），析括苍置青田县。天宝元年（742），改括州为缙云郡。乾元元年（758）复改郡为州，括苍属括州。大历十四年（779），避德宗讳，改括州为处州，改括苍县为丽水县。《元和郡县志》：“丽水本名恶溪，以其湍流阻险，九十里间五十六濑，名为大恶，隋开皇中，改为丽水，故皇朝因之，以为县名。”明曹学佺《舆地名胜志》：“以县北七里有丽阳山，故以丽水为名。”《括苍汇纪》：“县北七里有丽阳山，下环清溪，县名丽水以此。”

五代十国，丽水县为吴越国地，属处州。北宋太平兴国三年(978)，吴越归宋，州县沿前代。

元至元十三年(1276)，改州为路，丽水县属处州路。

明代改路为府，丽水县属处州府。景泰三年(1452)，分丽水浮云乡、元和乡之半置云和县，析宣慈乡、应和乡及懿德乡之半置宣平县。

清代丽水县属处州府，直至宣统三年(1911)七月，除丽水县，划归府兼理。自隋建州设县以来，丽水县历为州、郡、路、府治所。

清宣统三年(1911)，浙江革命军攻克丽水，立处州军政分府，兼理丽水县政事，上隶浙江军政府。

民国3年(1914)行省、道、县三级制，丽水县属瓯海道。民国16年(1927)废道，行省、县二级制，丽水县直属省。民国19年(1930)省分设县政督察区，属第十一区 ，后改第二特区。民国24年(1935)，改设行政督察区，丽水县属第九行政督察区。民国37年(1948)4月，改第六区，7月改第七区。丽水县均为督察专员公署驻地。

1949年5月10日，丽水解放，属浙江省第七专区。

1949年10月1日，中华人民共和国成立，丽水县属丽水专区。1950年4月，县府迁驻碧湖镇。1952年1月，撤丽水专区，丽水县属温州专区。5月13日，县府迁返城关镇。1958年7月、1960年2月，云和、景宁两县先后并入。1961年6月1日，县府迁驻云和镇。1962年4月(国务院6月1日发文)，县府迁返城关镇。1963年5月，复设丽水专区，丽水县属丽水专区，仍为专署驻地。1968年11月，专区改称地区，丽水县属丽水地区。1986年3月1日，国务院批准撤丽水县置丽水市，仍属丽水地区。2000年5月，撤丽水地区设地级丽水市，撤县级丽水市设市辖莲都区。7月18日，莲都挂牌授印。

(李倩倩)

【行政区划】 2000年6月6日，省政府下发《关于撤销丽水地区设立地级丽水市的通知》，决定丽水撤市(县级)设区，莲都区的区划范围与县级丽水市相同。根据《浙江省人民政府关于丽水市莲都区部分乡镇行政区划调整的批复》和《丽水市人民政府关于莲都区部分行政区划调整的复函》精神，莲都区对部分行政区划做出调整：撤销郑地乡建制，与峰源乡合并；撤销严鸟乡建制，与黄村乡合并；撤销巨溪乡建制，与太平乡合并；撤销西溪乡、泄川乡、双溪镇建制，合并设立雅溪镇；撤销富岭乡建制，设立富岭街道办事处。2011年12月22日，撤销联城镇建制，改设联城街道。

2012年12月11日，根据《浙江省人民政府关于丽水市莲都区部分行政区划调整的批复》和《丽水市人民政府关于莲都区部分行政区划调整的批复》精神，撤销高溪乡建制，其行政区域并入碧湖镇。撤销双黄乡建制，其行政区域改由莲都区政府直辖，并入岩泉街道。

2014年6月20日，根据《丽水市人民政府关于莲都区部分行政区划调整的批复》精神，撤销水阁街道、富岭街道，合并设立南明山街道。

2022年，莲都区辖峰源、太平、仙渡、丽新、黄村5个乡；碧湖、大港头、雅溪、老竹4个镇及岩泉、紫金、白云、万象、联城、南明山6个街道(其中南明山街道委托市经济开发区管委会管理)。是年，莲都区共有208个行政村(不包括南明山街道，2023年初行政区划调整，部分行政村建设制于2022年底已撤销)、34个社区。

2022年莲都区乡镇(街道)所辖村(社区)一览表

表1

乡镇街道	村	社　　区
岩泉街道	16个:九里村、岩泉村、雨伞岗村、长岗背村、里佳源、余岭村、后甫村、秋塘村、天宁村、冷水村、枫树湾村、黄畈村、琯头村、下后弄村、凉塘村、青林村	8个:丽阳社区、朝阳社区、东港社区、北苑路社区、天宁社区、佳和社区、正阳社区、灵山社区
紫金街道	16个:城东村、风化村、海潮村、河村村、开潭村、瀑泉村、塔下村、祝庄村、水东村、湾岙村、水岭根村、金东村、芦埠村、杨坑村、古城村、黄泥井村	9个:永晖社区、金苑社区、万丰社区、东升社区、东银苑社区、西银苑社区、星湖社区、大洋河社区、滨苑社区
白云街道	3个:城西村、城北村、灯塔村	7个:白云社区、后庆社区、三岩寺社区、陈道门社区、北郭桥社区、灯塔社区、接官亭社区
万象街道	—	7个:厦河门社区、凤凰社区、府前社区、梅山社区、丽阳门社区、大水门社区、左渠门社区
联城街道	21个:苏埠村、花街村、金周村、常宅村、张村街、莲景村、坑口村、敏河村、凤鸣村、苏港村、白前村、官桥村、林宅口村、港口村、武村村、瑶畈村、坛峡村、路湾村、下林村、青岗村、竹道村	2个:娄丰堰社区、清和社区
碧湖镇	43个:河口村、大吴山村、南山村、红圩村、下街村、岩头村、碧一村、大陈村、竹溪村、联济村、白口村、同心村、泉庄村、河东村、里河村、蒲塘村、红南村、中岙村、三峰村、上街村、概头村、郎奇村、沙岸村、堰头村、行口村、松坑口村、保定村、上阁村、中溪村、下叶村、古井村、九龙村、上赵村、下赵村、缸窑村、龙岩村、魏村村、章塘村、石牛村、南坑村、高溪村、周巷村、白桥村	1个:通济社区
大港头镇	10个:大港头村、西坑口村、河边村、西黄村、小井村、利山村、小山村、石侯村、均溪村、北埠村	—
峰源乡	8个:夏庄村、赛源村、正岙门村、郑地村、毛山村、庞地村、库坑垟村、新砀村	—
太平乡	19个:太平村、戴彰村、横岗村、城头村、大河村、竹舟村、长乐村、吴弄村、富山头村、朱弄村、富源村、玉田村、留龙村、巨溪村、吾古村、下岙村、大畈村、长濑村、小安村	—
雅溪镇	19个:潘百村、西溪村、季岭根村、里东村、岩蒙村、上黄村、双溪村、库川村、上陈村、周村村、上金竹村、金竹村、泄下村、双源村、岱后村、洪渡村、雅里村、雅义村、莲房村	—
仙渡乡	11个:滴水岩村、葛畈村、皂树村、南源村、仙里村、何金富村、根竹园村、董弄村、梅田村、芦村村、张山后村	—

续表1

乡镇街道	村	社　　区
老竹畲族镇	12个:沙溪村、周坦村、郑丰村、曳岭脚村、新陶村、老竹村、赤坑村、梁村村、丁公村、后坑村、徐庄村、榴溪村	—
丽新畲族乡	9个:上塘畈村、畎岸村、山村村、白岸口村、吾赤口村、黄弄村、咸宜村、黄岭上村、马村村	—
黄村乡	11个:郑村村、戈剳村、和垟村、金鸟村、池岭村、黄村村、天堂村、黄泥墩村、严鸟村、汇村村、皂坑村	—

（范伊卉）

人口与民族

【人　口】 2022年,莲都区年终户籍人口198675户426757人,比2021年减少292户,增加2833人,人口增长率为6.64‰。男性212275人,女性214482人,分别占总人口的49.7%和50.3%。2022年城镇人口201034人,比2021年增加2102人,乡村人口225723人。全年出生人数3165人,出生率为7.42‰,出生性别比104(女为100),死亡2671人,死亡率为6.26‰,自然增长率为1.16‰。全区迁入3922人,迁出1590人。年末全区常住人口56.9万人,比上年末增加0.4万人;城镇化率为77.6%,比2021年提高0.5%。全年累计办理身份证34786张,异地身份证10024张,临时身份证8134张,港澳台居住证10张。

（杨蕴）

【民　族】 丽水市莲都区是浙江省民族工作重点县(市、区)之一,有汉族、畲族、回族、苗族、土家族、壮族、布依族、满族、彝族、侗族等35个民族。据公安户籍部门统计,全区共有少数民族户籍人口约2.42万人。其中,畲族人口约2.21万人,占莲都区总人口的6.8%。全区有2个民族工作重点乡镇、27个民族村。少数民族人口在1人以上的乡镇(街道)13个,分别是碧湖镇、岩泉街道、紫金街道、万象街道、白云街道、联城街道、雅溪镇、丽新畲族乡、太平乡、黄村乡、大港头镇、仙渡乡、老竹畲族镇。

（郑丽）

2022年国民经济与社会发展

【概　况】 2022年,莲都区实现地区生产总值483.18亿元,按可比价计算,增长4.3%。其中,第一产业实现增加值23.68亿元,增长4.4%;第二产业实现增加值164.69亿元,增长8.7%;第三产业实现增加值294.81亿元,增长2.1%,三大产业对经济增长的贡献率分别为5.1%、64.6%、30.3%,三次产业增加值结构为4.9∶34.1∶61.0。

2022年,全年市区居民消费价格总水平比2021年上涨1.9%,其中消费品价格上涨2.6%,服务价格上涨0.9%,工业品价格上涨2.0%。商品零售价格上涨2.6%。

2022年,莲都区实现财政总收入95.26亿元,下降7.7%。一般公共预算收入59.90亿元,扣除留抵退税因素后增长4.2%;一般公共预算支出155.22亿元,增长11.8%。分区域看,区本级实现财政总收入25.57亿元,下降20.1%。一般公共预算收入15.60亿元,扣除留抵退税因素后下降11.1%。一般公共预算支出61.02 亿元,增长12.0%。

【农业和农村】 根据粮食生产统计监测调查数据推算,2022年莲都区粮食播种面积8513.33公顷,增长1.9%,粮食产量4.09万吨,下降1.1%。油菜籽播种面积

467公顷，增长9.7%，产量835吨，增长1.3%。莲都区水果种植面积5247公顷，下降5.5%，产量9.26万吨，下降2.9%。水果产业产值4.49亿元，增长3.9%。蔬菜播种面积0.86万公顷，增长2.1%，产量24.66万吨，增长2.7%，实现产值10.00亿元，增长7.5%。年末莲都区生猪存栏20.46万头，增长38.2%；出栏15.60万头，增长50.7%。家禽存栏143.4万羽，增长13.1%；出栏435.0万羽，增长5.8%。羊存栏0.73万只，增长9.9%；出栏0.56万只，增长0.6%。2022年，全年化肥施用量（折纯）0.88万吨，比2021年下降6.5%。

【工业和建筑业】 2022年，莲都区实现工业增加值127.48亿元，按可比价计算增长7.8%。规模以上工业实现增加值112.51亿元，增长10.9%。规模以上工业企业销售产值增长14.6%，其中出口交货值增长39.4%。分行业看，31个行业大类中，18个行业增加值实现增长。

2022年，规模以上工业企业实现利润总额33.23亿元，比2021年增长33.2%；人均薪酬8.57万元，同比增长9.3%。

2022年，完成规模以上工业企业投入研发费用19.40亿元，比2021年增长23.4%；规模以上工业新产品产值增长21.5%；新产品产值率34.8%。规模以上工业中，高技术、高新技术产业、装备制造业和战略性新兴产业增加值分别增长37.4%、17.1%、15.0%和32.0%，占规上工业增加值的比重分别为10.8%、61.4%、37.3%和18.9%。

2022年，区本级规模以上工业增加值增长6.9%，规模以上工业企业销售产值增长15.3%，分行业看，24个行业大类中，14个行业增加值实现增长。规模以上工业企业实现利润总额5.83亿元，比2021年同期增长78.0%；人均薪酬7.76万元，同比增长11.0%。

2022年，完成规模以上工业企业投入研发费用2.89亿元，比2021年增长37.6%，规模以上工业新产品产值增长21.4%；新产品产值率27.9%。规模以上工业中，高技术、高新技术产业、装备制造业和战略性新兴产业增加值分别增长-15.6%、2.9%、15.9%、1.4%，占规上工业增加值的比重分别为3.8%、41.8%、42.5%、8.9%。

2022年，莲都区全年建筑业增加值37.25亿元，占地区生产总值的比重为7.7%。

【固定资产投资和房地产业】 2022年，莲都区固定资产投资增长16.5%。其中，民间项目投资增长28.9%，交通投资增长32.8%，生态环保、城市更新和水利设施项目投资增长73.5%，高新技术产业投资增长103.9%，工业投资、制造业投资分别增长40.6%和46.0%。

2022年，莲都区剔除丽水经济技术开发区（以下简称丽水经开区）新增固定资产投资项目158个，其中新增计划总投资5000万元及以上大项目54个，新开工项目总数比2021年增长47.7%，创近5年新高，其中新增计划总投资5000万元及以上大项目总数比2021年增长22.7%。固定资产投资稳中有升，投资结构向好发展。2022年莲都区剔除丽水经开区固定资产投资增长13.0%，投资结构“四升一降”。生态环保类投资增长93.8%，高于全市平均水平65.0个百分点，增速居全市第一；项目民间投资增长25.8%，高于全市平均水平9.4个百分点，增速居全市第三；交通投资增长50.4%，增速居全市第五；制造业投资增长1.4%；高新投资下降12.0%。

2022年，区本级固定资产投资增长33.4%，创近3年新高，增速比2021年提升25.3个百分点，居全市第一，高于全市平均水平17.4个百分点。

2022年，莲都区房地产开发投资193.9亿元，比2021年下降2.2%，其中住宅投资139.56亿元，下降1.2%。商品房销售面积102.83万平方米，下降43%；商品房销售额144.53亿元，下降55.1%。

2022年，莲都区剔除丽水经开区房地产开发投资173.31亿元，比2021年下降4.3%，其中住宅投资125.06亿元，下降3.6%。商品房销售面积73.69万平方米，下降21.2%；商品房销售额106.67亿元，下降52.3%。

【内外贸易】 2022年，莲都区社会消费品零售总额229.02亿元，增长7.6%。按经营地统计,城镇消费品零售额197.81亿元,增长8.8%;乡村消费品零售额31.21亿元,增长0.6%。网络零售额135.6亿元,增长18.8%。

2022年,莲都区完成限额以上社会消费品零售总额91.58亿元,增长15.2%。在限额以上企业销售的商品类别中,饮料和粮油食品分别增长54.1%和28.7%;烟酒、文化办公用品和日用品类均分别增长50.5%、-8.5%和24.5%;汽车类增长18.5%,其中新能源汽车增长210%。

2022年,莲都区全年货物进出口总额72.9亿元,同比增长39.1%,其中出口64.4亿元,同比增长36.9%;进口8.5亿元,同比增长58.0%。全年货物进出口总额22.36亿元,同比增长51.4 %;出口22.20亿元,同比增长52.6%。

【交通运输、邮电和旅游】 2022年,莲都区实现交通运输、仓储和邮政业增加值10.02亿元,下降5.4%。全年铁路客运量460.81万人,下降32.2%,铁路货运量56.00万吨,下降48.1%。年末公路总里程1266.25千米,其中高速公路68.60千米。公路和水运完成货物周转量206099万吨公里,增长4.4%;公路和水运旅客周转量16313万人公里,下降25.4%。

2022年,莲都区全年邮政行业业务总量4.82亿元,增长1.54 %;邮政行业业务收入(不包括邮政储蓄银行直接营业收入)4.33亿元,电信业务收入10.62亿元。年末固定电话用户(含小灵通)8.76万户;年末移动电话用户79.23万户,互联网宽带接入用户数(固定互联网宽带)32.60万户。

2022年,莲都区创成银宿级民宿6家、文化主题民宿1家;创成省AAA级采摘旅游体验基地1家、市级中小学生研学实践教育基地4家;完成23个微改造项目;新创成景区村19个,截至2022年底,共有景区村116个。

【金融和保险】 2022年,莲都区金融系统本外币存款余额1667.24亿元,比2021年末增长23.0%。其中人民币存款余额1648.08亿元,增长22.9%。金融系统本外币贷款余额1572.76亿元,比2021年末增长13.5%,其中,人民币贷款余额1571.55亿元,增长13.5%。

2022年,莲都区保险业实现保费收入30.02亿元,增长12.3%。其中,财产险保费收入11.83亿元,增长20.5%;人身险保费收入18.19亿元,增长7.5%。支付各类赔款及给付13.27亿元,其中,财产险赔付支出7.41亿元,人身险赔付支出5.86亿元。

【教育和科学技术】 2022年,莲都区拥有高等学校3所,在校学生52367人;中等职业学校4所,在校学生6577人(含丽水中专);普通高中6所,在校学生9473人;普通初中19所,在校学生18662人;小学20所,在校学生38891人。小学和初中入学率、巩固率均为100%。初中毕业升高中段的比例为99.30%。莲都区拥有幼儿园69所,在园幼儿20014人。

莲都区新认定高新技术企业67家,累计283家;新培育科技型中小企业202家,累计934家。其中区本级新认定高新技术企业17家,累计69家;新培育科技型中小企业50家,累计197家。区本级财政一般公共预算支出中科技支出16087万元,增长25.7%。

【文化、卫生和体育】 2022年,莲都区有文化馆2个、公共图书馆2个、文化站15个、美术馆1个、博物馆5个。

2022年末莲都区共有卫生机构53个(不含诊所、村卫生室),其中医院19个、卫生院19个、社区卫生服务中心5个。卫生机构拥有床位6362张,卫生技术人员9347人。执业医师和执业助理医师3407人(含诊所、村卫生室)。

2022年,开展各类体育活动42场,完成2405人国民体质监测工作任务;举办2022年浙江省中小学生国际跳棋锦标赛、第四届全民运动会、“毅起跑”线上跑步打卡活动、莲都区第二届羽毛球公开赛。完成11个基层体育健身场地(1个城市百姓健身房、3个农村百姓健身房、5个社区多功能场地和2个笼式足球场)建设项目,新增场所面积4500平方米；维修升级老旧体育设施449件；新建薄弱点位体育设施22个。

【就业、人民生活和社会保障】 2022年莲都区居民人均可支配收入53078元，比上年增长5.3%，扣除价格因素增长3.3%。按常住地分，城镇常住居民和农村常住居民人均可支配收入分别为58908元和36602元，分别名义增长4.5%和8.4%，扣除价格因素分别增长2.6%和6.4%。低收入农户人均可支配收入增长17.3%。城乡居民收入比为1.61，比上年缩小0.06。

2022年莲都区居民人均生活消费支出38757元，比上年名义增长7.5%。其中，城镇常住居民人均生活消费支出42287元，增长7.0%；农村常住居民人均生活消费支出28780元，增长9.4%。

2022年末，莲都区参加职工基本医疗保险人数20.56万人，比上年同期增加1.17万人；其中生育保险16.52万人，比上年同期增加2.79万人。莲都区参加企业职工基本养老保险人数24.73万人，比上年末增加0.81万人；参加工伤保险人数30.89万人，比上年减少1.69万人。莲都区被征地农民参加基本养老保险备案1689人（其中，选择参加职工养老保险642人，选择参加城乡居民养老保险1047人）。城乡居民养老保险基础养老金最低标准225元/月。

2022年，莲都区剔除丽水经开区范围各类收养性社会福利机构12家，拥有床位1855张，收养各类人员955人。从2018年7月开始施行城乡特困供养标准一体化，特困标准统一为每人每月1662元。农村和城镇特困对象自愿集中供养，2022年末农村和城镇特困对象集中供养率达到26.42%，有149名农村和城镇特困对象得到了集中供养。年末在册低保对象9342人，其中城镇681人、农村8661人。年低保资金支出10283.47万元，比上年增长43.2%。城乡低保同标，平均每人每月1035元。

【资源、环境和社会安全】 2022年莲都区年平均气温为19.2摄氏度，平均降水量为1406.3毫米。2022年，莲都区水资源总量是12.50亿立方米。

2022年，莲都区生态文明建设和环境质量状况在全省设区市的市区排名前列，生态环境公众满意度达90.71分，在全省90个县（市、区）中排名第七；根据《浙江省生态质量评价报告（2022年）》，2021年莲都区生态质量类型为“一类”。

2022年，莲都区国控断面、市控以上地表水监测断面、县级以上集中式饮用水水源地水质和跨行政区域河流交接断面水质达标率均为100%，出境断面（共1个）水质达到Ⅱ类，考核结果为优秀。

2022年，莲都区环境空气质量综合指数为2.55，在全国168个重点城市中排名第七，全省排名第二，AQI优良率为96.7%，同比下降3个百分点，全省排名第二，PM2.5平均浓度为19微克/立方米，全省排名第二，PM10平均浓度为35微克/立方米，降尘量为每月每平方千米3.0吨。

2022年，莲都区污水排放量5040万立方米，比上年增长9.9%；污水处理量为4980万立方米，增长10.3%；城市污水处理率98.8%，比上年提高0.4个百分点。城市生活垃圾无害化处理率100%，城市用水普及率100%，城市燃气普及率100%。

2022年，莲都区建成区绿地面积1760.92公顷，其中公园绿地面积497.71公顷，建成区绿地率39.1%，人均公园绿地面积12.26平方米。

2022年，莲都区全年规模以上工业企业能源消费比上年增长0.9%，单位工业增加值能耗下降9.1%。

2022年，莲都区剔除丽水经开区范围内共发生各类生产安全事故5起、死亡6人。事故死亡人数占全年控制指标的75%。其中，交通道路事故4起，死亡5人；建筑施工事故1起，死亡1人。全年未发生水上交通、渔业船舶和职业卫生事故。

（区统计局）

经济体制改革

【生态产品价值实现机制】 2022年，莲都区基于生态产品价值核算（GEP）标准，探索GEP核算应用。首创水资源费收费标准提升和分成比例改革,GEP助推生态型国资企业增信机制,规上企业碳排放总量管理与林业碳汇发展联动机制。完善GEP进规划、进决策、进项目、进交易、进监测、进考核。推行与GEP挂钩的财政奖补机制,完善生态产品政府购买和市场交易制度,全区累计完成政府购买1.04亿元,依托“两山合作社”、强村公司,对区域内分散闲置、低效利用的生态资源进行摸底梳理,挖掘资源资产,建立全区山、水、林、田、湖、矿等资源目录清单。开展生态产权交易332宗,交易金额306.49万元。依据GEP核算成果,多家金融机构参与,因地制宜发出“生态贷”“两山贷”等绿色金融产品。绿色贷款余额新增59.99亿元、“生态贷”余额新增4.09亿元、“两山贷”余额新增2.74亿元。

【跨境电子商务试验区】 围绕莲货出海,提升跨境电商发展水平。利用跨境电商综试区政策,激活跨境电商综试区业务,鼓励企业通过“9710”“9810”业务出海。推进跨境电商产业集群发展,莲都区时尚轻工产业入选浙江省第三批产业集群跨境电子商务发展试点,涵盖鞋服、箱包等行业,累计触网企业30家,形成有莲都标识度的箱包制造业和电商集群发展氛围。搭建跨境电商发展大平台,成立莲都区跨境电商服务中心,从平台、培育、主体等方面,为本地外贸企业转型跨境电商提供专业性服务。

【区域协作】 扩面“跨省通办”服务,与四川省泸州市叙永县、北京市朝阳区等地行政服务中心以及贵州丽水商会等建立“党建+政务服务”合作关系,形成辐射七省十二地的政务服务网络,累计办理跨省事项8700多件。签订《义乌—莲都“山海协作”产业发展平台合作共建协议》,共同成立“产业飞地”开发公司,引进2个项目开工建设。成立宁波江北·丽水莲都高新产业协同发展中心,签订“飞地”合作协议,招引7家企业入驻。岩泉街道枫树湾村、联城街道港口村、大港头镇利山村—西坑口村联片、仙渡乡葛畈村成为新一轮山海协作乡村振兴示范点。

【普惠金融服务乡村振兴改革】 2022年,落实党中央、国务院关于发展普惠金融和实施乡村振兴战略的重大决策部署,以打造普惠金融服务乡村振兴改革先行区、示范区为目标,推进各项改革重点任务。开展金融业务创新,推出“生态主题卡”“两山金融服务站”“生态区块链贷”等金融模式。2022年,农村产权抵押贷款余额达20.95亿元;建成165家标准化乡村振兴金融服务站,其中示范点23个,建成“两山”功能服务站54个;正式上线“两小”创业通平台,推进金融数字化改革,“两小”入驻商户达12308户,获银行授信规模21.88亿元。

【营商环境优化行动】 2022年,推进营商环境优化。提升企业开办、注销便利化,推进“证照分离”改革,营造宽松便捷的市场准入环境。提升项目审批效能,实行“拿地即开工”改革模式,提高项目审批速度。实行包容审慎的监管方式,制发《关于全面推行涉企柔性执法打造一流营商环境的实施方案》,并将涉企柔性执法清单事项编印成册。落实助企纾困举措,打造中介服务“莲都模式”,实现中介服务费用和时间双下降、质量和效益双提升。完善涉商纠纷立案化解通道,建立涉商、涉企、涉金融、涉重大工程等案件绿色快速受理通道。

【高质量发展建设体系】 莲都区数字经济加快发展,蚂蚁、华为、百度项目相继落地,为莲都导入云计算、大数据、区块链、数据标注产业,沃沃阀门、阀毕威、创意云播3个项目入选市数字经济示范项目计划。加快产业数字化转型,支持电气、阀门等优势传统产业改造升级,完成工业机器人推广应用51台,规上企业自动化、数字化、智能化改造21家。深化“亩均论英雄”改革,整治高耗低效企业20家,新增规上工业企业24家,区本级规上工业亩均税收达到22.76万元,同比增长38.1%。恒大电气入选国家级专精特新“小巨人”企业名单。“推动工业稳增长和技术改造,加快传统制造业转型升级,培育‘单项冠军’企业”工作获省政府督查激励。

【信用体系建设】 2022年，莲都区围绕迭代升级信用“531X”工程主线，推进社会信用体系建设，在全市考核中排名第二位。开展“信易+”应用，提高便民利企实效，探索搭建“信易+”应用场景，让守信者受益。推进信易贷，为改善中小微企业“融资难、融资贵”问题，依托全国中小企业融资综合信用服务平台（全国信易贷平台），组织企业申报信易贷推荐企业名单，全年在信易贷平台累计放贷1.05亿元。开展信用监管，累计完成信用核查97批次，完成信用修复企业8家，退出失信企业名单22家。完成第三批市生态信用村评定工作，评定产生AAA级生态信用村17个、AA级生态信用村2个。推出生态信用村的绿色金融、财政补助、科技服务、创业创新、生态产业扶持等多项激励举措。

【国资国企改革】 2022年，莲都区出台《莲都区进一步深化国有企业市场化改革方案》《莲都区国有企业深化人事制度改革工作方案》《莲都区国有企业经营业绩考核与负责人薪酬管理暂行办法》《莲都区国有企业重大事项管理制度》等系列方案，明确监管从“管资产为主”向“管资本为主”转变，推进多部门协同联动的监督工作机制，完善国企改革政策体系。拓展国企经营业务，助推各区属国企成立15家经营性子公司，引导各区属国企分区块参与项目建设、土地市场开发、投融资等业务，开展国有资产整合提升工作，理顺产权关系，将国资监管体系外的资产注入国企进行集中统一管理，重新评估入账，壮大国有资产和营收。提升国企主体信用等级，助力区城投公司获得信用AA评级。深入实施职业经理人制度，完成市场化选聘职业经理人3人。

（区发改局）

2022年莲都区十方面民生实事

【优化教育资源配置】 推进教育提质，构建协作型教育共同体1对、共建型教育共同体4对，实现优质教育资源共享。增加学位供给，建成城西学校初中部、灯塔幼儿园教育集团中骏璟园园区、联城中心幼儿园金周农居新社区园区。

完成情况：实际共组建6对协作型教育共同体，4对共建型教育共同体，其中，6对协作型教育共同体分别是义乌市稠州中学与碧湖中学、义乌市绣湖中学与老竹民族学校、义乌市后宅中学与大港头学校、义乌市实验小学与碧湖小学、义乌市绣湖小学与城北小学、义乌市香山小学与莲都小学；4对共建型教育共同体分别是花园中学与碧湖中学、中山小学与碧湖小学、刘英小学与碧湖二小、莲都外国语学校与老竹民族学校。城西学校初中部于9月建成并投入使用，新增学位1200个。灯塔幼儿园教育集团中骏璟园园区于9月建成并投入使用，新增学位270个；联城中心幼儿园金周农居新社区园区于10月建成并投入使用，新增学位360个。

【提升扶残助残水平】 残疾儿童康复救助100人；提升建设规范化儿童康复机构2家；提升建设规范化残疾人之家2家；实施重要公共服务场所无障碍改造10个。

完成情况：通过开展儿童康复训练、发放儿童康复补贴等形式，康复救助残疾儿童112人。规范化建设开馨儿童发展中心和康乃馨儿童发展中心2家康复机构，提升康复机构开办运营能力并通过验收。东港残疾人之家和非王残疾人之家完成规范化建设，并通过验收。丽阳门公园等10个点位全部完成无障碍改造，并通过验收。

【优化农村交通路网】 实施农村公路新改建工程16.4 千米。

完成情况：新改建农村公路线路9条，实际实施17.4千米。分别为丽武公路至老竹中学、老竹中学至东西岩、杉树坑至黄畈、赤坑至新陶、开谭至青竹、大坑至浅田（太平段）、浅田至大坑（老竹段）、周村口至季岭根、五佰秧至下樟。

【加强水域安全保障】 完成水库除险加固1座；完成山塘整治7座；提升改造农业灌溉泵站（堰坝水闸）7座；完成中小河流治

理1千米；改造提升供水管网55千米；改造提升32个单村供水站。

完成情况：碧湖镇保定山塘水库除险加固工程已完工。完成联城街道如山山塘、岩泉街道大岭山塘、碧湖镇北空山塘和吴山岙山塘、太平乡楼根山塘、雅溪镇黄场山塘、雅溪镇青坛坑二级山塘7座山塘整治工程。完成8座泵站提升改造，分别为联城街道乌里坑堰坝、黄宅源堰坝，老竹镇凌山堰坝、太傅殿下堰坝，碧湖镇南坑堰坝、里河上花地泵站、岩头泵站、莲丰享泵站。完成宣平溪上游段综合治理。完成改造提升供水管网61千米，分别为太平乡吴弄村供水保障管网工程、雅溪镇自来水厂管网工程、紫金街道杨坑村供水保障管网工程、碧湖镇郎奇—石牛区块配套工程。32个单村水站已经完工并通过验收。

【提升养老服务水平】 所有乡镇（街道）居家养老服务中心配备无感服务智能终端；建成2家智慧公办养老院。

完成情况：完成所有乡镇（街道）居家养老服务中心无感服务智能终端配备，并通过验收。6月底完成怡福家园和红景天养老院智慧系统建设并通过验收。

【改善城乡居住条件】 开工建设“大搬快聚”安置小区3个，搬迁1万人；完成改造城镇老旧小区2个，开工改造2个。

完成情况：魏村二期安置小区、常宅、凤鸣安置小区已开工建设。南明新村老旧小区改造项目、公安经济适用房周边老旧小区改造项目已完工。文昌路塑料厂宿舍周边区块于3月开工，完成70%工程量；怡景花苑老旧小区改造项目于8月底开工，完成20%工程量。

【加强人才招引培育】 新引进高校毕业生6000人；新增技能人才700人、产业人口3000人；开展职业技能培训4000人次。

完成情况：累计引进高校毕业生7536人。新增技能人才1836人，产业人口3011人。大力实施“金蓝领”职业技能提升行动，打造“浙派工匠”名片，累计完成各类技能培训8511人次。

【优化扶农助农服务】 流动供销致富车为60个行政村提供产销和代购服务。

完成情况：累计发展“浙丽供”10辆、“浙丽产”1辆、“浙丽销”4辆，累计开通雅溪、太平、仙渡、黄村、大港头、峰源、丽新、碧湖8条线路，惠及100个行政村，助农销售农副产品累计超183万元，服务里程累计超40万千米。

【提升食安保障水平】 规范民办中小学食材管理，实行食材统一招标、配送；5家放心农贸市场推广应用“浙食链”，建立食品安全追溯体系。

完成情况：全区所有民办中小学食堂食材6月完成公开招投标，9月1日开始进行统一配送，项目进度达到100%。府前、东港、西银苑、大港头镇、老竹镇5家放心农贸市场均已开展“浙食链”应用，市场内使用“浙食链”实施产品信息报备和传递的经营户达到100%。

【加强医疗卫生保障】 开展65~74岁居民慢性阻塞性肺疾病免费筛查；为70岁以上老年人免费接种流感疫苗。

完成情况：完成2870名居民的免费问卷筛查，为918例居民开展免费肺功能检查。为1.5万名70岁以上老年人免费接种流感疫苗。

（区府办）

中国共产党丽水市莲都区委员会

重要会议

【区委全体会议】 9月8日，区委十五届二次全体（扩大）会议召开。全会提出要以习近平新时代中国特色社会主义思想为指导，深入贯彻落实省第十五次、市第五次党代会精神和市委五届二次全会部署要求，动员全区上下在“两个先行”的新征程中实干争先，围绕“一脉三城”发展格局，全面加快碧湖新城发展豹变，以未来眼光发展建设高能级平台，打造革命老区共同富裕先行示范区的强大引擎。市委常委、区委书记张壮雄代表区委常委会作工作报告，并作总结讲话。全会审议并通过《中国共产党丽水市莲都区委员会工作规则》。

【区委常委会会议】 1月10日，会议传达学习中共中央政治局党史学习教育专题民主生活会、国家省宗教工作会、县（市、区）委书记工作交流会暨疫情防控工作部署会、全省民营经济发展大会、全市2022年一季度“开门红”会等会议精神；听取关于党史学习教育专题民主生活会建议方案的汇报、区十七届人大一次会议、区政协十六届一次会议有关事项汇报、《2017—2021年度莲都区劳动模范和模范集体评选方案（审议稿）》汇报和区委常委四季度工作情况汇报；研究2021年下半年公务员职级晋升方案和区工商联（总商会）第十一届领导班子人选；审议《政协第十六届丽水市莲都区委员会委员人选名单（草案）》。

1月28日，会议学习习近平总书记在省部级主要领导干部学习贯彻党的十九届六中全会精神专题研讨班开班式上的重要讲话精神，学习省委组织部《关于强化“干换结合”做到“五个防止”慎终如始做好换届工作的电话通知》，传达全省全面推开排查整顿农村发展党员违规违纪问题工作部署会议等会议精神；听取区“两会”筹备情况、莲都区2021年度十方面民生实事完成情况和2022年度十方面民生实事征集初选工作的情况、《莲都区2021年国民经济和社会发展计划》执行情况、《2022年国民经济和社会发展计划草案的报告（审议稿）》《莲都区2022年基本建设项目投资计划》汇报、《莲都区2021年财政预算执行情况及2022年财政预算草案的报告（审议稿）》汇报、区人大常委会、区政府、区政协、区法院、区检察院党组工作情况、《莲都区2021年环境状况和环境保护目标完成情况报告》和莲都区2021年社会安全稳定形势分析等报告；审议区人大常委会、区政府、区政协、区法院、区检察院工作报告、《〈莲都区“大搬快聚富民安居”工程实施意见〉补充意见》《碧湖新城建设管理体制机制实施意见》和莲都区2021年度创新项目评估结果；研究区人大、政协换届人事安排、第五届市政协委员拟推荐人选名单和干部人事工作。

2月21日，会议学习习近平总书记在中央政治局第三十六次集体学习时的重要讲话，传达各级纪委全会、统战部部长会议，市委经济工作会议和全市基层党建工作会议等会议精神，学习《领导干部报告个人有关事项规定》和《领导干部个人有关事项报告核查结果处理办法》；听取中共丽水市莲都区第十四届委员会巡察综合情况总结报告、2021年巡察工作情况及2022年工作要点汇报、莲都区信访积案化解工作情况汇报、区人大常委会党组关于区人大常委会领导班子分工情况汇报和区政协党组关于区政协领导班子分工情况汇报；审议区纪委十五届二次全会方案及工作报告和《中共丽水市莲都区第十五届委员会巡察工作规划（试行）》。

2月28日，会议传达学习中国共产党丽水市第五次代表大会精神。会议强调，要以市第五次党代会为契机，强化知信行合一，奋力加快跨越式高质量发展，全面接续高质量发展建设百万人口现代化城市。

3月15日，召开常委会扩大会议。会议传达学习十三届全国人大五次会议、全国政协十三届五次会议、全市领导干部会议精神。

同日，召开常委会学习习近平总书记在中央党校（国家行政学院）中青年干部培训班开班式上的重要讲话精神，学习《中国共产党纪律检查委员会工作条例》，传达各级组织部长会议、全市党委（党组）书记抓基层党建和人才科技工作述职评议会、全省党校（行政学院）常务副校（院）长会议和全省数字化改革推进大会等会议精神；听取2021年度区委领导班子履行主体责任和领导班子成员履行“一岗双责”情况汇报、《丽水市莲都区人民政府2022年度重大行政决策事项目录》《丽水市莲都区人民政府关于2021年度法治政府建设情况的报告》汇报、《区政协协商工作规则（草案）》汇报、区党外知识分子联谊会第三届理事会换届有关情况汇报和纪委案件有关情况汇报。

3月18日，会议学习习近平总书记在中共中央政治局常务委员会会议上的重要讲话精神，听取区疫情防控指挥部工作汇报。

3月25日，会议学习习近平总书记在中央政治局第三十七次集体学习时的重要讲话精神和省委书记袁家军在丽水调研时的讲话精神，听取“奋斗实干”行动和其他重点指标、重点项目、重点工作情况汇报。

4月2日，会议学习习近平总书记关于统计监督工作重要讲话精神，中办、国办印发的《关于更加有效发挥统计监督职能作用的意见》，省委书记袁家军在省委网络安全和信息化委员会第四次全体会议上的讲话精神，省委书记袁家军在省委全面深化改革委员会第十八次会议上的讲话精神，省政协主席黄莉新在丽调研讲话、传达学习全省深化纪检监察体制改革暨公权力大数据监督应用建设第二次推进会精神，学习《中共浙江省委浙江省人民政府关于从周江勇案件中汲取教训做好以案促治工作的意见》；听取莲都区1—2月统计数据核查工作情况汇报、莲都区1—2月重点指标运行情况分析以及一季度形势预判汇报、全区“信访积案化解清零行动”及重复信访事项治理进展情况汇报、关于追授应建勇“莲都区优秀共产党员”称号的情况汇报和区人民法院党组关于调整领导班子成员分工情况的汇报；审议莲都区2021年度工作责任制考评结果及《莲都区2022年度岗位目标责任制综合考核实施意见》《莲都区尽职免责裁定工作实施办法（试行）》《莲都区领导班子和领导干部立体考核实施办法（试行）》《莲都区2022年党风廉政建设和反腐败工作组织领导与责任分工》。

4月15日，会议学习习近平总书记关于安全生产重要指示精神和全国安全生产电视电话会议精神、习近平总书记关于老干部工作重要指示精神，传达全国、全省老干部工作“双先”表彰大会、老干部局长会议和市“两会”精神；听取《莲都区基层应急管理体系建设方案》汇报和莲都区文明单位评选和复评工作情况汇报。

4月25日，会议学习习近平总书记在中央全面深化改革委员会第二十五次会议上的重要讲话精神，学习《中共浙江省委办公厅关于印发〈领导干部接到请托事项记录报备制度（试行）〉的通知》《浙江省进一步加强整治虚拟货币“挖矿”活动实施意见》，传达学习省委常委会扩大会议、全省建设平安浙江工作会议、全省制造业高质量发展大会和市委人才科技工作——招才引智战略性先导工程再推进大会等会议精神；听取莲都区“七张问题清单”一季度管控力指数分析汇报、莲都区2022年一季度重点指标运行情况分析、“奋斗实干”行动、“七张问题清单”、共同富裕工作推进情况、数字化改革和其他重点指标、重点项目、重点工作情况汇报、区委常委2022年一季度岗位履职、党风廉政建设“一岗双责”落实情况、意识形态工作“一岗双责”落实情况等工作汇报、2017—2021年度莲都区劳动模范和模范集体评选结果及追授应建勇同志“丽水市莲都区劳动模范”称号情况汇报、莲都区2022年第一季度社会安全稳定形势分析报告；审议《莲都区“八大行动”五年实施方案（审议稿）》。

5月11日，会议传达学习全国巡视工作会议暨十九届中央第九轮巡视动员部署会，十四届省委第十四轮巡视动员部署会，省市委对台工作领导小组会议及全市对台工作会，全国宣传部长会，全省、全市宣传思想工作会和全市统战部长会等会议精神；学习省委书记袁家军在全省建设平安浙江工作会议上的讲话精神，省委常委、组织部部长王成在莲调研讲话精神，中央巡视工作领导小组办公室主任王鸿津在省市两级巡视巡察办主任培训班上的讲话精神，学习《关于进一步加强巡视整改和成果运用的实施意见》；听取莲都区2021年以来对台工作情况及2022年主要工作任务汇报；审议《关于进一步强化省对区、市对区等考核结果运用的操作办法》《莲都区工作专班管理暂行办法》《增加区国投公司领导职数的事项》《区管干部日常调配工作原则》和《莲都区监委关于给予陈青平开除处分的请示》。

5月27日，会议学习习近平总书记在庆祝中国共产主义青年团成立100周年大会上的重要讲话精神、习近平总书记对湖南长沙居民自建房倒塌事故的重要指示精神和省委书记袁家军在浙江省扎实推动共同富裕高峰论坛开幕式上的讲话精神，传达国家、省自建房安全专项整治会议、4月29日中共中央政治局会议、5月23日国务院常务会议、5月23日省委常委会会议、全国稳住经济大盘电视电话会议、5月5日中共中央政治局常务委员会会议、5月9日省委常委会会议、省委全面深化改革委员会第十九次会议、全省城乡社区工作会议、市委农村工作会议暨粮食安全工作会议和全市建设平安丽水工作暨市域社会治理现代化试点工作推进会等会议精神；听取莲都区自建房安全专项整治工作情况的汇报、“奋斗实干”行动、“七张问题清单”、共同富裕工作推进情况、数字化改革和其他重点指标、重点项目、重点工作情况汇报、《莲都区规范民办义务教育发展工作实施办法》汇报、助企纾困、减税降费政策落实情况汇报；审议《莲都区第七届道德模范评选情况》《关于明确区委国安办领导职数设置方案》《莲都区农村发展党员违规违纪问题认定处置办法》、莲都区农村发展党员违规违纪问题认定处置意见及2021年度科级领导干部考核结果及研究干部人事工作。

6月7日，会议听取经济稳进提质攻坚行动工作汇报；审议《莲都区推动经济稳进提质工作实施方案》。

7月1日，会议学习习近平总书记在中央政治局第四十次集体学习时的重要讲话精神，传达山区26县高质量发展暨山海协作工程推进会精神；听取“奋斗实干”行动、“七张问题清单”、共同富裕工作推进情况、数字化改革和其他重点指标、重点项目、重点工作情况汇报；审议《莲都区公务员职级晋升工作原则》；研究2022年上半年公务员职级晋升方案。

7月18日，会议学习习近平总书记关于统计工作重要指示批示精神，学习统计法律法规和警示案例，传达中央全面深化改革委员会第二十六次会议、全省经济稳进提质攻坚行动工作例会、全省数字化改革推进会和全省建设新时代美丽浙江推进大会暨生物多样性保护大会精神；听取《丽水市莲都区统计造假不收手不收敛问题专项纠治实施方案》《丽水市莲都区落实国家统计督察反馈问题整改实施方案》汇报、莲都区2022年基本建设项目投资计划调整情况汇报、《莲都区健全和完善精准服务企业工作机制的实施方案》汇报、《莲都区未来乡村建设五年行动计划(2022—2026年)》汇报、《莲都区落实五级书记抓乡村振兴责任清单(试行)》汇报、莲都区2022年上半年社会安全稳定形势分析报告、区委常委2022年二季度岗位履职、党风廉政建设"一岗双责"落实情况、意识形态工作"一岗双责"落实情况等工作汇报和纪委案件有关情况汇报;研究干部人事工作。

7月29日,会议学习习近平总书记致全球重要农业文化遗产大会贺信和全球重要农业文化遗产大会精神、传达学习县(市、区)委书记工作交流会暨全省经济稳进提质攻坚行动工作例会、省委办公厅《关于当前我省意识形态领域形势的通报》及全省除险保安百日攻坚行动工作会议、全省数字经济高质量发展大会精神;听取莲都区2022年上半年重点指标运行情况汇报、"奋斗实干"行动、"七张问题清单"、共同富裕工作推进情况、数字化改革、重点项目等重点工作和"八大行动"督察情况汇报;审议《中共丽水市莲都区委关于落实市委意识形态工作责任制专项检查反馈意见的整改方案》。

8月26日,召开区委常委会扩大会议,传达学习市委五届二次全体(扩大)会议精神。

同日,召开常委会学习习近平总书记在省部级主要领导干部"学习习近平总书记重要讲话精神,迎接党的二十大"专题研讨班上的重要讲话精神,传达中央统战工作会议、全省各级人大常委会主任学习会精神,学习《浙江省食品安全工作约谈和重大事项督促落实暂行办法》;听取莲湖水库移民动迁安置工作情况汇报、《莲都区信访工作总结分析报告》、"奋斗实干"行动、"七张问题清单"、共同富裕工作推进情况、数字化改革、重点项目等重点工作和"八大行动"督察情况汇报;审议《莲都区关于建立事业单位管理岗位职员等级晋升制度实施方案》《莲都区事业单位管理岗位职员等级晋升制度操作细则》。

9月6日,会议学习习近平总书记在中共中央政治局第四十一次集体学习时的重要讲话精神,传达2022年全省、全市政协主席暑期读书会精神;听取区委十五届二次全体(扩大)会议有关事项汇报;审议《中共丽水市莲都区委常委会2022年工作要点》、莲都区社会治理中心组建事宜及中国国际贸易促进委员会浙江省丽水市莲都区委员会成立事宜。

9月27日,会议学习习近平总书记在中央全面深化改革委员会第二十七次会议上的重要讲话精神、习近平总书记在中央政治局会议上关于上半年经济形势重要讲话精神、习近平总书记关于防汛抗旱抢险救灾工作重要指示精神,传达全省清廉浙江建设推进会、省委统战工作会议精神;听取莲都区法院《关于司法公正感受度提升工程工作情况》汇报、《丽水市莲都区残疾人联合会第八次代表大会方案》汇报、国庆前后疫情防控工作汇报、共同富裕和生态产品价值实现机制工作推进情况汇报;审议《莲都区农业农村高质量发展实施意见(审议稿)》、《中共丽水市莲都区委关于市委意识形态工作责任制专项检查反馈意见的整改落实情况报告》、经济稳进提质、"奋斗实干"行动、"七张问题清单"、共同富裕工作推进情况、数字化改革、重点项目等重点工作和"八大行动"督察情况汇报;研究干部人事工作;观看反邪教警示教育片——"蠹政害民,全能神"。

10月14日,会议传达学习中国共产党第十九届中央委员会第七次全体会议公报精神,传达东南沿海省份政府主要负责人经济形势座谈会、经济大省政府主要负责人座谈会、2022年度长三角地区主要领导座谈会、省委常委会会议、全省服务业高质量发展大会、全省巡视巡察工作会议暨十五届省委第一轮巡视动员部署会议精神,学习全省政法领导干部加强政治建设专题研讨班开班式精神,学习《机构编制违规违纪违法行为处理和问责规则(试行)》;听取莲都区2022年第三季度社会安全稳定形势分析报告、碧湖新城区属国企商业板块总体情况汇报、区委常委2022年三季度岗位履职、党风廉政建设“一岗双责”落实情况、意识形态工作“一岗双责”落实情况等工作汇报、区纪委区监委案件有关情况汇报；审议《关于高质量推进乡村全面振兴打造具有莲都特色的农业农村现代化山区样板的意见（审议稿）》《关于全面推行“田长制”落实最严格耕地保护制度的实施意见（审议稿）》《关于区贸促会机关领导职数设置方案》。

10月25日，会议学习习近平总书记在二十届中共中央政治局常委同中外记者见面时的重要讲话精神，传达省、市党史工作会议精神；听取区社会治理中心领导职数设置情况汇报、经济稳进提质、“奋斗实干”行动、“七张问题清单”、共同富裕工作推进情况、数字化改革、重点项目等重点工作和“八大行动”督察情况汇报；审议《关于全面学习贯彻党的二十大精神 广泛开展“六学六进六争先、‘丽水之干’谱新篇、先行示范当头雁”学习实践活动的实施方案》和《丽水市莲都区乡村振兴农业发展有限公司组建方案（审议稿）》。

11月28日，会议学习习近平总书记在中央政治局常委会会议上关于进一步优化疫情防控工作的重要讲话精神、习近平总书记关于坚持和完善人民代表大会制度的重要思想和人大制度理论，传达全省数字化改革推进会议、县（市、区）委书记工作交流会暨全省经济稳进提质攻坚行动工作例会精神；听取经济稳进提质、“奋斗实干”行动、“七张问题清单”、共同富裕工作推进情况、数字化改革、重点项目等重点工作和“八大行动”督察情况汇报、区纪委区监委案件有关情况汇报；审议《丽水市莲都区深化基层管理体制改革加快推动基层治理体系建设的实施方案（审议稿）》《莲都区县域共青团基层组织改革实施方案（审议稿）》。

11月1日，会议学习习近平总书记在中共中央政治局第一次集体学习时的重要讲话精神，学习《推进领导干部能上能下规定》；听取莲都区2022年三季度重点指标运行情况汇报、2021年度莲都区行政奖励项目实施情况和2021年度莲都区评比表彰通报表扬项目实施情况汇报；审议《2022年度市直单位支持莲都区工作加扣分考核细则（审议稿）》《中国共产主义青年团丽水市莲都区委第二十次代表大会方案》《莲都区关于开展撤村建（并）居工作的实施方案（送审稿）》。

12月9日，会议学习习近平总书记在中共中央政治局会议上的重要讲话精神、习近平总书记在江泽民同志追悼大会上的致辞、习近平总书记在军队领导干部会议上的重要讲话精神、习近平总书记关于应急管理与安全生产的重要论述，学习近期批示和相关会议精神，学习《中国共产党处分违纪党员批准权限和程序规定》和《中国共产党机构编制工作条例》；听取《关于建议给予富春伟等4名同志行政奖励的情况》汇报、《关于承接助力山区26县高质量发展专项行动工作情况》汇报、2022年度机关党建工作情况汇报，听取区委党校、区总工会、团区委、区妇联、区科协2022年工作总结和2023年工作思路汇报、《莲都区2022年守法普法工作开展情况和2023年工作思路》汇报、《莲都区防范和处理邪教问题工作情况》汇报、区领导领办巡视巡察和审计问题整改情况汇报；审议《关于废止和宣布失效一批涉计划生育党的规范性文件的决定（审议稿）》；研究干部人事工作。

【全区领导干部会议】 1月24日，全区领导干部会议召开。会议传达学习省十三届人大六次会议、省政协十二届五次会议精神。区委副书记、代区长张妍主持会议，区委书记张壮雄出席并讲话。

10月25日，全区领导干部会议召开。会议传达学习党的二十大精神和全省领导干部会议、全市领导干部会议精神。市委常委、区委书记张壮雄主持会议并讲话。

（廖远红）

数字化改革

【概　况】 2022年，承接省级数字化改革试点33项，形成理论成果10项、制度成果19项，有5个应用获得省部级以上领导肯定，3个应用经验分享入选省委改革办数字化改革(工作动态)专刊，其中"莲宿码"等数字化特色应用成为省级最佳实践系列案例。2022年，莲都区数字化改革考核排名首次进入山区26县第一档次。

【一体化智能化公共数据平台】 2022年，一体化智能化公共数据平台持续数据归集。根据省、市下发的任务，完成政务服务与数据目录关联，关联率为100%。按期完成数据归集100条。完成"累了么"、阳光票决、智慧农饮水、双招双引4个应用共66个数据目录归集，梳理区民政局"96345"应用数据目录。建设"丽水山耕""九云征收""累了么"3个专题库。加强IRS信息维护，协助19个单位完成组件申请并成功调用，新建应用组件调用率为100%。完成IRS资源编码50个，全部通过终审。28个应用完成IRS发布应用备案。中高风险地区自动判断组件完成IRS上架。通过IRS系统做好云资源"整合、增效"文章，整合云资源安全防护和堡垒机，收回闲置应用云实例，节约费用约50万元。定期监测，动态调整，提高云资源利用率约7%。开展核心业务梳理，按计划完成33家区直部门核心业务梳理，2022年共增加业务事项104项。解散浙政钉不活跃工作群1500多个，提升应用两端发布率达82%，位居全市前列。提升浙政钉活跃度，定期清理浙政钉人员，日均活跃度达到86%。推广"浙里办"，通过"浙丽通行码"的布置使用，提升活跃度，日平均活跃用户数达2.8万户。日常维护政务服务事项清单，督促各单位提高"好差评"事项覆盖率，做好整改，提升一网通办办件率，做好政务服务向基层延伸工作。

【党政统领整体智治】 2022年，党政统领整体智治系统推动10个省级重大应用落地落实。"七张问题清单"发挥作用，管控力指数排名全省第九，主动发现问题数居全市第一。"人大代表履职"应用在全省试点单位大港头镇顺利推进，9月5日召开推进会后在全区推广使用。"浙统云"(外网)完成人物库录入1824人，场所库录入9个；党外代表人士全链条(内网)完成首批23人用户开通，党外代表人士录入300人，双走访58人次，培养对象人选推荐23人。公权力大数据监督应用平台碰撞比对预警信息524条，查实129条，运用第一种形态处理相关人员148人，党内警告处分1人，挽回经济损失23.24万元。"浙里好干部"应用平台完成80余家单位的区管领导班子和520余名区管领导干部的数据整理和归集，在全省考评中获优秀等次。"浙里干部之家"App组织全区各单位开展应用激活，共激活5501人，开展"我的学习"用户批量导入，下发工作提醒4期。"浙里人才之家"App推进莲都人才入库申请和人才维护工作，已在库人才3.2万人；在建莲都区人才新政码上兑现服务项目7个，创建服务场景141个。红色根脉强基工程搭建涵盖1109个基层党组织和2.25万名党员信息的强大数据底座；更新维护数据16800余条，党组织信息完整度达到100%；加强问题发现、督促、整改，整改任务645件，办结率达98.32%。压实各单位重大突发事件信息报送责任，把突发事件信息报送纳入信息考核，确保重大突发事件信息半小时内准确上报。建立基层事项办理工作机制，共受理25761件信访事项，办结率、答复率均为100%。

【数字政府】 2022年，数字政府系统克难攻坚，推进各项工作。开展"大场景、小切口"应用场景谋划，打造特色应用，区级共有9个重点应用。"云森防2.0"平台，打通省市区数据壁垒，共享疫情发生、清理进度、核查验收等数据至省、市林业主管部门，建成集疫情普查、疫木监管、核查验收等各防治环节于一体的松材线虫病防治"一张图"指挥系统，使2022年清理时间较2021年提前2个月，验收时间前置6个月，清理面积、清理株数、清理质量均为历年最高，疫情普查发现莲都区松材线虫病发生面积58333.33公顷，病死松树30.6万株，分别下降5.2%、57.3%。首次实现了松材线虫病发生面积、发生株数的双下降。“九云征收”将征收工作逐级拆解为项目管理、补偿审查、安置分配等3个一级业务和15个二级业务，建设“1+8”综合应用场景（一套主场景即项目云管理主平台，八大子场景即政策云指导、进度云监督、协议云签约、资金云支付、房源云分配、档案云查询、拆除云验收、数据云展示）。截至2022年底，已通过“九云征收”应用正式签约271户，签约面积9.1万平方米，自动计算补偿资金6.6亿元，补偿方案计算效率由之前的半天提高到10分钟左右，征收工作效率提高。

【数字经济】 2022年，数字经济系统抓好以“产业大脑+未来工厂”为核心的数字经济系统建设。对标评价指标体系，集中攻坚能力组件拆解，上架省平台能力组件2个（莲都区园区大脑、莲都区产业云地图），对标市数字经济门户，实现省级应用贯通11个。组织全区各部门上线产业政策90条，完成涉企补贴补助类资金兑现3.79亿元；莲都区企业码专区共上线11个应用，助企服务员通过企业码记录走访1570人次，提交企业诉求75条，回复率100%。政策精准推送至企业8条；加强生产物资和防疫物资运输保障，落实车辆通行证即申即办，全年全区累计线上办理全国统一样式车辆通行证425张。新增并完成“浙江消保在线（消费宝）”试点，全区规上工业企业智能制造成熟度评估完成率从10%提高到60%。

【数字社会】 2022年，打造“累了么”应用，11月在浙里办上架。“累了么”应用作为全国5家发言单位之一亮相全国总工会会议，入围浙江工会数字化改革地方特色创新项目，获得各级领导的肯定。“莲宿码”聚焦莲都区民宿多而不精，存在游客住宿不放心、经营管理不到位、服务监管不精准等系列问题，建设“放心宿”、“省心管”和“齐心服”三大场景，为游客提供民宿动态信息，为民宿业主提供全方位管理服务，聚合政府服务监管力量，创造良好的民宿旅游生态。“莲”合协查场景其他部门预警收集，产生预警信息共78条，游客端在浙里办上架。2022年，累计扫码超10456人次；开展“莲宿码”应用试用的民宿达258家1228个房间，游客对民宿满意度提升80%；游客对卫生保洁方案的投诉举报量为零，监管效率提升45%。

【数字法治】 2022年，数字法治系统共承担转承国家试点任务1个（区法院“全链条要素式审判——买卖合同纠纷案由”），省级试点6个（审判资源跨域统筹、全省“公安机关”建设第一批整体试点单位、建设经济领域犯罪侦查打击集成应用、建设食药环知案件侦查打击集成应用、建设经济领域犯罪侦查打击集成应用、网拍数字化监管）。数字法治领域的“浙丽守未”（未成年人犯罪预防与治理多跨协同系统与机制场景应用）获评2022年全市数字法治优秀应用。“执法辅助平台”场景应用和“丽水数字派出所”场景应用入选市公安“一地建设、全市共享”项目。

【数字文化】 2022年2月省委提出了“1612”体系构架，新增数字文化系统。围绕数字文化系统“理论引领、舆论引导、文化惠民、文旅融合、文明培育”五条跑道，结合莲都工作特色亮点，广泛征集应用建设思路，打造“爱心书屋”应用。区委常委、宣传部部长带队参加省、市数字文化系统谋划应用路演评估会，汇报“爱心书屋”“云上文明”应用建设情况。“爱心书屋”应用在“浙里办”上线，入选全省数字文化系统市县应用一览表，成为全市首批数字文化系统重要应用，入选浙江省公共文化服务高质量发展典型案例名单。

【基层智治】 2022年，对照省、市专班要求，成立莲都区基层治理系统专题组及工作专班，形成“7+1”重点任务，44项重点举措，建立“工作例会+专班推进+指标晾晒+督查问效+责任考核”的工作机制，召开工作例会10次，编发工作简报8期，完成34项重点举措，形成22项制度成果。“141”体系迭代稳步推进，研究制订《莲都区社会治理中心项目建设方案》，总投资3000余万元改造提升面积5243.2平方米，采用“138+N”模式，整合公共服务资源，打造一站式社会治理平台。迭代基层治理四平台，明确由党委负责人任中心主任，配备专人专岗。14个乡镇（街道）已完成“基层治理四平台”线下迭代，并对应四条跑道建立组织架构，出台综合信息指挥室运行规程。调整优化农村网格688个，建立农村微网格1114个。深入“大综合一体化”行政执法改革，梳理28个领域行政处罚事项4856项，划转至综合行政执法事项1300项，撤销5支部门执法队，划转人员17人，组建乡镇综合行政执法队，共“下沉”执法人员142人，占执法编制总数62.6%，实现乡镇执法队伍全覆盖。制订出台《莲都区“综合查一次”联合执法机制实施方案》，常态化开展“综合查一次”场景联合检查，共开展联合检查44次，检查企业（商户）187家。

（蓝潘登）

浙西南革命精神弘扬践行

【概　况】 莲都区历史文化遗存丰富，有水利文化、畲族文化、红色文化、油画文化、摄影文化等地方特色文化。通济堰是浙江最古老的大型水利工程、首批世界灌溉工程遗产，至今保存着全世界最古老的拱形水坝。莲都是中国第一个摄影之乡和“丽水巴比松”画派发祥地，有中国第一家摄影博物馆，竹柳新桥“三月三”歌会成为浙江畲族文化品牌。莲都还是中国革命老根据地，有原中共浙江省委机关、新四军驻浙办事处、红军洞等一大批革命旧址，周恩来、粟裕、刘英、陈嘉庚等在此留下足迹。

【理论研究和弘扬精神】 围绕丽水市打造全国革命精神弘扬践行示范区、全国革命老区内生发展先行区、全国红色旅游发展样板区、长三角红色教育培训集聚区的定位，莲都区努力提升浙西南革命精神引领力，创建革命文物保护利用示范区，构建浙西南革命精神教育体系，提升红色村镇民生福祉，优化基础设施网络体系，加强红色文化区域合作交流。实施浙西南革命文物保护利用规划，挖掘整理红色资源，实施红色教育提升工程，建设中国共产党丽水县委旧址纪念馆、北乡革命纪念馆、南乡革命纪念馆等党性教育、爱国主义教育、党史教育、红色研学实践教育基地，将浙西南革命精神纳入学校教育。申报《浙西南革命老区粮食安全保障路径探究——以国家科技进步奖一等奖成果“节水抗旱稻”的转化落地为例》等10个专项课题。举行“风展红旗如画”国旗巡回展开展仪式。丽水新闻、莲都发布、莲视频、《丽水日报》、《处州晚报》、“莲连看”App等各大媒体平台通过图文、视频等形式对该活动进行报道，累计阅读量5万多人次，激励广大干部群众做“红色根脉”的传承者、守护者、践行者，坚持以浙西南革命精神为“丽水之干”铸魂赋能立根，激扬新时代“挺进师”的奋进姿态。

【主题宣传】 弘扬践行浙西南革命精神，展示“八个必须坚持”，加快跨越式高质量发展，建设绿水青山与共同富裕相得益彰的社会主义现代化新丽水的生动实践和亮点成效，提升丽水对外知名度、美誉度。邀请国家级、省级媒体到丽水开展“红色浙西南绿色新丽水”主题采访活动，提供新闻素材，提升采访活动的工作实效。在中国网、新华网、凤凰网、《人民日报》、中国蓝新闻等媒体专题报道十余篇。

（区委宣传部）

组织工作

【党员干部现代远程教育】 2022年，挖掘莲都区特色短视频资源线索，紧扣省委、市委组织部工作重点，在精品短视频制作上发力，全年有3部短视频被省委组织部“之江先锋”视频号录用推广。参与2022年全省党员教育电视片观摩交流评选活动，《爱国奋斗·大写人生——田秀才》获全省“十佳‘之江先锋’短视频”奖。微电影《寻找八哥》在第5届中国红色微电影盛典上获“最佳微电影奖”。在拍摄具有“莲都亮点”的党建电视新闻上下大功夫，全年被省级及以上党建电视媒体录用播出新闻11条，共计38分钟，位于全省前列。与村级组织活动场所建设提升行动相结合，对34个基层远教站点设备进行更新升级，对257个远教站点管理员开展集中培训，提高全区基层党员教育工作者的专业化素质和能力。

【乡村振兴驻村工作组】 落实“七个一”帮扶举措，2022年1月选派新一批由有关区直单位组成的乡村振兴帮扶驻村工作组，由1名科级干部带队，2名以上干部参加（其中1人为第一书记）。共确定工作组31个，涉及区直单位54家。

【村集体经济】 2022年，莲都区208个村集体经济总收入和经营性收入分别达1.65亿元、0.85亿元，较2021年同期分别增长17.25%、33.9%。村均集体经济总收入和经营性收入分别为79.48万元、40.67万元，其中，经营性收入15万元以上的村208个，经营性收入50万元以上的村35个，村级集体经济总收入20万元以上经营性收入10万元以上的村208个。通过党建联建等形式推动域内优质资源整合、生产要素和生产链条跨域串联，助推乡级强村公司平均利润达172万元。

（舒怡然）

【党代表联络】 2022年，莲都区有省党代表2名、市党代表32名、区党代表279名、乡镇党代表546名。采用“履职平台再延伸、工作机制再融合、工作形式再创新”的方法，建立多个特色党代表工作室。全区各级党代表通过“党代表接待日”“周末有约”“代表巡河”等载体，在基层一线倾听群众意见、了解困难、解决问题。2022年，共组织212名市、区、乡镇三级党代表开展集中调研视察21次，内容涉及“新城建设”“共同富裕”“大搬快聚”“一户多宅”等群众关心的热点难点问题，向党委政府提交意见建议50余条；开展党内民主恳谈会13次，参与党员群众216人次；接待党员群众780名，听取意见建议269条，交办135件；走访群众189人次，听取意见建议142条，交办134件；开展组团惠民活动60余次，为党员群众解决实际困难143件。

【发展党员和党员管理】 2022年，莲都区发展党员230名，其中女党员132名，占发展党员总数的57.39%，少数民族党员23名。25岁及以下24名，占10.43%；26岁至30岁68名，占29.57%；31岁至35岁67名，占29.13%；36岁至40岁44名，占19.13%；41岁至45岁19名，占8.26%；46岁至60岁8名，占3.48%。大专及以上学历177名，占76.96%；中专、高中、中技学历53名，占23.04%。在岗职工发展党员数133名，比重为57.83%，其中公有制单位职工106名，非公企业22名，社会组织5名。农牧渔民发展党员79名，比重34.35%，其他（包括社区工作者、个体劳动者、自由职业人员等）18名。

【党内统计】 截至2022年底，莲都区有基层党组织1145个，其中党委78个、总支部108个、支部959个。行政村党委6个、总支部95个、支部344个；城镇社区党委34个、支部151个；机关党委20个、总支部7个、支部197个；事业单位党委4个、总支部5个、支部125个；国有企业党委3个、支部14个；“两新”组织党委2个、总支1个、支部116个；其他党组织21个。党员22414名，其中预备党员259名，少数民族党员1194名，妇女党员7236名，农村党员11264名。

（季扬杰）

【村干部队伍】 2022年，莲都区有村党组织委员844名，其中女性147名，占17.42%；全区村党组织书记204名（碧湖镇竹溪村、中溪村，雅溪镇雅里村，太平乡小安村暂未选配），平均年龄49.98岁，其中35周岁以下14名（占比6.86%），50周岁以上118名（占比57.84%）；大专及以上学历118名（含在读），其中大学本科19名；男性186名，女性18名，少数民族10名。开展的撤村建（并）居涉及24个村党组织书记，平均年龄51.83岁，大专及以上学历19名，男性22名，女性2名，少数民族2名。村委会成员768名，其中女性247名，占32.16%；村委会主任208名，61岁及以上6名，占2.89%；35岁及以下17名，占8.17%；大专及以上学历105名，占50.48%；初中及以下学历45名，占21.63%。

【村"两委"干部基本报酬发放】 2022年，莲都区村"两委"主职干部中"一肩挑"人员的基本报酬发放的基数为87791.6元、96570.7元、105349.92元；主职干部中非"一肩挑"人员（包含分设的村党组织书记、村民委员会主任，主持村党组织工作的副书记、委员，主持村民委员会工作的副书记、委员）基本报酬发放的基数为67532元、74285.2元、81038.4元。村两委干部中副职人员基本报酬发放基数为60778.8元、66856.6元、72934.5元。2022年全区其他村"两委"委员基本报酬的发放基数为2000元/年·人。

【离任村干部补助发放】 2022年离任村主职干部补助标准根据上级要求较上年增加1000元/人，补助标准为3468元、3908元、4348元、4799元和5239元，2022年享受补助的离任村主要干部有798人，财政支出经费300.47万元。

（陈旸内）

【现代社区建设】 2022年，莲都区聚焦省、市现代社区建设要求，承办市级现代社区建设现场会，打造一条包含2个街道5个点位的莲都现代社区建设特色线路。承接"党群连心·网格走亲"市级试点工作，推动市、区两级63家机关单位6000余名党员干部下沉社区，建立"民情地图"，解决网格治理问题8000余个。打造星级"网格驿站"43个，在网格（小区）新增服务阵地4000平方米，构建起"党群服务中心+网格驿站"的8分钟共享服务圈。推出"邻里大党建"模式，建立"镇街干部+村社干部"双报到、"大搬快聚"搬出村村干部"周一报到日"等机制，开展帮扶活动1300多次，化解矛盾纠纷120多起；在"大搬快聚"集聚地相关镇街打造共富工坊10家，提供"家门口"灵活就业岗位1000多个，年人均增收2.7万元。创新"红色议事联建"机制，推出"听、议、理、晒、评"五步工作法，培育优秀议事召集人30名、优秀调解员52名，召开议事会210多次，办结意见建议900多条，小区业主平均满意度从69%上升至95%。推进无物业小区清零工作，通过专业物业管理、业主自管、社区代管等方式推动全区188个小区实现清零，成立全市首家强社公司。推动"浙里康养""浙有善育"，新增认知症障碍专区床位120张，已建儿童之家36家，其中省级示范型5家。

（刘文丽）

【"两新"组织党建】 2022年，莲都"两新"党建工作紧扣"红耀绿谷、强基共富"工程，开展绿谷先锋驿站向村级延伸工作，新建村级驿站165个，位居全市第一，10月完成208个村"快递进村"全覆盖。开展"最美快递员"选树活动，评选"最美快递员"20名。开展小哥学历提升计划，投入资金7万余元，助力7名优秀快递党员进行大专学历提升。深化红色物业工作，打造"三色三金 多元鑫汇""红耀金服 福满万家"等标杆物业品牌。调动社区党委、物业公司、业委会、小区业主的积极性，打造"红色议事联建"品牌，解决群众身边小事，构建服务群众的"红色通道"，2022年所有物业小区实现红色联建全覆盖，并创建示范联建15个，红色议事联建工作被丽水市委组织部列为现代社区创新工作，并在全市推广。新生代企业家"双传承"应用实现市县两级贯通，省委组织部发文明确新生代企业家"双传承"应用为省委组织部红色根脉强基工程参建项目。联合莲都区总工会打造"累了么"应用，获评2022年浙江工会数字化改革地方特色创新项目。建成各类"共富工坊"70个，形成"畲乡畲艺""雅溪有礼""仙渡甘薯""莲湖茶叶"等特色示范工坊，倪老腌直播、吾饭电商直播两家"共富工坊"入选浙江省首批百家电商直播式"共富工坊"典型案例；菲可童装"共富工坊"、莲鸭共生"共富工坊"被评为市级示范"共富工坊"。2022年，有非公有制企业党组织92个，党员680名，其中单独建立支部67个，建立联合党支部25个；建有社会组织党组织23个，党员235名，其中单独建立支部的15个，建立联合党支部5个、总支部1个、党委2个。

（周泽楠）

【领导班子和干部队伍建设】 2022年，莲都区委常委会共讨论研究干部任免4批161人次，提拔任用和进一步使用46人次（正科级14人，副科级27人，进一步使用5人次），轮岗交流84人次，免职31人次。开展政治素质考察，建立领导干部政治素质档案，通过干部立体画像系统等多种途径完善全区534名领导干部素质档案。开展新提任和进一步使用干部任前政治素质考试，2022年新提任和进一步使用46名干部均通过考试。将干部担当作为情况作为识别评价干部的重要内容，考准考实领导干部在关键时刻的表现情况。2022年共提任或进一步任用16名在“双招双引”等区委区政府中心工作中表现优秀的干部。每月召开奋斗实干晒比会，将重点评价指标一一对应到岗、到人，对指标排名情况进行量化打分，梳理重点评价指标结果运用人选，通报表扬32人，提醒函询17人，优先晋升2人，职级或职员等级晋升年限延长6个月14人，暂缓晋升24人。落实提醒、函询、诫勉制度，全年共提醒256人次，函询17人次。完善领导干部“末位数据库”，对存在考核末位情况的47名领导干部进行提醒。2022年，由于身体、家庭等原因，有24名领导干部不适宜担任现职被调整岗位。把选拔优秀年轻干部作为战略工程，坚持先定原则再定人、以事择人，2022年共提任副科级领导干部27人，其中35岁以下11人，区直部门提任到乡镇（街道）7人，提拔使用全区首位“97后”科级干部。实施《提高新进乡镇领导班子履职能力的十条意见（试行）》，将换届以来新进班子公务员推动改革发展、解决实际问题、处理复杂矛盾和做群众工作等能力提升情况纳入各乡镇党建考核，提升干部的综合能力。2022年，新进班子成员在干部成长论坛发言121人次，完成调研报告59篇，完成重点联系项目132个，化解矛盾纠纷192件。规范工作专班管理和人员抽调工作，择优选派了330余名干部参加双招双引、大搬快聚、碧湖新城建设、经济稳进提质等工作专班，保障区委区政府重点工作的同时锻炼了干部能力。执行干部调整预审机制，上报关键岗位备案3人次，乡镇党政正职在同一岗位任期不到3年进行调整4人次，领导干部身边工作人员提拔使用1人次，领导干部近亲属提拔使用或岗位调整9人次，受到组织处理或者纪律处分影响期满拟重新任用1人次，公务员调任7人次，全年“三超两乱”零增长。落实“两个担当”良性互动机制，制定《莲都区尽职免责裁定工作实施办法（试行）》。优化干部队伍结构，2022年，区管领导干部中全日制大学以上学历占比从年初的23.4%提高到26.4%，区直单位科级领导干部全日制大学以上学历占比从15.9%提升至19.9%，区直单位35岁及以下年轻干部从3.6%提升至6.4%。

（欧阳耀）

【干部教育】 2022年，制订《2022年度干部教育培训主体班次办班计划》和《2022年度区直单位举办干部专业化素质提升培训班计划》，确定主体班次和部门班次共88个，其中主体班次47个，培训规模达13600余人次。分级分类举办科级领导干部、中青年干部、年轻干部、基层党组织书记等主体班，举办“数字化改革能力提升”“工业及数字经济”“招才引智业务”等改革赋能类专题研讨班。根据《莲都区干部教育培训现场教学基地管理办法（试行）》，加快现场教学基地的开发速度，加大提升力度，“古堰画乡”“百年鱼跃”“南乡革命纪念馆”在全市首批干部教育现场教学基地星级评定工作中分别获五星、四星、三星。举办全区科级领导干部学习贯彻党的二十大精神专题培训班，部署各单位组织科级以下干部开展全员培训。落实区管领导干部在线学习要求，采取“月提醒”“季通报”等办法，做好区管领导干部网上学习督学促学和管理服务工作。强化“山海协作”“一带三区”、政企、政校合作，与义乌、江北、青田合作办班，赴上海、深圳、宁波、温州等地高校、企业考察学习。开设“局长大讲堂”，通过线下和“莲连看”App网络直播线上相结合的方式，邀请区领导、相关单位“一把手”、各领域专家学者等为学员讲授重点政策、重点考核指标等内容。全年共举办“局长大讲堂”12期，培训6000余人次。坚持“干中练，练中学”的理念，推动年轻干部班学员项目跟踪学习机制，2022年选派29名年轻干部班学员下沉8个区级重点项目一线跟踪学习，实操实践项目事项审批办理等流程。聚焦年轻干部党性锻炼、服务群众、国情调研、乡村振兴、数字化改革、村集体经济发展、双招双引、疫情防控等方面能力提升，创新实施“轮值课堂”学习制度，举办“聚焦新城发展 汇聚青春力量”主题活动，为碧湖新城建设建言献策。

（王抒）

【干部监督管理】 2022年，落实省委巡视“回头看”选人用人专项检查反馈问题整改，针对2个方面8个问题制定整改措施38条，落实30条，长期坚持7条，整改中1条。制定《莲都区尽职免责裁定工作实施办法（试行）》；制定出台《莲都区委组织部约谈重点评价指标工作推进滞后领导干部操作办法》，全年对“七张问题”清单排名靠后、债券资金实际支出进度滞后、年轻中层干部配备不足等5个方面问题约谈领导干部和相关负责人48人次，针对约谈后工作推进情况建立跟踪回访机制，形成工作闭环。落实股级干部调整预审机制，坚持量化标准，加强股级干部年龄、学历、党员比例结构等方面的把关，促进股级干部队伍结构优化，实行重点岗位提级管理，2022年组织考察11名区直单位人事科室主要负责人。完善年轻干部培养锻炼成长机制，开展股级干部大交流，通过设置“蹲苗补钙”“培优提升”“攻坚历练”“强企赋能”“整改促下”五大类别“30+X”个股级岗位，择优比选出一批年轻干部进行跨部门、跨系统大交流，让干部到特定岗位发挥专长，共有79名干部参加股级干部大交流比选。提升全区干部监督意识、监督能力，实施干部监督大宣讲行动，编印下发《丽水市莲都区领导干部监督提醒手册》，结合区委巡察、选人用人专项检查、经济责任审计等专项工作，实行“以干代训”，组织15家单位人事干部开展交叉检查，提升日常监督能力。依托数字化改革，落实立体监督干部信息系统建设，推进监督信息归集、录用、分析和运用，赋能干部选拔任用工作，立体监督信息系统共收集录入监督信息7000多条次；推进“浙里干部之家——我的报告”模块运用的宣传和指导，推动区管领导干部自觉通过线上报告个人重要事项，为干部日常监督工作减负赋能。

（王伟秋）

【干部人事档案】 2022年，区委组织部开展全区公务员档案健康码赋码和国企人员档案专项审核质量提升工程。对照《干部人事档案健康码赋码情形库（试行）》，按照分级负责、分类实施的原则，对538名区管领导干部人事档案进行两次审核，对57名“三龄”不一致的区管领导干部进行重新核定，查找补充档案材料1300余份。联合国资办围绕国企干部人事档案专项审核中存在的问题进行专题培训，助推干部人事档案专项审核全覆盖。通过现场指导、随机抽查、与选人用人工作检查相结合的方式，全程跟踪督查，抽查单位人事干部、优秀年轻干部档案专项审核情况，对78卷抽查发现问题的档案限期整改，从源头提升区管领导后备力量的干部人事档案质量。将干部人事档案纳入区委巡察内容，共抽查8个单位的干部人事档案质量和专项审核完成情况，反馈问题112个，按照巡察整改时限跟踪整改进度。履行干部人事档案管理的各项职责，重视干部人事档案工作的日常管理，做好材料分类、整理、目录打印、装订、查（借）阅工作，执行查(借) 阅、收集、转递、保管保密、查阅档案审批等制度，整理归档年度考核、工资、学历、奖惩、挂职等材料7800余份，完成3350余卷档案数字化维护工作。审核整理调入和新录用公务员档案79卷，转出干部人事档案32卷，整理退休、死亡干部档案88卷。做好干部档案查借阅工作，全年接待日常查档和干部任前查档等600余人次，查阅档案980余卷次。

（吕杜鹏）

【公务员管理】 2022年，莲都区面向社会公开考录公务员54名，其中区直部门38名、乡镇机关公务员16名（含专职人民武装干部

1名）；面向全国“双一流”和省内12所重点建设本科院校择优选调应届毕业生8名。开展公务员选调2次，设置岗位34个，选调12人。完成2021年度录用试用期满的56名公务员考核和任职定级工作。完成2021年新录用公务员登记54人，调任人员登记7人，选任公务员登记6人。完成2022年度非领导公务员年度考核1089人。开展非领导公务员职级晋升1次，晋升64人次。丽水市莲都区人民法院审判员、四级高级法官应建勇被评为全省“人民满意的公务员”。表彰2021年度考核优秀公务员358人，其中三等功24人，嘉奖334人；完成2022年新录用公务员培训54人。做好公务员日常调动调配工作，区外调入14人，区内调配39人（包含转隶），调出区外8人。办理公务员退休59人，办理辞去公职人员2人。

（叶伟芳）

【人才工作】 制定出台人才新政和科技新政，全年安排人才科技专项资金1.48亿元，较2021年增长900%。全年兑现人才科技专项经费增长448.2%，惠及人才3000余人、受益企业100余家。完成国家级海外引才计划专家申报15人，其中2人入选国家级海外引才计划，1人入选国家级高层次人才特殊支持计划；完成省级海外引才计划专家申报23人，其中3人入选省海外引才计划，1人入选省高层次人才特殊支持计划，居全市首位。聚焦半导体、大健康、新能源、数字经济四大新兴主导产业，与工信部人才交流中心联合举办莲都区首届“括苍名士”高层次人才创业挑战赛，吸引10余个国家申报的人才项目120多个，评选出有落地意向人才项目10个。抓住“希望之光”组合式人才帮扶团契机，与浙大王岳飞教授签订项目合作协议，为莲都构建茶文化、茶产业、茶科技发展提供技术支撑和人才保障。全年入选“绿谷精英”项目24个，落地7个，其中由刘国兰领衔的节水抗旱稻的研究与产业化项目作为“绿谷精英”重大项目落地。在武汉大学等高校建成7家引才驿站，聘请7名引才大使，为莲都区企业输送专业对口性强、企业融合度高的专业青年人才，累计引进高校毕业生8188人，同比增长47%。响应市委“十万技能人才共富能力大提升行动”要求，与丽水市职业技术学院合作共建“莲都工匠学院”，开展技能人才联合培育行动，培训各类技能人才2.3万余人次。推广企业技能等级认定工作，组织11家企业开展自主技能等级认定19批次，新增企业高技能人才209名。加大本土特色人才培育力度，壮大“油画大师”“山超能人”“莲宿管家”等特色人才队伍，推动莲都区特色人才队伍融入丽水“农三师”评选培育体系，培育高级“农三师”18名、中级“农三师”80名。举办“乡村振兴人才”技能技艺竞赛和电商技能人才大赛，评出92名莲都区技术能手，全年新增技能人才2213名，其中高技能人才1108名。国家级专精特新“小巨人”企业实现零的突破；全市首个且唯一的省级院士之家落地古堰画乡，投资近45亿元的白桥双创中心开工建设，投资5亿元建设高新科创企业孵化中心。莲都科创大楼建成投用，启用人才科技创新创业服务综合体。建成阀门产业工程师协同创新中心和人力资源产业园，驻深科创“飞地”落户深圳。新建省级博士后工作站1家，博士创新站10家，数量居全市首位。

（潘俊宇）

宣传工作

【概　况】 2022年，全区宣传战线围绕迎接党的二十大和学习宣传贯彻党的二十大精神这条主线，坚持“发展莲都、服务市区”基本定位，切实把党的二十大精神转化为矢志奋斗、跨越赶超的强大动力和具体行动，增强宣传思想文化工作的影响力和贡献度。推动党的二十大精神落地落实，在全区开展“六学六进六争先、‘丽水之干’谱新篇、先行示范当头雁”学习实践活动。全区共开展各类宣讲1000余场次，覆盖8万余人，陈旭东理论宣讲工作室被评为浙江省理论宣讲名师工作室，2名青年宣讲员被评为浙江省基层理论宣讲成绩突出个人。莲都元素三度登上《人民日报》纸媒，央视《走进老区看新貌》节目报道古堰画乡以文润富打造“精神共富”特色小镇先行样板，当晚重磅亮相央视《新闻联播》。推出《我为新城种棵树》《奋斗实干“莲”一年》等“一月一策划”。推进“大网信”机制建设，深化网络生态“瞭望哨”工程建设，推进“七张问题清单”之“重大网络舆情问题清单”工作。推动文化事业产业发展，村歌故事《账本》获评2022浙江省山区26县“十佳村歌故事”，微电影《寻找八哥》获中国红色最佳微电影奖，鱼跃酿造、畲凤服饰获评省级非遗工坊。市区联动开展2022世界摄影大会、首届丽水艺术节，开展2022碧湖未来新城摄影项目。完成省文明指数测评，实施“花开丽水”工程，打造了一批“花园小区”“花园小巷”，推进民生项目20余项。推进精神文明建设，莲都已故法官应建勇当选“浙江骄傲”（全省仅十位），“最美老娘”叶美英受邀赴海南参加2022年第四季度“中国好人榜”发布仪式。推动意识形态工作责任制，在十五届区委第一、二轮巡察中，对15家单位进行意识形态专项检查。抓好文化礼堂“建管用育”，开展“扫黄打非”，推进“除险保安”等工作。全年未发生意识形态领域事件、重大舆情事件和网络安全事件。

【习近平新时代中国特色社会主义思想学习宣传贯彻】 2022年，区委宣传部坚持学习宣传贯彻习近平新时代中国特色社会主义思想。区委理论学习中心组围绕《干在实处 勇立潮头——习近平浙江足迹》、《习近平谈治国理政》第四卷、党的二十大精神、省第十五次党代会精神等内容开展专题学习研讨9次。举办“莲都论坛”——学习贯彻党的二十大精神市委宣讲团报告会。组织“莲响”青年宣讲员、小荷志愿宣讲员等，围绕党的二十大精神、“共同富裕”、省第十五次党代会、区委十五届二次全会等主题，进乡镇、农村、社区等开展宣讲活动1000余场，覆盖8万人次。承办“千场微党课进礼堂——丽水站”活动。线上推出“莲响青年话共富”“莲响青年话先行”“莲响青年话全会”等宣讲微视频20余个，形成品牌效应。联合团委举办“共同富裕”青年说比赛，开展“青年说年轻”主题征文比赛。

【党的二十大精神学习宣传贯彻】 2022年，区委宣传部把学习宣传贯彻党的二十大精神作为首要政治任务。紧跟省、市节奏，起草《关于全面学习贯彻党的二十大精神广泛开展“六学六进六争先、‘丽水之干’谱新篇、先行示范当头雁”学习实践活动的实施方案》和《中共丽水市莲都区委关于认真学习宣传贯彻党的二十大精神的通知》，结合莲都实际，突出学习与实践相结合。全区各单位通过主题党日、周一夜学、干部大会、读书沙龙等多种形式开展专题学习280余场。区委成立党的二十大精神宣讲团，到各乡镇（街道）、区直各单位开展巡回宣讲，组织青年宣讲员、志愿宣讲员开展“小板凳”“小巷弄”“稻田里”等基层宣讲活动。“莲响青年说”系列宣讲视频以线上加线下的形式推进党的二十大精神进社区、进农村、进长廊、进地头、进车间，营造起“人人学、人人讲、人人践行”的生动局面。在“莲连看”App、“莲都发布”、“莲都新闻”分别开设“二十大精神在身边”专栏，及时报道各乡镇（街道）、区直单位学习贯彻落实党的二十大精神的动态。开启《二十大时光》专题报道，采访报道广大党员干部学习党的二十大报告的场景。利用新时代文明实践中心、所、站、点等场所，户外LED屏、电梯电子屏、单位公告栏等各类媒介，各公益广告宣传阵地，刊播党的二十大精神宣传标语、宣传画、短视频等。开展主题活动，举办“庆祝二十大五鱼聚新城”绘画摄影作品联展活动，举办以“喜迎二十大科普向未来”为主题的全国科普日活动，开展庆祝党的二十大·莲都区文联2022年艺术乡建等活动。协助开展2022世界摄影大会、首届丽水艺术节等大型活动。组织各门类艺术工作者系统创作、挖掘地域特色文化，创作具有莲都特色的文艺精品，依托送戏下乡、送电影下乡等群众喜闻乐见的形式，推动党的二十大精神在莲都城乡落地生根。

【意识形态工作主体责任落实】 2022年，出台《莲都区推动党史学习教育常态化长效化责任清单》。区委常委会先后17次传达学习、研究部署意识形态工作。围绕市委意识形态工作责任制专项检查反馈意见提出的5个方面问题，制定26条整改措施，督促落实整改要求。把意识形态工作纳入党建工作责任制、目标责任制考核、干部考核、平安建设考核，并作为区委巡察工作重点，对15家单位进行专项检查。在区委宣传部理论教育科挂牌意识形态工作责任制督查科，夯实意识形态工作基础。召开意识形态和社会舆情工作联席会议，印发《关于当前我区意识形态领域情况的通报》，维护意识形态领域安全。

【对外宣介工作】 2022年，区委宣传部结合区域特色做好亮点策划。2月23日，《人民日报》第7版记述了莲都"老娘"叶美英57年坚持为部队官兵送菜的军民鱼水情。6月12日，头版头条《推动长江经济带高质量发展》介绍古堰画乡村民吃上生态饭。11月14日，报道《发展乡村特色产业》中以老竹镇莲鸭共生为典型案例阐述中国农业打好特色牌不断优化产品供给。中央电视台CCTV-1播出《浙江丽水艾飘香》长达4分多钟。借力中央、省级媒体平台，讲好莲都故事。宁波杂志社到莲都拍摄《能到你家吃饭吗》栏目，海外传播官土耳其人Erdem采访乡村大厨陈海伟、参与农村喜宴，短视频在"快手"App上播放，点赞量超过10万人次，9月19日由Ningbo Focus投放在Twitter、Facebook等国际平台，覆盖24.9万人。国庆期间，《马斌说浙江》栏目到莲都拍摄，制作短视频《Guyan Scenic Resort 古堰画乡|浙江|》在YouTube上投放，3天内观看达4715人次。

【重大主题宣传】 2022年，区委宣传部围绕中央、省市重大决策部署、重要会议活动和区委区政府中心工作开展宣传，重点关注党的二十大、市第五次党代会、贯彻落实区党代会精神、区"两会"和碧湖新城建设，通过"一把手"访谈、群众热议、部门行动等方式做好舆论引导。推出《我在新城种棵树》《我在新城有个家》《都妹带你看新家》《我为新城取路名》《"鱼"你共建碧湖新城》等融媒系列报道。其中，《我在新城种棵树》活动登上浙江卫视《浙江新闻联播》，并得到人民网、央视频、浙江新闻等各级主流媒体持续报道。传播丽水文明之风，"一床被单救坠楼男孩"的暖心短视频成为全网爆款，新华社、央视新闻、《人民日报》转载，微博相关话题阅读量超2.6亿人次；由"莲视频"首发的《初三学生剐蹭到私家车，车主的惩罚做试卷》受到全网关注，新华社、央视新闻、《人民日报》转载，话题"初三生蹭花车被要求做一套试卷"登上微博热搜，阅读量超1.2亿人次。2022年，全媒体矩阵宣传平台推出破万稿件共计348条，其中短视频146条，阅读量超1亿人次2条、超100万人次7条、超10万人次33条；微文122条，其中阅读量超10万人次13条。

【公共文化服务】 2022年，区委宣传部加强公共文化阵地建设，提高公共文化服务水平，不断满足新时代人民群众的精神文化需求，让"精神富足"成为"共同富裕"的最亮底色。建成"15分钟品质文化生活圈"168个、"爱心书屋"176个，鱼跃酿造与畲凤服饰获评省级非遗工坊。完成18个农村文化礼堂新建任务，截至2022年底，共有182个文化礼堂，实现500人以上行政村礼堂全覆盖。大港头镇被评为首批"浙江省摄影之乡"。

【文化产业发展】 2022年，区委宣传部着力培育骨干文化企业，扶持中小特色文化企业发展，健全文化产业体系，营造良好企业发展环境，促进文化产业繁荣发展。古堰画乡艺创中心创新团队入选市第四批重点文化创新团队，富来森集团有限公司等8家企业被评为2022年度市重点文化企业，丽水市润生苔藓科技有限公司等2家企业被评为市成长型文化企业。

【网络综合治理】 2022年，区委网信办围绕党的二十大开展"非凡浙十年"正面宣传，相关话题阅读量超4亿人次。围绕"冬奥会""共青团成立100周年"等热点话题参与评论文章撰写，共发表评论文章80篇，其中《潮评丨让未成年人网络世界清渠如许》《让“有为”“无畏”成为新时代青年的闪亮“标签”》《喜迎二十大 浙里看奋进丨执生态画笔，绘“浙”里山青水绿景美人富》等54篇评论文章被人民论坛网、钱江潮评等省级以上网站平台录用。完善网络安全通报处置闭环工作机制，提升网络安全应急处置水平，推进依法治网体系建设。2022年，莲都问政直通车平台共收到问政帖文1322条，平台点击量达438万人次，日均点击量1.2万人次，回复率达100%，促进了一批民生热点问题的解决。

（区委宣传部）

统战工作

【概　况】 2022年，莲都区共有民革、民盟、民建、民进、农工党、九三学社6个民主党派，党派成员477人。其中，民革84人，民盟81人，民建94人，民进90人，农工党82人，九三学社46人，下属24个支部。华侨华人6万余人，归侨侨眷3万余人，外出创业人员7.5万人。区工商联（总商会）有基层商会8个，异地分会16个，异地商会2个。

2022年，区委统战部学习贯彻党的二十大精神，紧扣“大团结大联合”的本质要求，围绕中心、服务大局，聚人心、强基础、防风险、促变革，奋力谱写“两个先行”统战工作新篇章。完成东西部协作工作任务，组织社会各界向叙永县捐款捐物共计150万元；在市对区统战工作考核中排名第二。

【多党合作】 2022年，协助区委制订《中共丽水市莲都区委2022年度政党协商计划》，召开各民主党派、工商联负责人和无党派代表人士情况通报会，围绕推动招商引资、生态工业、国有企业发展、党风廉政建设和反腐败工作等专题内容，召开政党协商会5次，提交调研报告40多篇。民革区委会被民革中央评为民革全国思想工作先进集体，系全省唯一一个县级委员会。民盟区委会关于市区无障碍设施建设的社情民意信息获市委书记胡海峰、市长吴舜泽批示。

【民族团结】 2022年，民族团结进步发展事业资金筛选优质项目19个，累计下达各级民族发展资金399.5万元，撬动资金约700万元。全区27个民族村均完成村集体经济消薄任务，27个村集体经营性收入均达15万元，民族乡镇致富产业兴旺发展；丽新畲族乡、老竹畲族镇郑丰畲族村创成省级民族乡村共同富裕点；大港头镇河边畲族村创成省级民族乡村振兴试点。莲都公安分局万象派出所被评为第十批全国民族团结进步示范单位（全省9个，丽水唯一）。丽水市畲风文化创意有限公司、白云街道三岩寺社区、老竹畲族镇银英彩带工作室3家单位被评为全省第五批民族团结进步创建重点培育单位；老竹民族学校被评为省级民族团结进步教育基地。莲鸭共生、处州白莲、山哈大席、畲族彩带编织、畲凤、一默家6家单位入选省级“五畲”名单。搭建民族非遗文化的传承平台，举办全区原生态山歌比赛，在城西村设立畲歌传习所，开展畲族祭祖省级非遗和畲族婚嫁区级非遗申报工作。

【非公领域统战工作】 召开莲都区工商联（总商会）第十一次代表大会。筹办“知名浙商助力莲都高质量发展”活动。召开“亲清直通车·政企恳谈会”4期，推动政企沟通协商常态化、制度化。创成清廉民营企业20家，打造7家定向招工式“共富工坊”。区工商联被全国工商联评为2022年调查点工作先进基层单位。区新生代企业家联合会被评为全国“四好”商会。完成区总商会云南分会换届。牵头举办“双招双引”专场推介会。

（区委统战部）

机关党建工作

【机关基层党组织设置调整】 2022年，对机关党的基层组织设置进行调整，撤销区人民医院党总支，成立区人民医院党委；区司法局机关党支部升格为机关党委；撤销浙江丽水瓯江风情旅游度假区管理中心党支部；成立丽水市莲都邮政管理局机关党支部；成立丽水市莲都区大数据发展中心机关党支部；成立丽水市莲都区商务和金融发展中心机关党支部；区政协机关党总支升格为区政协机关党委。

【机关党建研究】 2022年开展全区机关党建调研课题活动，各机关党组织共报送相关研究课题文章69篇。经专家组集体评审，《构建党“效”与财“能”融合并进体系的路径研究》《莲都区卫健局推进清廉机关、模范机关建设的实践探索与思考》2篇文章获一等奖，《新时代基层青年党员学习提升路径研究》《推进基层政协党的组织和党的工作全覆盖的路径研究》《基层检察机关破解“两张皮”问题，有效推动机关党建与业务工作深度融合路径初探》《数字化背景下健全和完善执行领域权力监督体系建设“清廉法院”的路径研究》4篇文章获二等奖，《党建引领残疾人事业发展的莲都实践与思考》《打造红心铁面审计铁军，纵深推进清廉机关、模范机关建设的实践与思考》《莲都以党建服务保障共同富裕的实践与思考》《党建引领提升政务服务水平和能力的实践探索与思考》《党建引领下清廉学校建设的实践与思考》《“两个确立”的重大意义、生成逻辑和实践要求》6篇文章获三等奖。

（季扬杰）

机构编制工作

【“大综合一体化”行政执法改革】 2022年，区委编办整合精简执法机构，除中央和省规定的“1+8”专业领域外，其他部门均不再保留专业执法队伍，完成区民政行政执法大队、区林业行政执法大队、区水政监察大队、区建设稽查执法大队更名和区劳动监察大队撤销工作；划转相应部门编制，优化执法编制资源配置；调整综合执法部门机构编制，成立区综合行政执法指导办公室和综合行政执法队，优化内设机构和派出机构设置；组建乡镇(街道)综合行政执法队，在乡镇（街道）内设机构综合信息指挥室增挂综合行政执法队牌子，推进基层“一支队伍管执法”；完成执法人员转隶工作，转隶人员8名；推进执法人员力量下沉，全区执法人员下沉142名，下沉比例达62.6%，市级下沉莲都区执法人员122名；推进市区执法层级调整，完成市区文化、农业、市场监管领域执法层级调整工作，做好文化、农业、市场监管等三支执法队有关机构组建工作。

【重点领域体制改革】 2022年，完成组建区委社会建设委员会；完成浙江丽水工业园区管理委员会“三定规定”制定，推进碧湖新城体制机制改革；推进公共卫生应急管理体系建设；完成党委系统信息化等职责调整工作；加强区贸促会机关机构编制保障。

【权力清单和属地管理清单动态调整】 2022年，区委编办结合“大综合一体化”行政执法改革，根据部门行政执法事项调整和乡镇（街道）行政执法事项赋权情况，完成赋权镇权力清单动态调整，完成碧湖镇、大港头镇赋权行政执法事项的认领工作；按照贴近基层实际运行的要求，细化“属地管理”事项颗粒度，明晰区乡权责界面，推进“属地管理”事项清单动态调整。

【基层管理体制改革】 2022年，印发《丽水市莲都区深化基层管理体制改革加快推动基层治理体系建设的实施方案》，推进乡镇（街道）类别划分、完善乡镇（街道）运行架构、实行乡镇（街道）人员岗位管理；建立乡镇（街道）乡村振兴编制“周转池”，出台《莲都区乡镇（街道）周转编制管理办法》，进一步提高编制使用效率，挖掘乡镇基层编制资源。

【局级事业单位调整】 2022年，在原区矛调中心基础上，组建正科级单位区社会治理中心（挂区综合信息指挥中心牌子）；整合原区数字经济发展中心、原区政府政策研究中心职能，组建正科级单位区政府政策研究中心；整合原区金融发展中心、区经商局部分职能，组建正科级单位区商务和金融发展中心；调整浙江丽水瓯江风情旅游度假区管理中心机构规格为副科级，明确由丽水工业园区管委会、区文广旅体局双重管理。

【区属事业单位控编减编】 2022年，核减105家事业单位编制数共计154名（其中，参公编制

29名、事业编制125名),重新核定事业单位股级职数。核减下来的事业编制,部分用作抵充部门超编、花园中学“民转公”等领域改革,其余编制转入“编制银行”。

【事业单位“编制银行”建立】 2022年,出台《莲都区事业单位“编制银行”管理办法(试行)》,通过控编减编,将首批精简下的80名编制用于建立“编制银行”。2022年共批准使用银行编制67名,全部投入区委、区政府中心工作和经济社会发展重点领域。

【事业单位登记管理】 2022年,区委编办共办理事业单位法人证书设立登记4家;注销登记3家;变更登记183家;证书换领34家;机关群团统一社会信用代码设立1家;信息变更21家;受理事业单位法人年度报告247家,年报公示率100%;完成第二批共144家事业单位的章程制定,实现全区事业单位“一单位一章程”。

【机构编制管理】 2022年,区委编办审核审批编制使用计划261批次,进编登记556人次,出编登记490人次,审核审批股级干部职数备案556人次,批准使用编外用工控制数446名;推动机构编制资源向招才引智重点人才、招商引资等重大项目倾斜,批准人才引进用编计划105名,较上年增长25%,占全年事业用编计划的40.5%。

【机构编制监督检查】 2022年,区委编办与区委组织部和区审计局紧密合作,将机构编制实地核查融入选人用人检查和经济责任审计中,完成全区机构编制实地核查全覆盖;建立日常机构编制违纪违规违法问题清单,通过电话沟通、书面整改通知、汇报领导约谈等方式对各类问题进行分类处理,下达部门机构编制整改书面通知11份;建立预警平台问题处置制度,坚持问题分类处置的思路,预警平台首次生成问题526条,剩余问题131条,其中要求列入白名单97条,已完成处置395条,问题处置率达75%。

【编外用工精细化管理】 2022年7月,完成以数据为本、定量为主、定性为辅的编外用工使用质效KPI专项评估,开展“三维数字化”建模,设计编外用工岗位工作饱和度量化指标及数据模型,对编外用工控制数核定情况进行深入研判和修正,促进莲都区编外用工控制数“瘦身”与“健身”并举。

【机构编制使用质效KPI评估】 2022年完成莲都区首轮机构编制使用质效的三类评估,8月完成对区委政法委等8家比较具有代表性的机关事业单位的编外用工评估,开展了全区机关事业单位的基础评估,选取了区农业农村局等4家机关事业单位进行综合评估。评估结果为提高编制资源使用效益,优化编制资源配置提供了科学依据和参考。

(叶春丽)

信访工作

【概　况】 2022年,全区共受理信访件(含信、访、网)20637件(人)次,其中,来访341人次、来信705件、网上信访件19591件,网上信访在信、访、网中占比为94.9%。接到市“12345”平台转交办来电事项19486件,同比上升16.37%,参评率98.31%,满意率97.58%。2022年,围绕省、市考核目标,推进信访积案清零行动,推进“七张问题清单”销号等,全面压实信访工作责任,全区信访工作质效得到提升。根据省信访局通报,2022年1—11月,莲都区信访工作五色图全省排名第二,信访工作力指数全省排名第六,在丽水市信访工作考核中被评为“优胜”单位,在莲都区2022年度岗位目标责任制综合考核中被评为“优胜”单位。2022年,区信访局被评为省级党的二十大信访安保工作成绩突出集体,1名信访局干部获评全省信访系统先进工作者,1人获评省级人民满意窗口先进个人,1人获评省级平安护航党的二十大成绩突出个人。

【建立责任体系】 市委常委、区委书记张壮雄部署信访工作6次,其中3次会议副处级以上领导参加。区委领导重视信访工作,注重信访工作战略谋划,多次带队到省、市信访局对接工作，协调解决疑难问题。副处级以上领导领办信访积案，联系乡镇（街道）下访接访，抓进度、化积案。区信访局局长带队多次对接省市有关部门，落实专人逐项紧盯考核指标，每周会商落实风险管控，实现考核指标稳健提升。将信访积案化解等重点考核指标纳入全区《实干晒比排行榜》，每月在区委常委会晾晒，晾晒排名结果运用到单位和个人考核中。构建区、乡、村三级联动责任体系，形成区领导包乡镇（街道），乡镇（街道）领导包村，村干部包案的机制，探索新形势下的工作方法。老竹畲族镇创新"四到"工作法化解信访积案、大港头镇创新"党建+数字化"模式推进信访工作、区人力社保局创新"四化"力促解决欠薪信访事项等，均取得了较好的效果。

【信访积案化解】 通过成立专班攻坚，开展晾晒通报，引入第三方力量等方式化解信访积案，上级交办的269件积案通过实体化解、依法终结等，如期实现积案动态清零目标，创下一周化解21件积案的"莲都速度"，创成省级"无信访积案县"。建立信访工作联合会商机制，重点对信访积案清零、信访责任交办落实等工作进行指导协调。2022年共组织依法终结40件次，是全市开展依法终结件次最多的区县。

【省市问题清单】 完善问题发现机制，提高主动发现问题的能力、数量和质量，常态化梳理、查找、化解各类矛盾纠纷。建立工作例会、交办督办、专班联络等机制，实行重大信访问题清单工作"一周一例会、半月一督办、一月一总结"，盘点工作进展、统筹问题整改。2022年主动发现并上报蓄水池问题105个，其中被省级清单录用1个、被市级清单录用3个、区级清单发布11个。雅溪镇龙孔村60余人联名信访事项的成功化解被丽水电视台《每周聚焦》作为正面典型专题报道点赞，并被选为丽水市第三季度示范案例。莲都区"重大信访问题清单"管控力指数考核排名从4月全省第89名提升至11月全省第六名。

【建议征集】 依托"民呼我为"平台、领导信箱、"12345"热线等渠道，全方位归集和提炼人民建议有效信息，2022年发布环境卫生、基层治理、征地拆迁等领域多期信访专报，多个建议转化成政策，推动问题成批解决。《关于解决非征收引起的无房户（住房困难户）群体住房问题建议》推动出台了突破性政策文件，为该类群体住房安置打通政策路径，入选浙江省人民建议征集"金点子"，为丽水市唯一入选的案例。

（麻莹莹）

党校工作

【干部队伍建设】 2022年，莲都区委党校共选派教师参加各级各类培训94人次。邀请上课名家到校授课点评，建立"你讲我学，我讲你评"的双向观摩机制，更新教学专题15个，开展宣讲50余场。通过开展集体备课磨课、新课试讲、跟班听课、师徒结对等活动，加大对年轻教师的培养力度，所有年轻教师均走上主

12月2日，莲都区初信初访质效提升工作推进会暨信访干部业务培训会召开

（区信访局 提供）

体班讲台,有2名教师在全市党校系统精品课评选中获奖,1名教师被选送参加“浙江青年说”、市微廉课和“莲响青年”宣讲团。

【干部培训】 2022年,莲都区委党校共举办主体班次15期,培训学员1426人次;举办社会培训班次12期,培训学员598人次;区委常委到党校授课11人次,组织部部长、党校校长到党校开展推门听课活动2次,乡科级及以上领导干部讲课总课时占主体班次总课时的22.33%;主体班次理论教育和党性教育课程占总课时的78.62%。提升干部新能力,突出共富先行示范区创建、工业及数字经济、招才引智等主题,开设专题研讨班;邀请浙江省经信厅巡视员、浙大管理学博士等知名专家到莲都授课,内容涵盖战略性新兴产业培育发展、政府投融资、数字经济、城市管理、招商引资等方面;组织学员赴深圳、上海、杭州、宁波、义乌等地学习实践,安排年轻干部班学员到项目一线蹲点,开展结构性研讨、无领导小组讨论等教学活动,提升莲都干部推动高质量发展能力。

【教学改革】 2022年,莲都区委党校拓展线上教学平台,利用优质教学资源,将省委党校“浙里好课”、市委党校“浙丽党校讲”直播课程接入主体班,在秋季科级班接入第四期“浙里好课”,通过直播学习党的二十大精神。落实省委、市委组织部分会场培训工作,开展“提升疫情防控能力专题培训”“‘浙里共富善治’讲坛”等视联网培训班。创新开设“局长大讲堂”,邀请区直部门“一把手”给主体班上课,并通过“莲连看”平台向全区干部进行直播,培训覆盖区直机关、企事业单位领导干部、村(社)主要负责人等6000余人次。培育“红绿融合”特色教学品牌,挖掘莲都资源禀赋优势,推出一批彰显莲都发展特色的现场教学基地,古堰画乡、百年鱼跃、南乡革命纪念馆3个教学基地在全市首批干部教育现场教学基地星级评定中,分别被评为五星、四星和三星级基地。2022年共承接25个外来班次到古堰画乡开展现场教学,“沿着总书记的足迹”现场教学得到了各班次学员的赞赏。

6月6日,《永做新时代“挺进师” 建设现代化新丽水——学习贯彻市第五次党代会精神》专题宣讲在区卫健局举行(区委党校 提供)

【科研咨政】 2022年,莲都区委党校共完成省、市、区各类课题31个;在省、市级刊物发表文章35篇,有23篇文章在省、市党校理论研讨会、征文决策咨询成果评比中获奖。刊发校刊《知与行》15期。开展学术沙龙活动,邀请省、市专家学者点评指导,为课题立项、文章撰写、结项等打下基础,邀请省委党校教授徐邦友到校作课题申报和学术论文写作专题辅导;3次邀请市、区“宋韵文化”研究专家指导相关课题。构建开放的科研协作体系,鼓励教师跨科室自主或联合组建学术团队,由教研室教师牵头,联合办公室、行政科两位教师申报课题《“美丽经济”开拓共富新赛道——培育发展香氛产业链的调研与思考》获批省级立项。加强与省、市党校、市直部门、区四套班子及重点部门的沟通对接,与市、区政协对接,完成《协商式民主监督创新实践研究》等4个研究课题。

【理论宣讲】 2022年,莲都区委党校以党的二十大精神、各级党代会精神、十九届六中全会精神、党风廉政建设等为着力点,发挥党校思想引领作用,在重大节点、重大时段发声发力。抢抓

11月28日，区委党校讲师举办《擘画宏伟蓝图 共建复兴伟业》专题宣讲

（区委党校 提供）

"第一时间"，制订学习贯彻党的二十大精神工作方案，组织教师学习研讨、授课宣讲，推出本校宣讲清单，"点单式"宣讲服务得到区直部门、乡镇街道的好评。全年为联城街道、区司法局、区残联等多家单位开展党的二十大精神宣讲50余场，将党的最新精神送进各个单位和党组织。

【后勤服务】 2022年，区委党校迁建项目于12月9日正式通过竣工验收并交付，比原定工期提早了近一个月，项目获丽水市"建设大花园"重点工程立功竞赛优秀项目，项目部被评为浙江省工程建设优秀质量管理小组。做好物业团队竞标、物资采购、经费预算等搬迁前准备工作，确保2023年春季顺利开班。推进"红绿融合"现场教学基地建设，已完成初步设计网上竞价。组织教师围绕碧湖新城建设、大搬快聚、数字化改革等中心工作，深调研、察实情、写咨政，为党委政府决策提供参考，《跨区大搬快聚：加快推进碧湖新城建设的思考》获市委常委、常务副市长杜兴林肯定性批示；《关于市区政府事权调整的调研思考》《做足三篇文章 建设革命老区共同富裕先行区》获市委常委、区委书记张壮雄批示，并交相关部门办理。

（李琪琪）

老干部工作

【概　况】 2022年，全区归口于区委老干部局服务和管理的离休干部共49人，其中，行政机关30人，事业单位9人，企业10人；80岁至90岁4人，90岁以上45人；抗日战争后期参加革命的有2人，解放战争时期参加革命的有47人；享受副地（厅、司、局）级待遇的1人，享受副县（处）级待遇的22人，享受正、副乡（科）级待遇的26人。其中，生活不能自理的8人，本年度去世10人。易地安置在莲都的离休干部共7人。

【老干部思想教育】 2022年，莲都区老干部开展宣讲35场次，受益听众500余人次。组织"线上+线下"常态化学习，线上在老干部微信群发送党的最新理论成果和省、市、区委制定的政策规定。线下开展座谈、宣讲等活动，向老干部发放党的二十大精神辅导读本、新党章等党的最新理论书籍100余本。以设置灵活化、硬件规范化、工作制度化、活动常态化、保障全面化为创建思路抓好离退休干部党支部规范化建设。开展"红色根脉强基工程"，打造一批凝聚力强、引领力强、组织力强的离退休干部党支部，发挥先进典型示范作用。建设规范化离退休干部党支部，2022年完成规范化离退休干部党支部创建20个，"三强六好"离退休干部党支部2个。抓好离退休干部党支部书记培训，将离退休党员干部培训列入干部培训计划，组织离退休干部党支部书记赴遂昌开展为期三天的培训，培训内容包括党的二十大精神宣讲、《关于进一步加强新时代离退休干部党的建设工作的实施意见》内容解读等，并就如何贯彻落实有关精神，切实加强离退休党支部建设提出具体的要求。

【老干部服务】 2022年，莲都区委老干部局走访慰问离退休干部约350人次，对38位离退休干部及遗属进行了困难补助，发放困难补助金70500元。开展全区离休干部体检工作，组织全体干部到医院协助老干部做好体检项目，确保老干部完成体检。做好老干部善后事宜，2022年，有10名离休干部因病逝世，区委老干部局在进行慰问的同时，与逝世老干部原单位联系，讲解老干部政策，协助处理善后事宜。制定一对一结对联系离休干部制度，推进离休干部“一人一策”，为离休干部提供服务。主动对接医疗机构、社区资源、养老服务机构、社会志愿服务机构等，建立完善离休干部服务机制。2022年，利用霞光社会服务中心为老干部提供专业的社工服务200余人次；与市民服务热线“96345”合作，为84位老干部充值800元的服务卡，提供修电器、修水电、换煤气、家政清理等服务；为老干部订阅《浙江老年报》《丽水日报》共176份。组织副处实职以上退休干部到绍兴开展走基层、看变化、促发展活动。发挥社区资源，做好“四就近”服务，推进社区“乐活驿站”建设，建成“乐活驿站”3个。开展寻找“银尚达人”和“银尚之家”活动，2022年获评省、市委老干部局银尚达人50人、银尚家庭2个、银尚集体1个。

【老干部作用发挥】 培育“银耀莲都”品牌团队。培育壮大一批有影响、有特色的老干部志愿服务品牌团队。2022年，莲都区老干部下属协会围绕“双招双引”、碧湖新城建设等区委区政府中心工作，组织书画展、集邮展、诗词会、文艺演出等活动51场。举办喜迎党的二十大“山水云泉”书画展，邀请江山、龙泉、云和等地老干部齐聚莲都，用书画作品庆祝党的二十大胜利召开，共有参展作品129幅，参观1000余人次。探索和创新社会基层治理模式，突出离退休党建引领基层治理的作用。联合大港头镇党委，依托古堰画乡小镇党群服务中心，成立了大港头画乡帮帮团工作党支部，在大港头镇基层治理体系架构的完善、力量整合和运转上凸显了老党员、老干部的重要作用。

【老干部活动中心、老年大学建设】 2022年，根据省、市要求，由区委老干部局牵头成立莲都区老年教育联盟，由区委组织部部长任组长，办公室设在区委老干部局，由局长担任办公室主任。与机关事务保障中心协调，向区政府争取到原区民政局办公用房，调剂给区老年大学、老干部活动中心使用。新场所面积约1300平方米，改善了老干部活动中心、老年大学发展面临的场地问题、交通问题、硬件设施问题。抓好老干部疫苗接种工作，对老年大学报名入学的学员新冠疫苗接种情况进行排摸，开展宣传和动员，“两个阵地”的学员疫苗接种率达90%以上。打造优质的“家门口老年大学”，根据莲都区实际情况，整合社区、社会等教学资源，开设“家门口”的老年大学，2022年有区供销社教学点、丽阳社区分校、体育中心太极分校共3个分校。

（叶建伟）

11月24日，莲都区离退休干部党支部书记座谈会召开（叶建伟 提供）

关心下一代工作

【概　况】 莲都区关心下一代工作委员会（以下简称“区关工委”）现有22个成员单位，由区委常委、组织部部长和区政府副区长任名誉主任；有主任1名，专、兼职副主任15名；下设1个办公室，为参公副科级单位，有主任1名，工作人员2名；有科技、教育、法制、社区4个组，由在职和离退休及退二线人员组成。全区共有基层关工委271个，其中乡镇14个、机关2个、村208个、社区19个、学校26个、民营企业2个。参加关工委组织的“五老”人员共有1300余人，其中区本级80人。

【社会主义核心价值观教育】 联合有关部门，发挥莲都区作为中国革命老根据地的独特优势，以弘扬践行浙西南革命精神教育和迎接中共二十大召开为载体，加强青少年理想信念和爱国主义教育。联合政法委、法院、检察院等部门，在8所学校开展秋季法治第一课宣讲。分别就预防未成年人犯罪法、未成年人保护法，结合案例，为同学们释法明理。

【优秀传统文化教育】 以万象国学书院为阵地，开展公民道德教育。通过招收未成年人国学班、家长班和成人国学班，进行公益教学。2022年，累计组织现场讲座25场，国学课44堂，书法课22堂，武术课22堂；开展“家庭亲子诵读大赛”“厨艺大赛”“我为万象山公园景点命名”“家庭智勇闯关大赛”等大型亲子活动5场。疫情期间坚持开展“幸福丽水”线上公益教学，开展直播课8场，听众累计达11万人次。

【“双百”活动】 区关工委科技组对碧湖蒲塘休闲农业观光园无花果基地、仙渡太山村猕猴桃基地、小井村蔬菜基地、莲丰亭农庄等联系点进行技术指导，并对引进特色新品种开展试验，帮助青年农民投身全面小康建设。5月，区关工委科技组“五老”志愿者到塔下白枇杷基地专题调研白枇杷生产，对引进的白枇杷品种情况、现阶段枇杷生产的整体情况进行实地调研，并召开座谈会，谋划产业发展，提出发展建议，助力共同富裕示范区山区样板。

【帮困助学】 2022年区关工委共资助贫困大学新生68名，发放助学金26.55万元。开展“温暖来敲门”——2022乡村儿童暖冬关爱行动，为5个乡镇26名学生送上暖冬物资。

【帮扶特殊群体】 围绕“关爱少年重源头，发现苗头抓挽救，盯住孩子讲维权”的要求，区关工委法制组以“法润少年”工作品牌为载体，开展依法维权与法治教育工作。区关工委法制组“五老”志愿者以合适成年人身份参与未成年人涉嫌刑事犯罪讯问提审295人次。区关工委社区组依托霞光社工公益组织，开展涉罪青少年、矫正青少年、留守儿童、问题困难学生帮扶活动，累计服务帮扶青少年700多人次。

（周华敏）

党史工作

【启动《中国共产党浙江省丽水市莲都区历史》第三卷（1978—2012）编写】 2022年，莲都区全面启动《中国共产党浙江省丽水市莲都区历史》第三卷（1978—2012）（以下简称莲都党史三卷）编写工作，组织召开动员培训会，印发《〈中国共产党浙江省丽水市莲都区历史〉第三卷（1978—2012）编写工作方案》《中共丽水市莲都区第五至十三次代表大会文献选编（1979年10

10月16日，万象书院国学班经典诵读（万象书院　提供）

月—2011年12月)》等。向全区乡镇(街道)、区直单位征集党史资料,征集到行业志书、内部书刊、典型案例、重要图片资料等90余份,完成改革开放和社会主义现代化建设新时期(1978—2012)党史资料专题征编工作,形成72万字的资料长编。组建莲都党史三卷编写组6人,完成莲都党史三卷大纲编写。

【编印《资政参考》】 2022年,聚焦"党有所需,史有所为",精心组织谋划,编写《资政参考》2期,供区四套班子领导、两院院长、区委党建工作领导小组成员参阅。得到区四套班子领导批示肯定。

【撰写"八八战略"专题文章】 2022年,根据省委党史研究室统一部署,组建由主要领导任组长的7人编写组,以《深入践行"绿水青山就是金山银山"理念 推进画乡莲都绿色高质量发展》为题撰写专题文章,经过多次修改完善,已通过省专班审核。文章记录了莲都忠实践行"八八战略"的历史进程和重大成就,反映了历届区委在"八八战略"的指引下,一张蓝图绘到底、一任接着一任干,推动莲都经济社会发展取得的历史性成就、发生的历史性变革。

【推进中国共产党莲都区历史馆建设】 联合区委党校建设中国共产党莲都区历史馆(以下简称莲都党史馆)。为提高党史馆展陈质量和水平,组团赴杭州党史馆、东阳党史馆参观学习[赴杭州党史馆(方志馆)参观学习被写入《踔厉奋发、勇毅前行——杭州党史馆(方志馆)2022年终特辑》],委托专业团队编写党史馆展陈大纲,已通过专家评审,正在进行文字脚本编写。莲都党史馆项目已被列入莲都区2023年项目投资计划。

【红色文化宣传】 发挥"难忘峥嵘岁月——抗美援朝史料展"展厅作用,9月28日,组织开展抗美援朝出国作战72周年纪念活动,邀请大洋路小学师生40余人参观,接受爱国主义教育,传承红色基因,厚植爱国情怀。活动被莲都新闻、丽水新闻报道,活动信息被浙江新闻客户端等媒体录用。协助区委宣传部在大修厂完成"风展红旗如画"国旗展巡展莲都站活动,爱国主义教育效果明显。开展"党史宣传下基层服务"活动,到雅溪镇双源村开展红色图文展、党史宣讲活动,向群众普及党史知识,传播红色文化。

(李倩倩)

档案工作

【档案服务】 2022年,为真实、完整记录碧湖新城发展建设历程,保护历史文脉,传承城市记忆,出台《关于在碧湖新城发展建设中加强历史文化资源保护和档案工作的通知》。牵头起草《关于做好撤村建(并)居印章使用收缴和档案交接工作的通知》,指导规范做好撤村建(并)居档案工作。

【档案联合检查】 首次开展档案、保密和网络安全联合检查工作,由区委办、区大数据服务中心、区委宣传部、区档案馆和党史研究中心四家单位组成联合检查组,带队分组赴乡镇(街道)和区直单位,通过查阅资料、实地查看、技术检测、座谈询问等

9月30日,区档案馆和党史研究中心联合大洋路小学开展烈士纪念日活动(区档案馆和党史研究中心 提供)

方式进行检查指导，防范安全事故发生。

【“双随机、一公开”】 2022年，随机抽查档案中介5家，乡镇（街道）和区直单位14家，重点建设项目3个、档案馆1家。检查采用线上和线下两种检查方式，线上检查单位电子档案归档情况，线下进行实地走访检查，突出安全检查，落实档案业务能力检测，对存在安全隐患的中介或行为实行问题交办和整改反馈制度。与区财政局和退役军人事务服务中心开展跨部门联合检查。

【乡镇（街道）档案室规范化建设】 2022年，碧湖镇、峰源乡完成档案室规范化建设任务。截至2022年底，莲都区14个乡镇、街道办事处均完成档案室规范化建设任务。在2022年丽水市乡镇、村档案规范化工作考核中莲都区获全市第一。

【数字档案室创建】 2022年，成功创建省级示范数字档案室4家，省级规范数字档案室3家。截至2022年底，全区共有省级示范数字档案室18家，省级规范数字档案室64家，省级数字档案室7家。

【档案信息安全】 2022年，莲都区召开全区档案信息安全专题会议，各乡镇（街道）、区直各单位分管领导和档案员以及在莲服务档案中介企业，共计150多人参会。

【两类档案汇交】 2022年，对已经完成归集的脱贫攻坚和疫情防控“两类档案”电子目录和数字复制件进行整理，向省档案馆汇交，共汇交疫情档案目录12719条、数据626GB，脱贫攻坚档案目录56652条、数据1420GB。

【电子档案单套制推行】 2022年6月，开展全区档案业务培训，对全面推行电子公文单套制归档工作进行专项部署，明确从2022年开始，所有通过“公文交换系统”（含OA系统）收发、具有保存利用价值的电子公文，都要按照“单套制”的要求归档，无须转换为纸质文件归档，该部分档案达到进馆年限时，档案馆只接收电子档案。

【档案科技项目课题研究】 2022年，莲都区档案馆和党史研究中心联合区档案局、区保密局、区大数据发展中心开展《“三保险一评价”探索档案服务外包智慧化治理新模式》科技项目研究。4月完成项目的申报，6月24日省档案局发文将课题研究正式列入计划。该项目是近三年丽水市唯一通过省级立项的科技项目。

【档案数字化转型先行区创建试点工作】 2022年，莲都区档案局、馆联合申报“浙江省档案工作数字化转型先行区”创建试点。10月22日，省档案局发文确定莲都区为档案工作数字化转型先行区创建试点单位之一。

【档案资源扩容】 2022年，对丽水县物资局等7个全宗破产企业档案进行整理，其中，文书档案1117卷、个人档案529卷、会计

9月28日，学生们在区档案馆参与档案修复体验（区档案馆和党史研究中心 提供）

档案12406卷。完成老干部郑炳湘捐献的个人资料整理工作，合计65卷。开展“即将消失的村落”口述档案采集建档工作，完成20个村庄口述建档。开展特色档案征集，挖掘莲都历史文化遗存。

【档案宣传教育活动】 与丽水市档案局联合举办以“喜迎二十大 红心永向党”为主题的“6·9”国际档案日活动。协助省档案馆、省电视台拍摄制作《跟着档案去旅行——红绿融合话新陶》节目。

【档案开发编研】 以莲都百年档案资料为重点和切入点，开展红色档案文献史料、实物档案的征集，通过活用馆藏档案资料和社会保存史料，编辑出版《档话莲都百年》，获省优秀档案编研成果二等奖（全市县级档案馆唯一），《丽水日报》作整版报道。争取到国家重点档案专题保护开发项目——《抗日战争档案汇编·莲都区档案馆卷》，已完成馆内抗日战争档案资料整理并通过初审、复审。

（区档案局　区档案馆和党史研究中心）

丽水市莲都区人民代表大会

综　述

【概　况】 2022年是区十七届人大常委会履职的开局之年。区人大常委会以习近平新时代中国特色社会主义思想为指导，深入学习贯彻党的二十大精神以及省、市、区党代会精神，围绕中心、服务大局、发挥优势、创新实践、务实工作，圆满完成了区十七届人大一次会议确定的目标任务。

【区十七届人大代表辞职、资格终止】 一次会议以来，1名代表因调离本行政区域其区人大代表资格自行终止；1名代表因病逝世其区人大代表资格自行终止；区人大常委会同意接受9名代表因工作岗位调整辞去区人大代表职务的请求。

【开展党的二十大学习教育】 把学习宣传、贯彻落实党的二十大精神作为常委会组成人员、人大代表、人大干部的首要政治任务，制定全区人大系统学习宣传贯彻实施方案，常委会成员赴乡镇街道、联系部门宣讲党的二十大精神，人大代表、人大干部参加市人大“85后”宣讲团，在全区各级人大代表中持续掀起学习贯彻热潮。常委会党组成员、机关党组成员开展学习心得交流，前往革命纪念馆感受红色精神，举办党的二十大精神知识竞赛等活动，切实把思想和行动统一到党中央的各项决策部署上来。

【理论学习和宣传工作】 严格执行“第一议题”制度，把习近平法治思想、习近平总书记关于坚持和完善人民代表大会制度的重要思想、习近平总书记重要讲话和重要指示批示精神、宪法及相关法律知识作为机关理论学习中心组重要学习内容，组织召开常委会党组理论学习中心组学习12次；创新设立“人大讲堂”，领导干部带头讲、工委科室轮流讲、专家学者重点讲、人大代表交流讲，推动人大代表、人大干部强化理想信念、更新知识结构、提升业务能力，共举办活动8期；借助“学习强国”和省市人大相关刊物、各主流媒体，综

11月18日，区人大常委会党组书记、主任陈立新(中)一行深入乡村宣讲党的二十大精神，并开展“三级干部大走访”活动(区人大 提供)

合运用区级融媒体平台，在市级以上媒体平台报道信息通讯137篇，机关干部为中青班学员、街道议政会成员、丽水学院外国留学生宣讲人大制度，全方位讲好莲都践行人民代表大会制度的好经验好做法；2022年度机关信息宣传工作位于全市人大系统前列。

【**创新人大基层党建**】 坚持以特色化、品牌化方式推动人大党建工作向基层延伸。制定“红耀人大·众行先锋”党建品牌工作实施方案，以代表联络站为依托组建15个人大工作党支部，把人大常委会机关党建拓展到人大基层党建，实现党的组织对党员代表的全覆盖、党的工作对人大代表的全覆盖。相关工作获时任省人大常委会党组书记、副主任梁黎明批示肯定，在全省、全市人大常委会主任读书会上作典型经验交流，理论研究成果刊登在浙江人大信息专刊和调查研究专刊上。

【**创新人大监督手段**】 重视代表主体作用发挥，为代表履职创新载体、丰富内容，支持和保障代表依法履职。创设“代表钉钉”监督平台，以钉钉子精神打造集“收集民意、分类梳理、钉住办理、结果通报”等环节于一体的闭环监督机制，用“五钉法”推动群众急难愁盼问题的解决。人大“听政、议政、督政”三者有机贯通，126件党委关注、群众关心的难点问题被纳入“钉事清单”督促办理，截至年底，已解决106件。在“莲连看”App中开设“代表钉钉”专栏，“老竹风情养生园产权办理”等案例接受群众评议，相关工作被评为“全市人大优秀履职案例”。

重要会议

【**莲都区第十七届人民代表大会第一次会议**】 2月12日至15日在丽水市大剧院举行。出席会议的代表226名，列席人员60名。会议听取和审议了《政府工作报告》《区人大常委会工作报告》《区人民法院工作报告》《区人民检察院工作报告》。会议表决通过议案审查委员会的议案审查报告；通过关于区人民政府工作报告的决议、关于区2021年国民经济和社会发展计划执行情况与2022年国民经济和社会发展计划的决议、关于区2021年财政预算执行情况及2022年财政预算的决议、关于区人大常委会工作报告的决议、关于区人民法院工作报告的决议、关于区人民检察院工作报告的决议。大会选举陈立新为丽水市莲都区第十七届人民代表大会常务委员会主任，张继芳、雷勇军、俞丽威、卢进、沈建祖、周贤华为丽水市莲都区第十七届人民代表大会常务委员会副主任，选举王弘等26人为丽水市莲都区第十七届人民代表大会常务委员会委员。选举张妍为丽水市莲都区人民政府区长，曹永跃、王成、蔡毓良、潜伟峰、张小平、孙苗、周亚军为副区长。选举蔡昱为丽水市莲都区监察委员会主任，黄玉香为丽水市莲都区人民法院院长，蔡建彧为丽水市莲都区人民检察院检察长。会议采用无记名投票方式产生“优化教育资源配置”等10件民生实事项目。会议收到176件代表建议、批评、意见，会后交由有关机关、组织研究办理，并负责答复代表。

【**莲都区十六、十七届人大常委会会议**】 2022年，莲都区人大共举行常委会会议9次，听取和审议专项工作报告52项，作出决议决定12个，提出审议、评议意见14个。

1月12日召开区十六届人大常委会第四十四次会议。会议学习传达区第十五次党代会精神。听取区政府关于2021年度民生实事项目落实情况；听取代表资格审查委员会《关于莲都区第十七届人民代表大会代表资格确认情况的汇报》、听取区人大常委会各街道工作委员会工作报告。听取区政府组成部门局长(主任)、法院副院长和检察院副检察长年度书面述职报告。会议决定莲都区2021年度区人大代表优秀建议、代表建议承办工作先进单位；审议通过莲都区人大常委会《关于召开丽水市莲都区第十七届人民代表大会第一次会议的决定》、区监委相关人事任免议案。

1月29日召开区十六届人大常委会第四十五次会议。会议审议通过区十七届人大一次会议有关事项。听取和审议区人大常委会、区人大法制（监察和司法）委员会、财政经济委员会、社会建设委员会工作报告稿；听取区十七届人大一次会议筹备情况的汇报；听取和审议区政府关于2022年民生实事候选项目的议案；听取区政府关于2021年莲都区环境状况和环境保护目标完成情况、关于莲都区2021年国民经济和社会发展计划完成情况及2022年国民经济和社会发展计划草案、关于莲都区2022年基本建设项目投资计划草案、关于2021年预算执行情况和2022年预算草案编制情况的报告；听取区水利局、区应急管理局、万象街道办事处等单位2022年度部门预算。

3月16日召开区十七届人大常委会第一次会议。会议学习传达习近平总书记在中央人大工作会议上的重要讲话精神、2022年全国“两会”精神及市第五次党代会精神。审议通过了丽水市莲都区人民代表大会常务委员会关于设立区第十七届人大常委会代表资格审查委员会的决定；审议了个别区人大代表辞职事项；审议通过区法院的相关人事任免事项。书面通报区人大常委会2022年度监督工作安排。

4月19日召开区十七届人大常委会第二次会议。会议学习传达省委县（市、区）委书记工作交流会精神及2022年市“两会”精神。审议个别区人大代表提请辞职事项；通过区人民政府《关于提请陈勇等任职的议案》《关于提请蔡毓良免职的议案》以及区人民法院、区人民检察院的相关人事任免事项。决定任命陈勇、龚淑娟为区政府副区长，决定免去蔡毓良区政府副区长职务，同意接受蓝林余辞去区十七届人大代表职务的请求，其社会建设委员会副主任委员职务相应终止。

6月29日召开区十七届人大常委会第三次会议。会议传达学习了浙江省第十五次党代会精神。听取区政府关于全区打击电信诈骗犯罪工作的情况汇报；听取了区政府关于全区地方政府专项债券使用情况的汇报，并开展了专题询问。通过《关于修改〈丽水市莲都区人民代表大会常务委员会议事规则〉的决定》；审议通过了区人大、区法院、区检察院相关人事任免事项；审议了个别区人大代表提请辞职事项；审议通过区政府《关于提请周贤华任职的议案》。会议同意接受周贤华辞去区十七届人大代表职务的请求，其常务委员会副主任、财政经济委员会主任委员职务相应终止，决定任命周贤华为区政府副区长。

7月27日召开区十七届人大常委会第四次会议。会议学习传达了中共中央政治局第四十次集体学习精神。听取区政府关于推进2022年民生实事项目情况汇报。审议通过了区人大、区政府、区监委相关人事任免事项。

8月31日召开区十七届人大常委会第五次会议。会议学习传达了习近平总书记7月26日在省部级主要领导干部“学习习近平总书记重要讲话精神，迎接党的二十大”专题研讨班的重要讲话、学习传达了全省各级人大常委会主任学习会精神。听取和审议区政府关于2022年上半年莲都区国民经济和社会发展计划执行情况的报告；听取和审议2021年区财政决算草案及2022年上半年预算执行情况的报告、2021年度区财政预算执行和其他财政收支的审计工作报告。决定批准莲都区2021年财政决算。对4名区检察院员额检察官履职情况开展工作评议。审议通过了区法院相关人事任免事项。

10月27日召开区十七届人大常委会第六次会议。会议学习传达了党的二十大、二十届一中全会精神。听取区人民政府关于2022年度预算调整方案的汇报，决定批准进行莲都区2022年预算调整；听取和审议区政府关于调整莲都区2022年基本建设项目投资计划的汇报，作出《关于同意调整莲都区2022年基本建设项目投资计划的决议》；听取和审议区政府《关于提请审议莲都区曳岭脚历史文化名村保护规划的议案》，作出《关于提请审议莲都区曳岭脚历史文化名村保护规划的决议》。听取和审议区政府关于《中华人民共和国节约能源法》《浙江省综合行政执法条例》实施情况的报告、全区居家养老服务、全区农村小规模学校发展状况的专项工作报告以及区政府关于“大搬快聚富民安居”工作推进情况的专项工作报告。听取区监委关于开展整治群众身边不正之风和腐败问题工作情况报告；书面通报2021年度全区法治政府建设情况。审议通过了区人大、区政府、区法院、区检察院相关人事任免事项，决定免去陈勇区政府副区长职务。

12月21日召开区十七届人大常委会第七次会议。会议学习传达了二十届中共中央政治局第一次集体学习精神。听取和审议区政府关于全区自然资源国有资产管理情况、区政府关于区十七届人大一次会议代表建议办理情况、区法院关于司法公正感受度提升工程开展情况的专项工作报告；听取区政府关于2021年度预算执行和其他财政收支的审计查出问题的整改落实情况、政府关于2022年的民生实事项目落实情况的报告；书面审议上一年度国有资产管理综合报告。书面通报2022年度规范性文件备案审查工作情况。会议对区退役军人事务局局长陈军、区文广旅体局局长留红伟、区统计局局长徐建波开展履职评议。对8位莲都区选举产生的市五届人大代表开展述职评议。审议了个别区人大代表、常委会委员提请辞职事项；审议通过了区人大、区政府、区监委、区法院、区检察院相关人事任免事项。决定任命莫乐平为区政府副区长；同意接受王弘、叶志军、戴旭伟、李伟军、叶向荣、徐迎春辞去丽水市莲都区第十七届人民代表大会代表职务的请求，王弘的丽水市莲都区第十七届人民代表大会委员职务、叶志军的丽水市莲都区第十七届人民代表大会社会建设委员会副主任委员职务、戴旭伟的丽水市莲都区第十七届人民代表大会财政经济委员会副主任委员职务相应终止；同意接受赖志平、王品伟、蓝晓芬辞去丽水市莲都区第十七届人民代表大会常务委员会委员职务的请求。通报《丽水市莲都区区级人大代表选举工作方案》。

8月24日，莲都区人大召开省第十五次党代会、全省各级人大常委会主任学习会精神暨全区上半年经济社会运行情况培训(通报)会(区人大 提供)

【其他会议】 8月24日，莲都区人大召开省第十五次党代会、全省各级人大常委会主任学习会精神暨上半年全区经济社会运行情况通报会。区委副书记、区长张妍向区十七届人大代表通报上半年经济社会运行情况；区人大常委会党组书记、主任传达全省各级人大常委会主任学习会精神；人大代表陈旭东围绕省第十五次党代会精神进行授课。

9月5日，莲都区人大召开基层单元建设推进会。会议传达学习市委五届二次全体(扩大)会议精神，交流乡镇(街道)人大工作情况，部署基层单元建设工作。

11月6日，莲都区人大召开基层单元建设推进会。会议传达学习全市基层单元建设推进会精神，总结经验做法，查找问题和工作短板，研究解决措施。

专题视察和调研

【碧湖新城建设各类调研】 2022年，区人大常委会贯彻落实区委提出“全面加快碧湖新城发展豹变，以未来眼光发展建设高能级平台”的目标要求，开展地方政府专项债券项目资金绩效管理专题询问，在债券项目推进、规范绩效管理、严格落实法律法规等方面提出明确要求。常委会班子成员带队开展“助企开门红”、经济稳进提质大走访、安全防范大督查，助力优化营商环境。四位常委会副主任兼任区委“八大行动”中城市更新、工业跃迁、要素保障、空间聚合行动督察长，全程跟进，提出合理化建议，助力目标任务加快完成。听取全域土地综合整治、浙西南科创中心核心区建设工作汇报，人大干部、人大代表积极参与新城征迁工作，组织省、市、区人大代表视察新城建设情况，在新城发展豹变中汇聚代表力量。

【经济领域开展专题调研】 2022年，区人大常委会聚焦经济稳进提质、资金使用绩效、重点项目建设等方面，依法履职，助力经济高质量发展。成立调研组调研莲都区2022年上半年国民经济和社会发展计划及2022年上半年预算执行的情况、莲都区2021年财政决算草案审查结果的情况、莲都区2021年财政预算执行和其他财政收支审计情况等。围绕财政收入执行、部门预算标准化体系建设和国企融资情况进行调研，听取产业基金组建工作汇报，针对性提出意见建议。开展项目库建设专题调研，督查《政府投资条例》的贯彻落实，调研衢丽铁路莲都段项目施工和莲湖水库项目前期情况。

【农业农村工作专题调研】 2022年，区人大常委会围绕区委中心工作，开展莲都超市产业专题调研，紧扣供应链、金融、品牌、政务服务等关键点提出工作建议，打响“莲都山超”品牌。把“大搬快聚”作为加快推进城镇化建设的重要民生工程，连续两年审议政府专项工作报告，助力山区偏远群众实现“安居梦”。关注“一户多宅”整治清理和政策制定，为乡村产业腾出发展空间。开展乡村振兴“一法一条例”贯彻执行情况检查，组织“两非”整治工作代表视察，对家庭农场、未来乡村、茶产业发展、水利设施建设与维护运营等情况进行专题调研。开展旅游产业发展审议意见落实情况跟踪监督，调研农业特色产业发展、“三位一体”农合联改革和节水抗旱稻的种植推广，助推农业“双强”行动和乡村旅游提质增效。

【城乡区域发展各类调研】 2022年，区人大常委会调研社区拆分调整、城区上、放学时段校门口拥堵情况，开展环境保护法、市物业管理条例、市文明行为促进条例执法检查，协调解决相关问题。开展曳岭脚村历史文化名村保护规划调研工作。在调研农村小规模学校发展情况的基础上，提出“推进教育提质、优化教育布局、加强教师队伍建设、关注学生健康成长”等意见。市、区共同研究民族乡村振兴工作，调研就业促进条例实施情况，重点关注高校毕业生、农民工、困难群众、残疾人等特殊群体就业，以高质量就业夯实共同富裕的民生根基。

【提升公共服务各类调研】 2022年，区人大常委会顺应“老有所养”“幼有所育”的民生期盼，专项审议政府居家养老服务工作报告，开展3岁以下婴幼儿照护服务体系建设调研。围绕义务教育“双减”，市、区人大联动开展中小学教师队伍建设情况调研。配合市人大调研省华侨捐赠条例实施情况，营造侨胞捐资兴办公益事业的良好环境。加强残疾人权益保护，对全区无障碍环境建设情况开展专题调研。

【其他调研】 2022年，区人大常委会持续紧盯全区数字化改革工作，积极推动省公共数据条例的宣传贯彻。全力配合省、市人大进行省固体废物污染环境防治条例、市居家养老服务条例立法调研和市南明湖保护管理条例立法后评估。

讨论决定重大事项

【作出年度预算决议和部分调整决议】 8月31日，在区十七届人大常委会第五次会议上，批准

2021年度财政决算。10月27日，在区十七届人大常委会第六次会议上，决定批准2022年度财政预算调整方案、批准2022年基本建设项目投资计划调整方案。

【同意老竹畲族镇曳岭脚村历史文化名村保护规划】 10月27日，在区十七届人大常委会第六次会议上，常委会听取和审议区政府《关于提请审议莲都区曳岭脚历史文化名村保护规划的议案》，作出《关于提请审议莲都区曳岭脚历史文化名村保护规划的决议》。

【开展区、乡两级民生实事项目代表票决工作】 2月15日，莲都区第十七届人民代表大会第一次会议票决产生2022年度十方面民生实事。会后常委会专门设立项目监督小组，紧盯项目办理进度和落实情况，注重民生项目经验宣传。常委会年中和年末听取政府民生实事项目办理进度情况汇报，有力推进了十方面26个民生实事建设项目按时保质完成，全年展播“民生短视频”系列作品26期，获市级三等奖2个、优秀奖4个，莲都区获优秀组织奖。区、乡人大联动，多频次开展民生实事项目、代表建议办理专题调研、代表视察、督促检查，138件乡镇（街道）级民生实事如期完成。

人大监督

【保障宪法法律实施】 常委会把学习宣传贯彻落实宪法作为工作重点，增强国家根本政治制度自信。做宪法精神的弘扬者、宪法权威的捍卫者，把“宪法法律学习贯彻情况”纳入政府组成部门局长、法院副院长、检察院副检察长述职内容，年度书面审查全覆盖、不定期开展履职情况专项检查。完善国家工作人员学习宪法法律的制度，注重宪法法律的宣传，增强宪法意识，组织宪法集体宣誓仪式6次190人。

【监督“一委两院”履职】 听取和审议区法院司法公正感受度提升工程开展情况的报告，针对性提出“提高司法认同、兑现胜诉权益、合力化解纠纷”的要求。听取区监委关于开展整治群众身边不正之风和腐败问题专项工作报告，支持严厉查处基层“微腐败”、规范“小微权力”运行。聚焦司法监督联动机制建设，制定《在履行监督职能中加强与检察机关联动配合的实施意见》，实现人大依法监督与检察法律监督有机贯通。

【推动政府依法行政】 常委会注重发挥“法律巡视”监督利剑作用，组织执法检查14次，开展了乡村振兴“一法一条例”、节约能源“一法一办法”及《中华人民共和国社区矫正法》《中华人民共和国退役军人保障法》《中华人民共和国环境保护法》《浙江省宗教事务管理条例》《浙江省综合行政执法条例》《浙江省就业促进条例》《丽水市物业管理条例》《丽水市文明行为促进条例》等法律法规在莲都区贯彻实施情况的执法检查，配合省、市人大进行《浙江省固体废物污染环境防治条例》《浙江省华侨捐赠条例》《丽水市居家养老服务条例》立法调研和《丽水市南明湖保护管理条例》立法后评估。听取和审议电信网络诈骗犯罪打防治理工作报告，书面审议政府关于2021年度全区法治政府建设情况的报告。

【备案审查规范性文件】 依法履行备案审查职责，坚持有件必备、有备必审、有错必纠，推进规范性文件合法性审查。全年共审查区政府规范性文件20个。听取了法制（监察和司法）工委关于备案审查工作年度情况的汇报。

【强化计划、预算等执行】 听取和审议2022年上半年社会经济发展计划、财政预算执行情况，以及2021年区财政预算执行和其他财政收支的审计工作报告。联合推动审计查出问题整改，防范化解财政资金使用风险隐患。专题听取政府整改情况专项工作报告，督促整改部门落实主体责任、健全完善审计整改长效机制。

【强化国有资产管理监督】 12月，主任会议听取产业基金组建工作汇报，针对性提出意见建议。常委会听取和审议区政府关于全区自然资源国有资产管理情况的专项工作报告，书面审议上一年度国有资产管理综合报告。

【开展专题询问】 推动专题询问监督常态化，常委会在组织开展政府地方专项债务使用、2022年全区政府投资项目推进、项目库建设情况工作调研的基础上，开展地方政府专项债券项目资金绩效管理专题询问，现场专题询问根据“听取工作报告—现场组织问答—满意度测评—表态发言”环节进行。常委会组成人员向区政府及有关单位提出了8个方面的问题，询问会后常委会制作问题清单进行交办，持续跟踪专项债工作落实情况，确保政府统筹推进专项债券项目、规范专项债券项目资金绩效管理、严格落实《地方政府专项债券项目资金绩效管理办法》和《政府投资条例》要求。

人事任免

【概　况】 坚持党管干部和人大依法行使任免权的有机统一，落实干部任前法律知识考试、任前表态、颁发任命书、宪法宣誓等制度，按照法定程序落实区委的人事安排意图。任免区政府部分组成部门主要负责人，为全区国家机关有效运转提供组织保障。全年任免国家机关干部236人次。

【对任命干部的监督】 坚持主任会议听取部门工作汇报，把对政府部门监督与干部任命后监督有机结合起来，先后听取了区科技局、区自然资源与规划分局工作汇报，并对莲都区科技创新工作以及自然资源等方面提出意见。对区退役军人事务局、区文广旅体局、区统计局等3个部门主要负责人和4名员额检察官开展履职评议，对区政府其他组成部门局长（主任）和法院副院长、检察院副检察长开展书面述职。

服务代表履职及代表中心组活动

【代表建议、批评和意见督办工作】 区十七届人大一次会议共收到代表议案建议176件，其中14件被列为重点建议件。常委会推动制定《关于落实代表建议办理工作“一把手责任制”的规定 》，形成了交办、承办、督办的工作闭环，有效保证代表建议办理成效。坚持重点建议政府领导领办和常委会领导督办制度，拉紧责任链条，推动《关于实施“大搬快聚富民安居”工程接续高质量发展建设碧湖新城的建议》等重点建议办理工作落地见效。

【基层单元建设】 常委会遵循习近平总书记关于全过程人民民主的重要论述、省党代会“八个高地”重要部署和省人大基层单元建设重要要求“三大指引”，聚焦“联、商、督、促、智”五大功能，以“3551”（“3”指“三大指引”；第1个“5”指“五大功能”；第2个“5”指“五大抓手”，即代表亮身份、局长代表面对面、代表钉钉、随手拍·代表钉、代表履职一键通；“1”指工作支部）工作法加快人大代表联络站数字变革。指导大港头镇人大代表联络站完成浙江省全过程人民民主基层单元建设试点工作。10月，全区15个人大代表联络站全面完成迭代升级和全过程人民民主基层单元建设工作。不断加快区级人大代表联络总站建设，制订代表联络站硬件建设主要指标、代表联络点建设实施方案，逐步形成“总站+15家联络站+N个联络点”的履职平台新格局。

实现业务下沉，常委会机关各委办对口联系乡镇街道人大代表联络站，联动监督项目、重大决定议题直达基层。实现功能拓展，搭建“局长代表面对面”平台，推动“一府一委两院”负责人进站活动，面对面讲解法律政策、集中听取代表意见、及时回应群众关注问题。实现数字赋能，以“代表履职一键通”为载体，构建“随手拍·代表钉”应用场景，人民群众、人大代表随时随地反映身边小事、督促问题整改。常委会10项核心业务下沉到全区15个基层单元，基层单元晾晒工作领跑全市，工作经验在全市交流推广。

【丰富代表活动】 组织代表参与省、市“四级人大八万代表助力八大攻坚行动”“‘六访六促’推动高质量发展建设共同富裕示范区建设”以及区级“代表见

9月5日，莲都区基层单元建设推进会召开（区人大 提供）

行动”等主题活动，助力落实助企纾困、文明创建、共富增收、大搬快聚、防台防汛、抗旱救灾、基层治理等工作。扩大代表对常委会工作的参与和监督，成立法制（监察和司法）、财经、社会建设、农业农村、城建环资、教科文卫、民族宗教华侨7个专业小组，邀请人大代表列席常委会会议90人次，参加执法检查、集中视察、专题调研等活动204人次。开展“代表先锋”选树活动，制定代表向原选区选民述职规定、“代表进网格”、常委会领导联系组成人员、常委会组成人员联系代表、党员代表联系党外代表等制度规定，不断加强代表与群众的密切联系。

【人民来信来访工作】 做好信访工作，执行接访、转办和督办等制度，受理群众来信来访55件次，其中来信33件，来访22件次；省、市人大交办11件。常委会领导牵头成功化解信访积案18件。

（陈际光）

丽水市莲都区人民政府

综　述

【概　况】 2022年莲都区实现地区生产总值增长4.3%，高于全国、全省、全市增速；区本级固定资产投资增长33.4%；农业增加值增长4.4%；区本级规上工业增加值增长6.9%；服务业增加值增长2.1%；社会消费品零售总额增长7.6%；财政收支实现基本平衡；城乡居民人均可支配收入分别增长4.5%和8.4%。省、市、区十方面民生实事圆满完成，以全市第一的成绩获得市对区（县）年度综合考核优秀等次。

【双招双引】 按照“高大上、链群配”的设计定制，重点围绕半导体、大健康、新能源、数字经济等产业，开展专业化、精准化招商，全年引进项目31个，合同投资额达160.56亿元，同比增长258%，实现半导体产业、新能源产业和10亿级单体制造业项目招引三个零的突破，招商引资考核获全市优秀等次。出台一揽子人才科技新政，兑现人才科技专项政策经费8196万元，同比增长448.2%，惠及人才3000余人。引进高校本科毕业生、硕士、博士和新增技能人才数量均创新高；首次入选国家级海外引才计划2人、国家高层次科技创业领军人才1人。

【项目建设】 2022年共实施建设项目135个，其中入选省重点项目5个、“4+1”项目6个、省市县长工程2个、省集中开工项目7个，完成投资97.9亿元，交通投资同比增长85.2%，生态环保、城市更新和水利设施投资同比增长75.9%。省引领性重大产业项目——纳爱斯生态资源研究及产业化项目落地开工，全市最大农业单体项目——领源现代农业示范园项目开工建设。争取到地方政府债券资金12.8亿元、各类省级补助资金15.5亿元，建设用地指标142.8公顷。

【农业经济】 整治优化粮食生产功能区413.33公顷，2022年粮食播种面积8513.33公顷，总产量4100万公斤，水稻全产业链生产模式被列为全市“粮食增收”最佳实践案例。推进农业“双强”行动，创成全省首批“肥药两制”改革综合试点县、省级畜牧业“机器换人”高质量发展先行县。国家级分子育种中心项目入选全国农作物品种展示基地、省级重点农业项目。

【生态工业】 启动新一轮制造业“腾笼换鸟、凤凰涅槃”攻坚行动，深化“亩均论英雄”改革，整治高耗低效企业20家，新增规上工业企业24家，区本级规上工业亩均税收达到22.76万元，同比增长38.1%。加快产业数字化转型，支持电气、阀门等优势传统产业改造升级，完成工业机器人推广应用51台，规上企业自动化、数字化、智能化改造21家。恒大电气入选国家级专精特新“小巨人”企业名单。“推动工业稳增长和技术改造，加快传统制造业转型升级，培育‘单项冠军’企业”工作获省政府督查激励。

【文旅融合】 加快国家级旅游度假区创建，实施景区“微改造”省级试点，举办古堰画乡首届全国风景油画双年展、九龙湿地第一届赏萤季。松阴溪（莲都古堰）作为全省首批唯一人文水脉入选省大花园耀眼明珠。获评首批长三角高铁旅游小城。

【新城建设】 成立碧湖新城发展工作领导小组和委员会，创新构建新城建设管理体制机制，丽水工业园区提档升级为省级经济开发区，“三区三线”划定成果获自然资源部批复正式启用，规划城镇建设用地面积增至15.92平方千米。实施“大搬快聚富民安居”工程，签约搬迁人口选择安置碧湖新城6972人，魏村安置小区一期、二期项目有序推进，新城房地产网签面积达27.81万平方米，同比增长399%。共谋划实施项目107个，完成年度投资67.24亿元。

【改革开放】 2022年莲都区承接省级数字化改革试点33个，形成制度理论成果46项，创新深化“云森防”“莲宿码”“九云征收”等特色应用，提升政府履职能力和政务服务水平。推进国有企业市场化改革，区属国企总资产增长96.8%，新增融资授信额度135.3亿元。推进“大综合一体化”改革，实现“一支队伍管执法”。成立区商务和金融发展中心、莲都邮政管理局、区气象局，政府职能更趋完备。深化与义乌市、宁波江北区的山海协作，成立宁波江北·丽水莲都高新产业协同发展中心，义乌—莲都“产业飞地”2个产业项目开工建设，累计完成投资14.33亿元。与意大利奥拉市建立友好交流城市关系。

【城乡建设】 实施市区重点政策处理项目“净地清零”和“百日攻坚”行动，销号市、区重点征收项目102个，清场交地252.8公顷，签约被征收户1011户。改善人居环境，实施市区老旧小区改造4个，涉及19万平方米，惠及居民2800余户，全年共处置违法建筑26.51万平方米，紫金街道、白云街道创成山区26县县城城镇省级样板。推进首批10个村的撤村建居工作，新增7个城市社区，开展市区188个住宅小区无物业管理清零行动，新增专职社工266名。

【乡村振兴】 碧湖—大港头片区创成“古堰画乡·诗画田园”县域风貌样板区，碧湖镇创成美丽城镇建设省级样板镇。7个社区、3个村分别被列入省级未来社区、省级未来乡村创建名单。全市率先启动自然村通班车工作，新增班车线路19条。衢丽铁路莲都段隧道、桥梁工程进入主体施工阶段，洪渡互通至黄村农村道路改造提升工程(仙渡至黄村段)全线贯通。莲湖水库工程征地移民实物调查工作基本完成。莲都区蝉联全省深化“千万工程”建设新时代美丽乡村(农村人居环境提升)工作优胜县。

【优化环境】 打好环境质量“双十”攻坚战，市区环境空气质量在全国168个重点城市排名第七；完成白云街道“污水零直排区”创建，市控以上地表水断面水质全面达标，助力全市地表水环境质量排名全国第十。社会源危险废物数字化智能监管应用场景被评为全省“无废城市”数字化改革第二批试点。加强生物多样性保护，设立蓝喉蜂虎繁殖栖息地保护区。连续四年获评全省生活垃圾分类工作优秀单位。生态环境公众满意度在全省90个县(市、区)中排名第七。

【民生保障】 深化“共富123行动”乡镇试点建设，建成“共富工坊”70个，强化就业服务，实现城镇新增就业1.6万人，城镇登记失业率1.14%，低收入农户人均可支配收入增长17.3%，全区所有行政村实现村总收入20万元且经营性收入10万元以上，群众就业增收取得新实效。城乡低保标准提高至每人每月1035元，特困供养标准提高至每人每月1662元，完成低保户“善居工程”改造70户，新增认知障碍照护床位120张，“浙丽保”惠及9.75万人次。获评全省“净居亮居”改造工作示范点，入选省第二批婚俗改革实验区。

【公共服务】 2022年，城西学校初中部和金周园、中骏园2所公办幼儿园投入使用，新增初中学位1200个、幼儿园学位630个。花园中学启动民转公改制工作，中考综合成绩连续19年领跑全市。“创新‘社会监督’机制，助力校外培训治理”获评全国“双减”工作优秀案例。新增建有托育机构乡镇2个、托位391个，新改扩建规范化卫生室7家，院前急救服务延伸至乡镇中心卫生院，2分钟内出车率达到95%以上。健康浙江考核连续三年取得优秀等次。新建农村文化礼堂18个、“15分钟品质文化生活圈”168个，创成省级乡村博物馆6家，举办莲都区第四届全民运动会等群众体育赛事50余场，“莲悦读爱心书屋”入选省公共文化服务高质量发展典型案例。

【除险保安】 出台《关于落实安全防范29条措施》，推进安全防范和消防安全“百日攻坚”等行动，全年未发生较大及以上生产安全事故和亡人火灾事故。全链条加强食品药品安全监管，创成省食品安全示范区。“创新‘村级事务阳光票决制’探索山区基层治理新路径”入选全省共同富裕最佳实践。常态化推进扫黑除恶斗争，严厉打击电信网络诈骗、养老诈骗，侦破涉案财物金额达2亿元的“3·11”特大虚拟币跑分平台案。

重要会议

【第十六届政府常务会议】 1月10日，第64次区政府常务会议召开。组织观看《长江经济带警示片》，传达学习推动长江经济带发展领导小组全体会议和省委常委会会议精神，传达学习中央农村工作会议、省委经济工作会议、市委四届十二次全体（扩大）会议精神，学习《浙江省家庭教育促进条例》；审议《莲都区对口工作项目经费使用管理办法》《莲都区贯彻落实全省新一轮制造业“腾笼换鸟、凤凰涅槃”攻坚行动实施方案（2021—2023）》《2017—2021年度莲都区劳动模范和模范集体评选表彰方案（草案）》《莲都科创大楼委托运营政策》，审议《莲都区2021年环境状况和环境保护目标完成情况报告》《莲都区农村公路养护管理办法》《丽水市莲都区律师行业发展扶持奖励资金使用管理办法》；听取关于省、市、区三级2020年度审计工作报告及市党政主要领导干部经责审计和自然资源资产任中审计报告反映问题整改工作情况汇报。

1月25日，第65次区政府常务会议召开。传达学习省十三届人大六次会议、省政协十二届五次会议精神，学习《浙江省综合行政执法条例》条文及解读；听取关于《政府工作报告》起草情况的汇报、关于2021年十方面民生实事完成情况和2022年十方面民生实事初选项目工作方案的情况汇报，听取关于购置深圳产业飞地的情况汇报；审议《丽水市莲都区2022年基本建设项目投资计划》《莲都区2021年国民经济和社会发展计划执行情况与2022年国民经济和社会发展计划草案的报告》《莲都区2021年预算执行情况和2022年预算草案的报告》《碧湖新城发展委员会体制机制实施意见》，审议《浙西南科创中心发展规划莲都区子规划》《莲都科创大楼委托运营政策》。

1月27日，第66次区政府常务会议召开。审议《莲都区加快推进科技创新引领跨越式高质量发展的实施意见》《莲都区关于支持企业股改上市的若干意见》《关于促进莲都区总部经济发展扶持政策的实施细则(修订)》《莲都区生态工业“十四五”发展规划（2021—2025年）》《关于加快生态工业和数字经济高质量发展的若干意见》《瑞虎迎春·新年“莲”欢促消费消费券发放方案》《莲都区首次上规企业助力一季度“开门红”的政策意见》《关于促返岗保用工助力“开门红”的政策意见》《关于修改〈莲都区“大搬快聚富民安居”工程实施意见〉的通知》《莲都区进一步深化国有企业市场化改革方案》《莲都区国有企业重大事项管理制度》《莲都区国有企业深化人事制度改革工作方案》《莲都区国有企业经营业绩考核与负责人薪酬管理暂行办法》。

【第十七届政府常务会议】 3月12日，第1次区政府常务会议召开。传达学习习近平总书记在中共中央政治局第36次集体学习时的重要讲话精神，传达学习全省高质量发展建设共同富裕示范区推进大会精神，传达学习市委经济工作会议精神及研究贯彻落实意见，传达学习市第五次党代会精神，传达学习《河南郑州“7·20”特大暴雨灾害调查报告》《浙江省公共数据条例》；

听取关于莲都区2022年政府工作报告重点工作及区级民生实事责任分解情况汇报，听取关于高溪低丘缓坡区块17、18、19、20号地块回收处置方案的汇报、关于组建半导体集成电路基金相关事宜的汇报，听取关于2021年度莲都区法治政府建设情况；审议《莲都区2022年土地供应计划和土地收储计划》《莲都区区属国有企业2022年度重大事项计划》《莲都区招商引资中介机构奖励实施办法》《2022年度莲都区人民政府重大行政决策事项目录》《关于修改〈莲都区“大搬快聚富民安居”工程实施意见〉的通知》。

4月8日，第2次区政府常务会议召开。传达学习全国两会精神，传达学习国家、省、市安全生产电视电话会议精神，传达学习习近平总书记关于统计监督工作重要讲话精神和中办、国办印发的《关于更加有效发挥统计监督职能作用的意见》精神并研究贯彻落实意见，传达学习全省“大综合一体化”行政执法改革推进大会和全省“大综合一体化”行政执法改革视频调度会主要精神，传达学习《浙江省内部审计工作规定》条文；听取莲都区1—2月统计数据核查工作情况汇报、关于莲都区文明单位评选和复评工作情况的汇报、关于莲都区区属国有企业2022年度重大事项计划的汇报，听取2021年度金融支持地方经济发展业绩考评的情况汇报；审议《关于碧湖镇、大港头镇人民政府开展综合行政执法有关事宜的通告》及附件《莲都区碧湖镇、大港头镇综合行政执法事项目录清单(2022年)》《莲都区生活垃圾治理全面决胜攻坚行动方案》《莲都区基层应急管理体系建设方案》、《丽水市市区征收集体所有土地房屋补偿管理办法》附件2、附件3范围村庄适当调整事宜，审议《莲都区工业投资项目准入决策评价机制》《莲都区2022年低效工业企业整治提升方案》《莲都区土地整治实施办法》《莲都区人民政府关于加快生态工业和数字经济高质量发展的若干意见》。

4月24日，第3次区政府常务会议召开。传达学习市“两会”精神，学习《浙江省禁毒条例》条文；听取2017—2021年度莲都区劳动模范和模范集体评选结果及追授应建勇“丽水市莲都区劳动模范”称号的汇报、“七张问题清单”指数分析的汇报；审议《莲都区“八大行动”五年实施方案》。

5月26日，第4次区政府常务会议召开。传达学习习近平总书记在中央全面深化改革委员会第二十五次会议上的重要讲话精神，传达学习习近平总书记关于粮食和物资储备工作重要讲话精神并研究部署莲都区保障粮食安全工作，传达学习全国稳住经济大盘电视电话会议及省政府续会会议精神、省政府第十次全体会议精神，传达学习省、市房地产市场平稳健康发展因城施策举措并研究部署莲都区下一步工作，传达学习5月9日全国疫情防控工作电视电话会议及全省续会精神并研究部署莲都区疫情防控工作，传达学习全国自建房安全专项整治电视电话会议及全省续会会议精神，传达学习全省城乡社区工作会议精神并研究部署莲都区城乡社区工作，传达学习市委全面依法治市委员会第四次(扩大)会议暨创建全国法治政府建设示范市工作推进会精神并研究部署莲都区下一步工作，传达学习《浙江省乡村振兴促进条例》条文；听取助企纾困、减税降费政策落实情况，研究部署下一步工作，听取莲都区自建房安全专项整治工作情况的汇报并研究部署自建房安全整治工作，听取关于命名2022年度莲都区建筑业企业荣誉称号的情况汇报，听取关于莲都区应急管理(安全生产)工作和调整有关议事机构人员规则等情况汇报并研究部署下一步工作，听取关于莲都区第七届道德模范评选推荐情况的汇报，听取关于古堰画乡文化产业园项目的情况汇报；审议《莲都区经济稳进提质专班工作方案》《莲都区加快推进文化、旅游、体育产业发展政策意见》《莲都区社区配套服务用房优化提升三年行动计划(2022—2024年)》《莲都区规范民办义务教育发展工作实施办法》。

6月6日，第5次区政府常务

会议召开。传达学习《中华人民共和国行政处罚法》条文及解读；审议《莲都区产业招商工作专班管理办法》《2022年莲都区工业企业综合绩效评价细则》《莲都区推动经济稳进提质工作实施方案》《莲都区农民占用集体土地违法建住宅处理细则（2022年修订）》。

7月17日，第6次区政府常务会议召开。传达学习省第十五次党代会精神，学习贯彻习近平总书记关于统计工作重要指示批示精神、统计法律法规和警示案例，传达学习《浙江省食品安全工作约谈和重大事项督促落实暂行办法》条文及解读、《中华人民共和国反有组织犯罪法》条文及解读；听取经济稳进提质政策落实情况汇报并研究莲都区下一步政策和举措，听取莲都区2022年基本建设项目投资计划调整的情况汇报、关于采桑地块土地出让金调整的情况汇报、关于古堰画乡文化产业园项目原区块及分割销售比例调整事项的汇报，听取2022年上半年莲都区法治政府建设工作情况汇报；审议《莲都区健全和完善精准服务企业工作机制的实施方案》《丽水市莲都区统计造假不收手不收敛问题专项纠治实施方案》《丽水市莲都区落实国家统计督察反馈问题整改实施方案》《莲都区农村集体土地“一户多宅”清理整治实施办法》《莲都区未来乡村建设五年行动计划（2022—2026年）》《莲都区碧湖新城项目被征收住宅房屋货币安置购房补贴实施办法》，审议《丽水市市区征收集体所有土地房屋补偿管理办法》附件2、附件3范围村庄适当调整事宜。

8月28日，第7次区政府常务会议召开。传达学习市委五届二次全体（扩大）会议精神并研究贯彻落实意见，传达学习市委文化工作会议精神并研究贯彻落实意见，传达学习市政府第一次全体（扩大）会议暨全市经济稳进提质大会精神并研究贯彻落实意见，传达学习全省“大综合一体化”行政执法改革暨深化基层管理体制改革推进现场会和全市“大综合一体化”行政执法改革推进会精神并研究贯彻落实意见，传达学习全市“除险保安”百日攻坚行动推进会暨反恐怖工作会议精神并研究贯彻落实意见，学习《信访工作条例》条文及解读；听取关于莲都区拟增设7个新社区的情况汇报、推进信访积案化解再次清零工作的情况汇报；审议《莲都区人民政府关于将部分部门行政处罚权交由六个街道行使的通告》及附件《莲都区白云街道等五个街道综合行政执法事项目录清单（2022年）》《莲都区南明山街道综合行政执法事项目录清单（2022年）》，审议《关于修改〈莲都区深化“亩均论英雄”改革实施意见2.0版〉的通知》《2022年莲都区工业企业综合绩效评价细则的补充意见》《莲都区2021年度工业企业亩均效益综合评价结果》。

9月14日，第8次区政府常务会议召开。传达学习全省清廉浙江建设推进会议精神并研究贯彻落实意见，学习《中华人民共和国反电信网络诈骗法》条文及亮点；审议《莲都区农业农村高质量发展实施意见》《关于2022年高质量推进乡村全面振兴的实施意见》。

9月26日，第9次区政府常务会议召开。听取关于2021年度莲都区行政奖励项目实施情况的汇报、关于2021年莲都区评比表彰通报表扬项目实施情况的汇报、关于国庆前后疫情防控工作的汇报、莲都区“五水共治”工作开展情况的汇报；审议《莲都区财政扶持民办幼儿园发展实施办法》《关于全面推行“田长制”落实最严格耕地保护制度的实施意见》《莲都区稳进提质专班关于给予加班追产企业工业主营业务收入增量部分分档补助的政策意见》《莲都碳中和新材料产业发展基金组建方案》《莲都区美丽健康产业股权投资基金组建方案》《莲都绿色能源产业基金组建方案》。

10月24日，第10次区政府常务会议召开。学习《中华人民共和国安全生产法》条文及解读；听取关于2022年省级民生实事“干事画像”自评督查的情况汇报；审议《丽水市莲都区乡村振兴农业发展有限公司组建方案》《莲都区关于开展撤村建（并）居工作的实施方案》《丽水市莲都区2022—2023年度松材线虫病防治方案》《丽水市莲都区全民科学素质行动规划纲要实施方案(2021—2025年)》。

12月6日,第11次区政府常务会议召开。传达学习习近平总书记对河南安阳市凯信达商贸有限公司火灾事故作出的重要指示精神,传达学习全省深化“千万工程”建设新时代美丽乡村现场会精神并研究贯彻落实意见,学习《公平竞争审查制度实施细则》条文及解读;听取关于碧湖第二污水处理厂终止建设的汇报,听取莲都区政策绩效评估工作机制及2022年度政策绩效评估方案的汇报、关于命名2022年度莲都区建筑业企业荣誉称号的汇报、关于建议给予富春伟等4人行政奖励的情况汇报,听取关于义乌—莲都“产业飞地”的情况汇报;审议《莲都区强村富民乡村集成改革行动计划》《关于促进莲都区总部经济发展扶持政策的实施细则》《2022年度莲都区金融支持地方经济发展业绩考评办法》《莲都区碧湖新城基础教育提质“五年行动”方案(2022—2026年)》《莲都区碧湖新城教师资源统筹优化配置实施办法》《关于调整莲都区国有资产监督管理委员会的通知》《莲都区国有资产监督管理委员会议事规则》《莲都区关于进一步强化食品安全属地责任和企业主体责任的实施方案》《莲都区重要水系生态修复和生物多样性保护行动方案(2022—2025年)》《莲都区促进来料加工共富产业持续发展三年行动计划(2023—2025)》《莲都区行政许可事项清单(2022年)》《关于公布区政府及区政府办公室行政规范性文件清理结果的通知》。

12月22日,第12次区政府常务会议召开。传达学习中央经济工作会议精神、省委十五届二次全体会议暨省委经济工作会议精神;听取关于祥生白桥溪谷学校产权无偿移交事项的情况汇报、关于莲都区委党校培训服务模式等情况汇报、关于莲都区文明村镇评选和复评工作的情况汇报;审议《莲都区关于春节期间鼓励企业留员工稳生产的政策意见》《莲都区“扩中”“提低”行动方案(2022—2025年)》《莲都区关于疫情防控应急医疗物资储备方案》《莲都区深化国防动员体制改革实施方案》《关于发放2022年四季度丽水市莲都区汽车消费补贴的通知》《关于〈莲都区人民政府关于生态工业和数字经济高质量发展的若干意见〉的补充意见》。

【市、区重点政策处理项目“净地清零”攻坚行动部署会】 3月8日,市、区重点政策处理项目“净地清零”攻坚行动部署会召开。会议强调,要统一思想、认清形势,咬定目标、强化举措,压实责任、强化考核,坚决打赢重点政策处理项目“净地清零”攻坚战。市自然资源和规划局、市综合行政执法局、市征收指导中心、市发改委相关负责人参会。

【莲都区2022年一季度全区经济运行分析会】 3月28日,莲都区2022年一季度全区经济运行分析会召开,区委副书记、区长张妍出席会议并讲话。会议强调,要精准研判、狠抓落实,确保全区各项经济工作取得实效。

【根治欠薪专题部署会】 4月28日,莲都区根治欠薪专题部署会召开。会议强调,要认清形势,切实提高政治站位;要对标要求,全面厘清突出问题;要聚焦重点,落细落实迎检举措;要压实责任,全面凝聚迎检合力。莲都区委副书记、区长张妍出席会议并作重要讲话。

【城市生活垃圾分类工作全面决胜推进会】 6月10日,莲都区城市生活垃圾分类工作全面决胜推进会召开。会议强调,要提高站位,切实增强抓好垃圾分类工作的责任感与紧迫感;要认清形势,精准对标差距与不足;要奋起直追,坚决打赢垃圾分类决胜攻坚战;要压实责任,确保垃圾分类各项举措落实落细。区委副书记、区长张妍出席会议并讲话。

【亿元企业、专精特新企业家座谈会】 6月10日,莲都区亿元企业、专精特新企业家座谈会召开。会议指出,希望广大企业家能一如既往地解放思想、振奋精神，把握时代大势，找准目标定位，致力于创造更多的品牌，打造更强的名企，为推进莲都区生态工业高质量发展作出新的更大贡献。

【市区重点项目征收工作座谈会】 7月22日，区委副书记、区长张妍实地调研市区重点项目征收工作并召开座谈会。会议强调，要加强政策宣传、强化协同联动、严把时间节点、持续攻坚克难，全力推动征收工作取得新成效。

【莲都区安全生产委员会全体会议暨安全防范“百日攻坚”和安全生产“执法季”行动推进会】 8月18日，莲都区安全生产委员会全体会议暨安全防范“百日攻坚”和安全生产“执法季”行动推进会召开。会议指出，要提高认识，切实增强抓好安全生产工作的责任感和使命感，绷紧安全生产这根弦；要突出重点，切实推动安全生产各项工作落细落实；要夯实基础，全力保障安全生产平稳有序。区委副书记、区长张妍出席会议并讲话。

【碧湖新城征收工作推进会】 10月16日，碧湖新城征收工作推进会召开。会议强调，要深刻理解碧湖新城建设的紧迫性，以“攻坚”之势，收“决胜”之效，全面汇聚攻坚克难的澎湃力量，全力加速推进征收任务圆满完成。区委副书记、区长张妍参加会议并讲话。

【争创全国文明典范城市专题部署会】 11月3日，莲都区争创全国文明典范城市专题部署会召开。会议强调，要坚持目标导向、问题导向、主动靠前、常态长效，以“奋力一搏、惊人一跃”的大干劲，努力为谱写美丽莲都新画卷添上浓墨重彩的一笔。区委副书记、区长张妍出席会议并讲话。

【丽水市区空气质量冬季攻坚战动员部署会】 11月4日，丽水市区空气质量冬季攻坚战动员部署会在莲都召开。会议贯彻落实市美丽大会会议精神，进一步压实责任，确保完成环境空气质量“保十”攻坚目标。会议强调，莲都作为市区空气质量冬季攻坚的主战场、主阵地，“保十”任务义不容辞、责无旁贷，要坚决负起属地责任，扛起莲都担当，以背水一战的决心和态度，攻坚克难、久久为功，全力推动空气环境质量改善取得实效。

【莲都—叙永东西部协作座谈会】 11月11日，莲都—叙永东西部协作座谈会召开，莲都区委副书记、区长张妍，叙永县委副书记、县长王一米出席会议并讲话。会议强调要坚持精准发力，提升两地协作融合度；要坚持效益为先，提升项目建设美誉度；要坚持目标导向，提升规定动作完成度。会议指出要深化合作领域，在推动商贸物流互通方面加强探索；要拓展合作空间，在康养文旅产业发展方面加强交流；要提升合作水平，在谋划项目推进机制方面加强协作。

【撤村建(并)居工作动员大会】 12月1日，莲都区撤村建(并)居工作动员大会召开。会议强调，要提高政治站位，明确目标任务，主动担当作为，加强组织领导，以实干实绩打好撤村建(并)居工作的年度收官战。区委副书记、区长张妍出席会议并讲话。

【义乌—莲都山海协作联席会议】 12月29日，金华市副市长、义乌市委副书记、市长叶帮锐带领党政代表团到莲都开展山海协作工作考察活动，两地领导共同参加义乌—莲都山海协作联席会议。会议深入贯彻习近平总书记关于共同富裕的重要论述，认真落实省委省政府重要决策部署，进一步深化两地山海协作工作，携手推动两地经济社会高质量发展。

重大活动

【莲都党政考察团前往丽水经济技术开发区、缙云县考察学习】 5月17日至18日，区委副书记、区长张妍带领莲都党政考察团前往丽水经济技术开发区、缙云县考察学习，借鉴两地先进做法，为莲都区高质量发展赋能。

【碧湖平原水系综合治理工程(一期)项目开工仪式】 6月1日，碧湖平原水系综合治理工程

（一期）项目开工仪式举行。碧湖平原水系综合治理工程（一期）项目概算总投资1.47亿元，项目位于莲都区碧湖镇、大港头镇，主要实施河道为高溪、苍坑溪、新治河，工程建设内容包括实施河道疏浚总长14.42千米，生态化新建、修复护岸总长1.94千米，护岸绿化生态修复1.05千米；生态化修复堰坝3座；水资源配置引配水隧洞总长3.62千米等。

【“丽水莲都，云领智行”华为（丽水）数字经济创新中心启动仪式】 6月29日，“丽水莲都，云领智行”华为（丽水）数字经济创新中心启动仪式在莲都举行。2022年，华为公司与莲都签订全面合作框架协议，华为推介了30余家上下游优质生态合作伙伴与莲都精准对接，组织专家对莲都40余家企业进行两轮实地走访。在签约仪式上，莲都区经合中心代表莲都与华为引荐的丽水小火堆科技有限公司、浙江数思信息技术有限公司、浙江嘲风数码科技有限公司签订落地协议。华为（丽水）数字经济创新中心与莲都企业丽水万控科技有限公司、浙江多乐缝纫机有限公司、丽水博远科技有限公司进行意向签约。签约后，华为将以创新中心为纽带，汇聚数字经济高质量发展所需的技术要素、生态要素、人才要素，提高本地企业创新能力、业务实力和发展水平，构建完整的“产业数字化”和“数字产业化”生态体系。

【莲都—义乌山海协作产业园高新科创企业孵化中心项目开工仪式】 7月30日，莲都—义乌山海协作产业园高新科创企业孵化中心项目开工仪式在碧湖新城举行。该项目作为全市的重点项目，位于莲都区碧湖镇高溪工业区块20#地块，总用地面积48453平方米，投资约5亿元。项目的建设旨在打造孵化、科研创新和人才培育平台，构建现代化产业体系，主要建设标准厂房用于招引半导体集成电路、新能源、电气设备制造等高新技术企业。通过引入“大好高”制造业项目，形成完备的产业链，逐步打造智能化、绿色化的产业集群，加快高端生态、高端产业和高端人才融合聚变。

【丽水·莲都重大项目集中签约仪式】 9月16日，丽水·莲都重大项目集中签约仪式举行。有20个重大项目现场集中签约，其中新城共富项目2个、现代农业项目2个、健康文旅项目4个、生态工业项目8个、金融赋能项目4个。

【莲都区街道综合行政执法队集中授牌仪式】 9月30日，莲都区街道综合行政执法队集中授牌仪式在丽水市青少年宫广场举行。此次集中授牌是莲都在行政执法改革中的重要一步，从10月1日起，综合执法、环保、市场监管等部门执法人员下沉街道，莲都区街道综合行政执法队将以街道名义，行使文化旅游、建设、农业农村、林业等领域共计600余项行政处罚权及与之相关的行政检查权、行政强制权。

【2022年丽水·莲都“云”丰收节活动】 10月10日，莲都区举办2022年丽水·莲都“云”丰收节。活动通过“线上直播+线下场景”等形式，全面展现莲都区“三农”工作和乡村振兴成果。区委副书记、区长张妍在“三农”论坛直播中与主持人、嘉宾们面对面话共富。

【“智创新城 数引未来”丽水市数字经济成果发布会暨莲都区人才科技项目签约仪式】 11月16日，由丽水市莲都区人民政府和丽水市数字经济发展有限公司联合承办的人才科技周子活动“智创新城 数引未来”丽水市数字经济成果发布会暨莲都区人才科技项目签约仪式举办。工信部中小企业发展促进中心副主任，工信部人才交流中心副主任，莲都区委副书记、区长张妍等领导出席活动。来自上海、杭州、温州等地高校代表，数字经济企业家代表，高层次人才代表以及市区有关部门代表参加活动。活动通过“主题演讲+产品发布”的方式，全面展示丽水市在数字经济、“飞地”模式及人才科技等方面取得的成果，以未来眼光发展建设高能级平台，为数字经济发展汇聚青年人才、落地高质量项目、打造产业集群，助力革命老区共同富裕先行示范区建设。

【莲都区党政代表团赴义乌考察交流】 11月17日至18日，莲都区委副书记、区长张妍率莲都党政代表团赴义乌开展山海协作考察交流，考察山海协作重点项目，参加义乌—莲都山海协作联席会议，共话合作、共谋发展，推动两地实现更高质量区域协同发展。

【合作签约】 1月13日，丽水市莲都区人民政府与中国银行股份有限公司浙江省分行签订中国银行支持莲都区持续高质量发展成为全省共同富裕先行示范全面战略合作协议。

1月13日，丽水市莲都区人民政府与丽水市人民政府、工业和信息化部人才交流中心签订战略合作协议。

6月13日，丽水市莲都区人民政府与义乌市人民政府签订2022年度打造山海协作升级版合作协议。

7月23日，丽水市莲都区人民政府与浙江旅游职业学院签订校地合作框架协议。

8月15日，丽水市莲都区人民政府与中铁上海工程局集团有限公司签订战略合作框架协议。

8月15日，丽水市莲都区人民政府与中国机械工业建设集团有限公司签订战略合作框架协议。

9月26日，丽水市莲都区人民政府与丽水市中心医院签订医疗卫生“山海”提升工程补充协议。

10月13日，丽水市莲都区人民政府与宁波市江北区人民政府签订2022年度山海协作工程合作协议。

7月8日，莲都区“十四五”期间部门、乡镇、村志书、年鉴编纂工作部署会召开

（区档案馆和党史研究中心　提供）

地方志工作

【试点推进乡镇(街道)志编修】 2022年，争取省、市支持，推动丽新畲族乡入选“全省乡镇街道志编修试点单位”，是全市唯一，采取“1+X”模式，带动辖区内畎岸村、上塘畈村开展村志编修工作。印发《关于“十四五”期间开展部门、乡镇(街道)、村志书、年鉴编纂工作的通知》，确定区总工会、仙渡乡等10家单位(乡镇街道)在“十四五”期间开展志书、年鉴编纂工作，融入乡村振兴战略，助力共同富裕示范区建设。

【推进“精品年鉴工程”】 2022年，根据中国地方志指导小组印发的《关于地方综合年鉴编纂出版若干问题的补充规定》要求，参考《丽水年鉴》及其他县、市精品年鉴大纲，对《莲都年鉴(2022)》的篇目、投稿要求等进行修改完善，完成全区100多个承编单位征稿、编辑和多轮统稿工作，着力提升文稿质量，打造“精品年鉴”。

【《栝苍史志》编辑发行】 2022年，以“乡贤带动乡村振兴”和“赓续红色文化”为主题，发布征稿启事，在精编栏目、优选稿件、突出特色等方面下功夫，提高办刊质量，丰富期刊内容，突出莲都特色，增强可读性，完成《栝苍史志》第28、29期印发。

（李倩倩）

机关后勤服务

3月29日，辅警队员在防洪堤进行军体拳等项目的例行训练（章艳 提供）

【概　况】 莲都区机关事务保障中心主要负责区委、区政府的公务接待、后勤保障等工作及全区党政机关的办公用房和公务用车的使用管理等机关后勤保障工作。2022年，举办会议2000余场次，参会人员5万余人次。开展消防检查、电梯巡查巡检、配电房和水泵房巡检及大院安保巡察等500余次；启用ETC人脸健康识别仪，扫码登记人脸识别25万余次，系统录入人脸信息3000余人。完成办公用房修缮项目近80处，其中，大、中修缮项目5处，总投资483万元，其他零星修缮项目70余处。完成各项政府采购工作，零星采购190项，约190万元；项目采购2项，约243万元；会议采购1项，约119万元；公务用车采购3辆，约60万元。做好资产管理，完成区两办及本单位固定资产调配43次。2022年，公务用车出车次数7334次，安全行车约81万千米，保障党政机关的出行需求。

【机关事务】 推进机关事务数字化管理模式，2022年采用“食采云”采购云平台，对供应商进行“严进严管”，统筹“计划采购”模式，建立“各司其职”的采购验收机制，以数字化技术规范采购流程，实现阳光采购。被市、区大数据中心列为“协同办公系统智能会议模块”试点单位，完成协同办公系统智能会议模块试运行工作，预约会议2000余场次，参会人数超过5万人。围绕群众“急难愁盼”问题，把机关大后勤服务和为民服务相融合，修建便民车棚，完成4处集中办公点停车棚及充电桩的建设，停车场向社会错时开放，累计停放机动车2935辆次，解决停车难问题；为区政府周边居民维修路面、更换路灯；盘活闲置资源，为大港头敬老院赠送家具、沙发等物品。

【安保队伍专业化】 提高安保人员的体能和业务素质，推行半军事化管理，以严格标准要求安保人员，每周例行军事训练，2022年组织训练54次；每月开展“争先创优标兵”活动，以技能切磋和榜样引领促进队员专业成长，设立包括百米冲刺、消防应急处置、急救技能、岗位知识等多种竞赛项目，在全体队员之间进行技能比拼，全年开展活动12次，共43人次获“争先创优标兵”称号。强化内控制度建设，制定《辅警队员管理条例》，执行统一服装、按时考勤、禁止巡逻执勤时吸烟等规定，培养辅警队员纪律严明、严谨守时、吃苦耐劳、奋勇争先、敢于担当的职业素养。

【办公用房管理】 根据省、市办公用房制度规定，结合莲都区实际，健全办公用房制度体系，制定和完善相关制度；利用省办公用房系统，依据各单位申请和实际情况，摸清底数，严格核实，完善信息数据库，做到“心中有数”；实地走访调研，为20多家单位调剂办公用房3000余平方米，保障党政机关办公用房需求。不定期对全区办公用房进行抽查，2022年共抽查3次，以清单形式列举检查中发现的问题，研究相关整改方案，配合整改。

【公务用车使用管理监督】 组织安全教育培训会，开展“三星”车队评比活动、“公务用车服务质量提升月”系列活动。按照省、市车辆更新购置相关文件，落实车辆更新，协助完成1家乡镇机关1辆应急保障用车更新；完成2家事业单位2辆业务用车更新。开展公务用车管理集成“152”体系应用录入工作，细化车辆使用台账管理，实现数据更新及时、准确。遵循“严把关、严派车、严落实”“审信息、审范围、审口径”的“三严三审”原则审核派车单，发挥平台监管的有效性。

（季容）

行政审批

【概　况】 2022年，莲都区发生办件数468182件，2.0办件数457290件，一网通办办件率97.67%，各部门行政许可事项即办率95.39%、“跑零次”率99.84%、承诺时限压缩比99.03%。共受理公共资源交易项目472批次，完成项目432个，预算总价713645.19万元，交易总额632339.48万元。其中，建设工程项目交易222项，交易额564004.71万元，节约资金77411.26万元，节约率12.07%；政府采购项目192项，交易额29894.83万元，节约资金3671.82万元，节约率10.94%；非政府采购项目14项，交易额38226.64万元，节约资金222.83万元，节约率0.58%；完成产权交易项目4项，交易额213.302万元，增值资金0.2万元，增值率0.09%。

2022年，莲都区行政服务中心入选丽水市县级花园政务大厅。经验类信息《莲都区“三化”涉企服务助力企业纾困解难》获市长吴舜泽批示肯定，《莲都区创新“三莲三享”模式 推动“小超市”变身富民“大产业”》被省委改革办“竞跑者”录用。

【办事便利化】 2022年，推出个体工商户简易注销登记机制，畅通个体工商户市场退出渠道，共2111家个体户通过注销“一网服务”平台申请了简易注销。“跨省通办”服务新增四川省泸州市叙永县、北京市朝阳区等地行政服务中心以及贵州丽水商会等服务网点，全年全区累计办理身份证换领、户口迁移等跨省事项11311件。与莲都农商银行正式签订“政务服务 党建联建”合作协议，全区所有乡镇（街道），以及碧湖镇石牛村等人口密集村均布设智柜机和自助服务终端设备，包括市场监管、税务、公安、医保、人社等14个部门的62项高频服务事项可在农商银行各网点办理，各网点政务服务总办件量超4.3万件。各社区（行政村）开通并使用省一体化在线政务服务平台村（社区）代办员账号，劳动就业、社会保险、身份户籍、公共服务等8个部门42项高频民生事项直接在村级办理，全年各村（社区）完成便民事项代办44150件。开通企业“交地即交证”绿色通道，8月浙江楚宝房地产开发有限公司取得交地确认书和不动产权证书，成为全市推进“交地即交证”登记服务新模式的首位受益者。

【项目主体减负】 2022年，网上中介超市通过项目3374个，成交项目2728个，其中以金额报价项目741个，成交金额4246.53万元，合计为政府投资项目节约资金996.41万元，降

9月27日，莲都区行政服务中心与莲都农商银行正式签订“政务服务 党建联建”合作协议（区行政服务中心 提供）

价率21.83%;以下浮率报价项目1987个,平均下浮率22.99%。落实工程建设领域保证金制度改革,2022年完成建设工程招标项目232个,投标保证金采用银行保函、担保保函形式缴纳2021笔,涉及金额47231万元;采用保险保单形式缴纳488笔,涉及金额9884万元;总共降低投标人资金占压数量60567万元。下调政府集中采购项目履约保证金缴纳比例,从原来合同成交价的2.5%下降至1%。

9月22日,莲都区深化"放管服"改革工作推进会召开(区行政服务中心 提供)

【公共资源交易场所】 2022年,公共资源交易1.0系统迭代升级为公共资源交易2.0系统,新设或改造异地评标室、建设工程和政府采购远程异地多点评标点位、监督室等场地,为远程、异地评标提供基础保障。5月7日,莲都区首宗建设工程全流程远程不见面项目——"大港头高地区块安置小区项目基础设施及配套工程项目"完成开评标,近百家投标单位标书导入时间从3—4个小时压缩至10分钟。9月14日,莲都区首宗政府采购远程异地开评标项目——"莲都区教育局空调进宿舍空调采购项目"完成开评标,莲都、松阳专家通过视频会议跨县联动,线上完成合作。11月,为杭州市拱墅区集采项目提供异地专家评标副场服务,跨市共享专家资源。全年累计完成政府采购远程异地开评标项目8个,其中主场项目2个、副场项目6个。

【公共资源交易监管】 开展工程建设项目招投标领域突出问题专项整治行动,对2019—2021年莲都区房建、市政、交通、水利等国有资金投资项目招标的有关档案文件资料进行监督检查。随机抽取26个建设项目,重点检查招标文件备案审查情况、项目招投标情况、合同签订情况、项目中介代理有关情况以及其他违规违纪情况。针对发现的问题和薄弱环节,协调各行政监督部门制定并落实整改举措。

(叶丽春)

中国人民政治协商会议丽水市莲都区委员会

综 述

【概 况】 2022年，莲都区政协召开全体会议1次、常委会会议5次、主席会议12次，组织“请你来协商”活动9次、“民生议事堂”活动32次。全年各类协商建言成果被省、市、区领导批示46件次，其中被省政协领导批示6件次，被市委、市政府、市政协主要领导批示6件次，被区委、区政府主要领导批示12件次。

【党建引领】 “红耀绿谷·同心向党”党建工程初步形成影响力，新设党员委员履职临时党委，成立党员委员履职临时党支部7个，加强党组成员联系党支部、党员委员联系党外委员，《推进协商驿站建设 打造阳光驿站品牌》入选丽水市政协党建创新案例。

【履职尽责】 围绕“一府两院”工作报告、青年发展型市区建设、招大引强生态工业等组织政治协商，紧扣“八大行动”和“专项债”等开展民主监督，交办提案187件，一大批意见建议被党委政府及其部门研究采纳，《协同联动一线督导，助力中心任务落实》入选浙江省政协工作创新案例。共同富裕示范区建设专题协商议事月多次协商活动入选省、市“民生议事堂”典型案例，关注社区建设工作助推提升社区管理服务水平，联乡助企、联村助农“双联双助”活动帮扶低收入农户70余户，社情民意信息工作连续第10年获全市第一名。承接省政协数字赋能履职“六大在线”，建成15个乡镇（街道）民生议事堂、委员工作室、社情民意信息联系点“三位一体”平台，制定和完善制度22项，丽水摄影之乡委员会客厅晋升为省级四星级委员会客厅，“五型机关”建设有序推进。

重要会议

【政协第十六届丽水市莲都区委员会第一次全体会议】 于2022年2月11日至14日在莲都举行。应参加会议政协委员221人，实到217人。会议审议批准十五届区政协主席、区人大常委会党组书记陈立新代表政协第十五届丽水市莲都区委员会常务委员会所作的工作报告。书面审查中国人民政治协商会议第十五届丽水市莲都区委员会常务委员会关于提案工作情况的报告，选举产生政协第十六届丽水市莲都区委员会主席、副主席、秘书长和常务委员。委员们还列席区十七届人大一次会议，听取区政府工作报告、区人民法院工作报告、区人民检察院工作报告及其他报告，并通过讨论提出意见建议。

会议举行了大会发言，7位委员作台上发言，13位委员作即席发言，另有7篇材料书面发言。

会议通过了中国人民政治协商会议第十五届丽水市莲都区委员会常务委员会关于提案工作情况的报告。自区政协十五届一次会议以来，广大政协委员，各民主党派、工商联、无党派人士、有关人民团体和各专门委员会、界别活动组积极履行参政议政职能，以提案形式提出建议意见1154件，其中，立案869件、并案186件、不予立案99件。立案提案中，集体提案288件，委员个人及联名提案581件。涉及经济建设的提案174件，占立案数的20%；涉及政治建设的提案110件，占立案数的12.7%；涉及文化建设的提案203件，占立案数的23.4%；涉及社会建设的提案158件，占立案数的18.2%；涉及生态文明建设的提案224件，占立案数的25.8%。未立案的提案，均转化为社情民意报送上级政协或转作委员来信送交有关部门研究处理。

会议审议通过了政协第十五届丽水市莲都区委员会第四次会议决议；选举李邦生为政协十六届丽水市莲都区委员会主席，翁伟标、叶晓东、任文红、虞海雄、叶春晓为副主席，蒋嫣为秘书长，王兆玮等31人为常务委员。会议还表彰了先进集体、先进个人和优秀大会发言。

【政协丽水市莲都区委员会常务委员会会议】 2022年，召开区政协常委会会议6次。

1月14日，区政协召开十五届二十一次常委会会议。会议听取区委、区政府关于提案办理情况的通报；民主评议区经商局、区文广旅体局、碧湖镇政府等单位的提案办理工作情况；审议通过新一届区政协委员名单，以及其他事项。会议决定，2022年2月11日至14日召开区政协十六届一次会议。

1月29日，区政协召开十五届二十二次常委会会议。会议听取区纪委区监委2021年工作情况通报和“一府两院”工作报告（讨论稿）起草情况；审议通过《区政协常委会工作报告》《区政协常委会提案工作情况报告》，以及有关人事事项；委托主席会议主持区政协十六届一次会议预备会议，授权主席会议审议区政协十五届二十二次常委会会议未尽事宜。

4月22日，区政协召开十六届一次常委会会议。会议通报2021年度获市政协表彰情况，传达学习市“两会”精神，审议通过《政协第十六届丽水市莲都区委员会专门委员会设置的决定》《区政协协商工作规则》，以及有关人事事项。

8月4日，区政协召开十六届二次常委会会议。会议传达学习省第十五次党代会精神和省委办公厅《关于加强和改进新时代市县政协工作的实施意见》，审议通过有关人事事项。区长张妍到会通报政府工作。

10月31日，区政协召开十六届三次常委会会议。会议传达学习党的二十大精神，多位常委会组成人员作学习发言；通报2022年度县（市、区）党委政协工作评价制度；听取常委述职报告；审议通过《关于支持碧湖新城建设和征地拆迁工作的倡议书》，号召全体政协委员参与碧湖新城征收和建设工作。

12月30日，区政协召开十六届四次常委会会议。会议传达学习中央经济工作会议精神、省委十五届二次全体会议暨省委经济工作会议精神、市委五届三次全体（扩大）会议精神和市政协2022年度重点协商议题总结分析会精神；听取区委区政府关于提案和重点提案（含大会发言、“请你来协商”所提意见建议）办理及落实情况的通报、区纪委监委工作情况通报；审议通过人事事项；民主评议区农业农村局、区

8月24日，“打造青年发展型市区 助力丽水百万级人口现代化城市建设”专题议政性常委会暨“请你来协商活动”举办（区政协 提供）

发改局、区交通局提案办理工作；安排政协常委述职，推动常委履职能力建设和展示常委履职风采。

（庄静）

专项调研和重要活动

【专项调研】 7—8月，区政协开展“加强文旅融合，推进碧湖千年古城复兴”调研活动。通过实地调研、召开座谈会、赴外考察学习等方式，形成调研报告。提出3个方面32条意见建议，并以政协建议形式报区委区政府决策参考。

8—9月，民革区委会开展“金融机构服务乡村振兴、重构‘两山’资源财富密码、推动城乡共同富裕”调研活动，通过实地调研、召开座谈会、赴外地考察学习等方式，形成调研报告，提出4个方面12条意见建议，并以政协建议形式报区委区政府决策参考。

9—10月，民建区委会开展“壮大区属国企，探索创新发展新路径新动能”调研活动，经实地调研、召开座谈会、赴外地考察学习等方式，形成调研报告，提出3个方面20条意见建议，并以政协建议形式报区委区政府决策参考。

9—10月，民进区委会开展“有序推进我区撤村建(并)居工作”调研活动。深入调研2007年以来莲都区撤村建(并)居情况，形成调研报告，提出3个方面10条对策建议，并以政协建议形式报区委区政府决策参考。

【“请你来协商”活动】 7月5日，区政协聚焦“做大做强强村公司，推进农村强村富民”主题，举办“请你来协商”活动。会议汇报了课题调研情况，针对强村公司存在运营机制不够健全、政策扶持不够有力、市场路径比较狭窄、股权单一乏力、缺乏激励和监管机制等问题，协商提出加大力度支持强村公司强村自营、优化落实扶持强村公司各项政策、拓宽路径增强公司发展动能、深化股权合作推动强村富民、加强对强村公司的指导和监督5个方面15条对策建议。课题形成的调研报告以协商纪要形式报区委区政府决策参考，得到区人大常委会主任等领导批示肯定。

8月4日，区政协召开“请你来协商——莲都生态工业如何招大引强”专题会议，区委副书记、区长张妍参加会议。会议汇报了课题调研情况，针对主导产业尚不突出，产业集聚还不明显，招引手段较为传统，配套服务供给不足、用地扩容创新不够、涉企服务联动不足、人才招引比较困难等问题和不足，协商提出坚持目标定位，明晰“如何干”；创新招商战法，知道“如何引”；重视招商人才，知道“学什么”3个方面32条意见建议。课题形成的调研报告以政协建议形式报区委区政府决策参考，并被区委主要领导批示交办。

8月24日，莲都区政协围绕“打造青年发展型市区 助力丽水百万级人口现代化城市建设”主题，举办专题议政性常委会会议暨“请你来协商”活动。市委常委、区委书记张壮雄等参加会议。会议汇报了课题调研情况，并针对莲都区在青年建功城市、产业培育发展、城市青春元素、青年创业支持及青年生活保障等方面存在的制约因素，提出6个方面34条意见建议。课题形成的调研报告及其他系列成果

10月26日，丽水市政协莲都联络组组长李邦生(中)带领市政协莲都联络组、特邀界别组委员赴丽新畲族乡马村开展调研活动(区政协　提供)

得到市委书记胡海峰批示肯定，被市委常委、区委书记张壮雄批示交办。

9月9日，区政协召开“请你来协商——推进我区基层社会治理模式创新”会议暨第143号提案办理“三见面”协商会。会议汇报了课题调研情况，针对当前人口底数不清、矛盾纠纷多发、数字治理能力有待提升、治理体制机制尚不健全等问题，协商提出3个方面9条对策建议。课题形成的调研报告以政协建议形式报区委区政府决策参考，并收到区民政局等单位的协商成果反馈。

9月28日，区政协聚焦“建设浙西南科创中心莲都核心区”议题，在绿谷信息产业园开展“请你来协商”活动。会议汇报了课题调研情况，针对科技创新的总体能力有待提升、科创平台层次不够高、高端创新人才缺乏、谋创新抓创新的氛围不够浓厚等制约因素，协商提出5个方面28条意见建议。课题形成的调研报告以政协建议形式报区委区政府决策参考，并得到区委副书记、区长张妍等区领导批示交办。

10月31日，区政协聚焦“做好海外人士‘家燕归巢’”议题，开展“请你来协商”活动。会议汇报了课题调研情况，针对“大侨务”氛围不够浓厚、惠侨政策落地较难、“归巢”形式比较单一、适侨项目储备不足、新侨作用发挥不够突出等问题，协商提出4个方面26条意见建议。课题形成的调研报告以政协建议形式报区委区政府决策参考，并得到省政协副主席吴晶，区委副书记、区长张妍等区领导批示交办。

【民主监督活动】 2022年，区政协认真落实区委部署，积极履行督察长职责，4名副主席分别承担创新引领、数字赋能、全域美丽、服务优享4项督察任务，并在区委常委会上做督查汇报，在奋斗实干“八大行动”中彰显政协作为。

5月，区政协组织委员开展“专项债”专题民主监督，形成《我区应急医疗救治设施提升工程项目推进情况专项民主监督报告》，提出5个方面15条意见建议，报送区委区政府决策参考，助力提升专项债资金支付率，收到区发改局等单位的采纳情况反馈。

常态化开展“随手拍·快捷报”微监督，助力全国文明城市创建等工作。26名政协委员担任部门监督员，切实发挥民主监督职能。

【“七一”经典诵读会系列活动】 6月28日，由莲都区政协主办，丽水市青少年宫协办的“奋进新征程，献礼二十大‘七一’经典诵读会”系列活动在丽水市青少年宫剧场举办。100余名政协委员、政协机关干部和12名来自莲都外国语学校的学生参加。诵读会节目以弘扬红色精神为主基调，以追忆峥嵘岁月为主线，分为《站起来》《富起来》《强起来》《续章》4个篇章共14个节目，全面回顾中国共产党建党以来走过的光辉历程，呈现了一场别具一格的视听盛宴。

【“双联双助”活动】 8月，区政协开展联乡助企、联村助农“双联双助”活动，发动委员捐款捐物，走访慰问低收入农户70余户，助推6个民生实事项目落地。

【港澳台侨代表人士座谈联谊会】 9月29日，区政协召开省、市、区政协委员及港澳台侨代表人士参加的“同心贺国庆，喜迎二十大”座谈联谊会，搭平台、绘同心、致共富，助力对口工作庆祝共和国华诞，这一做法获省政协领导批示肯定。

提案和协商工作委员会

【提案工作】 区政协十六届一次会议共收到提案212件，正式立案187件，立案率为88.2%。其中，委员提案134件，占立案总数的71.6%，民主党派、工商联、人民团体、政协专门委员会和委员联名提出的集体提案53件，占立案总数的28.3%。已经解决或部分解决的有77件，占提案总数的64.2%；正在解决或列入计划拟解决的有39件，占提案总数的32.5%；因条件限制，暂缓解决和留作参考4件，提案办理面商率、办复率、委员满意和基本满意率，均达到了100%，提案所提建议得到较好的解决落实。编印《政协提案撰写须知》，加强委员业务培训，提高委员撰写提案水平。组织委员开展界别调研视察活动，充分了解民情，把握提案撰写重点。走访区级各民主党派、工商联和各人民团体，协商交流提案选题情况，征集高质量集体提案。加强提案审查立案，严把质量关。加大对同类提案的并案力度，精简提案数量，提高办理效率，十六届一次会议收到的提案中，与提案者沟通协商后并案26件，不予立案的17件。通过筛选列为区政协主席会议通过的重点提案有17件，占提案立案总数的9.1%。精准交办提案，实行提案预交办制度，将187件初步确定提案办理单位的方案在提案管理系统中进行预交办公示，并根据提案者和办理单位意见，及时调整，确保“提”“办”双方满意。实行提案交办制度，编印《提案办理工作手册》明确各承办单位的办理时间、办理程序、办理要求，落实办前、办中、办后的“三沟通”机制和100%面商的工作要求，确保在规定时限内完成办理任务。实行重点提案领导领办制度，区委书记、区长带头领办重点提案，承办单位党政相关领导参与各自主办的重点提案办理。强化监督，坚持提案分类督办制度，区政协领导督办重点提案、专委会督办重要提案、界别组督办一般提案，落实提案办理全过程督查制度、“回头看”制度、提案办理民主评议制度。完善提案工作制度，修订完善《提高提案质量的实施意见》《提案工作实施细则》《优秀提案评选表彰办法》，使提案工作标准更加系统具体、流程更加科学严谨。制定出台《关于落实区人大代表建议和区政协委员提案办理工作“一把手责任制”》，明确提案质量、办理质量和服务质量等方面要求。完善优化提案工作对委员履职考核量化计分和对办理单位考核的评价标准，将提案办理情况纳入部门工作目标和乡镇（街道）责任制评价考核。

【“请你来协商”工作】 2022年，区政协学习贯彻习近平总书记关于加强和改进人民政协工作的重要思想，落实省、市政协指导意见，组织专题议政性常委会会议1场、“请你来协商”“6+X”活动28场，发动政协委员和邀请党政领导、专家学者、各界群众参与共1000多人次，梳理提交意见建议300多条。《关于打造青年发展型市区助力丽水百万级人口现代化城市建设的建议》等被区委主要领导批示交办，转化为经济社会发展成果。发动各专委会、界别活动组围绕区委区政府中心工作，向党委和政府部门、社会各界征集协商议题，畅通乡镇（街道）“民生议事堂”议题上升渠道，征集到协商议题160多个。召开党组扩大会议暨主席会议专题研究年度重点协商议题及其计划安排。党委办、政府办、政协办“三办”联合印发《中共丽水市莲都区委丽水市莲都区人民政府政协丽水市莲都区委员会2022年度协商工作计划》，将专题议政性常委会会议和“请你来协商”活动纳入党政总体工作部署。围绕重点协商议题成立课题组，落实相应专委会承办，在6个课题组中安排专业委员66人，邀请业务专家21人。多形式开展调研活动，走访部门46个、企业50余家、群众3200余人，外出考察22地，召开座谈会议60余场次，发放调查问卷5000余份。重视协商体验，结合协商议题选择活动场地，设计协商环节，为开展活动营造良好的氛围。在发挥委员主体作用的同时，扩大公民有序政治参与，促进不同思想观点的充分表达和深入交流，累计邀请市委市政府领导、区委区政府领导、党政部门负责人、各级专家、企业代表等100多人次参与协商。探索建言资政、聚智献策新渠道，在线下协商的基础上加强线上应用开发，为各界参与协商活动提供更多通道。出台《区政协协商工作规则》，要求办公室和各专委会主动与有关部门建立联系、沟通信息、跟踪了解协商成果的采纳情况。召开党组扩大会议和部门联席会议，细化分解《县（市、区）党委政协工作评价办法》对“请你来协商”活动提出的具体要求，将协商活动所提意见建议的办理落实情况纳入党委政府年度工作责任制，开展“请你来协商”活动成果“回头看”等工作，推动协商成果落到实处。

【“一堂一会一站”工作】 2022年，莲都区政协推进政协协商与基层协商有机结合，打造“民生议事堂”平台，实现全区乡镇（街道)“民生议事堂”、委员工作室、社情民意信息联系点“三位一体”全覆盖,村社“协商驿站”全覆盖。截至2022年底,共建成民生议事堂(会)(含南明山街道)15个,协商驿站168个,举办“民生议事堂”及村社“协商驿站”协商活动778次,服务干部群众4400余人次,提出意见建议856条,反映社情民意信息300余条,化解矛盾纠纷2000余件。结合全区村级事务阳光票决制实践,以党建引领推进“协商驿站”建设,推动决策前充分协商,成功打造“阳光·协商驿站”品牌。在全区857件村级重大事项进行“阳光票决”前,组织村民参与村级事务票决前协商650多次,通过率98.9%。推动“民生议事堂”建设纳入全区总体部署。2022年,出台“三位一体”建设、《“民生议事堂”协商议事工作规则》、《区政协“请你来协商·民生议事堂”平台建设联系表》、《莲都区政协“请你来协商·民生议事堂”平台规范化建设实施办法(试行)》4个文件,举办“民生议事堂”平台活动31场,多次召开平台建设工作座谈会、业务培训会、部署推进会等,凝聚思想共识,营造全区共建共享的工作氛围。紧扣党政所需、群众所盼、政协所能精选协商议题,制订各乡镇(街道)“2+X”年度协商计划,设置议题上升通道,根据需要升级“民生议事堂”议题为“请你来协商”议题。依托党群服务中心、矛盾调处中心、乡贤馆、文化礼堂等现有阵地和公共空间,以融入、嵌入、开放、共享等方式,建成“民生议事堂”实体场所。汇总梳理“民生议事堂”“协商驿站”和“协治会”各项机制制度,畅通履职小组委员和“协治会”理事的工作往来,致力发挥“1+1 > 2”的叠加效应。

(徐旭芬)

委员工作委员会

【概　况】 加强委员学习培训,把学习宣传贯彻党的二十大精神作为重大政治任务,举办“奋进新征程·献礼二十大”七一经典诵读会,开展党的二十大精神学思践悟“十项行动”,组织习近平新时代中国特色社会主义思想学习座谈会28场次。实施“红耀绿谷·同心向党”工程,建立党建工作领导小组,成立党员委员履职临时党委,设立党员委员履职临时党支部7个,组建重要视察考察调研临时党支部12个,把党的全面领导覆盖到政协组织的“末梢单元”。

【委员履职管理】 构建完善的委员履职考核评价体系,建立委员履职评价积分制度,对委员参加政协会议、参加活动、提交提案、大会发言、社情民意信息、文史资料、新闻宣传和视察调研情况八个方面实行打分量化评价考核并定期通报,激发委员履职热情。建立有效的激励制度,开展优秀委员评选活动。根据履职评价积分统计结果,表彰优秀委员,通报末位委员。创新出台《区政协主席会议成员与参加单位负责人、界别召集人谈话连心制度》,以双向沟通增强相关负责人的政协履职意识。编发《政协委员手册》,为委员履职提供支持。

【委员联络服务】 落实市政协“双千双促”活动部署,组织开展“双联双助”活动,发动委员捐款捐物,助推6个民生实事项目落地。协同联络组与莲都区政协联动开展稳企助企纾困政策落实等监督履职活动10多场次,助力“疫情要防住、经济要稳住”大局。常态化做好驻莲都省市政协委员日常联络服务工作,组织联络组委员投身民生服务第一线,做好网格化疫情防控、信访积案化解等工作。组织莲都联络组和特邀界别组委员赴丽新畲族乡等地联合开展“促进农民增收推动共同富裕”等主题视察调研活动。召开省、市、区政协委员及港澳台侨代表人士参加的座谈联谊会,为对口支援地特产销售搭建平台促共富,《搭平台、绘同心、致共富,组织港澳台侨人士助力对口工作有成效》的经验做法,获省政协领导批示肯定。聚焦华侨要素回流,提出海外人士“家燕归巢”的建议,获省政协领导批示肯定。

【委员主体作用发挥】 围绕共同富裕、碧湖新城等市区发展重大课题,安排委员参与“请你来协商”活动11场次,举办碧湖新

10月31日，“如何做好海外人士‘家燕归巢’——请你来协商”活动举行
（区政协　提供）

城建设和招商引资情况通报会等活动30多场次。组织“青年发展型市区建设”课题调研，形成“打造青年发展型市区”的建议及项目（活动）清单，获市委、区委、区政府主要领导批示肯定，为相关部门制订工作方案提供参考。组织委员调研视察，提出“多举措落实中小学生素质教育五育并举，夯实劳动教育实现学生全面发展”的建议，被全国政协采用。服务委员参与监督评议活动，《协同联动一线督导，助力中心任务落实》案例获省政协领导、市委主要领导和市政协主席批示肯定，被评为全省政协工作创新案例。

【委员履职平台拓展】　发挥委员会客厅（工作室）凝聚共识的作用，召开碧湖新城建设、招商引资等中心工作情况通报会，向委员传递党委政府的决策部署和经济社会发展情况，促进委员知情明政。推进履职平台向基层延伸，以“民生议事堂”平台建设为纽带组建履职小组，将233名市、区两级政协委员全员编组下沉，分别联系各乡镇（街道）及各村（社区）。《推进协商驿站建设，打造阳光驿站品牌》获省政协领导批示肯定，并入选市政协党建创新案例。《擦亮枇杷之乡金名片，增厚共同富裕底色》入选浙江省民生议事堂协商议事典型案例；《探寻文旅融合之亲子研学创意，助力疫情背景下村镇旅游业复苏》入选丽水市民生议事堂典型案例。丽水摄影之乡委员会客厅晋升为省级四星级委员会客厅。组建“法助民生”“阳光关爱”等特色委员工作室，调整充实应用型智库、理论宣讲团、理论研究会、女委员联谊会等团队成员，进一步凝聚共识、智慧和力量。

（吴铭）

经济委员会

【民主监督】　经济委发挥专委会专业专长，组织委员积极建言献策，开展民主监督，投身经济稳进提质工作。以万洋众创城为依托，建立委员联合工作室。开展企业走访，汇集企业困难和诉求，组织召开“稳企助企纾困政策，优化营商环境水平”调研座谈会，提出优化政策和服务的建议意见。紧盯工业跃迁行动，到经商局开展专项调研，听取工业经济发展情况，针对莲都工业土地、政策等要素保障不足问题，提出平台拓展、创新服务机制、抓好数字赋能等合理化建议。助力全区“专项债”项目建设，对莲都区“专项债”项目推进情况开展专项民主监督，并提出5点意见建议。组织委员参加省级“5+4”政策体系惠企助企政策民主监督，参与省政协举行的中小企业助企政策落实情况网络议政活动。开展以“助企纾困”为主题的界别活动，为企业现场解读最新工业经济、用电、金融等扶工政策。协调有关单位上门指导企业开展疫情房租减免、税收减免、政策兑现资金申报等，做到政策直达快享。助力莲都区出台助企纾困、促工业稳增长等方面的34条具体举措，创新推出“周一纾困解难日”等机制，激发市场主体活力。

【协商活动】　牵头开展“生态工业招大引强”课题调研，组建课题组，赴宁德、温州、缙云等地考察调研，召开以“莲都生态工业如何招大引强”为主题的“请你来协商”专题协商会。会议分析莲都区招商引资工作存在的问题和短板，就莲都区生态工业如何招大引强提出针对性意见建议。

【委员视察活动】 8月18日，牵头开展了数字经济发展专题视察活动，组织委员视察百度人工智能标注研发基地、丽水蚂蚁链产业创新中心、华为数字经济创新中心，了解莲都区数字经济发展情况，并结合实际提出意见建议。组织委员参加丽水电视台《委员视点》栏目，由委员代表和相关部门负责人对如何发展数字经济开展了面对面思想碰撞，引导和推动莲都区企业开展数字赋能行动。9月29日，经济委牵头开展重大交通项目专题视察活动，组织委员视察衢丽铁路和丽武公路项目推进情况，结合实际提出了“向上对接要到位，横向协调要到位，全域谋划项目要到位，项目建设安全要到位”等意见建议。11月24日，开展了高耗低效企业整治专题视察活动，通过视察凯众阀门和凯希诺机械，了解莲都区高耗低效企业整治推进情况，提出了“腾笼与换鸟必须有机衔接”“加强专班工作力量，营造良好整治氛围”等意见建议。

【其他活动】 做好大会发言、社情民意和提案工作，2022年有2篇大会发言获大会发言优胜奖，3个提案被列入重点提案。组织界别委员参与乡镇组织的“民生议事堂”活动，建言献策，助推乡村振兴实现共同富裕。助推重点项目建设，协调落实领导重点领办项目，配合做好“双招双引”等各项重点工作。做好党风廉政、共同富裕、工业商贸等考核项目联系对接工作，落实低收入农户帮扶等各项工作。

（陈华君）

农业和农村委员会

【调研课题】 2022年初，围绕疫情时期旅游业发展的新趋势，结合莲都农旅融合产业的发展新方向，组织界别委员深入基层调研，了解房车产业的发展现状及莲都房车活动组织的情况，分析丽水及莲都发展房车产业的优势和问题，提出将丽水打造成全国最大的房车旅游目的地，将莲都建设成为全市房车旅游的集散地的建议，形成了《拓展旅游新业态 让“车轮上的家”入户莲都》调研报告，该报告作为区政协十六届一次全会的书面发言，得到区政府领导和相关部门的重视，部分建议在年度工作中得以落实。5月，围绕农村实现共富的目标，着眼村级集体经济增收，做大做强强村公司的课题，组织课题组，通过实地走访、外出考察、召开座谈会等形式开展调研，形成调研报告。7月5日，以“做大做强强村公司 推进农村强村富民”为主题，举办“请你来协商”活动，在协商基础上形成协商纪要报区委区政府决策参考。多条建议在推进莲都区强村公司建设中得到落实。

【民主监督】 8月，联合区政协台侨民宗委组织委员开展水域安全工作视察，听取了区水利局近年来在水域安全工程建设的情况和市重大工程——莲湖水库的建设规划设计介绍，现场视察了莲湖水库建设地址。11月，组织界别委员开展“大搬快聚富民安居”工作视察，听取区大搬快聚办工作介绍，走访魏村一期安置小区、碧湖瓯碧园安置小区、祥生白桥溪谷（定点商品房）等安置点，了解安置点的建设情况和已安置居民的生活情况，针对搬迁后居民生活、工作的落实提出了建设性意见。

【委员活动】 2022年，组织开展4次界别委员学习座谈会，学习习近平新时代中国特色社会主义思想，传达学习省、市政协重要会议及市、区委全会精神，学习政协委员履职业务、数字经济、区农业农村产业发展等相关内容。丰富学习形式，组织委员开展沿着习近平总书记的足迹看发展、走访遂昌湖山天工之城数字产业基地、参观王村口浙西南革命纪念馆、考察大柘茶产业园等活动。每次学习活动参与率均在80%以上。

【服务中心】 落实农业和农村委牵头的单位工作责任制考核各项任务，配合做好分管领导领办的重点工作。组织建设农业界别委员工作室。组织开展委员界别月活动，通过走访乡村及相关企业，为基层解决现实问题。关心关注委员，了解委员工作生活情况，为委员的产业发展提供建议，协助解决委员困难。

（叶立钦）

人口和资源环境委员会

【党建统领】 推进“红耀绿谷·同心向党”工程建设。组建成立专委会党员委员履职临时党支部，突出党组织战斗堡垒作用。临时支部开展3次活动，落实“双联系”“三联系”等制度，探索“党建+”系列活动，强化红色传承，推动政协党建“两个全覆盖”有形有效和政协工作提质增效。完成专委会党员委员活动阵地建设，推动政协履职与党员活动场所共用、工作互动，更好发挥政协“三个重要”作用。组织农工党和工、青、妇界别委员参与“奋进新征程·献礼二十大”迎“七一”诵读会，引导委员诵读红色经典诗歌，追忆峥嵘岁月，厚植爱国情怀，增强党性意识。

【搭台协商】 建好用好“民生议事堂”平台。多次到雅溪镇、老竹镇等地实地察看指导“民生议事堂”平台建设工作，鼓励支持雅溪镇做好“民生议事堂+”的文章，注重发挥乡贤作用的具体做法，做出创新，成为亮点。人资环委负责联系的乡镇均已建成“民生议事堂”平台，并有效开展议事活动。雅溪镇“民生议事堂”被市政协评为“五星级”民生议事堂。牵头成立人资环委委员工作室、“阳光关爱”委员工作室。落实常委会课题，以“打造青年发展型市区，助力丽水百万级人口现代化城市建设”为主题开展调研，组织农工党和工、青、妇界别委员走访部门单位10余个，收集调阅资料30余份，联合团区委、区统计局开展青年问卷调查活动，组织召开5次课题座谈会议，邀请到中国青少年研究中心青年发展研究所郭元凯副所长等多位领导专家参会建言，赴青田、义乌、上虞、嘉善、滨江等县市区考察学习，撰写成1万余字的调研报告。8月24日，举办“打造青年发展型市区，助力丽水百万级人口现代化城市建设”专题议政性常委会会议暨“请你来协商”活动。会后，通过再调研，分类梳理形成条目式清单《青年发展型市区建设(活动)建议清单》报区委、区政府。课题成果获2022年度区政协优秀课题一等奖。

【民主监督】 组织开展社区拆分调研协商工作，通过现场调研，召开协商会，提出社区命名和运行等意见建议，形成5份协商纪要报送区委区政府，其中8条意见建议被相关部门采纳。推动“随手拍、快捷报”民主监督活动，围绕“经常化全国文明城市创建”“大花园建设”和“城乡生活垃圾分类”等中心工作，组织各参加单位、界别委员，以反映问题照片并参与完善解决问题机制的方式，助力改善人居环境，实现了民主监督成本最小化和效果最大化，全年报送委员反映的问题260余个。协助落实督察长和经济稳进提质工作。组织委员视察河道治理、大花园建设等工作4次，助推相关工作落实。

【服务保障】 加强市区联动，借助市级人才资源，邀请专家领导参加课题座谈。落实市政协“双千双促”活动部署，开展“联乡助企、联村助农”界别活动月活动，助推企业提质增效，助力乡村振兴和低收入农户增收。结合“双联双助”活动组织委员开展学习交流，传达学习《习近平谈治国理政》第四卷、《中国共产党政治协商工作条例》、省第十五次党代会报告精神、市第五次党代会报告精神，以及各级政协会议精神，不断提升委员履职能力。

（吴为晨）

教科卫体委员会

【党建引领】 学习宣传贯彻各级党代会和党委全会精神，组织开展《喜迎二十大 百年正辉煌：党史党建党领导 同心同向同呼吸》专题授课；参加区政协“六学六进六争先、丽水之干谱新篇、先行示范当头雁”“红耀绿谷·同心向党”学习实践活动，围绕绿起来、笑起来、富起来、强起来的主题，在处州公园、浙西南革命纪念馆、莲都经济开发区、欢庭下南山等地开展快闪宣传活动。开展党的二十大和省、市党代会宣讲，制作《领航中国现代化》《新使命新跨越新征程新境界新革命》《三生有幸在丽水 元亨利贞话发展》等课件，取得较好效果。

【建言献策】 加强与政协参加单位和界别的联系沟通，提高大会发言质量。重视大会发言、协商建议和委员提案的成果转化，组织开展重点提案“三见面”活动，督促完成“老龄化社会智能化服务”“新能源汽车充电桩”等重点提案的办理和答复。突出共同富裕示范区建设的中心议题，统筹民生事业等重点议题，组织委员开展网络议政，掌上履职。围绕教育事业发展，组织委员调研视察，提出“多举措落实中小学生素质教育五育并举，夯实劳动教育实现学生全面发展”的建议，被全国政协采用。围绕“非农化”和“非粮化”的全面整治，开展科技界别委员活动，探讨藏粮于地、藏粮于技，重点推进杂交水稻科创中心建设。利用会议、学习活动等时机，深入基层调研，围绕群众关注的热点、难点问题，动员委员做好政协提案、反映社情民意信息等工作。

【政治协商】 专题学习《中国共产党统一战线工作条例》《中国共产党政治协商工作条例》。结合建设浙西南科创中心莲都核心区的主席课题，赴缙云县、衢州市柯城区、龙游县等地考察学习，通过实地考察、座谈交流等形式开展调研，突出田园智谷建设，形成课题调研报告。9月28日，现场考察绿谷信息产业园、丽水绿谷智慧小镇后，召开“请你来协商——建设浙西南科创中心莲都核心区”专题协商会。围绕联城街道征地拆迁、峰源乡“大搬快聚”、高山蔬菜产业发展、南明山街道强村公司发展等开展“请你来协商·民生议事堂”活动。

【民主监督】 参与区委、区政府八大督察长行动，协助分管副主席开展服务优享行动督察工作。贯彻落实《关于进一步减轻义务教育阶段学生作业负担和校外培训负担的意见》，组织政协委员开展义务教育“双减”主题视察，通过问卷调查、实地调研、座谈研讨等方式，助力“双减”政策的落实，“创新社会监督机制，助力校外培训治理”入选全国“双减”工作优秀案例。

【委员活动】 落实新一届政协摄影之友成员调整工作，加强与摄影会客厅的对接，联合开展活动，7月25—26日组织赴峰源乡水牛坪观星营地、库坑垟和大港头镇官岭古村等地开展摄影采风活动。11月16—18日，组队参加市政协系统第八届乒乓球比赛，获得团体赛第三名，7名运动员全部进入十六强。把送卫生、送体育、送文化、送教育、送科技、送法制“六送下乡”为民服务与“双联双助”界别活动结合起来，使活动更富有成效。参与组织科技活动周系列活动，组织开展科普微讲堂《起源》《微观》。协助开展走访政协委员活动，联络联通联心，密切与委员的联系，协助做好河南信阳市政协等考察团到莲都考察的陪同工作。

【专委业务】 关注新修订的民办教育促进法、家庭教育促进法、职业教育法、教师法，助力推进全国义务教育优质均衡发展区、全国学前教育普及普惠区建设。组织委员关注浙西南“十子连珠”科创走廊，推进企业“上云用数赋智”，打造“产学研用金、才政介美云”十联动的创新创业生态。通过委员引导带动广大群众，关心医疗卫生工作人员的身心健康，团结起来共同抗击新冠疫情，维护人民群众生命健康，促进“浙丽保”工作取得成效。履行政协党建引领职责，关注全民健身运动和绿道建设，统筹推进群众体育、竞技体育、体育产业发展，突出体育文化，注重体育群体的意识形态工作。围绕育儿友好型社会建设，开展课题调研，从婚育、生育、养育、教育的角度，提出优婚、优生、优养、优教的对策建议。

（叶青春）

社会法制委员会

【参政议政】 做好十六届一次会议的筹备工作。组织联系界别委员参与大会发言，就“莲都工业高质量发展”“无障碍环境建设”“月子中心安全”等方面进行发言，提出建议意见；组织委员讨论审议政协常委会工作报告和“一府两院”等工作报告。组织委员参与重大项目的论证和政策法规的审议，重大疑难信访案件的化解，提出建议意见。组织委员担任区检察院案件听证员，为检察院案件处理提供委员建议。开展反映社情民意和提案等撰写工作。十六届一次全会期间，联系界别委员共提交提案11件，反映社情民意6件。以“推进我区基层社会治理模式创新”为主题开展“请你来协商”活动，针对存在的短板提出“培养矛盾纠纷调解干部队伍建设”“新社区如何治理”“无物业开放小区清零行动如何开展”“网格化管理”的协商建议。参与老竹镇、岩泉街道的“民生议事堂”建设，指导开展“大搬快聚”“乡村产业发展”等协商活动。

【民主监督】 开展“推进数字化改革”省、市、区三级政协联动专项民主监督活动，对政府部门推进数字化改革工作进行民主监督，并对“推进数字化改革赋能政府服务”的政协建议进行“回头看”，监督落实情况。组织委员利用“随手拍、快捷报”反映文明城市建设、社会管理等方面存在的问题，进行民主监督，2022年，联系界别委员呈报问题14件，均得到整改。组织委员担任丽水市公安局警风警纪监督员、莲都区法院司法监督员，就执法司法存在的问题提出监督意见建议。

【调研视察】 组织开展“推进基层治理模式创新”的课题调研，听取相关部门的工作报告 ，到青田等地进行实地调研，形成《莲都区新社区治理工作》调研报告，提出“提升数字治理能力”“打造莲都老娘舅”“构建协同高效的治理格局”等方面的意见建议。组织“区法院行政审判工作”“市区安置房建设”“无障碍设施建设”等视察活动，听取工作报告，提出建议意见。

（梁智伟）

港澳台侨民族宗教委员会

【理论学习】 组织引导港澳台侨民宗委委员学习党的二十大精神以及习近平新时代中国特色社会主义思想、习近平总书记系列重要讲话精神。组织委员学习对台政策业务，侨联章程、涉侨法律法规、上级指示精神和党的民族宗教政策，有关法律法规、市场经济知识和政协业务知识，提高理论修养和业务能力。坚决筑牢筑强团结奋斗的共同思想政治根基，把握政治方向，确保政协港澳台侨民宗工作始终沿着正确方向前进。

【活动联谊】 区政协港澳台侨民宗委根据主席会议精神，结合唯一市辖区和全市港澳台同胞、侨胞及其眷属聚居实际，抓住重大节日和会议活动契机，9月30日，邀请住莲都的省、市政协委员、区政协委员和港澳台侨代表人士40余人召开座谈联谊会。党委领导到会宣讲市委五届二次全会精神和区委十五届二次全会精神，市、区两级重要部门到会通报工作，加深港澳台侨代表人士对莲都的了解，与会政协委员和其他港澳台侨代表人士结合实际发表感想体会，对莲都发展提出意见建议。

【提案撰写】 区政协十六届一次会议期间，提交港澳台侨民宗委集体、个人提案共27个、大会发言3篇，其中《关于培育跨越发展新动能，推动碧湖新城真豹变的建议》《完善交通基础设施网络，全面推进碧湖新城能级再提升》《关于壮大国有企业，促进莲都经济跨越发展的建议》《关于推动年轻人才聚集，建设百万人口大城市的建议》《提升通村公交服务水平，提高村民幸福指数的几点建议》5个提案被列为重点提案。大会发言《培育跨越发展新动能，推动碧湖新城真豹变》《吃饱，吃好！让孩子们茁壮成长》被列为优秀发言。

【协商课题】 引导侨界委员发挥自身优势，积极建言献策。组织政协港澳台侨民宗委员成立“海外人士家燕归巢”专题调研组，到莲都区委统战部、区委组织部、区人力社保局、区经合中心等涉侨部门了解情况，赴青田县、温州瓯海区等地学习考察、听取专家意见，通过分析、讨论、研究，于10月31日在大港头镇举行“关于如何做好海外人士家燕归巢”请您来协商活动，与各涉侨部门开展面对面协商，取得较好成效，形成《关于如何做好海外人士“家燕归巢”工作的建议》调研报告，并向区委区政府提交建议案。

【其他工作】 组织委员通过实地走访、查看资料等方式开展“侨资企业双招双引”“特色村寨建设情况”“水域安全保障”视察活动，并反馈存在的问题及一些建议意见。开展“双联双助”活动，向走访结对的大港头镇西坑口村低收入农户捐助善款近6400元。完成走访联系委员（企业）任务，完成其他县（市、区）政协到莲都学习考察的接待等工作。

（刘益民）

文化文史和学习委员会

【《莲都宋韵》文史专辑征编出版】 为响应浙江省委关于实施“宋韵文化传世工程”的号召，2022年，启动《莲都宋韵》文史专辑（莲都区政协文史资料第34辑）征编工作。成立编辑组、制订征编工作方案和编撰大纲，与丽水市莲都区鸿途文创工作室签订编纂合同，按计划推动编纂工作。全书共计20余万字，全面梳理了莲都丰富的宋韵文化。

【《莲都文史》第8期征编出版】 3月，召开专委会年度工作会议部署《莲都文史》杂志的征稿任务，提出经常性开展各类文史资料征集工作的要求。全年收到各类文史资料40多篇，编辑录用30篇，于2022年底前完成印刷。

【完成上级政协文史协作任务】 完成省政协《浙江城市名片》征稿任务。完成筹备市文史研究馆有关协作任务，向市政协推荐3位文史研究馆馆员。

【开展“关于加强文旅融合，推进碧湖千年古城复兴”专题调研】 成立调研组赴温州市永嘉、瑞安、平阳、文成考察学习。7月中旬组织调研组成员和部分文史专员，到碧湖镇开展专题调研活动，实地察看碧湖镇乡贤馆、老街城市书房建设情况以及人民街古民居修复情况等，听取碧湖镇、区文广旅体局、区图书馆关于千年古城复兴试点工作情况、碧湖片区文旅融合工作开展情况、碧湖老街城市书房建设情况介绍。调研组结合碧湖实际，围绕如何深入挖掘历史文化内涵、保护历史文化遗产、留存历史文化遗迹、加强文化旅游融合等方面提出建设性的意见和建议。撰写《关于加强文旅融合，推进碧湖千年古城复兴的建议》调研报告，并向区委区政府报送了《政协建议》。

【文史工作队伍建设】 结合政协换届，调整充实文史工作队伍。将区政协文史征集编审员改称文史专员，聘请17位热爱文史工作并有较高写作水平的人员担任文史专员，为政协文史工作的开展奠定了基础。3月30日，文史委组织文史委员和文史专员，赴太平乡巨溪天师楼·岑庄视察日益书院建设情况，召开文史工作会议，为文史专员颁发了聘书，并开展政协文史资料工作业务知识培训。

【其他工作】 做好机关党建工作，两个支部均按要求每月开展主题党日活动，落实“三会一课”、党员先锋指数测评、党员志愿服务等工作，于9月中旬完成换届选举。组织文化新闻组委员开展活动，参与省、市政协开展的网络议政和网络读书活动，鼓励委员上网发言；每季度举行一次学习座谈会和界别临时党支部学习活动；赴丽新乡上塘畈村开展“双联双助”活动。完成政协书画会换届工作，组建一支由21位书画家组成的政协书画会队伍；征集18幅书画作品参加在庆元县举行的全市政协系统书画作品联展；组织书画家赴太平乡天师楼日益书院开展书画笔会活动，赴龙泉、庆元开展书画联谊交流，参观全市政协系统书画联展。完成45号《关于发展家庭亲子研学产业的建议》和69号《关于加快发展红色旅游，实现山区群众共同富裕的建议》两个重点提案的督办任务。完成区政协十六届一次全会疫情防控组工作任务。配合区政协做好联系白云街道、仙渡乡民生议事堂相关工作。编发《学习与参考》13期，供机关领导干部学习参考。

（黄建兵）

中共丽水市莲都区纪律检查委员会 丽水市莲都区监察委员会

综　述

【概　况】　2022年，丽水市莲都区纪委区监委按照二十届中央纪委二次全会、省纪委十五届二次全会、市纪委五届二次全会和区委十五届三次全会部署要求，坚持稳中求进工作总基调，履行党章和宪法赋予的职责，发挥监督保障执行、促进完善发展作用，在深化清廉莲都建设中一体推进不敢腐、不能腐、不想腐，为高质量发展建设百万人口大城市，打造革命老区共同富裕先行示范区强大引擎开好局、起好步提供保障。把握“严”的主基调，推进“打虎”“拍蝇”“猎狐”，全年共立案140件，办结违纪违法案件166件，党纪政务处分158人，移送司法机关处理5人。

【政治监督】　2022年，以“防疫情、稳经济、保安全”为主线，围绕常态化疫情防控、高质量发展建设共同富裕示范区、粮食安全、生态环境保护等方面开展政治监督，发现并推动问题整改748个，约谈提醒83人，下发督查通报61期，追责问责11人。印发《中共丽水市莲都区纪委关于开展提升政治执行力 护航莲都新发展专项执纪监督行动的通知》，开展“提升政治执行力、护航莲都新发展”专项执纪监督行动，聚焦“松材线虫病防治”“一户多宅”“债券项目”“减税降费”等15个不同主题开展专项监督27次，发现并督促整改问题228个，处理72人。

【清廉莲都建设】　2022年，建立“一办八组”督导机制，压紧夯实牵头单位主体责任，全年共建成清廉示范项目21个。发布全国首个《清廉村居建设规范》市级地方标准，为清廉村居建设评定工作提供标准支撑。贯彻落实《关于加强新时代廉洁文化建设的意见》，创作本地案例警示教育纪录片《千里追逃》和廉政微电影《阳光里》，拓展红廉文化传

2023年2月8日，中国共产党丽水市莲都区第十五届纪律检查委员会第三次全体会议召开

（区纪委区监委　提供）

播方式和教育载体。聚焦碧湖新城大开发、大建设实际，强化对政策项目落实情况的监督检查，在经济开发区确定4家企业为首批廉情监测点，拓宽监督渠道，以风清气正的政治生态涵养发展生态。

【队伍建设】 2022年，对标“唯实、争先、正规、专业”要求，开展“清莲学院”人才培养计划，为全委高质量发展提供硬核支撑。开展规范执纪执法权提升行动，聚焦“提效率、抓规范、稳质量、重安全”，严格规范问题线索处置、案件办理、审查调查措施使用、安全文明办案，执纪执法质量显著提高。开展“百名纪检监察干部联百村”实践活动，反馈并整改各类村级监督问题400余个，提升机关干部群众工作本领，获评全市机关党建“十佳创新案例”。落实全市纪检监察系统全员大学考活动，按照“一人一档”建立积分制学习档案，全员法纪意识和水平显著提高。加强干部监督，分级开展廉政提醒谈话100余人次，共排查风险点749条，制定防控措施795条。重新选聘12名特约监察员，强化纪检监察干部“八小时以外”监督。

【基层监督】 2022年，承担全省“基层公权力大数据监督应用”迭代升级试点，聚焦“村(社)六大高频小微权力事项”和“非高频小微权力事项”，全年碰撞比对预警信息527条，处理相关人员131人，挽回经济损失26万元。“监督一点通”受理群众诉求17817条，办结率98.6%，群众满意率99.3%。

【派驻监督】 2022年，开展派驻监督“赋能增效五大行动”，围绕工作提标、履职提效、协作提质、业务提能、振奋提神五大工作重点，发现问题702个，提出整改建议438条，开展警示教育547次，提升监督实效。抓实抓深协作片实体化运行，全年联合办信54件，联合办案24件，立案审查调查24人，党纪政务处分17人。

【正风反腐】 2022年，落实中央八项规定及其实施细则精神，深化正风肃纪“月亮”行动，围绕严防餐饮浪费、违规公款吃喝、会所歪风治理、违规旅游等压茬推进专项检查，全区共查处违反中央八项规定精神问题20个，处理31人，党纪政务处分20人。突出对形式主义、官僚主义问题整治，全区共查处形式主义、官僚主义问题11个，对5起违反中央八项规定精神典型问题进行全区通报曝光。牵头开展漠视侵害群众利益问题专项整治，常态化开展“打伞破网”工作，全区共查处群众身边腐败和不正之风问题29个，处理37人，党纪政务处分35人。

重要会议

【“百名纪检监察干部联百村”总结表彰暨部署推进会】 2月22日，莲都区纪委区监委召开纪检监察系统“百名纪检监察干部联百村”总结表彰暨部署推进会。区委常委、纪委书记、监委主任出席会议并讲话。会议对2021年的“联百村”工作进行总结回顾，并对2022年的工作进行再部署再推进，确保“联百村”工作走深走实，取得更大成效。

【纪检监察工作高质量发展动员部署会】 4月27日，莲都区纪检监察系统第一季度工作例会暨纪检监察工作高质量发展动员部署会召开。会议回顾总结了第一季度工作，并就贯彻落实全市纪检监察系统“高质量发展指数”评价工作、“强素质、精业务，全员大学考”活动以及警示教育活动作专门动员部署。区委常委、纪委书记、监委主任出席会议并讲话。

【“学习贯彻党的二十大精神”专题学习会】 11月4日，莲都区召开全区纪检监察系统“学习贯彻党的二十大精神”专题学习会暨第三季度工作例会，学习贯彻党的二十大精神，并结合高质量发展评价指数对前一阶段工作进行盘点分析，部署下一阶段工作。

会议指出，党的二十大是在全党全国各族人民迈上全面建设社会主义现代化国家新征程、向第二个百年奋斗目标进军关键时刻召开的一次十分重要的大会。学习好、宣传好、落实好党的二十大精神是当前的首要政治任务，也是一项长期任务，全体纪检监察干部要对标对表上级要求，认真抓好党的二十大精神的贯彻落实。

会议强调，要在“认真学”上下硬功，迅速掀起学深悟透党的二十大精神高潮；要在“扎实干”上出实招，以实际工作成果来检验学习贯彻党的二十大精神成效；要在“树正气”上动真格，用“永吹冲锋号”的严明纪律来锻造队伍。

【区纪委十五届三次全体会议】 2023年2月8日，中国共产党丽水市莲都区第十五届纪律检查委员会第三次全体会议在莲都举行。会议以习近平新时代中国特色社会主义思想为指导，贯彻落实党的二十大精神，落实二十届中央纪委二次全会、省纪委十五届二次全会、市纪委五届二次全会和区委十五届三次全会部署，总结回顾莲都区2022年纪检监察工作，研究部署2023年任务。全会由区纪委常委会主持，审议通过了《深入学习贯彻党的二十大精神 为高水平绘就中国式现代化莲都新图景提供坚强保障》的工作报告。市委常委、区委书记张壮雄出席全会并作重要讲话。

区委巡察工作

【概　况】 按照市委的统一部署，2022年接受了市委巡察指导督导工作。编制十五届区委五年巡察工作规划，推进十五届区委第一轮、第二轮巡察，全年共对区交通运输局、区农业农村局、区住房和城乡建设局、区民政局、区总工会等15家单位以及雅溪镇所辖19个村党组织开展常规巡察，共发现并反馈问题734个，移送问题线索14条，追责问责109人，挽回直接经济损失100余万元。建立领导领办、专项督办、面商共办、网上催办和共性交办“五办”工作机制，压实整改“后半篇文章”。2022年省级重大巡视问题清单指数排名分别居全省、全市前1/3。“妥善解决八年信访积案”入选全市巡察整改优秀案例。

8月25日，十五届区委第二轮巡察工作动员部署会召开（区纪委区监委 提供）

【责任传导】 抓实主管部门牵头整改责任，共梳理特定行业、领域内存在的共性问题10余个，向区总工会、区国资办等行业主管部门发放问题交办函5份，推动了工会经费管理专项整治等各项行动的开展。针对系统性突出问题，起草《关于专业合作社多头重复申报项目获得财政补助问题有关情况的专题报告》等信息专报2篇，推动区财政局等部门对全区专业合作社申报项目获得重复财政补助等问题进行整改。抓实巡察组精准发现问题责任，探索实行“开巡答辩”，倒逼巡察组扛起政治责任，做实做细巡前准备，制订个性化巡察方案，接受巡察工作领导小组成员的答辩评审，确保精准出击，助推精准画像，提高发现问题的精准度。

【工作创新】 在推进巡察数字化中创新，在村（社）巡察过程中，将巡察投诉举报功能纳入监督一点通平台，拓宽村民群众线上反映渠道。以“七张问题清单”为抓手，以“限时整改+全程留痕”，构建线上管理“闭环”，持续跟踪问效。全年共发布区级清单问题8个，推动涉及财经纪律、文联社团管理、区域综合治理等多领域突出性、典型性问题的整改，其中农村住房保障问题整改案例入选省级重大巡视问题分清单示范榜，成为全区第一

12月21日，区纪委区监委开展违规公款吃喝情况督查

（区纪委区监委 提供）

个被录用的省级示范案例。在健全完善制度中创新。在全面总结上一届区委巡察工作实践探索基础上，对标省市巡视巡察制度体系，梳理现有制度，做好“立、改、废”工作，制定《关于规范巡察期间立行立改工作的意见》等4项制度，推动巡察工作规范化、制度化。

【队伍建设】 2022年，完成支部换届工作，组织开展每月的主题党日、干部夜学、周例会等，参与疫情防控、低收入农户结对帮扶、社区结对共建、“爱心点亮微心愿”等志愿活动。组织开展2次巡前业务培训，受训70余人次，组织巡察机构人员前往磐安县委巡察办学习村（社）巡察工作等方面的经验做法，开阔视野，提升巡察队伍的专业性。加强作风纪律建设，出台《莲都区委巡察组作风纪律情况后评估办法》《莲都区委巡察机构关于从严管理干部的若干规定》等内控制度，对巡察干部开展巡察后评估，以自我评估、被巡察单位干部问卷测评、个别谈话等方式，从执行政治纪律、组织纪律、廉洁纪律等9个方面对巡察干部开展全方位评估。

党风廉政建设

【概　况】 2022年，运用“四种形态”处理问题线索327人次，第一至第四种形态分别占51%、33%、8%、8%。参与市纪委监委“保生态、护正气”系列案件查办，严肃查办了省市纪委监委指定的多起严重违纪违法案件，挽回经济损失1500余万元，得到省市纪委监委肯定，实现“三个效果”有机统一。

【扫黑除恶】 深入贯彻中央及省、市关于扫黑除恶专项斗争工作的各项部署，提高政治站位，做好扫黑除恶的各项工作。将强化监督执纪问责和监督调查处置工作同惩治涉黑涉恶腐败、打击“保护伞”、查处基层“拍蝇”等结合起来。6月以来，区纪委区监委全面落实区扫黑办“百日大会战”的工作部署，开展“一项整治”“六大行动”。开展“农村问题专项整治”“线索清仓”“案件清结”“打伞打财”“乱象治理”五方面行动，共受理涉黑涉恶腐败和“保护伞”问题线索、案件72件（包含中央扫黑督导反馈件），对13名党员干部进行立案审查，涉及公职人员6人、村干部3人、普通党员4人、查处“保护伞”4人。

【专项治理】 立足职能定位，深入整治民生领域的“微腐败”、妨碍惠民富民政策落实的“绊脚石”，强化监督推进，引导牵头单位认真履行专项治理主体责任，细化工作举措，专项治理工作有序推进。全年共开展“新能源汽车充电难”“教育乱收费”“城镇居家养老服务保障”等11项专项整治行动，查处群众身边腐败和作风问题29起，给予党纪政务处分35人。

【专项监督】 收入分配制度改革试验区专项监督。围绕省、市、区委重要决策部署对关于“收入分配制度改革试验区”工作共6个方面21项内容开展监督，以下沉式监督、嵌入式监督、“室组地”联动式监督为主要监督形式，以点看面、以业务看政治，分析研判专项监督中发现的问题、以监督责任的履行到位促主体责任的落实。2022年，共监督检查21次，发现问题8个，推动整改问题8个。

除险保安跟进监督。落实党中央和省委关于统筹发展与安全的重大战略决策，建立除险保安督查组，结合监督实际，探索日常监督+政治监督+驻点监督的系统化、立体化的派驻监督路径，推动各监督单位抓好“六稳”“六保”，统筹疫情防控和经济社会发展，发挥监督保障执行、完善发展作用。专项监督开展以来，共组织监督检查41次，发现问题26个，推动整改21个，提出意见27条次。

“浙江有礼”省域文明新实践品牌建设专项监督。根据《中共丽水市莲都区纪委关于开展文明和谐美丽家园展示区专项监督的工作方案》要求，立足“监督的再监督”，做深做实“浙江有礼”省域文明新实践品牌建设专项监督，督促各相关部门有序推进“浙江有礼”省域文明新实践品牌建设。2022年共开展专项督查28次，约谈相关人员14人次。紧盯“浙江有礼”省域文明新实践2022年十项重点工作目标，全程跟进监督，在监督中及时发现问题，提出整改意见，督促问题整改，切实做到政治监督不虚化、不浮于表面，共提出如“相关单位协调体制机制尚未完善”“牵头单位统筹协调职能发挥不充分”等9个方面的问题，针对发现的问题，有的放矢，提出整改意见和建议9条，健全体制机制5项。

高质量发展高品质生活先行区专项监督。对标高质量发展高品质生活先行区专项监督工作要求，打造“浙里健康”“浙有善育”“浙里康养”“为民办事智能速办”四项标志性成果，在政治监督中紧扣根本、抓住关键、夯实责任。2022年，共开展监督27次，发现问题20个，提出意见建议15条，督促问题整改20个。

（区纪委区监委）

民主党派

综　述

【概　况】 2022年，莲都区有民革、民盟、民建、民进、农工党、九三学社6个民主党派区级委员会。全区有民主党派成员477人，支部24个。其中，民革党员84人、民盟盟员81人、民建会员94人、民进会员90人、农工党党员82人、九三学社社员46人。成员分布集中在高等学校科研院所、科技卫生、文化艺术、国有企事业单位及政府部门、社会团体等领域。各党派成员中大学本科以上文化程度的295人，占61.8%。

【多党合作制度效能提升】 市委印发2022年政党协商计划后，区委统战部组织召开情况通报会、意见建议座谈会等5次，梳理和分解落实意见建议，推动建议意见的转化运用。积极落实参政议政、民主监督、社会服务职责。2022年在区"两会"上各民主党派提交提案70多个。组织开展"高水平推进区域，治理现代化和加快跨越式高质量发展建设共同富裕示范区"专项民主监督工作。举办各民主党派负责人和无党派代表人士参加的统一战线暑期读书会、同心大讲堂。

【民主党派自身建设】 2022年，区委统战部推动参政党建设"三个文件"的贯彻落实，结合全区实际，制定印发具体实施意见。加强思想政治引领，开展"同心"系列活动，组织各民主党派区委会领导班子开展民主生活会、述职与民主评议会。全年全区发展民主党派新成员11人，发展率2.3%。

【党外干部队伍建设】 2022年，开展党外干部队伍"双走访"工作，共走访党外代表人士322人，建成党外代表人士信息库。举办党外干部培训班，增强民主党派干部的政治定力、政治担当，拓宽视野，提高履职能力。注重从各条战线、各个领域、各个行业、各个层面发现优秀党外干部。

（区委统战部）

民革莲都区委会

【概　况】 2022年，民革莲都区委会(以下简称民革区委会)下辖民革莲都区第一、第二、第三共3个支部，设专委会1个。有党员84名，平均年龄51.42岁，其中女性41名，占48.81 %；退休人员26名，占30.52%；具有大学以上学历58名，占 69.05%。

【思想政治建设】 开展"矢志不渝跟党走，携手奋进新时代"主题学习教育。以中共二十大报告学习为引领，通过区委会会议、支部会议、"三八"妇女节主题活动、重阳节主题活动等形式开展深入学习贯彻中共二十大、省第十五次党代会、市第五次党代会、区第十五次党代会精神，与民革第十四次全国代表大会、浙江省第十五次代表大会精神融会贯通学，引导广大党员增强思想自觉、政治自觉和行动自觉。加强宣传工作和理论研究，鼓励党员参与各类征文活动和各类信息报道，2022年，党员撰写各类征文2篇，其中1篇被第五届莫干山论坛征文活动录用；党员撰写的各类文章50余篇，其中2篇被民革中央采用、3篇被省民革采用、25篇被市民革网站采用、19篇被区政协采用，1篇被浙江之声、浙江民革公众号等刊登报道。民革区委会被民革中央评为全国宣传思想工作先进集体，系全省唯一一个获此荣誉的县级委员会。

【参政议政】 “两会”期间，民革区委会及民革党员中的政协委员、人大代表围绕教育、乡村振兴、农文旅融合、大花园建设等经济发展和民生保障问题提交市、区人大建议4件、政协提案11件，政协大会发言4篇，获评市政协优秀大会发言1篇，2篇集体提案被确定为区重点提案，1篇集体提案被评为区优秀提案。2022年，30余名党员参与调研工作，共上报各类社情民意信息28篇，其中被全国、省政协采用各1篇；市政协采用13篇；2篇被民革中央录用，10篇被民革省委会采用。其中28篇被区政协采用，区委会获2022年度区政协优秀履职单位及反映社情民意信息工作先进集体称号。

【社会服务】 2022年，一支部与三岩寺社区党支部、城南小学三岩寺校区党支部开展以“大爱微行践党史”为主题的助学结对活动，并在学校文化建设、困难生关爱、教师业务提升、少数民族帮扶等方面给予长期定向的结对帮扶。“6·5”世界环境日当天，为深入贯彻生态文明思想，倡导低碳、健康、绿色生活方式，一支部携手丽水市绿色环保协会开展“共建清洁美丽世界”“浙里”美丽跑活动。二支部利用元宵节，到灯塔社区开展“心系环卫、欢度元宵”送温暖活动；2次到雅溪镇岱后村，与中共岱后村党支部开展联谊活动，共谋发展之计、共话乡村振兴。三支部3次到大港头学校开展“讲主题、勤学习、促帮困”活动，结对帮扶大港头学校贫困学生，给予物质、精神、生活和学习上的帮助。

【祖国统一联谊建设】 依托区台联会，推荐区台联会中的民革党员为区政协十六届委员，让更多台胞、台属了解大陆国情、对台政策。利用党员中的台属关系优势，把祖国统一工作与市、区台胞、台属联谊会工作有机结合，区委会共有5名党员分别担任了市、区台联会负责人、理事或顾问，每年开展中秋台胞、台属茶话会，帮助台胞、台属排忧解难，2022年春节期间共慰问台胞、台属30多人次。

【组织建设】 区委会坚持质量与数量并重原则，强化组织发展和干部队伍建设，2022年因工作需要和中共莲都区委提议，经民革丽水市委会批复同意调整区委会副主任委员1名。按照组织发展相关要求，新发展党员2名，均为大学以上学历；重点分工领域2名，比例为100%，截至2022年底，党员总数为84名。2022年区委会获民革全省组织工作先进集体称号；2个支部被市委会评为先进集体，3位党员被评为优秀党员。三支部获民革省委会第三批省级示范支部称号及全省“民革e家”建设使用工作先进集体称号，二支部蝉联全市社情民意信息工作优秀支部称号。

（章健）

民盟莲都区委会

【概　况】 2022年，中国民主同盟丽水市莲都区委员会（以下简称民盟区委会）有盟员81人，其中女盟员32人，占39.5%；退休盟员17人，占20.9%；在职盟员62人，占76.5%；研究生学历6人，占7.4%；大专以上文化程度77人，占95.1%，高级技术职称21人，占25.9%，中级技术职称14人，占17.3%，平均年龄约52.6岁。界别分布：教育31人，占38.3%；科学文化11人，占13.6%；其他39人，占48.1 %。盟员中县处级领导1人，区政协常委2人，盟员区政协委员10人；担任副科级以上实职3人。

2022年，民盟区委会始终坚持以习近平新时代中国特色社会主义思想为指导，有计划、有组织地开展“矢志不渝跟党走，携手奋进新时代”政治交接、中国共产党党史、民盟盟史等主题教育，举办“访盟员、说盟史”专题活动，发挥民盟组织在教育、文化、科技等领域人才集聚优势。围绕百万人口城市、革命老区共同富裕示范区、碧湖新城等参政议政，紧扣疫情防控、乡村振兴、低收入群体增收等中心工作资政建言，在政治思想、参政议政、社会服务等上取得了一定的成绩。民盟区委会获民盟浙江省委会盟务工作优秀单位、区政协履职先进单位称号，1名盟员获2022年度“丽水之干”担当作为好干部称号，10余名盟员获得区级以上荣誉。

【思想建设】 民盟区委会创新思想宣传形式，坚持线上线下相结合，灵活采取专题研讨、学习沙龙等多种形式，组织广大盟员深入学、反复学、持续学，努力做到学深学透、融会贯通。2022年，认真学习贯彻中共二十大、浙江省第十五次党代会、丽水市第五次党代会、民盟十三大等重大重要会议精神，不断坚定始终跟中国共产党走的信心和决心。通过黄炎培、张澜、史良、闻一多等先辈事迹的学习、宣讲，提升盟员党派的自信和自豪。开展“访盟员、说盟史”“我与民盟”等系列活动，促进盟员对莲都民盟的认识，激发盟员对民盟的热情和热爱。带领盟员到仙渡、雅溪、龙泉、遂昌等爱国主义教育基地参观学习，进一步增强“四个意识”、坚定“四个自信”、做到“两个维护”。

【组织建设】 经过综合考察，民盟区委会新发展盟员2人，其中教育界1人、医药卫生界1人；去世1人。截至2022年底，民盟区委会下辖4个支部，共有盟员81人。民盟区委会重视横向联系，促进盟员交流，与福建省南平市、湖州市吴兴区等民盟组织开展交流沟通，参观考察古堰画乡、油画院、下南山等农旅融合示范村。建立参政议政“导师制”履职平台、区委委员联系支部制度等，不断提升组织标准化建设。针对区委会、支部、盟员等不同层次开展组织发展专题学习会。举办盟员素养提升班，参与培训的年轻、骨干盟员有30多人，政党基础更加夯实。

【参政议政】 2022年，代表、委员们在市、区“两会”期间建言献策，提交大会发言4篇、人大建议、政协提案17篇，其中《打磨最小颗粒度，推动社区治理现代化》《共享充电车位管理不能“缺位”》《铸好“双减”的三件“护心神器”》等发言被评为优秀大会发言。组织发动全体盟员开展市区无障碍设施民主监督，提交的《市区无障碍设施被占用严重，亟须加强监管》获市委书记胡海峰、市长吴舜泽等市委、市政府领导批示。持续关注“最多跑一次”、孤独症、低收入群体增收等民生实事，提交社情民意30篇，其中27篇被省、市民盟、政协采用，《碧湖中学周边有“三害”，建议靶向推进校园周边环境治理》获区委书记张壮雄批示。20多位盟员参与年度课题工作，2022年，完成民盟市委会课题3个，分别为《碧湖新城青年型人才招引研究》《无障碍环境“三化”建设助力残疾人士共同富裕》《政策性移民社区治理现代化研究》。多次选派盟员参加政党协商活动，围绕国有企业、特色产业、乡村文化等专题开展调研，向区委、区政府提交《跳出莲都乘势培育发展产业，可持续做大做强国有企业》《抓住关键招引，实现0到1的突破，打造生态工业新高地》等协商报告，立足莲都实际提出集中力量办大事、培育发展自有产业等建议，被区委、区政府采纳。

【自身建设】 向上级部门争取扶贫名额，为困难盟员解决燃眉之急。春节期间，为困难盟员置办年货、解决家庭矛盾等。开展“九九”重阳节敬老孝亲活动，为老盟员送上节日祝福。组织盟员参与省、市、区各级党委政府组织的各类活动和培训，2022年，2人先后参加浙江省、丽水市参政议政骨干班培训，5人参加区委统战部组织的党外干部培训班。

【社会服务】 依托同心服务站、盟员之家等平台，发挥盟员专长，调动盟员服务意识，举办“墨香迎新春”等系列活动，组织书法家、书法爱好者到社区、农村书写春联、福字等赠送给居民。组织教师、医生、科技工作者等开展“三下乡活动”，到学校送教、农村送医送技。开展黄泥墩村乡村振兴实践基地建设，多次组织丽水学院、盟内专家到黄泥墩村开展现场调研、召开座谈会，提出乡村振兴意见建议。发动盟员参与疫情防控、每日一善、东西部协作等捐款、助农行动。

（叶泳梅）

民建莲都区委会

【概　况】 中国民主建国会丽水市莲都区委员会（以下简称民建区委会）下设4个基层支部，有会员94人，成员分布以公有制经济人士为主，政府机关、非公有制经济企业界、普通教育、法律界等为辅。男会员56人，占总人数的59.6%，女会员38人，占

7月22日，“山海合作 结对共建”——民建莲都区委与民建义乌市基层委结为友好组织签约仪式举行(民建区委会 提供)

40.4%；大专以上学历84人，占89.3%；具有中、高级技术职称48人，占59.2%；硕士2人；现任副县级领导1人，正科级领导2人，副科级领导6人；市级人大代表1人，市级政协委员2人，区级政协常委2人，人大代表2人，政协委员14人。

2022年，民建区委会围绕中国特色社会主义参政党建设目标，聚焦聚力疫情防控、双招双引、数字经济、国有企业提质、共同富裕先行区建设等区委区政府中心工作，坚持建言资政和凝聚共识双向发力，各项工作取得新业绩。民建区委会获区政协2022年度优秀履职单位(考核位列区政协13个参加单位和26个界别的第一名)、区政协2022年度反映社情民意信息工作先进集体称号；3篇社情民意信息获评优秀；2篇大会发言在区政协十六届一次会议上获评优秀。团体提案《关于构建数字农业产业大脑 打破“信息孤岛”谋共同富裕的建议》被列为重点提案；委员个人提案《关于推进乡镇(街道)合法性审查规范化标准化建设的建议》被市政协列为重点提案。课题成果《劳动教育在学校“五育”中被忽略，建议夯实劳动教育实现学生全面发展》被转化成民建中央团体提案，在全国政协立案，获评省政协优秀社情民意信息。课题《关于壮大区属国有企业探索创新发展新路径新动能的建议》获区政协2022年度优秀调研视察课题三等奖，并获区委书记张壮雄批示(6个民主党派唯一获奖的调研成果)。

【思想政治建设】 2022年，民建区委会学习宣传贯彻党的二十大精神，区委会召开党的二十大精神专题学习会，理论学习中心组成员撰写交流学习体会。领导班子和委员带头到联系的支部、专委会、会员企业开展专题宣讲。向丽水民建公众号推出一批会员的学习体会。开展党的二十大精神“浸润式学习”“缤纷夏日读书会”等系列学习实践活动。根据《开展“矢志不渝跟党走、携手奋进新时代”政治交接主题教育，深化“坚持进步性、实践进步性”活动实施方案》，推进“矢志不渝跟党走、携手奋进新时代”政治交接主题教育，全年理论学习中心组举行专题学习8次，各支部、专委会开展集体学习30余次。开展“初心传递•使命接力”活动，参加市委会组织的民建经典故事讲述活动，引导会员在实践中浸润情感、感悟初心，增强主题教育的学习效果。2022年新成立调研和宣传委，召开七届调研和宣传委第一次全体会议，完善课题立项和评审制度，各支部、专委会完成课题研究成果12项。利用政协、统战部网站，《丽水民建》杂志、丽水民建公众号等，围绕民建年度中心工作推送各类新闻消息36条，传播莲都民建好形象，扩大影响力。

【组织建设】 5月完成一、二、三、四支部和企业委、妇委会、调研和宣传委员会三个专委会换届工作，推荐市委会老龄委班子人选。改善和优化支部、专委会班子的年龄和人才结构，增添创新活力。建立健全活动制度，按年度制定“月活动推进表”，创新活动形式，全年各支部、专委会组织开展“喜迎二十大，红心向党恩，圆梦微心愿”重阳节志愿服务、莲都—义乌“山海合作，结对共建”等32项活动，品牌活动效应初显。有效发挥支部、专委会在凝聚会员、扩大组织影响、履行职能等方面的基础性作用。坚持“注重质量、注意数量、保持特色、优化结构”的发展原则，保持密切联系经济界的特色，全年新发展会员5人，平均年龄38.6岁，均为大专以上学历，经济界人士。2022年，区委会选派会员参加省、市委会，统战部等组织的各类专题学习培训100余人次，并组织骨干会员分别到台州、义乌等地学习交流。民建区委会与民建义乌基层委结成“山海协作”友好组织。接待台州、杭州等地民建委员会到莲都开展交流活动，相互学习，促进会员履职能力水平的提升。2022年，1名会员获“莲都区劳动模范”称号；1名会员获莲都区“十大杰出青年”称号；1名会员获莲都区总工会书法比赛一等奖、莲都区绿谷之春教师书法比赛一等奖；会员企业浙江鑫汇物业退役军人就业帮扶项目获浙江省退役军人志愿服务项目大赛银奖，丽水市鱼跃酿造食品有限公司生产的“老缸酱油”入选“2022年度浙江省名特优食品”。

【参政议政】 2022年，在区政协十六届一次会议上，民建界别提交团体提案7件，会员个人提案20余件，全部立案，均得到圆满办理，其中《关于构建数字农业产业大脑 打破“信息孤岛”谋共同富裕的建议》被列为重点提案，相关建议在莲都区农业数字化改革中被吸收采纳。市人大代表、政协委员共提交提案建议5件，其中《关于推进乡镇(街道)合法性审查规范化标准化建设的建议》被市政协列为重点提案。2022年，区委会领导参加各类政党协商、政治协商，党风廉政建设和反腐败工作情况通报会以及区法院、区检察院工作情况通报会等10余次，就区委、区政府中心工作和重大决策部署及其他重要事项提出意见建议。在9月召开的“壮大国有企业，促进莲都加快跨越式发展”专题政党协商会上，提交建议11条，并转化为政协建议报区委区政府，获区委书记张壮雄批示。“做大做强国企服务平台”“做大国企资金池”“产业基金助力发展”等建议得到采纳，并获得区长张妍的肯定。在11月的“招引特色产业金凤凰，打造生态工业新高地”专题政党协商会上，提交建议23条，其中“深谋侨资侨智招引”“多元模式优化招引”等建议得到区委书记张壮雄的肯定。用好民主党派议政建言直通车、数字统战建言议政等渠道，报送专报6篇。在区政协民主监督、“请你来协商”、委员工作室、提案“回头看”等平台上踊跃建言。围绕区属国企壮大、生态工业体系建设、创新双招双引模式、碧湖新城建设等10项区级课题、2项市级课题开展实地调研、部门座谈等30余次。搭建平台完善课题调研机制，举行形式多样的调研座谈会和现场视察活动，利

11月4日，民建区委会在丽新乡丽松宣边区革命纪念馆举办中共二十大精神专题学习会(民建区委会 提供)

用“民建会客厅”议政平台，举办“氧吧茶叙”沙龙8次、“萤火虫”沙龙26次。

2022年，民建区委会收到社情民意信息22篇，被全国政协录用3篇（其中2篇单篇录用），民建中央录用4篇，省委会录用9篇，市政协录用8篇，区政协录用10篇。信息《“双减”晚归师生，校门口路灯存安全隐患，影响师生平安回家之路亟需关注的建议》获市委原副书记批示，2月17日开学第一天市政府邀请民建会员，联合市、区建设局、电力局、教育局等多部门现场办公落实该项工作。

【社会服务】 2022年，打造“绿谷·思源”“莲都民建志愿者服务队”社会服务品牌。四支部联合区司法局、万象街道厦河门社区开展“关爱社区困境儿童志愿服务活动”，给社区困境儿童送去学习用品、防疫用品等。“六一”儿童节，一支部和四支部会员走进革命老区仙渡乡，开展“关爱留守儿童，帮扶促共富”社会服务活动，向山区留守儿童送去崭新“园服”。二支部到太平乡玉田村开展“尊老、敬老、爱老”献爱心活动。民建区委会凝聚更多会员力量，践行“莲都民建志愿者服务队”社会服务使命，关心关爱残疾人、困难老党员等群体，助力乡村振兴、社会和谐稳定。为帮助莲都村民增收，助推乡村振兴，莲都民建企业委开展“守望相助，助农共富”公益活动，助销太平白枇杷，推动助农共富贡献力量。民建区委会联合鑫汇物业有限公司开展重阳节主题志愿服务活动，关爱帮扶社区老年残疾人、困难老党员等弱势群体。联合民建浙江省直十支部与太平乡签订三年10万元农产品帮扶协议。开展企业“两个健康”工程，在出实效上下功夫，了解诉求，反映建议呼声。开展“助企开门红”助力会员企业复工复产活动；妇委会开展“助企行”暨“新产业、新业态，碧湖新城生态工业发展”调研活动；企业委举办企业会员集体生日会。召开经济形势分析会，提供法律咨询、政策解读等服务；带领企业界会员到义乌、台州等地考察学习，为会员企业家搭建交流平台，助力民营经济高质量发展。

（翁阁谞）

民进莲都区委会

【概　况】 2022年，民进丽水市莲都区委员会（以下简称民进区委会）设5个支部，分别为综合支部、文教支部、天宁中学支部、梅山中学支部、囿山小学支部，截至2022年底，共有会员90人。

2022年，民进区委会坚持以习近平新时代中国特色社会主义思想为指导，在中共莲都区委和民进丽水市委会的领导下，在莲都区委统战部的指导下，着力于加强组织建设、队伍建设和能力建设，认真履行参政党职能。民进区委会被区政协评为优秀履职单位。

【主题教育】 2022年，民进区委会深化“不忘合作初心，继续携手前进”主题教育，将中共二十大精神、民进十三大精神学习作为首要政治任务。按照二十大报告中关于统一战线工作的表述要求，总结民进基层组织在实践中的具体经验，以组织会员集体收看党的二十大开幕会、班子带头开展党的二十大精神宣讲、支部专题学习等方式，使全体会员充分认识到党的二十大的重大意义，把思想和行动统一到会议精神上来，增强“四个意识”、坚定“四个自信”、做到“两个维护”，巩固多党合作思想基础。

【参政议政】 在2月召开的区政协十六届一次会议上，1名会员代表民进区委会作《谋划“未来乡村”新范式 打造共同富裕莲样板》的大会发言，呼吁莲都区“未来乡村”建设要早谋划、早起步，以提升首位度为目标，在寻找发展动力、提升村民获得感上多出新策，被评为优秀大会发言。民进界别的9名政协委员提交了《以数字化改革为引领 持续优化营商环境助力莲都“双招双引”》等5件集体提案，《以未来教育理念助力莲都乡村振兴》等7件个人提案，聚焦教育事业发展、文化旅游创新、政府数字化改革、基层民生保障等方面。在“两会”之外，民进委员参加界别组活动、开展委员监督、反映社情民意，在调研中形成的政协建议

11月4日，“我的民进记忆”组织生活会暨重阳节活动开展

（民进区委会 提供）

《关于有序推进我区撤村建（并）居工作的建议》，获区政府主要领导批示办理。

针对2022年确定的两大政党协商议题，民进区委会多次组织调研，发挥参政议政专委会“智囊”作用，组织召开专题研讨会，向班子成员和会内业务骨干征求协商报告的修改意见。8月，在“壮大国有企业，促进莲都加快跨越式发展”专题协商会上，提出《坚持资产稳进提质增效 促进莲都国企改革发展》的协商报告；10月，在“招引特色产业金凤凰，打造生态工业新高地”政党协商会上，提出《精准发力科技型企业招商 助力莲都“未来产业”提质增效》的协商报告。两篇协商报告所提出的建议，分别获得了区委、区政府主要领导的肯定。

【社情民意信息】 2022年，民进区委会社情民意信息被民进中央采用1篇、省政协采用1篇、省委会采用2篇、市政协采用6篇、市委会采用12篇、区政协采用19篇。其中，《新能源汽车配套保险体系不完善亟须完善机制促进行业发展》被民进中央采用；《聚焦教育信创生态发展 全力打造数字化自主创新高地》被省政协采用；《底座安全性弱极大制约数字政府建设成效》等2篇信息被民进省委会采用；《白云森林公园支撑服务设施亟待升级》经转化为政协提案后被市政协全会列为重点提案。1名会员获区政协2022年度反映社情民意信息工作一等奖。

【组织建设】 2022年新发展4名会员，其中，3名为“87后”，2名为研究生学历、2名为本科学历。通过连续数年引入年轻会员充实队伍，缓解了区委会整体会员年龄偏大、队伍活力不足等问题。注重基层组织活动阵地建设，推动组织建设的科学化、制度化和规范化，谋划建成新“民进之家”，具备会议室、活动室、陈列室等功能，可供会员们开展学习讲座、讨论交流、联谊活动，成为全区民进会员沟通交流、履职尽责的重要阵地之一，提升了会员的归属感、凝聚力。

（胡迪）

农工党莲都区委会

【概　况】 2022年，农工党莲都区委会（以下简称农工党区委会）下设5个支部，有党员83人，平均年龄53.29岁，其中，女性43人，占51.81%；离退休人员29人，占34.93%；高级技术职称15人，占18.01%；中级技术职称51人，占61.45%；教育界30人，占36.14%，医药卫生界14人，占16.87%；其他39人，占46.98%。

2022年，农工党区委会以习近平新时代中国特色社会主义思想为指导，学习中共二十大精神，贯彻中央统战工作会议和中国农工民主党十七大及省、市重要会议精神，开展“不忘合作初心、继续携手前进”主题教育，加强自身建设，履行参政党职能。

【参政议政】 农工党区委会向十六届政协一次会议提交《招大引强新兴产业 探索生态工业发展新路径》等5篇团体提案，12名农工党政协委员向大会提交15篇个人提案。区委会副主委作《打造健康医美产业 催生莲都“美丽经济”》的大会发言，获得区委张壮雄书记、区长张研的批示，被评为优秀大会发言。农工党区委会参与的课题《关于打造青年发展型市区助力丽水百万级人口现代化城市建设的建议》获得优秀课题成果一等奖、《关于莲都生态工业如何招大引强的调研报告》获得优秀课题成果二等奖，《要引“大好高”的“金凤凰”先栽“专精特”的“梧桐树”》被评为优秀提案。引导社情民意积极分子和信息员举办主题沙龙，从中提炼社情民意线索，收集意见建议，组织高质量绿色发展、乡村振兴等社情民意沙龙9余次。结合社情民意线索发布机制，在微信上开展头脑风暴，共开展微信社情民意沙龙10次。农工党区委会上报的社情民意被全国政协录用2篇，被农工中央录用2篇，其中2篇转报全国政协；被浙江省政协录用4篇，被市、区政协录用19篇。农工党区委会被区政协评为2022年度反映社情民意信息工作二等奖。

1月12日，农工党省、市、区委会春节期间赴莲都区太平乡富山头村慰问困难群众（农工党区委会 提供）

【自身建设】 加强农工党党史和理论研究，把研究和解决实际问题作为理论工作的基本出发点，加强社会宣传，讲好多党合作故事，讲好农工党故事。5名党员参加市委会联合各党派在浙江大学举办的骨干培训班。办好区委会机关刊物《莲都农工》，及时传递信息，交流经验。建立信息与调研工作考核制度，将支持各支部的活动经费与信息和调研的实效挂钩，激发各支部党员参与社会调研和信息写作的积极性，提高调研和信息的质量。加强和完善对基层组织的考核，出台《农工党丽水市莲都区基层组织考核制度》《农工党区委会各专门工作委员会工作制度》《农工党区委会基层组织工作考核评分标准》《参政议政工作制度》《参政议政沙龙制度》。2022年，新发展党员3名，均为大专以上文化程度。

【社会服务】 2022年1月，农工党浙江省委会带领专家医疗队及农工党市、区委会相关党员共15人到太平乡对接帮扶工作，在富山头村进行座谈并走访慰问低收入农户，开展义诊活动。8月省委会率农业技术专家、党员企业家共9人到莲都区太平乡富山头村开展油茶树种植基地建设调研并确定具体帮扶方向和工作举措。10月，在第27个国际家庭日，以“健康家庭、幸福家庭”为主题促进健康知识普及，区医卫支部、区人民医院支部联合开展送健康活动。

（王智勇）

九三学社莲都区委会

【概　况】 2022年，九三学社丽水市莲都区委员会（以下简称九三学社区委会）下设综合、农业、文教卫3个支社，有社员47人，其中，在职社员30人，占63.83%；女社员20人，占42.55%；具有高级技术职称20人，占42.55%；中级技术职称13人，占27.66%；大专以上文化程度43人，占93.48%。有副科级以上实职6人，市政协委员1人，区政协委员8人（其中常委2人）。九三学社区委会设办公室1个，专职干部1人。2022年，在九三学社丽水市委和中共莲都区委的领导下，在中共莲都区委统战部的指导下，学习贯彻习近平新时代中国特色社会主义思想，履行参政党职能，结合实际发挥优势，开展社会服务活动。

【参政议政】 在莲都区政协十六届一次全会上，共提交大会发言2篇、集体提案5件、委员个人提案9件。其中，《发展社区“智慧养老”，积极应对人口老龄化》被列为重点提案领办督办，《关于重视单用途预付式卡券消费纠纷问题的建议》被评为莲都区政协优秀提案。2名社员被评为莲都区政协2021年度先进履职个人。

2022年，九三学社区委会上报社情民意信息18篇，其中《艰苦边远地区引才应防止过度追求“高大上”》《基层反映“山改田”水稻发展面临四大难题亟待关注》《残疾人就业安置存在三大难题》被省政协采用，《优化统战格局，做强专精特新中小企业思想政治工作》被市政协采用，《“对症下药”解决小微企业营商现实困境》被《团结报》采编。

根据莲都区委统战部关于政党协商工作部署，社区委组织社内力量围绕“生态工业”“大搬快聚”“国企改革”等协商主题开展调研，通过实地考察、召开座谈会、个别走访等形式收集一手资料，掌握实际情况，针对现状、问题，进行再讨论，反复修改提炼形成《创新人力资源管理 提高国企竞争能力》《聚焦战略新兴产业领域，打造生态工业新高地》2篇调研报告，在相关的专题政党协商会上，根据前期调研情况，提出意见建议，就有关工作重点难点问题，积极建言。

【社会服务】 7月，开展以“稳进提质、科技助阵”为主题的科技服务月活动，组织区委会林业专家精准对接油茶基地，送科技送服务送技术，并捐赠肥料价值2000余元，助力乡村振兴。与莲都区人民医院联合开展医卫下乡义诊活动，为农村老年人提供健康义诊，提升农村老年人身心幸福指数，累计帮扶600余人次。植树节期间，开展“矢志不渝跟党走，我在新城种棵树”活动，18名社员前往碧湖新城开展植树活动，助力碧湖新城发展。九三学社区委会联合社省委连续17年在莲都区老竹畲族镇民族学校开展助教助学活动。

【思想政治建设】 九三学社区委会把学习贯彻中共二十大、中央政协工作会议以及九三学社中央有关会议精神作为思想建设的重要内容，组织全社学习习近平新时代中国特色社会主义思想，准确把握其核心要义和创新的观点，提升政治素养和思想理论水平，主动加强五种能力建设，坚定理想信念，不忘合作初心，更好地担负起参政党的职责和使命。深化浙西南革命精神学习，通过红色主题教育等活动铭记合作初心；在弘扬践行浙西南革命精神中不断激发社员自我提升的内生动力；在红色文化教育中深受革命精神的洗礼激发家国情怀。

【组织建设】 2022年，1名社员被评为丽水市2021年度“问海借力（山海协作）”先进个人；1名社员被评为2021年度莲都区新时代美丽乡村建设工作先进个人；1名社员被评为2021年度莲都区“大抓落实年”工作先进个人（实干标兵）；1名社员被评为莲都区2022年度优秀作业设计展先进个人；由社员撰写的文章《白鲜皮中3种柠檬苦素化合物抗松材线虫作用研究》在省级期刊发表；社员参与的课题《STEAM视域下劳动技术教育课程的开发与实践研究》获丽水市重点课题三等奖，《智造小美好》获评丽水市精品课程。社区委通过“三八”妇女节、重阳节等活动，丰富社员的生活；注重加强与社员的沟通和联系，做好社员服务，使每个社员各施所长、各尽所能、齐心协力，共同做好社区委各项工作；关心老社员的生活，做到年初有看望，平时多联系，生病及时关心慰问。

（孔振）

群众团体

莲都区总工会

【概　况】 2022年，莲都区共有基层工会440个，工会会员27192人。莲都区总工会有职工业余学校、工人文化宫2个下属事业单位；有教育工会、财贸工会2家产业工会；系统工委7家，乡镇（街道）工会15家，其中，总工会6家，乡镇（街道）工委9家。2022年，区总工会获“莲都区2022年度岗位目标责任制综合考核优秀单位”称号；在市总工会对各县（市、区）工会的考核中连续第11年获得优秀等次。

【学习宣传贯彻党的二十大精神】 全区各级工会把学习宣传贯彻党的二十大精神作为首要政治任务，通过在线宣传、研讨交流等各种形式，组织职工原原本本学、逐字逐句学、全面系统学；多角度、全方位解读，迅速掀起学习宣传贯彻党的二十大精神热潮；准确把握新战略、新任务，把工会组织建设得更加充满活力、更加坚强有力。11月，区总工会联合区行政服务中心开展党的二十大精神宣讲活动，邀请浙江省劳模、浙江工匠陈旭东讲授题为《奋进新征程 谱写新华章》的专题党课。

【劳动模范和模范集体评选表彰】 经过基层工会推荐、劳模初荐人考察、征求部门意见，结合个人荣誉、本职岗位突出业绩等，莲都区总工会十七届四次常委会审议确定劳动模范初步候选人30人，模范集体候选4个。4月26日，区府办下发《丽水市莲都区人民政府关于表彰莲都区劳动模范和模范集体的决定》（莲政发〔2022〕7号），决定授予翁建明等15人2017—2021年度“莲都区劳动模范”称号，授予丽水市莲都区卫生健康局、浙江中立建设有限公司2个单位2017—2021年度“莲都区模范集体”称号，追授应建勇“莲都区劳动模范”称号。浙江航兴电机有限公司工会主席汤丽芳、浙江万地旅游集团有限公司负责人叶如平获2022年全国五一劳动奖章。

【数字化改革】 全面贯彻落实省、市各项数字化改革决策部

4月27日，莲都区“五一”国际劳动节庆祝大会举行，图为劳模合影（区总工会 提供）

署，聚焦服务新就业形态劳动者目标，探索打造“累了么”应用。强化数据归集、利用，实现多跨协同，重点建设“一键入会”“一键帮扶”“一键共享”三大子场景，健全建会入会机制、拓展服务保障机制。7月，“累了么”应用入选2022年浙江工会数字化改革地方特色创新项目；8月，在全国总工会以视频形式调研浙江省外卖配送员建会入会和维权服务工作时，该应用得到全国总工会副主席、书记处书记谭天星的肯定；10月，市委副书记批示：“此应用的开发思路、开发模式值得各地各部门学习借鉴。”11月，获评丽水市数字化改革优秀应用(第二批)，区总工会获评2021年度数字化改革工作成绩突出集体。

6月17日，“莲工·学堂”——2022年新业态职工新媒体培训班在21世纪不动产丽水总部开课（区总工会　提供）

【产业工人队伍改革】 莲都区作为浙江省丽水市首批产改工作试点，在产改试点工作中锚定“组建攻坚、党建示范、技能比武、数字赋能”四大领域，打造莲都共富“产改样板”，跑出莲都“加速度”，再现莲都新形象，讲活莲都好故事。11月，《“红+绿”融合推动产业工人队伍成长发展》入选全省“深化非公企业产改二十个优秀案例”。

【工会组建覆盖】 2022年，新建工会26家，新发展会员4141人。全区已建立基层工会440家，其中，独立建会420家，建立联合工会20家；机关单位工会64家，事业单位工会141家，企业工会215家；基层工会涵盖单位1068家，涉及职工28968人，会员27192人。推进全区实行实名制动态实时更新管理，实名制系统共有基层工会413家，会员总人数22944人。

【职工文化】 依托“莲工·益”品牌，根据职工需求和文化宫特色，开展亲子烘焙DIY、花艺、咖啡、形体、国画、吉他等系列公益课程，吸引全区职工及其子女900余人参与。顺应广大职工日益增长的精神文化需求，提供线上下单、线下配送的“约书到家”文化便民服务，延伸职工书屋服务触角，促进全民阅读、建设书香社会。

【职工素质】 以“莲工·学堂”为主线，通过“请进来、送出去”等培训形式，开展新业态职工新媒体培训、全区职工家政收纳、营养早餐、小儿推拿、裁剪缝纫、庆典氛围布置等技能素质类培训班；通过职工线上心理咨询、健康讲座等形式维护职工身心健康，共惠及全区新就业形态劳动者、机关企事业单位职工850余人。开展2021“农民工求学圆梦行动”学费补助工作、2022省市“双提升行动”能力学历提升补助工作，助力一线职工60余人提高学历能力层次。

【职工慰问帮扶】 慰问外市籍留在莲都过年职工853人、抗疫一线工作人员89人、叙永县挂职干部17人，发放慰问品价值近20万元；开展“送清凉”慰问活动，为环卫工人、快递小哥、建筑工人、公安、消防、物业公司等各行各业一线劳动者送上解暑物资1500份；对2021年度的困难职工家庭进行入户回访，了解并掌握困难职工家庭的最新生活动态，开展2022年困难职工申报工作，共收到困难职工申报40户；完成2022年莲都区职工医疗互助参保工作，全区共有290家机关、企事业单位，11477人参保2022年在职职工医疗互助，共计缴费160.678万元。

【关怀新业态职工】 指导建立莲都区不动产中介行业联合工会、莲都区快递行业联合工会，以及丽水慧通货运有限公司等4家货运公司工会；2022年新增新业态会员1269人。整合建设户外劳动者站点77家，其中职工服务中心户外劳动者服务站点和莲都农商行白云支行户外劳动者站点获评全国总工会“最美户外劳动者服务站点”。组织开展“‘疫’刻不停，齐心抗疫”走访慰问活动，筹备资金约4万元，购买酒精、卫生湿巾、防护口罩、体温计等防疫包共2000份，赠送给顺丰快递、邮政快递、“饿了么”等新业态从业职工。“六一”儿童节期间，慰问顺丰速运公司快递小哥子女68人并送上工会的关爱和节日礼物。组织新就业形态劳动者25人进行免费健康体检、新就业形态劳动者27人参与疗休养。

【爱心托班】 以工会大楼为中心，乡镇街道总工会、企业工会为基点，辐射全区开展暑期“爱心托班”13期，通过招募劳模、教师、大学生志愿者，在陪护和看管的基础上，增加作业辅导、劳模宣讲、社会实践、心理辅导、手工实践、素质拓展等课程，全区共有在职职工子女和新就业形态劳动者子女330人参加。

【劳动关系】 开展“尊法守法·携手筑梦”服务农民工公益法律行动，组建由1名工会干部和3名律师组成的法律志愿服务队，进企业、进车间，为职工和企业负责人普及相关法律知识，共发放宣传册1000多册，解答问题、政策咨询100余次。完成职工法律援助2起，争取工伤医疗费、经济补偿金等各类费用6万余元。把握工会工作面临的新形势，推进集体协商工作提质增效，开展“能级工资”专项集体协商要约行动，莲都区建会企业开展工资集体协商160家，行业性集体协商签约3家，涵盖195家企业，区域性集体协商签约19份，涵盖753家企业，总签约率达90%以上。截至2022年底，莲都区14家企业开展“能级工资”专项集体合同签约，惠及职工424人，其中，市级产改试点企业2家。

7月12日，莲都区总工会开设暑期公益“爱心托班”拓展课程（区总工会　提供）

【职工疗休养】 联合区文广旅体局、区农业农村局、区商金中心开展莲都区新增职工疗休养承办旅行社申报和疗休养承办单位核定工作，新增职工疗休养承办旅行社1家，核定疗休养承办单位217家。7月，与义乌总工会和江北总工会开展线上工作交流，并签订《2022年疗休养合作协议》。9月，举办为期三天的疗休养基地（站点）建设提升培训班，市级以上疗休养基地（站点）及部分莲都区疗休养站点负责人共40人参加培训。职工疗休养工作延续2021年的文件执行，全年共有1083批次，6650名职工在疗养云上报备并开展疗休养工作，涉及金额1929.3万元。

（姚哲伦）

共青团莲都区委员会

【概　况】 2022年，莲都区有基层团(工)委33个，基层团(总)支部448个，专职团干728人，团员7394人，累计团组织540个。

2022年，共青团莲都区委员会(以下简称团区委)围绕区委决策部署，立足“接续高质量发展建设百万人口大城市，与全省同步迈向共同富裕”工作目标，以建设青年发展型市区和县域共青团基层组织改革为工作指引，坚毅笃行、踔厉奋发，不断提升共青团的引领力、组织力、服务力和贡献度。

【青少年宫建设】 莲都区青少年宫项目迁建项目位于碧湖镇文二路与人民路交叉口，毗邻碧湖三小和瓯碧园小区，总用地面积14045平方米，总建筑面积22185平方米，总投资1.6亿元。为确保项目建设顺利推进，团区委邀请专家为智能化招标等工作提供专业化指导，组织施工单位、监理、代建单位赴温岭、路桥等地学习青少年宫建设经验，邀请全市青少年宫主任赴项目部考察指导并针对区青少年宫未来发展召开务虚会。团区委领导班子多次赴区财政局等单位对接，有效监督项目经费支出。截至2022年底，区青少年宫迁建项目主体结构已结顶，墙体砌筑及二次结构浇筑施工已全部完成。

【青年宣讲教育】 把握学习宣传贯彻习近平新时代中国特色社会主义思想这一主线，组织学习宣传习近平总书记在庆祝中国共产主义青年团成立100周年大会上的重要讲话精神。围绕学习宣传党的二十大精神，开展《学习二十大 莲都青年说》系列宣讲，被《中国共青团》报道3次，入选《浙江日报·“90talk”》栏目。常态化开展主题团日、“这句话我最有共鸣”、青年大学习、“我在窗口写青春”征文等活动。“喜迎二十大 永远跟党走 奋进新征程”主题教育实践活动被《中国共青团》报道。以杭州为序，与财通证券有限公司联办青年演说比赛，开展青年典型互访宣讲，共有90余名莲杭青年参赛。组织青年在大樟树下、游船中、街头上开展沉浸式宣讲，让共同富裕理念深入人心，获新华网、《中国共青团》、“学习强国”平台肯定，《今日丽水》专题刊发《青年说，说出青春好声音》。1名团员入选全省20位“00后Talker”之一，并获评2022年浙江省基层理论宣讲成绩突出个人。发布《青春与莲都共奋进》宣传片，让可阅读、有温度、高品质的莲都城市影像深入青年心中。组织成立社区少工委，定期开展“红领巾会客厅”活动，推动构建新时代莲都区少先队社会化工作体系。开展“新时代好少年”评选、名师工作室研修等活动，获评市级“十佳红领巾小提案”3个，获丽水市少先队“党团队知识小达人”竞赛一等奖，1名教师获评全国优秀辅导员。2022年，与江北少工委联合开展“六一”活动、红领巾云端夏令营、低碳公益活动，推介红色故事、特色小吃、曲艺作品，互送礼物，让两地少先队员坚定理想信念、收获成长友谊。

5月23日，财通证券“喜迎二十大 奋进新时代”微型党课总决赛暨“与莲都同行”财通共进篇青年说第五季杭州赛区初赛举行(区团委　提供)

11月30日，县域共青团基层组织改革动员部署会召开（区团委　提供）

【**农村电商**】　打造农村经济提速“电商引擎”，加快互联网与物流产业的深度融合，为乡村振兴增添活力。顺应广大青年发展诉求，举办2022年新农人电商培训、视频（直播）电商主播达人训练营，开展视频（直播）电商普及扩面人才培训，参训人员达1270余人次，实现14个乡镇（街道）全覆盖。开展江北—莲都山海协作直播体验活动，邀请脱贫攻坚青年网络榜样主播毛永永为莲都青年授课，依托大咖流量助力网红经济发展，为莲都直播电商产业积蓄人才。联合有关部门开展“技无止境　莲响共富”莲都区视频直播电商技能大赛和“青耕中国　冬藏未来”直播助农活动，进一步强化数字赋能经济社会发展，深入实施乡村振兴青春建功行动。

【**青年就业创业服务体系建设**】　2022年，围绕“城市对青年更友好，青年在城市更有为”工作目标，搭建青年就业创业实践锻炼、创建服务、资源保障等平台，优化莲都青年就业创业生态。推动引才端口前移，开展2022年“青聚莲都”青年人才招引行动暑期社会实习活动，发布220个岗位，175名大学生报名实习。组织杭州青年深入数字经济双创园与企业家开展“共智”沙龙，以共享“金点子”提升青年服务水平。承办“青鸿鹄”长三角数字经济创业创新大赛。主动对接义乌、宁波等团组织，争取发达地区优势资源，全年共召开青春帮共体座谈会3次，制订《山海协作工作计划细化方案》，在青年就业创业、文化教育、人才交流、交流实践、重点青少年群体帮扶五方面形成35项帮扶清单，组织开展青年人才互访、共建“希望小屋”等活动，被《中国共青团》报道。发动莲都青年参与“青牛奖”“好畲匠”等评选，1名青年获浙江省“青年岗位能手”称号、2名青年获市级“青年岗位能手”称号，1名青年获市“青牛奖”。

【**社会治理成效**】　紧扣现代社区建设工作主线，出台《莲都区关于深入开展“青春社区”服务青年成长、助力基层治理工作的实施意见》。通过试点建设、集中部署等方式强化顶层设计，推动社会组织、高校、机关企事业团组织与社区结对，形成50项帮扶清单，让青年广泛参与到社区微更新、微治理等工作。常态化开展“3·5”学雷锋、寒暑假托管、疫情防控等志愿服务活动，提升大局贡献度。“爱心共享厨房”“事实孤儿成长关爱志愿服务”项目获2022年全国青年志愿服务项目大赛银奖，被共青团新闻联播专题报道，莲都区志愿汇管理员获全国“头雁奖”，有效推动莲都区志愿服务品牌化、项目化、专业化。

【**青年发展型市区机制化建设**】　召开莲都区青年工作联席会议第三次全体会议，形成青年工作齐抓共管的良好局面。开展建设青年发展型市区专题调研，与区政协、区发改局等相关部门到宁波市北仑区、义乌市、绍兴市上虞区等青年发展型试点城市学习，开展线上调研问卷，以1420份问卷为基础形成《关于“青春莲都”的调研报告》，获区政府主要领导批示肯定。与区政协联合起草的《关于打造青年发展型市区助力丽水百万级人口现代化城市建设的建议》获市委书记胡海峰书面批示肯定。联合区发改局起草《关于建设青年发展型市区实施意见》。在2022年浙江青年发展综合指数榜单中，莲都区“青年职业发展”“青年人口态势”两个指数为优秀等次。《从国企员工到外卖小哥》和《在漂泊与归乡间游走的人》2篇调研报告作为全市唯一入选材料选被编进《浙江省青年发展报告》。

【服务青年需求系列活动】 2022年，岩泉街道正阳社区被纳入“零犯罪、零受害社区”省级试点，莲都区入选共青团助力“双减”常态化托管志愿服务省级试点。开展青少年自护教育、心理咨询、普法等活动，累计覆盖3000余人，中小学生自觉守法意识和自我保护意识显著增强。落实红领巾公益基金发放、精实助学计划等公益助学工作，其中“江北、莲都携手帮扶困难少先队员”被《中国共青团》报道。深化“代表与青年面对面”活动，畅通青年参政议政渠道，提交7篇政协提案，其中1篇纳入区级重点提案。组织开展“青春相约缘定新城”“‘技’情与此 情定莲都”等青年人才交友活动，“青春有为 共‘富’山海”莲杭青年联谊活动被《中国共青团》报道，帮助青年朋友扩大交友圈，为促进广大青年扎根莲都提供良好契机。引导青年建功新时代、温暖莲都区，指导快递及外卖小哥申领保险，动员外卖小哥化身城市宣讲员，组织“饿了么”及街舞青年助力疫情防控。开展2018—2022年度莲都区“十大杰出青年”选树活动，共有84名优秀青年报名，进一步宣传在莲都经济建设和社会发展中做出突出贡献的青年典型。

【队伍建设】 成立以区委书记为组长的县域共青团基层组织改革领导小组，以区委区政府名义出台《莲都区县域共青团基层组织改革实施方案》，召开全区专题动员部署会。通过改革团的工作力量选用机制、改革组织设置和运行机制等举措，加速实现组织方式多样化、引领动员网络化、工作内容项目化、生存资源社会化、运行机制扁平化。接受十五届区委第二轮巡察，提升团区委机关履职能力和作风建设水平。申报东港社区作为城市基层组织改革省级试点，探索具有莲都辨识度的实践成果。提升非公和社会组织领域团组织覆盖率，成立快递行业团工委以及丽水市唯康怡福家园、浙江联和安保集团有限公司等非公领域团组织。联合区政协在白口双创中心谋划“青年委员会客厅”，助推形成多元化服务青年生态场景。开展省团代会及市团代会代表选举，筹备区团代会，选出团代表160人。推进乡镇（街道）及本单位股级干部配备工作，组织选聘莲都区优秀青年（大学生）担任乡镇（街道）、村（社）团组织兼职副书记。依托“智慧团建”系统，开展新发展团员信息录入及学、社衔接工作，以数字化管理手段，跟踪团员青年录入及转接情况。开展团员发展核查工作，通过实地调研指导、系统监测抽查等方式，及时发现问题、精准指导解决，不断规范团员发展。

（黄丽燕）

莲都区妇女联合会

【概　况】 2022年，莲都区有14个乡镇街道妇联，区直机关妇委会48家。

【思想引领】 成立“5+X”莲花大宣讲队伍（政治理论宣讲队、家风家教宣讲队、妇儿维权宣讲队、实用知识宣讲队、标兵典型宣讲队、特色宣讲队），开展“宣讲进村社、宣讲进共富工坊、宣讲进妇儿驿站、宣讲进田间地头、宣讲进畲家大院”五进活动，以本地特色的方言土语 、音乐快板、三句半等接地气方式宣讲党的二十大、讲好莲都好故事，宣传莲都巾帼英模，凝聚妇女正能量。“三八”妇女节期间，开展“巾帼奋进向未来”主题宣传教育活动，区妇联干部原创《巾帼奋进向未来》音乐诗在“三八”庆祝大会上展示。2022年，开展莲花宣讲活动50余场次。

【组织建设】 全市率先完成乡镇（街道）妇联换届工作。选举产生乡镇（街道）妇联执委218名，其中主席14名，专兼职副主

5月17日，“莲生动力 勇攀高峰”来料加工+助力共富系列活动在东西岩举行

（区妇联 提供）

席31名，实现乡镇（街道）妇联班子队伍学历年龄“一升一降”的目标要求。在全区十二届三次执委（扩大）会上表彰2021年度二十村社妇联干部。举办莲都区2022年女干部培训班、全区村社妇联主席培训班2期、全区妇联系统宣传贯彻党的二十大精神学习会1期，提高基层妇联干部履职能力，打造一支善于塑造变革、勇于争先创优、敢于实干担当的高素质妇联干部队伍。

【来料加工】 创建巾帼共富工坊16家，其中，市级三星级共富工坊7家，二星级共富工坊5家，一星级共富工坊3家，特色共富工坊1家。深化来料加工产业提升发展，促进品牌不断壮大。依托东西岩特色景区，以“莲生动力 勇攀高峰”为主题，以“来料加工＋”为核心，开展来料加工＋文旅、来料加工＋技能大赛、来料加工＋安全生产、来料加工＋数字赋能的“来料加工＋助力共富”系列活动，把产业融合与跨越发展有机结合，提振经纪人创业信心，举办“中国结助共富”来料加工新从业经纪人培训，开展“创富能手”平车技能培训3场，来料加工技能比赛8场，来料加工大篷车进村社59场。

【助推经济工作】 创新实施家庭亲子研学山区共富产业提升工程项目，全区共研发出红色亲子研学、农业亲子研学、艺术亲子研学、自然亲子研学、科技亲子研学、儿时记忆、非遗传承、欢乐节庆、父爱如山等十大系列亲子研学产品。开展引领时代创业创新女性典型人物培树工作，选树表彰“巾帼共富追梦人”和“最美巾帼奋斗者”20名、区级“三八红旗手”18名和三八红旗集体6家，线上线下宣传巾帼头雁自强不息、吃苦耐劳、勇于创新的巾帼风采和创业故事，激发女性创新活力，营造女性积极投身创业创新的良好氛围。

【妇女儿童关爱】 召开乡镇街道妇联“浙里家·连心桥”应用专项培训暨“四必访”工作推进会。落实“四必访”关爱基层困难妇女，每月开展1次集中性的主题宣传教育活动，为留守、困境、单亲等特殊家庭做好服务。2022年，莲都区建成村（社区）儿童之家4家。项目化开展2022年莲都区留守（困境）儿童志愿关爱服务，开展以“劳动最光荣”“情暖童心 相伴成长”“体验中华传统端午习俗”“快乐小脚丫——16~38码的爱”“走进无人机 放飞航天梦”“童心向党 喜迎二十大”为主题的关爱活动6场。开展集中陪伴及55名留守儿童一对一走访工作8场。开展“两癌”妇女摸底工作，争取到全国妇联“低收入妇女‘两癌’救助”中央专项彩票公益金11万元和省低收入妇女“两癌”救助资金2.5万元，16名“两癌”妇女获得救助。开展“巾帼战疫情 ‘娘家’送温暖”活动，组织莲花姐妹志愿者制作“妈妈的味道”暖心包子600个，到圆通、中通网点为快递外卖行业女性送去慰问品。

【妇女维权服务】 实施妇女儿童综合服务驿站专项行动，创成省级三星妇女儿童综合服务驿站1家，开展7家市级二星级点位打造。强化源头维权，深化家事纠纷调解，深化“来料加工＋调解”模式，做强“莲花调解”品

6月6日，丽水市首届“新丽水 我的家”活动举行（区妇联 提供）

牌，莲花调解室增加至12个，莲都法院“共享法庭”入驻侠姐调解工作室，形成以点带面、多方联动、双效受益的基层社会治理新模式。开展新一届村社妇联主席维权知识培训和莲花调解员业务培训，提高基层妇联主席和调解员调解水平及专业素养。2022年共调解纠纷301件，开展宪法、反家暴法等法律宣传30多场，受益群众1.8万余人。

【家庭文明创建】 开展以“城市有记忆 家风永绵延”为主题的丽水市首届“新丽水 我的家”活动，深挖丽水金氏、谭氏、阙氏三大家族的家风家训和千年古村梁村的良好家风，深挖新时代全国拥军模范“最美老娘”叶美英等本地英模家庭的好家风好故事。开展“家庭文明创建、家庭教育推进、家庭平安保障、家庭发展共促、家庭服务提升”五大行动，推进“幸福莲都幸福家”工程家庭建设综合平台。开展“好婆婆好媳妇好爸爸”选树活动，推出莲都区“最美家庭关爱七条”“让有德者更有得”的价值导向，带动更多家庭学习“最美”，争当“最美”。举办“‘爸’气十足 ‘父’出真爱——‘好爸爸’”、“喜迎二十大 我爱我的家”、“儿童友好 点亮未来”世界儿童日等不同主题的公益亲子活动20多场，增进亲子交流，促进家庭家教家风建设。开展母亲人文素养课程进基层，推进“绿谷希望”父母成长工程，莲都家长学堂开展家庭教育公益讲座17场，社区家长学校举办家庭教育讲座62场，受益群众6000余人次。开展家庭教育线上微课堂，微信公众号每周推出一期《莲花家教》栏目，加大家庭教育指导服务，引导广大家庭开展线上学习、亲子阅读、家务辅助、手工制作等活动。宣传《浙江省家庭教育促进条例》，在妇联各级会议、培训会上播放系列解读动画，推动莲都区形成知晓家庭教育、重视家庭教育、参与家庭教育的良好氛围。2022年，增设1家乡村女子礼学院（仙渡乡）。举办为期两个月的画乡女子美学院培训，提升画乡女性美学涵养。线上通过微信公众号开设礼仪“云”学习专栏，每周一期，传播亲有礼、行有礼、仪有礼、餐有礼等，推动人人有礼。开展增花添彩行动，举办“我在碧湖新城喊你来种花”活动，在老竹畲族镇开设花园庭院打造课堂，开展线上线下寻找最美花园庭院活动，以示范引领带动广大妇女为新时代美丽乡村建设助力添彩。

（区妇联）

莲都区科学技术协会

【概　况】 2022年，丽水市莲都区科学技术协会（以下简称区科协）有乡镇（街道）科协14家，学校科协2家，企业科协6家，区老科技工作者协会1家。区科协坚持“四服务”职责不动摇，创成“浙江院士之家”，首批丽水市博士创新站上榜数量居全市第一，机关党支部被评为市“双招双引”先进基层党组织。

【人才引进】 2022年，以“一家三站”建设为抓手，按照“市区联动共建、作用辐射全市”的总体思路，强化院士之家建设的组织

1月20日，丽水市莲都区工商业联合会(总商会)第十一次代表大会召开

（廖王晶 提供）

保障、经费保障和政策保障，创成丽水首个且唯一一个“浙江院士之家”，实现丽水省级院士之家零的突破。研究“千博助千企”专项行动政策，创成首批丽水市博士创新站10家，上榜数量全市第一。人才招引任务完成进度走在全区前列，成功招引博士12名、硕士9名、大学生23名，完成年度任务。

【区域协作】 2022年，紧抓长三角区域一体化等历史性机遇，加强与义乌市、宁波江北区科协在院士专家共享、学会资源交流、科普基地共建等方面的紧密协作。推动东西部人才交流协作走深走实，助力四川省叙永县打造高端人才服务平台“画稿叙永·院士之家”，对接南京大学院士服务中心，邀请4名院士入驻“画稿叙永·院士之家”，填补四川省县级高端人才服务平台的“空白”，开创东西部人才协作新局面。

【乡村振兴】 2022年，聚焦共同富裕大场景，推动专家资源和科技项目向乡村振兴一线延伸。开展“百名专家连百村、科技服务乡村振兴”活动，27名专家结对莲都区12个乡镇(街道)30个村(基地)，“双百”专家和科技特派员团队开展结对帮扶活动164次。开展山区26县“一县一业一学会”智汇山区赋能行动，促进主导产业与省级学会精准对接。举办2022浙江省乡村振兴战略分论坛——畜牧业绿色发展论坛；开展山区海岛县“希望之光”组合式帮扶团工作，助推莲都茶产业高质量发展。

【精准服务人才】 2022年，围绕人才发展需求，推进走访慰问、职称评定、论文评选、示范认定等工作，让科技工作者有荣誉感、归属感和获得感。根据广大农民的需求，重新启动中断15年的农民技术人员职称评定工作，共评定农民技术员4名、助理技师4名、农民技师5名，向省科协推荐农民高级技师2名，为农村人才创业创新开辟新赛道。抓好丽水市第16届自然科学优秀论文评选工作，向市科协推荐优秀论文8篇，进一步激发自然科学领域人才的创新活力。

【科普活动】 2022年，注重发挥区全民科学素质工作领导小组办公室职责，牵头出台《丽水市莲都区全民科学素质行动规划纲要实施方案(2021—2025年)》，会同各有关方面共同推进科学素质建设。开展具有牵引性、示范性、支撑性的重大科普活动，全国科普日活动取得良好的社会效益，子活动科普教育基地交流展示活动被中科协办公厅评为2022年全国科普日优秀活动。创新科普传播方式，推进“银龄跨越数字鸿沟”科普行动，开展青少年科技创新大赛，全年牵头举办科普宣传活动12场，受到群众广泛好评。

（朱敏）

莲都区工商业联合会（总商会）

【概　况】 2022年，区工商联学习贯彻党的二十大和省第十五次党代会、市第五次党代会、区第十五次党代会精神，紧扣“两

4月21日，亲清直通车·政企恳谈会暨“落实减税降费 优化营商环境”宣讲会召开

（区工商联 提供）

个健康”工作主题，高扬“丽水之干”行动奋斗旗帜，围绕中心、服务大局，奋力谱写“两个先行”工商联工作新篇章。

【思想政治建设】 2022年，举办“永远跟党走、奋进新征程，学习贯彻省第十五次党代会精神”莲商理想信念报告会和“浙丽同心”莲都区工商联系统学习宣传贯彻党的二十大精神系列活动，组织开展新一轮“莲商青蓝接力工程”师徒结对拜师活动，引导民营经济人士提高政治站位，凝聚思想共识。1月20日召开莲都区工商联（总商会）第十一次代表大会，选举产生新一届领导班子，为服务“两个健康”提供组织保障。5月29日，指导区总商会云南分会完成换届工作。筹备成立大港头商会和雅溪商会两个乡镇商会，在全市率先实现乡镇（街道）商会组织全覆盖。推进所属商会规范化建设，区新生代企业家联合会被评为全国“四好”商会。

【区域经济发展】 2022年，召开“亲清直通车·政企恳谈会”4期，推动政企沟通协商常态化、制度化，解决一批困扰企业的实际问题。开展“三服务”活动，建立健全服务企业长效机制，推动各项惠企政策落地见效。通过微信群等形式及时宣传中央、省、市、区重要会议精神和惠企政策，提高企业法律法规和惠企政策知晓率，让更多民营企业享受到优惠政策，保障民营企业合法权益，提振民营企业发展信心。开展2021年度民营企业劳动关系状况监测调查、2021年度“万家企业评银行”工作问卷调查等系列问卷调查工作，推动营商环境改善。区工商联获全国工商联系统“2022年调查点工作先进基层单位”称号。推进清廉民企建设，召开全区清廉民营企业建设工作领导小组会议、莲都区2022年清廉民营企业建设工作推进会以及清廉民企专题培训会，组织2022年清廉民企创建单位到青田县、温州永嘉县考察学习，20家清廉民企创建单位通过区级清廉民企建设考核验收。开展“双招双引”工作，助推区域经济社会高质量发展。11月21日至22日，举办“知名浙商助力莲都高质量发展”活动，搭建新一轮结对知名浙商和经济强县工商联与莲都区深化友好合作的新桥梁。实施“以侨招商”“以商招商”，对接推动总投资4.3亿元的丽水水东医院侨资项目落地建设，全年新招引各类人才54人。2022年，区工商联对接区农业农村局，收集10家集体经济相对薄弱村信息报送省、市工商联，引导民营企业和商会参与村企结对。牵线宁波市汽车运输集团有限公司与大港头镇西坑口村结对，落实8万余元帮扶资金助力乡村振兴。打造7家定向招工式“共富工坊”，带领群众精准增收。推进东西部协作，组织浙江中立建设有限公司、丽水中航混凝土有限公司、丽水万洋众创城开发有限公司等5家区属企业到四川省叙永县开展结对帮扶调研交流。帮助四川省农村劳动力在当地就近就业数1860人，帮助四川省农村劳动力到其他地区就业数1200人。

【参政议政】 “两会”期间，工商联界别委员提交提案15篇。组织工商联界别委员参加省级“5+4”政策体系惠企助企政策落实情况专项民主监督座谈、“生态

7月15日，穿越永恒的高贵与柔美——莫迪里阿尼100年（版画）全球巡展开幕式举行（区文联 提供）

工业招大引强”课题调研、“请你来协商——莲都生态工业如何招大引强”、“双联双助”界别活动月等活动。参加“壮大国有企业 促进莲都加快跨越式发展”和“招引特色产业金凤凰 打造生态工业新高地”等多项政党协商重点课题调研，为区委区政府建言献策。

（叶啸笑）

莲都区文学艺术界联合会

【概　况】 2022年，莲都区有文艺家协会11个，会员799名。莲都区文联深入学习贯彻党的二十大精神和习近平总书记关于文艺工作的重要论述，贯彻落实中国文联十一大精神及省委、市委、区委决策部署，主动融入全区发展大局，团结引领广大文艺工作者投身莲都发展建设的实践，推动莲都文艺事业大发展大繁荣。

全区文学爱好者在各级刊物上刊登作品百余篇，66件摄影、美术、书法等作品在省级以上展赛中获奖。其中，《春雷与败酱草》获第八届鲁迅文学奖提名并获第二届刘半农诗歌奖，油画作品《拉林铁路纵贯天路》入选中共中央宣传部、中国文联主办的“礼赞新时代——主题性美术作品展览”。

【文艺活动】 组织各文艺家学习贯彻党的二十大精神，开展专题文艺活动。10月26日，联合相关部门在古堰画乡举办“庆祝二十大 五鱼聚新城”绘画摄影作品联展；11月4日至5日，举办2022年度文艺家协会主席会议暨“凝聚艺术力量 助力旅游发展”采风活动，邀请区委党校讲师做党的二十大报告宣讲，区文联主席为直属文艺家协会上党课；11月13日举办“庆祝二十大·书写新莲都”文学创作采风活动等。全区文艺工作者积极创作文学、摄影、美术、戏剧、小品、歌舞等文艺作品，营造了全区宣传贯彻落实党的二十大精神的浓厚氛围。

【文艺品牌】 举办2022碧湖新城摄影项目暨“‘鱼’你同框——碧湖未来新城”全省摄影大赛，集结丽水最精英的摄影团队，以项目学术的国家级水准为标准，围绕碧湖新城“五个新”建设，开展长达1年的文化项目创作。7月9日，举办2022碧湖新城摄影项目暨“‘鱼’你同框——碧湖未来新城”全省摄影大赛启动仪式；11月17日，300多件摄影作品作为“‘豹变碧湖’摄影主题展第一季”在世界摄影大会上摄影区5号楼展出，向全球展示碧湖新城的建设宏图；开展碧湖新城摄影项目专题报道，提升活动关注度和摄影圈的瞩目度。

【艺术乡建活动】 2022年，举办“美是一件礼物”古堰画乡文创产业发展主题沙龙，《古堰画乡——油画摄影》被省文联作为全省艺术乡建示范村案例予以印发。5月27日，举办碧湖新城主题文艺采风活动，组织全区文艺骨干创作碧湖新城豹变文艺作品。7月15日，在古堰画乡举办了“穿越永恒的高贵与柔美——莫迪里阿尼100年（版画）全球巡展”和全省民间绘画培训活动。8月5

日，大港头党建美术馆开馆揭幕。8月7日，“画乡女子美学院”在古堰画乡成立。11月9日，创作编排的舞台剧《账本》在“唱响奋进之歌、携手共富之路”2022浙江省山区26县村歌故事会颁奖典礼中获评全省“十佳村歌故事”。11月15日，组织开展省级媒体到莲都艺术乡建采访报道活动。12月30日，浙江百年油画系列展“我们在画乡”——油画跨年展开幕。

【队伍建设】 重视文艺人才培养，依托省文联“四新”计划，发现、培养、推介青年文艺人才，以开展讲座、培训、采风交流等措施挖掘培养文艺后备力量；坚持制度引导，落实《莲都区文艺精品扶持奖励办法》。2022年经过申报评选，对57位艺术家150件在2021年度获奖的文艺精品进行奖励，进一步在文艺创作、人才培养、创作成果激励扶持方面形成系统机制。

（高丽鸥）

莲都区红十字会

【概　况】 2022年，莲都区红十字会强化会员管理，发展吸收新会员，壮大成人会员队伍，建立村、社区基层红十字会82个，发展成人会员 7655人，新建“博爱家园”4家。

坚持利用“5·8”世界红十字日、世界急救日、“世界献血日”等重大节日开展红十字主题宣传活动，通过现场咨询、发放资料、展板宣传等形式，推动“人道、博爱、奉献”的红十字精神传播。

【队伍建设】 坚持把加强党的领导贯穿到红十字工作全过程，深入学习贯彻落实习近平新时代中国特色社会主义思想和党的二十大精神，加强党的建设，提高区红十字会党员干部的党性觉悟，筑牢廉政思想防线。坚持把党风廉政建设与业务工作同谋划、同安排、同部署，严格执行中央八项规定和廉洁纪律要求，打造一支“忠于事业、干净干事、勇于担当”的队伍。狠抓理论学习和业务培训，查找业务短板，强化责任担当，以严的要求、实的作风，着力加强对干部职工的培训和教育，形成干事创业的良好氛围。根据市委、区委关于加强和改进党的群团工作的实施意见和红十字会改革本身的内在要求，莲都区红十字会坚持以“增三性，去四化”为目标，通过深入调研、多方征求意见，形成改革实施方案，并得到区委区政府的认可，给予发文实施。

【人道筹资救助】 开展城乡社区红十字服务工作，结合助老、助残、助学等活动，关注常态下贫困人群的生活状况和健康状况，做好“红十字博爱送温暖”活动，2022年帮扶困难群众355次，发放救助款物38余万元。

【应急救护培训】 2022年，区红十字会推进应急救护培训“五进”（进社区、进农村、进学校、进机关、进企业）活动。完成救护员培训1567人，完成普及培训21212人。配合“健康莲都”工作，率先在东港菜场安装莲都区首台“救命神器”心脏除颤仪。根据区卫健局、区文广旅体局等五部门开展关于“丽水山居”民宿旅游景区“五分钟社会应急救护圈”工作要求，陆续在AAAA级景区及各民宿、社区及公共场所安装20台AED（自动体外除颤仪），确保广大群众生命安全得到保障。

【生命关爱】 2022年，及时公布红十字捐赠信息，做到捐款全透明、全公开，主动邀请和配合政府审计部门、媒体和社会公众对红十字会的各项工作进行事前、事中和事后监督。推动无偿献血和造血干细胞捐献、遗体器官捐献。实现莲都区造血干细胞留样45份，反悔率和流失率均为零。

【志愿服务】 2022年，莲都区有志愿者服务队伍4支，红十字志愿者435名，把红十字志愿服务工作纳入日常工作整体规划，加强红十字志愿服务队伍的专业化、规范化、制度化建设。精选、扶持操作性强、有实效、有影响力的志愿服务项目，挖掘典型，推广经验，努力打造一批具有红十字特色的志愿者服务品牌。

（区红十字会）

外事·侨务·台务

外　事

【概　况】 2022年，莲都区委外事办围绕习近平总书记在浙江工作期间提出的“优质外事”“诚信外事”“经济外事”三大品牌，服务国家总体外交大局、助推莲都经济高质量发展、推动外事工作改革创新、加强涉外疫情防控工作和安全管理，打造了一批具有莲都辨识度的标志性成果。以习近平新时代中国特色社会主义思想为指导贯彻习近平外交思想。建立区外事专干队伍，将领事保护联络站建设工作、外资外贸企业服务工作、涉外疫情防控工作等列为工作重点，推动部门协动、内外互动的“大外事”工作格局向纵深发展。认真执行涉外各项制度，严格保密纪律，掌握新形势下的因公出国（境）政策管理规定，做好疫情期间因公出访管理工作。

【友好交流】 通过信笺的方式，于11月30日与意大利奥拉市正式签署协议，缔结为友好交流城市关系，拓宽莲都国际朋友圈。接待“国际友人品浙江——美丽乡村行”30余名国际嘉宾，到莲都区古堰画乡参观考察。邀请土耳其Erdem和越南新娘黎氏圆参加“国际友人看莲都”活动，走进莲都深度感受莲都美好生活。开展校际间交流活动，促进莲都外国语学校和与美国威斯康星州北松中学开展跨海教学研讨。以在莲都外籍新娘走访为契机，传播宣介党的二十大、十九届六中全会等会议精神。举办20世纪初法国“巴黎画派”的重要代表人物莫迪里阿尼的100年（版画）全球巡展，实现中法艺术文化交流；开展“莲都十大碗”进丽水学院活动，向外国友人展示莲都美食的文化特色和底蕴，讲好莲都故事。

【经济发展】 配合省、市外事办推进“因公出国（境）一件事”平台建设，“浙外防”系统建设，助力外事管理与服务的数字化改革。建立外语翻译人才数据库，挖掘5类语种47名外语翻译人才，为企业解决“语言”问题。关注消博会、厦洽会、进博会等各类重点展会信息，走访涉外企业，邀请有投资意向的外资外贸企业家考察莲都区投资项目，助力全区“双招双引”工作。2022

11月17日，“国际友人品浙江——美丽乡村丽水行”活动走进古堰画乡

（区委外事办　提供）

年，莲都区共新增4家外商投资备案企业，实际使用外资1997万美元。

【风险防范】 通过入户、设点、电子显示屏宣传等方式开展领保宣传20余次，宣传对象涉及涉外企业、有出国意向的人员。推进领保联络站建设工作，坚持“外事为民”，探索社区领保联络“五个一”工作法，申请拨款5万元用于提升星湖领保站硬件设备，试点打造星湖领保站“红色领航·亲近领保”服务品牌，同时新增碧湖领事保护联络站。

（钟秀琳）

5月27日，浙丽侨助共富系列活动启动仪式暨浙丽侨助共富莲都行活动举行

（区侨联 提供）

侨　务

【概　况】 2022年，莲都区侨务部门恪尽职守，发挥优势，依靠全区广大侨界干部群众的智慧和力量，多项工作取得新进展新成效。“侨缘侨心 儿童之家”获评中国侨联2021—2022年度全国侨联系统“侨胞之家”典型选树单位。“证侨之家”、“检侨之家”、“医侨连心侨胞之家”、法律服务“侨胞之家”、碧湖镇郎奇村“侨胞之家”5家侨胞之家获评全省侨联系统五星级“侨胞之家”。菲可童装跨境电商侨助工坊获评省级首批“三星级”侨助工坊，吾饭电商直播工坊获评市级首批“二星级”侨助工坊。7家乡村侨舍被评为丽水市示范“乡村侨舍”。联城街道港口花海被评为全市首批“浙丽侨助共富示范基地”，古堰画乡小镇被评为全市首批“浙丽侨助共富‘文化润侨’交流实践基地”。

【思想政治建设】 2022年，组织侨界代表人士观看党的二十大开幕式，学习省、市、区党代会等重要会议精神，举办侨联暑期读书会等。加强对基层归侨侨眷的红色引领，将社区、楼宇侨联党建工作纳入街道党建布局。鼓励侨胞侨眷关心支持辖区建设，引导华侨党员参与街道、社区主题党日，经常化创建全国文明城市志愿服务等活动。

【共同富裕】 协助承办浙丽侨助共富系列活动启动仪式暨浙丽侨助共富莲都行活动，启动“助力共同富裕 莲都区侨界有担当”活动，2022年有6个侨团、侨企与6个村结对。区侨联与峰源乡库坑垟村结对，多次动员爱心华侨通过“以购代帮”的方式，认购滞销农产品，出资助力峰源乡打造一个以库坑垟村为主平台、集“线上线下”一体的农旅共富“侨助工坊”，通过各种渠道帮助销售高山大米、蜂蜜和香菇等农产品价值10余万元。以“乡村侨舍”“侨助工坊”推动“大共富”，贯通侨舍带富“超车道”，建成多家来料加工、农旅融合、电商直播等各类侨助工坊。

【创新亮点】 成立全省首个“证侨之家”和“律师事务所侨联”，成立“检侨之家”、全区首个侨联法律服务站和村级“侨胞之家”，在全省侨胞之家负责人培训班上做典型交流发言。指导太平乡成立全市首支乡镇（街道）层级的侨助共富基金，首期筹集捐赠资金20万元，用于经济、文化、教育、卫生、扶贫帮困、应急救援等公益事业。深化“侨缘侨心”品牌活动，开展“军侨心连心”“侨爱童心”等活动。指导侨界名媛会打响“媛姐姐”品牌，开展“媛姐姐”圆梦微心愿快乐过六一走进丽新民族小学、“媛姐姐”

陪伴华侨留守子女过中秋活动等公益活动。

【为侨服务】 关注乌克兰局势动态，第一时间联系莲都海外侨团，协调各方力量为莲都籍乌克兰侨胞转移撤离提供支持，走访慰问回国的乌克兰华侨和眷属。开展“今年中秋不回家·侨干代您看家人”走访活动。定期走访辖区侨资企业，倾听企业反映的困难和问题，开展“我为侨企解难题”活动。做好“三侨生”升学政策加分资格审查工作、华侨回国定居证办理和归侨证办理等日常性工作，华侨子女考生认定中考192件，高考116件，华侨身份认定264件，归侨证办理42件。

【基层组织建设】 构建“141”体系，实现乡镇、街道和所有社区侨联组织全覆盖。截至2022年底，全区有区级侨组织社团2个，乡镇级基层侨联组织14个，学校侨联1个，企业侨联2个，社区侨联32个，楼宇侨联2个，村级侨联1个。在全市率先完成所有乡镇（街道）基层侨联组织统一社会赋码工作，完成14家乡镇（街道）和1家村级基层侨联组织统一社会赋码。指导基层侨联开展“侨爱送清凉”“侨心话共富”“侨爱助学”“侨爱夕阳红”等系列品牌活动。

【参政议政】 侨联界别共有9名区政协委员，1名区人大常委。区政协十六届一次会议期间，侨联界别共提交集体提案4件，个人提案10件，《关于推动年轻人才聚集，建设百万人口大城市的建议》被评为2022年度优秀提案，《建议科技赋能助力我区华侨遥寄乡思续传承》被评为2022年度优秀反映社情民意信息，界别委员参与调研和撰写的关于海外人士“家燕归巢”的协商课题，获省政协领导批示肯定。

（张艳）

台务

【概况】 2022年，莲都区委对台工作领导小组认清形势，准确把握对台工作正确方向，努力克服疫情等不利因素，坚持服务中心工作，服务全市对台工作大局，准确把握稳中求进的工作总基调，按照既定计划稳步推进各项工作，积极有为、创新实干，努力开创莲都区对台工作新局面。

【区委对台工作领导小组会议暨全区对台工作会议】 5月12日，区委对台工作领导小组会议召开，传达落实全市对台工作会议精神。区委书记张壮雄出席会议并讲话，要求全区各单位深入贯彻落实新时代党解决台湾问题的总体方略和党中央对台工作决策部署，认清形势，提高政治站位，推动全区对台工作取得新发展；注重创新，提高工作质效，推进对台经济交流的新方式、新举措；优化服务，提高工作影响，开展为台胞台属办实事的实践活动；强化学习，提升能力素质，提升涉台干部队伍在新形势下做好对台工作的能力素质。

【双招双引】 2022年3月，区台办会同区委人才办，邀请台湾知名电机工程专家杨证富进行线上交流，并签订与莲都企业进行技术合作的意向性协议；5月，在区台办牵头下，区委人才办、区科技局与皓擎化工有限公司台商杨证结和淡江大学博士曾宪威多次进行线上交流，对接博士团队落地莲都相关事宜，并在莲都碧湖新城开展多轮调研工作；8月，“台青梦浙丽行”系列活动启动仪式在莲都举行，活动邀请福建台青参访团一行23人同本地优秀青年一起开展交流。

【莲都区台胞台属联谊会换届大会】 2022年6月，莲都区台胞台属联谊会第八次代表大会召开，选举产生第八届理事会会长、副会长、秘书长及理事。区台办、台联会将换届结果向莲都旅台同乡会进行通报，借台联会换届的契机，推动莲都旅台同乡会的工作运转，深化莲台乡情交流。

【服务关心涉台人员】 2022年，区台办共收到台胞咨询、求助上百次，内容涉及商业矛盾纠纷、工作生活困难等多个方面。在领导小组指导和成员单位的协助下，帮助台胞解决企业经营纠纷，优化台商在莲经商环境；介入台胞周某英征迁信访案，精准服务密切跟踪，确保案件结案；关注台胞身体状况，组织在莲都台胞进行体检，由区台办代表区委区政府定期对在莲都重点台胞子女进行走访慰问。

（区委台办）

法 治

政法委与综治

【网格队伍建设】 2022年，以“现代社区创建”和“党群连心、走亲活动”为抓手，对网格、微网格多次过筛优化，建立莲都区网格队伍，推动落实联系单位干部到社区担任网格指导员，推动派出所民警、社区医生等入驻治理团队，建设基层网格队伍，提升基层网格队伍力量。2022年，全区更新平安建设基础数据3万余条，信息数据库不断完善。

【法学会研究】 8月24日至26日，开展莲都区依法行政能力培训，学习习近平法治思想，各乡镇（街道）、区直各单位法治分管领导、业务科室负责人及律师代表160余人参加培训。在全区法学法律工作者队伍中选聘10名优秀法治人才作为区法学会首席法律咨询专家。开展2022法治文化基层行之送法进校园活动，联合区民政局、区教育局、区司法局、碧湖小学等单位，开展“迎六一 护成长”送法进碧湖小学活动。组织普法志愿者到雅溪镇库川村开展2022年“12·4”宪法宣传月暨法治文化基层行主题活动，开展普法讲座，为群众提供现场法律咨询服务。2022年开展各类活动20余场次，发动普法志愿者60余人，普法受众8万余人次。打造“莲心护蕊”未成年人保护工作品牌，春、秋开学季分别在2月18日、9月6日开展“开学法治第一课”活动，覆盖全区中小学校30所，学生41500多人。3月，区法学会“莲心护蕊”未成年人保护项目入选全省一县一品优秀案例，相关经验做法在全省法学会秘书长会议上作为典型发言。

【政法队伍建设】 2022年，全区政法系统深入学习贯彻习近平新时代中国特色社会主义思想，深入贯彻落实党的二十大以及省、市、区党代会精神，依托主题党日、每周夜学、书记上党课、撰写学习体会等，引领干警坚定不移做“两个确立”忠诚拥护者、

12月8日，区法学会组织普法志愿者到雅溪镇库川村开展“12·4”宪法宣传月暨法治文化基层行主题活动（区委政法委 提供）

"两个维护"示范引领者。常态化开展政法队伍教育整顿，抓好以"八个多跨制度"为重点的执法司法制度建设，全市首个推出《莲都区政法干警依法履职保护工作细则》，加强政法干警履职风险预防及关心关爱举措；弘扬英模精神，莲都区干警应建勇被追授为"省人民满意的公务员""优秀共产党员""莲都区劳动模范"，全区政法系统组织开展形式多样的向干警应建勇学习活动，进一步激发党员干警干事创业的积极性。出台《丽水市莲都区政法机关执法司法信息共享工作实施意见》，破解执法司法信息共享难题，组织开展全区"判实未执、应收未收"专项监督活动，发现"判实未执"4人，全部落实监督收监。

【社会治理中心建设】 2022年，深入贯彻《关于深化"县乡一体、条抓块统"改革推进基层治理系统建设的实施意见》（浙委办发〔2022〕24号）和《浙江省"141"基层治理体系迭代升级工作指南（试行）》等文件精神，按照"市区一体"高标准推进社会治理中心建设，中心选址原丽水日报社（丽阳街491号），项目建筑面积7600平方米，拟入驻人民来访接待中心、诉讼服务中心、公共法律服务中心、矛盾纠纷多元化解中心等15个子中心，设综合接待区、矛盾调处区、法律服务区、联动指挥区等区块，拟入驻单位24家，干部职工260余人。

【政法系统数字化改革】 2022年，全区政法系统共承担国家、省级试点任务7个，分别是转承国家试点任务1个（区法院"全链条要素式审判——买卖合同纠纷案由"），省级试点6个（审判资源跨域统筹、全省"公安机关"建设第一批整体试点单位、建设经济领域犯罪侦查打击集成应用、建设食药环知案件侦查打击集成应用、建设经济领域犯罪侦查打击集成应用、网拍数字化监管）。

（余应涛）

法治政府建设

【概　况】 2022年，莲都区政府以《法治政府建设实施纲要（2021—2025年）》为主线，推进法治政府建设，助力创成第二批全国法治政府建设示范市。

【公职人员法治教育】 开展习近平法治思想学习宣传贯彻"八进"活动，将习近平法治思想纳入各级党委（党组）理论学习中心组学习重点内容。建立政府组织学、单位集中学和干部自学相结合的学习模式，实现公职人员学法制度化、常态化，区政府常务会开展法律知识学习12次。将党政主要负责人履行法治建设第一责任人职责情况列入年终述职工作，并对其履职情况进行测评。

【行政权力制约监督】 推进法治督察与纪检监察协作配合，开展法治政府建设全面督察及基层法治建设专项督察。建立健全法治巡察机制，在全市率先印发《关于法治建设纳入党委巡察工作方案》，实现法治建设领域巡察与区委巡察部署、了解、反馈、整改"四统一"。2022 年，实地进驻15家单位开展法治建设领域巡察工作。完善依法独立行使审计监督权的审计管理体制，实现审计监督全覆盖，完成8个领导干部经济责任审计及自然资源资产离任（任中）审计项目，涉及4个区直单位、2个乡镇（街道）、8名领导干部。

【全国法治政府示范市创建】 召开全国法治政府创建示范市莲都区迎检工作部署会，开展网络预核查、行政执法案卷评查、重点场所实地预核查及"应知应会"抽查晾晒。11月，助力丽水市创成第二批全国法治政府建设示范市。

【政务服务】 普及行政审批服务"马上办、网上办、就近办、一次办、自助办"，全区1789项政务服务事项进驻浙江政务服务网、"浙里办"App等数字系统。与四川省泸州市叙永县、北京市朝阳区等十一地签订"跨省通办"合作协议，并在该十一地行政服务中心以及安徽莲都商会、上海莲都商会、贵州丽水商会等服务网点建立"党建+政务服务"合作关系，形成辐射七省十四地的政务服务网络。

【简政放权】 公布《莲都区"无证明化"办理的证明事项清单目录(2022年)》,对"无证明化"办理的证明事项进行动态调整。2022年,区级直接取消证明事项33项,实现部门核验177项,数据查询93项,告知承诺22项。

【法治化营商环境】 开展破除地方保护和市场分割专项行动,进行自查自纠并整改落实。2022年,公平竞争审查增量文件4件,存量文件7件,其中废止1件。开展轻微违法告知承诺首违免罚工作,共办理"轻微违法""首违不罚"案件48件。

【"大综合一体化"行政执法改革】 构建"1+6"金字塔形行政执法体系,执法力量下沉乡镇街道62.6%。建成"1+3"全覆盖的执法事项管理体系,其中综合行政执法事项占全区总执法事项的31.98%。采用赋权、派驻、辐射等方式推进"一支队伍管执法",城区五街道、碧湖镇、大港头镇等赋权乡镇(街道)办理综合行政执法案件150余件。全区行政检查和处罚办案基本实现全程网办、自动留痕。常态化开展"综合查一次"。

【政务公开】 按季度公开民生实事办理情况和区政府报告重要事项完成进展情况。开展基层政务新媒体规范性建设,对全区政务新媒体运维情况进行清单式分析晾晒,注销关停政务新媒体17个、清理僵尸账号11个。多形式解读政策信息,发布规范性文件及同步解读42件。依法依规办理政府信息公开申请,全区全年答复依申请件85件。

【公共社会信用体系建设】 开展"双公示"问题数据整改,"双公示"信息归集合规率99.1%。加强失信企业治理,累计退出失信被执行人名单18家,完成信用修复企业8家。严重失信名单主体数量占比1.56%,排名全市第二。在财政奖励资金兑付、评奖评优、公务员调动提拔等领域查询应用信用记录,共查询100批次,核查企业14649家,自然人274人。

(全泰荟)

平安莲都建设

【概　况】 2022年,莲都区深入贯彻党的二十大精神、省第十五次党代会精神及中央、省平安建设相关会议精神,围绕平安护航党的二十大和省级平安区创建工作,坚持底线思维、问题导向,推进"除险保安",创新基层社会治理,防范和化解各类社会风险,全区社会大局总体稳定可控,治安环境安定有序。省平安县(市、区)创建得分965.53分,成功创建省平安区,实现"十七连冠"。

【防范化解风险】 2022年,以数字化改革为抓手,按照"大数据+县域社会治理现代化"思路,加强社会治理数据资源整合,依托"两办一中心"(平安办、信访联席办、社会治理中心),建立三级中心信息收集、汇总、研判等基层治理动态分析研判机制,健全事件流转交办、实时调度指挥、数据互通共享、预测预警预防和辅助决策等机制,推动重点指标区、乡、村三级全覆盖,推进整改平安领域督查、自查类问题917个。建立每日一碰头、每周一会商制度,分析研判辖区内社会矛盾风险形势,协调解决重要事项,增强工作的针对性和预见性,摸排重大风险81件,化解64件。

【除险保安】 2022年,成立除险保安实体化运作专班,召开全区除险保安工作推进会、百日攻坚行动推进会等推进除险保安工作落地见效。实施晾晒通报,推动"12+X"晾晒机制运行,督促重点指标向乡镇(街道)延伸,在安全生产、平安重点指标、挂牌整治、重大社会风险排查化解、流动人口管理、房地产领域风险、打击整治养老诈骗、消防隐患整治等领域加强晾晒和督办,压实责任,全年共发布晾晒专报35期,下发交办单23份,在夏季治安打击整治、九大领域安全生产整治、无邪教三级联创、根治欠薪等专项行动中取得显著成效。

(余应涛)

公　安

【概　况】 2022年,丽水市公安局莲都区分局(以下简称分局)内设机构38个,其中24个部门、14个派出所(含水上所、车站所、天宁所3个专业派出所,黄村所、太平所2个合署派出所）；共有民警、职工432人，其中民警416人、公务员身份3人、行政职工3人，事业编职工10人；辅助警务人员636人（编制数659人、缺编23人）。2022年，分局获全市“建设清廉机关、创建模范机关”工作先进集体称号，并在丽水市高水平巩固国家卫生城市工作中表现突出，被市人民政府授予集体嘉奖；分局法制大队获全省优秀公安基层单位，网安大队立集体二等功，白云派出所获评浙江省第二批“枫桥式公安派出所”并立集体二等功；分局岩泉派出所、万象派出所、联城派出所立集体三等功；52名个人和3个集体表现突出被通报表扬，2位民警立个人二等功，12位民警立个人三等功，29位民警获个人嘉奖。其中，刘剑波获评全国优秀人民警察，李春阳获评全省模范人民警察，吴伟江获评全省优秀人民警察。同时，分局创新推出的“老民警下乡”“合成作战中心建设”“反诈地图 ”等特色做法相继被《人民公安报》《平安时报》等媒体转载报道。

2022年，分局累计受理行政案件5076起，立刑事案件1998起，百万元以上电诈案件发案6起，分别同比下降27.6%、16.2%、60%；累计打处涉黄涉赌、诈骗类、食药环知违法犯罪嫌疑人1135人、452人、55人，分别同比上升18.2%、53.2%、10%；依法行政处罚1645人、移送起诉881人，分别超额完成年度目标任务148%、104%；以及传统侵财发案2883起（同比下降12.5%），电诈发案1001起（同比下降27.3%）、电诈案损7624万元（同比下降37.7%），圆满完成同比下降10%、20%、20%的既定目标。

【维护稳定】 2022年，完成各类安保警卫任务。分局以方案制定、组织协调、警力安排、应急机动、风险预测为主要内容，全面落实安全保卫、警卫工作各项措施，明确不同部门的岗位、责任、分工和一级抓一级，层层落实责任的工作制度，完成了3批次警卫任务，“两会”、中高考等16项重大活动安保任务。

6月22日，丽水市第二批省级“枫桥式公安派出所”授牌仪式在白云派出所举行

（区公安分局　提供）

做好党的二十大安保工作。在全区范围内开展了5次“百日行动”统一清查行动，累计出动警力15000余人次，清查重点场所9000余家次；侦破各类刑事案件213起；及时查处涉黄涉赌治安案件81起，行政处罚 241 人，分别环比上升95%、86%、17%、52%；成功抓获逃犯38人，打击成效显著，确保了社会大局持续平安稳定。着力开展矛盾纠纷排查化解攻坚行动。充分发挥分局“情指勤舆”一体化合成作战优势，迭代升级“矛调精灵”应用系统，全面推广落地“警源治理警网协同”工作机制。依托“110”接处警平台，加强警情回访和跟踪督办。围绕后半夜警情、非警务类事件等开展警源治理，全区刑事、治安警情数分别同比下降19.5%、26.1%。制订出台《矛盾纠纷排查见底专项行动方案》，开展大排查、大清底、大化解。顺利流转因情感、邻里、经济等引起的矛盾纠纷174起，实现事项分流同比提升248%，实现“民转刑”“刑转命”零发生。持续推进矛盾纠纷大排查大化解，健全完善矛盾纷纠预警机

制，排查各类矛盾纠纷10508起，化解率达97.1%。

推进“莲都公安五问”活动。全年累计参加走访民辅警938人，走访困难群众264人、特殊人员家庭50户，经营困难企业18户，以及辖区其他人员20673人；推进“智慧安防小区建设”，分局牵头区相关部门超额完成“智慧安防小区”建设任务，实现监控数据全量汇聚。

开展公众反恐防范宣传教育。结合“打苗头、防风险”“夯基清底”等专项工作组织反恐怖成员单位开展反恐基础大排查，对本地涉恐信息进行全面排摸梳理。督促全区110家防范恐怖袭击重点目标严格落实国家公共安全行业标准。省“平安亚运、反恐有我”现场会在莲都区“四联三防”省级标杆示范点古堰画乡景区召开。

【打击犯罪】 打击电信（网络）新型诈骗犯罪。分局推进“扫楼行动”“扫街行动”，开展精准预警劝阻和宣防工作。2022年，全区电诈发案数1001起、案损金额7624万元，分别同比下降27.3%、37.7%，电诈零发案天数达26天（2021年为7天），防诈工作成效显著。

打击经济犯罪。2022年，分局共受理各类经济犯罪案件43起、立案28起，涉案总价值12980余万元；采取强制措施75人，移送起诉54人。依托“云端”“惊雷”等专项行动，发起2起云端集群战役，在全国范围内打击涉嫌虚开增值税发票、合同诈骗案的犯罪嫌疑人32人，涉案金额达1.2亿元。成功侦破陈某明等人涉嫌合同诈骗案，移送起诉犯罪嫌疑人27人，冻结银行账户资金126万元，查封房产62套，查扣涉案高档轿车2台；涉案房产总成交价为9700余万元，受害人受损金额达5200万元。积极开展“排雷”专项行动，共投入警力600多人次，排查企业487家，排查出风险点28个，登记从业人员2900人。

打击“黄赌毒”违法犯罪。分局以“春雷”“铁拳”行动为载体，强化涉黄涉赌类等民众反映强烈的各类违法犯罪打击。2022年，破获涉黄赌案件348起，其中，破获刑事案件46起、刑事拘留144人、移送起诉154人。4月26日，分局成功破获盘踞在莲都区厦河商城的重庆巫山籍的有组织卖淫团伙案，累计抓获犯罪嫌疑人39人，基本铲除厦河商城涉黄点；捣毁“7·19”紫金新村赌博窝点，抓获犯罪嫌疑人37人，收缴赌资5万余元。2022年，全区共立涉毒刑事案件3起，抓获各类涉毒违法犯罪嫌疑人22人。其中，查处吸毒6人、脱失1人、刑事强制措施15人（其中容留1人，贩卖毒品13人，非法种植毒品原植物1人），共移诉9人。侦破2021年“9·24”走私、贩卖毒品案（“2022-35”省目标贩毒案），组织10多名精干警力，赶赴云南昆明、云南大理、重庆、浙江丽水等地对案件开展集中收网行动，抓获涉嫌贩毒人员11人（均采取强制措施），查获含国家管制精神药品芬特明、地西泮成分胶囊及片剂420包，合计2.5公斤。 累计查处非法种植

8月29日，区公安分局在紫金街道东升社区开展“万名干部进社区”反诈宣传活动（区公安分局　提供）

罂粟14人(其中刑事强制措施1人,行政处罚13人),收缴罂粟共计1395株。

打击“食药环知”犯罪。2022年,分局共立“食药环知”刑事案件3起,采取强制措施45人,移送起诉50人;受理1起无许可证从事收集、储存、利用、处置危险废物经营活动行政案件,依法行政拘留1人。破获2022年“6·2”生产、销售、提供假药案(省标),组织20余名精干警力,赴广西、浙江、广东等地对案件开展集中收网行动,先后抓获犯罪嫌疑人11名,捣毁假药生产窝点2处,现场查扣生产机器设备一套共4台,生产原料约1吨,疑似化学非法添加物3包约2公斤,扣押成品疑似假药3000余份,共计30万余丸,涉案金额200余万元。全环节、全链条打击2021年“10·26”假冒注册商标案件,共移送起诉11人,此案被省厅列为省标案件并被评为“2022年全省知识产权刑事保护十大典型案例”。

刑事技术勘查。2022年,分局共勘查传统案件现场1213起,电信网络诈骗案件1097起。刑事案件勘查率100%,现场指纹提取率63.7%,DNA提取率47.9%,足迹提取率47.9%。指纹比中抓获人员61人,DNA比中抓获人员35人,足迹比中抓获5人。串并案件80起。5月5日指纹比中抓获2021年11月9日绿谷庄园95幢别墅价值80万元茅台酒被盗案嫌疑人罗某斌。

电子物证取证工作。完成电子物证案件委托208起(同比增长35.1%),收到检材650余件(同比增长32%)。电子物证鉴定项目扩项评审的专家评审,成为丽水县级公安系统中第一家通过省专家组评审的电子物证实验室。

【基础管控】 开展“缉枪治爆”专项行动。收缴各类枪支25把、弹药646发(枚)、炸药16千克、导火索100余米,查处3家涉危爆企业,依法对相关从业单位罚款7.1万元。先后组织11次销毁行动,对收缴的危险物品进行安全销毁;开展公务用枪排查整治工作,对分局及5家非公安机关公务用枪单位枪弹库室开展安全评价。

旅馆业管理。分局以日常检查为主、定期检查与突击临检相结合,逢法定假日、重要时间节点必查,重点检查旅馆业的“四实”登记、安防设施、消防安全等,督促落实旅店相关制度,接待未成年人入住“五必须”。全年共处罚206 家旅馆业,排查治安风险点784处。通过制作展板、发放宣传单、悬挂条幅等多种方式广泛宣传各种法律知识,提高未成年人及从业人员法律意识。

重点片区治安排查整治。分局强化发案数据的智能分析和实时研判,对黄赌警情的重点区域、重点时间进行梳理,制作警情作战图,开展针对性治理,实现打防并举。将筛查出的重要线索统一进行经营查处,约谈场所负责人40余次,停业整顿16家,黄赌类警情明显下降。

安全生产、消防监督检查。2022年,累计开展日常消防检查2000余家次,全部录入消防检查系统。农村派出所专职消防队共出火警21起,无重大消防事故,无重大财产损失,无人员伤亡;开展消防演练30次、消防宣传31次,各类救援40起。2022年,组织派出所专管民警开展培训2次,出动警力700余人次对全区43家涉危单位开展地毯式轮番检查,查出各类风险点32处,均督促从业单位及时落实整改。

出入境管理。2022年,莲都在国内常住境外人员754人、涉外单位17家。在国家移民局开展的集中打击妨害国(边)境管理犯罪“獴猎—2022”专项斗争中,分局会同其他部门查处妨害国(边)境管理刑事案件9起,移送起诉犯罪嫌疑人20人。清查治理“三非”外国人42人,其中非法居留外国人20人,非法就业外国人1人,遣送出境2人;查处涉外行政案件54起;法定不准出境人员报备4315人,法定不准出境人员撤销报备271人。取保候审、监视居住犯罪嫌疑人报备771人,撤销报备7人;国家工作人员新增备案登记866人、撤销394人、变更47人。

人口服务管理工作。2022年2月1日实施《丽水市户口迁移规定》,全面放开城镇落户限制，进一步降低人才、技术人员落户门槛，进一步放宽投靠落户条件，全面放宽社区、企业单位集体户设立条件。2022年，莲都区城镇人口共201034人，其中农业转移人口落户城镇1525人，城镇化率47.11%。2022年，全区登记在册的流动人口17.36万人，登记在册的居住出租房屋3.87万户，约10.56万间，居住出租房屋登记率、流动人口居住登记率和登记信息准确率保持在90%以上。

“最多跑一次”改革。与市公安局对接，市、区两级共建“网办中心”，并通过省厅验收。深化运用“一窗通办”分析研判平台，分局共上线2.0事项64项，“一窗通办”覆盖率达到100%，“一网通办”率99.99%，政务服务2.0户籍收件量70724件。拓展“通办”服务，与江西省永丰县建立“跨省通办”结对窗口，设立党建联盟“跨省通办”专窗。共办理丽水市内“全城通办”事项1070件、全国“跨省通办”事项6124件。升级“联办”服务，依托数据共享，打通部门壁垒，联合卫健、民政等部门办理“出生登记”“婚姻状况变更”等各类事项4627件，真正实现“数据上高速，部门帮你跑”。

【警务保障工作】 科信信息化。2022年，分局保障服务器机房所有设备稳定运行，共对机房排班巡检172次，排除硬盘故障4次。全程参与12楼合成作战中心、万象综合指挥室建设工作，积极配合基建完成弱电综合布线等工作。

基础设施建设。2022年，完成水上派出所业务用房新建项目竣工验收工作；扎实推进碧湖派出所业务用房新建项目，6月30日主体结顶，进入装修扫尾阶段；开展岩泉派出所、雅溪派出所新建项目的前期设计等工作，完成分局12楼合成作战中心、万象派出所综合指挥室改造项目，完成分局大院供水管网、非机动车停车场、二楼区疫情防控指挥部，碧湖老所屋面、巡特警大楼等的修缮工作。

【“公安大脑”建设】 2022年3月，分局被浙江省公安厅确定为全省“公安大脑”建设首批整体试点单位。11月，通过省厅试点工作验收，圆满完成56项试点任务，其中获评优秀14项、合格30项，无不合格任务项目，总成绩在全省11个试点单位中位列第八。两次参加全市“公安大脑”建设“比武亮赛”活动综合得分位列全市第一；揭榜3项子场景（经侦2项子场景、食药环知1项子场景）；18个指数被市局吸收整合，3个指数入选全省最佳指数指标；组织参加全市公安机关实战化数据建模创新大赛；编写完成理论调研文章12篇，4篇入选浙江警学“平安论坛”，上述5项工作综合得分均列全市第一。创新推出“数字派出所”“执法监督辅助平台”等数字化场景应用并通过市局验收。其中，“银龄卫士”被纳入第七批省数字社会典型案例，并获“浙江数据开放创新应用大赛二等奖”；“浙丽守未”获评全市2022年第一批数字法治优秀应用；“公交安”场景应用在省厅专栏做经验交流发布。探索构建“1+6+1”警务新体系，有机整合情指、网安、行动、反诈4个部门职能，改造800余平方米集中办公场所，打造迭代升级版合成作战中心。推动7名老民警下沉至农村派出所，抽调32名精干警力创新成立4支驻所专业打击大队。先行先试“党建统领、三位一体、条抓块统、统分结合”“三中心一体化”改革新理念，探索形成安保维稳、专业打击、基础防控3个“三位一体”中心建设。该警务变革新模式获副省长王成国批示关注，并作为非“大部门大警种制”改革试点单位受邀参加全省“公安大脑”体制变革座谈会作交流发言。

【合成作战】 2022年，分局坚持承接“公安大脑”建设“一号工程”定位，秉持“系统集成、多跨协同”改革理念，打造“情指勤舆”一体化合成作战中心。合成作战中心建成近400平方米的大厅，大厅设置指挥调度、会商研判、技术支撑等作战席位，架设网侦、技侦、视频专业网络，全方位为合成作战提供硬件保障。全年，中心累计产出成形线索533条，支撑案件研判297起，协助抓获违法人员474人、犯罪嫌疑人231人。提升平战结合“处突力”，中心对重大突发敏感案事件第一时间启动应急处置预案，同步组织各警种协同开展合成作战，努力开创省级平安区“十六连创”新格局。

网络安全保卫工作。2022年，网络安全保卫大队经营破获浙江省丽水市瑞曲骗取进出口退税案、“珍爱多”假冒注册商标案、本地“122”机制跨境网络赌博团伙涉嫌帮助信息网络犯罪活动罪案等一系列大案件。另经营侦查一批典型的“122”机制案件、本地涉黄场所案件、涉赌类案件，为业务部门源源不断的输出案件。

行动侦察工作。2022年，全年受理各类案事件协查212起，查询821人次，各类违法犯罪嫌疑人367人；累计办理刑事案件6起，协办异地案件3起。

【法制工作】 2022年，分局法制大队积极构建法制新生态，实现执法质量向好，莲都执法质量考评稳居全市前列。锚定“接警源头、制度建设、基层所队、执法管理、数智干预”法制五环，成立全市首个实现执法办案全流程、可回溯式监督管理的执法办案中心，中心办案率达94.3%。深化法制队伍业务建设，执法办案中心分设“1+4+N”执法辅助小队，有效提高专业办案效能。按季、年评选“办案之星”“执法办案能手”，着力培养一批法律专家、业务骨干和办案能手。自主研发“执法监督辅助平台”，入选“一地创新、全市共享”信息化项目建设并向全市推广。出台《分局办理刑事案件负面清单工作指引(试行)》，铺平制定落地“最后一米”，“负面清单”案件移交率达100%。刚性落实中层办案制度、案件“四色管控”机制，伤害类案件办结率上升至95.6%，执法纠违同比下降82.6%。

【队伍建设】 2022年，分局学习宣传贯彻党的二十大精神，落实“第一议题”、党委理论学习中心组学习、周一夜学等制度，举办党委理论学习中心组学习会31次、专题研讨4次，局党委班子成员带队赴基层宣讲党的二十大以及省、市、区党代会精神。继续推进基层党支部“四化”建设，抓实“三会一课”、主题党日、民主评议党员等各项制度，召开党史学习教育和肃清流毒专题民主(组织)生活会38场。组织《中国共产党政法工作条例》和省委5个配套规定再学习再贯彻活动，开展“红五月 读红书”约书到家主题活动、“喜迎二十大 忠诚保平安”暨丽警“三能”故事征文比赛等。组织开展党员先锋指数考评、党组织星级评定工作，推动党内组织生活质量提高。

干部人事管理。 2022年，分局树立实干实绩的用人导向，聚焦“三能”战力评价体系，提任副科1人、中层正职4人，副职3人，交流民警54人，不存在关键岗位、人财物重点职位担任领导职务的任用在同一职位任职满10年的情况。推进机关基层双向交流，新招录民警12人，充实到基层一线派出所。不断规范职级晋升工作，晋升三级高级警长15人，四级高级警长8人，晋升一级警长以下民警156人。同时，分批次对协辅警群体开展专项安全保障职业技能提升培训，共计130人。开展招聘警务辅助人员工作，组织2022年辅警招聘体能测试，共招录警务辅助人员46人。

公安文化建设。依托各级新闻媒体宣传主阵地和网上公安官微等新媒体，持续加强典型人物、案件对外宣传策划，不断扩大莲都公安在全省、全市范围的影响力和知名度。全年累计在中央、省、市主流新闻媒体刊发外宣报道828篇，“平安莲都”公众号、视频号发布原创作品300余篇，其中，中央级媒体60余篇。在省厅“三微”大赛中，分局微电影作品《妈妈的凡尔赛》获三等奖、原创MV《当你》获二等奖；在平安浙江“三微”比赛中，微视频《期盼》获优秀奖，进一步在省级平台为莲都公安好形象发声。组织“百日行动、反诈直播”线上线下宣传活动，全网在线观看达55万人次，线下2000余人参加互动，取得较好的宣传效果和社会影响。开展先进事迹展播学习活动，叶西子参加全市公安机关“三能”丽警青年大比拼获第一名，参加全区机关党建创新案例大比拼获三等奖。谢建君、王菊萍入选省厅“个十百千”文化千名个人，丰富警营文化建设，营造良好文化氛围。

全警实战练兵。制定出台《2022年"强三能"实战大练兵重点工作暨亚运安保专项练兵任务清单》《"训练角"建设实施方案》《2022年政治轮训方案》，组织开展全警综合素能提升轮训暨党的二十大专题政治轮训。组织全警学习党的二十大精神专项答题，共5期；组织全警赴嘉兴南湖开展为期5天的素能提升培训。落实"练兵日"制度，确保民警辅警每人每年实战训练时间累计达15天以上。组织"四项抽测"，开展全警体能测试、射击训练考核，提升全警综合素质。

爱警惠警暖警。2022年，分局慈善救助111人次，金额共计28万元；慰问困难、生病、因公牺牲、致残民警职工辅警以及老干部106人次，金额共计9.07万元。慰问执法执勤受伤民（辅）警27人，发放慰问金3.04万元。

开展"中国人民警察节"活动，举行升旗仪式提升从警荣誉感。分局团委组织开展第六届"小警察"夏令营活动、"学雷锋，践三能"主题活动，走进丽新乡马村开展主题团日活动。组织开展心理健康咨询、团队心理辅导，各部门邀请心理专家授课，缓解民警身心压力。深化推进"警医协作"，建立医务室并每周固定2天由市人民医院派驻专家坐诊，开办"警营超市"，为民警生活带来切身实际的便利。组织老干部到革命老区马村、缙云县革命烈士园、缙云轩辕驿站等地开展党员活动，举办荣休仪式暨第十支部专题党课，进一步丰富老干部的退休生活。

从严管党治警。2022年，分局深化党风廉政建设和反腐败斗争，坚持"六层五级"层级管理责任框架运作，层层签订《党风廉政建设责任书》，公安队伍持续向好。推进"清廉机关""模范机关"建设，开展经常性党规党纪教育和警示教育年活动，筑牢全警政治思想防线和法纪底线，营造风清气正良好政治生态。排查选人用人总数512人，项目18个，网侦手段使用87起，重点案件2起，均未发现违法违规问题。落实公安部严禁违规宴请饮酒"六项规定"，带动涉"枪车酒赌毒密网"等顽疾有效整治，检查基层所队305个次，发现并查纠各类问题396个；记分违规民警22人，辅警16人；提醒谈话3人、诫勉1人，全局无人受到组织处理或党政纪处分。

（杨蕴）

检　察

【概　况】 2022年，莲都区检察院坚持以习近平新时代中国特色社会主义思想为指导，贯彻落实党的十九大、十九届历次全会以及党的二十大精神，全面贯彻习近平法治思想，紧扣平安护航党的二十大胜利召开、学习贯彻党的二十大精神工作主线，以深入推进最高检"质量建设年"部署为主抓手，依法能动履行法律监督职能，各项工作取得新进展。连续七年获评"全国检察宣传先进单位"，有40个集体和个人获得市级以上荣誉，检察工作得到上级领导书面批示肯定6次。

2022年，莲都区检察院年度立案1453件，结案1593件（包括上年度立案未审结案件）。

【生态检察】 落实用最严密法治保护生态环境，起诉破坏生态环境资源犯罪4人，办理生态类公益诉讼案件6件。注重生物多样性保护，针对大溪治理提升改造工程施工中可能致使国家一级重点保护动物栖息环境遭受破坏的情况，将人大代表建议及时转化为公益诉讼案件，通过市、区两级院一体化办案、多部门公开磋商，推动工程建设单位优化方案，珍稀动物栖息地得到有效保护，该案入选全省生物多样性保护典型案例。更加重视生态修复治理，督促当事人及时缴纳生态损害赔偿金，开展增殖放流鱼苗等活动，原创的生态主题宣传片《以法之名，守护每一个诗和远方》被"学习强国"、最高检官微等媒体转发，并获学习平台全国检察新媒体月度优秀作品奖。

【未成年人权益保护】 从严打击侵害未成年人犯罪，提起公诉33人；坚持教育挽救原则，对罪行较轻的未成年人依法不起诉27人。关爱未成年人健康成长，针对监护失职问题发出督促监护令21件，助力家长"依法带娃”；与65名“困境儿童”结对帮扶，积极提供权益保护、法治科普等司法服务。督促治理涉未成年人突出问题，对酒吧违法招录未成年人、部分药店违规向未成年人出售成瘾性处方药物等问题开展监督，推动职能部门依法立案查处、开展专项整治，相关案件入选全省检察机关未成年人司法保护典型案例。

【优化营商环境】 立足职能全力保护市场主体，创新实施“一家合规、多家参与、众企受益”涉案企业合规模式，出台涉案中小微企业简易合规办法，帮助企业规范经营、更好发展。依法起诉合同诈骗、职务侵占等侵犯企业权益犯罪16人，通过积极开展刑事调解为某受害企业挽回经济损失1789万余元，协同公安等部门推进清理涉企刑事“挂案”2件。做实涉侨检察服务，联合区侨联出台协作机制并成立“检侨之家”，通过办案全力助推重点华侨企业脱困重生，并为包括27名华侨在内的众多集资户挽回损失近1亿元。

【刑事检察】 完善侦查监督与协作配合机制，强化对刑事诉讼全链条的监督。会同公安机关联合设立侦查监督与协作配合办公室，以有力配合、更实监督促进办案质量提升。加强与监察机关协作配合，合力推进反腐败斗争。在办理的一起诈骗二审抗诉案中，市中级人民法院采纳区检察院全部抗诉意见，并改判为十年有期徒刑，该案被评为全国检察机关刑事抗诉优秀案例。办理的一起暂予监外执行和财产刑监督案件被中央政法委“长安剑”官微报道，并入选全国检察机关“十佳检察办案故事”，系浙江省唯一入选的案例。

【民事检察】 办理民事生效裁判监督18件，其中，发出的8件再审检察建议、提请丽水市检察院抗诉的6件案件分别获采纳、支持。加强民事审判执行程序违法监督，对虚假司法确认、违法公民代理、未及时冻结被执行人账户等问题制发检察建议30件，其中6件案件被省检察院评为优质案件，并与法院、司法局联合出台规范司法确认工作的意见，从源头上避免不规范问题发生。助力破解“执行难”，向公安机关移送拒执犯罪线索2件次，依法起诉拒执犯罪26人，让“老赖”为拒执行为付出应有代价。

3月31日，进口水果食品安全行政公益诉讼诉前检察建议效果评估听证会召开

（区检察院 提供）

【行政检察】 加强行政诉讼活动监督，办理违法占地行政处罚、社会抚养费征收等非诉执行监督案件4件，探索开展行政违法行为监督2件，以检察履职助推法治政府建设。常态化开展行政争议实质性化解，加强与法院、民政等部门联动配合，实质性化解因虚假身份办理婚姻登记引发的行政争议2件，促成案结事了人和，并与民政部门联合出台同类行政争议化解的长效机制，相关做法被最高检转发推广。

【公益诉讼】 紧盯基层治理难点、社会民生痛点，部署开展生态环境和资源保护、食品药品安全、国有财产保护、个人信息保护等各领域专项监督，共立案办理公益诉讼案件20件，其中民事公益诉讼7件、行政公益诉讼13件，重特大案件占比达70%，依托市、区两级院一体化办理的督促保护全国重点文物保护单位南明山摩崖题刻公益诉讼案，被

5月13日，莲都区首家检侨合作机构“检侨之家”揭牌成立（区检察院　提供）

最高检评为“益心为公”典型案例。强化国有财产保护，针对违法占用土地未缴纳耕地占用税问题，督促税务管理部门补征耕地占用税及滞纳金94余万元；针对部分人员在服刑期间未中止领取低保金问题，推动民政部门开展专项核查整治，全数追回被违规领取的款项。严厉打击危害食品药品安全等违法行为，在提起民事公益诉讼的同时，依法适用十倍惩罚性赔偿措施，共督促行为人缴纳惩罚性赔偿金49余万元。

【“数字检察”工作】　将检察业务与大数据深度融合，加强与执法司法部门、行政机关的联动配合，不断打通执法司法信息数据壁垒，政法一体化办案平台实现了刑事诉讼协同和数字卷宗单轨制办案。深入开展净化“空壳公司”、性侵未成年人、司法网络拍卖等领域数字监督专项行动，借助大数据筛查发现监督线索，综合运用审查、调查、侦查方式深入挖掘问题，采取检察建议、纠正违法通知书等各类法律监督手段，推动相关部门堵塞监管漏洞、规范执法司法活动。依托“检察智能化协同救助”机制，为19名生活困难的案件当事人发放司法救助金23余万元。创建的醉驾案件数字监督模型在全市检察机关大数据法律监督模型竞赛中获奖，办理的司法网拍领域系列监督案入选全省首批检察数字侦查重点案件。深化落实“让数据多跑路，群众少跑腿”理念，依托浙江检察App、“12309”中国检察网、远程提审室、数字听证室等信息平台，积极运用异地阅卷、在线认罪认罚、网络投诉举报等智慧办案方式，贯通司法服务群众的“最后一公里”。

【检察队伍建设】　坚持以政治建设为统领，学习宣传贯彻党的二十大精神，落实党风廉政建设和意识形态工作责任，依托党组会、中心组学习会、“三会一课”、全院夜学、全员政治轮训以及各类网络学习平台，自觉推动党史学习教育常态化长效化，组织各类专题学习1000余人次，印发学习资料3000余册。坚持把队伍专业化建设作为基础性、战略性工作来抓，广泛开展素能培训、业务竞赛、轮岗交流、上挂锻炼等实战练兵，提升干警专业化水平。获评省市级“优秀公诉人”、精品微课5人（个），入选省级专业人才库3人，理论调研文章在市级以上发表和获奖6篇次，入选市级以上典型精品优秀案（事）例20件。组织开展纪律作风专项督查和整顿纪律作风专项行动，巩固深化队伍教育整顿成果，以开展“六个一”活动等为载体，教育引导干警提升纪律规矩意识，筑牢拒腐防变思想防线。

（项钰芳）

法　院

【概　况】　2022年，莲都区法院新收案件15498件，办结15018件（含旧存），同比分别下降4.02%和7.07%，同期结案率96.9%，收、结案数均居全市法院首位，一线法官人均结案287.43件，比全市均值多92.28件。

2022年，区法院被市委组织部列为第一批公务员考核工作市级示范点，全院4个集体、11人次获得市级以上表彰或记功。注重理论研究和成果转化，大兴学习调研之风，共参与最高院、省高院等课题研究14个，学术文章获国家级、省级荣誉16篇次，2个案例入选最高人民法院发布的《中国法院2022年度案例》。

【刑事审判】 2022年，新收刑事案件548件，审结539件，同比分别下降20.35%和22.11%，判处罪犯713人。其中审结重大责任事故罪、交通肇事罪等危害公共安全犯罪案件106件，审结涉“盗抢骗”“黄赌毒”等犯罪案件166件。依法审结职务犯罪案件4件5人。严厉打击电信诈骗犯罪，审结相关案件85件124人。推进打击整治养老诈骗犯罪，审结1起案涉149名老年被害人，695万元资金的集资诈骗案，被《人民法院报》专题报道。

【民事审判】 2022年，新收民事案件2722件，审结2559件，同比分别上升4.49%和下降1.92%。其中审结婚姻、抚养、赡养等纠纷案件514件，审结劳动争议、劳务合同、追索劳动报酬等纠纷案件109件。依法保护新业态从业者合法权益，审结涉外卖骑手、网络主播等纠纷案件290件。

【行政审判】 试行行政案件全域智治集成改革，2022年新收行政诉讼案件150件，占全市收案总数的36.32%，审结142件，撤诉率24.65%。助力提升依法行政水平，在综合行政执法局设立“大综合一体化共享法庭”，助推“大综合一体化”行政执法改革。与依法治区办等联合制定行政争议调解办法，建立由8名区领导（部分退休）组成的行政专家调解团队，推进行政争议实质性化解，助推法治政府建设。

【胜诉权益兑现】 2022年，新收执行案件6635件（含旧存603件），执结案件6499件，同比增加1.74%，人均结案249.96件，居全市第一。加大强制执行力度，完善联查联控、联合惩戒机制，将3289名被执行人纳入失信名单、限制高消费4527人。严厉打击拒执犯罪，判处拒执罪20人，同比上升25%。执结涉民生案件447件，到位金额1464万元，为劳务工作者追回工资665万元。受理“执转破”案件14件，化解执行积案64件，涉案金额7158万元。处理个人债务清理案件20件，让诚信债务人有机会重获“新生”。开展“先礼后兵”集中执行，组织被执行人在30个“共享法庭”观看《“诚信奶奶”陈金英》纪录片，督促自动履行，向社会传递守信激励、失信惩戒的鲜明导向。

【“终本出清”专项行动】 11月9日，区委召开法院工作会议暨“终本出清”专项行动启动仪式，学习贯彻党的二十大精神和习近平法治思想，扛起共商共建法治化营商环境的政治责任，形成党委政府抓总体、乡镇街道督履行、协同部门促诚信的良好局面，综合治理执行难大格局进一步完善。

【党的二十大精神宣讲】 为推动学习贯彻党的二十大精神走深走实，以实际行动践行党的二十大精神，莲都法院依托“共享法庭”开展“云宣讲”活动，莲都区各乡镇（街道）、村（社）“共享法庭”点位“云”上连线，庭务主任及所在地党员、群众共600余人次参与。

【司法服务】 围绕全区中心工作，找准司法服务切入点、结合点，编制《征迁工作指引手册》，对碧湖新城征收补偿、违法建筑拆除进行政策法规解读，为党委政府决策提供参考。莲都法院行政庭法官受邀参加碧湖新城征收工作指挥部举办的征收工作法律法规规范性培训，为近百名征收干部解读征收工作相关法律法规。开展“三服务”活动，深化院领导联系企业机制，召开汽摩配、电气、阀门行业协会座谈会，就知识产权、劳动争议纠纷开展“订单式”培训，发放人才科技企业法律风险范指引，助力企业纾困解难。

【助力企业发展】 在市委组织部支持下、市中院指导下，莲都区法院南城法庭挂牌全国首家人才科技保障法庭，服务创新驱动发展。2022年，受理涉人才科技案件198件，结案128件，平均审理天数39.37天，自动履行率87.3%。4月20日，最高人民法院发布《最高人民法院关于第一审知识产权民事、行政案件管辖的若干规定》及配套文件，自2022年5月1日起施行，莲都区法院获批莲都区、青田县、缙云县辖区内知识产权行政案件及诉讼标的额在500万元以下(不含本数)的知识产权民事案件一审管辖权,依法保护中小企业创新发展。

【**保障营商环境**】　推动召开区委法院工作会议,专题部署优化"法治化营商环境"工作,发布专项行动方案、营商环境司法保障白皮书和典型案例,提示商事主体活动风险点,打造法治化营商环境。维护诚实守信的市场交易规则,审结买卖、承揽、租赁等合同纠纷案件1258件。保障稳定有序融资环境,审结金融借款、信用卡、民间借贷等纠纷案件2285件,涉案金额10.8亿元。开展助企纾困专项行动,审结涉企纠纷4692件,涉及标的额17.48亿元,对诚信企业使用活封活扣、信用修复等措施。推动生产要素流通和企业转型升级,审结破产案件38件,处置破产财产2.4亿元。加快低效用地出清,盘活低效用地1.36公顷,其中,成功拍卖某化工公司名下厂房,盘活土地7000平方米。依法审结涉债权人224户、标的额近3亿元、房产面积3万平方米的某公司破产重整案。依法执结某阀门公司为被执行人的案件,活封活扣盘活企业资产,督促被执行人主动履行。两个涉营商环境案例获评全国法院优秀典型案例。

【**服务"保交楼、保民生、保稳定"**】　服务保障"保交楼、保民生、保稳定",审结建设工程、房屋买卖、房屋租赁、物业服务等纠纷案件989件。市、区两级法院联动,保障某小区楼盘顺利交房,让3000多名购房者"安心"。涉民生视频《冬至如年》获全国第九届"金法槌奖"微视频一等奖。

【**基层社会治理**】　深化诉源治理,集成特邀调解、行业调解、人民调解等资源,聘任退休法官组建"天平调解"工作室。对接市仲裁委设立金融纠纷调解工作室,搭建类案解纷平台,形成涵盖医调、物业、银保调委等专业联调化解机制,2022年诉前化解纠纷1632件。推进人民法庭和"共享法庭"一体建设,与区委政法委、区财政局等出台考核管理办法,将建设情况纳入乡镇平安考核,截至2022年底,建成286个共享法庭,涵盖22个重点行业领域。抓好庭务主任选配,开展"百名庭务主任进法院"等活动,全面提升履职能力。

【**未成年人保护**】　5月27日,"莲都区中小学生法治教育实践基地"揭牌暨法治副校长聘任仪式在莲都区法院举行,选任45名法官为中小学法治副校长,实现全区全覆盖,强化未成年人保护。

【**法治宣传**】　莲都区法院制定"普法菜单",包含13个普法主题,由25位专业法官、法官助理及司法行政人员组成普法讲师团,运用专业知识及真实典型案例为群众解答法律难题。开展系列主题宣传,走进本地老年公寓、老年大学,深入社区、深入群众开展系列反诈宣传活动;在古堰画乡景区开展"法护千年古樟树群,共建清洁美丽家园"系列主题活动,旨在以法治理念、法治方式推动生态文明建设。

【**先进典型引领**】　应建勇被追授"全国优秀法官"、"最美浙江人·浙江骄傲"、浙江省"人民满意的公务员"、"莲都区优秀共产党员"、"莲都区劳动模范"称号。中共丽水市委政法委员会向全市政法干警发出"向应建勇同志学习"的号召,召开应建勇先进事迹报告会。

【**清廉法院建设**】　开展审执岗位廉政风险大排查、"家属助廉"、"以案释法、以案释纪"警示教育和"24节气润廉"宣传活动,筑牢廉政防线。

【**法院接受监督**】　2022年,区法院接受人大及其常委会监督,加强与人大代表沟通联络,主动邀请人大代表视察法院、旁听庭审、监督执行。向区政协、各民主党派、工商联、无党派人士通报法院工作情况,及时听取意见建议。邀请政协委员进法院、"零距离"观摩行政案件庭审,召开行政审判工作专题座谈会,倾听政协委员意见建议,加强沟通、接受监督,基层全过程人民民主理论文章获全省人大工作研究会三等奖。

(祁崇捷)

司法行政

【概　况】 2022年,莲都区司法局坚持以习近平新时代中国特色社会主义思想为指导,为莲都接续高质量发展建设百万人口大城市提供法治保障。实行案件分流工作机制,坚持行政复议案件全流程“应调尽调”,开展案前、案中、案后调解。全年承办行政复议案件70件,其中,新发63件,办结62件,调撤率为45.2%;纠错6件,纠错率为20%。深化行政与司法的良性互动,协助化解败诉风险案件6件,协助诉前化解行政诉讼案件4件。莲都区被提起行政诉讼案件57件,未发生败诉案件,行政机关负责人出庭应诉率为100%。

2022年,莲都区司法局社区矫正中心创成省级“智慧矫正中心”,老竹司法所、雅溪司法所获评省级“枫桥式”司法所,碧湖西乡调解工作室获评省级金牌调解工作室。

6月23日,区委全面依法治区委员会第四次(扩大)会议暨创建全国法治政府建设示范市莲都区迎检工作部署会召开(区司法局　提供)

【法治莲都建设】 固化提升“点评、交办、亮晒、通报、督察”五大机制,交办法治莲都(法治政府)建设任务、问题清单104份,发布重点指标亮晒10期。市委常委、区委书记主持召开区委全面依法治区委员会第四次(扩大)会议暨创建全国法治政府建设示范市莲都区迎检工作部署会,建立法治莲都建设年度工作要点分解落实机制,部署开展“法助共富、法护平安”专项行动。打造习近平法治思想“八进”活动工作品牌。常态化开展法治督察、巡察联动工作,持续开展人民群众及“两代表一委员”的法治建设满意度宣传工作。

【基层法治建设】 召开2022年法治莲都(法治政府)第一次点评会暨基层法治建设工作推进会,出台《莲都区基层法治建设三年行动计划》,启动大港头镇、老竹镇、岩泉街道、联城街道、丽新乡的法治建设示范乡镇(街道)创建工作。联合区纪委区监委、区委政法委对全区14个乡镇(街道)的基层法治建设情况进行专项督察。推进乡镇(街道)合法性审查“六有”规范化标准化建设,拓展审查范围。在碧湖镇和岩泉街道探索开展村级事务合法性审查,推进基层治理法治化样本——“村级事务阳光票决制”获评全省高质量发展建设共同富裕示范区“最佳实践”。

【政府法律事务】 2022年,审核区政府非规范性文件、工作方案、协议等96件,提出意见288条;审核区政府常务会和区长办公会材料23次,涉及议题202项;参加重大决策事项听证会、风险评估论证会等10次;参加区政府和部门征求意见会、专题讨论会、答复书面征求意见67次;出具区政府(办公室)规范性文件合法性审查意见26份,提出建议意见80条。做好规范性文件备案工作,全年共通过浙江省行政规范性文件管理系统和向区人大常委会备案规范性文件25件。开展区级重大合同事前审核24件,100万以上合同审核备案108件。公布区政府2022年度重大行政决策事项目录清单6项,指导各乡镇(街道)、区直部门制定公布重大行政决策事项目录44项。做好重大行政决策合法性审查工作,实现100%有效覆盖。开展全区行政规范性文件全面清理工作暨“法助共富、法护平安”行政规范性文件专项清理工作,共梳理区政府

8月30日，莲都区司法局组织政府及其部门领导班子成员集体观摩法院庭审

（区司法局 提供）

（办公室）现行有效行政规范性文件305件。

【行政执法监督】 将行政处罚法纳入依法行政能力提升培训内容及执法证考前培训、考试范围，督促各单位开展行政处罚法专题培训。汇总公布《莲都区初次轻微违法行为依法可以不予行政处罚事项清单(汇总)》，涉及12家执法主体，不予处罚事项186项。编制公布《莲都区行政许可事项清单(2022年)》，将依法设定的234项行政许可事项全部纳入清单管理。开展行政执法信息公示网络核查2次，对公示不到位的进行晾晒通报；线下评查行政执法案卷2次，并开展整改"回头看"，评查12个部门的134宗案卷，制发执法监督通知书11份。对区文广旅体局开展行政执法评议，提出14个问题及3个方面整改建议，推进突出问题整改。协助做好权力事项的认领，实现全区7803项权力事项认领率100%。推进行政处罚办案系统应用，2022年，全区共办理行政处罚案件2006件，系统应用率达99.1%。加强省行政执法监督信息系统应用，经研判共解除无风险线索160条，处置6条，制发执法监督通知书5份督促整改，实现系统线索处置率100%。做好执法主体执法人员管理系统维护，截至2022年底，全区共有行政执法主体43个，持有行政执法证的执法人员1154人，辅助执法人员47人。

【公共法律服务】 培育涉外律师人才库，设立全区首家侨联法律服务站。组织律师、法律服务工作者等力量开展"法助共富、法护平安""助企开门红"等活动。2022年受理法律援助案件402件，办理认罪认罚法律帮助案件896件，接受各类法律咨询5195人次，组织律师、法律服务工作者等对企业开展法治体检2000余次，提供法律意见、建议550余条，发放宣传资料10500余份。

【人民调解】 抽调4名干部和8名资深调解员组成司法调解专项组，助力碧湖新城征收工作。成立全市首家消费领域调解工作室——"莲心消费纠纷调解工作室"，打造多元消费纠纷化解体系。组织开展"大排摸、大预防、大化解"和"调解促稳定 喜迎二十大"矛盾纠纷化解专项行动。2022年全区各级调解组织共受理矛盾纠纷2790件，调解成功2785件，调解成功率为99.82%，其中，调解成功重大疑难纠纷85件、非正常死亡案件14件。

【"八五"普法】 印发普法与依法治理工作要点和普法责任清单、主题宣传计划、普法项目。建设区级公民法治素养观测点102个，市级9个，省级1个。围绕传统节日、"开学法治第一课"、妇女维权周、民法典宣传月、法治夏令营等主题开展各具特色的普法活动290余场，覆盖全区40余万名群众。新创成市级民主法治村42家，省级民主法治村15家，全区市级以上民主法治村占比达80.25%，大港头镇利山村被评为"全国民主法治示范村"。推进"法律明白人"培育工程，培育1639名"法律明白人"。强化法治文化阵地创建力度，全区建成各级各类法治宣传教育基地263个，实现村(社)法治文化阵地覆盖率100%。

仲 裁

【劳动争议调处】 2022年，莲都区劳动人事争议仲裁院坚持"预防为主、调解为主、深入为主”的原则，与时俱进，开拓创新，有力地维护劳动者和用人单位的合法权益，促进了劳动关系的和谐稳定。全年共受理仲裁案件384件，上年未结5件，办结案件373件，重点考核指标结案率97%；其中调解结案336件，仲裁调解率90%，调解成功率达到89.4%；仲裁裁决案件37件，其中一裁终局26件，终局裁决率70.2%，网络办案率达67%。四项主要指标均高于省考核指标。

9月6日，司法调解组在南山村委征迁沙龙咨询会上提供法律服务（区司法局 提供）

【组织和业务建设】 通过丰富调解模式、健全组织建设、促进内外联动，使调解水平居于全省前列。推行“即来即调”“法律文书置换”等模式，实实在在地让劳动纠纷快速、有效的得以解决。实现乡镇街道调解组织覆盖率100%，规模以上企业调解组织覆盖100%。2022年，莲都区劳动人事争议仲裁院被评为全省先进集体，连续24年获得省级荣誉表彰。

（宿建春）

军　事

思想政治建设

【概　况】 2022年，丽水市莲都区人武部党委围绕学习贯彻党的二十大精神，组织所属人员收看大会直播，召开党委会专门传达学习习近平主席报告和军委各级首长动员部署讲话，研究制订本级学贯方案，进行层层思想发动。围绕学习宣传党的二十大精神，开展抄一次报告原文、组织一次新时代成果观摩、开展一次精神洗礼、接受一次战斗精神培育、召开一次军地体会交流座谈会、作一次大会精神宣讲、邀请一次宣讲团成员进军营“七个一”活动。投入10万元设计建设国防教育宣传栏、灯箱、墙面标语，浓厚营区内外政治氛围。抓必读书目学习，精心制订个人理论学习计划，开展读原著、学原文、悟原理活动，传达学习习近平主席最新讲话和指示批示精神，利用业余时间自学补课、深钻细研。3月，区人武部政治委员以“坚定维护核心的政治自觉”为题为军分区官兵职工、文职人员授课，帮助大家增强拥护“两个确立”、做到“两个维护”意识。谋划聚焦“忠诚维护核心、矢志奋斗强军”深化主题教育，区分部机关人员、民兵制订针对性教育计划，通过参加上级理论辅导、个人理论自学、集中讨论交流、转发学习军内权威媒体文章等形式，深化教育成效；研究制订本级党史学习教育常态化长效化方案，弘扬践行“浙西南革命精神”，清明节和国家公祭日组织机关人员赴万象山烈士陵园缅怀先烈，“七一”前夕组织机关党员到老竹畲族镇南乡革命纪念馆参观见学并重温入党誓词，接受红色熏陶，强化党性观念。

【练兵备战】 2022年，丽水市莲都区人武部围绕实现建军一百年奋斗目标，坚决贯彻习近平主席训令，对表年度训练安排，聚焦国防动员主业，坚持领导带头、实战实训，坚持按纲施训、从严治训，掀起练兵备战热潮。年初修订完善莲都区战备方案，参加丽水军分区组织的国防动员指挥演练，检验队伍履职能力。高标准完成首长机关、民兵干部骨干和分队训练，在上半年军分区比武竞赛中获单位综合第三名、首长机关综合第二名、应急连比武对抗第三名。

【安全管理】 2022年，丽水市莲都区人武部推进三个经常性工作，狠抓安全教育和形势分析。每季度和重大节日期间党委评估安全形势，部署安全工作，每季度落实预防犯罪教育，常态抓好各项工作。扎实开展“迎接二十大　创建安全年”“百日安全”等活动，2月，自发组织“条令学习周”活动，确保各项规章制度入脑入心、有效落实。完善营区重要场所安防设施设备，对各类办公场所进行安全保密巡查，杜绝失、泄密问题隐患。

【拥军爱民】 2022年初，与10家地方党政机关签订军民共建协议书，把军民共建活动延伸到社会的各个层面、各个区域。发动民兵参与义务献血、植树造林、文明城市创建等各类参建共建活动。10月，组织全区副处以上领导到武警中队过军事日，观摩武警官兵和民兵军事演练，强化领导干部国防意识和国防观

6月29日，区人武部组织机关党员到老竹畲族镇南乡革命纪念馆参观见学并重温入党誓词(程超萍 提供)

念。拨付5万元专项经费，助力人武部帮扶村仙渡乡董弄村改善公路围栏等农村基础设施，区人武部部长和政委5次到仙渡、峰源个人挂钩村指导调研，看望慰问困难户，帮带村支部党建等工作。

（王宪）

国防动员和后备力量建设

【兵员征集】 2022年，丽水市莲都区人武部加强征兵工作组织领导，对兵役登记和征兵宣传进行专题部署，结合春节走访慰问、民兵整组等展开走村入户摸底，逐人下发兵役登记通知书；为扩大大学毕业生入伍比例，对接市教育局、市人社局，摸排高校入学名单和高校毕业生名单，发动专武干部逐个电话核实，完成征兵任务。

【基层武装工作】 2022年，丽水市莲都区人武部加强“四个秩序”建设，加强对乡镇（街道）基层武装部指导帮带，2次全覆盖式现场检查所属乡镇街道武装部基层规范化建设水平，加强部分基层武装部规范化建设，老竹畲族镇武装部创成“五星”基层武装部。

【后装保障】 2022年，丽水市莲都区人武部强化应急应战目标指向，聚焦综合保障效能集优，筹划开展各项保障工作。开展深化后勤重点行业领域整肃治理攻坚行动，进一步规范各行业运行秩序，清除陋习积弊。协调区财政制定出台民兵事业费使用管理规定，开展账户资金清查整治，落实内控制度，保障年度各项工作经费需求。

【国防教育】 2022年是国防教育体制改革的第一年。1月，区人武部组织人员到刘英小学参加国防教育专题活动，为小学生授课。4月，召开区国防教育委员会工作会议，讲评部署全区国防教育工作。4月上旬，接待由市委宣传部、市教育局、丽水军分区政治工作处组成的联合检查组检查考评莲都区国防教育基地建设情况，莲都区对接的浙西南革命根据地纪念馆受到检查组好评。根据中共中央、国务院、中央军委印发的《关于加强和改进新时代全民国防教育工作的意见》，下半年区委成立全民国防教育工作领导小组及办公室，区委书记任领导小组组长，形成党委领导、军地配合、全民共同参与的国防教育工作新局面。

武　警

【概　况】 2022年，武警莲都中队（以下简称中队）坚持以党的二十大精神、习近平总书记系列重要讲话、武警部队党委1号文件精神为指引，以“立过硬窗口品牌、建‘四铁’先进中队”为目标，坚持一盘棋、一股绳、一条心，推进开展各项工作。作为总队树立的“基层建设先进中队”、全支队唯一的警营开放中队、莲都区反恐维稳的尖刀部队，先后完成春节等重点时期和重大节日安保及“护航二十大”城市武装巡逻任务。

【思想政治建设】 2022年，中队全面贯彻落实党的二十大精神，学习习近平新时代中国特色社会主义思想特别是习近平强军思想，推进国防和军队现代化建设，在全部队开展忠诚维护核心、矢志奋斗强军深化“传承红色基因，担当强军重任”主题教育，常态化开展党史学习教育，深化中队“三支笔”“四个一”学习方法，用活《习近平论强军兴军》、《求是》杂志、报纸及微信公众号等载体，开展思想辨析、研讨交流，使“两个维护”成为官兵行动自觉，推动党的创新理论在官兵心中扎根；借力“书香军营”升级改造，与市、区两级图书馆共同开展读书分享会活动，倡导官兵常读“红色”书籍，做到常学、常思、常悟，政治工作服务保证战斗力建设作用进一步凸显。

【战备训练】 2022年，中队响应习近平主席“军队是要准备打仗的”号召，坚持一切工作围绕战斗力标准，向能打仗，打胜仗聚焦，做好军事斗争准备。中队全面贯彻落实新时代执勤安保规范化集训精神及按纲施训周期运行法要求，结合中队担负的巡逻勤务实际，坚持把执勤作为确保安全、培塑形象的工作常抓不懈。根据武警部队军事训练新大纲及支队年度训练计划，科学组训，合理施训，注重培养官兵一不怕苦，二不怕死的战斗作风，年度军事训练质量稳步提升，在丽水支队各类年度比武竞赛中取得优异成绩。

【双拥工作】 2022年，中队制定双拥工作实施方案，作为支队唯一的军营开放中队，以军营开放日为契机，推动驻地国防教育深入发展。通过官兵和市民面对面的交流宣传，国防意识，爱国情怀深入市民内心。10月，中队与区委区政府、区人武部共同开展2022年度莲都区领导干部军事日活动，数十名领导干部走进营区共话国防。全年共接待区文广旅体局、莲都区外国语学校、丽水市实验学校、团市委等到队参观见学共计300余人次。

【后勤保障】 2022年，中队根据《总队保障工作指示》，结合“一长五员”制度，加强对司务长、军械员、卫生员、给养员、驾驶员、炊事员的专业技能教育培训。在征求官兵对伙食改善的意见建议后，制定多样化食谱表，既满足广大官兵的口味需求，又满足高强度训练下的合理营养需要。2022年，共选送培养炊事员1名(获中级职称认定证书)、卫生员1名(前往浙江总队医院进修)、军械员2名，提升中队后勤保障水平。

退役军人事务

【概　况】 2022年，完成本年度转业军官、符合政府安排工作条件退役士兵(退出消防员)和随军家属的安置工作。完成各类优抚对象评定认定、年度确认工作，完成重点优抚对象长短期疗养工作。成立退役军人“老兵宣讲团”，开展宣讲10余场，参与人数500余人次。

【建档立卡和优待证申领】 2022年，完成全区退役军人和其他优抚对象建档立卡的信息采集工作，优待证申领完成率100%。

【退役军人服务体系建设】 2022年莲都区创成省级枫桥式服务站20个。迭代升级浙丽老兵共富综合应用平台，增设小额意外保险掌上办理渠道，进一步提升保险理赔效率。依托百度、高德地图第三方App，更新录入各乡镇(街道)退役军人服务站相关信息。组建14支退役军人志愿服务队，开展优秀“兵支书”先进典型选树工作。

【走访慰问和就业创业】 制定出台走访慰问常态化制度和《莲都区困难退役军人帮扶援助工作实施细则》，2022年春节、八一建军节走访慰问退役军人，发放慰问金和对联、年画。开展困难帮扶，受理退役军人临时困难帮扶援助申请。为全区在册退役军人购买小额意外保险，该项工作为全省首创。联合宁波市江北区退役军人事务局开展退役军人就业创业“山海协作”，举办退役军人、军属招聘会，提供80多类岗位。与宁波市鄞州区退役军人事务局网签退役军人就业创业合作协议。开展退役军人职业技能培训，培训技能人才。

【拥军优属】 2022年春节、八一建军节期间，为驻莲都部队发放

8月23日，莲都区退役军人、其他优抚对象优待证首发仪式举行

（区退役军人事务局　提供）

节日慰问品。清明节期间，组织线上线下祭扫16万人次。 国网丽水市莲都区供电公司、丽水市郎奇农家乐农产品专业合作社被浙江省双拥办评为浙江省“社会化拥军成绩突出单位”，莲都籍拥军人物杨妃被浙江省双拥办评为浙江省首届“最美拥军人物”。联合区卫健系统、区税务系统、六大银行和四家通信运营商，制定出台莲都区退役军人专属普惠优待政策，推出“拥军莲盟”商家平台，招募企业、商家182家。擦亮全国双拥模范城金字招牌，推进莲都区双拥工作，结合2022年迎接省双拥模范城届中检查，选取双拥工作特色点位，利用城区出租车、网约车、宣传栏、小区道闸、门禁、大型广告牌等，在城区主要干道等重点区域布置双拥元素和双拥标语口号，开展双拥宣传。

（吴菁）

电子政务·通信·邮政

电子政务建设

【基础设施建设】 完成区政府大院和丽青路办事中心无线网络全覆盖建设,实现无线信号办公区域高速安全上网。对未在无线覆盖范围的单位实行统一管理,实现安全、可靠上网;开展协同办公系统智能会议板块试点,实现电脑和手机端预定会议室以及无纸化会议功能,提高办会效率,节约办公资源;电子政务内网信创电脑实现并轨运行,莲都区委办、区府办、组织部、宣传部、统战部、政法委等部门实现并轨运行;提高视频共享平台视频点位的归集率、在线率和出图率。全区公共视频点位平均在线率95.73%,位居全市第一;出图率88.71%,超出省局要求80%。

【数字资源建设】 推进数据资源利用深度,数据接口调用量达630多万次。持续数据归集,完成政务服务与数据目录全部关联,按期完成数据归集100条。完成"累了么"、阳光票决、智慧农饮水、双招双引4个应用共66个数据目录归集,梳理区民政局"96345"应用数据目录。建设"丽水山耕""九云征收""累了么"及乡村治理专题库4个专题库,有效支撑相关应用。开展核心业务梳理,按计划完成33家区直部门核心业务梳理,2022年增加业务事项1105项。

【IRS建设】 协助19个单位完成组件申请并成功调用,新建应用组件调用率为100%。完成IRS(一体化数字资源系统)资源编码50个,全部通过终审。27个应用完成IRS发布应用备案。中高风险地区自动判断组件完成IRS上架。通过IRS系统做好云资源"整合、增效"文章,整合云资源安全防护和堡垒机,收回闲置应用云实例,节约费用约50万元。定期监测,动态调整,有效提高云资源利用率约7%。

【信息化项目】 完成2022年度政府投资信息化项目联审31个,26个项目通过联审,总投资

6月1日,莲都区《公共数据条例》培训会召开(区大数据发展中心　提供)

3165.36万元。开展项目核价工作，首期提交了两个项目，预审价格181万元，审定价格140万元，节约资金约40万元。组织专家对“学在莲都”“莲智社区”“‘鱼’你共进系统项目协同管理模块”等多个项目开展论证。

【“两端”建设】 完成“浙里办”同源适配工作，推广“浙里办”的使用，通过“浙丽通行码”的布置使用，提升了活跃度。日常维护政务服务事项清单，督促各单位提高“好差评”事项覆盖率，及时做好整改，稳步提升一网通办办件率，做好政务服务向基层延伸工作。持续浙政钉整改工作，解散近四个月不活跃工作群2100多个，定期清理浙政钉人员，提升浙政钉活跃度，日均活跃度达到86.53%。上架浙政钉应用21个，审批流程25个。

【系统及网络安全保障】 开展全区存量、在建和新建应用系统的等级保护备案工作，摸底各单位相关情况，督导各单位尽快完成系统等保备案。全区50个自建应用中，有43个应用完成等级保护备案工作，等保备案率为86%；多次开展专项检查，强化整改落实。联合网信办开展2022年莲都区政务外网网络安全应急演练，全区30多家拥有自建系统的单位观摩学习设备故障和自建系统被攻击的场景；做好护航党的二十大网络安全工作。

【规范政务公开】 清理政府网站政府文件，整改及整理全网政策文件信息3000余条，确保文件集中统一规范公开。推进政府网站集约化平台栏目清理及规范化建设，删除及整合栏目579个，设置更新时限栏目2260个。开展基层政务新媒体规范性建设，清理整合政务新媒体账号17个，截至2022年底，在省政务新媒体管理平台有效备案的有主体单位6家9个账号。发布有效规范性文件及解读15件，协调网络问政问题17次，亮晒政务公开问题清单12期，处理网信预警问题9期。指导或办理政府信息公开依申请件59件，应诉行政诉讼1件，答辩再审1件，指导部门乡镇行政复议2件、诉讼1件。

8月26日，全区网络安全应急演练开展。图为演练前培训

（区大数据发展中心　提供）

【城管数字化】 依托市级智慧管控平台，对交办案卷即时下派，着重做好跟踪督办，协调指导部门主动作为，配合市中心“党建+城市治理”，确保高效处置城管案卷。2022年，区数字城管平台共接到分派案卷31337件，结案31194件，结案率为99.54%，其中，及时结案30092件，及时结案率为96.03%。结案率和及时结案率分别超过省、市目标的4.54%和3.03%；丽水市业务协同平台（花园云智慧井盖）分平台共接收井盖案卷271件，已结案269件，处置中2件，结案率和及时结案率均为100%。一大批城市管理中的“琐事”和“小事”问题及时解决，市容市貌得到明显改善。

（姜济洲）

移　动

【概　况】 2022年，中国移动通信集团浙江有限公司莲都分公司（以下简称莲都移动）以习近平新时代中国特色社会主义思想为指导，参与莲都区经济社会建设，以"丽水之干"担纲"丽水之赞"，坚持党建引领、坚持转型升级，坚持高质量发展，为莲都的发展贡献移动力量。2022年运营收入为4.06亿元，累计同比增长14.90%，上缴税收约527.8万元。5月17日，开展世界电信日"面向老年人和实现健康老龄化数字技术"主题活动，莲都移动在营业厅、小区举办"5·17"主题服务活动，给予老年群体暖心服务。

【网络建设及应用】 2022年，开展"双千兆、双标杆"城市建设，确保网络质量全面领先，实现市、县城区及重要乡镇连续覆盖，所有乡镇、交通枢纽、红色教育基地、AAAA级以上旅游景区有覆盖；新增节点机房15个，提前为政府"百万人员城市"布局，做好人口增加带来对应业务增长需求的准备。4G网络实现行政村及以上100%覆盖，累计开通4G站点11000余个，MR覆盖率达99.92%，通过农村普遍服务建设，已覆盖所有行政村。光宽带实现行政村99%覆盖，累计建设光缆3.1万千米，城区及乡镇千兆全覆盖。接入网实现万兆上联城区全覆盖。5月31日丽水首个FTTR（全屋智能千兆光纤）示范小区签约会在丽水银泰城举行，标志着中国移动丽水分公司和丽水银泰城将共同打造丽水市首个FTTR光纤到房全光智慧家庭示范小区。

【党业融合】 坚持以人民为中心的发展思想，坚守"红色通信"初心，贯彻"客户为根，服务为本"的服务理念，打造满意度精品工程，满足广大客户对高品质服务的需求，针对客户服务质量提升专门成立"书记项目"，由书记牵头提升服务品质。加强网格党建工作指导，深化网格运营体系建设，推进党建亲情网格和生产网格深入融合，党建指导员送培训进网格，组织党员带头入网格，进社区，开展为民办实事志愿者活动。深耕网格，精细化场景营销，促进两网融合。通过市政协同集团进驻、宽带义诊进小区、异业合作场景以及方舱、征兵等热点场景营销，促进融合发展。组织志愿者入社区开展防诈骗活动25场，参加活动386人次。与莲都区委共同开展"共筑防线 共同防诈"我为群众办实事主题实践活动。

推进"党建和创、和格行动、和力量" 三和工作。通过与和创单位联城街道联动共同解决弱覆盖问题，党员带头入微格营销，助银龄跨 "数字鸿沟"，提升老年客户群体满意度。开展"学党史 办实事志愿者活动"。与丽水市中心医院签订智慧党建引领战略合作协议，助力院方智慧医院顶层设计和全面建设，积极打造行业信息化应用标杆，全面提高医院信息化和精细化管理水平。

【智慧莲都建设】 2022年，莲都移动发挥央企新基建主力军作用，建设高速泛在、智能开放、绿

5月31日，丽水首个FTTR光纤到房全光智慧家庭示范小区签约仪式举行

（中国移动莲都分公司 提供）

色安全的新型信息基础设施。打造5G精品网络，提供高速接入能力，实现应急通信保障，服务医疗远程超声、电力差动保护、公交安全防控等条线落地5G应用。打造新一代云网融合设施，提供云网一体化能力，搭建的本地政务云资源，满足全区政务系统上云需求。打造全方位的物联网络，提供泛在接入能力，丽水移动拥有143万物联网连接数，拥有OneNET平台，可实现“端、管、云、服”全方面使能万物互联。

推进信息化项目落地，在公安、消防、应急、农业、宣传、教育、水利、环卫等多个领域开展合作，打造莲都特色场景应用。社会民生领域承建莲都区“天网”四期、五期工程，将社会治安防控向乡镇延伸、向AI智能化发展。落地智慧消防民生实事工程，利用智能化物联网设备为百姓建起消防安全防护网。安装农村饮用水水质监测设备，实现智慧化管控，确保饮水安全放心。建成智慧居养“96345”综合服务平台，探索智慧养老新模式。自主集成安防监控、“大喇叭”广播、云视讯等智能化设备，为数字乡村建设提供信息化解决方案。依托“丽水山耕”农业数字化平台，助力大港头、碧湖、丽新等乡镇打造智能化产业基地。在“141”基层治理体系上延伸落地联城街道“五联六和”、丽新乡“丽码办”、桃源仙渡“红加绿”、太平乡民情通等系统，为全区乡村基层治理、产业特色打造提供先行样板。协助林业部门首创“云森防”全流程管理平台，利用无人机、AI智能识别等新技术为松线虫防治工作提供科技手段。针对小区垃圾分类、公厕改造、中转站监测，提供智慧环卫解决方案，形成城区环境新面貌，助力美丽城市建设。

【网络保障】 2022年，配合完成丽水“两会”、莲都南明湖全国航海模型锦标赛、2022年全国赛艇锦标会、莲都体育馆第三届全国大学生双选会、莲都银泰开业、莲都区域2022世界摄影大会、丽水市五届人大二次会议开幕等42次通信保障工作，得到相关单位及用户的一致好评。

【反诈工作】 开展警企联动筑牢反诈“防火墙”活动，与公安联动现场宣传17次，为公安提供有效线索8次，主动支撑大数据排查疑似诈骗18次，推动警企沟通和做好防网络、电信诈骗协助工作。

【户外劳动者服务站点】 莲都移动响应市总工会“暖心工会”新业态劳动者服务的号召，依托自身站点服务优势，建设“标识统一、环境舒适、功能完善、便捷实用”的移动之家，向环卫工人、快递外卖小哥等户外劳动者及站点周边群众提供便民服务，解决户外劳动者工作中遇到的“喝水难、休息难、上厕所难”等现实问题。2022年，建成移动之家8家，其中，丽阳街营业厅“移动之家”获2022年“最美工会户外劳动者服务站点”称号。

邮　政

【概　况】 2022年，莲都区邮政快递业坚持疫情要防住、经济要稳住、发展要安全，实现持续健康快速发展，呈现总体平稳、稳中有进的良好态势，为创建百万人口大城市打造生活服务强大引擎。全年完成邮政业务总量48206.94万元，同比增长1.54%。其中，快递业务件量4171.13万件，同比增长2.43%；累计业务收入31278.8万元，同比增长1.83%。截至2022年底，莲都区有邮政快递服务企业13家，邮政普遍服务营业场所19个，各类末端网点、分支机构56处。

【机构成立】 6月1日，莲都邮政管理局正式揭牌成立。下设事业单位丽水市莲都区邮政业安全中心，承担邮政业安全监管、邮政普遍服务监管、邮政业消费者申诉受理等工作。莲都邮政管理局的成立，有助于加强全区邮政行业安全监管力量，维护寄递渠道安全，助力全区邮政快递业高质量发展。

【党群共建】 1月，莲都区快递外卖行业妇联成立。11月，莲都区快递行业联合工会成立。12月，共青团莲都区快递行业工作委员会成立。以党建带群建为指引，莲都区快递行业群团组织建设进展明显，夯实党的执政基础，开启全区快递行业工作新局面。

【行业监管】 出台《推动经济稳进提质快递企业物流补贴工作的实施细则》，实施快递企业揽件出港业务量补贴，奖补资金6.17万元。落实好省、市物流助企纾困、电商发展政策，协助企业减税降费360余万元，落实企业场地租金、快递柜补助资金近50万元。6月，以主动申报行业安全隐患并被纳入省级"七张问题清单"重大督查问题为抓手，莲都邮政管理局开展多轮安全生产大检查，组织相关培训演练，一批行业安全隐患得到整治，实现全区885名邮政快递从业人员工伤保险动态全覆盖。

【快递进村】 在区委组织部"两新"工委和区直部门、乡镇（街道）支持下，建成绿谷先锋驿站225个和共富驿站15个，补齐农村寄递物流基础设施短板。以"快快合作""邮快合作"模式，政企联动制定一乡（镇）一策推进"快递进村"。依托《莲都区农业农村高质量发展实施意见》，出台县乡村三级物流体系建设奖补政策。实施"快递进村、党员到户"制度，对接党员包干到户责任制，形成县、乡、村三级全领域党员志愿"丽水山递"服务矩阵，解决服务群众"最后一米"问题。"快递进村"于2022年11月初步实现全区乡镇全覆盖。

2022年11月，初步实现"快递进村"全覆盖。图为党员志愿者为偏远乡村农户送快递（莲都邮政管理局　提供）

（季彦来）

农业·农村·水利

综　述

【概　况】 2022年，莲都区贯彻落实党的二十大精神和中央、省委、市委“三农”工作重大决策部署，以“引入关键变量、推动系统重塑”为主线，以战略破局立势，以战术破冰蓄势，以战技破难成势，推动“三农”事业现代化建设，推动乡村全面振兴。全区农林牧渔业增加值24亿元，总产值32.84亿元，分别增长4.4%、4.6%，增长幅度创历年新高。农民增收和低收入农户增收增速均列全市第三，总量增幅位居山区26县前列，创造近五年最好成绩。

【农民增收】 创新农民增收长效机制，探索促进全区农民增收工作的新模式。实现全年农村常住居民人均可支配收入39500元以上，增幅突破8%。发展集“吃、住、行、游、购、娱、育、养、孕”于一体的乡村旅游体系，做强做优农旅融合支柱产业，2022年，全区共培育农家乐民宿经营户（点）494家，农家乐民宿接待游客336.99万人次，同比增长8.2%，农家乐民宿营业收入2.9866亿元，同比增长10.04%。围绕农民素质和技能提升，实行“菜单式”培训，重点培育农村“两创”实用人才，加大对民宿农家乐业主、生态精品农业业主、超市经营人才、农村电商、农村文艺人才、职业农民的培训，2022年，培育“乡村能人”48人，举办省级高研班1期，高素质农民培训班4期，农村实用人才培训班10期，完成培训3673人次，其中高素质农民培训186人次，农村实用人才培训544人次，普及性培训2913人次。多元运作助力“消薄”攻坚，2022年新增“消薄”项目62个，其中区级统筹项目3个，总投资2.08亿元；新增乡镇联建项目21个；新增村级自建项目40个，为村级集体经济发展注入新动能。2022年，全区208个村年总收入1.65亿元，年经营性收入8456万元，其中，年总收入100万元以上的村41个；年经营性收入50万元以上的村36个，年总收入20万元以上且经营性收入10万元以上的村208个。

【乡村振兴工程】 落实中央、省、市有关推进巩固拓展脱贫攻坚成果同乡村振兴有效衔接工作部署，巩固拓展“两不愁三保障”成果，健全防止返贫监测帮扶机制。2022年，莲都区开展低收入农户“菜单式”产业帮扶，3150户低收入农户申报产业扶持资金582.1121万元；落实教育帮扶，“雨露计划”补助学生202名，涉及补助资金60.6万元；落实低收入农户医疗补充政策性保险补助资金294.966万元，将全区所有低收入农户纳入保险；安排省级革命老区项目资金1500万元。衔接推进乡村振兴相关政策落地，开展结对帮扶，全区70个重点帮促村实现结对帮扶全覆盖，其中，以省人防办为组长单位的12家省级单位与11个重点帮促村建立结对关系，市、区35位领导与35个重点帮促村建立结对关系，以市自然资源和规划局为组长单位的15家市级单位与15个重点帮促村建立结对关系，67家区级单位结对帮扶余下的重点帮促村。2022年，莲都区低收入农户人均可支配收入17201元，同比增长17.3%。

8月15日，莲都区碧湖镇炜奕粮食专业合作社再生稻收割（马龙　提供）

【乡村建设】　未来乡村建设实现重点突围，编制乡村布局引导控制规划，擘画“一核四带”（中部未来新城·城乡融合核心区、东部山水诗路·休闲乡村发展带、南部探峰溯源·生态村落发展带、西部无问东西·畲乡风情发展带、北部峥嵘北乡·红绿融合发展带）乡村发展图景，出台《莲都区未来乡村建设五年行动计划（2022—2026年）》，7个村被列入省级未来乡村创建名单，其中2个村完成创建。2022年，创成省级美丽乡村示范乡镇1个、省级特色精品村3个，完成省级历史文化村落保护利用项目2个。全年创成省新时代美丽乡村达标村18个（精品村13个）、花园乡村24个（市级精品花园乡村5个）。24座农村公厕被认定为省级星级公厕，其中，省级示范性公厕2座，农村风貌改善成果获得人民群众和上级部门的肯定，农村人居环境提升继续走在全省前列。获评全省深化“千万工程”建设新时代美丽乡村（农村人居环境提升）优胜县、全省农村生活垃圾分类处理工作优胜县。

【“大搬快聚富民安居”工程】　2022年，莲都区加大力度推动“大搬快聚富民安居”工程实施，提出更高目标。出台《莲都区“大搬快聚富民安居”工程实施意见》（莲政发〔2022〕3号），提升补助标准，新增定点商品房模式，引导搬迁群众向碧湖新城聚集。引入社会资本参与项目实施，省乡投集团签订100亿元战略框架协议，并中标35.9亿元投资额的“大搬快聚富民安居”共建共富一期项目。项目实行一体化开发运营，整体享受银行绿色信贷政策，降低了项目资金成本，缓解项目融资压力。加快“大搬快聚”安置小区项目建设，续建魏村一期安置小区，新建常宅、魏村二期安置小区，待建凤鸣、秋塘安置小区。2022年，全区共完成安置9400余人，其中，选择碧湖新城安置的6900余人。

【农田建设】　夯实“双强”发展基础，推进莲都区高标准农田提升。莲都区2022年高标准农田修复工程（碧湖）位于碧湖镇周巷村，总投资164万元，主要包括拓宽机耕路、新建水渠等。莲都区2022年农田基础设施提升工程（碧湖）位于碧湖镇白桥村、郎奇村、沙岸村、魏村、河东村，总投资277.75万元，主要包括硬化机耕路，改建渠道等。验收通过2021年高标准农田建设项目，建设面积280公顷，分3个乡镇3个项目实施，其中碧湖镇建设高标田100公顷，雅溪镇建设高标田26.67公顷，峰源乡建设高标田153.33公顷，总投资662.2万元。验收通过2021年高标准农田改造提升项目，改造提升高标田133.33公顷，于联城街道实施，总投资73.44万元。获区域协调财政专项激励资金项目总投资2430万元，其中一期（2021年）投资1430万元，二期（2022年）投资1000万元，分别由联城街道、碧湖镇、大港头镇、雅溪镇、老竹镇、太平乡、仙渡乡、峰源乡、丽新乡9个乡镇（街道）实施，主要包括新建及修复提升机耕路、水渠，项目已完工并通过区级验收。

【农业绿色生产】　推进农业水环境治理、农药化肥减量行动、农业废弃物资源化利用和无害化处理，全区推广应用配方肥5056吨，采购冬季绿肥种子1.06万千克，推广绿肥种植面积1400公顷，推广有机肥1.3万吨，选址规划建设氮磷拦截生态沟渠1条，农作物秸秆综合利用率96.51%。安装太阳能杀虫灯200台，发放黄板65万张，完成农作物统防统治2620公顷。回收处置农药废弃包装物40.82吨，废旧农膜回收利用率90.8%。2022年，完成浙江湍峰养殖有限公司、浙江新三和动物保健品有限公司和丽水市丽农生态农牧发展公司三个养猪场的饲料环保化试点建设。

农业科技服务

【农业机械化建设】 2022年，农机化工作围绕省、市、区的相关工作部署，开展实施科技强农、机械强农“双强”行动。截至2022年底，全区有大中型拖拉机24台，农用小型拖拉机41台，配套农具585台，微耕机4347台，联合收割机27台，水稻插秧机36台，谷物烘干机19台，茶叶机械7793台，设施农业设备温室181.18万平方米，全区农业机械总动力达9.64万千瓦。制定出台《丽水市莲都区2021—2023年度农机购置补贴实施意见》和《丽水市莲都区人民政府办公室关于印发莲都区农业农村高质量发展实施意见的通知》，“以补促建”带动连栋大棚、冷库和新建山地轨道车等山地设施新建拓建，支持发展丘陵山地设施栽培。莲都智能杨梅种植、枇杷大棚种植等现代农技农艺模式亮相国家级、省级媒体。全年办理农机购置补贴申请806份，补贴资金369.301万元，增加各种农业机械945台（套），其中，大中型拖拉机4台，联合收割机2台，粮食烘干机1台，植保无人机4台，茶叶机械124台，畜牧生产成套设备8台，完成山地轨道运输机17条，总长8571米。成功创建畜牧产业“机器换人”高质量发展先行区，创成畜牧农事服务中心1个，畜牧生产全程机械化示范基地2个，畜牧生产农机创新试验基地1个。

【农机服务体系建设】 推进农机社会服务体系建设和农田宜机化提升，夯实农业“双强”社会面发展基础，推进2022年及“十四五”期间农田基础设施建设项目谋划和运维管理，加快农机农事服务中心和农机创新试验基地建设，着手谋划创建国家级农业产业园。全区农机服务体系初具规模，共有农村维修网点13个，农机专业合作社7个，农机专业户646户，农机户7133户，乡村农机从业人员6843人。农机专业合作社开展机耕、机插、机收和统防统治等“五统一”的农机社会化服务，共实施水稻机插450公顷，全区农机经营总收入达0.76亿元。

【农民素质提升工程】 2022年，举办培训班14期，培训农民760人次，培训内容涵盖水果栽培技术、丽水味道莲都“十大碗”、农家乐民宿、排舞（广场舞）、乡村春晚、“莲都山超”、新农人电商、“莲农好品”直播、农机操作技术与维修、“乡村能人”能力提升等项目，拨付中央资金55.2万元，省级资金43.4万元，区级资金5万元。先后在贵阳、安徽、莲都举办四期“莲都山超”店长培训班，共培训300人次，根据莲都超市不同阶段产业发展需要，推出“莲都山超”店长课程，促进莲都超市产业发展和“莲都山超”品牌创建。以“莲都管家”子品牌建设为抓手，提升莲都区农家乐（民宿）业主经营管理水平，打造具有“丽水山味”的特色农家菜肴。为发展农村电子商务产业、培育农村电商实用型人才，举办莲都区“莲农好品”直播达人研修班2期和新农人电商培训班1期，共培训150人次。为加强农村文艺队伍建设、丰富农村文化生活，打造莲都区“莲都春晚”文化特色品牌，举办莲都区排舞（广场舞）培训班和莲都区乡村春晚导演与策划培训班，共培训95人次。通过农民培训，培养一批观念新、懂科技、技能强、善经营的农村致富带头人。举办莲都区第四届“乡村振兴人才”技能技艺竞赛活动，挖掘与培育乡村技能人才，展示莲都历史悠久的生产技艺，搭建一个能让乡土人才施展才华的平台，助力乡村振兴。

农旅融合

【农家乐民宿产业发展】 截至2022年底，共评定“丽水山居”农家乐综合体15家，“丽水山居”精品民宿45家。莲都民宿发展方面多措并举，共助农旅融合，积蓄发展势能。出台《莲都区农业农村高质量发展实施意见》，鼓励农家乐民宿产业发展，加大扶持力度。组织"丽水山居"农家乐综合体和精品民宿评选，莲都区单读民宿客栈被评为"丽水山居"二类农家乐综合体，莲都区恬家民宿客栈等8家民宿被评为"丽水山居"精品民宿。多维度开展培训，提升从业人员素质，举办莲都区民宿管家培训班、莲都"十大碗"小吃培训班、农家乐民宿中级培训班、农家乐民宿高级研修班，组织民宿管家技能大赛活动等，进一步更新业主对现代民宿的管理理念，实现"培训促创业、创业促就业"的目的。保障游客权益，落实"民宿保"工作，为全区农家乐民宿购买第三方(游客)保险、新冠疫情保险。举办2022年丽水市农家乐民宿协会"春华"轮值活动，组织丽水九县(市)的农家乐民宿业主参加民宿故事大赛，提升莲都民宿品牌影响力，增进农家乐民宿业主之间的相互交流学习。组织农家乐参加"丽水味道·梨创意大赛暨云和雪梨美食节"活动，莲都区参赛队伍在比赛中获得银奖、最具颜值奖等奖项。

【农旅融合实践】 创新农工旅融合方式，推进菌菇文化、酿造文化、养蜂文化等系列文化主题项目，留住传统农耕文化的烙印，凸显现代农业的高效，感受农业发展的生机。重点打造港口花海、百兴菇业魔幻菇林、鱼跃文化产业园、莲丰享庄园等，发挥碧湖镇、大港头镇农业产业发展基础，探索产业融合发展业态，拓展农业旅游新模式，让农业从一产拓展到三产。打造仙渡乡葛畈村合和古道、丽新乡马村为代表的红色乡村旅游，打造农旅融合乡村振兴示范带，助力乡村振兴。

【农优产品品牌化建设】 创建"丽水枇杷""莲城雾峰""处州白莲""莲都仙桃"等区域公共品牌，实现农业品牌化发展。围绕畅通供应链、数据链、资金链、人才链、服务链，加快打造"浙里好物"数字化平台，探索同城同行同商圈模式，推动纳爱斯等本地优质供应商对接"莲都山超"。推动预制菜产业园及冷链物流基地项目落地，探索在"山超"设立"处州小吃"档口等模式，通过预制化、标准化、场景化方式，推进"丽水山耕"深度对接"莲都山超"。开展十佳枇杷评选和"莲城雾峰"斗茶大赛，举办太平枇杷节、紫金杨梅节，借助"一起跨越·携手共富"广电青年走进山区县推介活动、省农博会、上海农展会等优质平台，打响品牌美誉度。康玥·轩德皇菊、东西岩·处州白莲、鱼跃·桔醋获2022浙江网上农博会金奖，珍爱多·冻干草莓、处州蜂业·土蜂蜜、丽旭·酱鸭舌、莲鸭共生·处州莲鸭获2022浙江网上农博会优质奖。莲都区"国际茶日之大使品茶——2021年第一杯春茶"活动获全市精品二十四节气节庆评选活动银奖。在推动全域电商发展上集成发力，走电商赋能共同富裕的新路径，2022年，莲都农产品网络销售额达到6.77亿元。

农业产业化经营

【农业龙头企业】 培育现代农业生产经营主体，提高农业产业化水平。2022年新培育4家省级重点农业龙头企业，新培育6家区级重点农业龙头企业。截至2022年底，全区有农业龙头企业44家，其中省级10家，市级22家，区级12家。

【农民合作经济】 2022年全区培育、提升家庭农场144家，其中，新培育家庭农场120家，提升区级家庭农场15家，市级新型示范性家庭农场4家，省级示范性家庭农场5家，申报国家级示范性专业合作社4家，新培育粮食类家庭农场4家，组织培训农业主体法人66人次。

根据《关于公布2022年度引领性新型农业经营主体评选结果》(丽农发〔2022〕115号)文件通知，评定丽水市曾炳火家庭农场、丽水市莲都区新鹤家庭农场、丽水市凤修家庭农场、丽水市莲都区笨笨家庭农场4家家庭农场为丽水市引领性家庭农场(示范性青创农场)。根据《浙江省农业农村厅关于公布2022年度省级示范性家庭农场名单》(浙农政发〔2022〕10号)文件，评定丽水市莲都区龙门深山家庭农场、丽水梅田友鲜家庭农场、丽水市莲都区徐亚民家庭农场、丽水市莲都区麻勇军家庭农场、丽水市王细根家庭农场5家家庭农场为省级示范性家庭农场。

根据《关于公布2022年度引领性新型农业经营主体评选结果》（丽农发〔2022〕115号）文件精神，评定丽水郎奇农家乐农产品专业合作社、丽水市丽白枇杷产销专业合作社为丽水市示范性社会化服务组织。截至2022年底，莲都区共培育、提升各类社会化服务组织243家。

农村经营管理

【农村经营体制机制创新】 2022年5月，莲都区入选浙江省“浙农富裕”应用农房盘活数字化场景第一批“先行先试”推广应用单位。在大港头镇利山村、老竹镇新陶村两个试点村示范带动下，区农业农村局与淘宝网、莲城公证处、强村公司签订四方合作协议，构建农村产权流转交易网络竞价平台，依托竞价机制，推进农村集体闲置资产线上交易，盘活农村闲置宅基地和闲置住宅。2022年，全区农户通过自营、出租、合作经营等多种形式盘活闲置农房1738宗，占地面积18.79公顷，建筑面积376816平方米，盘活价值5825.8万元。

完善出台《莲都区村级工程项目建设管理指导意见》《莲都区村经济合作社年度财务预决算方案编制指导》《村级债务化解工作指引（试行）》等文件，在村级工程、财务管理、债务管理等方面进一步规范。加快“浙农经管”应用迭代升级和基层小微权力平台协同贯通，提升基层治理数字化水平，累计线上审批5万余笔，涉及资金近30亿元，莲都区获全市“浙农经管”系统应用成绩突出集体称号。

【农村经营性收入增加】 强化区级统筹、乡级联建、村级自建的多维发展思路。区强村公司与峰源乡、大港头镇强村公司合作出资2500万元建设大港头镇茶叶集中交易市场。联合紫金街道强村公司、农业经营主体、村集体等投资600万元建设智慧大棚杨梅项目，杨梅亩均产值从1万元提升至5万元，实现生态溢价，年总收益约450万元。

【农村合作社专项治理】 开展村经济合作社运行问题专项治理，通过村镇两级自查梳理、区级部门重点抽查相结合的方式，完成208个村的自查和56个村的抽查，发现并整改问题285个。新调整村级报账员140余人，60岁（含）以上全部清零。在岩泉街道开展全市首批组账村管试点工作，清理组级资金超1000万元。

9月19—23日，第二期“莲都山超”店长精品研修班在安徽省淮南市寿县举办

（丽水学院　提供）

农业安全生产管理

【农产品质量安全】 坚决贯彻落实习近平总书记关于食品安全“四个最严”指示要求，实现“管出来”和“产出来”两手抓，加强农产品质量安全监管，压实责任，守好底线。2022年，重点抽检区级以上规模主体、“丽水山耕”主体产品，提高监测时效性、准确性、真实性和覆盖面，全年开展定量检测762批次，定性检测4052批次。围绕产业实际，开展重点品种风险隐患分析，调查分析不合格农产品原因，掌握风

险关键控制点，及时预警，强化安全意识，保障产品安全。组织召开莲都区农产品质量安全风险隐患分析会商会2次，重点分析桑葚、长豇豆等高风险隐患点。推广食用农产品合格证制度，各乡镇农技站为辖区生产主体提供免费打印并送证上门，鼓励有条件的主体自行打印并粘贴在上市农产品上，2022年，主体自行开具和委托开具合格证共15万余张，附证上市产品17691.5吨。推进农业标准化生产，开展莲都特色水果精品绿色农产品基地建设，推动精品基地内主体绿色食品认证工作，指导8家主体完成绿色食品认证申请，完成对9家主体的农产品标准化生产绩效评价。截至2022年底，莲都区有区级农业地方标准4个，莲都区为主或参与的市级地方标准8个，莲都区为主或参与的省级地方标准5个。开展“三品一标”认证，新获证绿色食品3个，绿色食品续展3个，下达有机产品、绿色食品等认证奖励经费15万元。“丽水枇杷”和“处州白莲”获评地理标志登记农产品。全区有效期内有机产品7个、绿色食品18个、无公害农产品63个，良好农业规范(GAP)认证生产经营主体建设5家。全年开展农产品质量安全培训8次，开展宣传10余次，发放宣传资料1000余份。

【农机安全监理】 继续实施《浙江省实施中央农机报废更新补贴方案》和《浙江省高耗能拖拉机和联合收割机报废补偿实施细则》，对符合报废补偿条件的本地拖拉机、联合收割机、水稻插秧机、机动喷雾(粉)机、机动脱粒机、饲料(草)粉碎机、铡草机给予报废更新补贴。2022年完成41台手扶拖拉机运输机组和1台联合收割机报废补偿工作。依规办理新购置纯农田作业拖拉机、联合收割机注册登记、核发牌证，2022年注册登记拖拉机6台，联合收割机2台。全年共受理承办农机监理行政许可52件，其中拖拉机和联合收割机牌证业务8件、驾驶证业务44件。加强农田拖拉机和联合收割机安全使用规范，实施农田拖拉机和联合收割机亮尾工程，张贴反光贴35台。开展农田拖拉机和联合收割机免费实地年度检验工作，完成检验83台，检验率达100%。开展农机安全生产检查，开展警农协作，与交警部门协同开展拖拉机道路交通安全联合执法5次，共查获各类违法拖拉机3台，保障农机安全生产。

【农业执法】 2022年查办农业行政处罚案件71起，罚没款总额69.99万元。多起案件获得上级表彰，其中《丽水志同道合电子商务有限公司无兽药经营许可证经营兽药案》被评为农业农村部第三批农业行政执法指导案例，被浙江省农业农村厅评为2022年全省农业行政执法优秀案卷，被丽水市农业农村局评为2022年度全市农业行政执法优秀案卷；《叶荣明、吴传好未经定点从事生猪屠宰活动案》被丽水市农业农村局评为2022年度全市农业行政执法优秀案卷。根据《丽水市“5S”农资店创建三年行动方案(2021—2023年)》要求，提升全区农资经营店标准化水平，创建省级“肥药两制”改革示范农资店10家、丽水市“5S”农资店59家，农资信息化建设成效显著。

【专项整治行动】 依法查处各类农业违法案件，促进农资市场规范、有序、合法经营，打响“绿剑”执法品牌，提升农业执法权威。开展春、夏、秋、冬四季“绿剑”集中执法行动，对全区农资经营单位进行全覆盖巡查检查，进一步完善农资购销台账登记制度，规范农资经营行为，严厉打击销售假劣农资、无证经营等违法行为。重点针对种子、农药、肥料、饲料、兽药等农业投入品市场开展检查整顿，打击毒鱼电鱼等违法行为，加强动物检疫、私屠滥宰等案件查办，累计出动执法人员822人次，检查农资经营店、农民专业合作社、生产基地、畜禽养殖场等经营单位489家次，查获假劣农资8712.61千克，价值303万元，印发宣传资料2000余份。全年抽检农业投入品55批次，其中农药15批次、种子10批次、肥料10批次、兽药10批次，饲料10批次，抽检结果合格率90.91%。办结农业行政处罚案件71起，其中农药5起、肥料5起、种子4起、兽药7起、饲料4起、农产品1起、动监7起、渔政33起、生猪屠宰3起、植物检疫2起，罚没款总额达69.99万元。

农业示范园区建设

【概　况】 莲都区农业示范园区创建工作主要分为省级现代农业园区创建和省级农业科技园区创建。莲都区省级现代农业园区于2018年获得省农业厅批复实施，2022年创建成功；莲都区省级农业科技园区实施期为2018年1月至2023年6月。

【省级现代农业园区建设】 莲都区省级现代农业园区建设范围覆盖碧湖镇域、大港头镇东部区域及丽新乡部分区域，涵盖郎奇、里河、石牛等31个行政村。园区规划总面积96平方千米，其中核心区面积1333.33公顷。共建设重点项目25个，总投资6.05亿元，其中，中央财政资金0.12亿元、省级财政1亿元、地方财政0.85亿元、社会资本投入4亿元。2022年，建成年产值1亿元以上的农业全产业链2条，建设休闲农业观光园6处。园区共培育农业龙头企业56家，家庭农场359个、农民专业合作社201个、社会化服务组织34个、农创客92人。园区内主要农作物化肥的利用效率为40.76%；秸秆综合利用率95.4%；农药废弃包装物回收率100%；畜禽排泄物资源化利用率在98%以上，无害化处理率达100%；水产养殖排放尾水生态化处理率100%；高效节水灌溉面积占种植业面积的61.4%。园区推进质量品牌建设，农业标准实施率达到66.2%，规模生产主体农产品合格证覆盖率、规模农产品生产主体可追溯率、农产品质量抽检合格率均为100%，农产品区域公用品牌8个，省级以上名牌产品11个。通过全产业链经营，拉长产业链，开辟农民增收新途径，带动农民增收致富，核心区亩均产出27473元，核心区农民人均可支配收入达36438元。1月28日，浙江省粮食安全和推进农业现代化领导小区农业“两区”办公室正式发文公布第二批省级现代农业园区认定名单结果，莲都区省级现代农业园区创建成功。

【省级农业科技园区建设】 莲都区省级农业科技园区计划总投资550万元，其中，省财政补助200万元，涉及补助类项目5个，分别为香菇工厂化生产园区建设项目、蛋酥自动油炸搅拌机研制项目、生态农业技术服务和科技研发项目、二代家用碾米机项目、热带水果新品种引进及实验示范项目。2022年9—10月，通过现场实地调查和网上答辩，莲都区省级农业科技园区通过省级农业科技创新载体2022年绩效评价。

粮食作物

【概　况】 2022年，全区粮食播种面积0.85万公顷，产量4.10万吨，其中，水稻播种面积2219公顷，比上年减少21公顷；蚕（豌）豆播种面积1452公顷，比上年减少148公顷；甜玉米种植面积1603.16公顷，比上年增加367.46公顷；大豆种植面积为2319.88公顷，比上年增加64.15公顷；薯类种植面积899.83公顷，比上年减少95.7公顷。产量与上年持平。全区水稻播种面积有所减少，但规模种粮发展较快，鲜食旱粮发展势头良好，油料生产效益有所下降，播种面积下滑。

【生产创新】 莲都粮食产业创新再蓄力，水稻全产业链生产模式被列为全市“粮食+增收”十大最佳实践案例，华智生物（水稻）基地入选第二批国家农作物品种展示评价基地，创成2个省级品种展示评价基地。

特色农业产业

【概　况】 2022年莲都区围绕“高效、生态、精品、特色”目标，立足区域资源优势，调整品种结构、优化产业布局、建设精品基地、推广应用适用技术、加快品牌建设，构建现代农业特色产业体系，水果、茶叶、中药材、花卉等特色产业齐头并进，呈现良好发展格局，“丽水枇杷”“莲城雾峰”“处州白莲”产业提质增效，高质量发展。

【蔬　菜】 莲都区是“全国蔬菜产业重点县”“浙江省蔬菜产业强县”，蔬菜是莲都区农业第一支柱产业和种植业农民的最大收入来源。2022年，莲都区蔬菜播种面积0.85万公顷，产量24.67万吨，产值9.62亿元（种植规模和产值均位列全市第一）。形成“一藕两茄三豆四瓜五带”的产业布局，通过打造长三角地区重要的“放心菜园”，强化“菜篮子”保供蔬菜基地建设，进一步提升蔬菜产业地位。

【水　果】 2022年初长时间阴雨寡照、梅汛期明显、夏季高强度高温，尤其6月底至10月持续近4个月干旱，造成柑橘果实膨大异常，减产减收，各果树尤其山地果园严重缺水，猕猴桃等部分果树死亡，对2023年生产造成影响。2022年，全区水果产量13.4万吨，产值4.64亿元，产量降低，价格较2021年提高。其中椪柑、瓯柑等大宗柑橘面积持续减少，干旱后减产7.1%；桃因花期高温影响，产量下降4.8%；杨梅春季低温影响，减产3.2%；枇杷、葡萄等水果增产增收；产业优质优价凸显，异常天气下设施大棚优势明显，大棚杨梅40元/公斤，大棚枇杷20元/公斤。

2022年，举办“十佳枇杷”“十佳桃”评选，开展太平枇杷节、紫金杨梅节等节庆活动，莲都水果标准化、品牌化、精品化进一步增强。“太平白”枇杷获评浙江省十大优异农作物种质资源；“宁海白”枇杷以可溶性固形物13.5%获浙江“农业之最”枇杷擂台赛可溶性固形物·白沙类三等奖（全省第5名）；“霞脆”桃获浙江省精品桃优质奖；“春香”杂柑获评浙江省精品杂柑。

开展杨梅、枇杷、桃精品设施大棚建设，其中，紫金街道杨坑村杨梅设施大棚面积达5.33公顷。与浙江大学持续3年合作研发枇杷、桃无损伤检测仪器，2022年实现生产推广应用。开展老桃园改造试验，建成仙渡乡何金富村示范点，缓解连作障碍问题。建成太平牛头山村、老竹曳岭脚村、碧湖碧云街等柑橘示范点，重振柑橘产业。山地轨道及小型机械推广应用，枇杷地方资源收集完善，果树枝叶粉碎无害化处理等工作推进果业提质增效。

“丽水枇杷”是浙江省丽水市特产，面积发展达606.67公顷，产量2600吨，产值4100万元，其中太平乡是丽水枇杷种植面积最大的乡镇，种植面积近266.67公顷。莲都加大枇杷区域品牌宣传推广力度，连续多年举办枇杷节、产品评优、休闲观光等活动，开发枇杷膏、枇杷花茶系列产品，打造丽水枇杷文化长廊、建立种植资源圃，推进农旅融合，做强枇杷产业，产品远销北京、上海等全国各省市，深受消费者青睐。

【茶　叶】 全区有茶园3966.67公顷，产量2530吨，产值2.76亿元，主要分布在大港头镇、碧湖镇、丽新乡等乡镇。茶叶是莲都传统产业，2020年开始作为主导产业发展，重点打造“莲城雾峰”品牌化产业。2022年“莲城雾峰”新建标准化加工厂2家，改造茶叶加工厂2家，新增茶叶加工流水线4条，新引进和推广茶叶机械245台，轨道运输机11台，植保无人驾驶航空器2台，建成数字茶园基地3个，争取省级浙南早茶特色产业集群项目5个，茶产业生产、加工效率显著提高。举办莲都区第一届“莲城雾峰”斗茶大赛，品牌知名度提升，产业加速发展。出台《茶八条》等系列扶持政策，唱响“双招双引”、农业“双强”、品牌赋能“三城记”。2022年，莲都区建成国家体系茶产业丽水试验站，先后获得茶叶高新科技企业投资近7亿元。

【食用菌】 食用菌生产基地主要集中在峰源、老竹、雅溪等乡镇，2022年，全区食用菌产业总产值1.22亿元，食用菌生产规模基本保持稳定，价格相较上年有所提高，香菇工厂化栽培技术提升明显。2022年，有食用菌生产、加工企业3家，食用菌专业合作社4家，香菇工厂化生产基地1个。打造了百兴菇业“魔幻菇林”，是集种植、采摘、旅游观光及亲子活动等项目于一体的农旅融合菌菇文化体验景区。

【中药材】 2022年，中药材产业加快品种培育、生态种植、示范基地建设，加强“处州白莲”种质资源繁殖保存圃及莲鸭（鱼）共生系统、加工场等建设。全区草本中药材种植面积共1135.8公顷，亩产量1562.1吨，总产值14106万元。其中，处州白莲452公顷、覆盆子376.67公顷、皇菊

25.67公顷、铁皮石斛22.13公顷、三叶青62.33公顷、益母草17.67公顷、黄芩15.33公顷、金银花25.33公顷，浙贝母、元胡等其他草本中药材138.67公顷。2022年，丽水市轩德皇菊开发有限公司生产的皇菊获评浙江省中药材博览会新产品金奖产品、浙江农博会金奖产品、浙江特色伴手礼和处州本草丽九味；“处州白莲”获丽水市市民最喜爱的十佳好产品称号。

畜牧业

【概　况】 2022年，莲都区畜牧生产稳步提升。年末统计生猪存栏数20.46万头，母猪存栏2.27万头，生猪年饲养量达36.06万头，家禽年饲养量578.46万羽。创成省级畜牧业“机器换人”高质量发展先行县。

【生态畜牧业】 以全省生猪产业“六化”为引领，抓好生猪增产保供，推动莲都区生猪全产业链发展。2022年，完成新（扩）建万头以上规模生猪养殖场6家，截至2022年底，生猪存栏同比增长38.24%，牧业增加值后劲十足。推动湖羊产业发展，万头湖羊养殖场项目建成投产。完成3家养殖场浙江省“两化”（兽用抗菌药减量化和饲料环保化）试点评估验收。

【动物疫病防控】 落实四季重大动物疫病强制集中免疫，实现“应免尽免、不留空当”，筑牢重大动物疫病防御屏障，严防重大动物疫情发生。2022年，累计免疫家畜56.63万头次，家禽422.95万羽次，规模养殖场免疫率达100%，散养畜禽总体免疫率达95%以上。全区病死动物实行统一收集、集中处理、死猪冷链暂存、生猪保险联动制度，确保病死动物无害化处理及时到位，全年共收集并无害化处理病死猪11.4329万头，其他死亡动物207.406吨。开展非洲猪瘟防控，坚持疫情隐患排查、落实主体责任、监管责任、消毒杀菌灭源等各项防控措施，打好非洲猪瘟防控战役。莲都区获2022年丽水市动物防检疫职业技能竞赛团体第一名。完成5000头以上猪场兽医检测室建设并常态化开展非洲猪瘟自检。丽水市丽农生态农牧有限公司里塘母猪场非洲猪瘟无疫小区通过省级验收。

【畜禽屠宰管理】 2022年，贯彻落实《中华人民共和国动物防疫法》《动物检疫管理办法》《生猪屠宰管理条例》等相关法律法规，依法实施定点屠宰场监督管理工作。安排专业检疫监管人员入驻屠宰场，实行24小时轮班监管制度。督促屠宰企业健全质量安全控制体系，落实屠宰环节非洲猪瘟检测，做到“头头采、批批检、全覆盖”。开展屠宰企业官方兽医派驻，根据企业生产需要在丽水三农食品有限公司和丽水市华统食品有限公司派驻6名官方兽医和10名检疫协检员，实行24小时值班制。全年累计屠宰检疫生猪19.59万头、牛羊0.3万头、家禽112.6万羽。加大畜产品监测力度，推进畜产品质量检测管理制度化。全年屠宰环节监督抽检猪尿样8766个批次，养殖环节抽检720个批次，配合上级部门抽检畜产品样品132份，区级畜产品监督抽检样品99份，畜产品检测结果全部合格。

渔　业

【概　况】 2022年，莲都区渔业生产稳步发展。全区养鱼面积723.33公顷，渔业总产量4863吨，渔业总产值11203万元。生产“唇鱼骨”苗种2000万尾，瓯江彩鲤及其他苗种500万尾，繁育马口鱼苗种3000万尾，光唇鱼苗种100多万尾。全区发展稻田养鱼683.53公顷，增殖放流550万尾。在初级水产品质量安全专项行动中，全年共组织抽检了66个批次的初级水产品，合格率100%。

【渔业发展】 发展河道景观渔业，委托村庄管理河道85个村，产值达1600多万元。在溪流投放瓯江彩鲤、马口鱼等丽水特色的鱼类，形成高低错落、层层有鱼的河道景观。推广生态、节能的大鲵养殖新技术，降低养殖成本。溪鱼发展以莲都区金满水产苗种场、丽泉家庭渔场养殖、莲都区农耕渔家庭农场、莲都区徐旭伟家庭农场、“晓锋金鱼”5家为龙头，带动全区“观赏鱼”及溪鱼发展。全区共创成省部级示范场9家；莲都区被评为省级渔业健康养殖示范县。在玉溪水库、高溪水库、黄村水库、港口水库、开潭水库等13座水库发展水库“洁水渔业”，有效控制水库水质。小龙虾产业发展较快，全区小龙虾养殖户12家，面积达52公顷。发展大港头镇为香鱼小镇，港口村为渔业“香鱼一条街”，取得较好经济效益。

水　利

【概　况】 2022年，莲都区水利局以提高防汛防旱防台能力为核心，以加大水利基础设施建设为重点，贯彻实施最严格的水资源管理制度，做好水行政监管，以实干实绩检验党的二十大精神的学习成效，推进新阶段水利高质量发展。区水利局获浙江省水利系统和丽水市水利系统考核双优秀。

【水利工程建设】 2022年，莲都区推进水利基础设施建设，水利固定资产完成投资1.8亿元。其中，莲都区农村供水保障工程年度计划投资完成投资4000万元，完成年度投资计划的100%；莲都区碧湖平原水系综合治理工程（一期）工程完成投资5000万元，完成年度投资计划的157%；莲都区宣平溪流域综合治理工程完成投资2379万元，完成年度投资计划100%；省级民生实事完成雅溪水厂主管网延伸、郎奇—石牛区块配套供水工程等农村供水管网改造68千米。省、市考核任务要求全部完成。推进重大项目建设，莲都区碧湖平原水系综合治理工程为省重点水利工程，也是“十四五”期间莲都区规划实施的重点水利建设项目之一。其中，一期已于6月1日开工建设；二、三期处于可研修改完善阶段。莲都区雅溪水库综合利用提升工程计划正在可研编制。

【抗旱保供水工作】 2022年7月1日至17日的极端干旱天气造成莲都区289人用水困难，3000余人用水紧张。莲都区水利局联合相关乡镇（街道）、村以及应急部门，结合各村实际情况通过限时供水、打水井取水、邻村借水、寻找建设新的应急水源和应急送水等方式解决饮水问题。完成全区96个点位深井开挖，谋划第二批打井点位。组织乡镇（街道）寻找备用水源开展自救，调拨应急管道6万余米。协调应急部门通过消防送水或指导乡镇自行送水等方式保障断水村日常生活供水。向上争取中央财政水利救灾资金354万元，下达给各乡镇（街道），用于打井等应急水源工程建设和取运水设备采购。全区水费总体收缴率达83%，水费收缴工作纳入乡镇街道年度考核，进行每月通报，同时配合农村地区节约用水宣传，提高村民节水意识。

【水行政监管】 莲都区水利局严格执行河道巡查制度，重点针对“河道清四乱”、“五水共治”、妨碍行洪点位清理等开展巡查。2022年组织各类执法巡查260余

6月1日，丽水市莲都区碧湖平原水系综合治理工程（一期）开工仪式举行

（区水利局 提供）

次，出动人员540余人，发出责令停止（改正）违法行为通知书16份，受理举报、取证、移交执法局行政处罚案件1起。做好大溪保洁工作，完成大溪督查6次，出动巡查人员600余人次，累计清理垃圾500余吨、建筑垃圾面积约400平方米。完成小水电安全生产标准化复评、电站水库安全鉴定及全区小水电站生态流量泄放评估等工作。每月开展生态流量泄放线上检查，根据省厅12月的通报，莲都区生态流量泄放监测数据的完整率、及时率稳定在99%以上，位列全省前25名。

【水资源管理】 2022年，莲都区水利局建设节水型社会，报送节水优秀案例工作《探索农业节水新模式 打造莲都节水新招牌》，向省级专家领导展示莲都“雾耕栽培”和“节水抗旱稻”两项农业栽培技术，于3月被评为浙江省2021年度“节水行动优秀实践案例”。2022年，在已创成9家节水标杆小区、1家节水标杆校园、1家节水标杆企业、1家节水标杆酒店的基础上，开展节水型标杆酒店、节水型标杆企业创建各1家，是全市节水标杆载体已创和正在创建最多的地区。开展取用水管控工作，完成2家取水户取水许可证核销及97家取水户取水许可证到期集中审批延续工作，其中取水量保持不变取水户91家，取水量核减4家，取水量增加2家，均通过评估，予以延续。根据上级要求完成112家自备取水水资源费征收、用水总量统计、取用水监管工作，开展取水户日常检查20余次，共征收水资源费708.93万元（其中根据要求减免177.28万元）。

【幸福河湖建设试点县】 根据《浙江省水利厅 浙江省财政厅关于公布2022年幸福河湖建设试点县名单的通知》（浙水河湖〔2021〕18号），莲都区被列入2022年幸福河湖建设试点县名单。总投资871万元，以联城街道的风鸣河滩生态公园和碧湖镇上赵村的河长制公园先行启动区为核心和突破口，布局“一河一风景、一湖一景点”幸福河湖特色建设的水利新标杆工程。

【生态堰坝】 自丽水市全流域堰坝生态化改造实施以来，莲都区投入资金1802.16万元，已完成莲都区生态堰坝改造工程一期初步设计批复。截至2022年底，一期在施工中，工程建设内容为巨溪、严溪、石候坑、大顺坑4条河道拆除、改建堰坝，清除河道障碍，河道清淤疏浚等。生态堰坝改造工程二期已完成施工图审查。

【水利数字化转型】 构建一仓一图“大脑”架构，为场景建设提供数据与智慧的科学支撑。截至2022年底，莲都区治水数据仓汇聚形成治水数据目录100个，累计2535万条，发布接口97个，接口调用5.27万次。“智水一张图”整合区域河湖、水利工程、水灾害防御等20余类治水对象空间的数据，实现以数字“赋能”推动水旱灾害防御“智慧化”。

（黄硕俏）

水　文

【水文测报】 2022年，规范完成各项水文测验、水文资料收集、水文情报预报等工作任务。面对台风、梅雨带来的严峻汛情，坚持24小时防汛值班，监视水情雨情变化，准确、及时地把实时水雨情信息报送至各级防指，为政府防汛抗洪决策提供科学依据。

【汛前准备】 按要求完成各水文测站水尺零高接测、大断面测量、起点距校测、水文缆道绞车及钢丝索擦洗上油工作。清理补充汛期水文测洪物资，新增配备移动电源，以满足大洪水和台风来临造成停电时的照明需要。对3个基本站及雨量站代办员进行新设备的应用等业务技术培训辅导。

【水文防汛“5+1”工程】 莲都区水文防汛“5+1”工程分三年建设实施，建设任务包括新建、改建流量监测站7处；改建提升重要水文站1处；新建改建水位站59处；新建改建雨量站20处；改建蒸发站1处；超标准洪水应急能力建设重要站12处、机构建设1处；通信双保障建设3处。2022年，完成2020年、2021年工程验收工作，完成年度投资415.3578万元，完成全部考核任务。

9月9日，莲都区水文站参加丽水水文应急监测演练(区水利局　提供)

【水雨情遥测站运行维护管理】　通过公开招标，委托第三方浙江通济信息技术有限公司对莲都区水雨情遥测站点进行维护管理。完成全区76个水雨情遥测站、88台水雨情遥测设备、2个雷达波在线自动测流站的运行、维护、管理工作。

【水质采样送样检测】　通过公开招投标，确定丽水海关技术中心作为第三方水质采样检测单位，对碧湖老车渡(采桑村)、黄渡(堰头)、高溪水库共3个点位的水温、pH值、溶解氧、高锰酸盐指数、化学需氧量、五日生化需氧量、氨氮、总磷、总氮、铜、锌、氟化物、硒、砷、汞、镉、六价铬、铅、氰化物、挥发酚、石油类、阴离子表面活性剂、硫化物、粪大肠菌群、氯化物、叶绿素a、透明度等27项内容进行检测，完成2022年水质检测工作。

(黄硕俏)

莲湖水库建设

【概　况】　莲湖水库项目位于莲都区的西面，处于瓯江大溪支流宣平溪流域，坝址设置于宣平溪港口村上游约2千米处，主要涉及联城街道、丽新乡，是一座以防洪、水调节、改善流域水生态环境为主，结合发电等综合利用的水利工程，设计总库容为1.3亿立方米。莲湖水库项目是国家、省、市重点水利项目，已被列入全国《“十四五”水安全保障规划》《“十四五”革命老区基础设施建设实施方案》《长江三角洲区域一体化发展水安全保障规划》《浙江省水安全保障“十四五”规划》。

【莲湖水库移民动迁安置指挥部成立】　7月，莲都区政府召开2022年第6次区长办公会议，听取关于莲都区莲湖水库移民动迁安置工作情况，原则通过《莲都区莲湖水库移民动迁安置工作实施方案》，莲都区莲湖水库移民动迁安置工作指挥部正式成立。8月，莲湖水库移民动迁安置指挥部召开指挥部第一次全体干部会议，并进行实物调查初步培训。

【移民动迁安置工作】　9月，浙江省人民政府发布《关于禁止在丽水市莲湖水库工程占地和淹没区新增建设项目和迁入人口的通告》，莲湖水库工程移民安置动迁工作进入实质性阶段，可正式开展工程占地和淹没区实物调查工作。

2022年，基本完成4个村、1928户、4200多人，5.25平方千米的人口信息和地上附属物实物调查工作，资料收集率、房屋测量率达100%，村民签字确认率达98.25%，完成实物调查目标，在全省库容在1亿立方米以上的大中型水库中调查速度位居前列。

(何亿)

“五水共治”工作

【概　况】　2022年，莲都区贯彻省委、省政府和市委、市政府关于推进“五水共治”(河长制)的决策部署，推动水环境质量进一步提升。莲都区国控“水十条”考核断面水质达到考核目标要求，交接断面水质和县级以上集中式饮用水水源水质达标率均为100%，13个地表水断面中，Ⅱ类以上水质断面12个，占

11月18日，莲湖水库移民实物调查工作动员大会召开（莲湖水库移民动迁安置工作指挥部 提供）

92.3%。

【“污水零直排区”创建】 2022年，区治水办完成学校、六小行业和共建单位等单元的问题整改工作。开展“污水零直排区”建设“回头看”工作。通过前期排摸发现问题108个，均已整改。

【“找巡查挖”专项行动】 2022年，完成乡级自查互查、县级自查互查和市级自查互查三级专项行动，发现问题561个，其中B类问题5个，C类问题21个，均已完成整改并申请验收销号。“督察在线”系统录入问题561个，截至2022年底，完成销号561个，录入工作进入销号收尾阶段。

【整改黑臭水体】 2022年，梅岙溪点位水质氨氮、总磷等关键指标达到III类、IV类水的要求，基本完成消除“劣五类”水质的目标，完成市级销号验收工作。

【“河长制”工作】 巡河周期中均使用“河长在线”App进行巡河工作。更新河长公示牌180块。开展河长制宣传工作，发放护河宣传手册，讲解河长制相关政策，为群众答疑解惑，引导群众参与保护水环境，营造全民护河的良好氛围。

【治水宣传】 以固定宣传为主，结合“污水零直排区”“世界水日”等开展多种形式的治水宣传活动。要求各部门及乡镇（街道）每月完成2篇微信公众号“碧水莲都”的推送工作、每个季度推送1篇治水简报，治水办每月进行通报。2022年被市治水公众号录用信息2篇。多形式开展“绿水币”推广工作，完成注册人数13580人，达到注册人数要求。

（陈楠）

林 业

综 述

【概 况】 2022年，莲都区林地面积102552.1公顷，占土地面积的68.7%；森林覆盖率76.74%，同比增长0.09%；森林蓄积量604.4万立方米，增长37.5万立方米。森林资源以针叶树最多，阔叶林及针阔混交林占森林面积比重为29.07%。

湿地总面积194.07公顷，受保护"三调"湿地面积113.54公顷，其中自然保护地保护面积83.77公顷，湿地多用途管理区面积29.76公顷，湿地保护率为58.5%；争取到专债资金6000万元、中央资金5185万元、省级资金177万元。争取到林地指标近66.67公顷。

【林业产业】 2022年，莲都区林业总产值466791万元，比2021年增加9101万元，增长1.99%，其中，第一产业133192万元，比2021年增加3873万元，增长2.99%，包括林木种苗、木材采伐、经济林产品的种植与采集等；第二产业27031万元，比2021年增加 1853万元，增长7.36%，包括木材加工和竹木制品制造及木、竹、藤家具制造等产业；第三产业306568万元，比2021年增加3375万元，增长1.11%，主要为森林旅游与休闲服务业。

森林生态体系建设

【公益林建设管理】 莲都区公益林69525.06公顷，其中国家级7736.53公顷，省级61788.53公顷。2022年，发放集体和个人公益林生态效益补偿资金3112.77万元、自然保护区租赁资金256.64万元，发放率99.8%，惠及15个乡镇、193个村、37580户农户；拨付国有林场生态效益补偿221.2万元，拨付率100%；护林人员管护费331.27万元，公共管护费92.42万元，管理费46.21万元，拨付率均为100%。发放国有天然林停伐补助142.07万元、天然商品林停伐管护补助120.84万元，惠及14个乡镇、46个村、3575户农户。投保公益林火灾保险，覆盖面100%。清理历年遗留资金15.64万元，其中，发放2021年度因纠纷缓发的第二批公益林生态效益补偿资金12.68万元；清理2016—2021年"挂账银行"公益林补偿资金63户共2.96万元。

2022年按照"占一补一"的原则，完成征占用调补省级以上公益林林地7.2公顷，其中国家级6.13公顷，省级1.07公顷，实现公益林总量平衡。

【林业行政审批】 根据《浙江省林木采伐管理办法》和《浙江省公益林和森林公园条例》，加强林木采伐管理工作，严禁天然林商业性采伐，禁止对天然林实施皆伐改造，加强森林资源保护，提高林政管理质量。2022年，发放林木采伐许可证372个34014立方米；执行林地定额管理制度，依法审批建设项目使用林地，完成林地征占用审核审批事项77件99.8759公顷，其中，建设工程项目62件，面积85.0669公顷，征收森林植被恢复费3036.7万元；林业生产服务设施15起，面积14.809公顷。

【自然保护地管理建设】 对5处自然保护地的红线范围和内部

区划进行整合优化，完成《莲都区自然保护地整合优化方案》编制工作。

开展湿地图斑调查。对全区国土“三调”湿地图斑（243个）进行逐图斑现地调查，拍照、记录图斑调查因子并上传。根据调查结果，编制完成《莲都区“三调”湿地逐地块调查报告》并通过专家评审。完成《丽水九龙国家湿地公园总体规划（2022—2026）》（按原范围）编制。完成省重要湿地矢量落界调查和《丽水莲都区重要湿地落界成果报告》编制，明确丽水九龙国家湿地公园的省级重要湿地范围，做好重要湿地年度生态保护成效评估工作。九龙国家湿地公园总面积稳定，地面水水质情况维持在Ⅱ类水范围内，根据九龙湿地本底调查结果，湿地动植物种类和数量保持稳定。

组织编制《莲都峰源省级自然保护区建设规划》。推进保护区生物多样性保护监测——葑垟湖特别功能区湿地保护修复工程，完成葑垟湖特别功能区湿地农田租赁工作。推进峰源省级自然保护区勘界立标、大型真菌本底调查等项目，完成保护区野生兽类监测项目。开展野生动物疫源疫病监测防控工作。完成保护区集体林地和农田湿地租赁资金发放。发放莲都峰源省级自然保护区集体林租赁资金、赛源行政村（保护区外）森林生态效益资金512.2万元，总面积为3964.33公顷，其中，自然保护区集体林租赁面积3943.86公顷，合计255.56万元；赛源村保护区外公益林补偿面积20.47公顷，补助标准35元/亩，合计256.64万元。停止保护区内的林木采伐作业，禁止与保护区无关的生产建设活动，2022年，未发生自然生态损害行为活动，未发生不稳定因素。在老竹镇沙溪村开展自然保护地融合发展示范村建设。

【绿化造林】 实施森林抚育266.66公顷，新增百万亩国土绿化446.32公顷，完成任务102.97%，其中，新造林210.26公顷，新增森林认定236.06公顷。千万亩森林质量精准提升自查验收上图1036.6公顷，完成任务155.49%。建设美丽林相0.53万公顷，完成任务101.15%，其中建成珍贵彩色森林0.144万公顷。完成4个“一村万树”示范村创建并通过市级验收。完成太平乡小安村、白口村2块城镇彩屏建设。完成乡土树种苗木培育，统筹分配下发2021年度珍贵彩色树种省调控容器苗 6.4万株，做好容器苗分发档案，落实种苗质量检查；种苗质量抽检苗批合格率100%。

实施瓯江沿岸森林生态保护和修复项目，对大港头镇至碧湖镇瓯江流域沿岸松材线虫病高发区块进行生态修复和保护，项目总投资2877万元，一期工程生态修复面积351.33公顷，已全面完成林地清理工作，185541株苗木陆续种植。完成一期地方配套工程168.67公顷，项目（二期）已完成初步设计评审。在莲都林场南山林区及碧湖区块各实施林地生态修复项目133.33公顷，总投资3000万元，完成初步设计报批。完成省级森林城镇方案编制。建成生态文化基地2个。

林业产业体系建设

【林业产业发展】 2022年，完成新建“一亩山万元钱”培育示范基地146.67公顷，辐射推广407.93公顷，巩固深化722.73公顷。完成2021年度、2022年度全省千村万元林下经济增收帮扶工程验收工作，其中2021年2个，分别为老竹镇丁公村林下养蜂项目和联城街道苏港村林下养殖项目；2022年5个，分别为峰源乡郑地村林下种养殖项目、库坑村林下种养殖项目、联城街道瑶畈村林下种养殖项目、丽新乡马村村林下养殖项目、老竹镇沙溪村林下养殖项目。

在峰源乡、碧湖镇建成投产毛竹加工分解点2家。其中，峰源乡夏庄村的毛竹加工分解点共占地0.3公顷，加工机器30多台；碧湖镇红南村的毛竹加工分解点占地1.67公顷，加工机器50多台。立项林区道路12条共22.08千米。制定《莲都区油茶产业项目申报及验收管理制度》，召开全区油茶资源专项调查工作会议，摸清区内油茶资源底数，挖掘出已失管但具有经营潜力的油茶面积8560公顷，2022年油茶籽产量8700吨。组织7家单位参加第十五届中国义乌国际森林产品博览会，获金奖2个，优质奖2个。送检食用林产品158批次。

申报创建省森林人家特色村1个，森林氧吧1个。完成林权抵押贷款余额85467万元，林地经营权流转540公顷；新增培育林业经营主体10家。培育2022年度省级林业乡土专家1人。

【古道修复项目】 2022年，完成栝苍古道（却金馆观景平台至界碑）二期修复项目后期审计工作。栝苍古道二期项目总长度8050米，累计支出金额363.22万元。完成全区古道现场调查及“落地上图”工作，共计普查17条古道，实地踏查103千米，实现古道数据可视化。为18株古树名木制定“一树一策”保护方案并通过验收。

林业安全管理

【野生动植物保护】 投保野生动物肇事责任保险，2022年理赔65起（每村按1起事故理赔），与2021年相比，理赔数增加32起，增加97%；理赔金额为18万元，比2021年增加4万元，增长28.6%。2022年，共救助各类野生动物91次，共计125只，相比2021年救助数量增加10只，创历年新高，其中救助国家重点保护陆生野生动物56只，国家“三有”保护野生动物67只。开展野猪危害防控工作，完成野猪危害评估报告，主动预防野猪危害。

开展极小种群植物景宁木兰保护繁育。景宁木兰繁育分蘖苗140余株，开展种子活力测定、实生苗繁育、组织培养等试验，繁育实生苗60余株，完成项目报告并通过专家验收。开展莲都区景宁木兰种质资源本底调查，调查发现分布在峰源乡的16个林业小班，共有137株（丛）740支萌条，摸清全区景宁木兰资源现状。

莲都区被浙江省纳入全省开展野生动物本底调查工作试点县，也是全市唯一开展该项工作的县，制订《莲都区野生动物资源调查与评价技术方案》，明确调查思路、方法、内容及路线，于10月启动调查工作，主要调查方法包括红外自动数码照相法、

莲都区碧湖镇中溪村箬溪岭红枫古道（区生态林业发展中心 提供 摄于8月31日）

10月13日，林业工作人员与小学生一起放生国家二级保护动物凤头鹰

（区生态林业发展中心 提供）

样线法、样点法、样方法和集群地直接计数法，在全区范围内以3×3千米网格化标准布设红外相机，并结合实际进行加密布设，共布设218台红外相机覆盖全区各种生境。在调查中发现莲都新纪录白眼潜鸭和斑背燕尾。此次本底调查周期为两年。

【林长制工作】 印发《莲都区林长制区级会议制度》《莲都区林长制区级部门协同制度》《莲都区林长制工作督查制度》《莲都区林长制信息公开制度》《莲都区林长制工作考核办法》5项配套制度，完善林长制管理制度体系。结合领导联系乡镇（街道）制度，分级设立区、乡镇（街道）、村三级林长（警长），建立林长联系片区制度，明确各级林长责任。明确林区警长负责组织协调打击各类破坏森林湿地资源的犯罪行为，协同做好森林防灭火工作。在区生态林业发展中心设立林长制办公室。建立部门协同制度，将林长制纳入乡镇（街道）年度考核。2022年，总林长巡林3次、副总林长巡林2次。12月22日，莲都区林业工作会议暨第一次区级总林长会议召开，落实市委林业工作会议精神暨第一次总林长会议精神，指导协调地方林业发展存在的各项问题，并对冬春季森林防灭火工作作专项部署。

【森林防火工作】 落实森林防火行政首长负责制，在春节、清明、“五一”、国庆等重大节假日和重点时段，专题部署森林防火工作。2022年未发生重大森林火灾和人员伤亡事故。全区森林火灾火情过火面积较2021年下降近70%。落实行政首长负责制，签订防火责任状，从责任落实、宣传教育、火源管控、应急准备等各方面入手，重点抓好节假日、夏季高温天气、党的二十大期间等重点时间节点的森林防火工作。常规开展森林火灾隐患排查和野外火源专项治理行动，区级、乡级召开专题会议56次，派出69个督查组1600余人次，出动护林员1.1万余人次，排查火灾隐患158处。制止秸秆焚烧违章用火6411起（含秸秆焚烧），立案查处172起，处罚金额6.4万元。组织对7条35千伏线路、38条10千伏线路、89个低压台区开展通道清理，共排查出14条存在隐患线路，全长97.92千米，完成全部治理工作。全覆盖式宣传森林防火知识，更换大型固定防火宣传画面6块，新增固定防火宣传牌33块，张贴禁火令2200余张、《关于发布国庆、党的二十大期间禁止野外违规用火的通告》4000余张，发放防火宣传资料9万余份，悬挂横幅标语2230余条，微信朋友圈、短信提醒360余万条，在电视台及200辆城乡公交车上滚动播放森林防火公益广告。投入50万元为3支火情早期处置队伍提升装备。2022年1月对2021年的270名护林员进行考核评比，奖励优秀护林员50名，对部分不达标的护林员进行更换，重新签订2022年护林管护合同。

【松材线虫病防控】 完成松材线虫病防控任务，2022年完成清理面积5.83万公顷、30.56万株，完成率100%，处置疫木9.4万吨，验收通过率100%。2022年秋季普查发现枯死木发生面积4.77万公顷，发生株数20.68万株，分别同比下降18.12%、32.33%，实现持续两年双下降。确定乡镇人民政府、街道办事处及莲都林场为疫木清理责任单位，区政府与各责任单位签订《松材线虫病防治责任书》，把松材线虫病防治工作列入年度考核内容。持续完善"云森防"智控平台，针对当前松材线虫病防治工作中存在的不足和短板，从疫情普查、分级区划、质量监督、检查验收等各个阶段全面升级现有防治模式，新增注干管理模块和疫木销毁模块，实现数字化除治、数字化监管。每周一、周三、周五通过"云森防"平台督查统计除治进度并进行排名，提高除治效率。明确护林员相关职责，配合乡镇（街道）随同各砍伐队做好现场监督。在集中清理期间，组织督查组分区分时段开展清理质量督查，共发放整改通知书21份，对不按规定开展清理工作的采伐队发放黄牌警告14次，累计扣除采伐队清理经费51.71万元。共办理案件6起，依法查扣、没收疫木124.87吨，罚款6.82万元，清缴、销毁房前屋后疫木11.13吨。开展综合防治工作，优先清理城区周边、景区周边、"六边"区域等窗口区域。对峰源省级自然保护区周边落实最严防治措施，发现一株、清理一株，确保彻底根除。4月底完成诱捕器悬挂监测工作；6月底开始组织力量对区域内零星发生的枯死松树实行"即现即清"，切断疫情传播途径；8月完成三轮共1万公顷次松林的噻虫啉粉剂喷施防治工作，注干保护重点松树5.9万株。

【林区治安】 办结林业行政处罚案件19件，其中，涉嫌刑事移送公安2件，累计罚没收入33.54万元。完成"双随机、一公开"抽查47个检查对象。推进森林督查工作，2021年莲都区23个涉嫌违法图斑共涉及案件16起，其中涉嫌擅自使用林地14起，涉嫌毁坏滥伐林木2起，已全部查处，查处率100%，处罚人数16人，罚款金额51.5万元。2022年莲都区涉嫌违法的图斑18个，已查处图斑3个。

（区生态林业发展中心）

工业化信息化建设

综　述

【概　况】 2022年，莲都区完成规上工业产值98.32亿元，同比增长16.6%，全市排名第三。实现莲都区规上工业增加值20.43亿元，同比增长6.9%，全市排名第二。2022年，区属工业投资同比增长17.4%，制造业投资同比增长1.4%，技改投资同比增长1.6%。完成工业用地出让20.87公顷。

2月7日，市委常委、区委书记张壮雄(中)带队开展“助企开门红”活动

（廖王晶　提供）

【平台建设】 推动龙头骨干企业和产业园运营商打造一批产业特色明显、集群效益突出、资源利用高效、功能配套完善、服务管理规范的小微企业园区，着力拓宽小微企业发展空间。通用五金小微园新认定为省级小微园；莲都文旅科技小微园获评三星级园区。丽水工业园区升级为浙江莲都区经济开发区。

【聚焦层级提升】 2022年，紧抓半导体、大健康、新能源、数字经济四大主导产业不动摇，以“小切口”精准发力，按照“高大上、链群配”的设计定制，招引大好高项目。全年新签约落地项目31个，其中，10亿元以上制造业单体项目6个，实现零的突破。纳爱斯项目成为莲都首例列入省引领性重大产业项目库的项目。莲都区“推动工业稳增长和技术改造，加快传统制造业转型升级，培育‘单项冠军’企业”工作获省专项激励。

【整治低效企业】 启动新一轮制造业“腾笼换鸟、凤凰涅槃”攻坚行动，成立低效企业整治专班，制订《莲都区2022年低效工业企业整治提升方案》，提出南山区块有机更新方案。全年对低效企业进行全面入户走访，查档核实土地、房屋等情况，累计摸排企业110家，完成高耗低效企业整治20家，淘汰落后和过剩产能企业4家。

【“亩均论英雄”改革】 出台《2022年莲都区工业企业综合绩效评价细则》《2022年莲都区工

6月7日，莲都区“推动工业稳增长和技术改造，加快传统制造业转型升级，培育‘单项冠军’企业”工作获省专项激励，图为碧湖新城高溪区块(区经商局　提供)

业企业综合绩效评价细则的补充意见》《关于修改〈莲都区深化“亩均论英雄”改革实施意见2.0版〉的通知》，在原有亩均评价2.0基础上，新增工业技改投资和能源双控等加扣分条款，完善升档、限档、降档的特殊情况修正，细化补充B+、C-档次，基本建立较为完善的工业企业评价监管体系。全年完成2021年度企业亩均评价281家。

【绿色体系】 以绿色工厂创建工作为载体，指导园区、企业提高资源综合利用效率，2022年，建成市级绿色低碳工厂1家(恒大电气)。引导企业开展清洁生产、节水型企业创建，提高绿色低碳发展水平，创建浙江省节水型标杆企业1家(中航混凝土)。

【数字经济】 2022年，莲都区实现数字经济核心产业增加值35.42亿元，同比增长25.4%，全市排名第三；实现数字经济核心产业增加值占GDP比重7.3%，全市排名第一。

工业行业

【概　况】 2022年，以实施骨干企业智能化技改、重点行业智能化示范引领为抓手，鼓励全区企业加大技改投入。全年完成工业机器人推广应用51台，规上企业自动化、数字化、智能化改造21家。入选浙江制造精品产品2个(乾麟缝制的“直驱圆刀裁剪机”和瓯宝安防的“温度感应控制自动防火功能高精度闭门器”)，入选省级企业技术中心1家(恒大电气)，入选市级企业智能制造和数字化转型试点示范项目1个(特利隆精密机械的“高精度皮带轮数字化车间项目”)。开展建筑工地禁现禁粘检查5次，检查在建工程20余个，情况良好；做好预拌砂浆推广应用工作，营造浓厚的宣传氛围。

引导企业走专精特新发展道路，建立多层次、多载体、立体式企业梯度培育体系。2022年，入选国家级专精特新“小巨人”企业1家(恒大电气有限公司)，实现历史突破；入选省“专精特新”中小企业4家(替科斯科技集团丽水流体设备有限公司、浙江天润电气有限公司、浙江开浦科技有限公司、丽水博远科技有限公司)、创新型中小企业35家；入选浙江省内首台(套)装备1个(恒大电气750千伏交流系统用瓷外套无间隙金属氧化物避雷器)。

【2022年新上规工业企业名单】
浙江亿晟科技有限公司
浙江三象电气有限公司
浙江百翔旅游用品有限公司
浙江腾立纺织科技有限公司
浙江豪婕箱包配件有限公司
浙江中原阀门有限公司
浙江鹏翔汽车内饰材料有限公司
浙江博隆汽车零部件有限公司
浙江冠鸿箱包有限公司
丽水聚鸿箱包配件有限公司
丽水超特阀门有限公司
浙江豪瀚电器有限公司
浙江嵘汇流体控制科技有限公司
浙江肯美建材集团有限公司
浙江佳宏新材料科技有限公司
浙江丽水鼎胜源五金有限公司
浙江凯众阀门有限公司
浙江坤湧兴阀门有限公司
丽水丽宏塑料有限公司

浙江庆固电器有限公司
浙江魔卡文化用品有限公司
浙江晟威阀门有限公司
丽水市浙南制管有限公司
浙江拳拳电机设备有限公司

电力工业

【概　况】 2022年，莲都区全社会用电量19.26亿千瓦时，同比增长10.92%。全区最高用电负荷49.14万千瓦，同比增长21.72%。莲都电网共有110千伏变电站8座，35千伏变电站8座，35千伏及以上变电容量93.41万千伏安，35千伏及以上输电线路长度355.32千米。莲都区并网水电站113座，总装机10.11万千瓦。2022年完成固定资产投资1.43亿元，新开工10千伏及以下配电线路139.8千米，投产108.7千米；新开工变电6.52万千伏安，投产6.27万千伏安；完成售电量17.87亿千瓦时，同比增长6.48%。截至2022年底，莲都供电局管理员工791人，实现连续安全日6193天。

【电网建设】 优化“十四五”电网规划，规划项目数量较“十三五”翻一番。迭代升级碧湖新城专题规划，提级建设新城电网，助推“五区五景”落地。推动110千伏丽石线、220千伏象滩线等16个项目按期落地，投运110千伏高溪变、寿元变，创下主网投产规模历史之最，破解热点区域供电负荷激增难题。推进非标接线、高耗能线路改造、百果变配套下地等工程建设，增加标准接线15条，解决N—1问题线路6条，有效提升全区供电可靠水平。

【供电保障】 联合区政府成立莲都区负荷管理中心，协同开展空调负荷管控工作，新增可调节资源1.2万千瓦，成功应对迎峰度夏“五最压力”、世纪疫情“空前挑战”。建立政企“保电”高效联络机制，推进15处中高考考点供电能力提升改造，完成党的二十大、国际摄影节等重大活动保供电任务78次。

2月22日，国网丽水市莲都区供电公司员工在碧湖工业园区查看企业用电情况

（国网莲都区供电公司 提供）

【能效提升】 制定《丽水LED路灯技术要求》，统一市场技术标准，实现降耗提效。实施公共机构绿色低碳行动，牵头制定绿色公共机构评价标准，首批开展公共机构能效提升项目8个，2022年节约电量197万千瓦时。支持市节能办开展公共机构日用电量监测督察，推动公共机构整体用电量下降5%。

【惠民助企】 实施助企纾困八项举措，促成全市首个电力接入工程费用分摊机制项目落地，累计减少用户用电成本1300万元。推广低压用户“三零”服务、高压用户“三省”服务，办电时长压减21.6%。

【乡村振兴】 聚焦缩小“三大差距”主攻方向，投资农网改造升级工程2100万元，构建“同质、同价、同服务”城乡用电新体系。深化山区不停电作业、调控E指挥等精益化管理，户均停电时长由2021年的2.26小时压降至1.97小时，大幅领先全国平均水平。试点村级红船光明电力驿站，推动农村网格化片区专属服务、区域台区经理全覆盖，用心

11月9日，国网丽水市莲都区供电公司员工在岩泉街道轩德皇菊基地开展安全用电巡查(国网莲都区供电公司 提供)

点亮乡村共富道路。

【优质服务】 开工建设丽水能源数字服务中心，有序推进“共富实践地”等八大场景19项子项工作，构建省域领先的“电能碳”一体服务模式。制定全市首个《客户基础信息管理规范》，健全客户基础信息常态化维护机制。开展台区供电质量治理，频繁停电台区数量压降65%。

(王若愚)

中小企业

【助企服务】 2022年，深化驻企服务员机制，提升莲都区精准服务企业的能力和水平，营造扶持中小微企业发展的营商环境，强化数字化监测服务手段，浙江企业码平台莲都区专区共上线14个惠企应用。完善提升涉企问题收集反馈机制，制订出台《莲都区健全和完善精准服务企业工作机制的实施方案》，组建“一企一员”助企服务员队伍，开展“百名干部助百企”活动，35家涉企部门全部打通线上流转办理通道，助企服务员依托企业码平台实现诉求的扫码一键提交，按照企业码“135”限时办结制度，通过企业码记录走访3117人次，提交企业诉求96条，回复率100%。

【稳企扶企政策】 出台春节“留莲”、首次上规企业助力“开门红”、工业新政40条、生态工业补充意见、四季度加班追产政策意见等扶工政策措施，构建“对标大湾区、优于浙西南”的产业扶持政策体系。加速政策直达快享，2022年全区上线产业政策123条，其中涉企政府补助补贴政策93条；兑现涉企补贴补助类资金4.09亿元。

【企业培育】 深化研讨培训，组织开展2022年度生态工业及数字经济专题研修班，重点新增数字经济相关课程教学及企业调研，培训企业高层次管理人员80余人。

信息化推进与管理

【概　况】 2022年，贯彻落实省委、省政府决策部署,坚定不移实施数字经济“一号工程”，按照市区一体化发展思路，立足实际、谋划创新，以数字化改革为引领，推进数字产业化、产业数字化、数字新基建建设，数字经济发展取得一定成效。莲都区实现数字经济核心产业增加值35.42亿元，同比增长25.4%，排名全市第三；实现数字经济核心产业增加值占GDP比重7.3%，排名全市第一。

【信息基础设施】 迭代莲都区数字经济系统综合应用门户，集中攻坚能力组件拆解，上架省平台能力组件6个，实现省级应用贯通20个、贯通率100%。5G基站建设“一件事”集成改革取得突破进展，全区累计建成5G基站1408个，实现5G无线网络乡镇(街道)、AAA级以上景区全覆盖，行政村覆盖率90%以上，全市领先。

【新兴产业培育】 蚂蚁链产业创新中心、华为(丽水)数字经济创新中心、百度(丽水)标注基地项目相继落地，为莲都导入云计算、大数据、区块链、数据标注产业，吸引浙江数思信息技术有限公司等26家数字经济骨干企业入驻莲都。

【示范项目引领】 加强未来工厂、智能工厂项目库建设，沃沃阀门、阀毕威、创意云播3个项目入选市数字经济示范项目计划。开展制造业企业数字化智能化改造试点工作，结合华为云，以通用设备制造行业“N+X”轻量级数字化智能化改造为切入点，编制出台改造方案。精选阀毕威阀门、恒大电气、上工阀门等15家企业为第一批数字化智能化改造试点企业，以点带面，形成可复制、可推广的经验和模式。

（纪梦蝶）

经济开发区建设

【概　况】 2022年，莲都经济开发区（以下简称莲都经开区）实现规上工业产值69.05亿元，同比增长23.55%；累计完成制造业投资10.49亿元；新增规上企业22家，规上企业总数达103家。2022年共谋划实施项目86个，总投资230亿元，完成年度投资35.4亿元。

【双招双引】 2022年，莲都经开区聚力“双招双引”一号工程，坚持招商与招才并举、引资和引智并重，增强经济快速发展动能。瞄准半导体、大健康、新能源、数字经济四大主导产业方向，招引“大好高”项目。运用北京、深圳、义乌等飞地平台，实现“研发在当地、产业在莲都，工作在当地、贡献给莲都”的模式。2022年重点对接项目54个；完成8个投资额超10亿元制造业项目的签约，6个亿元项目的落地；完成27个万洋项目的准入，7家制造业企业和11家商贸企业的租赁入园。招引大专以上学历毕业生151名，建成人力资源产业园，工程师协同创新中心，成立博峰铜业博士后站，信息人才交流中心。联合举办“好年华　聚丽水　助共富　向未来”浙江丽水百校千企万岗毕业生集中巡回引才系列活动，深化校企联动，与复旦大学、浙江大学、哈尔滨工业大学等高校继续合作，助力企业转型升级。

【项目建设】 2022年，莲都经开区坚持规划导向，绘好新城发展蓝图，突出重点亮点，紧盯创建目标，加快项目建设，完善基础设施，提升发展能级。编制碧湖新城控制性详细规划，完成原工业园区、碧湖镇及大港头镇等区块控规的整合；紧盯重点地块控规编制，完成《白口双创园控规》等5个控规的编制。根据《2022年度碧湖新城土地及房屋征收计划》，碧湖新城发布征收预公告土地面积约为189.8公顷，房屋征收947户，征收面积约40.25万平方米。完成白桥周边收储地块等16个地块风险评估工作和2个地块地质灾害评估工作。完成农转用项目55.09公顷，其中，纳爱斯生态产业项目7.2公顷、白口双创园21.87公顷、石郎线改造提升工程5.33公顷、碧湖市民中心一期5.15公顷、高溪大搬快聚5.07公顷、三峰大搬快聚6.8公顷、黄塘窑AIB1地块3.67公顷。推进一期路网配套建设，黄塘窑、工业路周边地块基础设施，南山新型材料产业基地配套设施，高溪精密智造产业园基础设施等项目，推进富余砂石资源清运工作，为项目建设和产业发展创造良好的硬环境。

【企业服务】 2022年，莲都经开区走访企业943家次，收集意见（问题）76个，解决问题62个，办实事14件。高效兑现政策补助，根据春节政策兑现252.1万元留丽加班补助；根据返岗政策兑现69.36万元补贴；精准匹配政策，上门“一对一”宣传解读莲都区助企新政，共匹配30家企业。通过中介机构服务改革，更大力度减流程、减环节、减事项、减时间，加强信息共享，打破入园审批相关单位信息壁垒，实现审批不出园区，准入即准营，一小时办结业务，截至2022年底，办理审批及备案事项167个。推动审批落地再提速、措施保障再优化。坚持“安全促进生产，生产必须安全”原则，守住“安全第一”的底线，开展“除险保安”“百日攻坚”大排查大整改专项行动和“百万员工大培训”“消防应急大演练”等安全宣教活动。2022年，排查企业270家，发现安全、消防隐患1000余条，发放隐患整改通知书268份，针对排查的问题要求企业限期整改。

2月28日，沃沃阀门“机器换人”车间现场（莲都经开区　提供）

【体制建设】　2022年，莲都经开区为贯彻落实丽水市委市政府实施“一带三区”发展规划，构筑“一脉三城”发展格局，积极作为、与时俱进。成立碧湖新城发展委员会，顺畅碧湖新城建设发展体制机制，打造精简、高效、协同的管理运行模式；组建浙江莲都经济开发区，构建“一园四区”的总体布局架构，打造功能布局合理、主导产业明晰、资源集约高效、产城深度融合、特色错位发展的莲都区生态经济产业发展集聚主平台。根据平时考核办法，每周晾晒干部工作完成情况及下周工作计划，每月评价打分，发挥考核“指挥棒”作用，开展绩效考核，干部队伍的干事创业、争先创新、争先赶超氛围更加浓厚。挖掘新城发展工作亮点，加大宣传力度，截至2022年底，区级以上媒体录用报道约27篇，园区工作被《人民日报》、新华网、“学习强国”等平台刊登转载。联合融媒体开展“我为新城取路名”“我在新城有个家”等主题系列活动，获得好评，并在浙江新闻客户端、《浙江日报》等媒体上宣传。

（伍昊宇）

经济合作交流

招商引资

【概　况】 2022年，莲都区招引落地大项目21个，同比增长110%，其中，招引落地制造业大项目15个，同比增长200%，数量超过过去三年的总和（13个）。招引落地制造业10亿元以上项目6个，占全市制造业10亿元以上项目的24%。实现单体“高大上”项目从10亿元到30亿元、50亿元的连续进阶突破。

【招引活动】 2022年，组织2次重大项目集中签约仪式。1月13日，在古堰画乡举行“丽水莲都破冰启航”重大项目集中签约仪式，纳爱斯、格派、蚂蚁、百度、华为等13个招商引资重大项目现场集中签约，项目总投资额超120亿元。9月16日，在东方文廷酒店举行“丽水·莲都重大项目集中签约仪式”，共20个重大项目现场集中签约，涉及半导体、大健康、新能源等高新低碳产业，项目协议总投资额超470亿元。6月，华为创新中心启动仪式举行；8月，“碧湖新城携手共赢”项目签约活动举行；12月，蚂蚁集团“2022世界数字文旅大会”举办。重大招引活动精彩纷呈，活动成效显著，助推莲都以产业交叉、产业融合、产业集成为导向，迅速引爆在新赛道上积蓄的力量，按下换道超车的“加速键”。

1月13日，莲都区“丽水莲都 破冰启航”重大项目集中签约仪式举行

（区经合中心 提供）

【产业招商】 改变驻外招商模式，成立产业招商专班。根据主导产业抽调15名专业化、年轻化干部设立四个产业招商组。2022年度产业招商专班接收项目379个，完成研判报告201份，邀请客商到莲都考察267次，引入项目评审会，与基金公司、中介机构开展合作，招引落地10亿级项目4个（格派、新川、环龙、威固项目），亿元项目2个（EVG和阀门检测中心项目）。

（区经合中心）

山海协作工程

【概　况】 莲都区深入落实省、市关于打造“山海协作升级版”的工作要求，与义乌、江北等结对地发挥各自优势，推动互利共赢，在平台建设、产业帮扶、乡村振兴、社会事业和科技创新等领

10月28日，丽水市领源乡村振兴现代农业示范园项目推进会召开

（区经合中心　提供）

域开展全方位、多层次的交流合作，推进山海协作工程取得实效。2022年，7篇信息专报获省、市领导批示，其中《义乌莲都携手打造“枢纽型飞地”推动山海协作共生共富》获省委常委、常务副省长徐文光批示肯定，在山海协作市对区考核中连续两年位居第一。

【合作交流常态化】 2022年，与义乌市、江北区由党委政府主要领导带队开展交流互访4次，召开主要领导召集的联席会议4次，由深化山海协作领导小组办公室组织召开山海协作工作部署会3次，三地分管领导带队开展考察对接工作10余次，推动莲都山海协作工程走向新征程。

【援建项目】 2022年，争取援建资金836万元，实施山海协作援建6个，其中乡村振兴示范点项目4个，进一步提升乡村风貌，促进村集体经济增收。

【消费帮扶】 利用义乌、江北的市场优势，开展莲都特色产品消费帮扶，2022年完成消费帮扶销售额6372万元。

【多领域合作】 2022年，与义乌、江北在科教文卫、展贸合作、飞地、人力资源、电子商务、乡村振兴等领域开展合作，签订合作协议35个，其中社会事业领域25个，其他领域10个，有效惠及民生。与义乌、江北两地开展内容丰富、形式多样的干部、劳动力就业培训，2022年完成劳动力培训4122人次。

（王春晓）

区域合作交流

【长三角一体化工作】 2022年，莲都区推进长三角一体化工作取得实效。半导体、大健康、新能源等产业项目招引连续进阶突破、数字经济开始和塔尖企业合作，领跑行业科研机构实现共赢合作。与义乌、宁波江北、深圳等区域合作进展顺利，初步形成“飞地＋飞楼＋基地”协同发展的山海协作新模式。纳爱斯生态链项目正式开工纳统，禾迈股份储能系统制造项目、上海格派储能电池项目实质性落地，衢丽铁路、丽水机场等重大项目取得显著进展。完成中基协备案的4支产业基金，较2021年新增4倍建设用地指标。在生态环境治理上有作为，长江经济带环境治理持续推进，生态产品价值逐步实现产业化、市场化。

【产业园建设】 莲义产业园2022年完成固定资产投资21.42亿元，实现规上总产值23.5亿元，规上亩均增加值95.90万元，亩均税收21.68万元。

【科创飞地】 莲都大厦2022年完成投资3.04亿元，导入企业24家，预计回笼资金约5.16亿元；江北—莲都高新产业协同发展中心启动装修，7家企业完成入驻。消薄飞地正常运营，消薄产业园项目建筑石材开采、商品混凝土等主营项目正常运行，2022年获得收益分红300万元。

【产业飞地】 2022年，签订《“山海协作”产业发展平台合作共建协议》《共建山海协作“产业飞地”补充协议》。10月19日，副区长、政协副主席、中心主任等

11月4日，莲都—江北山海协作暨结对帮扶座谈会召开（区经合中心 提供）

参加浙江省“产业飞地”现场汇报，高分通过省里申报，获得2400万元的奖补资金。

【产业项目合作】 实施做大产业扩大税源行动，2022年统计山海协作产业合作项目共41个，完成产业合作项目到位资金40多亿元，重点推进华统畜禽产业链智能化项目、莲都—义乌山海协作产业园高新科创企业孵化中心项目等一批重点产业合作项目，助推莲都区经济发展。

（区经合中心）

对口支援工作

【概　况】 2022年，在浙江省委、省政府的领导下，在对口地区党委、政府的支持下，莲都、叙永两两携手，双向协作，紧扣助推高质量发展主线，聚焦巩固拓展脱贫攻坚成果、推进乡村振兴，推动全方位、宽领域、深层次合作交流。

【产业协作】 从莲都引种白枇杷、蓝莓等7个果蔬优新品种在叙永县进行试验种植，以新品种试验示范带动提升果蔬产业效益。莲都区引进叙永当地凤凰李、冰脆李和金花茶等3个品种在仙渡乡等地试种，推动莲都农业产业结构优化。

【生态协作】 引荐中国（丽水）两山学院专家到叙永县实地调研，在叙永建立两山分院，并建立“智库建设+GEP核算”合作模式，编制生态产品价值实现工作方案，帮助叙永县探索生态价值实现的“叙永路径”。

【消费帮扶】 坚持线上、线下同步发力，企业购销、电商代销同步推进，开设叙永农产品展示展销专柜专馆，开展叙永农产品推介会，2022年，宣传推广叙永农产品在莲都区销售达1500余万元。

【人才交流】 深耕干部队伍、教育和医疗领域交流，共同开展乡村振兴干部和专技人才培训24期，培训本土人才1399人次。坚持医疗服务下基层，援川医生主刀、参与手术365例，开展业务培训200多人次。

【战略协作】 签订“跨省通办”战略合作协议，聚焦两地企业与群众普遍关注的异地办理事项，推出莲都区、叙永县政务服务“跨省通办”事项，医保、社保等30个高频事项都可异地办理，有效解决两地企业和群众办事“多头跑、跑远路、跑多趟”问题，将“莲都模式”传递为“叙永智慧”，实现东西部协作政务服务领域创新引领、数字赋能。

（区发改局）

商贸业

商　业

【概　况】 2022年，市区实现全社会消费品零售总额229亿元，同比增长7.6%，分别超过全市、全省平均增幅的3.2%、3.9%，增幅位列全市第三，较2021年提升3个位次。

【商贸企业】 以“两稳一促”为主线，细化出台《莲都区支持商贸业做大做强的若干意见》《莲都区推动经济稳进提质工作实施方案》《莲都区支持企业股改上市的若干意见》等企业扶持政策，落实快兑快享，累计兑现外经贸补助政策资金3164万元；兑付企业上市奖励600万元；兑付商贸企业消费券发放补贴资金5240.45万元，商贸企业做大做强资金298.65万元，惠及企业、商户近400家次。

【激发消费活力】 2022年，以工会疗休养、消费券发放、奖励政策支持、定制服务“4个挂钩”创新举措鼓励企业上限，全年培育37家批零住餐市场主体上限，其中月度上限11家，远超2021年同期（去年1家）；纳统26家，限上样本单位数量达280家。发挥消费券拉动作用，全年发放9轮消费券，共计9769万元，拉动消费8.4亿元，惠及商户1.2万余家，成为全市消费券发放次数最多、速度最快、覆盖面最广的县（市、区）；共举办促消费活动10场，累计带动全市消费超9亿元。举办“月缘碧湖·情聚新城”2022浙江（丽水）金秋购物节启动仪式暨莲都区文旅消费生活节，实现“两个首次”（莲都首次承办市级商务促消费活动、市级促消费活动首次走进碧湖），参与近2万人次。

9月7日，“月缘碧湖　情聚新城”2022浙江（丽水）金秋购物节启动仪式暨莲都区文旅消费生活节举办（区商金中心　提供）

【电商新业态培育工作】 开展电商人才培育，举办电商培训班超30次，培训学员2000余人次。举办“技无止境·莲响共富”2022莲都区视频直播电商技能大赛，吸引110多名选手参与，大赛期间共产生48个参赛作品，举办75场直播，话题播放量破400万人次，GMV（销售额）总计达30万元；大赛被“学习强国”、丽水在线、莲都发布、莲连看等10多家媒体宣传报道，相关信息浏览超过10万人次。依托党建联建机制，政企合作推进工坊建设10余家；倪老腌、吾饭直播2家入选全省首批百家电商直播式“共富工坊”典型案例。

（区商金中心）

供销合作商业

【概　况】 2022年，莲都区供销社学习贯彻党的二十大精神，聚焦莲都“三农”发展和碧湖新城建设等重点工作，深化农合联“三位一体”改革。在全市率先出台莲都区“三位一体”农合联改革和建设向纵深推进的纲领性文件《关于进一步深化生产供销信用“三位一体”改革推动农合联服务乡村振兴的实施意见》。举办2场供销大集市专场。区供销社被列为全省基层供销社资产财务委托代理工作试点单位。累计为产业农合联会员授信68.3亿元。

【换届工作】 2022年，完成莲都区供销合作社联合社第七届代表大会和莲都区农民合作经济组织联合会第二届会员代表大会换届工作。调整和充实为农服务力量，优化领导干部队伍，以更强决心、更大力度、更实举措，推动供销合作事业高质量发展。

【农作物放心工程培训】 10月，茶叶产业农合联开展茶叶优质优产技术、批发科学施肥技术培训。11月，粮食产业农合联会员开展粮食种植高效高产技术、粮食上农药的安全使用技术培训。

【农资应急储备】 2022年，化肥应急储备2365吨，其中，复合肥1740吨，氮肥350吨，有机肥150吨，磷肥125吨。与丽水市八方农资连锁有限公司签订“莲都区化肥淡季及应急储备协议”，落实9.71万元财政补助资金。

【供销大集市】 探索“供销主导搭台+乡镇农合联组织产品+零星农产品零门槛入市+产销零距离低成本对接”线下集市模式，联合农业部门、乡镇举办当季农产品专场促销活动，让零星农户进入线下销售渠道，推动农产品产销区内循环。2022年，莲都区供销社与相关部门联合主办莲都枇杷、杨梅供销大集市，助力枇杷销售超1100万元、杨梅销售超3300万元，获得央视、“学习强国”等主流媒体报道。

【农合联信用服务】 莲都区供销社全面完成农合联农业主体会员、产业农合联会员“丰收农合通”贷款分类评定和授信工作。截至2022年底，5个产业农合联会员累计授信42.3亿元，发放贷款151笔，贷款余额4465万元。针对超市产业的特殊需求，为莲都籍在外经营商超的创业者量身打造超市贷，截至2022年底，累计为莲都籍在外经营超市的创业者提供授信总额超26亿元，发放“超市贷”3580户，金额16亿元。

【产业农合联】 2022年，推广新品种应用，莲都区蔬菜产业农民合作经济组织联合会完成浙江种业博览会瓜菜新品种展示示范丽水分中心任务；组织民宿（农家乐）产业农民合作经济组织联合会会员参加“宋韵欧风·艺术名家作品交流会”，进一步

5月13日，莲都枇杷供销大集市启动仪式举行（周叶蓓 提供）

6月22日，志愿者指导市民使用智能果蔬无人售卖专柜（区供销社 提供）

促进民宿（农家乐）行业专业化、标准化；茶叶产业农民合作经济组织联合会完成“八个一”规范化建设；粮食产业农民合作经济组织联合会水稻种植实现全过程机械化，实行稻米生态循环共生种养模式；枇杷产业农民合作经济组织联合会完成枇杷智能大棚种植。5个特色产业农合联2022年累计完成助农及农副产品销售超5亿元，带动农户户均销售收入较2021年增长87%。2022年，莲都区超市产业农民合作经济组织联合会在贵州地区验收完成新增90家、省内地区验收完成新增27家，累计验收218家门店，截至年底，吸纳农合联会员400多名，培训“莲都山超”店长600多名，“莲都山超”长三角和贵州区域加盟门店已签约300多家，在全国各地进一步扩面提质。

【供销致富车项目】 2022年，莲都区“流动供销致富车”项目被纳入莲都区十大民生实事，全年累计发展服务车15辆，开通雅溪、太平、仙渡、黄村、大港头、峰源、丽新、富岭、碧湖9条线路，服务里程45万千米，覆盖全区100个行政村，辐射带动偏远山村农户1000余户。制订出台《莲都区流动供销致富车项目实施方案》，全年累计发放服务奖励补助10万余元。

【“供富”党建联盟】 以“先”字当头率先试行，推动“供富”党建联盟建设，为流动供销致富车服务铸魂、赋能、立根。2022年，成立莲都区农合联党员志愿服务总队，以“为农务农姓农，农有农治农享”为服务宗旨，围绕省、市、区各项中心工作和社会所需、群众所求，开展理论宣讲、扶贫帮困、助农活动等各类志愿服务活动，全年助农销售累计超205万元，为山区群众提供代购、代销、代办服务近10万件（次）。

【“浙丽销”生态农产品直销点】 2022年，莲都区供销社与雅溪镇联合建成丽水市首个“浙丽销”生态农产品直销点，通过“农合联+强村公司+农户”的一体化模式，打通农产品进城销售渠道，全年累计销售额近90万元。

【智慧“丰收菜园”项目】 围绕“流动供销进山区、数字供销进社区”布局谋篇，打通供销渠道“最后一百米”堵点。2022年，“智能果蔬无人售卖专柜”入驻行政中心、莲都经开区管委会等10个点位，累计投入机器51台，年度交易笔数超21万笔，累计营业额超160万元，积累近1.5万名核心客户，带动莲都农产品销售超100万元，辐射带动偏远山村农户千余户。

【东西部扶贫和山海协作】 2022年，莲都区供销社参股企业丽水市绿盒电子商务有限公司东西部协作消费帮扶总额2473万元，其中，对口帮扶四川省2160万元，对口支援新疆255万元，对口合作吉林省58万元。与义乌供销社合作在义乌设置的莲都区农产品销售专柜，完成各类莲都区农特产品销售额近172万元。

【“双招双引”工作】 2022年，莲都区供销社完成30名大学生引进任务。针对“1+X”体系建设事项争取到2023年省供销社财政扶持资金100万元。开展画乡大酒店等项目招商引资工作。

【社属企业管理】 规范企业人事管理。2022年，莲都区供销社制定《丽水市合力资产经营有限公司人事管理办法（试行）》《企业人事管理补充办法（一）》《企业员工竞争性考核办法》《月度考核办法》，通过制定完善企业人事制度，优化企业人力资源结构，建立企业考核激励机制，强化企业人才队伍建设。规范企业财务管理。莲都区供销社落实《浙江省供销合作社联合社关于推行基层供销社资产财务委托代理工作的意见》文件精神，坚持源头治理、关口前移的方针，建立健全资产管理制度，强化财务管理和监督，规范社属企业和基层社财务管理，推进社属企业和基层社资产财务委托代理工作，确保供销社系统监督管理取得实效。2022年，莲都区供销社被列为丽水市基层供销社资产财务委托代理工作试点单位。规范企业资产管理。2022年，莲都区供销社引进社会资本200万元对峰源乡正岙供销社危旧房产改造和开发利用，打造莲都区首个以养老为主题的民宿。发挥监事会和财务审计监督力量的联动效应，开展参股企业股东权益专项审计，有效防范企业风险。

（陈梦蕾）

粮食供销

【概　况】 2022年，深入贯彻习近平总书记关于保障粮食安全的重要指示精神，在区委、区政府落实粮食安全责任制的具体部署下，区发改局抓收购、管储备、保供给、稳粮价，完成各项粮食和物资安全保障工作。莲都区获浙江省第二批“放心粮油示范县”称号，保留浙江省“粮食五优联动示范县”称号，实施“优质粮食工程”项目3个，向上争取省局资金补助，获全省第二批节粮减损工作典型案例表彰。

【储备粮油轮换】 根据《关于下达2022年度市级储备粮油轮换计划和市区最低周转粮库存轮换计划的通知》文件要求，召开8次储备粮阳光操作小组会议研讨决定粮油轮换工作，做到公开、公平，公正操作，确保高效、保质、保量。在12月20日前完成莲都区2022年轮出晚籼谷4733.187吨；轮入早籼谷400吨、晚稻谷6033吨。轮换小包装食用油150吨和成品粮1680吨。

【“粮食五优联动”】 2022年，莲都区粮食“五优联动”工作提质扩面，与2021年的优质晚稻品种订单面积和地产品牌优质大米加工量相比有所增加。出台《丽水市莲都区2022年粮食“五优联动”工作试点方案》，确定“甬优1540”作为莲都区推广的优质品种，晚稻优质品种订单面积达200公顷以上，实行规模化连片种植，地产品牌优质大米加工量达700吨以上。在政府储备订单中适当安排优质粮食订单，订单优质晚稻的收购价格按照优质优价原则收购，引进本地加工企业，优质加价部分由企业出价购买。

对外经济贸易

【对外贸易】 2022年，莲都区实现出口22.2亿元，同比增长52.62%，增速高于全市平均水平的51.87%，排名全市第二，较上年度提升2个位次。出口实绩企业118家，较2021年同期新增26家；实现出口亿元以上企业5家。组织企业参加广交会、进博会等20场重点展会，涉及本级企业119家次。推动信保扩面降费，自行投保保费补助从70%提高至85%；区小微联保平台覆盖小微外贸企业60家，同比增长20%。瓯宝安防科技股份有限公司成为莲都区首家“浙江出口名牌”企业。

【利用外资】 全年区本级实际使用外资1997万美元，同比增长232.83%，完成年度目标任务的221.89%，在全市率先完成年度任务。

【对外经济技术合作】 引进浙江国贸数字公司成立莲都区跨境电商服务中心，已服务完成店铺注册49家，海外商标注册18个，出货企业33家，出单企业16家。通过培训孵化出单企业，总销售额近700万元，其中，月销售额破万美金的8家。

（刘冰茜）

金　融

综　述

【金融服务】 引导金融机构扩大有效信贷投放，加大对实体经济的投放力度，融资畅通有效推进。推动区政府与工、农、中、建、农发浙江省分行分别签订战略合作协议，通过政银企三方合作在碧湖新城开发项目上持续发力。截至12月底，全区本外币存贷款余额3240亿元，同比增长18.20%，其中，存款余额1667亿元，同比增长22.99%；贷款余额1572亿元，同比增长13.51% 。

【普惠金融】 推进普惠金融服务乡村振兴改革，金融助推生态产品价值实现机制创新。推进农村产权融资，推进乡村振兴金融服务站建设，开展数字普惠金融创新改革，截至2022年底，涉农贷款余额437.72亿元，同比增长29.34%；农村产权抵押贷款余额20.95亿元；建成标准化乡村振兴金融服务站165个，其中，示范点23个，加载“两山”功能服务站54个；正式上线“两小”创业通平台，推进金融数字化改革，“两小”入驻商户达12308户，获银行授信规模21.88亿元。

银行机构

【中国农业银行丽水莲都支行】 2022年，农行丽水莲都支行与丽水处州支行机构撤并，成立新的中国农业银行丽水莲都支行。存贷主体业务实现快速发展，经营效益取得明显提升，截至2022年底，存贷总量133.89亿元，其中，存款总量74.29亿元，贷款总量59.62亿元。加大普惠“三农”投入力度，支持地方经济，推进乡村振兴，实现银监口径普惠金融余额13.81亿元，较年初新增2.26亿元，“惠农e贷”余额3.35亿元，完成率居丽水分行第一。

营造“丽农”家园文化，强化合规管理，做实反洗钱及制裁合规工作，开展防诈宣传，提升堵截电信网络诈骗的意识和能力，稳守底线，确保全行平安运行。2022年，农行丽水莲都支行被丽水市人民政府授予丽水市普

8月23日，莲都区人民政府与农发行浙江省分行签订银政协同推进莲都区共同富裕示范区建设合作框架协议（区商经中心　提供）

惠金融服务乡村振兴改革工作考核“先进基层集体”称号（四行唯一）；获评省、市农行2022年度先进单位，全省农行2021—2022年度运营管理先进集体、综合管理办公保障条线先进集体；在丽水分行2022年度内控合规工作质量考核中获得第一名，内控评价结果为一类行；连续5年获丽水分行反洗钱工作质量考核第一名；“三新”不良贷款发生额为零。

（廖海英）

【中国银行丽水莲都支行】 截至2022年末，中国银行丽水莲都支行本外币时点存款余额158.2亿元，较2022年初新增43.6亿元，余额同比增长37.96%。本外币时点贷款余额203.88亿元，较2022年初新增20.21亿元，余额同比增长10.92%。

支持重大项目建设。牵头深圳宝安中行为莲都—深圳人才科创飞地项目授信1.9亿元，为全省首创；为莲都采桑未来社区项目授信18亿元并成为银团牵头行；为重点招商引资企业宝业集团在丽水的魏村二期安置房项目、联城地块房地产项目提供6亿元授信；批复莲都经开区有机更新项目授信10亿元、科创园项目授信6亿元，上海城建项目贷款3.5亿元。指派莲都支行副行长到区城投公司挂职，提供高效专业的金融服务。中国银行丽水莲都支行成为丽水开发区集团公司境外债的全球协调人。2021年、2022年连续两年获得莲都区金融支持地方经济发展一等奖。

支持实体经济发展。与莲都区农业农村局、人力社保局、妇联、科技局签署战略合作协议，为区内“三农”主体、稳岗就业、妇女产业、科技企业等注入金融活水。贯彻国家经济一揽子政策措施，加大民营企业、制造业、小微企业支持力度。截至2022年末，民营企业授信余额65.32亿元；制造业贷款余额26.43亿元；中长期制造业贷款余额4.41亿元；普惠金融与绿色信贷增速分别为39.01%和98%。

做好民生服务。落实差异化信贷政策，满足房地产企业合理融资需求，加大个人消费贷款投放力度，以金融之力提振消费信心，开展“我为群众办实事”实践活动，挂牌“丽水市老年人金融服务示范点”，获评2022年莲都区打击治理电信网络新型违法犯罪工作突出集体。

（中国银行丽水莲都支行）

【中国建设银行丽水市莲城支行】 2022年，中国建设银行丽水市莲城支行一般性存款（核心口径）时点余额67.57亿元，较2022年初新增5.15亿元；日均余额66.13亿元，较2022年初新增10.95亿元。各类贷款余额61.03亿元，较2022年初新增6.69亿元。成立普惠金融业务拓展团队，设立普惠专员，截至12月末，该项贷款余额7亿元，较2022年初新增2亿元。

主动转变观念，顺势变革重塑，提升对公资产储备项目投放速度，全年新增授信批复达20亿元以上，待投放金额超10亿元，

4月7日，老竹畲族镇“浙里乡”数字村社综合服务平台项目签约仪式举行

（中国建设银行丽水市莲城支行 提供）

其中包括古井住房租赁、采桑未来社区、白口一二级联动等重点项目。碧湖镇全域乡村振兴工作取得阶段性成效，2022年，个人信用类贷款放款98笔合计2913.6万元，抵押类放款31笔合计5534万元，对公小微快贷582万元，累计放款总金额达9029.6万元，存款12001万元，莲都区辖内上线“浙里乡”平台33个行政村，村民数据导入33000人。

开展预防电信网络诈骗、反洗钱、防范非法集资等金融知识宣传。截至2022年底，开展各类社会公益活动15场，3人获评莲都区打击治理电信网络犯罪联席办“反诈工作积极分子”“反诈能手”，反诈工作受联席办通报表扬。《春风暖了江南岸——建行丽水莲城支行“小荷”志愿者服务团队》相关事迹，入选建行浙江省分行“最美故事”宣传活动，在FM968电台及“喜马拉雅”App等多渠道传播。

（赵巍）

12月1日，第四届（2022）钱塘江论坛丽水平行峰会举办（莲都农商行 提供）

【莲都农商银行】 2022年，莲都农商银行各项资产总额206.71亿元，同比增加17.30%；全年实现利润总额23696.79万元，同比增加1460.54万元，增幅6.57%；全行各项存款余额262.98亿元，比年初增加28.1亿元，增幅11.96%；日均存款余额259.57亿元，比年初增加27.45亿元，增幅11.83%；各项贷款余额204.36亿元，比年初增加39.85亿元，增幅24.22%；日均贷款余额188.64亿，比年初增加35.31亿元，增幅23.03%。存款市场份额为15.77%，排名市辖区金融机构第一；贷款市场份额12.99%，排名第一，增量占市辖区21.29%，排名第一。贷款利息收入93624万元，比2021年同期增加12268万元，增幅15.08%，百元贷款收息率5.46%。五级不良率0.72%，比年初下降0.05个百分点，位列全市第二。

2022年，莲都农商银行按照“稳存量、扩总量、控风险、调结构、促转型、上台阶”的经营思路，制定全行年度“十件大事”“十项重点”“十大课题”，将2022年确立为规模、质量、效益并举的“业务提升年”，于6月末实现存贷总量、总资产、纳税贡献“三个翻番”的目标。通过监管二级行评审，为经营发展奠定经营资质基础。2022年，莲都农商银行承担全国政协调研组在浙江调研推动完善生态产品价值实现机制的考察任务，全国政协副主席兼秘书长李斌到行考察，给予点赞；钱塘江论坛2022年首次在丽水设平行峰会，莲都农商银行作为全市银行业金融机构唯一一家特别承办单位，展现了实力和应有的担当。

开展助企纾困直播活动，为因疫情影响的企业提供一系列扶持政策。开展东西部扶贫工作，向结对的四川叙永县捐款5万元。立足丽水域外“两小”经济现实情况，配合人民银行丽水市中心支行上线“两小”创业通平台，为域外“两小”经济的发展搭建高效、精准的金融服务平台，助力打通域内域外资金流、物流、信息流。2022年，莲都农商银行成为首批入驻丽水市创新金融中心的金融机构，12月6日，成功竞得丽阳街与开发北路交叉口东北侧2#地块，总部大楼项目取得实质性新进展。

2022年，莲都农商银行工作获市委副书记、市长吴舜泽和区委副书记、政法委书记重要批示。获“2021—2022年度全国农信系统县市级宣传标杆单位”称号；被中华全国总工会办公厅评为2022年全国“最美工会户外劳动者服务站点”；获评丽水市“浙农经管”系统推广工作成绩突出集体；获2022年度丽水普惠金融服务乡村振兴改革创新劳动竞赛三等奖；获评莲都区侨联系统2022年度先进基层侨联组织。

（莲都农商银行）

【浙江泰隆商业银行丽水莲都支行】 截至2022年底，浙江泰隆商业银行丽水莲都支行存贷规模达21.8亿元，较年初增长2.8亿元，有效户7940户，发放信用卡1800张，资产新发生风险率控制在0.2%。泰隆莲都支行获评2022年度总行先进支行、2022年度丽水分行先进支行、2022年度支持乡村振兴先进机构。

服务乡村振兴，开展乡村振兴政策宣讲、品牌宣传活动，开展商户联盟积分合作。助力共建村、示范村治理有效、产业兴旺、乡风文明、生活共富、生态宜居，宣传丽水好生活生态联盟建设。共建村新增社区客户298户、新增有效户140户、新增授信户113户，授信金额2246万元、用信余额1627万元、村均存款340万元。花街村被评为乡村振兴社区化示范村先进村。

搭建合作平台，推进支行网点变革多链路项目跨界合作，为企业、个人提供政府政策咨询、技术评估、专利申报、法律咨询、业务指导、直播宣传、供应链合作等非金融服务，引客获客黏客。

开展“违规与资金中介合作”“乡情贷”“更换借款主体”等专项检查。

（李静）

11月25日，泰隆银行在刘英小学开展“金融大讲堂之如何预防电信网络诈骗”宣讲

（浙江泰隆商业银行丽水莲都支行　提供）

【浙江稠州商业银行丽水分行】 2022年，浙江稠州商业银行丽水分行资产总额为141.89亿元，较年初增加27.96亿元，增幅24.54%；负债总额138.06亿元，较年初增加27.95亿元，增幅25.38%；所有者权益合计3.83亿元。全行各项存款余额134.09亿元，比年初增加25.99亿元，增幅24.04%；各项贷款余额81.06亿元，比年初增加12.98亿元，增幅19.07%。不良贷款余额5878.02万元，比年初增加994.20万元，不良贷款率0.73%，较年初提升0.1%。实现账面利润18298万元，较2021年同期增加107万元。

获评人民银行丽水市中心支行综合评价A类行，获“2022年丽水银行业小微金融服务先进单位”“2022年丽水银行业保险业支持乡村振兴先进单位”“丽水银行保险业新闻宣传先进单位”等称号。

落实稳进提质“一揽子政策”，扩大助融资送政策覆盖面。加大对重点项目、制造业、科技绿色产业、乡村振兴等重点领域金融支持力度。落实无还本续贷业务，2022年累计办理无还本续贷951笔、贷款金额12.02亿元。重视首贷户拓展，2022年累计拓展小微企业和个体工商户首贷户36户，余额7.88亿元。丰富信贷产品，针对农村市场推出“乡村振兴贷”“共富贷”，针对个体工商户群体推出“商户贷”，针对企业群体推出“双保贷”，针对异地商超群体推出“安心贷”等产品，截至2022年底，惠及550个行政村，为36003户农户提供信贷支持16.42亿元。加大制造业信贷投放力度，通过分层级精准对接企业、开展专项竞赛活动和给予FTP定价20BP的利润补贴3项举措，支持制造业发展，截至2022年底，制造业贷款余额12.22亿元，占全部贷款的15.08%，其中，制造业企业贷款余额5.59亿元。

加强农村金融服务站品牌建设。依托金融服务站开展各类金融知识宣传900余次，惠及60个乡镇、400余个行政村、48000余人次。3月，各支行陆续开展助农直播，助力农特产品销售，截至12月末，开展葡萄、香菇等农特产品直播活动6场，助农销售金额约10万元。

（沈婉君）

【浦发银行丽水分行】 截至2022年底，浦发银行丽水分行累计实现营收1.16亿元；本外币一般存款余额51.75亿元，较年初增长5.27亿元，增幅11.34%；本外币一般存款日均48.60亿元，比2021年增加4.68亿元；贷款余额41.33亿元，较年初增长6.16亿元，增幅17.51%。完成“迎春”“骄阳”“秋收”“赶考”存款目标。在杭州分行考核中，取得党风廉政、合规考核、消保考核三项第一。不良贷款余额724.97万元，不良率0.18%，低于当地同业和分行平均水平。

2022年，浦发银行丽水分行以优质服务推动业务开展，各项工作规范运作，业务平稳发展。公司合意资产投放9.61亿元，贷款余额较年初净增4.84亿元，其中，当年新增重点表内贸易融资约3.82亿元，贸融流贷比66.28%。普惠小微余额2.79亿元，较年初净增0.44亿元，计划完成率121%。新增投放中，支持类、市场经营类占比89%。对公人民币一般存款日均余额28.42亿元，较年初增加5.18亿元，计划完成率158%。公司金市营收4926万元，计划完成率74.63%，中间业务收入800万元，计划完成100%。

零售贷款余额24.59亿元，较年初新增1.29亿元，计划完成率31%，较上年增长5.5%，普惠消费贷款余额13.14亿元，较年初净增2.42亿元，完成率62.18%。零售人民币日均一般性存款余额19.69亿元，较年初增加0.28亿元，人民币结算性存款日均5.38亿元，比上年新增5388万元，完成率74.5%；个人金融资产余额39.84亿元，个人金融资产日均余额41.99亿元，较年初新增1.33亿元。零售营收632万元，完成序时进度，中间业务收入2758万元，完成率低于70%，增长承压，缺少新增长点。

（浦发银行丽水分行）

9月15日，浦发银行丽水分行走进库川村开展金融知识宣传直播

（浦发银行丽水分行 提供）

旅 游

综 述

【概 况】 莲都区制订《莲都区文化、旅游、体育产业发展扶持办法》，完成《莲都区旅游团队招徕奖励办法》2021年度政策兑现及2021年度区属导游人员奖励兑现。开展“助企开门红”活动，走访文旅企业21家次；开展年货节活动，发动近120家企业参与，邀请文旅推荐官、网红主播40余人开展直播37场，销售额超160万元。组织开展“莲都味道·百县千碗”六进活动共10场，举办培训班3场，新增省级百县千碗体验店2家。

【旅游接待与收入】 2022年，莲都区住宿设施（下同）接待入境过夜游客483人次，比2021年增长3.73%；实现国际旅游（外汇）收入13.96万美元，增长45.95%。其中，接待外国人304人次，下降4.28%；香港同胞44人次，下降21.85%；澳门同胞12人次，增长9.09%；台湾同胞123人次，增长52.19%。住宿设施入境过夜游客人均花费289美元，平均停留时间1.67天。全年全区住宿设施接待外国过夜游客301人次，其中，亚洲游客119人次，增长22.68%；欧洲游客99人次，下降14.66%；美洲游客47人次，下降36.49%；非洲游客28人次，增长154.55%；大洋洲游客8人次，下降57.89%。全年全区接待国内游客460.9万人次，下降19.4%；国内旅游收入68.9亿元，下降3.4%。国内游客人均花费1495元，接待国内过夜游客403.7万人次。

【旅游企业经营】 2022年，莲都区旅行社接待国内游客8.98万人次，同比下降30.94%；组织国内游客4.57万人次，下降40.67%。全年全区住宿单位平均客房出租率47.74%，下降8.6个百分点；平均床位出租率44.86%，下降10.7个百分点。其中，星级饭店平均客房出租率43.27%，下降14.22个百分点；平均床位出租率42.13%，下降15.55个百分点。全年全区A级景区接待游客102.85万人次，下降40.3%；实现门票收入858.8万元，下降36.94%。

【旅游消费活动】 把握春节、中国旅游月、中秋等旅游旺季开展景区免费游、优惠游活动；发放文旅消费券刺激消费，近40家文旅企业核销消费券金额达93.366万元，拉动消费1867.32万元；动员全区70余家文旅企业参加“夏日缤纷·享在莲都”消费券发放活动，派发文化旅游类消费券350万元。传播莲都特色文化品牌，发布系列短视频80余个，播放量达3000万人次。开展线下推介活动20余场，宣传“全域旅游”一卡通，推出莲都区亲子研学之旅三日游、红色印记之旅二日游等精品旅游路线。

【文旅业态】 承接全省文化和旅游重大项目集中开工仪式（丽水分会场），协助对接“丽水之眼”南明湖商旅文化度假基地等重要项目，完成签订投资框架协议1个，方案编制3个，洽谈项目6个。2022年计划投资82211万元，投资完成率100.34%。郎奇—白桥康养旅游项目、梦里水乡欢乐谷项目一期等稳步推进；创成银宿级民宿6家、文化主题民宿1家、省AAA级采摘旅游体验基地1家。创成丽水市消防科普研学基地、市级中小学生研学实践教育基地4家、“处州游学”十佳基地2家（鱼跃1919研学基地、COOL玩艾莱依研学基地）、“丽水山景”示范基地6家。古堰画乡列入国家级旅游度假区意向名单，23个“微改造”项目全部完工并通过认定对外公布；完成马村等27个景区村庄创建提升，新创建景区村19个，截至2022年底，累计共有景区村116个。

（姚慧　郑悦）

【全域旅游】 2022年，全旅办以创建国家级全域旅游示范区为目标，以省级全域旅游示范区复核评估工作为抓手，统筹协调各单位资源力量，推进莲都全域旅游示范区建设工作开展。完善机制，编制下发任务清单，明确分工；协调安排旅发资金1601.95万元，为创建工作提供资金保障；完善网格，根据创建指南及相关标准，以月为单位编制全域旅游信息专刊，建立信息通报机制，全年编制全域旅游月报10期。强化宣传，借用相关宣传平台，构建层次丰富、针对性强、扩散力好的宣传体系，提供创建宣传册和手绘地图8000余册。配合丽水市AAAA级景区城创建，谋划思路、梳理问题，统筹协调各方力量，确保各项台账收集、迎检验收任务落实。

（王憭）

旅游市场管理

【安全生产】 与各文旅企业签订安全生产工作目标责任书，明确安全生产任务和工作要求，层层落实安全生产责任。结合全国安全生产月和安全生产“万里行”活动，组织全体干部职工、下属单位负责人以及A级景区、网吧、KTV、体育健身等场所业主，集中学习习近平总书记关于安全生产工作的重要论述，开展安全警示教育、典型事故案例剖析、防火知识培训等活动3次，共计160余人接受教育。开展“迎建党百年 保文旅平安”检查工作，委托社会第三方对莲都区的A级景区进行安全风险评估，解决当前基层安全生产监管能力不足问题。组织开展防汛排查工作、A级旅游景区风险排查工作以及旅游市场专项整治行动，按照双随机抽查的方式进行检查，联合消防、应急管理、公安、文化执法等部门开展综合检查和闭环式检查，全年出动2600余人次，检查A级旅游景区、网吧、歌舞娱乐场所等1200余家次，发现问题1300余项，要求立即整改1236项，限期整改64项。

【市场管理】 重大活动和节假日期间联合区公安分局、区市场监督管理局、区卫生健康局等部门开展文化和旅游市场专项整治工作。在区属各A级景区、旅游饭店宣传“文明餐桌”“公勺公筷”和“光盘”行动，推广文明旅游；开展塑料污染治理，倡导不主动提供一次性消费用品，不采用一次性餐具；指导做好垃圾分类投放以及品质饭店、绿色饭店、特色文化主题饭店创建，为游客营造良好的旅游市场氛围。

（兰小宗　徐曾浩）

旅游资源开发与产品建设

【概　况】 2022年，旅游资源开发与产品建设工作以莲都区旅游业高质量发展（浙江省26县旅游业高质量发展）为主线，依托旅游业“微改造、精提升”、旅游项目招引建设等工作，推进郎奇—白桥康养小镇项目等文旅重点项目，全年完成投资15亿元。推进大景区建设、发展民宿经济、发展乡村旅游，推进文化、体育、广电等融合发展，支持古堰画乡国家级旅游度假区创建。

【全域景区化创建】 响应浙江省“百城千镇万村景区化”建设行动计划，创建提升A级景区村庄27个，其中，AAA级景区村庄1个。创建银宿级民宿6家，市级乡村侨舍民宿7家，创成省AAA级采摘旅游体验基地1家、市级中小学生研学实践教育基地4家、“处州游学”十佳基地2家、“丽水山景”示范基地6家。

【招商引资】 项目招引工作以“山、水、陆、空”“瓯江山水诗之路”“浙江大花园”“碧湖新城”的产业发展布局思路为指导，引进投资强度大、经济效益好、产业关联强的项目，主动出击，强化招商服务。谋划"十四五"重大文旅项目10余个，完成《莲都文旅项目招商指南（初稿）》编制，跟进重点文旅招商项目9个，其中，"丽水之眼"南明湖商旅文化度假基地、丽水市古堰画乡艺术区亲子乐园项目、温德姆酒店品牌合作项目完成签订投资框架协议，八戒乡建博览园完成概念方案编制，丽水全栖运动公园、猫眼文旅丽水水上唐城、携程共富乡村等项目与意向投资商进行初步洽谈。

【莲都区文化、旅游和体育产业扶持办法编制】 经过成立政策制定工作小组进行政策编制，召开论证会、涉文旅企业征求意见会，合法性问题审查等一系列流程，2022年7月8日，发布区文旅体产业政策。编制政策的实施细则和申报指南，根据社会、企业和部门相关意见进行修改，与区委宣传部联合发文公布实施。

【旅游业"微改造、精提升"工作】 深化景区和乡镇门户形象、城区乡村游憩设施、滨水慢行系统等相关文旅内容的改造工作，通过人行桥、栏杆、成品设施、云型廊架、滨水连廊、景墙、古建亭子、特色构筑物、水景、雾喷景观、智慧设施等项目，打造"微改造"精品点位30个。2022年，莲都区新入库"微改造"项目94个，计划投资额54486万元，投资完成率98%。2022年全省季度累计排名第29名，综合指数25.99。

【项目建设】 郎奇—白桥康养旅游小镇项目总投资36亿元，截至2022年底，完成投资24.5亿元，基本完成一号地块13万平方米商业体配套主体建设，地块总工程量完成达87%，北区康养配套工程施工中；二号地块整体方案规划设计以及学校项目主体建设均已完成，进入硬装阶段；三号地块的配套幼儿园主体工程施工中。梦里水乡·欢乐谷项目总投资3.6亿元，于4月开工建设，完成年度投资0.8亿元，一期寻梦园区块（3.33公顷）独栋酒店、游客接待中心主体工程开始施工。

【文旅资源普查】 7月启动文旅资源普查工作，截至8月10日，完成5个街道（岩泉、紫金、白云、万象、联城）、4个镇（大港头、雅溪、碧湖、老竹）、5个乡（峰源、太平、仙渡、黄村、丽新）的外业调查，初步普查到单体366个（相比2003年增加134个）。截至12月底，完成普查资料定稿的文化和旅游资源单体206个，其中，五级11个、四级22个、三级43个、二级67、一级63个，完成四、五级单体的系统上传。截至2022年底，完成全部旅游资源单体调查表填写和图片、视频制作等工作，并完成系统上传形成调查报告和莲都区文旅资源单体名录。

（李一豪　徐彬）

旅游宣传

【概　况】 2022年，根据旅游品牌营销趋势及重点市场开发需要，紧扣"莲都有艺思"主题形象，结合莲都实际，围绕"三抓三下功夫"思路，创新推广营销方式，开展旅游营销和节庆活动，拓展旅游客源市场，提升莲都旅游知名度和美誉度。全年开展线下推介活动20余场，在市级及以上媒体发布图文资讯118篇、文旅宣传短视频114条，开展抖音话题挑战赛3次；"#2022莲都有艺思"话题在全网曝光量超过2亿次。

【营销宣传】 围绕目标抓突破，把握大数据及智慧文旅时代机

7月21—22日，2022莲都文化旅游（宁波江北）山海协作推广周活动举行。图为启动仪式（区全域旅游办公室　提供）

遇，推动线上线下互动共融，加快“传统营销”向“智慧营销”转型升级。通过微博、抖音、小红书、微信等多平台开展不同活动，围绕莲都文旅日常特色亮点持续进行宣传，曝光量超2亿次。莲都区古堰画乡景区、梦幻巴比松星空体验馆、东西岩景区、华东药用植物园、九龙国家湿地公园、徐家别院6个点位被评为浙江省首批山区26县百佳网红打卡点。继续与《丽水日报》、《浙江日报》、浙江在线、《浙江都市快报》、浙江广播电视集团、新华网等媒体合作，与《浙江都市快报》合作完成一场（杭州）推介活动、一场直播，在都市快报覆盖率超千万的全媒体宣传推广频次高达77次；在浙江唯一国际宣传官方平台“外宣厨房”宣传英文版“莲都有艺思”活动2次；在中国蓝新闻客户端、浙江新闻频道微博及微信公众号等宣推图文资讯和短视频等，阅读量超10万人次。

【市场开发】 搭载省、市平台，融入长三角文旅一体化市场，赴江苏南京、安徽合肥、江西南昌、四川成都等地开展推广活动8场。组织企业到安徽、江西、上海、杭州等地开展推介会等推广活动12场。完成《莲都区旅游团队招徕奖励办法》2021年度政策兑现，兑现15家旅行社共计156.9556万元，带动企业招徕游客的积极性。进一步拓展客源市场，打响莲都旅游目的地知名度。

【百县千碗】 2022年，组织开展“莲都味道·百县千碗”六进活动10场、莲都味道杭州推介会1场，扩大“莲都十大碗”的知晓率和美誉度；举办“莲都味道·百县千碗”美食讲解员及烹饪技巧培训3场，省、市两级百县千碗体验店、美食培育店厨师、美食讲解员近50人参加；培育“诗画浙江·百县千碗”体验店，截至年底，共有省级百县千碗体验店10家、市级4家（市级百县千碗体验店原有8家，其中，4家升级评定为省级体验店）。完成“莲都十大碗”“莲都十冷盘”和“莲都十小吃”30道菜的视频拍摄、文化典故撰写，开展“莲都十大碗”推广宣传工作。

【促进消费】 联合九县市开展“欢天喜地游丽水”新春文旅促消费活动，面向市民、游客在“一机游丽水”App上分三批派送文旅消费券，莲都区AAAA景区、星级酒店、旅游等级民宿、“百县千碗”体验店等近40家文旅企业核销金额93.366万元，拉动消费1867.32万元。组织企业参加丽水市艺术节万象市集、文旅时尚购物活动，带市民赏非遗、品美食、购好物、住山居，将传统文化和潮流文化融合呈现给消费者，受到一致好评。

【山海协作】 借助“山海协作20周年”契机，与山海协作和东西部扶贫结对县市（上海黄浦区、宁波江北区、义乌市、四川叙永县）开展文旅交流，做到“五个共”，推进山海协作走深、走实。共同举办文旅推介宣传、文化走亲、体育赛事等活动，共享文旅招徕游客办法以及游客互送等优惠政策，共同推介文旅产品，到义乌、宁波北仑开展“莲袂而至 山海共荣”山海协作文化旅游推介活动，双方文旅干部互相交流，共同开展素质培训，组织民宿业主到四川省泸州市叙永县开展东西部扶贫对接走访。

【智慧文旅】 依托省、市两级文旅数字化平台，进一步推进莲都数字文旅建设。优化提升莲都区全域旅游大数据中心平台，实现与省、市平台互通，实现对内旅游管理数字化。用好“一机游丽水”莲都文旅集成平台，完善“一机游丽水”平台莲都区板块设计和文旅资源内容，推动50余家文旅企业入驻“一机游丽水”平台，实现资讯获取、行程规划、产品网购、分享推荐等全流程的数字化服务。

（陈曦）

东西岩风景区

【概　况】 2022年，东西岩管理中心以习近平新时代中国特色社会主义思想为指导，贯彻浙江省第十五次党代会、丽水市第五次党代会、莲都区第十五次党代会等会议精神，紧扣莲都区委、区政府工作部署，结合景区自身特点和发展实际谋划创新活动、传递景区特色民俗文化，为建设百万人口大城市的起步之年谋好旅游发展新篇章。

【市场营销】 5月17日，东西岩景区举办“莲生动力·勇攀高峰”活动，莲都区来料加工从业人员、民宿农家乐代表、女性创业代表、登山爱好者等100余人参加活动。6月11日，举办莲都区“连接现代生活 绽放迷人光彩”非遗进景区活动，结合“文化和自然遗产日源自文化遗产日”让广大群众近距离接触非遗、了解非遗，感受莲都非遗文化魅力 。6月25日，举办“相约风情东西共享幸福之旅”“浙工缘”莲都人才交友联谊会，吸引近百名青年才俊参加。7月，开展“趣露营·揽星辰”露营活动，首次开放夜游体验，引入红色露营、剧本杀等热门项目，吸引多个批次约250名年轻游客体验，打响景区夜游品牌。

【特色研学】 2022年3月，东西岩管理中心着手梳理景区自然资源，结合资源特色重新编制丹霞地质和摄影两大主题10余个课程；5月，课程“自然保护地看‘浙’‘丽’”获百山祖国家公园自然教育课程案例征集大赛一等奖。7月，东西岩管理中心加大与丽水广电集团的合作力度，联合艾莱依COOL玩物馆、丽水三宝博物馆、华东药用植物园、丽水市龙泉良工非遗文化体验中心等自然文化科普旅游点，以东西岩为基础，推出创新研学游线，开启“东西岩研学之旅”活动，发布蓝晒制作等多主题研学课程，带动全区多个点位发展。

【文化活动】 3月4日，“风情东西岩主题摄影展”在丽水市美术馆正式开展，在展出的百幅作品中，有以东西岩为主题的摄影作品和首期“摄影进校园”研学成果——35幅来自上海世外教育附属丽水市实验学校、莲都区天宁小学学员们的作品。参展作品全面展示东西岩景区丹霞地貌、畲族文化等，以及小学员们用镜头探索的世界之美。10月，东西岩景区举办东西岩首届“摄影艺术”主题讲座、“凝聚艺术力量 助力旅游发展”2022年度丽水莲都区文艺家协会艺术乡建活动，借艺术家之力促进文化旅游的创新融合，指导推动景村艺术生活化和产业生活化双向联动，激发整体资源价值。

【品牌建设】 2022年7月，丽水市摄影家协会七届四次理事会议在东西岩景区举行，景区被授予“丽水市摄影家协会摄影创作基地”“丽水市摄影家协会女摄影家分会摄影创作基地”“莲都区摄影家协会摄影创作基地称号”。2022年，景区通过推出“我是红领巾”“我是自然守护者”等多个主题研学课程，开设摄影研学进校园培训班等系列活动，提升知名度和美誉度。2022年5月，东西岩景区被区社科联评为区级科普教育基地；12月，被浙江省环境生态厅评为浙江省生态文明教育基地。

【旅游宣传】 2022年，东西岩管理中心谋划并创作一批具有东西岩景区高辨识度的原创短视频，拍摄《“一秒”登顶？我在东西岩等你来挑战！》《东西岩览云海，宛若仙境 》《“赶野猪”“摇锅”“摘柿子”这些畲族体育项目你都体验过了吗?》等视频，分别被“学习强国”、网易新闻、新华网、丽水在线等各大平台转载播放，点赞量、阅读量均创新高，竞相模仿或二度创作的短视频极速传播，景区知名度进一步提升。针对长桌宴、乌米粽等具有景区民俗特色的美食产品开展宣传，景区美食产品预定量较往期翻番。《石头？饭桶？探秘玉甑岩藏着的小故事》“探秘东西岩”等一系列景区点位打卡类短视频，用神话故事的形式增加景区神秘感，抓住年轻客群探秘心态，吸引游客群体“种草”“打卡”。

（叶丹妮）

古堰画乡风景区

【项目建设】 2022年，古堰画乡范围内建设项目12个，年度投资3亿元，累计完成投资2.77亿元。区旅投公司实施类重点项目3个，包括古堰画乡文化产业园项目、古堰画乡艺术中心、理想艺站项目。截至2022年底，古堰画乡艺术中心完成主体钢结构，古堰画乡产业园、理想艺站项目正有序推进。

【招商引资】 9月16日，古堰画乡艺术区亲子乐园项目、温德姆酒店品牌合作项目在莲都区重大

9月10日，古堰画乡开展“中秋奇妙游”活动（区全域旅游办公室 提供）

项目集中签约仪式上签约。与法旅集团、浙大经院培训中心、隐墅集团、冒险岛水世界等对接，推进坪地半岛、画乡大酒店、在水一方等地块招商引资工作。

【市场营销】 打造旅游营销立体宣传矩阵。通过古堰画乡官方抖音号、“画里有话”号、微信视频号等宣传，从探店、游玩攻略等方面深度挖掘、提炼景区的核心内涵，助力碧湖新城建设。开展直播带货和常态化景区走播，帮助农商户销售农副产品，促进景区所在地乡村振兴和经济社会发展。

【文化活动】 文旅融合培育特色品牌，以文塑旅，打造人文艺术社区。挖掘大樟树、通济堰、文昌阁等特色文化符号背后的艺术价值，融入山水人文等自然资源，利用一号艺术区、力美术馆所集聚的优质艺术资源，举办“鱼”你同框——碧湖未来新城全省摄影大赛、“穿越永恒的高贵与柔美”——莫迪里阿尼（版画）全球巡展中国·丽水 展、“庆祝二十大 五鱼聚新城”绘画摄影作品联展等系列活动点亮度假区艺术之美。举办“我们在画乡四人联展”跨年展，营建极富地域特色的古堰画乡油画党建馆。弘扬古堰文化，通济堰博物馆已通过国家文物局审批，共计投资8000万元，用于建设通济堰展示馆、飞跃画乡飞行影院、古堰文化休闲体验中心。

【文创产业】 重点培育“大樟树市集”区域公共品牌，参与市、区文旅局组织的多场市集活动，走出画乡打响知名度。“古堰画乡艺创中心”团队入选丽水市第四批重点文化创新团队；举办2022年度古堰画乡十大文创产品评选活动，开发“2023古堰画乡精选作品月历”“巴比松”大师兔等文创产品；与数字藏品平台“西湖一号”合作开发古堰画乡首款数字藏品——《古堰画乡》，999份数字藏品不到2小时全部售罄。首款“大樟树”文创雪糕成打卡神器，销售额破15万元。组织科室和相关单位到台州天台山、衢州柯城余东村、衢州开化下淤村、木心美术馆、杭州艺创小镇、杭州美苑等地考察写生基地建设、艺术产业发展等工作。浙江卫视热播剧《春风又绿江南岸》、网剧《两个人的小森林》和《清明客》MV在古堰画乡取景拍摄，古堰画乡美景获观众点赞，“打卡”流量效果明显。

【“微改造”工作】 依照“微改造精提升”三年实施计划（2021—2023年）发力，高标准系统建设并全域开展“微改造”工作。保护修复生态，实施三洞桥水雾系统改造、水岸生态化改造等综合治理工程。改造景观节点，全域更换标识标牌844块，完成18个景观节点改造项目和景观亮化提升工程；完成5个地块3.4万平方米闲置地块征收、场地平整及绿化育苗种植。修缮古迹遗存，以修旧如旧为原则，修缮通济堰渠、古民居等文物保护单体300余处。以精致“小工程”推动“大改变”，莲都区“微改造”工作案例登上《浙江日报》专版。

【产业发展】 2022年，古堰画乡旅游度假区列入省文旅厅国家级旅游度假区意向培育名单和山区26县第一批“造月工程”培育名单（丽水市唯一）。古堰画乡度假区规划总面积 13.18 平方千米，形成“一廊三区”的产业发展空间结构，一廊即“瓯江风情”山水画廊；三区即“画乡风采”艺术养心区、“古堰遗韵”文化休闲区和“八仙秘境”康体养颜区。

（伍昊宇）

财政·税务

财　政

【概　况】　2022年，莲都区实现地区生产总值483.18亿元，增长4.3%。分别高于全省、全市增幅1.2个、0.3个百分点，位列全市第五，其中，第一产业增长4.4%、第二产业增长8.7%、第三产业增长2.1%。全年实现区本级固定资产投资额同比增长33.4%，排名全市第一。社会消费品零售总额229.02亿元，同比增长7.6%，排名全市第三。城镇常住居民和农村常住居民人均可支配收入分别为58908元、36602元，增长4.5%、8.4%。全年实现财政总收入25.57亿元，下降20.1%，其中，一般公共预算收入15.6亿元，下降20%，扣除留抵退税因素后下降11.1%；一般公共预算支出61.02亿元，增长12%。全年财政收支平衡。

【财政收入】　贯彻“市区同体”理念，动态分析研判宏观经济形势，加强经济稳进提质政策承接落地，反应莲都诉求，争取上级资金、政策、要素支持。全区一般公共预算收入占财政总收入的61%，占GDP的3.2%，其中，税收收入11.91亿元，下降27.8%，扣除留抵退税因素后下降17.1%，非税收入3.69亿元，增长23.4%。实现土地出让金收入21.19亿元，增长199.5%。

【经济发展】　2022年，集聚科技创新力量。保障招引平台、人才科技资金需求，配合释放莲都稳进提质34条、科技新政10条、人才新政25条、工业新政40条等一系列政策红利。全年安排人才科技专项资金1.48亿元、兑现政策经费8196万元，同比分别增长900%、448.2%。加快经济企稳向好，简化程序兑现各类涉企扶持资金4.09亿元，发放稳岗补贴1943万元，小微企业和个体工商户承租国有房屋租金减免惠及410户，面向中小微企业和小微企业采购2.84亿元、2.13亿元。配合举办8轮促消费活动，惠及商户1.2万家，带动消费7.4亿元。

【推进共同富裕】　2022年城乡居民收入快速增长，城乡收入差距进一步缩小，比值达到1.61。低收入农户人均可支配收入17201元，同比增长17.3%，列26县第五位，较2021年前进9个位次。集中财力9.28亿元支持碧湖新城建设，助推莲都区青少年宫迁建、白口双创中心项目等大批区级重点项目提速竞跑。支持发展环境提升，投入11.7亿元美化农村环境，投入2.37亿元支持城乡枢纽交通设施优化提升，投入3.16亿元推进省级乡村振兴类项目建设，投入1.71亿元全域推进瓯江水系山水林田湖系统治理，投入1.78亿元深化平安莲都建设；投入1.06亿元推进美丽莲都工程。

【民生支出】　2022年，民生支出47.74亿元，同比增长7%，占一般公共预算支出78%。支持民生事业发展，投入8.6亿元实施教育提质行动，小学、初中生均公用经费分别提高至900元、1230元。投入7.3亿元深化打造健康莲都，投入1.26亿元有效保障疫情常态化防控。投入1.37亿元打造优质公共文化服务。加强社会兜底保障，累计拨付最低生活保障、特困人员救助供养资金1.13亿元，实施社会救助14.3万人次，投入资金1667万元完善养老和3岁以下婴幼儿“一老一小”服务体系，城乡低保标准、特困人员保障标准分别提高至1035元、1662元，均位居全市前列。

【深化财政改革】　充实财政力量，创新实施高素质、年轻化选人用人“菁财计划”。2022年招录在编干部7人，提任中层干部10人次，职级晋升6人次。提速数字财政，全省第一批整体上线预算管理一体化系统执行模块，第一批试点公款竞争性存放网上招标。“浙里报账”“核算云”平台、财政电子票据管理改革实现区级行政事业单位全覆盖，政府采购实现全流程线上审批。加强社会服务，全年走访帮扶农户300余户，“走亲联企”规上企业80余家，办实事72件，开展“党员在身边”志愿服务活动53次。

【财政管理】　2022年，累计压减项目支出2.57亿元，压减比例达17%。政府投资项目评审净核减率8.24%，节约财政资金2.62亿元。清理全区预算单位实有资金账户两年以上结转结余资金，盘活财政资金4.5亿元。全省率先出台区县级财政政策绩效评价管理办法，同步制定出台《事前绩效评估管理暂行办法》《财政绩效管理考评细则》。统筹安排2.19亿元全省首批提前完成存量隐性债务清零任务，全省率先启用授权支付动态监控预警，修订局本级专项风险防控办法9个。完成乡镇资金监管、部门预算公开、财经秩序等专项检查督查。

【队伍建设】　制订《加快建设变革型财政组织实施方案》，多维拓展“红色财政”品牌谱系，旗下“财政青年思享汇”受到区委组织部肯定，“走亲联企”被《中国组织人事报》点赞报道。加快多维学习矩阵建设，2022年举办财政青年思享会5期，上线财政小课堂201期。完成财经法律研学活动、产业基金运作等财政专题讲座。制订《关于纵深推进清廉财政建设的实施方案》，创新制定以“清风论坛”“清风对话”“清风展台”“清风寄语”“清风岗哨”为主要内容的“财乘清风”廉政工作品牌。获评丽水市高质量绿色发展模范集体、莲都区“大抓落实年”工作先进集体，被授予莲都区抗击新冠疫情工作集体嘉奖。

（陈鹤升）

税　务

【概　况】　2022年，国家税务总局丽水市莲都区税务局以习近平新时代中国特色社会主义思想为指导，学习贯彻党的二十大精神，落实国家税务总局浙江省税务局、国家税务总局丽水市税务局党委和区委、区政府各项决策部署，推进“六大工程”迭代升级，抓好党务引领新发展、干好税务开拓新局面、带好队伍展现新气象，完成全年目标任务，各项工作取得新成效。莲都区税收工作获得省局领导肯定性批示2次，市局和区委区政府领导肯定性批示8次。丽水市莲都区税务局获省级青年文明号、丽水市高质量绿色发展模范集体等称号。在丽水市税务系统组织绩效考评和莲都区工作责任制考评中，分别连续四年获评“第1段”和“综合优胜”单位。

2022年，组织税收收入27.01亿元，其中，办理出口退税

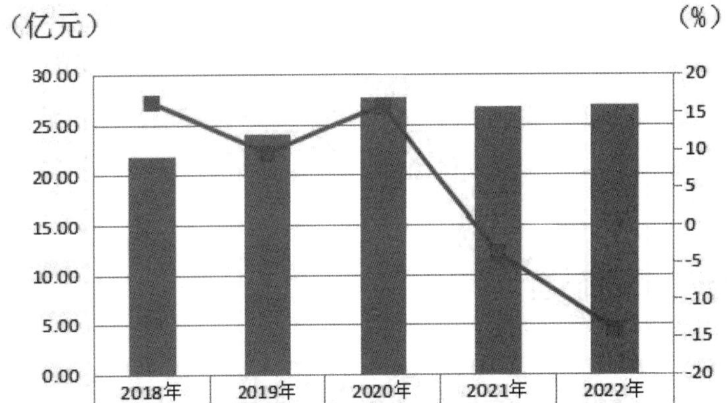

	2018年	2019年	2020年	2021年	2022年
税收（亿元）	21.95	24.05	27.88	26.82	27.01
增幅（%）	16.38	9.57	15.93	-3.80	-14.16

图1　丽水市莲都区税收收入情况(2018—2022年)

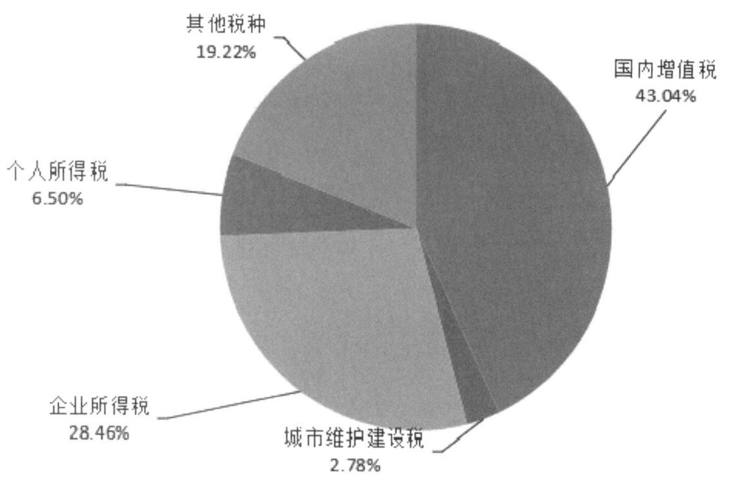

图2　丽水市莲都区税收收入分税种结构(2022年)

1.75亿元，比上年增加5185万元，增长42.22%。

【社会保险费和非税收入】　2022年，丽水市莲都区税务局推进城乡两费征缴工作，承接新划转非税收入征收职责。社会保险费入库15.23亿元(含职业年金)，其中，养老保险费入库8.38亿元，医疗保险费入库4.15亿元。非税收入入库222162.49万元，其中，教育费附加入库3423.56万元，地方教育费附加入库2282.38万元，残疾人就业保障金入库2244.40万元。

【税务法治】　丽水市莲都区税务局优化执法方式。税务中台执法中心将包含语言行为、音像记录的下户指引嵌入"执法智控终端"，执法过程中为执法人员提供"教科书式"指引。通过建立执法记录集中存储机制，配置智能采集站归集图片、音像等信息，实现执法全过程记录。2022年，制定7类常用执法指引，执法记录仪和"智控记录"的有效使用率和音像上传率均为100%。深化普法宣传教育，被市普法办命名为"2021年度丽水市法治宣传教育基地"。

【税费政策落实】　2022年，丽水市莲都区税务局织网提档，落稳落实减税退税。累计办理制造业中小微企业延缓缴纳税费9212万元；增值税留抵退税2.61亿元，惠及企业926户次；小规模纳税人3%征收率销售额免征增值税2998.37万元，惠及企业913户次；小规模纳税人、小微企业、个体工商户六税两费减半征收，减税4197.84万元，惠及企业36828户次。

【税种管理】　2022年，完成个人所得税综合所得年度汇算工作，咨询按时回复率100%，实际办理完成率100%，申报退税20780万人，退税金额1120万元。通过后续审核工作补缴企业所得税33万元；完成以往年度汇算多缴退税733万元；取消企业所得税核定征收，实现企业所得税查账征收全覆盖。做好印花税法实施工作。强化土地增值税清算审核，完成2个项目的清算审核。

【办税缴费服务】　2022年，丽水市莲都区税务局借助金融机构、便民服务点分布广的优势，合作设立"税小莲"微税厅(点)，形成全区域"10分钟便民办税圈"，"税小莲"品牌在全市税宣服务优秀品牌评选活动中拔得头筹。在办税厅开设"银发窗口""爱心陪办"窗口，为特殊群体开辟绿色办税通道。推行不动产交易"掌办"，打造"掌端一个入口、后台一套流程"办理模式；为代表委员制定"A级纳税人成长计划"，围绕四大类13个小项常见信用扣分项，定向推送预警提醒和纠偏辅导；巧用红黄标签机制，实行"1+2+N"例会制度，有序开展营商环境专项走访工作，累计开展16批次企业走访工作，涉及企业12552户次。2022年，全国纳税人满意度调查中，区税务局作为地级市所辖区的样本单位之一(近四年丽水市唯一被抽中的单位)被抽样调查，结果综合得分89.95分，高于全国平均分0.77分，在全国414个县(市、区)级样本单位中排名前列，助力浙江省连续8年获评全国第一。

【征收管理】 2022年，丽水市莲都区税务局搭建“数字赋能，办问协同”征纳平台，上线智能呼叫系统，推行“一人双机三系统”和“同屏直连”办理模式，实现68项咨询高频事项“一个口子进、一套标准答”。征管股在征纳沟通平台全面重组15个专业管理群，巧用“积分制”提升用户黏性，涵养“畅通无阻、有问必答”的线上咨询生态。征纳沟通平台活跃度从70.23%提高到95%以上。利用Web自动化技术对高频业务全天候累计自动处理业务5万余笔，办理协同业务6732笔。

【税收经济分析】 2022年，丽水市莲都区税务局发挥“税收分析专报”作用，联合地方部门制定实施“大莲都”税收分析办法，从税收角度分析区域经济发展的影响因素，利用第三方交互信息，提高税收预测的前瞻性和准确性，对接地方政府协调收入预期，及时向区政府领导汇报税收工作情况，为开展组织收入工作、提升征管质效、科学确定地方政府税费收入预算、莲都区经济税收平稳高质量发展提供参考。全年共计向地方党委政府报送信息简报19篇，获批示肯定7篇。

【大数据和风险管理】 2022年，丽水市莲都区税务局针对新组合式税费风险，组建“风险审核团队”，定期召开例会，累计审核风险企业132户次，阻断退税26笔。依托“疑点事前干预+风险事中阻断+事后全域复盘+结果归集反馈”的风控闭环机制，对企业开展“扫描体检”23万户次，触发风险预警8165条，直接阻断3467条，疑点复盘7992条均完成应对，实现闭环监管，风险防控“全穿透”。

【党建工作】 2022年，丽水市莲都区税务局坚持政治统领，提高政治站位。坚持把学习习近平新时代中国特色社会主义思想作为党委会“第一议题”，党委理论学习中心组学习、青年理论学习“第一主题”，捍卫“两个确立”，做到“两个维护”。常态化开展谈心谈话，推进清廉机关模范机关建设，组织开展红色实践教育、“勤学党史”读书会、“红色家书”分享会等系列活动，夯实党建基础，提升工作质效。推进支部建在股室，从10个在职党支部扩充至14个，增强支部书记“第一责任人”身份意识，压实主体责任，提升党组织“两化”“四强”水平，推动党建与业务深度融合。选送的青年干部评价体系党建案例获评全市机关党建“实招妙招”优秀创新案例。

【税务纪检】 2022年，丽水市莲都区税务局推进全面从严治党工作任务落细落地。压紧压实管党治党政治责任，党委与党委纪检组定期会商3次，提出意见建议11条。升级“纪税协作”形式，市区两级联动开展组合式税费支持政策落实专项监督检查，被推广至全市税务系统应用。试点推行“智慧监督”，构建“风险分析+阈值设置+数据研判+风险应对”监督工作机制，使税务中台成为落实一体化综合监督体系的有形载体。

【政务管理】 2022年，丽水市莲都区税务局落实24小时值班制，实时关注信访动态，及时处理信访案件，实现信访办结率、回访率均为100%。密切关注涉税热点话题。定期开展保密培训，提升干部保密意识。落实网络安全机制，确保信息安全“无死角”。

【绩效管理】 2022年，丽水市莲都区税务局通过“日常监控、节点管理、月度分析、定期通报”，强化绩效过程管理。推进绩效管理和数字人事深度融合，探索建立符合实际的组织绩效与个人绩效合理挂钩机制，增强绩效管理指挥棒作用。推进地方党政考核与组织绩效的有效结合，建立激励机制，实现两项考核同频共振，相互促进。

【教育培训】 2022年，丽水市莲都区税务局开展培训19次，全体干部合计培训927人次。组织参与练兵比武系列活动，取得团体成绩全市第一、3人获得个人全省前十的成绩。制定《“税务中台”服务中心个人绩效考核办法》，实施干部“蹲苗育苗”计划，优选3名青年干部到办税厅轮岗交流。

（吴瑶）

经济管理

计划管理

【规划管理】 2022年确定规划（课题）26个，金额3000万元。以省级专项规划、丽水市“十四五”规划纲要和“一带三区”发展规划为主要依据，做好各专项规划衔接工作，提升规划的科学性、前瞻性、可行性和落地性，反馈《莲都区生态工业“十四五”发展规划》等12个规划（课题）的修改意见，组织《莲都区数字政府建设“十四五”规划》等8个规划专家评审会。以浙江省规划管理数字化平台为载体，在数字化平台上完成立项申报、规划衔接、规划发布等工作。2022年，在平台发布规划12个。

【年度计划编制与经济分析】 编制国民经济和社会发展年度计划，完成《关于莲都区2022年国民经济和社会发展计划执行情况与2023年国民经济和社会发展计划草案的报告》编写，编制《莲都区2022年基本建设项目投资计划》《2022年莲都区大花园示范县建设单位年度评估任务清单》等，以大项目带动大投入，推进大发展。强化执行经济月度监测、季度分析、重点企业监测等基础研判措施，召开月度、季度经济形势分析会，建立莲都区（市、区、开发区）经济运行监测分析会议制度，强化市区联动。全年完成经济分析、投资分析等月、季度和年度分析报告20余篇。

6月30日，东西部协作消费帮扶产品展销会举行（区发改局 提供）

【年度计划执行】 2022年，莲都区国民经济和社会发展十项主要经济指标中，区本级规上工业增加值、区本级固定资产投资、区本级外贸出口、社会消费品零售总额、农村居民人均可支配收入5项指标增速排名全市前三。

土地管理

【概　况】 2022年，市自然资源和规划局莲都分局适应经济发展新常态，应对经济下行压力加大、资源环境约束趋紧等重大挑战，坚持生态资源保护和高质量发展，推进自然资源高水平保护、高质量保障、高效率利用、高效能治理，各项工作取得进展。

【资源保护修复】 实施千亩方、万亩方永久基本农田集中连片建设。完成碧湖镇章塘村等7个村千亩方永久基本农田集中连片整治，建成集中连片耕地223公顷，实现耕地质量提升44.96公顷，耕地功能恢复5.56公顷。开展碧湖镇蒲塘村万亩方永久基本农田集中连片整治，规划整治集中连片耕地984.93公顷，项目规划设计方案已通过省级技术审查。推进各类耕地问题专项整改工作。开展即可恢复耕地地类整治工作，完成即可恢复整治面积251.15公顷。推进耕地“非农化”问题整改工作，完成2025个“非农化”问题图斑销号处置。开展2021年度耕地流出问题、违法违规占用耕地重点问题和2022年耕地卫片监督等问题核实整改，完成2140余个图斑的核实举证工作。推行“田长制”和“耕地智保”工作。建设“耕地智保”应用场景，完成104个铁塔视频监控点位安装，对耕地保护采取“人防＋技防”。出台《关于全面推行“田长制”落实最严格的耕地保护制度的实施意见》，建立区、乡、村三级“田长制”责任体系，贯通“耕地智保”场景应用，累计开展巡查9801人次。开展卫片执法检查，核查2021年补充图斑723个，发现违法点位33个，总面积7.58公顷，其中耕地1.15公顷，基本农田0.18公顷。2022年，已整改30个卫片图斑，面积5.60公顷；剩余3个已分解到相关乡镇部门，加快整改落实。开展“大棚房”反弹问题核查，发现一宗“大棚房”问题反弹并完成整改。推进生态修复，推进莲都区山水林田湖草沙项目，完成总投资5.51亿元，其中，中央资金1.41亿元，总投资和中央资金执行率分别达到103.43%和88.11%。开展绿色矿山修复工作，完成老竹镇西子山矿山修复问题销号。根据莲都区自然地理和生态本底，识别出区域内生态问题，明确规划思路，制定规划目标，科学编制《莲都区国土空间生态修复规划（2021—2035年）》。

10月14日，莲都区全域土地综合整治与生态修复工程领导小组对碧湖镇章塘村等7个村千亩方项目进行验收（市自然资源和规划局莲都分局　提供）

【土地开发整理】　推进全域土地综合整治，推进碧湖全域土地综合整治与生态修复国家试点工程，2022年，完成投资17.25亿元，工程总体形象进度为57.6%。碧湖镇等4个乡镇跨乡镇土地综合整治纳入省级第一批跨乡镇土地综合整治试点，开展实施方案编制工作，设置七大类74个子项目，重点谋划10个整治场景，投资约72.5亿元。完成碧湖镇中溪村、联城街道官桥村2个村全域土地综合整治工程并通过验收。推进莲都区老竹镇梁村村等2个村全域土地综合整治项目。推进垦造耕地，全年垦造耕地（含旱改水）完成报备入库项目12个，涉及数量指标29.33公顷，水田指标39.33公顷；完成垦造耕地（含旱改水）实地踏勘74个项目共188.80公顷，其中立项并动工24个项目共67.07公顷。制定印发《莲都区土地整治实施办法》，规范土地整治项目管理，提高土地整治工作积极性。推进建设用地复垦，成立区级土地要素保障工作专班，推进土地整治、“一户多宅”清理整治工作。结合“一户多宅”清理整治和“大搬快聚”工作，全面摸排可腾空和拆除房屋数量。制作项目实施计划倒排表，建立完善考核督查机制，通过各乡镇（街道）晾晒比拼、定期通报等形式，推进建设用地复垦项目。2022年，完成评审132个项目共94.87公顷，其中已立项113个共81.33公顷，立项并动工69.53公顷，竣工32.73公顷，复垦项目面积为过去十年的总和。

【土地要素保障】 推进农转用征收报批工作，2022年完成29个项目农转用审批工作，新增建设用地面积共计142.81公顷。其中，基础设施项目8个，新增建设用地面积35.40公顷；产业项目8个，新增建设用地面积51.47公顷；商住项目9个，新增建设用地面积45.18公顷；民生项目4个，新增建设用地面积10.76公顷。定期开展房地产形势分析研判，强化商住用地出让推介，在杭州举办“碧湖新城 未来已来”土地信息推介会，系莲都区历史上首次。抓好土地出让收入管理，全年共出让国有建设用地17宗，总面积95.29公顷，达成出让金21.73亿元（其中，商住用地6宗、土地面积38.67公顷，工业仓储用地7宗、土地面积41.13公顷，商业商务用地3宗、土地面积14.67公顷，批发市场用地1宗、土地面积0.67公顷）；划拨国有建设用地17宗，总面积111.83公顷，划拨价款2.118亿元。推动国有建设用地“批—征—储—供—用”闭环管理，起草出台《莲都区土地收储“一件事”工作机制》，完成土地收储项目16个，收储面积80.86公顷。加强节约集约用地，盘活存量建设用地27.13公顷，完成城乡低效用地再开发9.60公顷，消化处置批而未供土地78.33公顷。

【民生保障服务】 2022年，推进国有资产确权登记工作，完成产权办证632处。推进莲都区自然资源确权登记工作，完成17个水流登记单元、7个林场森林资源和11个探明储量的矿产资源的地籍调查工作。推进农房确权登记，办理农房确权登记548件。办理万洋低碳小镇等重点项目登记发证5114件。配合市局完成莲都区集体土地所有权数据汇交更新工作，完成集体土地登记发证350宗。完成林权登记发证67宗。化解土地经营权纠纷，委托开展农经权存量登记数据库建设。优化审批登记服务，落细落实规划用地“多审合一”“多证合一”，办理规划选址和用地预审15件、建设用地规划许可和用地批准25件。优化不动产登记服务，实现与公证、纳税、水电煤气过户等一窗通办，94项登记业务实现即时办结，占不动产登记业务的90.4%。开展企业不动产剩余价值抵押贷款、土地抵押转在建工程抵押等不动产抵押业务，实现“多宗一贷”“一宗分贷”“一宗分抵”。解决群众诉求，答复网络问政问题20件，办理“两会”建议提案44件（其中主办件8件、会办件36件）。妥善处理群众来信来访，接待来访15批27人次，收到信访件131件。开展信访积案化解专项行动，化解省级信访积案12件。摸清莲都区纳入农村回迁安置农户情况，完成5年以上未安置农户回迁安置工作，共计169户。

矿产资源管理

【矿地综合开发利用工作】 推进徐坑源、高溪北区块矿地综合开发利用项目，解决开发安全边界问题，围绕区委区政府年度出让一个矿地项目的工作目标，按照净矿出让的工作要求，推进矿地项目采矿设立相关前置工作。2022年，徐坑源矿地项目完成地质勘查报告、社会风险评估、开发利用方案评审等，待进一步完成政策处理后组件申报公告出让；高溪北区块矿地项目委托开展采矿权设立各项评估论证工作。完成全区矿产资源摸排分析，推进丽新咸宜和小黄弄矿地综合利用项目，推进矿区地质勘查，查明岩石质量和储量。

【地质灾害防治】 加强地质灾害综合防治，排查地质灾害风险防范区264处，新增2处，通过工程治理和避让搬迁等防治措施核减25处。2022年，发生地质灾害险情9处，未造成人员伤亡和重大财产损失；完成即查即治8处，实施避让搬迁7个点位30户60人，保障了人民生命财产安全。开展农村建房地质灾害危险性评估293户、地质灾害调查类项目41个；完成岩泉街道和老竹镇2个乡镇1:2000地质灾害风险调查评价项目,启动太平乡和仙渡乡2个乡镇地质灾害风险调查评价项目;建成地质灾害自动化监测预警14处,提升了地质灾害防治能力。

物价管理

【政府定价成本调查】 开展政府定价项目成本调查、监审和调价工作。完成莲都区乡镇公办幼儿园成本监审和调价工作;完成莲都区2019—2021年城市生活垃圾处理成本监审工作;完成莲都外国语学校学费和莲都区义务教育阶段课后服务收费的成本调查工作。

【行政事业性收费】 2022年,完成全区行政事业性收费年度材料的征集、汇总和上报工作。贯彻落实国家和省取消、免征行政事业性收费政策。规范行政事业性收费,调整全区《行政事业性收费目录清单》和《涉企行政事业性收费目录清单》。在清理规范涉企收费的基础上,在门户网站向社会公布"莲都区政府定价的涉企经营服务性收费目录清单"。

审计管理

【概　况】 2022年,组织完成审计项目20个,查出违规金额590万元,促进增收节支1616.1万元,向纪委等相关部门移送案件线索6起,报送审计专报(要情)41篇,推动区政府及相关部门出台完善制度22项。获评2022年度全市优秀审计项目1个,莲都区审计局获2022年度莲都区岗位目标责任制考核综合优胜,获评省、市审计系统年度考核优秀单位。

4月22日,莲都区"重大审计问题清单"攻坚联席会召开(区审计局 提供)

【财政审计】 2022年,区审计局在莲都区2021年度预算执行和决算(草案)情况审计中,严格落实政府过"紧日子"要求,以"大项目+主审领办"的审计组织模式,高质量推进审计全覆盖。安排了政府投资项目绩效,会议费、培训费绩效等重点审计内容,同步推进开展政府综合(部门)财务报告、预算项目库建设、违规楼堂馆所等专题审计内容。推动出台《莲都区区本级部门项目支出预算管理办法(试行)》,强化区本级部门项目支出预算管理,提高资金使用效益。

【民生审计】 2022年,区审计局践行以人民为中心的发展理念,重点关注民生资金使用"最后一公里",组织实施莲都区城乡社区环境卫生资金管理使用情况等专项审计调查、省政府十大民生实事推进情况专项审计调查、丽水市住房与城市建设专项资金使用和绩效审计、丽水市储备粮管理情况专项审计调查、区公共卫生服务体系建设情况专项审计调查、2021年度莲都区经常化创建文明城市工作经费专题检查等民生事项审计,推动解决民生问题。督促推动区卫健局等三部门联合出台《莲都区高血压糖尿病全周期健康管理推进分级诊疗改革实施方案》,推进分级诊疗制度建设。莲都区城乡社区环境卫生资金管理使用情况专项审计调查报告获评全市优秀审计报告。

【经济责任审计】 2022年，区审计局共组织完成领导干部经济责任审计及自然资源资产离任（任中）审计项目8个，涉及4个区直单位、2个乡镇（街道）8名领导干部，落实区管领导干部离任交接事项21起。制订《莲都区区管领导干部经济责任审计工作2022—2026年规划》，推动经济责任审计工作体系建设。会同区委组织部就2022年经济责任审计涉及的5个单位7位区管领导干部开展会商研判，以经济责任审计数据画好干部“画像”，为组织部门评人识人提供参考。

【内部审计】 2022年，区审计局强化国家审计与内部审计的协同联动，将全区审计（内审）干部培训班纳入区委组织部干部培训主体班次。会同浙江大学经济学院举办首次全区干部知识更新与素质提升培训班，组织全区115名审计、内审、财务及纪检监察干部参训，提升审计（内审）干部的综合能力。开展新修订《浙江省内部审计工作规定》宣传月、内审知识大比拼等活动，将新规内容纳入区普法考试，推进省政府第390号令在莲都落地。抽调内审干部参与国家审计项目，持续完善“以审代训”“内审网格化管理”等机制，提升全区内审业务水平，莲都农商行内审项目获全省表彰。

【审计整改】 2022年，区审计局赋能审计整改，落实整改挂销号制，推进“审计整改一体化管理系统”贯通应用，实现审计问题挂销号闭环管控。出台《丽水市莲都区“审计问题清单”应用工作机制》，推进“重大审计问题清单”应用工作，对39个历史遗留、多跨“老大难”重大审计发现问题进行交办。制定出台《莲都区审计查出问题党政领导干部领办制度（试行）》，推动党政领导领办制与整改催办制双轨并行，由分管（联系）区领导点对点领办审计查出问题，协调多跨“老大难”问题攻坚。2022年度“重大审计问题清单”管控力指数排名全市第一，“重大审计问题清单”案例入选浙江省“七张问题清单”整改示范总榜案例，实现莲都区“七张问题清单”省级示范总榜案例零的突破。

【审计数字化改革】 2022年，区审计局以审计数字化改革为引领，主动承接并完成浙江省审计常态化“经济体检”3个子应用和“审计大脑”2个模块建设5项试点任务。莲都“审计大脑”综合决策用户界面效果图被列入省厅“审计大脑”建设县（市、区）示范模板。开展隐患排查、攻防演练等“四大行动”，筑牢网络和数据安全防线。出台《莲都区审计科研管理办法》，加强大数据案例撰写，围绕财政审计、公共卫生审计等项目挖掘素材，省厅科研课题结项2篇，大数据案例获评省厅优秀案例1篇，大数据方法入选省厅方法库2个，推动审计科研实现“网络大拓展、研究大合力、资源大融合、成果大应用”。

（王博奕）

统计管理

【概　况】 2022年，在区委、区政府坚强领导和上级统计部门指导下，莲都区统计局坚持以习近平新时代中国特色社会主义思想为指导，深入学习贯彻党的二十大精神、十九届历次全会精神以及省、市、区党代会精神，聚焦区委“接续高质量发展建设百万人口大城市”战略部署，强基础、抓质量、优服务，推进统计工作提质增效。

【统计成果】 编印《莲都区统计年鉴（2022）》《数据莲都（2022）》《莲都区第七次人口普查年鉴》《莲都区人口发展报告》《统计月刊》《统计公报》等统计产品。2022年围绕经济社会发展和考核，报送统计分析（专报）63篇，其中，11篇分析专报获区领导批示，“发放消费券助商惠民”“鼓励加大汽车消费”等多条统计建议被采纳转化为促发展的政策措施，为推进社会经济高质量发展发挥参谋作用。

【统计队伍建设】 在“一市一区”体制下，区统计局坚持“发展莲都、服务市区”基本定位，在经济社会发展多领域工作中推动市区联动、部门协同的互联互动机制。在市、区重点企业“一企一员一提示”精准服务培训会上，区统计局对市、区两级主管部门的助企联络员队伍进行全方位、全专业的统计业务辅导，让联络员入企时能更精准掌握企业困难和存在的问题。市区联动走访，区统计局参与了银泰、绿谷信息产业园、数字经济双创园等相关企业上规纳统研究分析，为市区上规纳统企业培育库提供精准统计服务。在莲都区共富先行示范区创建专题研讨班上，推进"统计业务进党校"，由分管领导带头讲业务，分别以"了解经济指标 助力经济发展""抓好'三农'统计 助推共同富裕"为主题，对GDP相关知识、工业、投资、农业和增收等方面进行全方面普及，让各成员单位和乡镇（街道）分管领导的统计知识有更好提升。

【统计监测】 聚焦经济社会高质量发展和考核成绩，进一步完善经济社会发展指标会商机制。参与建立莲都区（市、区、开发区）经济运行监测分析会议机制，做好"大莲都"经济指标分析研判和调度服务，服务莲都经济稳进提质。聚焦GDP核算、市对区综合考核、26县发展实绩考核、高质量发展建设共同富裕示范区等重点领域工作，建立起"常态长效、共建共享、集成集智"的全方位、全过程统计监测预警体系，日监测、月跟踪、常调研，主要经济指标完成情况、苗头性问题、挖潜增效举措等第一时间以统计微讯、统计专报形式呈送党委政府领导，为"抢抓时间、挂图作战"提供信息基础。

【统计民调】 区统计局民调工作聚焦热点主题，开展系列"短平快""订单式"社情民意调查。2022年，开展社情民意调查6项，其中运用"浙江民调在线平台"开展线上调查4项，入户开展线下调查3项（其中"托育调查"为线上线下结合调查）。聚焦"共富示范1+5+N重大改革清单"中的"普惠型托育服务""基层医疗卫生服务"，组织开展"托育服务情况调查""基层医疗卫生服务调查"，了解莲都区托育服务、基层医疗卫生服务的政策落实、群众诉求、突出问题等方面情况，为党委、政府建言献策；聚焦区委第十五次党代会"百万人口大城市建设取得突破性进展"和"构建青年友好型社会"规划，开展"青年群体需求调查"，参与区政协《打造青年发展型市区 助力丽水百万级人口现代化城市建设》课题组，为莲都区制定《建设青年发展型市区实施意见》、谋划"城市对青年更友好，青年在城市更有为"各项举措提供参考；聚焦"提振大宗商品消费"，开展"汽车消费需求调查"，调查情况和建议报告被市委办采用。

【统计宣教】 多形式推进"统计法进党校"。在春季主体班次上，首次以现场教学结合"云直播"方式扩大宣教覆盖面和影响力，除直接参加党校主体班次的领导干部和青干学员外，各相关部门、各乡镇（街道）领导班子和统计科室负责人、统计人员也通过"莲连看"App收看培训直播；在秋季主体班次上，以课前微分享形式宣传统计法，与学员交流依法统计工作。首次"三地联办"开展基层统计干部业务培训，联合松阳县统计局、遂昌县统计局于9月中旬在宁波大学举办基层统计干部综合素能培训班，乡镇（街道）和有关经济部门统计分管领导和统计人员参加培训。为推广使用"浙企最多报一次"平台，提升教学培训效果，租用丽水职业技术学院多媒体教室开展"指标配置""一键报

6月29日，贸易"最多报一次"暨统计业务知识培训班举办（区统计局 提供）

9月20日，莲都区“中国统计开放日”活动举行（区统计局 提供）

送”等专项培训，理论与实操结合，培训取得较好成效，学员反响热烈。

【统计法治】 莲都区统计局保持“在路上”的自省自励，深化统计法治建设，落实防惩统计造假责任制。推动建立统计监督与其他监督方式贯通协同机制，实现将统计造假纳入全区岗位目标责任制考核“一票否优”项目，纳入区委巡察专项检查内容，纳入区委组织部干部大监督工作机制。统筹抓好统计造假不收手不收敛问题专项纠治和国家统计督察反馈问题整改工作的“当下改”与“长久立”，取得阶段性成效。落实“统计专业核查、执法检查三年全覆盖”行动计划，2022年对165家企业（项目）进行数据核查，对67家企业（项目）开展统计执法检查，涉案处罚企业1家，罚款金额5100元；开展“以案释法”宣教，有效发挥统计监督职能作用。

（陈宇同）

市场监督管理

【市场秩序治理】 持续开展扫黑除恶、打击传销、高压整治保健品市场乱象。全年共立案查处市场监管领域违法案件651件，与上年同期相比增长60%，罚没款共计472.51万元，其中，食品案件326件，大要案件67件，药械化案件40件，移送司法机关5件。

【消费维权】 打造“放心消费在莲都”品牌，全年成功创建放心消费单位1703家，其中，无理由退货单位450家，放心工厂118家；放心消费商圈（街区）3个、放心消费美丽乡村3个；村级消费维权站21家，建成丽水市首个集成化放心消费维权体系，其中，“畲镇集市消费维权站”成为全省首个农村集市维权站。2022年，丽水市莲都区市场监管局共受理消费投诉举报6468件，同比上升27.07%，其中，投诉件3845件，同比上升46.98%，涉及争议金额987.06万元，为消费者挽回经济损失金额433.95万元；举报件2623件，同比上升6.02%。受理咨询1345件，同比下降5.2%。

【食品监管】 12家经营户通过“5S”（清洁、清扫、整顿、整理、素养）验收，全年累计开展食品快检800余批次。快速平稳处置涉疫事件11件。冷链相关企业主体数据更新率100%，进口冷链食品、进口水果赋码率100%。建成丽水市首家“共享实验室”，为企业减轻负担800余万元。高效推广食责险，公益金提取比例达60%，保费逐年增加比例达33%。推进“浙食链”运用，激活生产经营主体1316家，扫码率、赋码率均为100%。

【特种设备监管】 完成全区6969台在用特种设备赋码，占在用特种设备总量的99.6%，推进扫码作业应用，叉车扫码上岗率达95%，电梯扫码维保率达98%，特种设备扫码作业率达90.4%。实现线上线下高风险隐患闭环处置，处置率达100%。推进电梯物联感知接入，已接入1206台，完成率达106%。完成全区电梯鼓式制动器拆解，“电梯96333”等应急服务平台覆盖

6月14日，莲都区市场监管局邀请学生代表参加食品安全检查实践活动

（区市场监管局 提供）

率100%。

【药械监管】 深入开展疫苗接种点巡察、儿童用妆“金盾护童”、化妆品“线上净网线下清源”、医疗美容药械等专项整治行动。完成药品监督抽样检验65批次，合格率100%。完成医疗器械监督抽样8批次，化妆品监督抽样36批次。

【产品质量监管】 全年开展电动自行车、汽柴油等重要产品及消费品监督抽查215批次。全面推进备案非标电动自行车提前淘汰置换，莲都区共有非标电动自行车149371辆，注销淘汰率达91.09%，达到平安考核要求。

（吴来运）

国有资产监督管理

【概　况】 2022年，莲都区有国有企业（包括总公司及下属子公司）63家（比照正科级管理3家，比照副科级管理5家），其中，区国投公司14家、区城投公司15家、区旅投公司14家。另有20家分别由丽水经开区管委会（区工投以及下属子公司）、区发改局（2家粮食公司）、区机关事务保障中心（莲城宾馆有限公司及其子公司）、区农业农村局（兴村公司）和区征收指导中心（区经服公司）与区国资办共同履行监管职能。全区各国有企业员工（员工总额内）410名，在职党员165名。

截至2022年底，全区国有企业资产总额228.49亿元，负债总额106.23亿元，净资产122.26亿元，资产负债率46.49%。其中，区国投公司资产总额204.84亿元，负债总额92.88亿元，净资产111.96亿元，资产负债率45.34%。区城投公司资产总额130.38亿元，负债总额71.53亿元，净资产58.85亿元，资产负债率54.86%；区旅投公司资产总额62.54亿元，负债总额14.38亿元，净资产48.16亿元，资产负债率23%。（以上数据为合并报表口径）

2022年全区国有企业实现营业收入5.65亿元，利润总额为-3756.6万元，营业收入利润率为-6.91%，其中，区国投公司营业收入5.36亿元，利润总额-2441.2万元；区城投公司营业收入2.41亿元，利润总额433.8万元；区旅投公司营业收入1.76亿元，利润总额-4592.2万元。（财务数据为合并报表数据，股权口径）

【监管资产】 区国投公司总计资产数量391处，包含自有资产268处，代管资产123处。在租资产292处，借用资产23处，原职工占用资产1处，危房12处，已收购3处，已移交10处。大部分资产分布在丽水市主城区、联城街道、碧湖镇范围内。

区城投公司经营管辖的资产主要分布在碧湖镇、联城街道范围，总计房产17处，面积约36071.74平方米。

区旅投公司向区政府争取资产无偿注入。将莲都区碧湖镇、大港头镇、老竹畲族镇相关停车泊位特许经营权及九龙湿地景区、古堰画乡景区及东西岩景区相关停车泊位特许经营权无偿划拨注入区旅投公司，经营期限为50年。将莲都区域范围内的广告位特许经营权无偿划注入区旅投公司，经营期限为50年。将莲都区东西岩景区苗木资产（约11万株）及九龙湿地公园景区苗木资产（约25万株）无偿划拨注入区旅投公司。将碧湖镇、大港头镇、老竹镇涉及景区外围和集镇开发等基础建设项目，经审计后的投资成本直接注入区旅投公司。将丽水市莲都区莲资物业管理服务有限公司51%股权划转至区旅投公司。将古堰画乡景区生态环保奖补收益权无偿划拨注入区旅投公司，收益权期限为50年。区旅投公司根据AA评估工作需要，启动全面的资产盘查梳理工作，对未进账的资产、多年未评估实际价值与账面价值不符的资产，重新委托评估入账。

【国企改革】 推动莲都区国企市场化改革走深走实，优化企业劳动关系、人事关系、薪酬分配和监管体制等方面的改革举措，简化企业重大事项管理的决策程序，建立健全有效的激励约束机制，最大限度调动企业积极性、激发市场活力，引导企业实现高质量发展，结合省、市国企改革三年行动实施方案要求，2022年3月出台《莲都区进一步深化国有企业市场化改革方案（试行）》《莲都区国有企业深化人事制度改革工作方案（试行）》《莲都区国有企业经营业绩考核与负责人薪酬管理暂行办法（试行）》《莲都区国有企业重大事项管理制度（试行）》四项改革制度，谋划出新一轮思路清晰的深化国企改革方案，落实国企人事关系、劳动关系、薪酬分配和监管体制机制等方面改革制度。4月出台《莲都区国资国企改革发展"十四五"规划》，优化国企改革发展的顶层设计；7月，与区委组织部、区委编办、区人力社保局联合出台《关于支持莲都区国有企业高质量发展的九条意见（试行）》，进一步强化国企人才资源保障、提升国资国企改革综合成效，助力做强做优做大国有资本。制订《区属国有企业承接行政事业单位社会性服务业务的方案》。探索将拓展河道管护、人事派遣、城市大数据、环卫领域服务、经营性公墓的建设经营和管理、广告传媒服务等行政事业单位社会性服务业务交由国企承接，增加国企有效经营收入，助力国企做大做强和市场化转型，推动经济社会持续健康发展。牵头制定出台《碧湖新城建设分工运作机制讨论会相关事宜备忘录》，明确四大国企在碧湖新城建设工作中的业务区块划分、国企封闭运作机制、政府投资项目委托国企建设机制、大搬快聚项目运作机制等，引导所有区属企业分行业、分区域承担项目建设。将优质国有资源注入国企，拓宽国企盈利模式，做大国企资产。将莲都区林权资源、碧湖盆地砂石资源、河道疏浚砂石资源、九龙国家湿地公园资源价值评估后，注入国有企业。

3月7日，莲都区银企对接座谈会召开（区国资办 提供）

【经营管理】 区国投公司规范拍租、处置程序，提升国有资产效益，积极推动到期、闲置资产

雅溪自来水厂(区城投公司 提供 摄于1月4日)

公开拍租,结合实际情况,采取线上、线下相结合的资产公开租售方式,确保资产拍租稳步开展。截至2022年底,通过阿里拍卖平台,线上共组织4批次13个标的资产公开拍租(卖),成交标的5个,年拍租总价9万余元。线下共组织3批次83个标的房产公开拍租,成交31个标的,年拍租总价约170.32万元;协议出租11处(包含西银苑菜场、纳爱斯健身大楼2处较大资产的协议出租),年租金总价约587.95万元。

2022年,区城投公司公开拍租1处,年租金9.87万元;协议出租7处,年租金50.1万元。完成4处不动产划转和体系外林权、碧湖盆地砂石、河道疏浚砂石等优质资产注入,注入资产超38.36亿元。

区旅投公司加大公司国有资产经营力度,根据“建设一批、谋划一批、招引一批、出租一批”思路,拓展业务,盘活资产。通过谋划建设古堰画乡艺术中心、邻里中心、古堰文化产业园等项目,扩大公司资产规模。根据大港头镇、老竹镇的属地相关及农、文广旅体、环卫等业务类型匹配,向国资办调拨注入一批资产,扩大公司资产规模。创新制订莲都区美丽健康产业股权投资基金组建方案,聚焦投资美丽健康产业,引导和带动一批美丽健康产业企业落户莲都,推动产业聚集发展。与区发改局、区财政局、区委党校合作完成古堰画乡景区生态环保奖补收益权的评估工作。

【融资授信】 2022年,区国投公司以不超过4.15%的低贷款利率完成银行授信批复19笔,共计53.81亿元,有效分担地方财政压力,为推进碧湖新城重大项目建设提供资金保障;拓宽融资渠道,创新融资方式,运用基金、发债、新型金融产品等多种方式,安排好资金使用计划。8月,组建区属国企“资金池”,到位资金4.6亿元,培养以融促产能力,增强金融服务主业发债的能力。

区城投公司2022年新增授信57.6亿元,新增借款24.09亿元(含银行提款20.91亿元)。为丽水莲都经投鑫城科技有限公司担保金额授信2.5亿元;完成了企业债、公司债主承销商招标。

区旅投公司2022年获得银行贷款授信额度13.1亿元,包括项目贷款6.3亿元,流动资金贷款6.8亿元,剩余可用授信额度10.6亿元。

【项目建设】 2022年区国投公司承接的莲都区乡镇街道代建和自建项目共9个,项目概算总投资为26234万元。截至12月底,已开工项目6个,分别为莲都区社会治理中心项目、大洋路小学改扩建工程、城北小学游泳馆工程、白云街道排水设施改造工程、上李线道路改造工程和太平乡污水管网工程。成立白桥双创中心项目专班,在项目实施过程中,对设计方案、招标文件等严格把关审核。项目采取土石方先行模式,截至2022年底已取得南区A地块、白桥双创中心设计方案核准书,完成项目EPC总承包、监理等重要招标工作。

2022年,区城投公司建设项

目68个，总投资约182.2亿元，年度考核目标31.849亿元。截至12月，34个项目开工，11个项目完工，完成年度投资41.76亿元。推进碧湖平原水系综合治理工程（一期）、石郎线改造提升工程等重大项目开工建设，市区健康驿站、区委党校迁建、丽新畲族乡卫生院、曳岭中心卫生院拆改建等重点项目竣工投产。通过省地合作模式，接收农饮水、农污水点位1000个，乡镇水厂2个，乡镇污水厂2个，实现全区供排水设施自主运维；新开工4个供水工程，完成28个农饮水提升改造工程；自主开发“莲都水务”管理系统，全年农饮水水质合格率95.4%（高于省标准5.4%），农污水水质合格率85%，水厂、污水厂水质合格率100%，莲都区获评丽水市2022年度农村饮用水工作考核优秀单位。推进“大搬快聚”安置房建设，全年出让地块3宗，土地出让金7.82亿元，在建安置房5个，建筑总面积93.7万平方米，总套数6559户，完成选房1109套（签约694套），落实补助资金4亿元。通过股权合作模式，引进浙江振兴乡村公司投资100亿元实施共建共富项目，成为全市乃至全省“大搬快聚”模式创新典型示范。将采桑、交发公司和工程建设部部分人员搬迁至家和公寓统一办公，统筹资源、集中力量，推进碧湖南山产城融合项目开发建设；启动南山地块（一期）、碧湖镇区块道路绿化提升工程等市政设施建设；完成碧湖南山产城融合项目授信14亿元，支付1.8亿元，保障开发资金需求。全年竞得3宗地块，土地款8.93亿元。采桑未来社区完成西区块土方工程98%、桩基工程50%；古井青年公寓完成总工程量23%；石郎线与黄碧线路口东南侧1号地块完成方案设计；义乌—莲都大厦完成总工程量25.7%，12月首开大捷预售合同价达3.4亿元；金湖佳苑完成总工程量97%，签约房源506套，签约率达84.62%。谋划河道疏浚、建筑渣土消纳、矿地综合利用等项目，港口砂石加工建设基地基本完成初步设计和模拟审批。全年销售建材约2.6万吨、洞渣15.77万吨、砂石12.76万立方米，协助砂管办处置砂石22.12万立方米，贸易额约1.43亿元。

2022年，区旅投公司建设项目20个，年度投资3.55亿元，累计完成投资3.16亿元。完成重点民生项目2个，包括碧湖镇江滨路至赵魏路污水连接工程、莲都区老竹—丽新污水处理厂项目，均已完工投入使用，受益群众达3万人，进一步改善附近居民的生活环境。谋划重点项目5个，涉及总投资5.3亿元，包括茶产业创新服务综合体、古堰画乡通济堰博物馆项目、画乡大酒店建设项目、古堰画乡邻里中心、丽水东西岩客运综合交通枢纽及连接线工程，正在进行前期审批。实施类重点项目3个，包括古堰画乡文化产业园项目、古堰画乡艺术中心、理想艺站项目以及古堰画乡景区“微改造”项目（省“微改造”试点），其中，古堰画乡艺术中心已完成主体钢结构，古堰画乡产业园、理想艺站等项目有序推进，年度计划投资0.88亿元，1—12月完成投资1.68亿元，完成年度计划的190%。

【企业内部管理】 2022年，区国投公司创新打造党建+大数据资产“云图”在线监管平台，有效促进党建与经营、责任与考核、业务与监督三方联动。截至12月底，区国投公司纪委针对平台内合同到期资产督促公开拍租37个标的；针对平台内闲置资产督促有效盘活、协议出租2处；针对平台内租金临期用户，及时收回租金802.7多万元，为国有资产流失风险筑牢“防护墙”。强化数字引领，推进数字经济头部企业招引项目，招引蚂蚁、百度、华为等数字经济企业，数字经济招引项目投资规模约1.48亿元，助力打破莲都区内“数字壁垒”；加强产业引领，加大对高新技术产业、共富产业的直接投资力度，重点把资本投向新能源、半导体、智能科技等产业。发挥基金投资的独特优势，区国投公司投资管理的绿色能源产业基金、丽水市跨山共富股权投资基金和丽水半导体产业投资基金规模约47亿元。

区城投公司制定和修订子公司重大事项管理制度、合同管理办法、采购管理办法等制度，从制度层面为规范化治理提供保障。开展项目建设大比拼、百日攻坚等活动，每月组织开展安全生产专项检查，增加检查频次，全年完成问题整改1907个，保障工程建设安全有序。制作莲都区首部国企清廉电影《阳光里》，建立职工廉洁档案和在建项目廉洁档案"两档共建"的防控监督模式，在内部开展经济责任审计，深化"清廉国企"建设。通过举办"城投学堂"、招聘市场化高级人才等方式多层次推进人才梯队培育，全年选拔中层骨干9名，招聘员工18名，选聘市场化高级人员3名。2022年，区城投公司获评丽水市问海借力突出贡献集体，被授予莲都区项目谋划和推进工作(含生态工业工作)集体嘉奖。下属雅溪自来水厂获评浙江省级规范化水厂，区交发公司被列入浙江省"清廉交通示范标杆"培育单位，区恒汇公司被列入全区首个国企人大代表联络点。建设的新治河绿道入选"浙江最美绿道"，常宅安置小区被评为浙江省重点建设项目争先创优立功竞赛活动二季度"红旗"项目，碧湖三小新建工程被评为丽水市建筑安全文明施工标准化工地。

区旅投公司举办大樟树读书会，推出战略性人才培育工程——"雁领"培训计划，激发员工学习热情，提升员工综合素质和管理能力；开展中层副职竞聘上岗演讲大会，打破"论资排辈""依流平进"的传统用人壁垒，脱颖而出一批"想干事、能干事、干成事"的优秀员工，带动全体员工凝心聚力为公司优质发展不断努力。2022年，开展大樟树读书会7次，累计培训员工300余人次。谋划制定符合企业战略发展的目标管理体系和组织框架；科学管理、规范运营，建立有依可循、责任清晰、流程明确的管理制度；明确各部门(子公司)业务职能、岗位职责。按问题层级制定议事规则、议事边界以便高效推进企业日常运营、发展。

(张一凡)

个体私营(民营)经济

【概　况】 截至2022年12月末，莲都区共有在册市场主体63085户，较2021年同期增长7.69%。其中，企业12455户，占比19.74%；个体工商户50172户，占比79.53%；农民专业合作社458户，占比0.73%，市场主体总数和企业数均居全市第一。2022年全区共新设各类市场主体10890户，较2021年同期减少7.21%(全市平均减少9.40%)。其中，新设企业1950户，同比减少3.89%(全市平均减少23.83%)；新设个体工商户8931户，同比减少7.83%(全市平均减少5.42%)。

【市场监管服务】 成立由区市场监管局、工业园区企业协会、恒大电气、特利隆精密机械、菲比克阀门、欧意阀门、阀毕威阀门、多乐缝纫机、万控电气等企业组成的企业生产现场管理标准化推进工作专班，以点带面提升全区企业生产现场管理水平。2022年，丽水市正翔笔业有限公司制定发布浙江制造标准《墨水囊》，4家企业4个项目通过浙江制造标准评审，3家企业通过浙江制造认证。全区154家企业开展了2021年度标准化统计。加强知识产权赋能工作，"浙江知识产权在线"平台2022年新增专利企业286家，规上企业122家，商标企业180家。运用"公共存证平台"，推进外观专利、数据知识产权、创意、人工智能产出物等电子存证达20件。加快专利转化推进度，全年共完成18家企业128件专利质押登记，质押金额达到3.266亿元。

【民营农贸市场管理】 委托市农投公司对5个民营农贸市场实行托管，对2个农贸市场进行市场改造和五化市场建设，累计投入托管和改造资金400万元。

(区市场监管局)

教　育

【概　况】 2022年，根据市区教育事权划分，莲都区主要承担学前教育、义务教育和成人教育任务。全区有幼儿园55所；小学17所；初中13所（含九年一贯制学校）；成人教育培训中心1个，区域中心成技校6所。

2022年，莲都区教育局以习近平新时代中国特色社会主义思想为指导，深入学习贯彻党的十九届六中全会、十九届七中全会和党的二十大、二十届一中全会精神，全面贯彻党的教育方针，为党育人、为国育才，党建领航赓续红色根脉，深化改革挖掘教育活力，五育并举发展素质教育，加快教育现代化进程，建设高质量教育体系，促进教育公平公正、普及普惠、优质均衡发展，办好人民满意的教育。

2022年，莲都教育“双减”治理经验获全国优秀案例（全市唯一，全省唯三），教科研实践获省政府教学成果奖1项，“改进学校教学管理”实践案例省级入选4项（占全市4/5）。创成国家级足球特色学校4所、省级3所，省现代化学校3所，省清廉学校建设示范校1所，省健康促进金牌学校2所，省近视防控特色学校2所，省成绩突出少先队集体1个，省民族团结进步教育基地1个。初中毕业生学业考试连续第19年全市领跑，中小学生田径运动会连续第20年蝉联全市团体冠军。区教育局被授予市级“高水平巩固国家卫生城市工作集体嘉奖”，获市级“平安建设表现突出集体”称号。

学前教育

【概　况】 2022年，莲都区有幼儿园55所，其中，公办园（含教学点）16所、普惠性民办园34所、非普惠性民办园5所，在园幼儿13158人；省一级幼儿园5所、省二级幼儿园33所、省三级幼儿园17所。教职员工1918人，其中，专任教师1017人，待聘教师326人，保育员488人。全区建立培红幼儿园教育集团等七大幼教集团，实施课程改革，聘任兼职教研员16人，建立9个片区14个小组管理网络。全区普惠园覆盖率达94.4%，公办园覆盖率达47.9%。

【扩容增量】 莲都区教育局等十二部门联合发文《莲都区学前教育发展第四轮行动计划（2021—2025年）》（莲教发〔2022〕74号），明确未来五年学前教育发展的目标与方向，提出六大可行性举措。以“适度超前，学位等人”的高度，谋划学前教育项目。2022年，新增灯塔幼儿园教育集团中骏园区、联城幼儿园教育集团金周园区2所公办小区配套幼儿园，新增学位630个，公办园覆盖率比2021年增加8.2个百分点。

【普及普惠】 实施农村幼儿园改造提升工程，在每个乡镇至少办好一所公办中心园的基础上，根据资源需求，通过大村独立建园、小村联合办园的形式，扩大乡镇公办幼儿园招生覆盖率，逐步淘汰乡镇薄弱民办园，整体提升乡镇办园水平。2022年，关停九里湾幼儿园、小博士幼儿园、天宁幼儿园3所薄弱园，共分流幼儿182人。10月，出台《莲都区财政扶持民办幼儿园发展实施办法》（莲政办发〔2022〕54号），对普惠性幼儿园奖补2000余万元，按照普及普惠创建要

9月1日，莲都区联城幼儿园教育集团金周分园建成投入使用（区教育局 提供）

求，把专任教师年收入作为政策奖补的前置条件。对普惠性民办幼儿园生均经费、等级园一次性奖补、社保补助等进行调整，支持普惠性民办幼儿园发展。2022年，普惠性幼儿园覆盖率比2021年度提高2.9个百分点。

【升等晋级】 引导和鼓励幼儿园升等晋级，增加一级园、二级园数量。2022年，全区新增一级园2所、二级园4所，二级及以上幼儿园幼儿覆盖率达到82.9%。通过集团化办园、片区结对、兼职教研员团队、公办园托管、师资培训、教研指导等方式，扩大优质学前教育资源。推进幼儿园课程改革，做好兼职教研员和教研责任区建设，加强专业引领和实践指导，加强办园规范督导检查，坚决遏制“超规模”办园、“超班额”办班，防止小学化倾向，提升幼儿园保教质量。

义务教育

【概　况】 2022年，全区中小学30所（初中13所，小学17所），在校学生数41515人。其中，公办26所（初中9所，小学17所），民办4所（初中4所，花园中学、莲都外国语学校、东港学校、城中中学教育共同体）。其中，城区中小学22所（公办18所，民办4所），在校学生数34262人，占全区学生总数的82.53%。

【德育工作】 印发《莲都区深化新时代中小学立德树人一体化建设实施方案》，举办以“践行‘浙风十礼’喜迎党的二十大”为主题的“莲都区第十一届未成年人道德文化节”活动。通过培育和践行社会主义核心价值观主题教育、“扣好人生第一粒扣子”主题实践教育、新时代青少年志愿服务、“文明健康，绿色环保”系列主题教育、中华优秀传统文化传承、“新时代好少年”等身边榜样学习、文明校园创建、“莲都有礼，文明你我”品牌建设等系列主题活动的开展，夯实立德树人根本任务。

开展“红领巾喜迎二十大，高举队旗跟党走”主题教育、“红领巾喜迎二十大，光荣队员我争当”主题活动、“红领巾喜迎二十大，‘红领巾学院’助力‘双减’”教育实践活动、“红领巾喜迎二十大，我在窗口迎亚运”主题活动，引导广大少先队员在活动中践行“立志向、修品行、练本领”的要求，坚定不移听党话、跟党走。

开展“阅读伴我成长·处州小讲坛”阅读推广活动、“阅读伴我成长·朗读者”活动、“阅读伴我成长”绿书签文化关爱活动、“阅读伴我成长”绿书签行动主题读书征文活动、“‘童心向党’之我的家乡在‘浙’里”主题演讲比赛等系列读书活动，引导广大中小学生多读书、读好书、善读书，激发读书兴趣，奠定终身读书的基础，营造全民阅读良好氛围。

【教育教学】 围绕区委区政府提出“十四五”期间打造“现代化教育示范地”的目标，以全面提升教育质量为核心，深化教育综合改革，以项目驱动为抓手，以评促研，以研促教，加快推进莲都教育教学高质量发展。

推进“改进学校教学管理”项目研究。强化项目研究的管理与考核，通过例会和每月一期的《工作动态》反馈研究进展；通过阶段性成果展示活动推进实践研究；开展案例评选、推广；设立专项资金；在发展性督导评估中进行举证扣分。确定26所学校、52个“改进学校教学管理”项目研究，并将项目研究成效纳入学校发展性督导评估。推选11个案例参加全市评选，获得一等奖7项（占全市一等奖的46.7%）、二等奖4项，并全部被推选至省里参评，4个案例省级入选（占全市80%）。

改进校本作业设计与管理。建立校本作业资源库，开展学科作业研究，借助莲都区教育大数据平台实现优质作业资源共享。开展中小学学生作业展评活动，全区49所中小学校参加展评，评出一等奖26个，二等奖23个。莲都区教科研成果分别在《浙江教育报》、“浙江教科”微信公众号等媒体上报道。

推进“互联网+教学”。借助“新型教学空间”，打造未来教学场景，开展同步课堂，实现名校优质教学资源共享。推进借智借力教研，依托山海协作，接轨沪杭涌，开展跨区域联合教研。2022年，义乌市和宁波江北区共为莲都区组织6个培训班，300余人参加培训，实现培训效果的最优化。

【“双减”工作】 2022年，根据“县县亮灯”的要求，全区学校全部完成驾驶舱数据接入和“浙里办”页面对接，实现与教育部正在推行的课后服务应用系统全面对接，实现课后服务数字化应用管理全覆盖。全区在课后服务数字化应用管理平台上实施课后服务的学校达100%，参加课后服务的学生28762人，参与率达71.01%，实现“课后服务学校全覆盖，有课后服务需求的学生全覆盖”。

【卫、艺、科技工作】 推进健康促进学校建设，水东小学、中山小学教育集团南明校区成功创建浙江省健康促进（金牌）学校，联城小学、雅溪学校、大港头学校3所学校创成浙江省健康促进（银牌）学校，浙江省健康促进学校创建覆盖率达96.7%。梅山中学、碧湖第二小学创成省级青少年近视防控特色学校，莲都区大洋路小学教育集团大洋路校区、莲都小学创成市级青少年近视防控特色学校。2022年，莲都区（含市直学校）学生近视率为53.35%，相较2021年下降1.18%。

结合“未成年人思想道德文化艺术节”活动开展艺术教育，贯彻落实教育部关于《中小学生艺术素质测评办法》等三个文件的精神，提升学生艺术素养，开展艺术特色教育。举办弘扬践行“浙西南革命精神”第十二届“莲都之春·文艺”比赛和“莲都之春·美术”比赛。45个文艺节目在丽水市第十二届“绿谷之春·文艺”比赛光盘赛和现场赛中获奖，123件美术作品在丽水市第十二届“绿谷之春·美术”比赛中获奖。33件美术作品、9个文艺节目在2022年浙江省中小学生艺术节活动中获奖。莲都区教育局获全国第七届中小学生艺术展演活动优秀组织奖。

为培养学生的科学精神和实践创新能力，提高学生的科学素养，推动中小学生科技活动的开展，举办莲都区第六届“莲都之光”科技大赛，1100多名师生参加22个项目的比赛。在丽水市第九届中小学“绿谷之光”科技大赛中，莲都区小学组、初中组分获团体一等奖。处州中学获得世界机器人大赛总决赛初中组冠军。

【特殊教育】 进一步重视特殊教育，依法保障“三残”儿童少年受教育权利。2022年莲都区义务教育阶段，共有持证特殊儿童312人，其中，义务教育安置281人，非义务教育安置16人，缓学或出国15人，安置率达100%。全区资源教室共计15所，资源教室覆盖全区所有乡镇（街道），其中，4所被评为市级示范性资源教室。成立莲都区特殊教育专家委员会，统筹指导和科学管理特殊教育工作。

【关爱留守儿童】 全区留守儿童档案920人，完善“结对帮扶”制度和德育导师制，开展一对一帮扶教育。推进“留守儿童之家”建设工作，2022年与区民政局共同评定莲都区示范型儿童之家1所，申报市级示范型儿童之家1所、省级示范型儿童之家1所。

7月10日，处州中学获世界机器人大赛总决赛初中组冠军(区教育局 提供)

被评为浙江省社区教育示范基地，万象街道府前社区被评为浙江省学习型社区。

【老年教育】 2022年，推进老年教育，参加社区教育各类培训学习的老年居民达1.95万人，占莲都区60岁以上户籍人口的23.39%以上。以需求为导向，开展以老年人智能技术日常应用普及为目标的“银龄跨越数字鸿沟”科普专项培训行动，帮助老年人融入智慧社会、享受智慧生活，解决老年人在运用智能技术方面遇到的困难，消除老年人面临的“数字鸿沟”，完成老年智能手机培训9313人。大港头成技校、老竹成技校被评为丽水市优质(示范)老年学堂。

【学生扶困助学】 2022年，莲都区发放中小学各类困难学生补助款365.3238万元，其中，义务教育学生营养改善提升工程补助款285.20505万元，义务教育学生生活补助款80.11875万元，受惠困难学生达4583人次；发放民族教育券补助款32.11万元，惠及少数民族学生2428人。

民办教育

【概　况】 2022年，全区有花园中学、莲都外国语学校、东港学校、城中中学教育共同体(城中中学、丽阳小学、育英小学、三胞树人小学)4所中小学民办学校。民办在校生8282人(小学6169人，初中2113人)，民办在校生占全区义务教育阶段在校生总数的19.99%(初中占比16.7%，小学占比21.43%)。政府购买学位后民办在校生占比为4.64%。

【民办中小学招生】 2022年，实施公民同招政策，完善义务教育阶段民办学校招生工作实施方案，民办学校严格审核报名摇号条件，通过公证机构摇号入学，保证公民同招政策平稳有序。完善“最多跑一次”工作措施，优化“浙里办”App公民上学一件事“掌上联办”系统，进行适老化改造，方便学生家长入学报名。

成人教育

【概　况】 2022年，全区有成人教育培训中心1个，区域中心成技校6个，开展职业技能、实用技术、家政服务、初高中“双证制”学历教育等20多个类别的教育培训活动，参加培训及活动12.13万人次。碧湖成技校成功创建浙江省现代化社区学校，城东区域中心成人文化技术学校

招生工作

【概　况】 发布《莲都区2022年城区公办中小学招收进城务工人员随迁子女入学实施办法》《莲都区2022年初中招生工作实施方案》《莲都区2022年小学招生工作实施方案》。全区在校学生41515人，其中，小学790个教学班，28819人，一年级招收4406人；初中310个教学班，12696人，初一招收4227人。符合条件的随迁子女通过电脑派位100%录取到公办学校就读。

【初中毕业生学业考试】 莲都区2022年初中毕业生学业考试考生人数6138人，分布在11个考点，209个考场。重点高中录取人数739人，录取率为

12.04%，普高以上录取人数3168人，录取率为51.61%。

办学条件

【概　况】 2022年，莲都区全年教育经费总投入144682.33万元，其中，国家财政性教育经费109506.12万元、事业收入33844.74万元、其他教育经费1331.47万元。支付中小学（幼儿园）设备费2179.36万元，支付免费教科书1599.52万元，支付学生安全放心车410万元。拨付教育教学质量奖240万元，名师名校长科研经费98.28万元，民办中小学、幼儿园政策扶持资金2861.29万元，民办中小学、幼儿园保安经费241.41万元，民办中小学公用经费1034万元。2022年安排师训经费270万元。

2022年全区城乡义务教育学校生均公用经费基准定额标准提高，公办小学每生每年调整为900元，公办初中每生每年调整为1230元。为保证规模较小学校基本教学活动正常进行，1个教学点的学校，学生数不到400人的按400人给予保障，2个教学点的学校，学生数不到550人的按550人给予保障。对寄宿制学校按照寄宿生年生均200元标准增加公用经费补助，对农村地区不足100人的规模较小学校按100人核定公用经费。公办幼儿园生均公用经费标准为500元，小规模幼儿园，幼儿人数低于300人的，按300人计算公用经费。

【教育项目建设】 2022年，实施教育建设项目投资42个，其中，新建1个、续建2个、扩建2个、幼儿园装修工程2个、维修改造项目25个、“空调进宿舍”配电工程10个，全年完成政府项目建设投资约2.22亿元。开工建设灵山未来学校、城北小学游泳馆建设工程、大洋路小学扩建工程，完成城西学校（初中部）新建工程，并于2022年秋季投入使用，新增初中学位1200个；完成灯塔幼儿园教育集团中骏璟园区、联城幼儿园教育集团金周园区2所幼儿园装修工程，并于2022年秋季投入使用，新增幼儿园学位630个。完成老竹民族学校初中教学楼改造、联城小学运动场、括苍中学雨污分流管网等改造工程。启动莲都小学扩建工程、刘英小学扩建工程、白口学校、高溪学校、莲都培智学校等工程的前期工作。根据《莲都区国有资产（资源）确权发证、划转移交集中攻坚行动实施方案》（莲政办发〔2021〕10号）通知）精神，完成243宗中小学、幼儿园不产权证办理工作。

9月1日，城西学校初中部建成投入使用（区教育局 提供）

【教育装备】 2022年，莲都区投入资金3740余万元用于改善学校的教育技术装备，其中，教师笔记本电脑868万元，为教师配备笔记本电脑1736台；学生宿舍空调500万元，改造寝室756间；新型教学空间660万元，建设教学空间35个；网络安全210万元，为全区安装杀毒软件7000套；多媒体、计算机597万元，更新多媒体163套，计算机房11个；中小学幼儿园常规教学设备更新900余万元。建成莲都区大数据融通平台二期，打通各个应用平台的数据互通，数字化转型工作成效明显。

师资队伍

【概　况】 2022年，莲都区有中小学专任教师3908人（含民办学校），幼儿园专任教师1042人。正高级教师2人，省特级教师6人，省教坛新秀9人，市级名师27人，市级学科带头人136人，区级学科带头人182人，市区级教学能手、德育能手492人，市区级教坛新秀、德育新秀1045人。

【师德师风建设】 2022年，根据《中共莲都区教育局党组莲都区教育局关于加强和改进师德师风建设的若干意见》，全面实施师德承诺制、师德评估制和师德帮教制，引导广大教师坚定理想信念，以“四有”好老师为标准，不断增强立德树人的责任感和使命感。落实教师师德负面清单考核制度，推动师德建设常态化长效化。

【人事制度改革】 加强校长队伍建设，培育一批有思想、懂管理、善创新的校长，建立校长“流动能进能出，职务能上能下，待遇能高能低”的管理机制。2022年，通过公开招聘，对待聘教师储备库进行更新补充。择优聘用充实待聘库教师至479人，其中初中27人，小学126人，幼儿园326人。组织对公开招聘任教满两年的中小学待聘教师进行考核，通过资格审查、社会公众测评、师德师风考核、教师年度考核、教学质量考核、个人综合素质测试、体检、考察等程序，择优录用待聘教师为编制教师9人，每个环节公开、公正，整体工作平稳、有序，有效触动待聘教师，激发工作热情。为吸引更多的优秀高中毕业生就读师范专业，培养一批“下得去、留得住、教得好”的本土化农村教师，促进义务教育均衡发展，2022年，通过与杭州师范大学、丽水学院合作，定向培养小学全科教师6人。

【校长教师交流】 整合教师校长交流和“区管校聘”工作，2022年，全区教师校长交流129人，其中，校园长、校区负责人等组织调动20人，竞聘型交流（进城考试）31人，新教师留城锻炼期满三年下乡13人。

【教师聘任】 2022年，人才引进中小学教师32人，均为硕士研究生学历。新聘正高级教师2人，高级教师33人，一级教师88人，二级教师235人。截至2022年底，全区在聘正高级教师2人，高级教师522人，中级教师1363人，初级教师2021人。

【教师专业培养】 2022年，莲都区教师进修学校实施教师专业发展培训制度，区域范围内教师累计年人均完成培训122.14学分；教师参加90学分以上的培训项目，符合分层分类要求的匹配率达96.47%；教师90学分集中培训完成率19.61%；教师培训自主选课率85.38%；教师自主选课后实际参训率达99.61%；教师规定培训完成率（国、省、市培）100%；平台上总体评价平均满意率为99.69%。各项考核指标都在省对区绩效考核指标优秀等次以上。

2022年，莲都区教师进修学校培训规划明确清晰，精准落实，有序开展。以强化针对性和实效性为核心，围绕学分制管理办法中提出的要求，把握精神，改变思路，循序渐进，创新校本研修工作。以人为本，注重实效，加强对教师培训过程管理，做好培训服务工作，收到良好的培训成效。2022年举办干部项目9个，参训人数360人，共计292学分，培训经费73.2万元，学员满意度评价综合得分为100%；师训项目共37个（其中干训9个，师训28个，订单式培训10个），参训人数5769人，学员满意度评价为99.73%。

2022年，莲都区开展浙江省信息技术提升工程2.0培训工作，第一期整校推进省绩效评价结果平均分为85.39分，有三项成果被评为提升工程2.0省优秀成果。下拨名师工作室经费20万元，用于38个工作室活动的开展，组织第三届55个莲都区名师工作室到薄弱学校开展送教活动265次。2022年有106个校本研修项目在浙江省中小学教师专业发展网络学校平台完成申报审核，依托平台，开展近400次校本研修活动。组织名师工作室年度考核，评出优秀名师工作室17个，评选出2022学年校本研修优秀学校19所，校本研修先进个人19名。2所学校获得“2022年浙江省中小学校本研修百项精品项目”称号。全区申报2022年度教师教育规划课题18个，获得浙江省教师教育规划课题立项8个，浙江省教师教育课题结项课题二等奖1个、三等奖1个。

2022年，莲都区教师培训工作在省级及以上主流媒体宣传报道6篇，市级主流媒体宣传报道3篇。莲都区教师进修学校获评“2019—2021年度师干训先进集体”。莲都区教师进修学校书记在2022年浙江省师干训工作年度会议上作典型发言，校长在2022年杭州—丽水市县两级教师培训机构暑期研修班上作《让教师专业发展成为新时代学校高质量发展的硬核》的经验交流发言，9月，校长在2022年丽水市师干训工作会议上作《名师助力先行示范城乡教育共同富裕》的经验交流发言。

（叶俊）

科学技术

科技管理

【概　况】 2022年，莲都区认定国家高新技术企业29家，新增省级企业研究院1家、省级高新技术企业研发中心5家、省科技型中小企业50家，国家科技型中小企业备案101家。浙江乾麟缝制设备有限公司"丽水市高功率密度智能驱动系统重点实验室"被列入市级重点实验室认定（培育）名单。启动白桥双创中心建设。建立浙西南千亩"节水抗旱稻"标准化示范基地。

【科技政策】 2022年，出台"科技新政10条"，全年直兑科技政策资金2479.84万元，同比增长41.92%；兑付人才科技专项资金2434.92万元，同比增长503.5%，其中，"绿谷精英·创新引领行动"计划兑付资金1923.99万元，同比增长377%。

【高新技术产业】 2022年，科技型企业"提质倍增"数字化应用场景建设有序推进，建立《高新技术投资部门衔接会商例会制度》，碧湖白桥双创中心、丽水市城市风廊及配套设施（科技公园）项目、莲都—义乌山海协作产业园高新科创企业孵化中心等13个项目赋码，投资总额超过50亿元。

【人才科技】 2022年，国家级海外引才计划、国家级高层次人才特殊支持计划实现两个历史零的突破。入选"绿谷精英·创新引领行动"项目24项，其中，重大项目2个，落地8个。2020年"绿谷精英"A类"孤独症早期筛查干预"引才项目领军人才刘洪海当选为欧洲科学院院士。

【科创平台】 2022年，启动白桥双创中心建设，位于碧湖未来新城白桥区块，项目一期总用地面积约11.27公顷，总建筑面积约39.7万平方米，总投资约25.9亿元，分为两个子项目，分别是莲都区白桥双创中心南区A地块项目、莲都区白口双创中心项目，主要建设包括科研大楼、科研实验室、科研成果展示中心等集研发、孵化、教学等产学研于一体的科技创业中心。项目于2022年11月正式开工建设，被列入全省科技创新强基领域重大项目。在数字经济双创园3号楼布局建设莲都科创大楼，投入使用莲都区人才科技创新创业服务综合体，成为莲都首个科创

莲都科创大楼（区科技局 提供 摄于3月22日）

孵化平台，已有华为（丽水）数字经济创新中心等50多家企业入驻科创大楼。

【科技项目】 2022年，建立浙西南千亩“节水抗旱稻”标准化示范基地。6月16日，副市长在市委办《信息专报》（第12期）、《山地变粮仓 新稻种破局“老顽疾”——莲都区大力推进“节水抗旱稻”产业化落地》上作重要批示；10月19日，中共浙江省委办公厅《浙江信息》刊发《莲都区着力推进“节水抗旱稻”产业化》一文，肯定莲都经验做法。8月29日，上海市农业生物基因中心与莲都区人民政府签署“浙西南节水抗旱稻”战略合作协议，明确“368”研究及产业化推广体系。

【科技合作】 有序推进武汉大学丽水研究院建设。推进浙江大学莲都技术转移基地、上海第二工业大学丽水技术转移中心、丽水学院莲都技术转移中心等8所院校技术转移中心落地。与工信部人才交流中心联合举办中国·丽水莲都首届“括苍名士”高层次人才挑战赛，并在丽水市数字经济成果发布会暨莲都区人才科技项目签约仪式上颁奖。

【科技服务】 2022年，全区有省、市农业科技特派员各14名，省级团队科技特派员1名，顺利实施15项省、市级科技特派员项目。全区有工业科技特派员28名，定期深入企业走访调研，收集技术难点，组织业务培训，开展技术指导。莲都—义乌科技创新研究院引进硕士研究生10名。

科技成果

【科研攻关】 深化“揭榜挂帅”科研攻关机制。2022年发榜98项，揭榜率100%，挂榜金额1.2亿元，兑现金额3675万元。技术合同交易额达3.72亿元。浙江乾麟技术需求项目获第七届中国创新挑战赛（浙江）暨2022年浙江省技术需求“揭榜挂帅”大赛高端装备制造行业现场赛一等奖。

【科技成果转化】 加快科技成果转化机制重塑。围绕阀门机电产业，建设科技成果转移支付试点，丽水市阀门制造产业成果转化加速器获市级立项，实现零的突破。

（蓝李俏）

社会科学

【社科课题】 2022年8月，根据《关于申报浙江省第十五次党代会精神研究专项课题的通知》（丽社联〔2022〕13号），区社科联组织社科专家申报浙江省第十五次党代会精神研究专项课题12个。9月，根据《关于申报2023年度丽水市哲学社会科学常规课题的通知》（丽社联〔2022〕19号），组织社科专家申报2023年丽水市哲学社会科学常规课题，共申报《浙西南革命老区粮食安全保障路径探究——以国家科技进步奖一等奖成果“节水抗旱稻”的转化落地为例》等10个专项课题。根据《关于做好丽水市第28次（2020—2021年度）社会科学优秀成果评奖工作的通知》（丽社联〔2022〕18号），组织社科专家根据《丽水市社会科学优秀成果评奖办法》进行2020—2021年度社会科学优秀成果申报，共申报《乡村振兴战略下乡村文化建设路径研究——以丽水“乡村春晚”为例》《伟大的抗疫精神：生

8月29日，“浙西南节水抗旱稻”院地合作签约仪式举行（区科技局 提供）

成逻辑、思想内涵及思政价值研究》等8篇优秀成果。9月15—16日，浙江省工信院副院长于晓飞一行到莲都区开展《集聚“四个年轻”，加快构筑碧湖新城面向未来新优势》专题调研。座谈会上，就莲都区在青年发展型城市的总体谋划、碧湖新城建设发展情况、碧湖新城构建未来新优势的政策举措等内容展开交流。为提高莲都文化辨识度，培养莲都文化气质，10月，区社科联邀请社科界专家在太平乡天师楼岑庄日益书院针对“瓯江文化”有关课题开展讨论，完成课题成果撰写。

【社科研究】 4月，组织开展2022年度丽水市“宋韵文化”专项课题申报工作。经相关专家评议审定，《处州宋韵文化基因及时代价值研究》等5个“宋韵文化”专项课题立项。组织开展2022 年度丽水市第五次党代会精神研究专项课题申报工作，《共同富裕视阈下民族乡村文旅融合发展研究——以“竹柳新桥”畲族聚集区为例》《莲都“跨区大搬快聚”：共同富裕机制创新山区县样板研究》等7个课题立项。5月，开展“永做挺进师建设新丽水——八个必须坚持”丽水优秀实践经验案例撰写工作，报送《推进城市有机更新 打造山水花园城市》《建立“阳光票决”机制 助推乡村治理蝶变》《“小荷”志愿延伸文明触角 助理全国城市文明建设》3个案例，全部入编。7月25日，《浙江日报》理论版专题报道莲都探索共同富裕经验做法《改善产业布局、治理方式、生态环境和公共服务环境——艺术赋能乡村共同富裕的莲都探索》，获区委书记张壮雄批示。区社科联上报的《集聚“四个年轻”，加快构筑碧湖新城面向未来新优势》《艺术赋能乡村共同富裕的莲都经验与对策研究》在浙江省社科规划“社科赋能山区26县高质量发展行动”专项课题立项名单（第一批）中公布，相关经验做法被《浙江日报》《浙江社科要报》报道，有关研究成果获区委书记张壮雄批示并写入《莲都区人民政府关于生态工业和数字经济高质量发展的若干意见》《关于完善丽水市莲都区“古堰画乡”为代表的未来乡村建设的建议》和《莲都区未来乡村建设五年行动计划（2022—2026年）》。8月，“浙江宣传”微信公众号“浙江风物志”栏目征稿，区社科联组织撰写《秦观与处州“十月缸”》《酱油拌饭，童年滋味为什么这么香》《山间小小荷，缘何开出大大文明花》上报省委宣传部。2022年，莲都区社科联被评为全省社科赋能行动优秀组织单位。

【社科普及】 9月14日，陪同浙江省新闻媒体记者到雅溪镇西溪村进行走访拍摄，9月25日，《千年西溪 当今武陵》在浙江新闻频道文化专题节目《文化浙江大讲堂》以及“学习强国”上推送。9月16日，经长三角三省一市社科联“江南文化论坛”组委会审定，有60个村落入选第二批“最江南”长三角乡村文化传承创新典型案例，其中，丽水市莲都区大港头镇大港头村等15个村落凭借独特的人文与自然资源入选，并在“浙江社科”微信公众号上发布。9月17日，由区社科联、区科协共同主办的以“喜迎二十大，科普向未来 ”为主题的全国科普日活动在省级社科普及基地鱼跃1919产业园举办，掀起科普宣传的热潮。

【社科基地】 5月6日，市社科联组织市、区社科联领导在新时代文明实践中心观看浙江省第二十一届哲学社会科学优秀成果奖颁奖仪式暨第六届浙江省社会科学界学术年会开幕式，并为莲都区2021年度3家市级社科基地、4家区级社科基地颁发奖牌。7月18日，“‘邮说党建’——丽水鱼跃党群服务中心党建主题邮票展览”获评2021年度浙江省社科普及创新项目，邮说党建展览由“邮说百年党史”“邮说初心使命”“邮说清廉文化”三个部分组成，用4000多枚党建主题邮品按中国共产党事业发展的时间轴进行布置，是将党建工作、集邮文化、企业文化合而为一，互动宣传取得多赢的一个创新示范项目，为国内首创。10月，陈旭东理论宣讲工作室入选浙江省首批理论宣讲工作室。

气　象

【概　况】 2022年全区平均气

温偏高（要素偏高或偏低均为相对常年平均值，即1991—2020年均值而言，下同），全年高温日数偏多，低温日数偏少；降水量比常年显著偏少；年累计日照时数比常年总体偏多。2022年气候呈现热、旱、急等气候特点：全年气候异常复杂多变，并出现长时间阴雨寡照、春汛、明显的梅汛期降水集中期、盛夏高强度高温热浪、夏秋连旱、春秋强寒潮等灾害性天气。

【气　温】 年平均气温19.3℃，偏高0.5℃。极端最高气温42.3℃（7月23日）；极端最低气温-3.1℃（12月19日）。日最高气温≥35℃的高温日数74天，较常年偏多22.7天；日最低气温≤0℃的低温日数6天，较常年偏少7天。1月平均气温8.6℃，较常年偏高1.4℃，为历年同期第四高；2月平均气温6.6℃，较常年偏低2.8℃；3月平均气温16℃，较常年偏高3℃，为历年同期最高；4月平均气温18.5℃，较常年偏低0.1℃；5月平均气温20.2℃，较常年偏低2.8℃，为历年同期最低；6月平均气温为25.7℃，较常年偏低0.3℃。7月平均气温31.7℃，较常年偏高2.2℃，为历年同期第二高；8月平均气温31.7℃，较常年偏高2.7℃，为历年同期最高；9月平均气温26.4℃，较常年偏高1.1℃，为历年同期第四高；10月平均气温20.3℃，与常年相同；11月平均气温17.5℃，较常年偏高2.6℃，为历年同期最高；12月平均气温7.1℃，较常年偏低1.9℃。2022年，各乡镇平均气温2.6~20.3℃，最高出现在新屋村，最低出现在峰源乡；日最高气温最高值为44.5℃出现在绿谷庄园，最低值为12.4℃出现在昌坑头村；日最低气温最高值为-1.9℃出现在水阁，最低值为-9.8℃出现在大山峰。

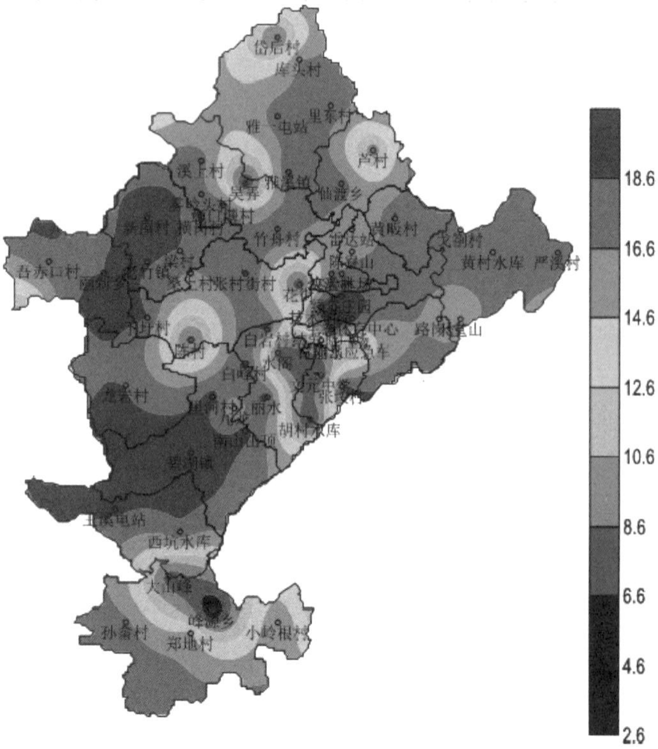

图3　莲都区2022年平均气温（单位：℃）

【降　水】 年降水量1313.4毫米，较常年偏少10.1%；年雨日160天，较常年偏多3天。春、冬季降水偏多，夏、秋季偏少。其中，1—3月、5—6月、11—12月雨日较常年偏多，其余月份雨日较常年偏少。月雨日最多为20天，出现在2月，最少为5天，出现在10月。全年暴雨日数3天，最大日雨量为6月20日109.5毫米。年最长连续无降水为8月8日至8月26日，持续19天；年最长连续降水为5月28日至6月6日，持续10天，累计雨量151.6毫米。1月雨量为66.6毫米，比常年偏多0.1毫米，偏多0.2%；2月雨量为130.0毫米，比常年偏多58.1毫米，偏多80.8%；3月雨量为199.6毫米，比常年偏多56.3毫米，偏多39.3%；4月雨量为96.3毫米，比常年偏少51.2毫米，偏少34.7%；5月雨量为177.6毫米，比常年偏多14.9毫米，偏多9.2%；6月雨量为328.2毫米，比常年偏多50.5毫米，偏多18.2%；7月雨量为23.7毫米，比常年偏少101.8毫米，偏少81.1%，为历年同期第四少；8月雨量为51.6毫米，比常年偏少124.9毫米，偏少70.8%；9月雨量为23毫米，比常年偏少90.7毫米，偏少79.8%，为历年同期第三

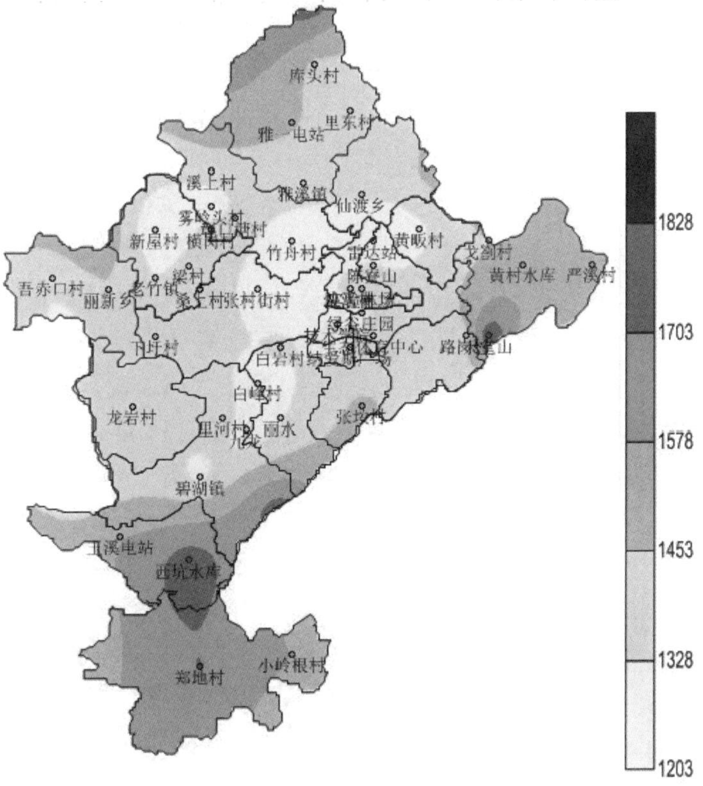

图4　莲都区2022年累计降雨量(单位:毫米)

少;10月雨量为5.1毫米,比常年偏少48.9毫米,偏少90.6%,为历年同期第五少;11月雨量132毫米,比常年偏多67.3毫米,偏多104.0%,为历年同期第七多;12月雨量为79.7毫米,比常年偏多25.1毫米,偏多46.0%。2022年,各乡镇降水量分布不均匀,在1203.1～1833.8毫米,最大出现在天堂山,最小出现在雷达站。

【日　照】 年累计日照时数1712.8小时,较常年偏多158.5小时。1月总日照时数66.5小时,比常年偏低15.3小时;2月总日照时数51.5小时,比常年偏低38.2小时;3月总日照时数129.7小时,比常年偏高29小时;4月总日照时数152.4小时,比常年偏高30.4小时;5月总日照时数100.3小时,比常年偏低32.4小时;6月总日照时数112.4小时,比常年偏低3小时;7月总日照时数285小时,比常年偏高68.5小时;8月总日照时数292.8小时,比常年偏高93.8小时,为历年同期第三高;9月总日照时数198.6小时,比常年偏高52.6小时;10月总日照时数174.3小时,比常年偏高31.6小时;11月总日照时数59.4小时,比常年偏低45小时;12月总日照时数89.9小时,比常年偏低12.3小时。

【初、终霜】 根据气温统计,春季终霜2月24日;冬季初霜12月2日;无霜期281天。

【重大天气气候事件】 2022年,气象要素变幅大,全年气候异常复杂多变,气温、降水、日照分布极不均匀,平均气温19.3℃,较常年偏高0.5℃。月平均气温3月、8月和11月为历年最高,5月则为历年最低。年降水量1313.4毫米,较常年偏少10.1%,8月和9月降水日数为历年最少。平均日照时数4.6小时,较常年偏多0.4小时,但各月间起伏大:8月平均日照时数为历年第三多,11月平均日照时数为历年第五少。

2022年初,阴雨绵绵日照少,出现长时间阴雨寡照天气。2022年2月,全区降水偏多、日照明显偏少。其中,2月降水比常年偏多58.1%;总日照时数1月偏少15.3小时,2月偏少38.2小时,其中1月22日至2月23日出现长达1个月的阴雨寡照天气。

3月下旬多次出现暴雨过程,降水异常偏多,各地春汛突现。2022年3月下旬降水异常偏多,旬平均降水量155.1毫米,较常年偏多178%,为历年最多,22日、25日和31日均出现暴雨。受连续暴雨天气影响,全区出现较明显的春汛。

5月气温异常偏低,入夏较常年晚近一个月。2022年5月平均气温20.2℃,较常年偏低2.8℃,为历年最低。受气温持续偏低影响,直到5月25日才进入气象意义的夏季,入夏时间相比常年晚了近一个月。

降水集中期明显,暴雨过程多、强度强,累计雨量大。2022

年全区的梅汛期降水集中期出现在5月26日至6月21日，特点显著。一是降水集中期时间长，累计雨量大，降水集中期总雨量达414.4毫米；二是雨日多，暴雨过程间歇短；三是暴雨日多，强度强。

夏季出现1953年有完整气象记录以来综合强度最强高温，2022年夏季高温（日最高气温≥35℃，下同）日数74天，较常年偏多51.3天，为历年新高；炎热（日最高气温≥38℃）日数47天，为历年最多；酷热（日最高气温≥40℃）日数27天，为历年最多。极端最高气温42.3℃（7月23日）。2022年夏季的高温强度超过2003年，为1953年有完整气象记录以来最强。

夏秋气温持续偏高，多地季平均气温创历史新高。自6月下旬初出梅以后至11月，全区气温持续偏高。其中夏季（6—8月）平均气温29.7℃，较常年偏高1.5℃，季平均气温为历年最高；秋季（9—11月）平均气温21.4℃，较常年偏高1.2℃，为历年第二高。

夏秋雨少温高，伏旱连秋旱，各地水资源短缺较明显。自6月下旬初出梅以后至10月，全区降水持续偏少，与常年相比，7月偏少81.1%，为历年第四少；8月偏少70.8%；9月偏少79.8%，为历年第三少；10月偏少90.6%，为历年第五少。受高温少雨天气影响，7月开始的气象干旱持续并加剧，水资源短缺较为明显，直至11月才趋于缓解。

10月上旬出现罕见酷热天气，月极端最高气温均创历史新高。10月初（1—4日）受强大的西太平洋副热带高压控制，全区连续出现高温酷热天气，日最高气温均超过37℃；十月极端最高气温创有完整气象记录以来的历史新高。

夏末冬初冷空气强度强，夏秋和秋冬季节转换快。10月初（1—4日）受强大的西太平洋副热带高压控制，全区连续出现盛夏一般的高温酷热天气。10月5日受强冷空气影响后，气温剧降并持续走低，而且达到气象上的入秋标准，全区一夜之间从盛夏迈入秋天，入秋时间与常年持平。11月29日至12月1日全区受强冷空气影响日平均气温平均降幅达14.4℃，超过了寒潮天气标准，于11月30日进入气象意义的冬天，入冬时间较常年偏早。

11月10日，莲都区气象局成立揭牌仪式举行（区气象局 提供）

【气象工作】 11月10日，莲都区气象局正式揭牌成立。莲都区作为丽水唯一的市辖区，防灾减灾任务艰巨，特别是近年来台风、暴雨、极端干旱等灾害性天气易发、频发，对气象服务的需求更加迫切。2022年，莲都区气象台开始开展气象服务，8月，中国气象局正式批复同意成立莲都区气象局。莲都气象局的正式揭牌运行，是莲都气象工作的里程碑，也标志着丽水市9个县（市、区）实现气象部门全覆盖。2022年，莲都区气象部门严密监测，滚动预报，及时预警，发布气象信息服务材料95期，气象灾害预警信号105次。预警短信198条（接受约36.8万人次），发送天气提醒短信365条（接受约9.2万人次），紧急异常短信34条（接受约7.3万人次）。做好莲都区中考等重要活动气象保障工作，发布气象专题报告和气象重要报告9期。全区重大灾害性天气监测预报预警无失误。

（吕维翔、朱开玮）

文化·广电·体育

综　述

【概　况】 2022年,莲都区文化和广电旅游体育局(以下简称区文广旅体局)以习近平新时代中国特色社会主义思想为指导,认真贯彻中国共产党第二十次全国代表大会、浙江省第十五次党代会、丽水市第五次党代会、莲都区第十五次党代会等会议精神,主动谋划文旅新业态、培育文旅新动能、丰富产品高效能供给,推动文旅事业高质量发展,为建设百万人口大城市的起步之年写好文旅篇章。获评2022年度浙江省基层体育场地设施建设成绩突出单位。

截至2022年底,区文广旅体局有下属单位11个,与区文化市场综合行政执法队实行局队合一体制。局直属部门5个(区旅游发展中心、区广电和体育事业发展中心、区文化馆、区图书馆、区文保所),乡镇(街道)文广旅体中心站6个(城区文广旅体中心站、大港头文广旅体中心站、联城文广旅体中心站、雅溪文广旅体中心站、老竹文广旅体中心站、黄村文广旅体中心站)。共有在职人员131人,其中,局机关9人,下属事业单位122人;具有高级职称9人,中级职称53人,初级职称31人。

【基础设施】 “浙文惠享”省民生实事项目顺利完工,新建莲城文化驿站、祥生城市书房、碧湖老街书房并投入使用,168个“15分钟品质文化生活圈”实施进度达100%,创成6家省级乡村博物馆。176台“莲悦读”智能爱心书屋落地运行。完成11个基层体育健身场地建设项目,维修升级老旧体育设施449件;新建22个薄弱点位体育设施。推进莲都体育中心、莲都文化中心的前期选址工作,莲都体育中心、莲都文化中心作为2023年专项债储备项目被列入《2023年莲都区基本建设项目投资计划表》前期项目。

【文体活动】 举办4场云春晚、14个家庭春晚、61个线上活动,观看数据合计近100万人次,多个节目被“学习强国”全国总平台录用。举办群众性体育赛事30余场、大型体育赛事活动4场。确定碧湖小学为全区首个省轮滑运动试点学校;组织莲都区三级社会体育指导员培训2期,共计培训113人,开展莲都区运动促进健康科学健身大讲堂5期,推进社会体育指导员进文化礼堂、百姓健身房科学健身指导近30次。

【行业监管和执法】 2022年,受理和办结审批件280件(行政许可270件,行政备案10件),依申请政务服务“一网通办”办件率达100%。出动执法检查1732人次,检查经营场所834家次;行政处罚案件10件,其中,重大案件1件,办结9件,警告5家次,共计罚没款50300元。

【文物保护与利用】 组织评选第八批莲都区非物质文化遗产代表性项目10个、第四批莲都区非物质文化遗产代表性传承人25人、区级非遗工坊13个。获评省级非遗工坊2个,双龙庙会、鱼跃土法制酱技艺被评为第六批省级非物质文化遗产项目。举办“水生万物,万物复归”莲都文化基因解码工程建设成果暨“通济堰水韵文化”省级文化标识培育宣传展示活动。实施“国保”通济堰堰头村10号、碧湖建筑群之沈家邸等重点文保单位修缮工程，完成碧湖建筑群、西溪村乡土建筑消防提升工程；开展莲都区文物建筑白蚁防治示范项目，对列入对象的各级建筑类文保单位开展白蚁危害详细调查及灭治；完成《丽水通济堰保护总体规划》初稿修编。浙江铁工厂旧址（中共处属特委旧址）等11处点位申报为丽水市革命遗址。

（姚慧　郑悦）

公共文化服务

【基础设施建设】 2022年，第三代智能型爱心书屋落地安装46台，爱心书屋小程序上架“浙里办”。1月，丽水市地方标准《爱心书屋建设和服务规范》开始实行。爱心书屋（莲悦读）项目被列入浙江省公共文化服务高质量发展典型案例。实施“浙文惠享”省民生实事项目，建成“15分钟品质文化生活圈”168个，新建城市书房2家（祥生城市书房和邑西·新知莲城书房），新增藏书2.3万册；建成文化驿站1家（莲城文化驿站）、乡村博物馆6家。新建2个社区书房，10个图书流通点，新增馆藏图书50600册，乡镇（街道）图书分馆实现全覆盖。

【公共文化场馆免费开放】 根据“智慧文化云”平台统计，2022年，全区各类组织开展公共文化服务活动共11129场，位列全省第32名，参与总数达349万余人次，位列全省第44名。2022年，莲都区图书馆进馆946493人次，借还书籍507552册次，新增办证读者7902人，累计办证36312张。数字资源访问量1360793次，下载量571448次，官网访问量4293次。线上和线下相结合开展讲座、展览、培训、阅读推广等各类读者活动达774余场，受益10万余人次，位列全省第79名。官方微信公众号发布推文1068篇，阅读量达277533人次，粉丝新增4198人，共计32500人。2022年，莲都区文化馆全年开展线上线下公共文化服务活动达912场次，参与174万余人次，位列全省第20名，莲城剧场共承办各类演出20余场，受益观众达1万余人次。

【品牌文化活动】 开展全民阅读活动，其中，“四叶草绘本故事”50期、“给我三分钟”线下沙龙41期、中华经典青青素读38期、“莲图”创意美术工坊43期、青青悦读20期。开展“读写成书”作文集制作活动，受到广大读者的一致好评。举办“舞动莲城”第三届莲都区群众舞蹈大赛、“欢乐莲城”莲都区乡村（社区）文化艺术节、“勤耕四季”文化艺术系列公益培训，全面提升公益培训品牌影响力和社会效益。开展免费展览近100场次。文化驿站开展电影放映、曲艺表演、非遗节目展示、健康讲座等近百场活动，参与群众4000多人次，成为公共文化服务的新亮点。举办2022年“我们的节日”——赏民俗闹元宵猜灯谜活动、“莲

4月23日，莲都区图书馆举办“奋进新征程阅读再出发”——全民阅读月暨开馆四周年活动之《我爱记诗词》（区图书馆 提供）

6月25日，区文广旅体局举办"读写成书"——线下分享会（区图书馆 提供）

都之春·文艺"比赛、"追梦之声"2022浙江省青少年艺术大赛（音乐专场）声乐器乐大赛（莲都区分赛区）、第十二届"绿谷之春·文艺"现场决赛、丽水市"庆祝建军95周年·奋进喜迎二十大"双拥歌咏大赛、2022年莲都区原生态畲族山歌大赛、"'我们的节日'——中秋·情'谜'"中秋欢乐会等大中型文艺演出25场，全年服务12500余人。

【文艺队伍建设】 开展2022年区级乡村文化能人、文化示范户评选工作。截至2022年底，全区有省级乡村文化能人8名、市级10名、区级136名，省级文化示范户2个、市级8个、区级6个。文化志愿服务队伍181支，7111人，累计开展志愿活动692次，服务时长达2.82万小时。乡村文艺团队"三团三社"乡镇（街道）全覆盖，群众文化社团1123个，社团成员2.05万人。2022年，结合历年来的培训体系和莲都区文艺人才队伍结构，组织区文化馆干部深入乡村社区、学校、企业开展文艺辅导，实现人均参与辅导60次。

【数字莲都】 完善数字文化馆建设，数字文化馆线上平台 PC端和微信端活动直播与咨询浏览量超过 600 万次，线上免费开放预约 3175场，为41466人提供参与"莲仔带你看村晚、莲仔带你赏非遗、舞蹈大赛、暑期公益培训"等活动的预约服务，完成全省联动直播32场。推进数字图书馆建设，莲都区图书馆通过官方微信公众号和网站线上传播知识以及推广数字图书馆应用，打造阅读便捷服务体系。

【文化下乡】 组织举办"文化艺术下乡""文化走亲活动"等文化惠民活动，全年完成送书下乡111951册、送戏下乡343场，线下参与67233人次，线上参与713201人次；送讲座展览241场，线上参与9249人次，线下参与87736人次；开展文化走亲12场，参与6680人次。全年人均接受文化场馆服务次数达5.6784次。

（金佳玲　李东一）

文化市场管理

【行政审批】 2022年，办理行政审批280件，其中，行政许可270件，其他行政权利10件。催报、指导、初审文化市场企业上报文化市场年报102家；根据省文化和旅游厅关于加快推进文化艺术类校外培训机构准入审核工作的通知，协同区教育部门对文化艺术类校外培训机构准入进行线上测试，9月，对存量校外培训机构进行审批；根据中央设定浙江省实施的行政许可事项参考目录，对新版行政许可事项共21项进行认领。

【文化市场监管和执法】 专项整治、依法治理、源头治理有机结合，促进行业规范管理、社会秩序井然，确保各项工作有效推进。2022年开展"双随机"监管模式抽查24次，其中，联合公安、市场监管等部门开展随机抽查9次，随机抽取执法检查人员204人次，检查文化市场102家次；开展扫黑除恶、反恐、禁毒工作线索排查、市场巡查、宣传发动；强化互联网上网服务营业场所、歌舞娱乐场所、演出市场、电影市场的巡查；开展出版物印刷市场、网络文化市场、非法卫星电视接收设施、社会艺术考级监管、净化校园周边文化市场环境等专项整治行动；开展扫黄打非“护苗”“净网”等五项行动；加强网络出版物信息核查，开展“问题图书”专项行动；做好疫情防控常态化工作；做好经常化创建国家卫生城市、全国文明城市巩固工作。2022年，出动巡查1734人次，检查场所835家次，行政处罚立案调查10件，其中，重大案件1件，办结案件9件，警告5家次，罚款50300元，没收非法所得48元，没收违法物品26个。

（麻璐瑶　孙佳奕）

文艺精品创作

【作品创作成果】　2022年，创作文艺作品61件，其中，获奖、展演或发表的国家级6件，省级27件，市级14件。歌曲《日记》《爷爷的村晚》入选由浙江省委宣传部、浙江省文化和旅游厅、浙江省文学艺术界联合会和浙江省广播电视集团联合主办的浙江“新时代”主题原创优秀歌曲。三句半《说说十五分钟品质文化生活圈》发表于“学习强国”国家级平台；歌曲《三月三人最美》获浙江省第二届原创流行歌曲大赛金奖；《梦回象溪》《山哈人家》被评为2022年浙江省山区26县村歌故事会“优秀村歌故事”；油画作品《春色如龙》入选浙江省美术文旅融合写生作品展。创作9首原创歌曲参加第十七届丽水市乡村春晚原创歌曲大赛，共收获创作一金八铜、表演一金三银五铜的成绩。

【理论研究】　2022年，在国家级、省级刊物上发表论文11篇。《通济堰水韵文化（浙江文化标识）文旅融合价值转化研究——基于30项通济堰非遗项目挖掘整理利用》发表于《新玉文艺》；《丽水市莲都区古堰画乡以文旅融合打造富裕宜居乡村小镇》获第二批浙江省文化和旅游促进共同富裕最佳实践案例；《浅谈沉浸式戏剧的创作呈现——以本土沉浸式舞台剧〈挺近〉为例》发表在《中国文艺家》、文旅中国App，并获丽水市第七届群众文化理论研讨会主题征文活动优秀奖；《持续深化“全民阅读” 助力群众文化建设》刊登在《美丽中国》杂志；多首歌词在《花港词刊》刊登。

【文艺辅导】　文化干部参与文艺辅导人均不少于60次。多名干部辅导的节目参加 2022丽水市第二届戏迷大赛，获得1个名票奖、1个提名奖、5个优秀奖。小组唱《苗山童谣》获“绿谷之春”文艺会演铜奖；原创编排的乡镇特色节目《瓯江渔歌》《大山竹娌》参加莲都区线上春晚展播。文化馆干部帮助学校创作课本剧《卖火柴的小女孩》，为妇联创作好家风传承情景剧《丽水人家》等，发挥文化惠民职能。

（程萱烨）

非物质文化遗产保护

【概　况】　莲都区有国家级“非遗”项目1项（丽水鼓词），省级“非遗”项目9项（处州乱弹、太平庙会、丽水吹打、陈十四信俗、丽水鼓词、翻龙泉、通济堰营造技艺、鱼跃酱油酿制技艺、南山中医骨伤科），市级“非遗”项目35项，区级“非遗”项目125项。

7月29日，丽水市举办“庆祝建军95周年·奋进喜迎二十大”双拥歌咏大赛

（李东一 提供）

省级"非遗"代表性传承人4人，市级"非遗"代表性传承人26人，区级代表性传承人89人。2022年，开展莲都区第八批区级"非遗"项目申报工作，10项入围；开展莲都区第四批区级"非遗"项目申报工作，25名传承人入围。

【"非遗"项目】 开展非遗普查，申报第八批莲都区非物质文化遗产代表性项目，公示10项新入围非遗名录，其中，传统美术1项、传统技艺7项、民俗2项。选推通济堰双龙庙会、鱼跃酱油酿制技艺、南山中医骨伤科三个项目申报第六批省级非物质文化遗产代表性项目，鱼跃酱油酿制技艺、南山中医骨伤科两个项目入围。省级"非遗"项目资料不断完善，完成7项省级"非遗"项目视频申报。"鱼跃酿造""畲族服饰"省级非遗工坊入围创建名单。申报首批区级非遗工坊13家。

【"非遗"人才队伍建设】 建立非遗人才库，鼓励传承人采取"传帮带"方式，形成保护和传承非遗"老中青"人才梯队，培养后继人才。举办2022年"非遗"传承人培训班，为传承人提供交流学习的平台，提升传承人业务水平。发挥传承基地作用，鼓励传承人进校园开展传习，举办"迎二十大 传统文化共传承"——丽水鼓词进校园公益讲堂，培养新生代传承人。"别样暑期 童享非遗"莲都区丽水鼓词传承基地的孩子们亮相夏令营文化交流活动，向江北、新和两地青少年展现国家级"非遗'项目丽水鼓词的魅力，增进莲都区青少年与两地青少年间的文化交流。开展"非遗进校园 木偶悦童心"戏曲进校园活动。

【"非遗"活动宣传推广】 举办"传承先贤遗志 奋筑美好田园"2022(壬寅年)通济堰双龙庙会活动，展现省级非遗项目太平庙会春节瞻拜、元宵灯会、清明送花船、六月翻龙泉求雨、九月金端公出殿巡游等活动。举办省级非遗项目陈十四信俗，七月初七"陈十四夫人戏"、丽水鼓词"唱夫人"、陈十四夫人巡游活动。6月29日，举办展现金华市武义县新宅镇与丽水市莲都区雅溪镇两地民俗文化交流、共同民俗信仰活动的莲房庙会。在文化和自然遗产日举办以"连接现代生活 绽放迷人光彩"为主题的2022年"莲仔"带你赏非遗暨非遗购物节系列活动。举办2022丽水市"多彩非遗乡村行"秋季莲都活动暨第七届丽水鼓词专场演唱会。举办联城·太平第二届戏曲晚会及莲都区非遗展演。

【创新"非遗"传承发展】 挖掘整合辖区"非遗"资源，探索"非遗"传承发展的新途径、新举措，让"非遗"传承保护更具活力，助力文旅融合发展。设立丽水鼓词大港头鼓词场，常态化在景区演唱，2022年，共演唱40余场。省级"非遗"项目处州乱弹、丽水吹打走进东西岩景区。举办30余场优秀"非遗"项目进礼堂、进社区、进景区"三进"活动。为更好推进文旅融合，申报"堰遇山水间 邀你画乡来"莲都区非遗主题旅游线路，涵盖10多项非遗项目，入选首批丽水市非遗主题旅游线路。"非遗+旅游"为文旅融合和旅游发展提供新引擎、新动力。

【"非遗"理论研究】 注重理论研究，深入挖掘通济堰流域的"非遗"项目。《通济堰水韵文化(浙江文化标识)文旅融合价值转化研究——基于30项通济堰"非遗"项目挖掘整理利用》入围2022年度浙江省公共文化服务现代化发展课题研究。该课题旨在挖掘通济堰流域非遗历史文脉，梳理、完善、研究区域非遗项目，为浙江省文化标识莲都区"通济堰水水韵文化"建设提供重要价值，推动文旅融合价值转化利用。立足传统工艺，助力传统工艺乡村振兴计划，《传承畲族文化助推共同富裕——畲族服饰非遗工坊典型案例》《走融合发展之路促共同富裕大业——鱼跃酿造省级非遗工坊为例》2个省级"非遗"工坊典型案例发表于浙江省传统工艺工作站以及《非遗工坊创建工作简报》。与畲族彩带传承人钟银英老师合作编撰《莲都畲族彩带传承发展研究》。

(陈婧)

文物保护

【概　况】 2022年，莲都区启动国保单位通济堰堰头村景星庆瑞、10号古民居修缮项目，完成碧湖建筑群、西溪村乡土建筑、梁村河桥等省级以上文保单位修缮项目6个；浙江铁工厂旧址（中共处属特委旧址）等11处点位被公布为丽水市第一批革命遗址名录；北乡革命纪念馆等6家乡村博物馆被公布为省级乡村博物馆。

【执法督察】 2022年，莲都区文化市场行政执法队出动执法检查人员505人次，检查不可移动文物235家次，其中，国保单位总计巡查34家次，涉嫌违法4家次，当场改正3家次，立案查处1件，涉嫌犯罪移送1件，发现隐患向属地政府和文物管理部门抄报3家次；省级文保单位总计巡查105家次，涉嫌违法1家次，当场改正1家次，发现隐患向属地政府和文物管理部门抄报12家次。12月2日，区文广旅体局根据《丽水市文化和广电旅游体育局关于交办丽水某开发有限公司涉嫌擅自在文物保护单位的保护范围内进行建设工程案件的函》，对丽水某开发有限公司涉嫌擅自在文物保护单位的保护范围内进行建设工程予以立案调查。

【安全保卫】 实施省保碧湖建筑群、西溪村乡土建筑消防提升改造工程（一期），争取省补经费79万元，对2处文保单位共21幢建筑进行电线金属套管改造、明火使用处增设防火阻燃设施、厨房改造、补配更换灭火器295只等。实施区级以上文保单位消防工程，投入区级文物安全经费70万元，为17幢有人居住的建筑类文保单位（不含已实施及修缮中的建筑）实施电线金属套管改造、明火使用处增设防火阻燃设施等。开展莲都区文物建筑白蚁防治示范项目，对莲都区内9处建筑类文保单位共计95个点位开展白蚁危害详细调查、灭治，配备安装监测装置等。

【不可移动文物的保护和管理】 争取到省级及以上文物专项资金849万元，整合区级经费、农办经费700万元，完成文保单位修缮项目7个。参与涉及文保单位保护范围及建设控制地带内项目方案论证、指导等工作70余次，涉及项目50余个。启动国保通济堰堰头村景星庆瑞、10号民居修缮工程。国保通济堰沿渠古建筑之佳气环居、南山映秀保护修缮项目通过国家文物局立项。实施文保单位修缮项目，完成省保碧湖建筑群沈家邸、沈宅、亲仁巷5~6号、18~19号、三平巷12号、人民街112号、114号、140号民居修缮工程；完成省保西溪村乡土建筑37号、139号民居修缮项目和省保梁村河桥修缮项目。

【博物馆与可移动文物保护】 开展乡村博物馆创建，投入资金39万元，完成6家乡村博物馆的展陈内容提升、展板改造、藏品征集等提升改造工作，截至9月，北乡革命纪念馆、老竹畲族文化馆、畲凤民族服饰展示馆、浙江铁工厂纪念馆、碧湖乡贤馆、碧湖鱼跃展示馆6家省级乡村博物馆全部通过省级验收并发文公布。积极开展乡村博物馆宣传，2022年共发布图文宣传8篇，发布短视频宣传14个。

【文博宣传】 对通济堰龙庙进行陈列布展，重点挖掘并展陈通济堰重要科学价值、相关人文历史、堰规堰志、历代碑刻拓片、民俗文化等内容，系统展示通济堰历史文化内涵。

（郑菁、徐艺娴）

新闻出版

【市场监管】 2022年，开展“扫黄打非”专项检查，共出动2512人次，检查文化市场1532家次。紧盯宗教活动场所，加强非法出版物督查检查，覆盖54个宗教活动场所及58处民间信仰场所。做好网上检测管理，对丽水市周俊豪数码产品经营部、丽水市山水艺创艺术品有限公司等本地网络发行单位开展网络巡查25家次，未发现相关有害内容。

【“护苗”行动】 在开学季、“六一”、暑期等重要时间节点，清查中小学校园周边文化市场和涉未成年人网络环境，坚决打击非法有害少儿出版物和信息。开展2022年“绿书签行动”进校园系列活动，评选出一批“传递绿书签 护苗伴成长”优秀短视频作品，进一步营造保护未成年人健康成长的浓厚氛围。

【政务服务】 开展2022年印刷、发行行业年度核验工作，核验通过印刷企业63家、出版物发行单位81家。深化“证照分离”改革全覆盖试点工作，实行新闻出版、电影领域行政审批告知承诺事项5项，受理办结各类审批服务事项31件。

广电事业

【概 况】 抓好广电基础设施网络建设，加强广电安全播出管理，开展广电业务培训和应急演练，做好广电惠民工程。确保广电安全播出全年零事故，完成广电安全播出、网络安全、设施保护工作任务。

【广电基础设施网络建设】 完成城区与乡镇广电DVB前端的融合，实现丽水区域内的频道统一规划排序，解决莲都广电前端设备老化的安全隐患；完成城区与乡镇广电城域网融合，统一规划城域网，提高城域网的安全性和稳定性；完成城区23个小区的接入网建设，覆盖用户17151户，乡镇21个小区(村)的接入网建设，覆盖用户11738户；完成城区76个区块105个小区的网络改造，网改用户27014户，乡镇125个小区(村)的网络改造，网改用户18247户；新建城域网光缆干线319.84千米，新建通信管道7.41千米。

【广电安全播出管理和执法】 及时调整莲都区广电安全播出协调领导小组和相关专项工作领导小组，完善广电安全生产和安全播出工作措施，修订《丽水市莲都区文化和广电旅游体育局广电安全播出和网络安全应急预案》。召开广电安全播出工作部署会，与局下属涉及安全播出的各单位签订《安全生产责任状》。明确广电安全播出隐患排查重点，对区、乡、村三级广电设施进行全面检查，共排查出7个隐患点，全部整改完毕，拆除废旧广播线3.9千米。联合各相关单位部门开展非法卫星电视地面接收设施生产、销售、安装及使用环节的集中整治工作，全年共发出整改通知书40份，通过广播、电视、墙报、公告等宣传相关政策法规102次；联合相关部门执法10次，出动执法人员69人次，对辖区内街道社区、企事业单位、宾馆饭店、家电市场、电器销售门店等共组织检查20次，拆除非法卫星接收设施106座。

【广电业务培训和应急演练】 举办莲都区“迎接党的二十大胜利召开”广播电视安全播出暨网络信息安全培训会，各行政村应急广播管理员、广电运维人员160余人参加。通过培训，进一步增强全体业务人员的政治敏锐感和工作责任感，提高自身安全防范意识，取得预期的效果。开展莲都区农村应急广播故障抢修联合演练，通过演练，有效检验安全播出应急预案的可操作性以及各单位之间处理故障的快速反应和相互协作能力。

11月12日，浙江体育助力山区26县系列赛事——浙江路跑10公里大众达标赛举行(章涛 提供)

6月26日，2022棋文化进农村文化礼堂启动仪式暨浙江省第四届象棋特色示范村联赛举行（章涛 提供）

【广电惠民工程】 做好“广电低保”惠民工程，农村低保户有线电视或直播卫星电视免费收视覆盖率达95%以上，为全区3200余户的低保户提供免费服务保障；建立广电低保工程动态管理数据库，每月及时更新，确保信息数据的准确性。

（杨骏）

群众体育

【概　况】 2022年，莲都区人均体育场地面积实现较大提升，达到2.71平方米/人，同比增长21%。全年完成11个基层场地建设项目，新增场所面积4500平方米。开展2022年体育场地普查工作，安装体育场地设施标识标牌，新增录入体育场地247处，面积约27万平方米。聚焦碧湖新城，谋定莲都区“一场两馆”，将选址纳入碧湖新城总规。完成2022年国民体质监测暨“浙里健身”体质测试服务工作，采样2405人，国民体质监测合格率94%，国民体质监测合格率达标。

【群众体育赛事】 2022年，举办“全民健身奔共富　喜迎党的二十大”助力山区26县系列赛之浙江路跑10公里达标赛、浙江省健身瑜伽公开赛、浙江省中小学生国际跳棋锦标赛、莲都区第四届全民运动会等。培育地方特色赛事，仙渡乡的区第二届象棋进文化礼堂和第四届浙江省象棋特色示范村联赛、联城街道的乒乓球系列比赛、老竹镇的民族运动会成为“一乡一品”运动赛事的代表品牌。全年举办各类全民健身系列赛事活动60余场，线上线下惠及群众10万余人次。

【全民健身设施】 以创建省级体育现代化区的相关要求为指引，推进群众体育基础设施建设工作，强化基础设施配套，构建城市社区“10分钟健身圈”。建成城市百姓健身房1个、农村百姓健身房3个、社区多功能场地5个和笼式足球场2个。结合全国文明城市创建及“15分钟品质文化圈”建设工作，筛选更新老旧体育设施，在全区范围内摸排出449件健身路径并进行了维修，确保群众体育设施使用安全。选取全区体育设施建设较为薄弱的22个点位新建体育设施，补齐基层全民健身服务体系短板。

【全民健身指导】 全民健身工作组织网络不断完善，截至2022年底，莲都区有体育协会26家，AAA级以上协会占比42%，每年由体育协会主办的各项赛事活动占比达全年赛事总数的50%以上，协会影响不断扩大。构建基层体育委员工作机制，成立领导小组，制订工作方案，初步构建区、乡镇（街道）、村（社区）三级基层体育委员网络体系。开展莲都区三级社会体育指导员培训2期，共计培训113人，开展运动促进健康科学健身大讲堂5期，推进社会体育指导员进文化礼堂、百姓健身房科学健身指导近30次。

（潘瑛）

体育产业

【概　况】 2022年，莲都区坚持“快乐体育、民生体育、和谐体育”的理念，开展各项体育工作，高度重视体育休闲运动产业发展，坚持以品牌建设推动产业高质量发展。

【体育产业相关法人单位】 全区拥有各类体育产业相关法人单位241家，其中，入库非企业类体育组织机构（协会、俱乐部等）68家，入库企业类体育组织机构156家（其中制造业4家、体育用品零售批发31家、体育培训46家、服务业26家、运动休闲6家、电子竞技2家）；入库个体经营类体育组织机构278家。随着各类体育项目的建设与发展，以市区优赞体育、浩享体育为主的健身休闲业、以老竹新屋红色营地、利山户外拓展基地等为主的运动休闲服务业，以丽水飞翔体育文化、健一文体、浩博文体为主的竞技表演业尤其具有良好的发展势头。除大型的几家连锁健身房外，莲都区还有大大小小的健身房、私人健身工作室30余家，瑜伽馆30余家。

【体旅融合】 推进体育赛事上绿道进景区。依托古堰画乡、九龙湿地等景区自然环境资源，筹备“碧湖田园半程马拉松”，举行第九届长三角运动休闲体验季丽水莲都站，通过趣味运动+户外项目体验+乡村旅游的形式，拓宽体育运动的受众面，享受运动乐趣，增强人们到莲都旅游的体验感，享受休闲运动的魅力。“莲都100”越野赛申报入库丽水市体育事业发展项目库，争取到市级支持资金30万元。利用丽水丰富的山地自然资源，规划环丽步道建设工程，完成初步线路规划和数据采集共计172千米。

【体育阵地建设】 “莲都100”越野赛道品质化提升工程完工，对标国内外一流标准，结合赛事的提升和周边环境的实际，打造最美赛道。完成全区11个基层体育设施建设，分别为1个城市百姓健身房、3个农村百姓健身房、5个社区多功能场地和2个笼式足球场。结合全国文明城市创建及“15分钟品质文化圈”建设工作，及时筛选更新老旧体育设施，加强维修更换工作，确保群众体育设施使用安全，对前期摸排出的449件健身路径进行维修。在全区22个点位新建体育设施，完善基层全民健身服务体系。

（潘瑛）

竞技体育

【概　况】 2022年，举办莲都区中小学生田径运动会、校园篮球联赛、校园足球联赛、校园游泳联赛。在中小学生田径运动会上连续20年获全市团体冠军，组队参加丽水市足球锦标赛、游泳锦标赛、跆拳道锦标赛、羽毛球锦标赛、乒乓球锦标赛均获金牌数第一。处州中学男子、女子足球队双双获得丽水市校园足球联赛第一名，大洋路小学女队获得丽水市校园足球联赛第一名，城北小学、花园中学获得丽水市校园游泳联赛第一名。

【参加省级以上赛事】 林美炫参加2022年全国赛艇锦标赛，获混合八人单桨有舵手项目第一名；董郗娅参加2022年全国赛艇锦标赛，获女子八人单桨有舵手项目第一名。在17届省运会上莲都区获得35.375块金牌。

（叶俊）

融媒体中心

【概　况】 2022年，莲都区融媒体中心学习贯彻习近平新时代中国特色社会主义思想，落实中央《关于加快推进媒体深度融合发展的意见》，发挥舆论宣传主阵地作用，强化“7+N”矩阵式宣传，推进媒体深度融合、一体发展，增强莲都宣传的影响力、感染力和战斗力。

【中心热点宣传】 开设《喜迎二十大》《二十大时光》等专栏，“莲连看”直播启动《党的二十大精神宣讲微直播》等，让党的好声音在莲都大地回响。党的二十大召开期间，App开设《聚焦党的二十大》专栏，推出大会要闻、权威发布、浙江风采、融媒报道等子专栏。大会闭幕后，记者走进莲都城乡、单位部门、生产一线等地，报道莲都各界干部群众热议二十大报告盛况。

做好一月一策划，推出《我在新城种棵树》《我在新城有个家》《“鱼”你共建碧湖新城》《碧湖新城向未来——专精特新》等系列报道，聚焦碧湖新城征收工作，解读征收政策、报道最新动态，为碧湖新城发展建设营造良好舆论氛围。

【舆论引导】 《莲都聚焦》以舆论监督推动政府职能部门转变工作作风、提升工作效能、提高服务水平、优化发展环境。2022年，推出41期节目，其中，17个问题被纳入七张问题清单媒体监督平台，相关单位整改落实到位。

【外宣工作】 传播丽水文明之风，“一床被单救坠楼男孩”的短视频被新华社、央视新闻、《人民日报》转载，微博相关话题阅读量超2.6亿人次；由莲视频首发的“初三学生剐蹭到私家车，车主的惩罚做试卷”受到全网关注，被新华社、央视新闻、《人民日报》转载，话题“初三生蹭花车被要求做一套试卷”上微博热搜，阅读量超1.2亿人次。

2022年，在中央及省、市平台播发稿件1000多篇，其中，“浙江丽水艾飘香”在CCTV-1播出，莲都春日美景、美食播放长达4分钟；央视直播节目《万水千山总关情·老区行(浙西南篇)》以莲都打头播出，唱响莲都好故事；“学习强国”浙江学习平台签发稿量排名全市第二，获市委宣传部的肯定。莲都区融媒体中心获“‘天目新闻’2022年度县级融媒体合作优秀单位”、全市“打击治理电信网络新型违法犯罪工作成绩突出集体”称号；获浙江日报报业集团(丽水)2022年度“三点”新闻原创力奖(全市最高奖)。

【塑造特色宣传品牌】 策划系列民生活动，推出《都妹探店》《莲都老味道》等民生栏目，带动一批莲都消费热潮。完成小都妹小都都评选(莲都区小主持人大赛)活动，提升莲都区媒体宣传的影响力。联合教育局策划推出“小都妹小都都说安全”系列短视频；“小都妹小都都说天气”为莲都少年儿童提供学习和展示平台，受到家长的关注和学校的好评；都妹携手小都妹小都都“文明有礼　莲都有你”短视频用通俗易懂的方式宣传浙风十礼。

赋能“新闻+”，加强与各乡镇部门联系，上线“学法用法建档考试”“九云征收—征安心”等小程序和积分商城，根据莲都区重大活动和节日，谋划线上推广活动12场，增强客户端与用户的黏性，提高下载量和日活率。

【干部队伍建设】 2022年，区融媒体中心对部分股级职务进行调整，提任正股级干部2名、交流副股级干部1名，优化干部队伍结构，为党的新闻事业发展提供组织保障和干部人才支撑。通过“请进来”“走出去”等方式提升队伍业务水平，每周一次部室选题和点评例会、每月一次“全媒体技能比拼”、每季度一次“全媒体讲堂”，邀请省内媒体专家进行授课。2022年，推荐18人次参加市级以上专业培训。团队运营的公众号“莲都发布”位列2022年丽水市政务发布微信公众号传播力榜单第一；团队创作的作品获2022年第十届中国梦(浙江)网络视频大赛暨长三角高校短视频大赛微纪录片优秀奖；区融媒体中心获2022年度浙报集团融媒共享联盟·合作奖。区融媒体中心优化管理模式，增强各类人才的事业心、责任心和获得感，人才流失较2021年减少50%，稳定了宣传队伍。

(区融媒体中心)

人力资源和社会保障

人　事

【事业单位工作人员队伍建设】 2022年，根据莲都区机关事业单位人员调配若干规定，对部分事业人员岗位作出调整，调入莲都区事业单位工作1人；办理事业人员选聘入职手续8人；区内事业单位人员交流210人，其中，同系统内交流202人；调离莲都区2人。发布教师招聘公告，招聘事业编制教师32人、待聘库128人，经过笔试、面试、体检、考察等程序，共有160名新教师入职。通过待聘库教师考核，9名中小学教师入编。民办教育事业单位招聘报备员额制教师3人，开展花园中学对内招聘事业编10人、待聘15人。发布卫生专业技术人员招聘公告，组织卫生专业技术人员招聘1次，招聘卫生专业人员25人。2022年，莲都区经全省事业单位统一公开招聘工作人员56人，并于12月下旬组织完成岗前统一培训。

【机关事业单位编外人员队伍建设】 2022年，根据莲都区社区专职工作者队伍现状和实际需要，面向社会公开发布招聘社工公告3次，招聘社工246名，面向撤村建居城中村干部招聘社工21名。4月，组织开展辅警招聘1次，招聘辅警26名，其中，警务辅助人员20名（纪监委留置陪护人员9名，由区纪监委使用）、协辅警6名。5月，根据区内机关事业单位编外用工实际，向社会发布集中招聘编外用工公告，共有29家机关事业单位参加，推出88个岗位，次月完成招聘并公示。7月，新招聘编外人员入职后，对相关单位编外空缺进行了调剂补员，保障各单位用工需求。8月，协助教育局招聘保育员49名，保障教育工作有序开展。10月，在全区开展就业和社会保障协理员招聘工作，共推出7名招聘计划，经过系统报名、面试、体检、政审等程序，完成7名人员入职手续。

【完善人事管理体系】 2022年，根据莲都区事业单位改革和工作需要，为123家单位重新调整岗位设置，并完成单位人员岗位变动审核。对2021年“3+1”计划的表扬表彰事项进行对接，会同相关单位及时启动表彰工作。根据区委区政府重点工作完成情况，经相关部门申报，对9个部门7项工作完成突出的部门进行了行政表彰奖励。开展2021年度事业人员年度考核评优工作，共奖励优秀人员858名。

【人事档案管理】 2022年，共接收大专毕业生档案1708份、中专毕业生档案65份、企事业人员档案189份，转出大专毕业生档案412份、中专毕业生档案10份、村官档案1份、企事业人员档案12份。截至12月底，共有在册档案14911份，其中，高校毕业生档案12846份，企事业单位人员档案2065份，集体户在册182人。

【职称评聘】 2022年，围绕数字化改革要求，全面落实职称制度改革，通过“浙江省专业技术职务任职资格申报与评审管理服务平台”开展专业技术人员职称申报和评审工作。全年共审核（推荐）专技申报人员728人，其中，参加大中专毕业生职称初定并取得资格人员243人（初级233人、中级10人），参加职称评审申报491人（正高级16人、副高级149人、中级215人、初级111人），通过职称评审并取得相应的专业技术资格人员共391人（其中正高级9人、副高级99人、中级176人、初级107人）。做好各系列新取得职称人员的发文公布工作，收发专业技术相关文件66份。组织申报省级专业技术人员高级研修班2个，鼓励支持各行业领域高层次人才进修提升。

【工资、福利和退管】 2022年，办理机关事业单位工作人员工资调动转移手续761人次。审核审批机关事业单位人员工资正常晋升、职务和岗位变动、职级晋升等7945人次。审核发文机关事业单位工作人员工龄认定235人，办理退休审批119人，一次性抚恤费审批82人，遗属生活困难补助费审批13人，调整高龄补贴审批50余人。审核审批机关单位年终一次性奖金1567余人，审核审批机关及事业工作人员应休未休年休假报酬4200余人。

人　才

【技能人才培育】 2022年，区人力社保局通过"考、评、赛、训"共抓，各类人才培养成效显著。以培育"乡村能人""能工巧匠""企业专才"为着力点，积极拓宽人才培养选拔途径，全年培养新增技能人才2127人、新增高技能人才986人，开展职业技能培训8850人次。为加大莲都区高技能人才培养激励力度，根据《关于加快人才发展集聚打造浙西南科创中心助推高质量发展建设百万人口大城市的实施意见》及《莲都人才新政操作实施细则》，组织开展2022年莲都区企业高技能人才津贴、培养奖励申报发放工作，共发放各类高技能人才津贴及培养奖励245.1万元。2022年，获评浙江杰出工匠1人、浙江工匠1人、浙江青年工匠7人、绿谷企业英才17人、绿谷企业新秀51人、丽水市技术能手10人、丽水市拔尖技能人才3人，新建省级博士后工作站1家。

【人才招引服务】 落实高层次人才各类优惠政策，申报获批人才公寓23人次，组织申报丽水市高层次人才体检51家单位771人次，发放各项人才资金共计1322.47万元；开展高层次困难人员慰问1次，服务惠及高层次人才6名。组织莲都区企业参加市本级人才交流会1次，自行组织线上引才活动52场次，线下引才活动3场次，共发布岗位20871个；参加市人社局线上引才活动25场次、线下引才活动10场次，共发布岗位2750个；到湖南、酒泉等地招揽人才，全年共引进各类人才8188人，其中，博士研究生251人，硕士研究生314人。莲都区人才中心始终坚持深化和完善"政府搭台、校企唱戏、产教融合、市场推动"四位一体人才工作的格局和思路，衔接湖北武汉、甘肃酒泉、浙江金华等城市，发挥莲都区引才驿站、引才大使纽带作用，开辟在校引才窗口，为莲都区企业持续输送专业对口性强、企业融合度高的专业人才。

9月6日，莲都区人力社保局开展人才码宣传活动（高志聪 提供）

9月14日，浙江绿环园林绿化工程有限公司开展技能等级认定考核(黄晓丽 提供)

劳 动

【劳动监察】 2022年，区人力社保局劳动监察科坚持以习近平新时代中国特色社会主义思想为指导，抓住依法行政工作主线，创新措施方法，完善制度机制。全年共接待来访、来电群众2400余人次；联合多部门约谈在建工程项目5起；主动巡查用人单位400余家次，涉及劳动者1.8万余人；办理行政处罚案件2起，罚款金额3万元，向公安机关移送以工资名义讨要工程款涉嫌诈骗案件1件，协调处理拖欠工资案件1500余件，为3845名劳动者追讨拖欠工资5692万元。成功处置丽水某商城200余名保洁工人集中讨薪、包工头赵某套用工人银行卡领取现金、项目运输车司机集中讨要工程款等多起群体性涉薪事件。

【“国考”零失分】 2022年7月，根据上级工作安排，莲都区与缙云、青田等县一起代表浙江省迎接第5次国务院保障农民工工资支付考核，开展了根治欠薪秋季专项行动、党的二十大安全保障决战决胜阶段系统“除险保安”督查专项行动、农民工工资专用账户制度落实专项自查行动等农民工工资支付专项治理行动，圆满完成了迎“国考”工作。

就 业

【促进就业创业】 2022年，开展创业培训994人，完成率100.4%，拨付补贴资金111.2万元；企业岗位技能培训1619人，拨付80.95万元。市区城镇新增就业7692人，完成率124.1%；发放创业担保贷款2155.5万元，完成率100.26%；开展创业活动10场，完成率100%；累计开发公益性岗位168个，完成率134.4%；累计公益性岗位在岗数105人，完成率116.7%；失业人员再就业809人，其中，莲都区困难人员再就业422人；城镇登记失业率为1.14%；累计认定就业困难人员449人次，发放就业困难人员灵活社保补贴580.7万元。保障失业人员基本生活，全年共发放失业金3448人次、533.58万元，发放失业补助金1707人次、116.45万元。开展东西部扶贫协作，22省到莲都就业6019人。及时掌握企业就业失业动态监测情况，继续保持城镇“零就业家庭”基数归零、动态归零。

【就业服务】 2022年，认定94家见习基地，当年累计推荐165人参加见习。鼓励高校毕业生到企业就业，发放高校毕业生就业补贴149人、43.9万元；引导企业吸纳高校毕业生就业，发放中小微企业招用高校毕业生社保补贴130家、90.01万元；累计开发公益性岗位168个，公益性岗位在岗105人，发放岗位补贴和商业保险补贴151.8754万元；累计为市区3466家符合条件的企业发放稳岗补贴1614.97万元，惠及参保劳动者43566人；42家企业开展企业岗位技能培训班82期，1619名企业职工参训，并发放企业岗位技能培训补贴80.95万元；开展网红孵化、纹绣服务、直播电商等创业培训班近33期，拨付创业培训补贴994人、111.2万元。2022年，新增创业担保贷款52人，贷款金额2155.5万元；发放创业担保贷款贴息48人，贴息金额113.27万元；发放一次性创业补贴21人，补贴金额10.5万；发放场地租金补贴1人，补贴金额0.2万元；帮助对口四川省农村劳动力到莲都就业972人，其中，脱贫人口198人。帮助脱贫人口（中西部22个省份）到莲都区稳定就业6019人；开展劳务协作培训26期，共培训四川省劳动力1561人，其中，脱贫人口644人。

社会保障

【机关事业单位养老保险】 2022年，全区共有机关事业单位养老保险参保职工6794人，机关事业退休人员3902人。截至2022年底，实收机关事业基本养老保险基金36670万元，支出35444万元，基金滚存结余5804万元。

【城乡居民社会养老保险】 截至2022年底，全区共有城乡居民基本养老保险参保人数103607人，享受城乡养老待遇39448人。2022年实收城乡居民养老基金27589万元，支出16129万元，养老基金滚存结余37511万元。

【被征地农民基本生活保障】 2022年，新增参保人数1689人，全年被征地农民基本生活保障资金收入2823万元，支出483万元。截至2022年底，全区被征地农民参加基本养老保险备案7320人，其中，选择参加城乡居民养老保险1589人，选择领取被征地生活保障待遇276人。2022年，累计发放原被征地农民基本生活保障定期待遇154.6万元。

【企业退休人员社会化管理】 全面实行企业退休人员社区化管理，强化退休人员档案管理，实施企业退休人员网上生存认证。2022年，市区有3898名企业退休人员进入了社区管理，新增档案管理772份。

（宿建春）

交 通

综 述

【概 况】 2022年，莲都区公路通车总里程853.934千米，其中，一级公路5.29千米，二级公路25.399千米，三级公路19.725千米，四级公路803.52千米。全区二级以上公路占公路总里程的3.6%。铺装路面、简易铺装路面（高级、次高级路面）占公路总里程的99.61%。全区公路密度每百平方千米56.85千米，乡镇、建制村公路通达通畅率均100%。桥梁234座、7959延米；隧道5个、3425延米。

2022年，莲都区交通运输局学习贯彻习近平新时代中国特色社会主义思想和党的二十大精神，贯彻落实省、市、区各级党代会以及全市加快建设高水平交通强市推进会精神，落实区委、区政府及上级的工作部署，坚持“疫情要防住、经济要稳住、发展要安全”，统筹疫情防控和交通运输发展，推进莲都区综合交通“十四五”发展规划顺利实施。2022年，完成综合交通年度投资3.44亿元，占省厅下达总任务数的166%，完成预定目标；完成交通治堵工作（市对区考核任务），莲都区被评为全市治堵综合考核优胜区；区交通运输局被评为全市交通运输系统2022年度综合考核优胜单位。

【民生实事】 2022年，完成省、市、区十方面民生实事“优化农村交通路网”。完成实施农村公路新（改）建工程15.9千米，包含9个农村公路新（改）建项目。

公 路

【莲都区丽龙高速公路南山互通至丽新公路连接线工程】 莲都区丽龙高速公路南山互通至丽新公路连接线工程位于碧湖镇上赵村、上阁村，是桃碧线改造提升工程的重要组成部分，项目自南山互通至高溪公路上赵村平交口东侧设连接线，跨通济堰，往南接至桃碧线，采用双向

7月14日，莲都区丽龙高速公路南山互通至丽新公路连接线工程正式开工建设

（区交通运输局 提供）

四车道一级公路技术标准设计，路线全长378米，路基宽度23.5米，设计速度60千米/小时，项目概算总投资为2925.15万元，于7月开工建设。

【222省道莲都区联城至碧湖段基础设施提升工程】 222省道莲都区联城至碧湖段基础设施提升工程项目起点位于碧湖镇保定村的222省道处，终点位于222省道与城北大道连接线连接处，涵盖公路里程20.851千米，共安装870杆太阳能路灯，总投资1371万元。该项目于2月底正式启动建设，6月完成主体工程建设，7月29日所有路灯验收完毕，正式投入使用。222省道作为市区到碧湖新城的重要交通动脉，完成太阳能路灯等基础设施安装后，进一步为过往车辆行车安全提供保障，对推进碧湖新城建设具有重要意义。

【洪渡互通至黄村农村道路改造提升工程】 莲都区洪渡互通至黄村农村道路改造提升工程（仙渡至黄村段）于2021年7月正式开工建设。项目由三个标段组成，一标仙渡至滴水岩段已交工验收；截至2022年底，二标黄畈至杉树坑段主体工程已完成；三标上冷水至黄村段的黄村隧道于10月27日实现全线贯通，黄村隧道全长1200米，双向两车道设计，控制时速为60千米，是莲都区北部的重要横向通道，是黄村乡农民群众农业生产和交通出行的主要通道。该项目建成后，将大幅缩短城区与黄村乡两地的距离，对莲都区实现城乡半小时交通圈、促进城乡一体化发展进而实现共同富裕具有重要现实意义。

12月9日，莲都区农村公路长寿命周期建设和养护项目签约仪式举行（区交通运输局　提供）

【石郎线改造提升工程】 石郎线改造提升工程位于碧湖镇，起点接石牛路，与桃碧线相交。路线利用现有石郎线公路自东向西布设，途经下赵村、郎奇村、金湖佳苑，在终点处设T形交叉与222省道相连接，路线全长3.04千米。项目采用双向六车道一级公路并兼顾市政功能设计，设计速度60千米/小时，路基整体设计宽度为34.5米，项目概算总投资29975.67万元。项目初步设计于5月24日获莲都区发展和改革局正式批复，12月开工建设。

【莲都区桃碧线改造提升工程（S222连接线段）】 莲都区桃碧线改造提升工程S222连接线段起点位于莲都区联城街道港口村，终点位于碧湖镇下圳村，总长约200米，概算投资2654.03万元，采用双向四车道二级公路设计标准，设计速度60千米/小时，路基宽度18.5米，拟新建108.7米桥梁1座，于2月开工建设。

【自然村通客运班车工作】 莲都区交通运输局以实施莲都区综合交通“十四五”发展规划为契机，对标建设“重要窗口”的新目标新定位，计划在现有行政村全部通等级公路的基础上，构建完善城乡公交三级网络，推进建设乡镇至各基层村（含较大自然村）的公交网络（班车），在全省率先、全市首先启动自然村通客运班车工作。2022年,完成碧湖、大港头等6个乡镇(街道)较大自然村通班车工作,新开通以及延伸较大自然村24个,新增班车线路19条,新增站亭(站牌)63个,新增运营里程约650千米,新增受益群众近万人。

【莲都区农村公路长寿命周期建设和养护项目】 莲都区交通运输局探索"农村公路长寿命周期养护"新理念。于10月25日发布"莲都区农村公路长寿命周期建设和养护项目"招标公告,由浙江顺畅高等级公路养护有限公司(牵头人)中标。12月9日,莲都区农村公路长寿命周期建设和养护项目顺利签约。长寿命周期建设和养护项目正式实施后,莲都区农村公路建管养将实现从传统的建设、养护"两条腿走路"向"建养一体""双脚并跳"方式的转变。通过这一转变统一责任主体,促使公路达到最优养护效果,最大限度延长公路的整体寿命。

(谢斌)

铁 路

【衢丽铁路莲都段工程建设】 衢丽铁路是连通浙江省"大花园"建设核心区衢州、丽水两市的支撑性工程,是浙江省交通建设的重点工程。2月28日,浙江省交通集团衢丽铁路一期站前施工Ⅱ标招评标结果公示完毕,标志着衢丽铁路一期全线工程招标全部完成,项目全面开工建设;5月21日,衢丽铁路东西岩站开始进行路基施工;12月13日,衢丽铁路全线首座隧道——黄塘弄隧道顺利贯通。衢丽铁路一期工程建设全年累计隧道开挖7720.5成洞米,桥梁完成3258.28成桥米,路基完成48万土石方;累计完成投资12.228亿元,完成年度计划的101.90%。

【防治欠薪工作】 开展衢丽铁路项目预防欠薪专项行动。9月1日,衢丽铁路项目防治欠薪工作业务培训会召开,衢丽铁路莲都段施工单位分管领导、劳资操作人员参加培训。9月2—7日,各施工单位对自身项目的工资支付、劳动合同签订情况等开展自查自纠。9月15—16日,衢丽铁路莲都段工程建设指挥部联合区劳动监察大队、衢丽公司,对施工单位开展预防欠薪专项检查,通过查看台账资料和现场询问农民工等方式,全面检查项目资金管理、劳动合同签订、工资支付等情况,对发现的问题进行反馈,要求即时整改。为形成预治欠薪工作常态化管理,劳动监察部门、业主单位、施工单位、指挥部形成"一对一"结对,确定专人对接联系各个标段,建立欠薪工作微信群和浙政钉群,开展日常跟踪服务,及时掌握施工单位经营、用工及工资支付情况,对欠薪隐患做到早发现、早化解、早处置。截至2022年底,接到欠薪举报投诉26起,依法快速处理26起。农民工工资拖欠问题得到有效改善。

【政策处理】 对沿线乡镇(街道)群众做好政策解释工作,最大限度争取人民群众的支持。征地、租地、坟墓迁移等工作做到现场核实清点、逐户信息确认、入户政策宣讲等环节细致周密。6月2日,完成1001户、80.72公顷土地清场交地工作;完成150户、18038.58平方米房屋拆除工作;交付临时用地58.37公顷,基本满足施工需要;完成2.45公顷国有土地征收工作;完成11.26公顷粮食生产功能区补划地块工作。

【安全维稳】 2022年,发放安全整改通知3份,爆破单位停业整顿通知2份,保障衢丽铁路项目建设环境总体平稳。

【信息宣传】 提炼工作亮点,采用微信群组推送、多媒体报道、线下活动等多种方式开展宣传,做到工作有成绩,宣传有声音。2022年,编撰简报12期,推送微信组图宣传163次,在丽水新闻、丽水在线、莲都发布等各级媒体开展宣传报道8次,下乡开展党的二十大精神宣传活动3场。

【站前区域集中整治】 按照"中心牵头、部门联动、权责一致、标本兼治"的原则,针对高铁站前区域社会治安、交通秩序、市容环境和食品安全等方面存在的问题,召开4次专班和站前派驻单位专题会议,研究探讨整改工作,分别制订4个专项整治方案。2022年,组织开展5次高铁站站前区域集中整治行动,累计参与整治工作人员达200余人次。通过强化日常巡查、问题交办、即知即办以及组织站前派驻单位干部职工开展文明执法和业务素质提升培训班等措施，提升高铁站站前派驻单位管理水平，常态化做好区域环境综合整治。通过高铁站前管理工作群发布交办问题540余个，现场即时处理450余件，整合各部门集中处理80余件。劝离“黄牛”叫客行为104次；劝离人行道违停车146辆次，拍照采集27辆；处置商家跨门经营513起。通过多部门执法力量的整合联动，实现跨专业执法的无缝衔接，克服多部门职能交叉、缺乏常态管理机制的难点，高铁站站前区域违章接(拉)客、营运车辆不文明揽客、车辆违规停放、商家跨门经营等顽疾得到治理，站前区域环境得到全面提升。

【站前广场设施维护】 对明珠街西侧150米的人行道和水东路西侧130米的人行道设置硬隔离；高铁站内增设公益广告14处、更换破旧广告5处、增设公益服务导向牌3处，广场区域更换公益宣传广告6处，确保广场环境整洁、形象良好、文明有序。

【站前区域环境卫生】 重点提升保洁精细化，采用“1+2+N”(“1”次清洗；“2”次普扫、洒水压尘、垃圾清运；“N”次重点点位不间断保洁)保洁方法，确保高铁站前区域卫生环境整洁、有序。

【警力联动】 由高铁中心联合站前各执法单位和广场安保队伍加强日常巡查执勤，做好重点时段、重点路段的安全值守和巡查工作，完成2022年全国、省、市、区两会等重要时段的维稳安保任务。抓获网上在逃罪犯嫌疑人12人；办理刑事案件11起，抓获嫌疑人7人；办理行政案件68起，拘留12人，罚款44人。2022年，高铁中心被授予集体嘉奖1次，个人嘉奖1人。

【非法营运车辆整治】 2022年交通执法部门出动执法人员1630人次，共检查巡游出租车14764辆次，检查网约车184辆，纠正不文明、未在核定候客区域揽客等行为656次，劝离“黄牛”叫客行为147次，联合公安处理叫客行为3件，组织驾驶员学习18人次，扣从业资格证5分1人，联合交警检查网约车出租车8次，查扣非法网约车一辆，联合大队查处非法网约车2件，城际黑车2件，处理投诉6件，满意率100%。

【整治道路交通违法行为】 针对高铁站区块的交通管理特点，交警莲都大队水东中队开展车辆违规停放、无证驾驶、超员、酒后驾驶等严重影响道路交通安全和城市形象的违法行为整治。纠正劝导残疾三轮车、出租车、私家车等违停1270辆次，现场拍照处罚违章停车480起，短信提醒违停车辆驶离3538辆次；处罚闯红灯违章190余人次，处罚驾驶非机动车不按信号指示通行105起、两轮和三轮电瓶车违法载人642人次、电动自行车驾驶人或搭载人未佩戴安全头盔的667起；查获饮酒后驾驶机动车15起，客、货车超员12起，载货汽车载物超过最大允许总质量未达30%的17起，处罚其他违法1650余起。

（王浩杰　刘佳）

12月13日，黄塘弄隧道贯通仪式举行(衢丽铁路莲都段工程指挥部 提供)

城建·城管·环保·征收

国土空间规划

【国土空间规划编制】 统筹划定"三区三线",9月30日通过自然资源部确认启用,全区共划定永久基本农田10793.33公顷,比上一轮土地利用总体规划减少1473.33公顷;全区规划新增建设用地面积1726.67公顷,其中,碧湖新城规划新增建设用地面积453.33公顷。推进莲都区碧湖新城总体规划、控制性详细规划和城市设计"三规合一、三规同步",实现各类规划有效衔接。围绕市委、市政府"一脉三城"的战略部署,编制碧湖新城控制性详细规划,按照"一城四片区"布局,聚焦白桥白口、万洋高溪、碧湖南山、古堰画乡四大片区,布局碧湖新城产业经济发展走廊,为碧湖新城工业经济发展留足用地空间。基本完成区级和乡镇级国土空间规划。

【规划编制与审批】 推进控制性详细规划、村庄规划编制及调整工作,完成控制性详细规划编制及调整批复9个,村庄规划调整36个。推进规划管理及项目审批,2022年,办理用地预审与选址意见书15件,用地规划许可证25件,工程规划许可证29件,出具规划设计条件32件,完成方案确认44件,规划核实30件,保障各项目实施落地。

9月21日,"碧湖新城 未来已来"2022年莲都区土地信息推介会在杭州召开(市自然资源和规划局莲都分局 提供)

城镇建设

【概　况】 2022年,莲都区住房和城乡建设局围绕"接续高质量发展建设百万人口大城市"的奋斗目标,做好稳增长、促改革、惠民生、防风险、强党建各项工作,为全区经济社会发展大局作出建设贡献。多措并举推进城镇D级危旧房治理工作,争取将市区D级危房列入市区城市更新项目。完成自建房排查78124幢,四类重点对象28468幢,鉴定自建房6803幢。协助特定困难家庭申请危房改造补助金63户。督促指导乡镇(街道)通过恢复性重建、维修加固等措施完成危房修缮备案申报121户。多管齐下助推物业管理水平提升,强化党建引领,推进15个省、市、区级"红色物业"项目创建,以党建与业务深度融合,推动物业管理水平提质增效。落实"三金一房"管理,2022年全区签订24个项目"三金一房"提取合同,对28个项目物业用房进行现场验收；收取物业专项维修资金11000.92万元、保修金17009万元、首次业主委员会筹备金365万元。根据申请共办理物业专项维修资金使用项目168个，拨付资金693万元，办理保修金使用项目8个，拨付资金138万元；拨付9个新建项目的首次业主委员会筹备金39万元。开展行政审批标准化建设，进行办理流程、表单、材料、情形、法律依据等信息配置，实现事项标准化的全省统一；落实简政放权，做到法律未规定的行政许可审批事项一律取消；探索分阶段施工许可审批服务，共有3个重点项目实施分阶段施工许可，走在全市前列。2022年，受理各类审批事项75件，审批件按期办结率为100%。“互联网+”助推监管水平提升，开展掌上执法120余次，覆盖各领域440项事项，执法事项覆盖率为100%；落实“双随机”任务，通过单部门执法、多跨部门联合执法、“综合查一次”等形式开展执法23次，督促各行业规范发展。多策并用强化建筑工地安全生产巡查监管，2022年，检查工地578余个次，签发安全隐患整改通知书175份，排查出各类安全隐患5213余处，已全部整改到位。强化室内装饰装修动态监管，落实坐班接待模式，新增桂语兰庭小区、锦侨欧悦城小区2个执勤室；注重源头管理，2022年装修备案登记5115件，开展巡查118次，巡查小区162个次，制止违法违章装饰装修行为76件，接受并处理投诉举报案件472件，移交综合行政执法局立案查处4件；推进规范管理，2022年以桂语兰庭小区作为试点，从施工队伍准入、施工现场安全、业主文明装修三方面规范装修管理。落实工程消防设计审查和验收工作，2022年办理消防设计审查和验收（备案）64件，其中，特殊建设工程消防设计审查16件、特殊建设工程消防验收12件、其他建设工程竣工验收消防备案被抽中现场检查10个（项），全部检查合格。2022年，房建在监项目36个，总建筑面积70.3万平方米。市政基础在监项目12个，工程造价3.05亿元。在项目监管过程中，签发抽查记录25份、整改通知书3次。

【美丽城镇建设】 推进美丽城镇建设，截至2022年底，大港头镇、碧湖镇、紫金街道、白云街道创成省级样板乡镇，黄村乡、老竹镇、丽新乡、峰源乡、太平乡、仙渡乡创成达标乡镇。在美丽城镇建设规划设计上，根据特色，碧湖镇、大港头镇、老竹镇三个样板镇坚持“一镇一方案”，其中，大港头镇“一镇一方案”获评省级优秀行动方案。开展“美丽城镇”“走进最美城镇”“匠心铸美镇·初心为人民”等专题报道，增强宣传密集度，扩大影响力。围绕建党百年，举办“红色”主题宣传月、“特色”主题宣传月等主题宣传活动，以“美丽城镇”之力，积极擦亮“特色莲都”。2022年，美丽城镇建设相关信息在市级以上媒体宣传报道74篇，其中，中国蓝新闻、浙江在线等省级媒体宣传报道39篇，新华网、人民网等国家级媒体宣传报道10篇，全方位展现美丽城镇建设成效。谋划城乡风貌整治提升和未来社区建设，结合已开展的美丽城镇建设、美丽乡村、美丽村庄建设，2022年莲都区创成古堰画乡诗画田园县域风貌样板区；9月，“滨水中心”城市新区风貌区、莲都“智慧绿谷”城市新区风貌区完成申报，相关建设方案已上报省城乡风貌工作专班。

建筑业

【概　况】 坚持把优化营商环境作为“一号工程”抓紧抓实，修订建筑业扶持政策，兑现建筑业专项奖励资金2515余万元，惠及43家区属建筑业企业。2022年，全区年度省内建筑业总产值近83.76亿元，同比增长5.3%。全年实施新开工装配式建筑面积145.83万平方米，其中，装配式住宅和公共建筑面积72.44万平方米。

【绿色建筑】 完成既有公共建筑节能改造0.95万平方米、既有居住建筑节能改造0.59万平方米，可再生能源建筑应用面积7.55万平方米，其中，高比例可再生能源利用应用面积2.7万平方米，实施高星级绿色建筑示范工程5项，城镇新建民用建筑全部实施绿色建筑，2022年，莲都区获评建筑工业化优秀县和建筑节能与绿色建筑优秀县。

【双招双引】 做好“双招双引”工作，引进建筑业企业2家，完成实际利用内资0.8亿元，招引大专以上学历人才158人，硕士研究生2人，博士研究生1人，有效缓解企业用人压力。

【创新探索】 推行EPC总承包、施工招投标“评定分离”模式，提升区属企业中标率，全年落实项目17个，总金额约23.75亿元，有效提升建筑业产值和税收。开展荣誉称号评选，支持企业参与创优夺杯，提升企业品牌和竞争力。推行土方先行、桩基先行等措施，出台政策，为重点建设项目提速2~5个月，同时保障质量安全监管。

【安全生产】 2022年，推进城市建设安全生产综合治理三年行动、全区建筑起重机械安全专项治理行动、莲都区建设领域岁末年初安全生产专项排查整治等专项行动。年初制定明确工作计划，开展季度和专项督查，层层落实监管责任。开展督查4次，检查在建工地578个次，下发隐患整改通知书175份，处罚6起金额7.39万元。提升标准化水平，5个项目被评为区级安全文明标化工地，召开区级现场观摩会1次，强化标准化建设，鼓励企业“要安全，抓安全”。提高应急抢险能力，修订应急预案，组织应急演练，完成各项防灾任务。

房地产业

【概　况】 通过出台《莲都区房地产市场平稳健康发展“因城施策”政策举措》《莲都区普通商品住宅交易税费补贴实施细则》等措施，助推房地产市场逆势回升。2022年，完成商品房销售面积28.46万平方米，同比增长365%，位居全市第一；实现销售金额22.9亿元，同比增长153%；房地产从业人员工资总额同比增长38%，位居全市第一。通过推出优质地块、建设项目分阶段施工许可等举措，助推房地产投资提升，实现全年房地产投资16.51亿元，同比增长24%，位居全市第四。截至2022年底，全区有房地产开发企业6家，全部为二级资质企业。

【住房保障】 2022年，健全住房保障体系。认定保租房项目9个，筹集保租房512套，完成市局下达目标任务和省级、市级民生实事。

【物业监管】 推动物业行业高质量发展，推行“专业物业服务企业接管”“社区托管”“业主自管”等多种清零模式，实现市区住宅小区无物业清零，启动开放式小区“开转封”试点工作，指导古城嘉苑等24个小区业委会换届，创建区级“红色物业”项目15个、市级7个、省级3个。

公用事业

【规划引领】 2022年，补齐莲都乡镇基础设施短板，参与碧湖新城建设。完成碧湖新城行业污水、污水处理能力测算，对今后碧湖新城污水处理提出建议。完成郎奇—白口区块、高溪区块市政基础设施投资的初步测算。编制完成碧湖新城供排水规划，并编制完成碧湖新城白口区块过江管道可研。

【城乡给排水系统】 完善镇区给排水功能，开工建设太平污水管道项目并同步铺设燃气管道幕墙，完成工程量的40%，完成项目投资1500万元，实现城乡排水、供气一体化零的突破；雅溪镇自来水厂项目基本完工；郎奇—石牛区块配套供水工程开工建设，完成工程量的30%；老竹—丽新线完成用地选址，截至2022年底，完成工程量30%，下林线已完成工程量40%，完成项目投资7000万元。

【农村生活污水系统】 老竹—丽新污水处理厂项目完工，补齐老竹—丽新片区污水治理能力不足、处理工艺落后的短板。农村污水强基增效项目平稳推进，8个乡镇完成施工招标并开工建设，完成项目投资4500万元。老竹—丽新污水处理厂正式运行，老竹镇污水接入试运营，管线工程完成90%。农村生活污水运维工作走上新台阶，2022年，莲都区农村生活污水运维完成交接，交由紫光公司（国企）运维，创建503个标准化运维点，全市率先实现污水处理设施运维城乡一体化，农污运维质量各项指标较2021年有大幅提升，莲都区农村生活污水运维建设工作被评为省级优秀。

【老旧小区改造】 推进老旧小区改造，截至2022年底，公安经济适用房、南明新改造项目已完成竣工验收，文昌弄周边已完工，怡景花苑改造项目完成工程量的50%，共计完成项目投资4500万元。

【设施维护管养】 2022年，修复人行道558平方米、侧石110米、平石100米。沥青零星修补400平方米，砼路面修复285平方米，更换各类井盖65个。投诉件反应点位疏通及老小区雨、污疏通1250井2万多米。雨水篦清淤144座，共计1800米。设施维护完好率在99%以上，数字城管案卷结案率100%，及时结案率100%。维护社区桥梁18座。人行道的盲道改造及修复148平方米。

（区住建局）

“三改一拆”工作

【概　况】 2022年，莲都区拆除各类违法建筑26.51万平方米，完成省、市下达任务的147.27%。根据《莲都区农民占用集体土地违法建住宅处理细则（2022年修订）》，处置历史遗留农民建房14户，罚款、回购金额74.76万元。完成“三改”面积5.8万平方米，其中，旧住宅改造2.8万平方米，旧厂区改造0.64万平方米，城中村拆迁改2.36万平方米，任务完成率分别达到140%、640%、157%。

【违建排摸】 推进违法建筑再排查工作，完善“用数据说话、用数据决策、用数据监管”的工作机制，建立全区违法建筑数据库，实现全区违建“一本账”管理。2022年，排摸出违法建筑10335户、面积140.39万平方米。10月，丽水市“三改一拆”办对全市违建数据质量进行现场核查，莲都区违法建筑排摸真实性达80%以上，居丽水市第三。

【专项行动】 开展高溪工业产业园违法建筑专项整治。排摸出违建企业88户、点位184处、面积1.85万平方米，截至8月底，园区内违建点位均处置到位，其中，涉及安全隐患的违法建筑全部拆除完毕，车棚、遮雨棚等企业生产经营需要的构筑物均按统一规格、统一材质、统一样式进行规范改造并予以保留使用。推进“两路两侧”违法建筑专项整治行动，动态排摸出违法建筑38处、面积20418平方米，全部完成处置。

综合行政执法

【概　况】 2022年，丽水市综合行政执法局莲都分局推进“大综合一体化”行政执法改革，各项执法工作有序开展。2022年12月，莲都区“大综合一体化”行政执法改革指数从全省第89位提升至第33位，“效能指数”从全省末位提升至全省第41位，两项指数综合考评居全省第30位。推进高溪工业园整治，针对工业园区乱搭建行为，通过调研会商、协同配合、分类处置，出台整治方案，做好企业思想工作，推进整改，提升园区综合环境。做好富余砂石接管和处置工作，完善市本级项目工程采矿接管办法，处置市区涉砂项目23个，收取国有资源有偿使用费2664万元，同比增加1173万元，创近年新高。加大案件查处力度，2022年，立案查处行政处罚案件215起，其中，重大案件40起，共处罚款167.03万元。

【执法改革】 完善体制机制，设立行政执法改革指导办公室，出台《莲都区推进“大综合一体化”行政执法改革实施方案》《莲都区“大综合一体化”行政执法改革2022年重点任务清单》等，明确改革的路径、时限、方法。完成综合执法事项划转，承接综合执法事项1461项，占莲都区总执法事项31.98%，覆盖62.5%以上的执法领域，基本形成“1+3”全覆盖的执法事项管理体系。精简执法队伍，撤销民政、林业、劳动监察、水利监察、建设稽查5支执法队，形成“综合执法+市场监管、环境保护、交通运输、文化市场、农业农村、应急管理、卫生健康”的“1+7”行政执法体系。下沉执法重心，结合乡镇发展水平和差异化实际，确定城区五街道及南明山街道、碧湖镇、大港头镇采用赋权，雅溪镇、老竹镇、太平乡、黄村乡采用派驻，仙渡乡、

9月30日，莲都区街道综合行政执法队集中授牌仪式举行（丽水市综合行政执法局莲都分局　提供）

丽新乡、峰源乡采用辐射方式推进乡镇“一支队伍管执法”。下放赋权执法事项，碧湖镇、大港头镇274项，城区五街道660项，南明山街道663　项。强化执法协同，印发《莲都区综合行政执法协作配合工作机制（试行）》《莲都区综合行政执法协调指挥体系建设方案》，构建资源共享、信息互通、协作通畅的工作格局。成立莲都区“大综合一体化”改革“共享法庭”，进一步推进行政审判和行政执法的有效衔接。实施执法监管统筹，认领省定“监管一件事”主题61个，制订出台《莲都区“综合查一次”联合执法机制实施方案》，开展“综合查一次”场景检查91次，检查对象584家，优化制定《莲都区“综合查一次”场景清单（2022）》，编制区级“综合查一次”场景清单51个。

【秸秆禁烧管理】　落实属地责任，强化网格巡查，加强重点区域管控，构建“住村干部及村干部包村、网格员包片”的禁烧责任体系，以行政村为基本单元，安排合理数量网格员负责禁烧巡查，牵头制定《2022年度莲都区乡镇（街道）秸秆禁烧工作举证扣分考核细则》，建立健全村级责任网格巡察制度。加大督查巡查，完善监督机制，制订《莲都区2022年秸秆禁烧督查工作方案》，组建综合执法、生态环境、农业农村三个区级巡察组，利用无人机、“蓝天卫士”等科技手段，深入各乡镇（街道）对秸秆焚烧发生情况、禁烧宣传情况、网格员巡查情况等进行巡查督导，全年开展巡查督导58轮，发布督查通报6则。加大执法力度，坚持“教育为先、教罚并重”的工作思路，根据《中华人民共和国大气污染防治法》等法律法规对秸秆焚烧行为进行依法处置，全年立案调查秸秆焚烧类案件196起，比2021年增长194%，结案179起，处罚金额11.23万元，秸秆焚烧事件数比2021年下降33.6%。

【砂石管理】　加大问题点位整改力度，高度重视被纳入丽水市重大生态环保督察问题“七张问题”清单的24个问题点位，逐一制定销号方案，加大督查力度，全部完成整改销号。开展碧湖新城砂石专项整治，对碧湖新城范围内砂石加工、销售点、堆放点进行全面摸排，制订出台《碧湖新城砂石资源整治工作方案》，按照“规范一批、整改一批、关停一批”要求进行分类整治，摸排出的12个点位全部整改到位。接管富余砂石，通过协议出让或拍卖的方式，收取资源费2664万元。

【市容管理】　根据镇区、景区特点，划分网格，压实责任，2022年，出动执法人员7200余人次，整治跨门经营3250起、流动摊贩4100余起，劝离违停车辆1850辆次。按照市容整治要求，采取“一个假期一个方案”，在重要团队考察和元旦、春节、清明等假期期间，制订工作方案，确保考察及假期期间市容环境的整洁有序。

【依法行政】　落实行政执法公示、执法全过程记录、重大行政执法决定法制审核等制度，加强案件“菜单式”法制审查，印发《丽水市综合行政执法局莲都分局行政处罚程序暂行规定》。全面应用“互联网＋监管”掌上执法、丽水“智管通”、浙江省综合行政执法统一办案等数字化执法平台，在线办案210起，执法监管事项100%上平台，实现处罚办案全程网办、自动留痕。

（赵峰娟）

生态环境保护

【概　况】 2022年，莲都区生态环境状况级别为优，市控以上地表水监测断面、县级以上集中式饮用水水源地水质达标率为100%，跨行政区域河流交接断面水质达标率为100%，考核结果为优秀，15个地表水监测断面中，处于Ⅰ~Ⅲ类水质的有14个，县控断面环城河口为Ⅴ类，出境断面1个即风化断面水质达到Ⅱ类。市区环境空气质量综合指数为2.55，在全国168个重点城市中排名第七，连续八年保持全国前十，在全省排名第二，空气环境优良率（AQI）为96.7%，全省排名第二，PM2.5平均浓度为19微克/立方米，同比下降9.5%，全省排名第二，PM10平均浓度为35微克/立方米，同比下降12.5%，降尘量为3.1吨/平方千米·月。莲都区生态环境公众满意度总分达到90.71分，在全省90个县（市、区）中排名第七。2022年莲都区化学需氧量、氨氮、氮氧化物、挥发性有机物减排量分别为150吨、22吨、0.88吨、13吨，完成气减排项目1个（瓯宝安防科技股份有限公司VOCs源头替代项目），完成水减排项目1个（腊口污水处理厂项目）。

6月30日，丽水市生态环局莲都分局联合丽水电视台少儿频道《欢乐天地》栏目组带领53名小记者代表参观光大固废处置场（丽水市生态环境局莲都分局 提供）

【碳中和工作】 开展低零碳试点创建，大港头镇利山村、碧湖镇大陈村等6个村入选省第一、二批低零碳村（社区）试点。开展碳排放数据调查，完成2021年度莲都区温室气体清单编制。开展碳汇交易探索，实现丽水市第十一届人才科技周大型活动碳中和。

【碧水保卫行动】 2022年，莲都区推动“污水零直排区”建设，完成公安经济适用房、紧电小区、南明新村3个生活小区以及白云街道“污水零直排区”创建，开展工业园区“污水零直排区”建设情况“回头看”。开展“‘五水共治’找短板寻盲区查漏洞挖死角”专项行动，发现问题561个，完成整改验收销号561个。加强农村污水治理，制订《莲都区农村小微水体水质维护方案（2022—2025年）》并推动实施，完成农村生活污水处理设施建设改造项目竣工26个，农村生活污水治理行政村覆盖率达87.95%。完成县级以上饮用水水源保护区勘界工作，编制完成黄村水库生态缓冲带划定与修复方案。开展美丽河湖创建，创成小安溪和仙渡溪2条省级美丽河道，完成河湖生态缓冲带修复4.1千米。

【蓝天保卫行动】 2022年，莲都区深化工业企业大气污染综合治理，制订《莲都区重点行业挥发性有机物深化治理方案》。推进VOCs深度治理，完成4家企业VOCs源头替代并实施奖补激

9月29日,2022年丽水市饮用水水源地突发环境事件应急演练在玉溪水库开展

(丽水市生态环境局莲都分局 提供)

励政策。强化移动源污染监管,完成非道机械上牌数量92台、非道机械尾气抽测103台,开展柴油车路检抽测21辆次、入户抽测19辆次、加油站油气回收检查5家次。合力管控辖区内秸秆焚烧,立案调查192起,罚款金额10.01万元,利用莲都区"蓝天卫士"秸秆焚烧智能预警探测系统累计劝导并处置秸秆焚烧行为7667起,处置率达85.1%,秸秆综合利用率达96.64%。

【清废净土行动】 2022年,莲都区开展土壤污染详查与土壤污染治理修复,完成16个地块的土壤污染调查变更地块的评审,重点建设用地安全利用率达100%。强化农村畜禽粪污资源化利用,全年存栏200以上规模养殖场粪污处理设施装备配套率达100%,畜禽粪污资源化利用和无害化处理率99.95%。推进化肥农药减量,完成废旧农膜回收利用率达90.8%。深化全域"无废城市"建设,创成第一批"无废城市细胞"7个,浙江省固体废物监管信息系统注册使用量达494家。在全省首创推行为社会源危废管理工作量身定做的"危管家"小程序,并通过"浙里办"上线,该数字化应用场景入选浙江省"无废城市"数字化改革场景第二批试点。全区有300余家产废单位(点)完成注册使用,完成线上转移危废344.5吨,登记危废427吨。

【生态环保督察整改】 2022年,第二轮中央生态环境保护督察反馈意见中共性问题整改已完成6项,2021年省委生态环境保护督察信访件已完成3件验收并公示,2022年省委生态环境保护专项督察交办的6件信访件均已办结。主动上报重大生态环保督察问题清单并被省、市、区三级采纳共30个,完成"七张问题清单"重大生态环保督察问题整改销号19个,其中,《宣平溪口省控断面水质提升工作整改典型案例》和《莲都区临时核酸检测点存在医疗废物收集转运能力不足等问题整改典型案例》分别被市级示范榜案例和省级分清单示范榜案例采纳进行晾晒。

【环境监察】 2022年,丽水市生态环境局莲都分局开展"绿剑""除险保安"等生态环保专项执法行动,全年立案并处罚环境违法行为14起,处罚金额68.516万元。推进污染问题发现机制的实施,接到群众有奖举报1例并兑现。落实生态环境监督执法正面清单制度,办理轻微违法不予处罚案件5件,通过建成的"环保智管服"平台完成247家工业企业赋码工作,实现企业分级分类管控。通过无人机巡查检查,查处1起丽水某畜禽养殖企业因采用逃避监管方式排放污染物的环境违法案件,处罚金额15万元。办理生态环境损害赔偿案件5起。

【环评审批】 2022年,丽水市生态环境局莲都分局深化环评审批改革,推进"区域环评+环境标准"改革和畜禽养殖审批承诺制改革,完成建设项目环境影响评价报告书(表)42件、"区域环评+环境标准"改革建设项目环境影响登记表13件、建设项目环境影响登记表备案140件。推进"多评合一"试点、"浙里环评"应用,完成"多评合一"审批项目3个,实现"浙里环评"系统内全项目准入研判。

【环境资源配置】 2022年,莲都区四项基本污染物排污权指标氨氮余量5.108吨、化学需氧量余量364.297吨、二氧化硫余量583.739吨、氮氧化物余量167.691吨。2022年共使用VOCs总量6.86吨，均控制在现有VOCs总量控制指标量范围内。强化排污许可管理，开展“十四五”期间企业的初始排污权核定分配工作，完成初始排污权核定公示29家、排污许可证网上登记85家、新核发排污许可证14家。开展排污权有偿使用和交易工作，2022年，共完成17家企业网上电子竞价交易，交易额达286.1029万元。推进“双百方案”工作，开展交叉检查，排查重点领域无证排污企业，督促25家企业完成整改。

【环境宣教】 2022年，市生态环境局莲都分局组织开展“5·22”国际生物多样性日、“6·5”世界环境日、“6·30”浙江生态日、“7·29”丽水生态文明日等系列环保主题宣教活动，承办丽水市首届生态环保系统知识竞赛。开展生物多样性保护科普宣传教育“进学校”活动和九龙湿地现场实地教学，普及野生动物保护、鸟类生物多样性等生物学和生态学知识。开展“绿色家庭”创建行动，推荐市级绿色家庭24户，区级绿色家庭50户。

【生物多样性保护】 2022年，发布实施《莲都区重要水系生态修复和生物多样性保护行动方案（2022—2025年）》和《浙江丽水九龙国家湿地公园总体规划》。组织开展莲都峰源自然保护区葑垟湖（蛙类）高山湿地的野生动物调查和保护修复工作，开展蓝喉蜂虎保护专项执法行动。探索利用莲都特色生物资源，举办浙江丽水九龙国家湿地公园赏萤季活动。承办丽水市第三届鸟类观察邀请赛，东西岩风景区申报创建第十二批省级生态文明教育基地。

（张嘉雯）

环境卫生管理

【概 况】 2022年，丽水市莲都区环境卫生服务中心（以下简称区环卫中心）发扬“宁愿一人脏、换来万家洁”的环卫精神，推进垃圾分类、项目建设、无废城市、文明典范城市创建等工作，为诗画浙江大花园最美核心区建设提供环卫支撑。

生活垃圾日产日清、平稳有序。2022年，全区49座垃圾中转站共清运垃圾1.7万车次、14余万吨；抢修、维护车辆设备1200余次；丽水市务岭根垃圾填埋场巩固原生垃圾“零填埋”，全年处置装修垃圾11.7万吨，资源化利用率达75.67%；填埋处置飞灰1.49万吨、污水6.4万立方米、粪便719.4吨，焚烧处置114093吨（莲都区、开发区），处置餐厨垃圾1.9万吨（莲都区、开发区及碧湖大港头）。全年处置生活垃圾20.137万吨，累计垃圾减量0.18%，生活垃圾无害化处置率达100%，在26县发展实绩考核工作中，城市生活垃圾无害化处理率指标考核得分排在首位。

【智慧环卫项目试运行】 丽水市首个环卫信息化项目“智慧环卫”（一期）完工，项目一期总投资620万元，主要完成监控中心平台、智慧公厕、城区垃圾中转站、垃圾分类全过程监管、保洁巡查监管等设施改造建设，于2022年1月开始试运行，实现环

6月15日，雾炮机助力空气质量“保十”攻坚战（区环卫中心 提供）

7月12日，中小学生垃圾分类暑期社会实践活动开展（蓝岳青　提供）

卫项目远程监控、数据分析、实时监管全链条“一网通管”，推进环卫数字化改革，形成以数据检验环境保洁成效的机制，助力打造“掌上办公之区”。

【垃圾中转清运和终端处置市场化】　区政府常务会议决定，莲都区垃圾中转清运及终端处置市场化项目由区环卫中心通过直接委托的方式交由区旅投公司运营，从设施管理运维、作业规范执行、监管落实等方面科学制定考核内容，督促企业发挥国企的优势，进一步提升作业和管理水平，实现人员、设施平稳过渡，打造“管运分离”的环卫样本。

【垃圾分类基本全覆盖】　在全市率先基本建成分类投放、分类收集、分类清运、分类处置体系，2022年，印发《莲都区生活垃圾治理全面决胜攻坚行动方案》等6项制度。通过系列宣传互动，吸引近60万人次参与垃圾分类宣传活动，累计举办活动1450场次，发放宣传册、倡议书等近60万份。利用“丽水考垃”在线学习平台，将线上学习与线下活动开展有机结合，在宣教中心开设兑换超市，设置每周三“集中兑换日”，以物质激励促进分类参与动力。各中小学、幼儿园开展生活垃圾分类宣传教育活动，覆盖率、知晓率达100%，垃圾分类体验式教室的宣传阵地作用发挥充分。市区70%以上小区建成垃圾分类集中收集点，创成7个省级高标准小区和1个示范片区，实现城区生活垃圾分类覆盖率、资源化利用率、无害化处理率3个100%，均为全市第一。莲都区垃圾分类工作连续5年获全省垃圾分类工作优胜，2022年获得省级专项奖补资金520万元。

【精细化保洁】　开展城区道路、公厕精细化保洁，开展果壳箱、保洁车等环卫设施擦拭、冲洗及消杀行动，重点完成国家卫生城市省级综合评估迎检、“6·20”梅雨季泄洪后支援大港头镇路面清淤、全国文明城市省级复审等工作。根据市、区关于空气质量“保十”攻坚工作安排，14辆洒水车全天候实施“洒水、降尘、道路冲洗”一体的立体化降尘作业模式，提高洒水作业频次，助力空气质量“保十”攻坚战。助力全国文明典范城市建设，提升道路、公厕精细化保洁水平，完成国家卫生城市省级综合评估迎检工作，被授予丽水市高水平巩固国家卫生城市市级集体三等功。

【城市环卫基础设施更新行动】　助力莲都区“十四五”城市更新行动，谋划莲都区环卫基础设施项目建设五年清单；启动碧湖新城环境卫生专项规划编制工作，谋划碧湖新城公厕、中转站、环卫基地等环卫设施的规范布点，完成碧湖新城环卫市场化保洁情况调研，开展碧湖镇垃圾中转站项目前期。对标上级要求、行业规范、实际发展需要及相关工作要求，谋划研究2023年实施类及前期类政府投资项目，总投资额达2亿元以上。推进环卫设施建设，实施城市“微改造”，完成11座城区公厕改造提升任务，

2021年市区垃圾中转站改造项目竣工验收；务岭根垃圾填埋场浓缩液处理项目于2022年10月正式开工建设；岩泉垃圾中转站新建项目完成初步设计批复、用地规划许可办理和施工招标；牵头实施的大港头、联城、太平垃圾中转站项目完成项目工程量的80%，提升了环境卫生设施建设水平。

（陈婷）

征收工作

【概　况】 2022年，莲都区土地和房屋征收工作指导中心政策处理任务共215个，其中，实施类项目176个，预备类项目39个。全年完成政策处理项目102个，清场交地252.8余公顷，签约被征收户1011户。

【市级政策处理攻坚项目】 2022年完成丽水市政策处理攻坚项目56个，城市风廊及配套设施（鲜花公园及地下工程）一期工程、花街成片开发、丽水市医疗急救血液管理中心项目、中国石化浙江丽水莲都油库东北侧地块、丽水白云国家森林公园公建项目、好溪路二期（望城路—市场1号路）、寿元路（市场1号路—好溪路）、香樟公园、东港路与望城岭路交叉口东北侧地块、武警丽水支队机动中队南侧地块、丽水市大溪治理工程（3标）、大溪南路（小水门大桥—枇杷圩路）、丽水市江滨商务中心地块西北侧（与新建村之间）规划支路、“大搬快聚”凤鸣安置小区、联城路与太平路交叉口西北侧地块、联武路（河堤路—联东路）、水东农垦场区块成片开发、联城路与太平路交叉口东北侧地块、城西菜场区块、太平路（河堤路—平东路）、丽水市消防救援支队战勤保障站暨联城消防站、寿元路与望城路道路工程、括苍路与灯塔街东南侧地块、衢丽铁路临时用地、城市风廊及配套设施（东地路南延伸段）、银河路（建材城东侧围墙—市场1号路东侧道路1）、江滨消防站、花园路中段东侧支路（花园精品酒店东侧道路）、榆林工贸公司区块西北侧（丽水中学东侧）、城市风廊及配套设施（科技公园）、灵山未来社区学校、市场1号路东侧道路、330国道塔腊公路改建项目（莲都段）临时用地、水东白门滩地块、卢镗街改造（大洋路—紫金路）、城西小学西侧储备土地前期开发项目、丽水市防灾减灾生态调水工程（丽水市城区排水防涝工程）、大洋路与丽阳街交叉西南侧出让地块、大修厂南侧支路、丽水学院运动场生产用房补偿尾留问题、丽阳街与中山街交叉西南侧（原丽水饭店）、括苍路以西万象山脚区块城中村改造项目（万象区块）、丽水市委党校二期工程、河湾路（城北街—徐宅路）、莲都区培智学校新建工程、常宅路（河堤路—平东路）、护士学校西侧道路、和平路（丽阳街—寿元路）、括苍路改造（灯塔街—解放街）、琵琶岛南岸地块、下水南江南公寓外土地收储项目、经三路（绕城西路—纬五路）、城东区块规划支一路、雅坑溪北侧储备土地前期开发项目、原羽绒厂危旧房征收项目、浙西南粮食物资保障中心。

【区级政策处理攻坚项目】 2022年完成区级政策处理攻坚项目46个，岩泉垃圾中转站新建项目、碧湖镇2021（184）号地块（白口双创中心）、碧湖镇2021（183）号地块（纳爱斯生态研究及产业链项目）、莲都区市区供水管网延伸工程——老竹丽新线、白前村城中村改造储备土地前期开发项目、碧湖镇采桑路东边出让地块&碧湖中心镇三期道路网项目、石郎线改造提升工程项目、碧湖平原水系综合治理工程（一期）、潘百村萤石选矿生产线建设项目、丽新乡2021（31）号地块（交投丽新矿业基地）、双黄卫生院迁建项目、雅溪镇骨灰堂项目、太平乡1号节地生态安葬点、丽水工业园区南山区块九龙大桥东侧地块、2019（13）号地块青林村城中村改造前期开发项目、好溪路延伸段（市场1号路—灵山大桥引桥）、浙西南（革命老区）学前教育示范中心项目、莲都区桃碧线改造提升工程（S222连接线段）、下林垃圾中转站、港口村窑弄口周边出让地块（一期）、碧湖镇组团道路网工程（一期）、碧湖新城邻里中心项目、丽龙高速公路南山互通至丽新公路连接线工程项目、丽水工业园区企业服务中心大厦、三峰出让地块一期、碧湖西生活区块道路网工程(二期)环北路延伸段道路工程(府西路—50省道)、石郎线南侧地块/石郎线与黄碧线路口东南侧地块、大港头镇河边茶叶市场项目、大港头垃圾中转站、大港头镇节地生态安葬点、宣平溪流域治理(老竹段)、学圃新村小宗地项目、沙溪民俗一条街项目、赤坑至新陶联网公路新建工程、榴溪至赤坑道路拓宽改建工程、大坑至浅田道路拓宽提升工程、峰源乡1号节地生态安葬点、峰源乡2号节地生态安葬点、莲都区太平乡2021(11)号地块太平村垃圾中转站(资源化利用站房)、丽新乡节地生态安葬点、衢丽铁路咸宜安置地项目、黄村乡节地生态安葬点、衢丽铁路(莲都段)、莲都区大港头镇2022(12)号地块(基督教堂迁建工程)项目、碧湖平原水系综合治理工程(一期)、太平乡2022(1)号地块1号~3号桥梁工程。

【安置工作】 2022年,召开安置房抽签大会23场次,进行云秀园、祥和苑、城南花苑、水东嘉苑、金周佳苑、逸景嘉苑、武村欣苑以及武村迁建点、金周迁建点、大港头坪地村的安置工作,完成抽签分配2086套,安置面积205972万平方米;组织地基安置3场,落实96大户,地基276.5间;组织特殊群体安置6批次,安置25户,安置面积3065.76平方米。出具安置审查会议纪要103期;开具各配建房安置小区不动产发票结算45套;无房户及住房困难户、"大搬快聚"、碧湖新城等协查14100多户。

【数字化改革】 区征收指导中心打造全市首创的"九云征收"多跨场景应用,推动征收领域治理能力现代化,成为莲都区政府数字化改革的重要成效之一。通过完善数据协同模式,落实多方共享机制,明确已有数据通过程序接口连接市数据共享平台和"九云征收"平台,实现数据共通共享。扩大应用辐射范围,助力征收一线工作推进,"九云征收"应用向丽水经济开发区定制化推广应用,助推碧湖新城征收工作,实现数字化改革成果共享。截至2022年底,纳入"九云征收"应用管理征收项目37个,正式签约1525户,签约面积40.69万平方米,自动计算补偿资金30.43亿元。

(尹问萱)

卫生健康与医疗保障

综　述

【概　况】 2022年，莲都区有医疗卫生机构152家，其中，县级公立综合医院1家（莲都区人民医院，二级乙等）、乡镇卫生院17家、社区卫生服务中心5家、社区卫生服务站1家、村卫生室99家、卫生所4家、民营医院2家、个体诊所20家、检验所1家、护理院2家。全区注册乡村医生94人。全区常住人口56.54万人，千人床位数11.18张、千人卫技人员数19.03人、千人执业（助理）医师数5.99人、千人护士数7.85人，核定住院床位562张，其中，莲都区人民医院200张、丽水南山法朝骨伤医院99张、莲都南山法敏骨伤医院99张、乡镇卫生院134张、社区卫生服务中心30张。

【实践成果】 “莲宿码”被浙江省发展改革委纳入第十批数字社会案例集。“丽水市莲都区上线‘健康民宿监管’应用 提升民宿行业卫生管理水平”被中共浙江省委全面深化改革委员会办公室纳入数字化改革工作动态推广。莲都区连续三年获健康浙江考核优秀等次，获“2021年丽水市无偿献血工作先进县（市、区）”称号，入选2022年浙江省老年健康服务专项行动全市唯一试点县（市、区）、全国老年精神心理健康行动项目全市首家试点社区。莲都区卫生健康局被授予丽水市高水平巩固国家卫生城市工作集体二等功，在2021年“优质服务基层行”活动中表现突出被通报表扬。

医政管理

【基层医疗机构服务能力】 实施丽水市国家公立医院改革与高质量发展示范项目，强化基层医疗机构信息化助力“最多跑一次”，莲都区22家基层医疗机构完成检查检验系统改造，接入市级平台完成对码工作，实现共享互认。开展基层片区医疗中心建设，以丽水市“医共体（医联体）牵头医院＋30家片区医疗中心＋智慧流动医院＋综合应急联动急救”的医疗服务模式为主线，提升基层医疗卫生服务能力和医疗技术水平。培育老竹畲族镇、雅溪镇、大港头镇中心卫生院3家市级片区医疗中心，投入山海协作帮扶及配套财政资金超193万元，建成院前急救站点3家并已正式投入运营使用，确保院前急救建设24小时规范运行。开展“优质服务基层行”活动，提高基层门急诊和住院服务能力，其中，大港头镇中心卫生院通过“推荐标准单位”现场复核、紫金和岩泉社区卫生服务中心通过基本标准创建。

【行政审批】 深化“互联网＋政务服务”改革，政务服务实现“一网通办”、民生实事实现“一证通办”。健全完善政府工作部门权力清单，推进行政审批服务标准化，规范行政审批行为，维护办事指南，梳理统一权力平台事项库，完成国家评估指标100%网上办、掌上办、即办。2022年，区卫生健康局新办理完成行政许可共564件，其中，公共场所卫生许可124件，医疗机构许可177件，医师执业许可115件，护士执业许可131件，乡村医生执业注册5件，集中式供水单位卫生许可1件，放射诊疗许可4件，放射防护预评价审查3件，放射诊疗建设项目竣工验收2件，医疗机构使用麻醉药品、第一类精神药品许可2件。所有符合条件行政许可审批业务均根据“最多跑一次”工作要求完成，无超时限审批，窗口满意率保持100%，保持零投诉。优化办件系统，97个政务服务事项均在政务服务2.0平台上线办理，优化办事流程，提高办事效率。

【公立医院改革】 加快实施公立医院改革和高质量发展项目，建设院前急救和三大中心，力争通过“二乙复评”、梳理“二甲标准”，确保医院门急诊均次费用小幅增长，改进医疗质量，提高医疗技术，控制医疗费用不合理增长。2022年，莲都区人民医院医疗门急诊均次费用为183.26元，同比增幅为0.14%；住院均次费用为5941.01元，同比增长4.5%；医疗服务收入占比为26.05%，同比增幅为1.57%；百元医疗收入的医疗支出为168.26元。

【“山海”提升工程】 2022年，莲都区人民医院按照莲都区人民政府与丽水市中心医院开展浙江省医疗卫生“山海”提升工程合作“33428”项目和公立医院改革指标开展各项工作，医管会联席会议审议《莲都区人民政府与丽水市中心医院医疗卫生“山海”提升工程补充协议（征求意见）》，对中心医院“山海”提升工程考核和奖励条款中与省级文件冲突部分进行调整。开展创新特色专科建设，成功申报丽水市医学重点学科（县级龙头学科：老年医学科）。2022年，专家共计下沉2372人次，开展疑难病例会诊637人次，实施新技术、新项目34项，下沉专家开展各类手术118台，提升了医院整体诊疗服务能力。

【城市医联体建设】 9月23日，召开莲都区2022年城市医联体工作推进会，5家牵头医院与22家基层医疗机构签订新一轮的合作协议。5家医联体牵头医院共下派专家下沉2309人次，开展义诊73场，医联体内开展业务培训及指导128期，接收基层进修人员39人。推进“智慧流动医院”建设，实行“医疗设备＋专家团队＋远程医疗＋医保实时结算”服务新模式，打通偏远山区群众看病就医的“最后一公里”。2022年，4辆巡回诊疗车对全区12个乡镇（街道）、141个偏远无卫生室的村（含自然村）开展每月一次的巡回诊疗服务，下派医务人员2215人次，副高以上职称人员下乡171人次，门诊12807人次，开具处方14614张，药品收入93.7万元，服务群众41909人次，下村1562次。

【无偿献血工作】 2022年，完成无偿献血全血总量1346.69升，血小板279.36升，完成全年任务的100.25%。

中医药工作

【中医药事业发展】 开展“全国基层中医药工作先进县”培育工作。2022年，制定《莲都区创建全国基层中医药工作示范县实施方案》《莲都区创建全国基层中医药工作示范县评审目标任务分解表（部门、乡镇街道）》，成立莲都区创建全国基层中医药工作先进县领导小组，将中医药事业发展工程按进度分层落实。提高社区卫生服务中心（乡镇卫生院）基层卫生工作绩效中医药服务考核分占比。

【基层中医药服务】 开展中医馆内涵提升工作，投入46.5万元，在白云街道社区卫生服务中心、雅溪镇中心卫生院、老竹畲族镇中心卫生院率先开展中医馆内涵提升工程。推进“互联网＋中医药”，2022年，通过中医“云药房”开具处方12364张，总金额253.8万元。

卫生人才

【卫生骨干申报】 2022年，莲都区有正高级人才22人，副高级人才92人；成功申报“省医坛新秀”1人、入选第三期（2022年度）丽水市绿谷医坛新秀培养对象3人，其中，医坛新秀3人，护理新秀1人。

【卫生人才培养】 组织职业技能提升行动，培训公共营养师63人、中医健康管理师94人、托幼（育）机构保育员406人。继续医学教育覆盖率100%，获批8项市级继续医学教育项目，项目执行率达100%；制定区级素质提升工程，安排33期培训1950人次。开展病原微生物实验室生物安全技术和管理培训、住院医师规范化培训等40余人次。

基层卫生

【基本公共卫生服务项目】 全区基本公共卫生服务项目得分率达97.2%，累计建立居民电子健康档案40.77万份，建档率88.04%，动态使用率达78.2%。老年人规范健康管理39814人，规范健康管理服务率63.79%，现场评价健康体检表完整率96%。有过1次及以上面对面随访的高血压患者35218人，其中，规范管理31758人，规范管理率达90.18%，血压控制率为86.13%；有过1次及以上面对面随访的糖尿病患者11831人，其中，规范管理10197人，规范管理率达86.19%，血糖控制率为59.84%。含麻疫苗和脊灰疫苗接种率达95%以上。幼托机构和小学入托入学新生查验率达100%。

【家庭医生签约】 2022年，组建家庭医生签约团队113个，在签居民20.6万人，签约率44.66%，重点人群签约覆盖率85.85%。

疾病控制

【疾病监测与报告】 2022年，报告突发公共卫生事件0起；报告突发公共卫生事件相关事件4起，分别为新冠聚集性疫情1起、诺如疫情3起（“3·9”碧湖中学诺如疫情、“5·7”丽水市实验小学诺如疫情、“5·12”花园中学诺如疫情），均得到及时处置。

【健康教育】 培训健康生活指导师234名，覆盖全区14个乡镇（街道）31个社区和208个行政村。

卫生应急

【传染病监测评估】 2022年，按照监测方案对新冠病毒感染、肠道传染病、禽流感、狂犬病、艾滋病等重点传染病开展监测分析评估。定时开展突发事件公共卫生事件专题分析和风险评估，有效保障公众健康，确保莲都区社会经济稳定发展。

【卫生应急工作】 建立卫生应急指挥平台，接入丽水市卫生应急指挥系统。在莲都区疾病预防控制中心和14个建制乡镇卫生院安装视联网视频会议系统，构建卫生应急预案体系，组织全区46名卫生应急队员开展学校传染病防控等应急培训及登革热应急处置演练。

卫生监督

【“双随机”执法】 2022年，抽取省级“双随机”任务172家，完成数172家，总完成率94.8%，移动执法终端录入率100%，网上公示率100%，行政处罚62家（一般程序28家、简易程序34家），行政处罚率36.00%，罚款总金额17750元，网上公示率100%。

【医疗卫生执法】 2022年，卫生监督件行政处罚案件立案131起，结案131起，罚没款金额1061965.48元，其中，一般程序案件53起、结案53起，简易案件78起、结案78起，无复议，无诉讼。卫生计生监督协管机构覆盖率、协管信息报告率100%。

妇幼保健

【妇幼健康服务体系建设】 2022年，全区备案3岁以下婴幼儿照护服务机构6家，幼儿园延伸办托班机构44家。截至2022年底，每千人托位数达3.71个。

【妇幼健康重点指标】 国家免费孕前优生健康检查人群覆盖率达80.51%，婚检率60.94%。宫颈癌筛查7675人，筛查率76%，乳腺癌筛查7671人，筛查率76.06%。孕产妇死亡0人，5岁以下儿童死亡率5.05‰，婴儿死亡率2.85‰。孕产妇系统管理率95.91%，0~2岁儿童系统管理率95.83%，0~6岁儿童保健覆盖率95.53%。联城街道社区卫生服务中心建成“医防护”儿童健康管理中心，为丽水首批市级“医防护”儿童健康管理中心。

爱国卫生

【卫生创建】 2022年，实现省级卫生乡镇全覆盖，创成国家卫生乡镇4个，其中，老竹镇、仙渡乡完成省级国家卫生乡镇量化抽查工作；新创成省级卫生村26个，累计创成省级卫生村161个。

开展健康乡镇健康村建设，大港头镇和老竹镇通过省级评估，利山村等7个村通过省级健康村评估；新增健康乡镇建设3个、健康村建设69个，均已通过市级评估。

【改水改厕】 2022年，做好16个省监测点在枯水期、丰水期的水质监测工作，共监测水样62份，合格率100%。全年农村监测水样803份，合格731份，合格率为91.03%。农村卫生厕所普及率达99.51%。城区五街道病媒生物密度控制水平达到国家C级标准，新建2个除四害村，截至2022年底，莲都区建成4个除四害村（黄村乡黄泥墩村、仙渡乡葛畈村、联城街道港口村、坑口村）。

【健康教育】 推进健康细胞建设，截至2022年底，创成健康促进学校29家、健康促进医疗单位29家、健康社区（村）98个、健康促进机关73家、健康家庭4505户，无烟党政机关73家。举办第二届健康莲都行动健康家庭大奖赛，选送的章建兵家庭在市级比赛中获冠军。164个农村文化礼堂开展健康素养进文化礼堂活动，覆盖率达100%。全区健康素养水平得到有效提升，达到43.53%。

人口家庭发展

【政府民生实事项目】 完成60岁以上老人免费接种23价肺炎疫苗5005人次；完成重点人群结直肠癌筛查项目，风险评估问卷11411人，筛查11305人，结肠镜检查517人；完成65~74周岁人群慢阻肺免费筛查问卷调查2870份，肺功能检查918例；完成70周岁以上老年人免费接种流感疫苗项目，自愿免费接种15005人次；完成新增2个乡镇（街道）建有托育机构（大港头镇和老竹镇），新增托位391个，其中，普惠托位273个；新增公共场所母婴设施2家（水东卫生院和老竹畲族镇中心卫生院），为四星级母婴室。

【基建项目及招商引资】 推进由灵康集团投资50亿元的“灵康·杏福康旅”项目建设，2022年度完成投资5.7亿元。持续拉动总投资3.76亿元的莲都区应急医疗救治设施提升工程建设，子项目莲都区疾病预防控制中心项目、岩泉街道社区卫生服务中心扩建项目结顶；联城街道社区卫生服务中心迁建项目开工，老竹畲族镇中心卫生院拆改建项目、丽新畲族乡卫生院拆改建项目完成竣工验收，雅溪镇西溪卫生院迁建项目完工，峰源乡卫生院迁建项目进入框架施工阶段，年度完成投资9000万元。启动建设总投资8.5亿元的丽水国际医学中心（树兰医院）和总投资3.03亿元的莲都公共卫生设施建设提升工程，岩泉街道双黄卫生院迁建项目进入施工前准备阶段，基层医疗机构修缮项目开工，市区健康驿站（健康和疾病预防研究观察站）建设项目完工并投入使用，年度完成投资8100万元。推动总投资2.83亿元的莲都区人民医院改（扩）建和大港头镇中心卫生院迁建PPP项目建设，莲都区人民医院项目医疗综合楼、宿舍楼、感染楼均进入内部装修阶段，大港头镇中心卫生院项目完工交付使用，全年

6月5日，莲都区第二届健康家庭大奖赛举行。图为健康技能比拼（刷牙）

（张昆　提供）

完成投资3500万元。

计生协会

【概　况】 2022年，全区计生报表出生上报2290人，同比减少627人，同比减幅21.49%，其中，一孩1142人、二孩999人、三孩140人，多孩9人，2022年出生率5.89‰。全员人口信息覆盖率/准确率达90%以上。办理生育登记1890件。发放计划生育公益金40.764万元，惠及542人；发放奖扶金593.568万元，惠及6183人；发放特扶金333.6万元，惠及386人（含2名并发症对象），特殊家庭“三项制度”落实率100%。生育登记、出具出生医学证明等事项实现“全域一证通办”，生育登记实现“零次跑”。公共场所母婴设施配置率达100%、二级以上医疗机构母婴设施配置率达100%、全区三星级以上母婴设施配置率达100%。

【计生特殊家庭帮扶】 推进“生育关怀——爱心助学”行动，资助初升高的计划生育家庭贫困学生18人，每个学生每学年发放1000元，直至高中毕业。开展“康乃馨”暖心行动，依托市老年活动中心，主要面向城区五个街道的计生特殊家庭（失独家庭）成员开展一系列形式多样的关爱帮扶活动。出资75200元，为376名计划生育特殊家庭成员参保莲都区计生协关爱计生特殊家庭人员保险。开展计划生育特殊家庭“2022冬季温暖行”活动，为254户计生特殊家庭送上大米、食用油等慰问品。

（张昆）

医疗保障

【概　况】 2022年，莲都区医疗保障局建设多层次医疗保障体系，深化医疗保障制度改革，强化医保基金监管，优化医保经办服务，提升参保群众的获得感、幸福感、安全感。2022年莲都区城乡居民基本医疗保险筹集标准为每人每年1570元，其中，个人缴纳480元，政府补助1090元。2022年，莲都区户籍人口基本医疗保险参保率99.76%，全民健康补充医疗保险“浙里惠民保”参保率91.21%，资助困难群众参保和医疗救助政策实现“两个100%”，全区医保电子凭证医药机构接入率100%。

10月25日，莲都区城市医联体党建联建机制建设部署会暨签约仪式举行

（金晶　提供）

【基本医疗保险】 2022年，莲都区户籍人口基本医疗保险参保人数42.57万人，参保率达99.76%，排名全市第二，完成99%的省级考核目标；“浙里惠民保”参保人数达到31.6万人，参保率91.21%，创下历史新高，完成90%以上市级目标任务。

【全民健康补充医疗保险“浙里惠民保”】 2022年，全民健康补充医疗保险“浙里惠民保”获得2022年度最受欢迎惠民保等荣誉。2022年8—9月，“浙里惠民保”综合应用场景在全省数字化会议、全省建设共同富裕示范区推进会上两次受到时任浙江省委书记袁家军点名表扬并要求加快在全省推广。9月23日，省委深改委会议专题研究《关于深化浙江省惠民型商业补充医疗保险改革的指导意见》，标志着“浙里惠民保”工作在浙江省正式推广。

12月19日，莲都区全面启动新冠病毒疫苗第二剂次加强免疫接种，吸入式新冠疫苗同步开放（张昆　提供）

【医疗救助扶贫工作】 2022年，城乡居民医疗保险费困难群众免征缴，莲都区医疗救助对象共计8845人，其中，低保6192人，低边2419人，特困234人。低保、低边、特困对象参保率100%，合计资助424.56万元，实现困难群众资助参保100%；落实困难群众结对帮扶工作，结对季岭根村低收入农户14户，“百、千、万”医保帮扶，干部结对困难人员38人。

【医保基金监管】 2022年，莲都区定点医药机构46家，其中，公立医疗机构19家，民营医院3家，诊所3家，卫生室2家，定点零售药店19家。全年定点医药机构自查自纠4次，退回违规资金8.4万元，在交叉检查工作中3家医疗机构共交回违规款项6.57万元，卫生院、药店及诊所共计退回违规资金17.16万元，查处案件2起，追回医保基金5.6万元。

【基金市级统筹工作和支付方式改革】 推进基本医保基金市级统筹，落实统一的基本医保政策，参保登记、待遇结算、基金监管做到有序衔接，出台《莲都区医疗救助补充办法》，把特困、低保、低边之外的其他原有救助群体纳入救助服务，稳妥做好医疗救助政策的过渡调整，确保困难人员总体待遇不降低。贯彻落实医保基金的总额预算管理及住院按DRGs（诊断相关分组）点数法付费，截至2022年底，完成2021年度DRGs点数法付费和门诊按人头付费清算工作，DRGs住院合计奖励金额301.30万元，门诊按人头付费扣减金额372.86万元。

（蓝伟宗）

社会生活

民政工作

【概　况】 2022年，莲都区民政局对标“六大改革”“十大行动”专项部署，以共建共治共享为导向，夯实队伍力量，优化基层治理，完善“一老一小”服务体系，推动现代社区建设取得阶段性成效。“创新‘村级事务阳光票决制’探索山区基层治理新路径”入选浙江省高质量发展建设共同富裕示范区最佳实践案例，超额完成省民生实事，推进“浙里康养”建设，形成市区同步、项目共建、数据共享、基层共治的市区合一体制，全区民政事业实现高质量发展。

【重大节日走访慰问困难群众】 2022年春节期间，莲都区民政局以特困、低保、优抚、重残、重病等困难对象为重点，与慈善慰问和部门、乡镇（街道）开展的救助行动相结合，开展困难群众慰问和救助工作，保障困难群众祥和过年，安全过冬。慰问儿童福利院、敬老院等单位3家，发放慰问物资价值3.50万元。慰问困难群众559户，累计发放慰问金30.70万元，发放米、油、棉被等慰问品价值12.33万元。

【低保救助】 联合区委组织部对全区低保对象开展“人情保关系保”专项治理行动。2022年，新审批低保对象431户641人，低保边缘对象97户191人，取消低保对象842户1063人，低保边缘对象414户567人。截至2022年底，全区在册最低生活保障对象6519户9342人，最低生活保障边缘对象1913户2696人，累计发放低保金8497.79万元，人均低保补差从2021年12月的687元/人提高到852元/人。

【特困供养】 2022年，新审批特困供养对象60人，因死亡等原因注销特困供养对象37人。截至2022年底，全区共有在册特困供养对象564人，其中，集中供养对象149人，分散供养对象415人，全年发放特困供养金和护理补

10月23日，丽水市莲都区未成年人救助保护中心启用仪式举行（区民政局 提供）

贴1237.52万元。特困供养标准从每人每月1210元提高到每人每月1662元。

【“救急难”临时救助】 2022年，根据《丽水市临时救助实施办法》(丽民〔2021〕30号)文件要求，全区共救助各类困难群众672户，发放救助金237.05万元，发挥了托底线、保基本、救急难的重要作用。

【支宁人员政策】 根据《丽水市民政局关于提高全市支宁返丽人员固定生活补助的通知》(丽民〔2022〕12号)，支宁返丽人员固定生活补助从2021年8月1日起，由每人每月323元提高到346元。截至2022年12月，对54名支宁返丽人员及时按月发放困难生活定期补助，全年共发放补助金23.8672万元。

【“二老”人员定期补助】 根据《关于调整部分优抚对象等人员抚恤和生活补助标准的通知》(浙退役军人厅〔2022〕36号)，从2022年8月1日起，对农村老游击队员和老交通队员生活困难补助月标准调整为760元，全年对16名农村老游击队员和老交通队员发放生活困难补助金26.187万元。

【基层治理】 推行村级事务阳光票决制，开发“云票决”模块并完成试运行，完成阳光票决管理系统升级工作，2022年，完成票决事项594项。完成黄村乡省级实验区验收，村级事务阳光票决制入选浙江省高质量发展建设共同富裕示范区最佳实践，黄村乡入选全国村级议事协商创新实验试点。

【婚姻及收养管理】 2022年，婚姻登记工作稳步推进。办理婚姻登记9410件，同比增长69%，其中，结婚登记 3625对，同比增长8.34%(补办862对，同比增长66.09%)；离婚登记1281对，同比增长3.56%；补发结婚登记证4342件，同比增长809%，补发离婚登记证162件，同比增长12.5%。出具无婚姻登记记录证明3份，同比持平。婚姻家庭辅导工作成效显著，2022年，开展辅导1701件，其中，婚前辅导1290件，婚姻关系辅导19件，家庭关系辅导17件，离婚调适375件，满意率100%。开展法律咨询56人次；通过专业社工及时介入和专业辅导，提升辅导工作的专业性、针对性和有效性，促进更多和谐家庭的建立。为增强新人领证仪式感，提升新人幸福指数，通过招募特邀颁证师、完善颁证流程，营造温馨浪漫的颁证氛围，2022年为2082对新人颁证，颁证仪式受到广大群众一致好评。

2022年，办理收养登记5件，其中，社会福利机构抚养的弃婴(儿童)5件。解除收养登记0件。

【儿童福利】 2022年，莲都区有福利院1家，养育孤弃儿童28名，其中，由市万地儿童福利院代养28名。莲都区在册留守儿童402名，孤困儿童236名，2022年发放生活费357.50万元。推进儿童之家建设，截至2022年底，全区建成儿童之家36个。推进未保中心的实体化运行，2022年，未保中心引进“爱·成长”“莲心·护蕊”等儿童服务品牌项目，新建未保站5家，实现未保站乡镇(街道)全覆盖。

【社会组织管理】 2022年，注册成立登记社会组织8家，变更57家，注销18家，章程核准219家，年检284家。截至12月，全区注册登记的社会组织364家，其中，社会团体184家，民办非企业单位180家。开展2022年度社会组织等级评估工作，评定AAAA级社会组织2家，AAA级社会组织4家,AA级社会组织5家，A级社会组织3家。组织2022年莲都区社会组织公益项目大赛。支持慈善公益类社会组织参与社会服务活动，8家社会组织公益项目获得44万元的省级福彩公益金扶持。

(范伊卉)

革命老区工作

【莲都区老促会第三届理事会第一次会议】 6月9日，莲都区老促会第三届理事会第一次会议召开，会议选举产生会长、常务副会长、副会长、秘书长，通过《莲都区革命老区开发建设促进会章程》，省老促会常务副会长到会祝贺并讲话。

【关心慰问工作】 2022年春节前夕，莲都区老促会开展“三老人员”遗属春节慰问活动，慰问“三老人员”遗属共48人，发放慰问金14.4万元。关心革命老区村生活用水安全，确保老区群众生活用水，协调区水利局等相关部门，做好革命老区村群众的生活用水保障工作，及时解决老区广大人民群众的用水困难。

6月9日，莲都区革命老区开发建设促进会第三届理事会第一次会议召开

（区老促会　提供）

【老区振兴】 2022年，莲都区老促会调研老区发展、助力老区振兴。8月23日，中国老促会副会长杨庆堂带领第三调研小组一行四人到莲都开展“革命老区乡村振兴领域有关政策执行情况及效果分析”专题调研，考察仙渡乡甘薯淀粉加工公司、北乡革命纪念馆、葛畈村美丽乡村振兴建设、浙江纳爱斯集团有限公司，省、市、区老促会陪同调研。

残疾人事业

【概　况】 2022年，全区有各类持证残疾人12865人。莲都区残联履行“代表、服务、管理”职能，坚持以实现残疾人共同富裕为目标，推进现代社区建设，做好残疾人康复、教育、就业、维权等各项工作，残疾人工作一直处于全市领先水平。

【社会保障】 建立健全主动发现机制，配合民政部门实行两项补贴新增预警信息每周核查，推动两项补贴精准施补。实现莲都区社保中心、莲都区医保局信息联动，为符合条件的残疾人投保城乡养老保险补助25.84万元，惠及2584人，城乡居民医疗保险补助285.31万元，惠及5944人，农民住房保险1.86万元，惠及3726户，为所有持证残疾人投保残疾人意外综合险，保费102万元。落实残疾人免费乘坐城区公共交通、减半缴纳电视收视费等优惠政策。

【教育就业】 残疾学生全部享受“两免一补”优惠政策，残疾儿童义务教育入学率达97%以上。实现从学前到高中教育15年及大中专助学政策全覆盖，涉及902人，发放补贴217.9万元。鼓励帮扶残疾人就业创业，通过残疾人专场招聘会及其他形式帮扶实现新增就业145人，实现有就业意愿的应届高校残疾人毕业生100%就业，开展技能培训助推就业277人。建成“残疾人之家”15家，为智力、精神和其他重度残疾人411人提供生活照料、辅助性就业等服务，并依托“残疾人之家”与第三方机构签订战略合作协议，构建残疾人异地按比例就业链条。残疾人种养业、基地、个体工商、产业扶持、贷款贴息、自谋职业职工养老保险等补贴全覆盖，涉及719人，发放补贴216万元。

【康复服务】 实施残疾人康复服务制度，开展“馨爱助残 家庭康护”市级试点工作，为70余名有家庭康护需求和康复指征的重度残疾人设置家庭康护服务项目包。对未满7周岁残疾儿童、孤独症儿童和7~18周岁低保低边家庭残疾儿童“应助尽助”，完成儿童康复服务114人。开展辅助器具适配工作，完成助行助明助听辅具配发464例，小额辅具补贴48例。落实持证精神残疾人门诊服用基本药物全额保障，推进基层责任医生与残疾人签约服务工作，签约率达88.73%。

【文化体育】 开展残疾人文体活动，结合“全国助残日”“国际残疾人日”等节日开展趣味运动会、文艺表演等活动20余场，残疾人六大协会各自开展本类别残疾人活动10余场。参加省、市文体活动，在丽水市第五届残疾人运动会上获团体总分第二名，选送4名残疾人运动员参加浙江省第十一届残疾人运动会，1名运动员获得皮划艇项目3枚金牌、1名获得象棋项目1枚金牌。选送2名残疾人参加省首届好声音大赛，组织开展第八届环青海湖残疾人公路自行车赛线上骑行展示活动，选拔残疾人参加全国残疾人朗诵培训等。

【残疾人组织建设和权益维护】 加强基层组织队伍建设，配齐各个乡镇（街道）、村（社区）残协，完成区、乡两级残联换届工作。9月，召开14个乡镇（街道）换届代表大会；10月，召开区残联第八次代表大会。组织全区残联系统新任职的工作人员参加综合素质提升培训班，提升工作水平。健全完善残疾人六大专门协会，发挥"代表、服务、维权"作用，组织开展户外拓展等有益残疾人身心健康的活动。推荐残疾人、残疾人亲友和残疾人工作者担任人大代表、政协委员，残疾人的政治地位进一步提升。组织"红鲤鱼"志愿服务队、狮子会等社会爱心团队，多次开展关爱残疾人的志愿服务，争取到中国狮子会浙江代表处45万元资金助力开展"净居亮居"项目示范点工作。根据省、市文件精神，出台区残联当好"三个第一者"主题实践方案，做好残疾人第一知情者、第一代言者、第一维护者，通过"连心e站"应用，建立"浙政钉"组织架构，困难残疾人入户访视率达100%。

【残疾人基础设施改造】 开展无障碍环境建设，解决残疾人基本生活的设施障碍、交流障碍和服务障碍，2022年，完成重要公共服务场所无障碍改造10个，创成省级无障碍社区2个、市级无障碍村1个、无障碍景区（村）1个。坚持设施改造优先，结合残疾人残疾类别、个人特点及其家庭状况，重点解决坐卧起居、如厕洗澡等基本需求，完成无障碍进家庭、"净居亮居"改造59户。

（蓝伟杰）

移民工作

【概　况】 莲都区移民工作以习近平新时代中国特色社会主义思想为指导，围绕"强基础、优服务、谋发展、促和谐"的目标，推动水库移民工作高质量发展。2022年，莲都区移民人均可支配收入36602元，同比增长8.4%，基本与当地农村居民持平。

【移民直补人口年度复核】 2022年，莲都区对2021年度移民直补人口进行复核。莲都区后扶直补人口核减178人，其中，死亡68人、进入行政事业单位人员16人、犯罪服刑人员10人、晋升为三级及以上士官1人、失联75人、"一卡通"信息待更新8人；新增项目转直补3人，其中，2017年初复核时村、镇错误上报为死亡人员1人，刑满释放2人。年度复核后，莲都区有大中型水库后期扶持移民11143人，其中，直补到人9911人，扶持到村1232人。

2月15日，残疾人专场招聘会举办（区残联　提供）

10月26—27日，莲都区残疾人联合会第八次代表大会召开（区残联　提供）

【移民后扶工作】 2022年，对大中型水库移民年度复核后的正常人员发放直补资金597.27万元。2022年度项目资金共1639.63万元，累计下达水库移民后期扶持项目23个。以环境综合整治、基础设施提升为重点，改善移民人居环境，推进新时代美丽移民村建设。引导移民村项目申报从基础设施类转向增收类，助推村集体经济可持续发展，增强移民村集体"造血"功能。秉承集中资金办大事的理念，推广"多村联建"模式，实现"强村带弱村、先富带后富"的发展格局。碧湖镇34个移民村联合成立强村公司，共同实施碧湖镇移民村集体经济提升（莲都区工业发展大厦产权购置）项目，争取到浙江省水库移民共同富裕示范项目资金850万元，2022年完成注资550元，年收益33万元。全年发放移民创业贷款贴息104.96万元，直接受益移民265户，降低移民创业成本。

（吴奕欣）

宗教工作

【概　况】 莲都区是全省宗教重点县（市、区）之一，佛教、道教、伊斯兰教、天主教、基督教五大宗教齐全。经合法登记的宗教活动场所56处（含以堂代点2处），其中，佛教寺院20处、道教宫观1处、伊斯兰教清真寺1处、天主教堂2处、基督教堂（点）32处。有区佛教协会、区基督教三自爱国会、区基督教协会3个宗教团体。

2022年，丽水市白云寺被评为省级宗教中国化场所，城关基督教堂创成2022年度浙江省宗教活动场所消防安全标准化管理"百优争创"活动优秀单位，碧湖基督教堂创成2022年省级平安宗教活动场所，丽水天主教被列为2022年省级宗教法治宣传教育基地培育对象。

【"之江问道"活动】 围绕"之江问道"五大宗教讲经讲道交流活动，用社会主义核心价值观引领宗教，用中华优秀传统文化浸润宗教，引导宗教界深入挖掘阐释各宗教文化中蕴含的有利于社会和谐、时代进步、健康文明的内容，增强宗教界对中华优秀传统文化的认同感和自豪感。

【红色教育五百行动】 指导全区宗教团体、重点宗教活动场所组织宗教教职人员收看中共二十大开幕会；举办莲都区宗教代表人士工作培训班，提高政治觉悟；召开全区宗教界代表人士会议，开展"崇俭戒奢"座谈会并签订责任书；组织宗教界代表人士赴台州市椒江区江山纪念馆开展"同心逐梦、奋进新征程"红色之旅活动。

【宗教红色文化资源挖掘】 通过宗教之间的交流合作和良性互动，讲好莲都宗教好故事，推动人文交流和民心互通。挖掘宗教好故事，推出"莲都区宗教和民间信仰活动场所——红色巡礼"专题活动。编纂《莲都区仙渡乡普慈寺：打响和合起义第一枪》《莲都区龙子殿：重返革命老区 重温红色记忆》《莲都区康福寺——浙江国共合作抗日宣示的见证者》等红色故事，弘扬革命精神。

【宗教团体建设】 组织各宗教团体结合宗教戒律作出符合依法治教、从严治教要求的进步阐释，参与"浙江省从严治教论坛"等活动，组织宗教人士学习宗教领域《关于崇俭戒奢的共同倡议》，引导宗教教职人员和信教群众牢固树立国大于教、国法大于教规、做个好信徒首先做个好公民的意识。

【平安宗教场所创建】 结合6月"安全生产月"活动在宗教界开展安全宣传教育，做到场所处处讲安全、人人讲安全。发挥宗教工作三级网络和两级责任制作用，通过"线上+线下"的方式，对辖区内宗教场所开展巡查，针对巡察中发现的安全隐患加强研究、督促整改，协调相关部门帮助化解难题，确保安全隐患整改到位。

民族工作

【概　况】 丽水市莲都区是浙江省民族工作重点县(市、区)之一，有汉族、畲族、回族、苗族、土家族、壮族、布依族、满族、彝族、侗族等35个民族。据公安户籍部门统计，全区共有少数民族户籍人口约2.42万人，占莲都区总人口6.8%，其中，畲族人口约2.21万人。全区有2个民族工作重点乡镇、27个民族村。少数民族人口在1人以上的乡镇(街道)13个，分别是碧湖镇、岩泉街道、紫金街道、万象街道、白云街道、联城街道、雅溪镇、丽新畲族乡、太平乡、黄村乡、大港头镇、仙渡乡、老竹畲族镇。

打造"之江同心·浙里石榴红"和"浙丽石榴红"品牌，铸牢中华民族共同体意识。莲都区公安分局万象派出所被评为第十批全国民族团结进步示范单位(全省9个，丽水唯一)。丽水市畲凤文化创意有限公司、白云街道三岩寺社区、老竹畲族镇银英彩带工作室3家单位被评为全省第五批民族团结进步创建重点培育单位；老竹民族学校被评为省级民族团结进步教育基地。莲鸭共生、处州白莲、山哈大席、畲族彩带编织、畲凤、一默家6家单位入选省级"五畲"名单。搭建民族非遗文化的传承平台，举办全区原生态山歌比赛，在城西村设立畲歌传习所，开展畲族祭祖省级非遗和畲族婚嫁区级非遗申报工作。举办老竹、丽新民族运动会。

【民族乡村振兴建设】 2022年，民族团结进步发展事业资金筛选优质项目19个，累计下达各级民族发展资金399.5万元，撬动资金约700万元。全区27个民族村均完成村集体经济消薄任务，27村集体经营性收入均达15万元，民族乡镇致富产业兴旺发展。成功创建丽新畲族乡、老竹畲族镇郑丰畲族村为省级民族乡村共同富裕点；大港头镇河边畲族村为省级民族乡村振兴试点；江禹衡、蓝有贞为省级共同富裕带头人；大港头镇北埠村茶叶加工厂项目入选全省推进共同富裕重点项目。

【民族文化活动】 8月20日，莲都区开展原生态畲族山歌大赛，莲都区与经济开发区的畲族选手们身穿传统服饰，用歌声展示生活，演绎畲族人民新时代风采，展示畲族山歌的艺术魅力，打响莲都原生态畲族山歌"金名片"；11月14日，在莲都区东西岩风景区举行"践行党的二十大　民族同心奔共富"的民族运动会，21支代表队、120多名运动员参加，设置摇锅、操杆、龙接凤、赶野猪、采柿子、六人押加等多个项目。白云街道三岩寺社区开展以"民心向党开新局　民族团结赴未来"为主题的元宵节活动，弘扬中华传统文化，进一步营造多民族交流交融、和谐团结的社区环境；"六一"儿童节期间，由莲都区民宗局联合莲都区静舞堂"石榴红"民族舞蹈工作室组织开展"民族团结手牵手，童心同行赴未来"主题活动，有近50名小朋友和家长参加；丽新畲族乡举办以"粽香满畲乡　'粽'心献给党"为主题的畲乡阿妈美食推介、端午包裹幸福粽等系列活动，促进民族团结进步的社会氛围；9月，开展民族团结进步宣传月活动，组织开展"中华民族一家亲　中秋佳节喜相迎"系列活动，弘扬中华优秀传统文化内涵，进一步铸牢中华民族共同体意识。

【民族干部培养】 加强民族乡村振兴人才培养，7月25日至29日，由莲都区民族宗教事务局、莲都区商务和金融发展中心联合举办2022年莲都区"石榴红"民族电子商务培训班，全区民族村文创人员、乡村电商从业青年、电商兴趣爱好者等37人参加培训。9月26日至30日，由莲都区委统战部主办、丽水职业技术学院承办的2022年莲都区民族干部培训班在杭州举办，全区民族干部、乡镇（街道）统战委员（干事）、民族村党支部书记共50人参加培训。

【民族优秀传统文化】 重视少数民族优秀传统文化的挖掘、保护、传承和弘扬，引导民族学校设置彩带编织、畲族语言、畲族体育等畲族文化校本课程，弘扬畲族优秀传统文化，传承畲族非物质文化遗产。推进民族优秀文化进老竹民族学校、大港头学校、丽新小学。

（区委统战部）

老龄工作

【概　况】 2022年，全区有60周岁以上老年人口94540人，占总人口22.15%，其中，90岁以上长寿老人2571人、百岁老人42人。

【老年健康服务体系建设】 落实高龄补贴制度，实现全区80周岁及以上老年人高龄补贴全覆盖。开展“智慧助老”行动，帮助老年人跨越数字鸿沟。6家基层医疗卫生机构成功创建老年友善医疗机构。推进医养结合发展，推进落实老年健康和医养结合公共卫生服务项目，在全市率先开展老年健康服务专项行动，完成岩泉街道丽阳社区老年人心理关爱项目。

社区工作

【社区治理】 2022年，社区工作指导中心加强对城市社区工作指导，9月，新增专职社区工作者员额206名，核定专职社区工作者员额524名，招聘专职社区工作者271名，达到每万名常住人口配备18名社工的省定要求标准。修订《〈社区财务管理办法〉补充意见》。开展智慧社区试点，推进智慧社区数字化应用项目，3月，深化社工服务周主题宣传活动，参与活动4000多人次。

【现代社区建设】 制订“莲智社区”建设试点方案，调研对接需求，出台《莲都区灵山未来社区创新治理实施方案》，开发未来社区数字化应用平台，推行“线上＋线下”运行模式，开创先培训后入住新模式。建成娄丰堰社区“居民会客厅”，列入社区综合体建设，获评省级四星级社区综合体；丽阳社区、陈道门社区被评为省级三星级社区综合体。

精神文明创建

【社会信用体系建设】 落实《浙江省新时代公民道德实施纲要》，将德治融入基层治理推进未成年人思想道德建设；建立诚信测评体系，开展诚信缺失突出问题专项治理。发动各地各单位发现和选树诚实守信类“身边好人”，朱立文、陈耀红2人入选诚实守信类“莲都好人”，张海娟入选诚实守信类“丽水好人”和“浙江好人”。开展诚信行业、诚信单位、诚信示范街区、诚信经营示范店等主题实践活动，推动生产企业、流通企业、窗口企业、食品药品企业等开展诚信主题实践活动。出台《莲都区农村“农民诚信指数考评”评分细则》。在仙渡乡成立莲都区首家“道德银行”。

【公益广告宣传】 在省级以上文明村、镇建设公益广告小品、小景；针对城区内社区、小区建筑围墙、口袋公园等点位，开展花园小区、花园小巷、宣传思想文化长廊、文明主题广场等建设；对老旧或破损的美丽小巷、宣传思想文化长廊等进行改造提升。制作发布《浙风十礼》主题公益广告，通过乡镇街道电子屏、公益广告宣传栏等媒介进行广泛宣传。

【群众性创建活动】 完善莲都区文明村镇创建测评体系，开展2022年文明村镇创评和复评工作，命名雅溪镇为区级文明乡镇，岩泉街道黄畈村、紫金街道金东村、紫金街道瀑泉村、白云街道灯塔村、联城街道瑶畈村、碧湖镇上阁村、太平乡巨溪村、太平乡玉田村、雅溪镇莲房村、雅溪镇上陈村、老竹畲族镇周坦村、黄村乡皂坑村12个村为区级文明村。莲都区级及以上文明村达165个，占全区行政村总数的90.2%。申报创建全国、全省文明单位、文明村镇。组织“公筷公勺”“文明餐桌”宣传进社区、进单位、进学校等活动，召集莲都区餐饮单位进行“公勺公筷”、反浪费宣传培训，开展"制止餐饮浪费"专项检查20余场，发放公筷筒1000余个，"制止餐饮浪费"提示牌1000余个、反浪费桌贴2000余张、文明用餐等相关宣传资料2500余份。通过丽水在线、微莲都、莲都市场监管等微信公众号，发布《反浪费红黑榜》，引导全社会共同践行"光盘行动"。

【新时代文明实践中心建设】 以"五有"标准对莲都区新时代文明实践中心、14家新时代文明实践所、207家实践站、100家新时代文明实践点等活动阵地进行改造提升，完善活动展示、活动计划等内容展陈，优化理论宣讲、文化活动等功能室设置，实现新时代文明实践中心、所、站、点增质扩容。将新时代文明实践中心建设纳入区委中心工作，建立健全区、乡、村三级联动指挥体系，明确党委"一把手"挂帅负责。组建"1+8+N"志愿服务体系，对153支小荷志愿者分队进行专业提升，通过巡回组团送服务、举办志愿服务广场、结对帮扶等形式，扩大志愿服务队伍的影响力，打造了一批专业服务队伍品牌。在乡镇（街道）、社区、村层面，整合结对帮扶单位、驻地单位、乡土人才等资源，按照网格或志愿服务内容，成立以村、社区、小区为单位的文艺演出、平安巡逻、河道保护等各类小荷志愿服务分队800余支。成立全区志愿服务礼遇联盟，完善志愿服务褒奖激励政策，55家爱心企业成为首批莲都区志愿者服务礼遇联盟成员。打造新时代文明实践云平台，组建区新时代文明实践指挥系统，通过搭建志愿者招募、积分、菜单发布、点单、评价等模块，形成全区志愿服务活动闭环管理，并在全区中心、所、站三级阵地实现手机端、电脑端资源共享，实时交互。

3月3日，莲都区志愿服务礼遇联盟签约仪式举行（区文明办 提供）

【"浙江有礼 文明莲都"新时代文明实践】 印发《关于推进"莲都有礼"文明实践行动的实施方案》，开设"文明莲都"公众号、视频号，累计制作、推送微文30余篇，短视频20余个。开展"美在身边"文明行为随手拍、"暖心小故事"展播等系列精神文明网上主题活动，以及"我们都是志愿者"短视频征集等网络文明宣传活动，开设文明礼仪、绿色健康生活等空中课堂，持续推出"亮亮你的后厨"系列融媒体监督专栏，建立未礼让行人定期曝光机制。与丽水广电、区融媒体等宣传平台合作，邀请"文明校园""文明单位""文明家庭""小荷志愿者"代表和"都妹"担任文明莲都形象大使，举办"我为文明莲都代言"系列活动。在碧湖镇、大港头镇、仙渡乡等乡镇开设乡村女子礼学院，拍摄制作《敬有礼》《网有礼》《文明有礼 莲都有你》系列情景剧。制订《"浙江有礼 文明莲都"新时代文明实践风采展示活动方案》，开展"我们的节日·端午"、"庆丰收 迎重阳"情暖敬老院、"传唱红色经典 共庆'七一'"文艺演出进社区、"浙风十礼 德润处州"党建美术馆党史知识主题学习等主题实践活动。承办2022"浙江有礼·文明出行"全省巡回宣传月大型公益活动。

【志愿服务推进】 小荷公益协会利用腊八节、学雷锋日、元宵节、端午节、重阳节等重要时间节点开展各类主题志愿服务活动20余场，服务群众3万余人次。

6月14日，莲都区2022年一季度“身边好人”表彰仪式举行。图为获奖代表合影
（区文明办 提供）

开展“逢九志愿”活动，组织156支小荷分队、3.5万余名小荷志愿者参加。连续22天组织69支小荷分队、2112名小荷志愿者每天早晚高峰开展12个主要路口文明交通劝导活动。每月19日、20日组织“小荷”志愿者到“小荷之家”开展志愿积分兑换活动，兑换人数近4000人，兑换物品8000余件。挖掘“莲都元素”，打造“小荷之花”系列文创产品，成为“丽水好人”“莲都好人”“好媳妇、好婆婆”等的颁奖花束。“人间烟火”——服务重症患者爱心共享厨房项目获第六届中国青年志愿服务项目大赛银奖、2022年浙江省青年志愿服务项目金奖。德不孤——事实孤儿成长关爱志愿服务项目获2022年浙江省青年志愿服务项目银奖。小荷公益协会入选AAAA级社会组织。

【乡风文明建设】 利用春节、元宵等传统节日，组织新时代文明实践中心、所、站开展“我们的节日”系列精神文明建设活动，发挥文明实践阵地作用。深化慈孝、耕读文化传承弘扬，开展道德模范、好家风家庭、身边好人等先进典型学习宣传活动。通过阵地宣传教育，倡导农村红白事简办精办，推进乡村移风易俗，提升农村环境软实力。深化农村精神文明建设，助力“浙风十礼”在莲都大地蔚然成风，推动建设乡村共同富裕标志性成果，2022棋文化进农村文化礼堂启动仪式暨浙江省第四届象棋特色示范村联赛在仙渡乡葛畈村举办。

【公民道德建设】 开展“身边好人”选树、宣传工作，张海娟、林明美、徐刘勋一家、汤伟红4例入选“浙江好人”。其中，徐刘勋家庭“中国好邻居”事迹——“一家人用被子接住坠楼男童”在“莲视频”首发仅1小时观看量超10万人次，新华社、《人民日报》、浙江新闻、中国蓝新闻、浙江之声、天目新闻、《钱江晚报》《都市快报》等主流媒体转载报道；张海娟、潘周晶、徐伟钗、汤伟红、付寿庭（已故）、徐刘勋家庭、周建伟、汤吉西和汤育霞夫妇、朱立文、陈美堂10例入选“丽水好人”；33例入选“莲都好人”。开展道德模范、身边好人走访慰问、帮扶礼遇活动，在全社会树立“好人有好报”的导向，社会正能量提升。

【未成年人思想道德建设】 举办社区未成年人活动450余场，全区所有乡镇（街道）、13所乡村学校少年宫、31个社区组织开展以“践行‘浙风十礼’喜迎党的二十大”等为主题的暑期未成年人活动，参与未成年人近万人次。开展“浙江有礼 文明莲都”全区未成年人绘画及短视频大赛，累计收到各类优秀作品300余个；开展以践行“浙江十礼”为主题的暑期“春泥计划”和未成年人进社区活动，安排各类活动200余场，受益未成年人5000余人次。获丽水市第五届未成年人思想道德建设项目大赛一等奖1个；获评丽水市第十届道德文化节未成年人最喜爱的活动1个。

（区文明办）

应急管理

综　述

【概　况】 2022年，莲都区以安全生产“遏重大、防较大、降一般、保安全”和自然灾害“不死人、少伤人、少损失”为目标，坚持固本创新、强化治理、精准防控、坚守底线，深入推进“除险保安”、安全生产大检查大整治等行动，保持全区安全形势持续稳定。

【全覆盖责任体系建设】 区安委办出台《安全防范29条措施》，压紧压实属地领导、行业监管、企业主体三方责任。督促各乡镇(街道)履行属地管理职责，以“除险保安”工作评价指数排名情况为导向，每月对排名靠后的乡镇(街道)实施警示通报、专项督导、约谈督办等“开小灶”专项整治提升措施。按照省、市统一部署，开展安全防范“百日攻坚”和安全生产“执法季”行动，指导督促各区专委办针对辖区内道路交通、消防、危险化学品等重点领域的安全隐患进行拉网式排查，清单化推进整改落实。共作出行政处罚62次，指令停产停业6家，罚款42.43万元，完成党的二十大召开期间护航工作。为压实工矿与危化企业“七个一”责任，区应急局在碧湖镇、工业园区管委会、岩泉街道设立培训现场，开展培训9场次，432家企业负责人(安全管理员)参加，培训通过详细解读“七个一”深刻内涵以及危化领域事故案例视频，进一步强化企业主体责任意识，为安全生产监管工作提供保障。

(冯圣炜)

自然灾害应急抢险

【防汛防台】 区防指印发《关于开展2022年度防汛防台汛前准备暨隐患排查工作的通知》，对2022年的汛前准备和隐患排查工作作出全面部署，全区共发动检查人员2741人次，检查2725处，发现隐患38处，其中，完成整改30处，落实度汛措施8处。应急响应期间，落实24小时值班和领导带班制度，驻村干部入村到岗。对水库山塘、地质灾害点、

11月7日，区应急管理局为雅溪镇西溪村送饮用水，应对干旱(周文飞　提供)

危旧房等重要部位加强巡查检查力度。制订"一户一策"避险方案，落实人盯人、一对一人员转移制度。汛期全区各部门专业救援队、社会应急救援队和各乡镇（街道）应急救援队伍39支856人在岗待命，随时准备投入抢险救援。"6·20"洪灾中共出动队伍19支，救援人员1075人，车辆15辆次，船舶2艘，解救被困人员52人，转移人员1573人，抢救财物160万元，圆满完成救援任务。

【森林防灭火】 落实上级关于森林防灭火工作的各类部署，落实以行政首长负责制为核心的工作责任制度，层层签订防火责任状，要求重点时段在村级进山路口设森林防火检查点，通过公益广告、宣传片、案例视频、应急广播等形式，推进森林防灭火宣传教育进景区、学校、乡村等，培育全民森林防火意识，张贴禁火令6200余张，横幅标语2230条，微信朋友圈推送、发送短信提醒360余万条，发放防火宣传资料9万余份。实行全域露天禁烧，加大秸秆焚烧巡查力度，在春节、清明、"五一"等重点时期强化一线布防。共出动巡察人员15680人次，发现并整改森林火灾隐患158个，制止秸秆焚烧违章用火6411起、立案查处172起、罚款金额6.4万元。

（冯圣炜）

【防震减灾】 2022年，开展全国风险灾害普查，通过第一阶段数据质检。与区发改局联合发布《关于将地震安全性评价工作和重大建设工程抗震设防要求管理纳入固定资产投资管理程序的通知》（莲科〔2022〕11号），开展建设项目审查工作，对莲都区域内2022年新建建设工程抗震设防要求落实情况开展全面检查。在"5·12"防灾减灾日、"7·28"唐山地震纪念日、国际减灾日等重要时段开展防震减灾专题科普宣传活动。

（蓝李俏）

消防救援

【概 况】 2022年，莲都区消防救援大队有人员110人，消防车10辆。下辖岩泉、碧湖、白云3个消防救援站。大队接警648起，其中火灾扑救265起，抢险救援173起，社会救助126起，其他84起，无人员伤亡，保护财产价值6120.5万余元，营救被困人员152人，疏散被困人员57人，整体消防形势平稳可控。

2022年，大队保持火灾、队伍形势"双稳定"。完成党的二十大召开期间消防安保工作，推进社会面火灾隐患治理工作，有效提升社会火灾防控水平；提升攻坚打赢能力，在支队执勤岗位练兵比武中，获得1个单项第一、1个单项第二；承接支队"一短三快"初战机制改革、"防消联勤"工作、消防救援装备物资综合保障平台推广应用、单编消防救援站规范化执勤、消防宣传"五进"5个试点工作。大队党委被支队评为先进基层党组织；大队获评丽水市平安护航党的二十大突出集体；岩泉消防救援站党支部被总队评为示范基层党组织；2名干部分别被总队评为优秀党务工作者、优秀共产党员，1名消防员被推选为莲都区第二十届团代会代表，1名干部被评为莲都区"大抓落实年"工作先进个人，1名干部在支队组织的"寻找百名最美身边人"暨先进典型事迹宣讲会进行事迹宣讲，树立了火焰蓝良好形象。

莲都区委常委会、区政府常务会议以及人大常委会5次涉及消防议题，区政府4次召开消防工作部署会，区委、区政府主要领导、分管领导多次听取消防工作汇报，多次带队开展消防检查并作出重要批示指示。

【思想政治建设】 2022年，坚持把学习贯彻《习近平谈治国理政》第四卷、习近平总书记向国家综合性消防救援队伍授旗致训词四周年和党的二十大精神作为重大政治任务，累计召开党委理论学习中心组学习会12次，党委专题学习会9次，开展专题研讨6次，党委成员撰写调研文章4篇。召开党委会54次，研究重大议题31项，解决重点难点问题40多个，均集体讨论形成决议。将"领题破题"攻关活动作为实现"奋进对标一流，人人勇攀高峰”目标的重要举措，联合丽水中级人民法院执行局开展“打造党建同盟，共享资源互补”结对共建活动，发挥各自优势，搭建相互交流、共同促进、增进友谊的平台。拧紧全面从严治党的责任链条，落实党委议廉、党风廉政建设会议制度，制定责任清单，与每名干部签订《党风廉政建设责任书》，组织全体人员观看警示教育专题片18次、参加区法院庭审旁听及网络庭审直播3次，召开集中警示教育剖析会6次、典型案例研讨会10余次，在重大节日前进行廉政谈话86人次，结合重大节日及动态风险点，向大队家属群、工作群发送廉政风险提醒短信500余条，从根本上筑牢队伍拒腐防线，永葆清正廉洁本色。

【队伍文化建设】 开展“喜迎二十大，全力保安全”深化“牢记领袖训词，永做忠诚卫士”主题教育和“立稳潮头当先锋、勇攀高峰创辉煌”自主教育，组织集中教育79次，集体讨论42次，组织参观见学9次，营造浓厚学习氛围。邀请专家授课2次，组织谈心交流300余人次，发放问卷调查100余份，开展安全专题教育16次，组织理论测试10次；落实重点人员“三级包保帮扶”，队伍安全管理“一队一策”“一事一策”，外出人员动态管理三项制度；组织开展手机、电脑等电子产品检查38次；开展内部上班前随机饮酒抽查11次；周中、周末、节假日视频抽查人员100余人次，提升指战员的安全防事故意识。贯彻落实“两严两准”建队标准，开展条令纲要宣贯、安全“九无”创建、作战安全行动排查整治和“知纪明责、扫雷除患”纪律作风专项教育整顿等活动，分组开展警示辨析、集中学习4次，并自编自导自演“黄赌毒”专题微视频《赌徒没有天明》，筑牢底线防线，全面堵塞风险漏洞，维护队伍安全稳定。

【队伍作战能力】 2022年，推进全员岗位大练兵工作，练好基础体能和专业技能，加强营区实战化及21项安全技能操法训练。深化“一短三快”初战机制改革试点工作，与浙江点创科技有限公司建立战略协议，向科技要战斗力，在全省“火焰蓝”比武中发挥重要作用。制订出台《“防消联勤”一体化工作机制实施方案》，根据方案内容，逐一开展试点工作，初步形成“六个一”防消联勤模式。开展作战训练伤亡专项整治工作和“抓基础、强主业、转作风”专项活动，贯彻落实“一机制两规程”内容要求，强化营区实战化训练。投入16余万元建成战例研讨室并投入使用，通过战例复盘、战例研讨和桌面推演等形式，规范灭火救援现场的行动秩序，确保灭火救援行动科学、安全，确保现场作战人员安全。全年开展重点单位熟悉101家，实战演练97家，多部门实战演练3次；完成21家新增重点单位数字化预案制作，对40家预案进行修订完善；开展高层建筑和大型商业综合体消防设施调查测试工作，完成6个方面、12个科目的测试；通过政府专职消防队和微型消防站拉动，对辖区797只市政消火栓和4处天然水源进行检查保养和定位造册，夯实作战训练基础。培养无人机飞手2名，绳索救援骨干人才1名，水域救援培训教练1名，1名

2月27日，“防消联勤”工作开展（区消防救援大队 提供）

8月30日，消防救援实战演练（区消防救援大队 提供）

消防员通过潜水员复训，3名消防员通过特种车驾驶员复训考核，全员取得红十字救护员证。

【防控治理】 2022年，消安委和办公室下发文件38份，组织召开会议4次，开展消防安全"百日攻坚"整治行动，确定九类重点整治对象，建立专项整治工作机制。省消安委挂牌督办的莲都区碧湖镇古建筑群、市消安委挂牌督办的西溪村乡土建筑群、市政府挂牌督办的山水桂花苑小区和市消安委督办的后甫一村4处重大火灾隐患均已完成整改，累计投入整改资金约400万元。完成厦河一区、后甫一区等重点区域试点整治，累计整改400余户，防盗窗未设置逃生窗口、未采取防火分隔、未配置灭火器等主要的火灾风险隐患基本消除。区政府落实专项资金88.9万元，为1372户一级残障人士居住场所安装独立式感烟探测器，为5个老旧小区建设电动车集中停放充电设施，优化调整消防车道169条。申请社会化消防培训专项资金56.64万元，共计培训1161人。推动政府部门将消防安全教育纳入文明城市创建、义务教育、普法教育、素质教育、城乡科普教育范畴，以消安委的名义下发《全区消防宣传"五进"试点建设方案》，确定31个试点单位，共同发动、整体推进"五进"工作。与各级媒体深度合作，累计制作专题宣传报道26期，拍摄《消防公益说》带动社会公众学习消防安全常识。利用LED户外显示屏、农村广播等循环播放消防公益广告，让消防宣传随处可见。紧扣安全生产月、"119"消防宣传月等主题活动，发动500多名网格员进村入户开展地毯式宣传，开展全民消防安全教育培训及演练。2022年，组织开展培训800余场次，发放宣传资料10万余份，受益人数达11.8万人。

【后勤保障】 2022年，中央和地方消防业务经费2000余万元，购置消防装备150余万元，重点建成一体化消防员俱乐部，提升改造战术研讨室、白云站停车场，实施碧湖站菜地硬化工程，增加户外健身设备、营门智能管控设备等，开设消防宣传教育角，外包厨房服务，指战员工作、生活质量得到全面提升。组织全体人员体检，慰问困难指战员家属，定期开展集体生日会、党员政治生日会等，让全体人员感受到组织的温暖。

（区消防救援大队）

安全生产监督管理

【市区联动机制】 针对丽水"一市一区"的特殊体制，市区事权划分存在职能交叉、监管不足、信息不畅等问题，在区应急管理局建议下，4月，市应急管理局出台《市区安全生产和消防工作风险防控联动机制》，理顺市区两级多跨协同、风险排查、信息报送、考核评价四方面机制，探索"市安委会牵头、市专委会督促、区级部门落实"的联动管理模式，执法质量显著提升，遗存九年之久的丽水市豪胜冷食有限公司重大安全生产隐患通过市区合力得到彻底消除，整治工作得到常务副市长的批示肯定，相关做法被《中国应急管理报》作为贯彻执行中央安全生产15条

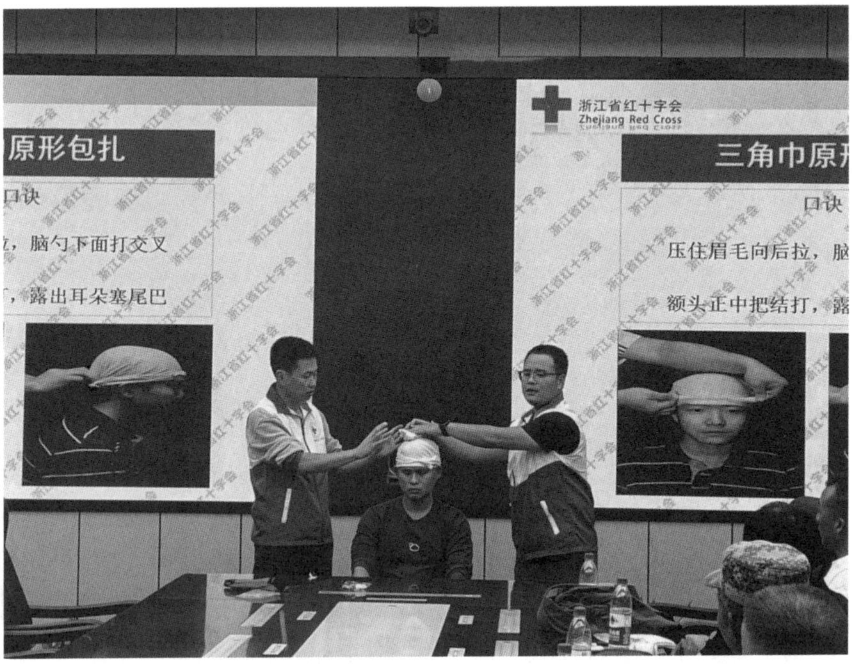

10月18日，区应急管理局开展应急救护技能知识培训（周全　提供）

和省安委会安全生产25条措施典型案例予以刊登推广。

【安全生产监管】 在浙江省应急管理厅和浙江省总工会共同组织的全省应急管理行政执法竞赛活动中，莲都区应急管理局获三等奖，是丽水市唯一获得等级奖的单位。工贸领域完成全区33家有限空间企业全覆盖检查，发现并整改安全隐患121项，组织开展“有限空间”专项培训会、有限空间作业应急救援联合演练及“铝7条”“粉6条”等各类专项活动6次，进一步提升企业员工应急处置能力和水平，夯实安全生产基础。矿山领域进一步巩固非煤矿山安全生产专项整治三年行动，完成全区5家矿山全覆盖检查，组织开展顶板管理、隐蔽致灾因素等各类专项整治8次，下达执法文书8次，发现并整改一般隐患41处，重大隐患4处。危化领域开展大型油气储存基地、高危细分领域、非法储存经营危险化学品等各类专项整治4次，检查企业39家，处罚4家，处罚金额20.03万元。制作的《非法储存危险化学品被追刑》视频在应急管理部与司法部联合举办的第三届应急管理普法作品征集展播活动中，获全国二等奖。

（冯圣炜）

乡镇·街道

岩泉街道

【概　况】 2022年，岩泉街道辖区面积92.19平方千米（非建城区面积75.94平方千米、建城区面积16.25平方千米），有18个行政村（山区9个村、城中9个村），8个社区，户籍人口53464人。下属108个党支部，党员2157名；55个团支部，1个团总支，团员1196名。街道办事处有干部职工72人，其中，在编公务员29人，事业编17人。

2022年，实现工业总产值18亿元，同比增长10.98%，工业销售产值16.56亿元，同比增长8.45%。有工业企业208家，其中，规上8家，规模以上工业主营业务收入6.57亿元，同比增长21.48%，主要产业有轴承、水泥、家具、电商、制笔等。有耕地面积520公顷，山林面积2.23万公顷，农业以种植为主，特色农产品有叶平头皇菊、高山荒野茶、余岭高山蔬菜、枫树湾杨梅、雨伞岗葡萄、黄畈桃子等。特色民宿有单读民宿、寻梅小筑、二三间等。

2022年，街道贯彻落实区委“五大工作制度”，推进全域治理现代化，推进城中村改造（重点工程政策处理）、“五水共治”、垃圾分类、乡村振兴建设等重点工作。省、市、区十方面民生实事圆满完成。年度综合考核连续5年获得优秀等次。加大执法力度，全年拆除违法建筑4.67万平方米，完成率130%，排名全区第七，总量排名全区第二，域内违法建筑得到有效控制。开展特殊群体慰问走访，走访30户少数民族村的困难户、100户残疾人困难家庭。推进医保参保，“浙丽保”参保率达96%以上。做好退役军人服务工作，走访慰问重点优抚对象和其他退伍军人共165人次，完成建档立卡及优待证申领办理，完成天宁村等5个村的全国示范型退役军人服务站创建。街道办事处班子成员入户走访慰问辖区老党员及困难党员共116名，50年党龄以上党员28名。抓好“一户多宅”“建设用地复垦”“垦造耕地”等重点工作，盘活指标、土地等发展要素，2022年，完成“一户多宅”测量11410平方米，拆除房屋6218平方米；完成“建设用地复垦”项目立项共9.12公顷；完成“垦造耕地”项目立项共7.32公顷，项目开工4.67公顷。开展“党群连心、网格走亲”活动，岩泉街道共划分网格180个，划分最小单元格534个，实现100%身份证录入准确、100%标准地址关联、100%实有人口认领。2022年“四个平台”共收到群众爆料4623条，事件6436条，均得到有效处理。打好蓝天碧水净土青山保卫战，2022年共发现并处罚秸秆焚烧49起，立案查处5起；两级河长共开展巡河880余次，发现并解决问题44处，整改水污染点位50个。推进垃圾分类工作，于城区全面推行“两定四分”模式，完成59个小区90个点位垃圾亭房建设。

【党建引领】 2022年，开展理论学习中心组学习24次，召开党工委会、党政工作联席会、全体干部大会50余次，学习贯彻习近平新时代中国特色社会主义思想和各级重要会议精神。举办党务工作者学习论坛12期，125个基层党组织主题党日参会率达80%以上。依托“云上党建”资源，精选党的二十大精神等内容，以视频宣讲、在线授课、党课直播等形式，做到2157名党员思想教育全覆盖。2022年，新发展党员14名，完成10个“两新”党组织换届。推进股级干部配置和调整，新增2名35周岁以下年轻干部。重点加强4个融合型大社区大单元网格力量配备，建立小区党支部48个，网格驿站19个。

【优化营商环境】 成立经济专班，以“专班化推进”做到服务企业落实有效、调度有方、行之有效。2022年，邀请区经商、统计、税务等部门进行指导培训8次，累计走访联系重点商贸企业71家、工业企业200余家、商贸服务业企业3000余家，收集意见建议50余条，协调解决问题20个，新增限上批零住餐企业11家。

【双招双引】 2022年新引进税源企业19家，其中，总部经济8家。招引了“人民街与寿尔福路交叉口东南侧地块”等2个亿元以上项目。开展招才引智走访80次，谈心谈话对象300余人，发放人才新政宣传册1000余份。邀请专家、能人开展各类技术培训25场，惠及近1800人次，输送劳动技工200余人。

【重点项目政策处理】 服务浙西南中心城市建设，2022年完成了24个市区项目销号，总计征收土地38.67公顷、房屋1.6万余平方米，完成了九里湾区块53户签约工作。

【产业融合】 余岭高山蔬菜、枫树湾杨梅、黄畈桃子、雨伞岗葡萄和叶平头轩德皇菊等特色产业发展稳中有进，其中，轩德皇菊新获评“浙江特色伴手礼”等3项省级荣誉。2022年，根据山区村的立地条件，打造“高山荒野茶”“农光互补”“小黄姜种植”等一系列产业项目，其中，余岭村相关项目在“党建共富圈”擂台赛中获得莲都区二等奖。2022年18个行政村总收入2480.96万元，经营性收入1895.75万元，分别同比增长14.81%和22.95%。强村公司总收入达129.15万元，实现了183.16%的较大增幅，所有山区片村均完成本年度消薄目标。以枫树湾村美丽乡村建设为契机，加大农村基础设施建设和生态保护力度，建设宜居宜业宜游的美丽乡村，结合现有民宿、农家乐和却金馆廉政教育基地，发展乡村旅游，建成省A级以上景区村9个、省AA级景区村4个，建成精品民宿6家，共接待游客6万余人次，直接营业收入超650万元。

【集体共富】 强村公司“丽水市新岩集体经济发展有限公司”开展实体化运作，拓展增收渠道，参与了南山人才公寓、企业服务中心大厦、高溪工业小镇厂房等项目联建，全年收入45.61万元。2022年，总收入20万元以上且经营性收入15万元以上的村18个，经营性收入50万元以上村8个。

【推进“大搬快聚”】 强化新政策宣传和发动，组织政策宣传培训14次1700余人，街道一级完成资格审查751户1422人，腾空拆除房屋198户450人，公寓安置92户184人；鼓励“大搬快聚”人员往碧湖新城集聚，组织前往碧湖镇6个定点商品房小区参观500余人次，82户275人已签订购房合同。

【创建工作】 推进经常化文明城市创建工作，2022年完工建设项目7个，总投资额约450万元。

【法治政府】 建立健全法治建设议事协调机制，完善法治工作体系，实现重大行政决策、重大行政执法决定、重大行政机关合同、规范性文件合法性审查全覆盖，2022年，完成审查72件，提出审查意见428条，采纳率100%。加强公共法律服务点与民主法治村（社）建设工作，2022年建成省级民主法治村（社）1个、市级民主法治村（社）5个，开展社会面法治宣传9场，参加800余人次。

【廉政建设】 2022年开展各类专项监督检查23次，下发督查通报8份，发现并整改问题120余个，纪律提醒32人，为街道各项重点任务提供纪律保障。办理党员干部违纪违法案件，立案处分15件16人，其中，党纪轻处分8人，党纪重处分6人。推出全市首个“组账村管”资金管理模式，取消了133个村小组资金账户，新增农村组级资金专户16个，完成1057万元资金“纳管”，“社区临时性用工”规范化等工作走在全市前列。

（汤俊燕）

紫金街道

【概　况】 2022年，紫金街道占地面积60.04平方千米，辖16个行政村和10个社区，常住人口10.6万人，是一个城区和山区相结合的综合型街道。

社区总面积3.72平方千米，社区工作者116人；文明单位20个，其中，省级4个，市级8个，区级8个；志愿者队伍153支11800人。16个行政村中有7个为城区村，分别为海潮、城东、古城、水东、金东、芦埠、塔下；5个郊区村，分别为开潭、湾岙、风化、黄泥墩、河村；4个山区村，分别为瀑泉、杨坑、祝庄、水岭根。

街道下设党委9个，其中党总支4个，党支部85个，共有党员2166名。行政编制20名，实际在编在岗24名，其中领导班子成员15名，退二线人员7名，一般干部2人。事业编制12名，实际在岗人数13名（其中正股7名，副股1名），具体为计生专干3人、社保员5人、安监员2人、财务人员1人、统计员1人、退役军人服务岗1人。编外人员24名。

2022年，街道4家规上工业企业总产值13.75亿元，同比增长6.5%；销售产值13.72亿元，同比增长6.2%，主要行业有供电、天然气供应、混凝土制造等。有耕地面积1574亩（含水田和旱地），农业以茶叶和水果种植为主，特色农产品有杨坑杨梅、净水茶叶、塔下枇杷、风化椪柑、瀑泉黄桃、外舟李子等。特色农家乐有麻雀尚膳馆等。

推进全民参保工作，养老保险参保人数38643人，参保率99.01%；完成待遇人员领取资格认证11501人，认证率99.31%；加强就业帮扶，已就业815人次，就业率91.03%。

2022年，紫金街道被授予丽水市高水平巩固国家卫生城市工作三等功，获丽水市第三届强村公司大比拼一等奖，获评2022年度美丽城镇建设山区县城镇省级样本。

【基层党建】 杨梅产业党建联建通过网络直播、社区团购等形式，带动杨梅产业成为山区片支柱产业。小区红色议事联建以物业、小区和社区党组织推动小区自治，古城公寓红色议事联建推进垃圾分类亭房成为网红打卡点。设立争先进位高质量跨越式发展英雄榜，28个村（社）结合三考三比，以基础指标完成度和认领指标争先度比拼，推动整体工作的全面争先进位；建强“紫金街道名师工作站”，与丽水学院、中国（丽水）两山学院签订现代社区建设的战略合作协议，全面推进社会治理现代化改革，与杭州职业技术学院开展“山海党建”合作，互研共建“创意农业实践基地”。

【共同富裕】 谋划“多彩紫金·共富红谷”项目，通过联建方式扩建生态茶园86.67公顷，配套建设茶叶加工厂房2500多平方米；新建杨梅大棚6.67公顷，联合专业合作社搭建数字化杨梅大棚3.33公顷，建成全市最大杨梅智能大棚示范点，搭建全区首个智慧大棚和首套杨梅智能化补光系统，举办“紫金街道第二届杨梅节”，助推杨梅亩产收益从1万元跃升至6万元以上。2022年强村公司经营性收入超

6月9日，莲都区举办第二届紫金杨梅节（紫金街道 提供）

200万元，较2021年同比增长219%，提前一年完成全域村集体经济增收“双达标”目标任务；与专业品牌物业公司合作，注资成立全市首家强村物业公司；实施“飞地光伏”模式，建成全区首个街道级强村公司“飞地光伏”消薄项目。

【优化营商环境】 对企业实行周联络、月会商机制，开展以五连、五到、五送、五有为主要内容的“四五”行动，全体干部深入村（社）和企业，走访各类人员5万余人次，解决企业和群众的问题。完成个转企32家，文旅投资8984万元，新引进企业23家、新引入企业全口径税收收入569.8万元，引入高校毕业生248人，硕士研究生2人，博士研究生4人，招才引智任务完成率分别为108%、100%、400%。

【除险保安】 完成“3·20”金龙商厦火灾善后工作；推进新建大楼处置工作，经全民公投确定为公开招募社会资本合作经营模式。推进安全生产风险隐患排查，排查企业157家，发放限期整改通知书10份；围绕自建房、合用场所、高层建筑等重点领域开展厦河一区自建房专项整治行动，组织联合排查整治工作21次，整治173户，整改防盗窗678个，配置灭火器700余个，整治其他消防隐患158项。

【重点项目推进】 2022年，累计完成土地征收62.52公顷，房屋征收22046平方米，2个征收任务结转至2023年，销号率100%，其中，历时20余年的原羽绒厂危旧房征收项目顺利销号，浙西南粮食物资仓储物流园区项目创造了“莲都速度”。2022年拆除违章面积35841.82平方米，处置点位115处，完成率119.47%。推进“大搬快聚”工作，召开户主会议10余场，宣传发动1000余人次，完成227户438人的资格审查认定工作，总计拆除房屋141户274人。立项开工垦造耕地项目2个共计3.93公顷，完成率118%，完成“一户多宅”拆除面积6558平方米，完成率82%，立项开工建设用地复垦项目4个共计3.2公顷，完成率107%，完成非农化耕地整治面积1.16公顷。完成厦河村、新建村和大众村的撤村建（并）居工作。

【美化城乡工作】 推进垃圾分类、“五水共治”、疫木防治等工作，全年完成34个垃圾分类投放亭、5个垃圾分类投放房建设和11处撤桶并点工作，累计完成7111间“飞线”充电设施改造工作，修复外墙脱落、路面破损、绿化缺失等问题点位429处，开展环境卫生整治行动580余次，清运垃圾1600余吨，整改点位3410处，创成美丽城镇建设山区县城镇省级样板。

【文化工作】 建成18个品质文化生活圈，对标自查5次，整改65处；推进农村文化礼堂建设，杨坑村文化礼堂被评定为五星级，开潭村文化礼堂提升为四星级。全年被市、区级媒体录用信息75条，其中，《丽水日报》头版3条、专版4篇，紫金杨梅产业相关做法获央视《新闻直播间》、《正点财经》、“学习强国”、《浙江日报》等关注报道。

【民生实事】 抓好2022年度民生实事项目的推进落实，完成街道级民生实事10件，分别是

8月10日，现代社区建设专题研讨会暨战略合作协议签订仪式举行

（紫金街道 提供）

厦河文化广场改造提升、杨坑村便民服务中心改造提升、水岭根村文化礼堂便民服务中心提升、开潭村体育活动场地建设、风化村管网自来水并网、瀑泉村黄山和高章路灯安装、海潮村海潮花园无障碍设施建设、新建村新建广场亮化改造工程、永晖社区关爱留守儿童系列活动、万丰社区凤凰大厦便民工程（充电桩建设）。村（社）级民生实事完成84件。

【党风廉政】 坚持“严”的主基调，落实“硬”的铁规矩，构建“清”的好生态，坚决查处重点领域、关键岗位和群众身边的“四风”问题和腐败行为，开展监督检查工作36次，发放督查通报10份，约谈提醒80人次，办结信访件3件，办结案件16件，党纪处分16人，政务处分1人，诫勉2人。

【服务型政府建设】 2022年，审核行政性合同29件，重大行政决策1件，提出法制审查意见139条，建成莲都区合法性审查中心紫金街道合法性审查分中心；率先在全区开展开放式小区“开转封”试点、社区准入事项试点等工作；推进“大综合一体化”执法改革，授牌成立紫金街道综合行政执法队。

（潘悦）

白云街道

【概　况】 2022年，白云街道总面积37.7平方千米，下辖7个社区、4个行政村（丽光村于12月30日撤村）。全街道总人口91483人，其中，社区人口67990人，行政村人口8636人；户籍人口29202人，其中，农业户籍6967人，社区户籍22235人。耕地面积1.8公顷。

全年实现工业总产值6300万元，增加值900万元，来料加工1900万元。强化街道、村两级书记抓“消薄”，四个村的村集体总收入达409.58万元，比上年增长301.5%，经营性收入均达20万元。招商引资完成3000万元，实现税收200万元。

【经济发展】 保障商贸经济发展，吾饭直播电商成功落户，获评浙江省首批百家电商直播“共富工坊”，年销售额近1.4亿元，提供就业、创业岗位1800余个。坚持把“双招双引”作为战略性先导工程，利用绿谷信息产业园、数字经济双创园、水街基金产业园等资源优势，组建工作专班，“一把手”带队招商，共招引企业23家，引荐落户碧湖高溪3家，为地方贡献税收达2亿元。引进A类院士类项目1个，EVG净食机项目亮相人才科技周。招引大专和本科毕业生218人，研究生2人，柔性引进博士研究生8人。获莲都区第四届“乡村振兴人才”技能技艺竞赛团体一等奖。争创一流营商环境，释放助企纾困、人才新政等政策红利，服务各类限上企业19家，批零住餐营销额指标领先全区。

【基层智治】 社区均建有350平方米以上的党群服务中心，建有13个网格驿站。11个村社细分为95个网格440个微网格，引入1025名在职党员干部、物业职工、居民等加入治理团队。实现融合型大社区大单元每万人口18名社工配备，其他社区每万人口14名社工配备。创新发展了嘉悦驿站、“五心五助”特色活动、丽人共富等社区服务品牌，并实现常态化运行。嘉和议事厅、网格驿站等做法受到省、市媒体报道，成功打造全市现代社区建设现场会3个点位，获得省、市、区领导的一致认可，吸引各级参观学习46次1100余人次。完成陈道门现代社区整体跃升方案设计，新增社区卫生站、百姓健身房，数字驾驶舱等，打造好社区15分钟生活圈。街道综合行政执法队行使文化旅游、建设、农业农村、林业等领域执法事项40项，均按时结案。

【平安建设】 完成党的二十大安保任务，调解各类纠纷案件247件。上门反诈宣传服务率达100%。举办法治讲座12场、法治宣传活动20场，开展反邪教宣传和法律咨询服务活动，参与500余人次，发放宣传资料3000多份。与辖区内企业、商铺、个体工商户等签订安全生产、消防责任书2100份。组织消防安全、食品安全检查共72次，检查企业和沿街店铺398家。对263幢经营性（租住）自建房开展综合治理专项行动，整改问题隐患500

处，整改合用场所105幢。拆除灯塔一村、城西四期临时工棚等违法建筑3200平方米，清理丽阳溪河道10千米，完成清障16处，累计完成拆违24269平方米。联合执法部门对星火商城楼顶5块大型户外广告牌进行强制拆除，配合职能部门开展城镇燃气专项整治3次。

【社会保障】 完成基本医疗保险参保率99.94%、养老保险参保率99.57%，浙丽保征缴率96.23%，发展公益性岗位7个。对44户60人低收入农户实行“一户一策一干部”机制，均实现人均可支配收入11670元以上。落实好对低保、残疾人、农村“三留守”等特殊群体的帮困扶助，发放民政资金1467215元，临时救助25人34850元，发放优抚对象慰问金28600元。完成退役军人建档立卡，慰问困难军人、两参人员，发放慰问金。高校毕业生就业帮扶率100%，辖区内实现欠薪案件零发生，完成失地保险参保和43个街道级、村级民生实事项目。完成3个共富工坊建设，吸纳就业250余人，吸纳低收入农户75人，实现人均月增收2500元。

【环境整治】 2022年，完成辖区基础设施修补、修缮30余处，消防设施更换2000余个，外墙脱落修缮16处，绿化补植面积4160平方米，养护面积17182平方米，公益广告换新270余处，环境卫生整治点位2500余处。完成区级交办单27个，整改点位653个。保障20个民生项目落地，创成美丽城镇建设山区县城城镇省级样板。处理中国铁塔蓝天卫士秸秆焚烧预警平台8起。完成疫木清理5.2吨，妥善处置森林火灾1起。完成南明新村、公安经济适用房等老旧小区改造，惠及居民1000余户。完成2个垃圾分类高标准小区创建和17个垃圾分类“定时定点”小区创建，新建36个垃圾房(亭)。完成两级河长巡河330余次。投资2440万元完成21个小区482个问题点位整改。辖区内涵盖了大学2所，中小学、幼儿园19所，丽水旅游学校、莲都区城西学校初中部项目在8月完成建设。

【政治建设】 围绕党的二十大精神和省、市、区党代会精神等开展专题学习和宣讲，开展专题党课200余次、专题研讨65次，确保深刻领悟“两个确立”，做到“两个维护”，严格落实“第一议题”制度，贯彻习近平总书记系列重要讲话精神和批示指示精神。抓实村(社)党组织书记履行第一责任人职责，用好村(社)党组织“三考三比”机制，通过月晾晒、季擂台、年奖惩，推动全区中心任务、重点工作一贯到底、落地见效。完成人大建议、政协提案主办件办理3件。加强党对工会、共青团、妇联、科协等群团组织的领导。

【组织党建】 突出以“七张问题清单”抓党建，发挥“大党委”统筹优势，新吸纳社区党委委员13名，与丽水学院等36家单位开展党建联建，红色议事联建机制获省、市点赞。抽调村社干部组建专班，对下属的63个党组织设立亮点清单和问题清单，谈话提醒12人次，书面提醒4人次。开展村社党员干部“135”梯度储备，储备“一肩挑”人选9名，新发展党员11名，完成率122%。深化流动党员教育管理，新纳管195

5月11日，白云街道“五访五促”干部大走访工作推进会召开(白云街道 提供)

名，推进核查1897名。

【从严治党】 制定《2022年白云街道党风廉政建设和反腐败工作组织领导与责任分工》《党风廉政建设和反腐败工作的组织领导与责任分工》。依托“联百村”压实监督责任，依托“阳光村务”平台开启基层监察智治，通过基层小微权力平台审批劳务用工400余批次、采购1300余批次、工程项目报销24笔、公章使用900余次，接收廉情直报250余条，监督一点通1200余次，累计追回集体损失13645元，党纪处分5人，诫勉1人，责令书面检查1人。开展廉政文化宣传月活动，通过组织参观南明山街道廉政文化馆、收看廉政微电影、进行专题培训等方式，警示教育1500人次。

（胡在真）

万象街道

【概　况】 万象街道辖区总面积7.26平方千米，下辖7个社区（丽阳门、左渠门、凤凰、大水门、厦河门、府前、梅山）和4个城中村（丽华村、丽南村、水南村、城南村），200个居民组、28个村民小组。全街道总户数21651户，其中，农业户2854户；户籍人口50114人，其中，农业人口5919人。2022年12月，街道开展撤村建（并）居工作，丽南村、水南村、城南村并入凤凰社区，丽华村并入厦河门社区。

辖区内共有耕地面积约17公顷，山林面积约169公顷。2022年，财政总收入3829.60万元；4个村的集体经济总收入949.09万元。

【招商引资】 坚持把招商引资作为“一号工程”，建立组织牵头、党员示范、全员参与的服务模式，优化营商环境。引进26家企业，其中，纳爱斯集团生态资源研究及产业化项目——生态产业综合楼项目落地万象辖区水南路与括苍路交叉口西南侧地块，该地块被纳爱斯集团以6180万元的价格拍得，计划投资2.6亿元。新增税收收入1987.6万元，其中，留莲税收798.8万元。

【重点项目推进】 2022年，完成城西菜场区块等9个市、区重点政策处理项目的销号。国际数码影像中心项目涉及房屋征收总户数284户，签约率100%，截至12月底，房屋腾空率超90%，部分房屋已拆除。

【全国文明典范城市创建】 对标全国文明典范城市创建要求，打牢工作基础，基础设施建设、环境秩序治理等方面工作齐头并进、全面发力。完成绿地补植3000平方米，养护18000平方米。开展“六乱”整治、环境整治提升工作，处理垃圾560吨，完成交办单3600余张。针对开放式小区、城中村飞线充电乱象，通过以奖代补形式开展专项整治，完成整改1800余户。完成5处思想文化长廊改造，开展基层文明创建、文明城市创建宣传教育、新时代文明实践志愿服务等活动共计120余场，参与2万余人次，开展社区未成年人思想道德建设活动共计61场，参与2600余人次。

【撤村建（并）居工作】 分类指导，因村制宜，精准实施，有序开展撤村建（并）居工作。逐村研究解决撤村建（并）居工作中的重难点问题，对辖区4个行政村逐村梳理集体资产、债权债务、历史遗留问题等情况。组织街道撤村建（并）居工作小组联合各村一肩挑、双委干部开展宣传走访，累计走访2400户，走访人数达5000人。组织村民对撤村建（并）居事项进行投票表决，顺利完成4个行政村撤村建（并）居工作。

【“治危拆违”工作】 完善部门、街道、村（社区）、网格四级巡查链条，与建设、执法等部门协同配合、整体推进，加大汛期、台风等重点时段巡查，鼓励户主对C级危房进行加固，对D级危房腾空的居民发放搬迁腾空奖励补助资金，防止居民回搬。完善“一违一档”台账资料，摸清底细，打击辖区内违章建筑，遏制辖区违法建设现象蔓延。完成拆违共计30375平方米，拆违完成率达121.5%，土地利用率达80%。

【垃圾分类】 2022年，完成2个住宅小区创建任务，组织宣讲54场次，参加4359人次；开展垃圾分类进小区入户宣传，入户宣传2800多户，发放垃圾分类宣传资料和倡议书8000余份；开展垃圾分类工作专项督查4次，督促工作进度，指导居民正确投放垃圾，引导全社会了解、支持和参与生活垃圾分类工作，推进街道生活垃圾分类处理持续发展。

【平安综治】 建立健全分析研判例会制度，定期召开专题会议分析维稳形势，提前预判和处置苗头性、倾向性问题，提高平安"边际线"。受理来电来信来访网信484件，其中，来电343件，网信120件，来信15件，来访6件。调解矛盾纠纷案件163件。

【社会保障】 宣传社保政策，推广"浙丽保"，引导督促村（社）群众参保，确保养老、医疗保险全覆盖。实现基本养老保险全民参保率99.53%，基本医疗保险全民参保率99.87%，"浙丽保"参保率96.65%。退休人员待遇资格认证8784人，完成率99.83%。

【民生实事】 确定街道级民生实事10件、村（社）级民生实事33件，拨付80万元专项资金保障民生实事项目落地。按照"一人一重点、领办解难题"原则，街道班子成员立足本职领域，明确时间节点交办任务，实行"周汇报、月督查、季总结"的跟踪问效机制，推动民生实事项目落地完成。

【学习贯彻党的二十大精神】 将学习宣传贯彻党的二十大精神作为首要政治任务，组织党员干部、"8090"后青年宣讲员等打造"小巷宣讲团"，以身边人说身边事的方式，用小故事讲好大道理，通过快板说唱、三句半等群众喜闻乐见的文艺形式，把理论"唱出来""演出来""展出来"，让理论在群众中"活"起来，累计宣讲16场，参与群众640余人，推动党的二十大精神、省第十五次党代会精神在万象街道落地落实、见行见效。

2022年11月，全市首个商圈专属网格——处州府城网格驿站设立

（万象街道 提供）

【现代社区工作】 以党的建设统领整体智治，推进"党建＋微网格"工作，建立33个小区党支部、57个网格、250个微网格，发挥好"1＋3＋N"人员力量，形成"街道—网格—微网格"治理体系，建强做实网格触角。发动社会力量参与社区治理，聚焦"一老一小"，以多元社会力量拓展服务内容。开展"党群连心·网格走亲"活动，组织下沉党员干部包干联系住户，建立服务任务清单。在下沉党员中筛选33名热心医务人员，成立"医疗志愿服务队"，开展"义诊夜市"3场，服务周边群众600余人次。设立全市首个商圈专属网格——处州府城网格驿站，将商圈纳入社区网格管理范围，开展常态化管理及服务活动，引导商户文明经营、群众文明消费。

（张艾佳）

联城街道

【概　况】 2022年，联城街道辖21个行政村、2个社区，总人口21217人。承接市、区两级重点政策处理项目35个，涉及土地征收面积186.67公顷，攻克了2018年城中村改造遗留建房拆除、衢丽铁路毛宅口临时用地项目清场交地以及凤鸣大搬快聚项目等重难点，推进港口花园大道、党建鲜花口袋公园建设，治脏、治乱、治堵成效明显。获评全市平安护航党的二十大系列维稳安保工作成绩突出集体，被授予市高水平巩固国家卫生城市工作集体三等功。

【工商业发展】 新引进注册企业10家，截至11月底，新增税源地方贡献650万元，排名全区第二。港口村被列入山海协作乡村振兴示范点项目，2022年一期项目完工，7720平方米的共富停车场、217米的莲义路、232米的连心小花坛、50米的爱心护栏等基础设施投入使用。梳理辖区内一产、二产、三产企业和规模较大个体工商户共39家，每家企业确定一名联系领导和联络员，零售、餐饮分别增长51.4%、27.7%。培育商贸类限上企业2家，工业规上企业1家。

【乡村振兴】 推进联享强村公司实体化运作，建立“1+1+1”资金整合助推村集体发展模式，盘活村集体资金7451万元，强村公司经营性收入超250万元。完成村集体增收目标，其中，3个村经营性收入达50万元。建成共富工坊服务站1个、共富工坊服务点4个，为270余人提供就业岗位，人均月增收2500元。大力推动分布式光伏，完成备案0.67兆瓦、并网0.53兆瓦，完成集中式光伏（农光互补）土地预留转工作。加大农民培训力度，完成低收入农户“菜单式”产业帮扶资金共18.5万元，巩固脱贫成果，带动农民增收。

【民生实事】 2022年，街道级民生实事10件，村（社区）实事69件。街道级实事完成10件，完成率100%，村（社区）实事完成66件，滞后3件，完成率95.7%。完成2022年农村供水保障工程苏港村、下林村、瑶畈村（老竹水厂）管网延伸等项目建设，开展节水抗旱，应急打深井14口，解决了村民的吃水问题。完成下林村如山山塘综合整治工程（省民生实事）、朱坑水库综合整治提升工程，确保山塘水库安全运行。坛峡村、下林村、张村街村、官桥村水毁修复工程，苏港村、莲景村、坑口村“6·29”水毁民生实事工程等项目都在汛期前完工。

【社会保障】 完成辖区内城乡居民养老保险参保工作，参保率99.71%；完成辖区内人员生存认证工作和124个被征地指标的参保工作，协同社保中心追回358016.3万元违规参保被征地人员多发待遇。完成医保工作考核任务，实现联城街道户籍人员城乡居民医疗保险参保率99.79%；“浙丽保”参保率97.16%。

【矛盾纠纷调解】 2022年，签收群众来信来访604件，其中，来信10件、来访10件、网上信访件105件、电话件479件，办理答复604件，答复率100%。2022年成功调解矛盾纠纷88件。村（社）级口头调解136件、形成卷宗的6件，主要涉及土地纠纷、家庭婚姻纠纷和物业纠纷。

（吴政凌）

南明山街道

【概　况】 南明山街道辖区总面积108.86平方千米，其中，城市规划面积58平方千米，下辖27个行政村、8个社区，农村户籍人口3.41万人。有67个农村党组织，27个社区党组织，1469名农村党员，157名社区党员。村集体经济总收入3329.94万元，其中，经营性收入2222.9万元，同比增长41.47%。27个村均完成“25+15”目标，村集体收入“百万元村”10个，年经营性收入超50万元村14个，占比超50%。

【基层党建】 聚焦党的二十大精神学习贯彻，推进“六学六进六争先”活动，班子成员带头进村入社开展宣讲，各基层党组织结合实际组织各类学习贯彻活动200余场次，“听党话、跟党走”氛围进一步浓厚。组织基层党务工作“查学比”活动，村（社）党员组织生活参与率提高至80%以上，2个后进党支部整转成效明显。完成农村发展党员违规违纪问题排查整顿工作，制定《发展党员操作手册》，建立党员高质量发展长效机制，18名新发展对象年龄、学历呈现“一降一升”。

【服务发展】 2022年，实施61个项目，完成投资1.8亿元，涵盖

8月23日，南明山街道开展“党群连心·网格走亲”活动和暖心志愿服务

（南明山街道 提供）

市政供水、花园乡村、精品村庄建设、污水处理等各公共服务领域，覆盖24个村(社)。获批精品村庄建设工程专项债资金5000万元，成功申报全市首个“强基共富”专项债项目，总投资13.4亿元。划定171个网格、1379个微网格，搭建“街道大工委—社区大党委—村社党组织—楼道党小组”四级组织体系。开展“党群连心·网格走亲”活动，“六率”名列全市53个一类乡镇(街道)首位。

【乡村振兴】 发展莲、果、蔬等优势特色农业，处州白莲、白枇杷纳入“丽水山耕”品牌，白岩村“飞雨”大米商标顺利注册，农业总产值同比增长6.85%。农村居民人均可支配收入达36602元，同比增长8.4%，高于全市平均水平28.5%。集体经济不断壮大，强村公司探索市场化运营，成功入驻“政采云”平台，并与多个单位达成合作协议，营收利润提高近2倍，排名全市第二。村级集体经济巩固提升工作考评连续三年保持全市前列。

【社会事业】 做好困难群众帮扶工作，累计发放低保低边、困难儿童、退役军人及其他优抚对象等各类救助补助资金957万元。“浙丽保”、城乡医保、养老保险等参保率均超95%，参保率均位居全市乡镇(街道)前列。在全市率先完成省、市民生实事任务，残疾人之家数量位列莲都区首位。高质量完成大源新村60户农民的建房“零跑腿”审批服务工作。举办“乡村振兴杯”篮球赛、插秧节等文化活动和文艺演出20余场，送文化、送电影进村180场。

【和谐治理】 推进数字化改革。探索数智赋能基层治理新模式，谋划大党建、大发展、大民生、大安全、大管理。启动森林防火、防汛防台、危旧房治理、地质灾害隐患监测。推进“除险保安”，开展安全生产百日攻坚、“除险保安”、农村自建房安全排查整治三大专项行动，建立问题清单、整改清单和责任清单，隐患排查整改底数清晰。电信网络诈骗案件发案率、损失金额分别下降35.6%和38.1%。开展防汛防台基层体系建设、地质灾害隐患点治理等工作，实现全域安全稳定。

（叶倩雯）

碧湖镇

【概　况】 2022年，碧湖镇总面积220.2平方千米，辖43个行政村、1个社区、610个村民小组。全镇户籍人口62928人，总户数31024户，其中，农业人口53385人，城镇人口9543人，流动人口23437人。农业用地19286.67公顷，占全镇总面积的88.0%，其中，耕地4533.33公顷，园地1346.67公顷，林地12726.67公顷，其他农业用地686.67公顷；建设用地1886.67公顷，占全镇总面积的8.6%。

全年实现农业总产值11.55亿元，同比增长4.8%；工业企业增至707家，新上规企业22家，规上工业总产值69.05亿元，同比增长23.55%；财政拨款收入2.32亿元。村级集体经济总收入2474.21万元，增长22.8%，其中，经营性收入1134.89万元，增长31.87%；强村公司产值842万元，利润261万元。农民人均收入3.95万元，增长25.4%。年末银行存款余额44.08亿元，增长25.9%。

2022年，碧湖镇创成美丽城镇建设省级样板镇，与大港头镇共同创成莲都“古堰画乡·诗画田园”县域风貌样板区，入选全省首批跨乡镇全域土地综合整治试点，获评省级清廉村居建设示范乡镇（街道）、浙报集团融媒共享联盟（丽水）2022年度宣传共富好声音奖。碧湖镇新治河绿道入选全省最美绿道；九龙村获评省级美丽乡村特色精品村；郎奇村文化礼堂、碧一村文化礼堂获评浙江省五星级文化礼堂；碧湖镇人民调解委员会西乡调解工作室被命名为省级金牌人民调解工作室；堰头村被浙江省农业农村厅纳入第二批未来乡村。

【现代农业】 实施科技强农，新型科技农业成为区域标杆。总投资15亿元、全市最大农业单体项目领源现代农业示范园落地开工。华统畜禽、宜弘牧业等畜牧业龙头企业项目稳步建设。深化机械强农，投资1200万元新建灌溉渠道9.62千米、机耕路23千米，完成非粮化整治87.46公顷，新改建高标准农田200公顷。全年水稻种植面积1033.33公顷，粮食产量超1万吨、蔬菜产量9.56万吨、生猪出栏10.24万头、家禽出栏348万羽，产出量均占全区一半以上。

【文旅融合】 推进美丽乡村建设，完成郎奇村、章塘村、碧一村等村主要节点打造，实现石牛村、高溪村、九龙村品质提升，获评星级景区村6个。民宿农家乐接待游客21.8万人，直接营业收入2300万元。加强本土文化传承，鱼跃酿造酱油技艺、南山中医骨伤科入选省非遗代表性项目名录推荐名单，李氏钉秤等4家工坊获评区级非遗工坊。举办首届龙舟体验活动，虎年云上春晚多次被浙江卫视报道，2022年金秋购物节吸引游客上万人。

1月，碧湖镇虎年云上春晚录制现场（任斌 提供）

【空间聚合】 完成“三区三线”划定，新增建设用地4.5平方千米。开展有史以来规模最大的空间聚合行动，完成九龙大桥东侧地块、工业路两侧等16个项目85.13公顷土地清场，同比增长218%，完成黄塘窑周边A5地块、江滨路道路工程等17个项目66.46公顷土地组件上报以及纳爱斯项目二期、碧湖大桥等10个项目94.2公顷土地测量。完成采桑路东边出让地块、大众街中段产业园区块两大历史遗留项目政策处理，推进南山、郎奇、高溪片区40.25万平方米房屋征收，其中，郎奇、南山片区以及高溪湾竹、山根、黄塘窑老村区块协议已生效。完成章塘、概头等6个村100.73公顷土地流转，同比增长1118%，超额完成全年任务指标，完成建设用地复垦7.46公顷，其中，一户多宅4.14公顷，总量居全区第一。协同完成工业用地回收32公顷、土地出让14.46公顷。

3月9日,“我在新城种棵树”活动开展(碧湖镇 提供)

【城市建设】 2022年共实施项目106个,完成年度投资67.24亿元,其中,镇域生态整治及环境修复、镇区配套基础设施改造及环境整治等一批关键项目顺利完工,碧兴园商业综合体、丽水电大莲都学院等一批优质项目竣工验收,白桥双创中心、采桑未来社区等一批重点项目开工建设,石郎线、桃碧线改造、郎奇石牛供水工程、碧湖平原水系综合治理(一期)等一批民生项目高效推进。投入近亿元提升镇区环境,完成古井、碧一等新村基础设施改造和文一路、环北路等主要道路优化提升;推进“三改一拆”工作,完成拆违4.72万平方米;投入2000万元提升保洁、绿化、市政维护水平;实施镇区智能停车项目,增设智慧停车系统562个。

【富民安居】 推进“大搬快聚富民安居”工程,魏村二期、松坑口等安置小区加速建设,吸引全区6914名搬迁农户安置新城,其中,碧湖镇搬迁安置948人,超过近十年异地搬迁人数总和。新城时代、金湖佳苑等在建商品房小区8个,共计8036套;新城房地产网签面积达27.81万平方米,同比增长399%。遗留多年的南坑村惠明寺自然村搬迁安置问题得到解决。白口、高溪2个未来社区列入省第五批未来社区创建名单,玉桥、广福2个新建社区完成选址。全力推进富民增收工作,累计结对低收入农户1484户,发放低保金1840万元。

【社会保障】 健全社会保障体系,2022年,支出临时、急难型救助金56万元,发放产业帮扶补助金127万元、困难学生救助金15万元。城乡社会养老保险和农村医疗保险参保率均超99%,发放养老保险补助49万元,惠及117人。推进社会风险隐患排查整治,开展安全生产检查82次,完成问题整改193个,征迁安置等领域重大风险隐患得到妥善处置。推动矛盾纠纷化解动态清零,全年累计排查化解351起,挽回经济损失2312.8万元。

(吴海敏)

大港头镇

【概　况】 2022年,大港头镇总面积90.3041平方千米,辖10个行政村、1个居委、140个村民小组。全镇总户数6209户,其中,农业户5920户;总人口12489人,有外来人口807人。人口自然增长率19‰。山林面积6271.14公顷,耕地面积1212.25公顷,水田1141.48公顷。

全年实现工业总产值5300万元;2022年财政总收入17912.91万元。村级集体经济总收入769.27万元;农民人均收入37968元,同比增长8.8%。2022年年末银行存款余额2443万元。

【中心工作】 实施“大搬快聚富民安居”工程,2022年完成房屋拆除334户719人,安置254户708人。完成“一户多宅”清理整治11793平方米,位居全区第一;建设用地复垦项目动工面积8.79公顷,完工6.67公顷,动工和完工面积均为全区第一;完成光伏拟流转土地预流转119.93公顷,大港头镇被列为省级全域土地综合整治试点。争取江北区山海协作项目3个、结对帮促项目3个，合计资金312.9万元。探索建立人才招引激励措施，组团引才，引进博士研究生15人，硕士研究生6人，大学生171人，与清华大学合作成立全市首个文创类博士工作站，“古堰画乡·院士之家”成为全市首家“浙江院士之家”。

【现代农业】 立足本地优势，以茶产业、高山蔬菜为重点，壮大特色产业规模。提升农业机械化水平，推广山地轨道运输，实施种植基地标准化建设，把增加绿色优质农产品供给放在突出位置。与宁波江北合作打造全省首家“飞地党建”共富工坊——“莲北情·高山菜”三关六码头共富工坊，签订首笔订单587万元，以品牌创新推动生态精品农业发展。推进茶叶品种更新换代，新品种“奶白茶”价格是老品种“乌牛早”的6倍。2022年，茶叶扩面面积达53公顷，茶产量达980吨，产值1.98亿元，金叶子先锋直播间销售“莲城雾峰”茶叶破千万元。

【文旅融合】 依托古堰画乡油画特色，举办“鱼”你同框——碧湖未来新城全省摄影大赛等系列活动，为旅游市场攒人气、聚活力，大港头镇被评为首批“浙江省摄影之乡”，大港头村入选首批浙江省美育示范村。全市首家党建美术馆开业，与金叶子先锋直播间、百年党报馆等红色地标形成红色路线，古堰画乡成为首批丽水市干部教育教学五星基地，带动画乡旅游热度攀升。深入推进全域旅游、民宿农家乐行业品质提升，完成镇域旅游业“微改造”示范点建设3个，2022年，文旅投资2.61亿元，旅游市场逐步复苏。

【新城建设】 完成大港头垃圾中转站、河边茶叶市场等四个项目清场交地工作，为碧湖新城发展腾出空间。以镇区为中心，结合镇区“微改造”，加快基础设施建设和城市功能培优，补齐水、电、路、气、网等基础设施，完成大港头强弱电迁改工程、高地区块安置小区项目一期基础设施、供排水等一批重点工程，累计完成项目投资约1.5亿元，基础设施日趋完善。大港头社区获评省级未来社区，大港头村获省级未来乡村创建成效评价优秀等次。

【乡村振兴】 做好农业农村现代化的文章，抓好产业兴村，培育壮大村集体经济。推动8个“一村一个千万元级产业项目”落地，累计投资7334万元，帮助村民增收485万元，受益农户1207户。2022年，村集体经济收入达769万元，增长率全区第一；强村公司经营性收入303万元，位居全区第一。大港头村被评为2022年省级乡村振兴示范村，河边村被评为省级民族乡村振兴试点单位。完成大大线至上庄大中修项目并通车，新增西坑口、北埠等村村通路线14.7千米，为群众出行提供保障。

【民生实事】 对标申报创建8个“15分钟品质文化生活圈”，确定畲风、中共处属特委机关玉溪驻地旧址两处为乡村博物馆，纳入“浙文惠享”省级民生实事。完成云上民情地图、大港头镇区“微改造”、北埠村新时代文明实践站点扩面提升、困难群众居家数字化服务等镇级民生实事10件，完成村级民生实事30件。

【除险保安】 坚持人民至上、生

8月5日，全市首家党建美术馆开馆仪式举行（尤丽雅 提供）

命至上。打赢50年来罕见的大港头镇“6·20”洪灾抢险阻击战，实现人员零伤亡、三天内恢复生产生活。推进大港头综合应急队伍建设，打造“一主一副”双指挥中心，提升综合防灾减灾能力。开展自建房安全专项排查整治，对24幢危房进行修缮，全年未发生各类较大及以上安全生产事故。

【平安建设】 把平安稳定工作作为中心工作的重中之重，推进“平安画乡”建设。推进“基层治理四平台”体系架构迭代升级，推行镇村运行体系、网格体系、景区运维体系“三网合一”，形成严密的基层网格，按照“1＋3＋N”要求，配备网格46个，微网格55个，承接日常网格化治理应急管理任务。全年妥善处理平台交办件6302件，大港头镇被评为全区二十大维稳工作先进单位。

（王璐璐）

峰源乡

【概　况】 2022年，峰源乡总面积151平方千米，辖8个行政村，107个村民小组。全乡总户数4414户，其中，农业户4280户；总人口8647人。山林面积13065.27公顷；耕地面积1305.57公顷，其中，水田1104.03公顷。全乡平均海拔735米，植被覆盖率93%，气温比市区低5℃左右，年降雨量比市区多200毫米左右，负氧离子达8000~10000个/cm^3，具有独特的高山气候、资源、环境，是国家级生态示范乡，省级卫生乡。2017年，建立省级自然保护区，总面积5053公顷，分布有中华斑羚、蛙类新种（丽水树蛙、丽水异角蟾）、九龙山榧树等珍稀濒危野生动植物。

2022年，财政总收入10182.98万元，增长27%。村级集体经济总收入627.31万元，增长17%；农村经济净收入359.45万元，增长277%。

【党建统领】 把握意识形态工作主动权，依托主题党日、专题党课等形式，组织党员干部学习党的理论创新成果，做到笃学笃信笃行。开展理论学习中心组学习24次，专题研讨4次，开展党的二十大精神宣讲活动15次。坚持“好中选优、优中选强”原则，把好党员发展入口关，新发展党员5名，转正党员10名。紧抓基层党建，开展三级干部大走访，每月开展村（社）党组织“三考三比”工作，每季度开展峰源乡村党组织书记赛比会，通过逐村“望闻问切”，发挥党组织争优创先带头作用。落实各级党组织主题党日、党课、民主评议、组织生活会等各项组织生活，确保基层党建工作开展。壮大“红色峰小跑”志愿服务团队，创新“群众下单、党员接单”模式，落实“三包”服务，开展志愿服务助产助销。2022年，“峰小跑”帮助村民代购代送物资，接送老人，助农销售西瓜30余吨、玉米10万余吨。

【富民安居】 2022年，峰源乡把“大搬快聚”作为乡党委政府一号工程来部署推进。全年共签订搬迁协议739户1925人，房屋腾空拆除850户1986人，全年累计发放大搬快聚搬迁补偿1.19亿元，超额完成年度目标任务。推进“一户多宅”清理整治，加强和规范农村宅基地和建房管理，共计拆除“一户多宅”房屋77宗，累计拆除占地面积7481.95平方米，完成率149.62%。重点围绕“大搬快聚”和“一户多宅”清理后的农村建设用地，推进土地复垦，截至2022年底，建设用地复垦累计立项9公顷，完成区级下达指标的178.8%，为全区发展空间优化调整做出贡献。

【双招双引】 2022年，共完成10家企业招引，其中，建筑关联企业4家，贡献全口径税收20余万元。抓好“招才引智”工作，利用乡贤、侨胞资源，引进急需紧缺人才，完成大专以上人才招引52人，其中硕士研究生招引3人，博士研究生招引4人，招才引智完成率达602%。

【高山农业】 围绕打造“生态有机农产品供应地”，以“峰源1000”为品牌支撑，采取“强村公司＋村集体＋农户＋社会资本”发展模式，利用股份合作、资产租赁等方式，与“两非”整治、招商引资、村集体经济巩固提升等工作紧密结合，发挥出闲置土地和复垦土地的资源价值，2022年完成非粮化整治106.66公顷，全部用于发展高山农业，直接带动正岙门、新砀、郑地等村100余户农户增收。探索具有峰源特色的林下经济发展路子，全年新开发林下荒野茶种植面积3.33公顷，新增黄精等中药材种植面积13.33公顷，意向流转羊肚菌、赤松茸等高品质食用菌种植面积1.33公顷。

【旅游产业】 针对2022年高温干旱的极端天气，推动以纳凉为特色的休闲避暑游，全年新增民宿床位近50个。水牛坪、猕猴峡、大山峰森林公园等网红打卡点国庆期间接待游客再次刷新纪录，达2万余人次，带动周边农家乐民宿增收200万元以上，体现出峰源避暑胜地的生态价值。

【生态环境】 2022年，开展大气污染防治，采取“宣传教育＋巡查＋‘一张网’”形式，开展森林野外用火巡查，整治处罚秸秆焚烧行为6起，全年实现森林火灾零发生，推进峰源生态屏障建设，加强对大山峰森林公园、峰源省级自然保护区等生态敏感区、脆弱区的保护和修复。巩固生态公益林建设成果，全年完成国土绿化面积16公顷，森林抚育面积80公顷，2022年全乡公益林面积3471.27公顷，松材线虫防治年度任务在全区率先完成。推进“三改一拆”“五水共治”“六边三化三美”等工作，全年拆除各类违法搭建的农业生产构筑物面积3520.51平方米。筹措资金改善村庄居住环境，庞山源头村外立面改造项目、夏庄新村居民点路面硬化项目顺利完成。峰源乡创成红色示范乡镇，庞山村创成红色示范乡村。

【基础设施】 2022年莲都区正岙门至郑地“四好农村路”项目顺利完工，西坑至月岙、新砀至刘坑等产业基地道路硬化全面完成，木寮、西坑、孙畲等自然村实现公交畅通。推进农村河道综合整治、小型农田水利建设和水源地保护工程，毛山下吴、庞山新村等村完成农村饮用水达标提升改造，正岙门村污水管网建设开工。大顺坑被评为省级美丽河湖。推进正岙门、郑地、新砀、夏庄等村农田宜机化改造，全年硬化机耕路8520米，新增山地运输轨道车1800米。

【民生实事】 2022年，峰源乡卫生院迁建项目主体结顶，郑地村卫生室完成规范化建设。做好社会保障工作，全乡城乡居民基本医疗保险参保率达100%，社会基本养老保险参保率达99.45%，“浙丽保”参保率达到96.73%。峰源乡居家养老服务中心项目完工。庞山、正岙门村两个乡级节地生态公墓完成主体工程。新砀村便民服务中心建成投用。推进区、乡、村“三级联动办实事”行动，全年共完成乡级民生实事10件，村级实事24件。

【扶贫增收】 聚焦“两不愁三保障”，认真落实“一户一策一干部”帮扶机制，全面完成全乡550个低收入农户的数据更新和信息化系统完善工作，累计发放低保金、救助金、优抚金等489.3万元。积极开展产业帮扶，累计申报产业帮扶资金50余万元，惠及群众209人。有序推进低收入农户危旧房建档立卡，完成危房修缮3户。做好村集体消薄工作，通过乡级联建和各村自建等形式，2022年，强村公司净利润达160.71万元，8个行政村集体经济平均收入78.4万元，经营性收入平均25.3万元。

【社会治理】 发挥“指挥中心＋四个平台＋全科网格”的基层治理体系作用，掌握村情民意，跟进问题处置。2022年通过“四个平台”受理案件4469件，结案4469件，结案率100%。化解矛盾纠纷，全年共调处各类矛盾纠纷18件。推进法治政府建设，新砀村、库坑垟村被评为省级民主法治村。

（陈克霏）

太平乡

【概　况】 2022年，太平乡总面积105平方千米，辖19个行政村，全乡总户数11188户，总人口23004人。有常住人口1.02万人，外来人口500人（包括灵康项目及程翔矿业员工）。人口自然增长率-5.66‰。山林面积8724公顷；耕地面积1050公顷，其中，水田80公顷。全年财政总收入

10504.20万元，增长32.64%。村级集体经济总收入1414万元，增长13.64%，农村经济净收入359.45万元，增长119.24%。太平乡在莲都区2022年度岗位目标责任制综合考核中获综合优胜等次。

【经济发展】 2022年，太平乡辖区规上企业程翔矿业实现产值近2亿元，工业企业亩均效益综合评价获A等。协助灵康小镇跨江建设项目及2号地块规划调整，妥善解决历史遗留问题，促成项目开工。截至12月底，2号地块部分建筑物已经结顶。

【双招双引】 用好引才驿站、引才大使等招引机制，结合“三级干部大走访”对本地户籍毕业生就业意向等进行摸底调查，引进大学生70名，其中，博士研究生4名，硕士研究生2名。推进村级乡贤侨眷联谊建设，发挥乡贤侨眷作用，鼓励乡贤侨眷参与家乡项目建设、结对扶贫等工作。2022年，在太平乡政府牵头下，成立全市首个侨助共富基金，募集资金20万元。加快企业招引，2022年，太平乡引进税源7家。完成个转企4家，完成任务的300%。

【农业发展】 围绕太平乡“两园三圈”发展定位，推进“红绿”融合发展。推进太平乡吴弄、长乐、城头村千亩茶园建设，完成土地流转，引入工商资本，完善配套基建设施，为吸纳农村富余劳动力、实现农民就地就近就业增收提供重要途径。举办第六届枇杷节活动，进一步扩大枇杷产业知名度，宣传效果获央视《朝闻天下》栏目点赞。

【村集体收入】 2022年，太平乡各村总收入达1412余万元，同比增长13.5%；经营性总收入达443余万元，同比增长53.9%；太平乡强村公司利润达220余万元，同比增长超过400%，居莲都区前列。19个行政村全部达到“20＋15”工作目标，太平乡太平村经营性收入突破50万元。为解决太平农民枇杷滞销难题，太平乡强村公司帮助农民线上线下销售枇杷25吨，稳定市场价格。

【基础建设】 巩固提升农村供水保障，太平水厂改造，学坑、汤山、富源、大畈、木后等饮用水工程完成建设并通过验收，完成高岭头、楼根、水头等多处山塘水库整治工程，解决2019年雷公坑山塘整治工程遗留问题。太平乡2021年基础设施提升改造项目通过区级验收，太平乡太平村垃圾中转站项目主体工程结顶。完成多个“一事一议”项目，太平乡竹舟村便民服务中心项目完成竣工验收，太平乡横岗、小安便民服务中心主体结构完成，太平乡下夭、城头、大畈等村“一事一议”项目完成初验。配合丽水市铁塔公司完成吾古村基站建设，可承载灵康杏福小镇及周边道路手机用户5000人。

【乡风文明】 结合争创全国文明典范城市工作，开展文明实践活动，更换更新公益广告69处，绿化苗木植株栽种600平方米，提升游步道1450米。开展“六乱”整治行动，整治点位200余

9月2日，太平乡侨联成立大会暨侨助共富基金成立仪式举行(江松涛 提供)

1月18日，太平乡吴弄村茶园“茶海”石碑落座（谢晓燕 提供）

处，出动人员1500余人次。在春节、端午、中秋等传统节日期间，举办各种文艺会演和群众性活动82场。实施“春泥”计划，举办防溺水等科普宣传和未成年人活动8场。参与“莲都有礼”文明实践活动，举办“社区家庭教育进农村文化礼堂”教育活动莲都专场。开展常态化卫生整治工作，太平乡太平村获评丽水市第二批精品花园乡村。完成“浙文惠享”省级民生实事11个点位的“15分钟品质生活文化圈”创建工作，丰富群众的文化娱乐生活。申报创建太平乡竹舟、留龙、富源AAA级景区村，新增旅游公厕1个。

【社会安全】 推进危房治理改造，建立危旧房巡查制度，完成自建房安全隐患大排查，2022年，对66户无人居住的D级危房采取硬隔离措施，恢复重建20户，通过“腾、拆、修、控”完成治理100%。牢固树立安全第一的思想，落实安全生产“一岗双责”，全年未发生各类人员生产事故，安全生产态势平稳。开展食品安全检查，共出动检查人员236人次，组织开展端午节前、国庆节前、食品安全示范区创建等专项整治行动9次，做到不漏项、无死角、底数清、问题明，并及时督促整改，责任到企、责任到人，问题整改率达100%。完成C、D级食品单位督导157家，实现包保干部对经营主体的全覆盖。组织农村家宴厨师18人进行培训和体检并建立档案，食品安全业务培训覆盖率达100%。

（钟伊尹）

雅溪镇

【概　况】 雅溪镇镇域面积156.65平方千米，是著名的革命老区、国家级生态乡镇。全镇共辖19个行政村，户籍人口21263人，常住人口7015人，党员942人，党支部31个。耕地面积775.93公顷，林地面积12699.93公顷，园地面积222.53公顷。省级公益林分布广泛，占镇域面积的61%。金丽温高速公路、丽和公路和双滴公路穿境而过，距镇区3千米的洪渡村有高速公路互通。

雅溪镇获评2022年度浙江省美丽城镇建设基本达标城镇、浙江省美丽乡村示范乡镇。雅溪镇库川村获评省级清廉村居建设示范村、岱后村获评2022年度浙江省美丽乡村特色精品村。

2022年，雅溪镇“浙丽保”参保人数16229人，参保率96.54%；城乡基本养老保险参保率99.5%，城乡基本医保参保率达99.87%。保障残疾人基本生活权益，全镇享受残疾人护理补贴468人，集中托养15人，生活补贴407人，办理残疾人及残疾人子女助学73人次。落实“一户一策一干部”结对帮扶工作，开展低收入农户帮扶8020户次，发放资金803.9038万元，完成全镇低收入农户822户1055人建档立卡，解决低收入农户“两不愁三保障”问题。帮助全镇低保对象629户835人、低边对象34户52人、特困对象124户125人健全低保档案管理，2022年，对47户52人给予临时救助共计15.6513万元。推进“大搬快聚富民安居”工程，完成资格审查943户1966人，完成房屋拆除并安置

437户1226人。推进“一户多宅”清理整治工作，累计拆除12660平方米，累计建设用地立项8.8233公顷，建设用地复垦动工5.27公顷，建设用地复垦项目完工2.618公顷。完成城乡房屋安全大排查整治工作，排查房屋6095处，共排查出存在安全隐患房屋246栋，对存在重大隐患的D级危房及时隔离并积极解危。成立“周丽平应急排”，组织民兵支援地方建设，出动民兵参与防台防汛等工作。

2022年，总投资1000多万元的镇区绿化改造等4个项目基本完工，改善了人居环境。全流程做好环境整治，建立村居环境工作“周检查反馈，月打分排名”的常态化考评机制，全年共下发交办单219份，整改完成交办点位798个，提升环境卫生整治的质量和效率，西溪村小学旁公厕获评省级星级农村公厕。坚持“五美”融合，立足于革命老区地域优势打造集环境美、生活美、产业美、人文美、治理美的美丽城镇新画卷，2022年，雅溪镇成功创建省级美丽城镇，库川村获评省传统村落保护提升合格村，雅溪镇便民服务中心获评2022年度莲都区乡镇（街道）花园政务大厅示范点。将“五水共治”工作列入每月村级“三考三比”考核，镇级河长巡河120次，村级河长巡河720次，确保水常清、岸常绿、景常美。提升改造污水管网和污水处理设施，2022年投入1819.05万元，其中，双溪村36万元、上黄村70.8万元，实现处理设施“覆盖率”“达标率”双提升，全域提升人居环境质量和生活品质。

2022年，雅溪镇在全区优秀消薄项目大比拼中获得一等奖。镇强村公司全年经营性收入达171.1万元，同比增长3.6倍；全镇集体经济总收入达826万元，增幅达17%，其中，经营性总收入达336万元，增幅50%；所有行政村经营性收入均超15万元，达标率较上年提升84个百分点。村集体经济多渠道增收，打造“第一书记”党建联建体系，将省浦发银行、市农投公司、区派第一书记及所在单位与结对村进行联建，纳入党建“责任田”队伍。通过建造光伏发电、出租河道、举办溪鱼节等措施，培育能促进村集体增收的特色主导产业，增强自主造血功能，为6个村实现村集体增收80余万元。加强农业产业培育，全镇培育区级家庭农场1家，培育农创客10余人，培育区级农业龙头企业1家。实施低收入农户“菜单式”产业扶持219户，包括种植业、养殖业、劳动力转移等三类，使用中央及省级财政衔接乡村振兴资金34.7681万元。

【千亩“节水抗旱稻”标准化示范基地】 雅溪镇打造浙西南最大的“节水抗旱稻”标准化示范基地，面积达66.67公顷，其中，莲房村36.67公顷、周村20公顷、其他村10公顷，亩均产量可达450公斤左右。其品种在相同灌溉条件下种植，产量、米质与水稻基本持平，但可节水50%以上；在没有灌溉条件的中低产田种植，具有较好的抵御干旱能力，可实现增产、稳产。2022年，雅溪镇以工商资本+镇强村公司+农户的经营模式，通过土地流转、公司集约化经营、农户参与的方式，推进“节水抗旱稻”推广应用，促进粮食增产丰收，带动百姓增收致富。

【“覆盆子深加工与健脑益智等系列产品研发及产业化”项目】 5月25日，雅溪镇举办丽水市“绿谷精英·创新引领行动计划”A类项目签约仪式，引进天津医药大学李文龙博士团队的“覆盆子深加工与健脑益智等系列产品研发及产业化”项目。雅溪镇覆盆子种植面积26.67公顷，年产量约18万公斤，2022年度项目投资额达500万元。

【双双线（双港口至双源）农村道路改造提升工程】 总长11.22千米、投资6596.4389万元的双双线（双港口至双源）农村道路改造提升工程进入政策处理扫尾阶段，受益群众涉及7个村约5000人。

【雅溪镇自来水厂】 项目总投资概算4844.52万元，截至2022年底，已完工验收，日供水规模3100m³/天，供水范围内的7个村均已通水。

【雅溪镇红色岱后研学基地】 投资273.7132万元的红色岱后

研学基地项目已完工验收，项目内容包括溪边栈道、县委旧址布展改造等基础建设工程和园林绿化。

【雅溪镇上黄村未来田园建设】 该项目成功申报2022年度市本级山海协作援建项目，援建资金135万元，建设内容包括统一化种植兼具观赏性质的农作物，开展未来农田的河道整治等。

（郑佳）

仙渡乡

【概　况】 仙渡乡辖区总面积65.8平方千米，耕地面积457.13公顷，林地面积4298.13公顷，森林覆盖率达81.6%，是一个典型的山区乡。全乡生态环境良好，是生态之乡、水果之乡、红色之乡。农业以种植、养殖为主，其中，水果面积802.53公顷，年产量达1万多吨。下辖11个行政村，36个自然村，130个村民小组，总人口5374户11532人。

【产业发展】 2022年，注册本地品牌，开发网上商城，利用邮乐购平台搭建公益助农销售平台。谋划举办桃花节、桃薯节等活动，“春赏桃花夏品桃”成为仙渡对外的“印象名片”。利用产业扶贫政策和资金吸引外来茶商到仙渡发展茶产业，与董弄、芦村、仙里等村形成村企合作，签订《仙渡乡茶叶种植框架协议》，将13.33公顷山地建设为生态茶园。滴水岩村6.67公顷茶园已投产，芦村水库完成8.53公顷生态茶园建设。聚焦产业融合，探索发展“苗种产学研游”山区甘薯全产业链，实施甘薯脱毒组培中心、雾型增殖微繁中心、甘薯标准化种植基地、仙曙二期改扩建、甘薯公园等一系列项目。浙大选调生思政教育实践平台、浙江农林大学薯类所甘薯种植实践教育基地相继落户仙渡。推广甘薯新种植面积33.33公顷，亩均增收3000元。仙渡乡被列为全区“共富123行动”试点乡镇。出台低收入农户种植甘薯补助政策。强村公司发挥融资和农村闲置资产交易收储平台功能，获批信贷额度1000万元，流转闲置土地34.67公顷、闲置农房1384平方米、闲置屋顶1800平方米，投资建设甘薯种植基地、老屋改造和屋顶光伏项目，开展甘薯、仙桃购销等市场活动，公司年产值270.99万元，利润139.66万元。11个行政村总收入595.7万元，经营性收入259.1万元，经营性收入10万元以上村实现全覆盖。居民人均可支配收入同比增长43.9%，低收入农户人均可支配收入同比增长36.7%，位列全区第一。

【宜居乡村】 2022年，排查自建房1500余户，排查出疑似和确为危房12户。拆除违章建筑3926.89平方米，完成率达122.72%。以仙里、葛畈村为试点，投资近30万元开展智慧化垃圾分类工作。完成梅田、皂树等6个村的饮用水项目尾留事项，完成3个村的农村饮用水项目验收。对15口水井进行集中清理消毒和灭菌，开发新井15口，基本解决群众生产生活用水困难。开展应急送水保供工作，先后为3个村送水共62车约620吨，解决800多名群众饮水问题。完成葛畈村至梅田村的通信线路改造项目，开展交通安全警示宣传和三轮车违规载人检查活动，全年未发生重大交通安全事故。

【城乡建设】 以“大搬快聚富民安居”工程、“一户多宅”清理整治、美丽城镇建设、全国文明示范乡镇创建和市级精品花园乡村创建等为抓手，推进城乡一体化建设有序“进”和科学“退”。成功申报“省级革命老区乡村振兴示范核心区”项目，实施红色文化、绿色产业、人居环境等项目建设，通过产业发展、公共服务的“进”，提高群众获得感、幸福感。推进“大搬快聚”和“一户多宅”清理整治，实施建设用地复垦，以土地资源要素集约化的“退”为序化、洁化、美化人居环境、优化美丽乡村腾出发展空间。2022年，全乡共有搬迁户442户、931人，完成任务的133%。“一户多宅”清理整治共拆除占地面积8020平方米，完成年度垦造耕地立项6.67公顷，新增水田2.07公顷、旱地0.33公顷、林地1.8公顷、其他农用地0.39公顷，完成根竹园村5公顷、皂树村3.73公顷的非农化即可耕地恢复和梅田村、何金富村涉林垦造耕地项目后期管护等。

【基层治理】 把法治政府建设摆在重要位置，健全政府法治运转和监督体系。2022年，组织合法性审查99件，开展党员干部法制教育3场次，受教育200人次，乡级便民服务中心实现零投诉。响应莲都区“八五”普法规划要求，推进仙渡乡民主法治村复评和创建工作，完成葛畈、仙里、何金富、张山后、芦村、南源、根竹园、董弄、皂树9个村的市级民主法治村复评工作，完成董弄村省级民主法治村创建申报工作。成功申报张山后、何金富村为区级“善治村”，滴水岩、南源、葛畈村为区级“清廉村居”。建立基层社会治理“一张网”，开展矛盾纠纷问题梳理，全年化解历史遗留矛盾3件，重点、疑难案件4件。将全乡辖区划分为33个网格，按照“1+3+N”的要求，每个网格配备网格长、专职网格员、兼职网格员、网格指导员等共计350人。结合网格，组织网格员日常开展平安“三率”、禁毒、反诈、反邪教等宣传，全年发生1起电信诈骗案件，损失金额1100元，为全区最低。

【民生保障】 2022年，向低收入农户免费发放配方肥20吨，折合人民币6万元，利用产业扶持政策，发放帮扶资金51.6475万元，惠及农户316户。保障农田灌溉，新建农田轨道车2353米，搭建避雨棚5500平方米，摸排上报了4个村需修复渠道10条，根据实际情况已对部分渠道进行了修复。仙渡溪被评为2022年度省级“美丽河湖”。规范疫木砍伐，完成2022年度疫木清理和砍伐验收工作，清理疫木3337.9吨。强化隐患排查，做好防火灭火。完成粮功区整治7.29公顷，抛荒地块整治48.67公顷。申报低收入人群孩童享受雨露计划11人，帮扶资金3.3万元，为新入学的贫困大学生8人申请补助资金2.4万元。开展城乡基本医疗保险、“浙丽保”、农村小额保险、农房保险等征缴工作，2022年全乡基本医疗保险参保率达99.77%，养老保险参保率达99.60%，“浙丽保”参保率达95.40%。每月发放特困人员帮扶资金5.3万余元；发放低保人员帮扶资金648户、882人，共计72万余元，3户“善居工程”改造家庭通过验收。提升花园政务大厅建设，入选莲都区花园政务大厅示范乡镇。搭建乡村两级邮保驿站体系，推动村级邮保驿站全覆盖。

【文化产业】 建立共富工坊3家，分别为皂树淀粉加工厂、沈永华蓝莓基地、太山猕猴桃基地，带动就业440人，其中23%为低收入群体。新建农村文化礼堂1个，实现村级文化礼堂全覆盖，打造“15分钟品质文化圈”9个，创成省级乡村博物馆1家，葛畈村、仙里村被评为浙江省象棋特色示范村。成立莲都区首批“道德银行”，建立仙渡乡花园乡村女子礼学院。弘扬“莲都有礼”，拍摄制作反映仙渡革命往事的红色微电影《一个不少》。

【应急管理】 完善应急预案4套，健全应急体系，规范应急处置流程。安全生产、消防安全、自然灾害等基本建成统一指挥、权责一致的应急指挥体系，实现对生产安全事故、自然灾害等突发事件应急的统一调度指挥，确保联动快速、响应及时、救援有效。2022年，开展民房消防安全隐患排查500多户、地质灾害巡查200多次、走村入户消防安全知识培训3000余人次，夯实“除险保安”工作基础。选拔录取应急管理员11人，成立11支村级应急救援队伍，汛期中转移芦村、梅田、滴水岩、董弄等村50多名群众，及时扑灭了南源、梅田、皂树、仙里等村的山林、民房、祠堂火灾8起，确保全年无人员伤亡。

【党风廉政】 2022年，对标《加强对“一把手”和领导班子监督“五张责任清单”》，以条目清单的形式进一步压实主体责任，抓常态履职，增强监督。深化纪委“联百村”活动，开展集体廉政教育3次，下发廉政教育卡700余份，以“科室+监察+X”的工作模式，确保监察问题落实到位、解决到位。抓好项目督办，对全乡项目的资金使用、报销等情况进行监督，发出三色预警单12份，开展项目现场监督50余次。

（许勃琛）

老竹畲族镇

【概　况】　2022年，老竹畲族镇总面积81.63平方千米，辖12个行政村、68个自然村、139个村民小组。全镇总户数7771户，总人口16148人。山林面积5575公顷，耕地面积915.50公顷。全镇一般公共财政预算收入5033.79万元，其中，税收164.02万元，财政收入4869.77万元。一般公共财政预算支出4805.12万元，其中，税收支出164.02万元，财政支出4641.10万元。全镇村级集体经济总收入992.54万元，增长15%。在册企业（包括农专社）191家，在册个体工商户746个。

【文化活动】　7月28日，老竹镇举办第十一届处州白莲节暨主题定向打卡活动，进一步提高处州白莲的知名度和品牌影响力。10月10日，举办2022年丽水·莲都“云”丰收节，通过“线下＋线上”联动展示了老竹镇丰收景象，活动“线上”观看量达52万人次。

【农业产业发展】　全镇农业种植面积746.4公顷，其中，粮食面积200多公顷，年均产量1023吨。构建新型经营主体，建设区级重点龙头企业3家，区级示范合作社10家，省级示范家庭农场3家；打造处州蜂业、申屠丽尧特色农场、苔藓种植基地等省级美丽生态牧场、市级生态精品农产品基地，实现年均销售额超1000万元；推进畜牧业绿色发展，全镇生猪存栏7472头；推广优化“莲鸭共生”农业特色产业，获得《人民日报》11月14日头版点赞。

【双招双引】　2022年，老竹畲族镇镇共引进企业22家；完成人才招引122人，其中，引进硕士研究生4人、博士研究生6人；完成个转企6家。

【土地整治】　2022年，老竹镇“大搬快聚”累计搬迁278户603人，完成订房114套，拆除面积12920平方米；“一户多宅”清理整治累计拆除10640平方米，累计复垦立项2.40公顷，复垦动工3.31公顷（含“大搬快聚”）。开展非粮化整治，累计完成粮功区非粮化地块清理腾退58.68公顷，整治耕地抛荒15.05公顷。

【休闲旅游】　2022年，东西岩景区谋划创新活动，探索年轻客群，推出“莲生动力、勇攀高峰”、红色露营、剧本杀等多个类型的主题活动，恢复东西岩景区热度；沙溪畲族村依托“畲族风情”吸引游客12万人次，村内民宿直接营业收入超150万元；新陶村常态化开展红色研学活动，全年接待游客8万余人次；“石门隐墅”古村落获评省强村富民乡村集成改革典型案例。

【项目建设】　推动沙溪民俗一条街、莲博物馆及配套设施（莲溪花谷地块）等项目，全年完成固定资产投资约2500万元。丽水锋鱼农业开发有限公司投资510万元，完成数智化水产养殖系统项目建设，实现工厂化养殖技术。推进市区供水管网延伸、宣平溪小流域综合治理、老竹—丽新污水处理厂工程项目建设；加快建设后坑村“美丽乡村重点村”、榴溪至赤坑公路拓

7月28日，第十一届处州白莲节开幕式暨主题定向打卡活动举行

（老竹畲族镇 提供）

宽工程、沙溪至新屋公路白改黑工程等项目；完成衢丽铁路（老竹段）、学圃新村小宗地、沙溪民俗一条街、衢丽铁路临时用地等8个项目共20.39公顷土地的清场工作。

【乡村治理】 2022年，调解矛盾纠纷26件，积案化解率达100%，获省信访局点赞推广；老竹镇司法所获评2022年省级“枫桥式”司法所，梁村、徐庄村被评为2022年度省级民主法治示范村。组织开展安全生产专项演练等活动10余次，深化“无违建”乡镇创建工作，累计违建处置面积14910.75平方米，立案处理秸秆焚烧12起。沙溪村获2022年度“浙江省生态文化基地”称号，梁村获2022年度省级“高标准农村垃圾分类示范村”称号。

【村集体经济】 2022年，全镇村集体总收入992.5万元，增长15.08%；经营性收入329.3万元、增长107%。12个村经营性收入均达15万元以上，其中，经营性收入20万元以上村8个、50万元以上村1个。强村公司经营性收入128.45万元，增长172%。

【民生实事】 2022年，老竹中心幼儿园梁村分园新增托育机构1家，新增托位20个；老竹民族学校在2022年中考中再创佳绩，被丽水中学录取10人，保持全区乡镇中学第一。召开镇残疾人联合会第八次代表大会，落实上级助残、惠残政策，申报残疾人补贴130人，累计补贴43.9万元。实施文化惠民工程，完成省级民生实事“15分钟品质生活圈”建设。开展爱国卫生运动，通过国卫乡镇复查，评选健康家庭40户，老竹村、榴溪村、新陶村、曳岭脚村创成省级健康村。

【民生保障】 2022年，对547户低收入农户开展结对帮扶共12558人次；开展困难群众临时救助42人，共补助4.6554万元；深化村企结对行动，建设“共富工坊”16家，带动300余人实现家门口就业；落实产业扶持农户236户、补助资金43.721万元；实施雨露计划11人，发放补助金3.3万元；完成退役军人优待证申领及发放工作；开展助学活动，帮助12名贫困学生获得帮扶资金3.6万元。

【环境治理】 巩固“五水共治”成果，落实河长制管理，切实提升“污水零直排区”建设成效，开展“找寻查挖”专项行动。扎实推进疫木清理工作，清理疫木面积4078.33公顷，清理疫木7057吨，验收合格率100%。

【畲镇集市消费维权站】 3月14日，老竹畲族镇与区市场监管局合作，联合镇人大代表工作站力量，打造丽水首个农村集市消费维权站——畲镇集市消费维权站，解决群众在消费维权过程中遇到的难事烦事揪心事，打通农村消费维权工作体系“最后一公里”。

【老竹畲族镇侨联】 3月31日，召开老竹畲族镇归侨侨眷第一次代表大会，选举产生镇第一届侨联主席、执行主席、副主席、秘书长和委员。

（雷李娜）

10月29日，沙溪畲族文旅体验项目现场（老竹畲族镇 提供）

丽新畲族乡

【概　况】 2022年，丽新畲族乡总面积83.22平方千米，辖9个行政村、68个自然村，106个村民小组。全乡总户数5022户，总人口10761人，有外出人口4815人，畲族人口占全乡总人数的21%左右。全乡耕地面积1122.97公顷，山林面积6668.93公顷，是个粮林并举的重点乡。

2022年，有上塘畈、山村、咸宜三个民族村，畲族人口主要分布在上塘畈、山村、咸宜、黄弄、白岸口等5个行政村的18个自然村，其中，上塘畈村畲族人口占全村总人口的95%以上，被称为“浙江畲族第一村”。

【垃圾分类】 11月，在山村村、吾赤口村开展垃圾分类智能化系统建设，推进垃圾分类智慧监管体系建设，参与常住户数200多户，每户更新一组二分类垃圾桶，根据使用需要配置1辆电动三轮四桶垃圾清运车并安装了智能称重设备，通过户内芯片卡、上门收集和数据查询管理系统，精准记录每户每日投放情况，垃圾称重挂钩积分数值，积分可兑换生活用品。该模式提升了垃圾分类工作实效，实现分类正确率达98%以上，山村村和吾赤口村获评浙江省高标准垃圾分类示范村。

【征迁整治】 完成“大搬快聚”申报农户资格审查186户467人，腾空拆除127户322人，安置126户334人，帮助更多高山远山地区农民进城安家。全乡集体土地“一户多宅”拆除房屋共计5114平方米，其中，黄弄村拆除1608平方米、黄岭上村拆除972平方米，建设用地复垦项目立项面积2.84公顷，垦造耕地3.47公顷。加大违章处置力度，拆除危旧房4196.99平方米，现场阻止违法建设行为8起。完成衢丽铁路项目建设任务，截至2022年底，完成了11.33公顷临时用地政策处理，完成咸宜安置地政策处理，确保衢丽铁路顺利施工。

【乡村振兴】 借力宁波、义乌等山海协作项目，投入2500余万元，完成宁波—丽水山海协作乡村振兴示范点三期项目建设，截至2022年底，共落地项目28个，新增固定就业岗位4个，灵活就业岗位20个，发放工资近90万元，带动村集体经营性收入增加20万元。在马村村建成农事体验、植物精油萃取体验等项目，整村打造“红色＋绿色＋流量”优势板块，带动村集体经营性收入增收近40万元，周边农户人均年增收近万元，其中，玖月旅游营地项目入选市“共富123行动”试点乡镇建设重点项目。注重发挥企业主体作用，探索柔性引才方式，完成大专以上人才招引55人、硕士研究生3人、博士研究生6人。

【支柱产业培育】 培育茶产业作为支柱产业，发展茶叶种植面积500余公顷，年产值3500余万元。拥有规模畜牧场3家，生猪年出栏18000头。低收入农户申

3月9日，“奋斗实干向未来”打造畲乡民俗经济区启动仪式暨丽新畲族乡首届来料加工技能比武大赛举行（丽新畲族乡　提供）

8月3日，“相约七夕、情定马村”我们的节日——七夕活动暨风情舞蹈情景剧《畲魂》首场演出现场（丽新畲族乡 提供）

报“菜单式”产业扶持，通过引导低收入农户发展种植业、养殖业等，帮助低收入农户增加收入。产业扶持增收项目完成资金发放，全年受益低收入农户150户，补助资金共计30.756万元。开展低收入农户结对帮扶活动，排摸核实低保、低边户，2022年，共有低保256户320人、低边60户103人，临时救助7户，共计23976元。

【共富工坊联建】 建立来料加工“共富工坊”4家，其中，莲都丽新畲族乡和义乌福田街道的山海协作项目——马村村来料加工“共富工坊”新增就业岗位100个，发放加工费175.45万元，投资30余万元筹建马村村来料加工“共富工坊”服务站，该做法入选市级案例。打造联建模式、物业模式和产业模式等，推进村级集体经济扩量增效，9个村经营性收入均达20万元，总收入与经营性收入均增长15%，强村公司利润达122.48万元。

【困难群体保障工作】 黄岭上村农民饮用水提升工程、黄弄村太阳能路灯安装照明工程等10件乡级民生实事全部完成。畎岸村内路灯提升亮化工程、山村村茶叶加工厂项目、白岸口农村饮用水二期白石玄下部分改建工程等27件村级民生实事全部完成。全乡共阳光票决事项35个，进行适老化改造5户，开具骨灰领取回执单61张。完成全乡2391位60周岁以上人员自理能力筛查；统计全乡养老服务中心7家，开展视频、照片拍摄以及定位和系统录入；完成社工站建设并通过省民政厅验收，服务全乡423位困难群众；建立全乡未成年人保护台账。

【基层调解】 2022年，完善9个村“1+3+N”网格35个，常态化开展“党群连心、网格走亲”活动。加强人民调解委员会队伍建设，设乡人民调委会专职2人、村级45人，运用“大调解”模式做好初信初访办理，发挥乡、村两级人民调解队伍力量，调解衢丽铁路征迁相关矛盾70余件。落实党风廉政和意识形态“一岗双责”工作，扣好清廉从政“每一粒扣子”，入选丽水市政治生态优胜榜。推进法治政府建设，2022年，通过法律团队起草、修改、审查合同35份，全年开展法治专题讲座4次，所有村均完成市级法制村创建工作。

【丽松宣边区革命纪念馆】 挖掘清和起义、马村会师等革命事件和土地革命战争时期、抗日战争时期、解放战争时期的革命斗争历史史实，筹集资金240多万元，完成丽松宣边区革命纪念馆的修缮、布展工作，以微景观还原革命场景。结合弘扬践行“浙西南革命精神”系列活动，开展“重用爱国、廉洁奉公”红色主题研学、“学百年党史 敬百岁老兵”党史学习教育等系列活动，并把学习传承红色基因有机融入各类教育教学当中，弘扬丽松宣边区红色革命精神，讲好新时代红色故事，打造教化育人的红色阵地，推动红色价值转化为经济、社会等效益价值。

（雷焰焰）

黄村乡

【概　况】 黄村乡乡域总面积100.1平方千米，共辖11个行政村、40个自然村。户籍总人口11712人，常住人口2926人。党支部20个、党员547人。全乡耕地面积704公顷，林地面积8406公顷，森林覆盖率达89.9%，是一个典型的山水之乡。2022年，黄村乡获评全国卫生乡镇、AAA级景区乡镇、全省首批小城镇环境综合整治乡镇、全省首批新时代美丽城镇基本达标城镇，乡政府驻地黄村村被评为AAA级旅游景区村。

【土地要素保障】 推进“大搬快聚”，成立工作专班，加大工作力度，组织宣传发动，逐户进行分析攻坚，实现农民脱贫致富，促进人地关系和谐。截至2022年底，“大搬快聚”已搬迁453户946人，任务完成率120%，进度排名全区第一。落实“一户多宅”清理和土地整治，摸清底数、分类甄别，截至年底，“一户多宅”累计拆除面积8106平方米，建设用地复垦项目动工面积6.26公顷。开展“三改一拆”工作，加强“两违”管控，累计拆除29户违章搭建建筑，拆除面积3952.51平方米。

【双招双引】 发挥“双招双引”帮帮团及社会各界人士作用，拓宽渠道、创新方式，推动黄村乡招商引资工作取得进展。2022年，吸引9家企业落户黄村乡，涉及房地产、土木工程建筑、科技推广和应用服务、生态保护和环境治理等不同领域，注册资本超1.7亿元，截至2022年9月，新招引企业为黄村乡增加税收36.36万元。发挥人才存量引领作用，碧水湾项目在全省首届返乡入乡创业大赛中获优胜奖。浙江巨丰市政园林有限公司获评2022年度莲都区建筑业重点骨干企业、安全先进企业。对标区级目标，与丽水职业技术学院、中国计量大学、省农科院等科研院校进行对接，引入大学生52人，硕士研究生4人，博士研究生2人。发挥乡贤“帮帮团”出点子、增动力作用，助力黄村乡引进大学生到莲都就业38人。

【水源保护】 2022年，建立奖补机制，实行限种禁养，出台《优化黄村乡绿色发展生态奖补机制（试行）》，根据行政村、村干部治水护水绩效进行综合奖补，促进保护得益、生态富民。探索水源保护与村级利益联结机制，实现严溪流域沿线7个村基层党建、流域治理同频共振、协同发展，打造护水共同体，确保市区饮用水安全。加强智慧水文平台建设，在重要点位安装电子监控系统，形成全天候实时监测监控体系，及时准确掌握水质动态变化状况。推进水源保护“缓冲带”建设，协助市生态环境局莲都分局完成黄村水库饮用水水源地缓冲带建设的政策处理工作，涉及土地流转面积2.47公顷，迁移坟墓22座。

【项目建设】 2022年，华能莲都黄村乡农光互补光伏发电项目开工，黄村乡便民服务中心屋顶光伏实现并网，金鸟村流转光伏用地13.33公顷；丽水“梦里水乡·欢乐谷”康养旅游项目开工建设，完成投资1.2亿元；碧水湾旅游综合体通过专业运营团队引入和“梦野部落”帐篷露营等户外旅游新模式开发，实现提档升级；盘活闲置土地资源，签约土地流转协议，浙贝母良种选育—稻药轮作示范基地落户和垟村；启动毛竹加工厂建设，推进毛竹林整村流转，提高毛竹附加值，促进农民增收。

【农业发展】 抓好村级集体经济发展，2022年，黄村村村级集体经济收入突破70万元，池岭村村级集体经济突破30万元，其余各村均突破15万元。茶叶产业发展壮大，立足黄村山水资源和高海拔优势，2021—2022年新增茶叶种植面积超33.33公顷，总计达128.06公顷，每年产生收益达600余万元，年均增收15%。土面产业稳步提升，引导土面产业向精致精品方向发展，推动“方记土面”品种创新，新推出的山药土面、蔬菜土面、南瓜土面等产品市场影响力和份额持续扩大，年销售额达百万元。培育农业专业合作社、家庭农场等新型农业主体，天堂山猕猴桃、高山田螺、池岭蜂蜜酒等一批黄村乡特色生态农业产业快速发展壮大。探索培育毛竹、油茶、香榧、杨梅等传统种植业，推动全乡生态农业向多元化、精品化、特色化方向发展。

【乡村旅游项目】 深化碧水湾乡村旅游综合体特色创新，引入帐篷露营等户外旅游新模式、新业态，主要建设阳光草坪、卡丁车赛道、户外帐篷和露营酒店等，丰富活动体验内容，完善景区功能，聚拢人气。国庆假期接待游客11080人次，实现营收41.7万元，解决村民就业30余人，带动当地农家乐和周边特色农产品销售。结合乡域的旅游资源和产业融合发展实际，推进和垟至陈坑公路、岩头至横山道路建设，推进49省道至戈剳大中修工程，完善碧水湾配套设施。围绕黄村乡域的整体水文章和孝文化氛围，从冷水桥至碧水湾景区进行沿线节点布置，建设阳光广场、阳光议事亭，在公路沿线展示乡村治理成果。推进皂坑古民居、下陆尚书文化、郑村茶园等乡村旅游资源保护和利用，做好“乡愁”文化的保护与传承。

【人居环境】 2022年，11个行政村全部创成区级新时代美丽乡村，黄村村、黄泥墩村、严鸟村、汇村村被评为区级花园乡村，黄村村和黄泥墩村入选丽水市第二批精品花园乡村。全民保洁实现常态化，发挥全民保洁日作用，常态化开展环境整治与保护，全年累计开展保洁日活动38次，参加达1700余人次。黄村乡生活污水设施“强基增效双提标”建设改造项目覆盖全乡11个村，完成招投标工作。

【民生工程】 推进民生实事项目落地，完成黄村村垃圾分类智能化、黄村村绿道修建、戈剳村竹园头自然村和朱坑自然村路灯修建、严鸟村匣头自然村公厕修建、严鸟村严溪自然村停车场危桥改建等10项乡级民生实事项目建设，全乡共完成乡、村民生实事33件。加强交通基础设施建设，打造浙中绿谷线，上李线冷水桥至黄村路段已完成沥青铺设；谋划推进基础服务设施、沿线主要路段绿化、沿线安全防护设施等新建和改造。

3月29日，莲都区黄村乡2022年招商引资集中签约仪式举行(黄村乡　提供)

【基层治理】 打造以“两平台四环节”为核心的新阳光治理体系，推动“全过程人民民主”在基层生动实践。搭建线上(阳光“云票决”系统)、线下(包括阳光议事长廊、阳光议事厅、阳光议事广场、阳光议事茶馆、议事公园)两大议事平台。坚持党建引领，发挥乡、村两级党组织的统筹协调作用，在村级事务阳光票决制的基础上迭代升级，打造“阳光议事”“阳光票决”“阳光评议”“阳光监督”四位一体的全流程阳光治理机制，有效践行全过程人民民主理念。2022年，“创新‘村级事务阳光票决制’探索山区基层治理新路径”入选全省共同富裕最佳实践。

【社会治理】 按照应保尽保要求，新增低保户39户、低保边缘户6户，五保户5户，累计发放低保金800余万元。通过产业帮扶、兜底帮扶、就业帮扶、异地转移搬迁帮扶等措施，保证低收入农户收入年增幅保持在10%以上，高于当地农村普通农户收入增长水平。开展重点人群帮扶和救助工作，开发公益性岗位6个。社会保障政策覆盖所有低

6月23日，黄村乡"请你来协商·民生议事堂——提高水源保护补偿经费的使用效率"专题协商会召开(黄村乡　提供)

收入农户，确保不出现绝对贫困现象。推进社会保险参保工作，城乡居民基本养老保险参保率达98.63%，城乡居民基本医疗保险参保率达99.59%，"浙丽保"参保率超过92%。截至12月31日，黄村乡系统办理电话、来信、来访共187件，矛盾纠纷化解率达100%。推进安全生产，每月对辖区生产经营单位以及施工现场开展隐患排查，共排查出隐患56个，现场整改30个，限期整改26个，整改完成率100%。新建黄泥墩村、天堂头村避灾安置场所，完善各村应急管理体系。每月开展应急责任体系录入，录入率100%。

【基层队伍建设】 落实"五议两公开"、民主集中制等制度，加强支部自身建设，开展"三会一课"、谈心谈话、民主生活会等活动。完成池岭、和垟、郑村、金鸟4个村级组织场所建设，完成碧水湾、方记土面、残疾人之家、金叶子4个"共富工坊"建设。每季度开展"村党支部书记擂台赛"活动，每月制定"三考三比"榜单，量化考核指标。

【服务群众】 坚持担当作为责任意识，加强服务能力建设，完善基层政务服务体系，创新开展"组团下访"工作，将组团下访与"三服务"活动结合，以个别访、集中访、组团访等形式常态化开展"三级干部大走访"行动，全乡有乡、村两级干部120人参与大走访，累计走访农户6657户次，收集问题建议192条，化解矛盾纠纷20余件。狠抓"七张问题清单"工作，"一网通办"完成事项839件，办结率100%。深化数字化改革，坚持"四个平台"建设和"最多跑一次"改革，打造全科网格队伍。梳理权力清单，简化办事流程，开展综合窗口一件受理、推进全科网格员全程代办等机制，实现群众"少跑路、不跑路"的较好成效。推动法治政府建设，执行"三重一大"集体研究决策制度，落实重大行政决策事项、规范性文件合法性审查。提升基层农村现代化治理水平和治理能力，健全完善"四议两公开"议事决策机制、落实党务村务财务"三公开"要求，落实村级财务收支联审联签制度等。

（黄村乡）

人物·荣誉

荣誉退役军人

【杜佳轩】 男，1999年9月出生，浙江省丽水市莲都区白云街道人，2019年9月入伍，2021年9月退役，陆军上等兵军衔，陆军某部战士，2020年因在重大特情处置中英勇顽强、不怕牺牲，有重要贡献，功绩显著，荣立个人二等功1次。

2022年受表彰先进集体和先进个人名单

【受到中央、国家部委表彰的先进集体和先进个人名单】

（一）先进集体名单

碧湖镇被全国农技中心评为第二批国家农作物品种展示评价基地；

区水利局被水利部办公厅评为全国水利安全生产知识网络竞赛优秀组织奖；

区人力社保局被人社部办公厅评为全国劳动保障新闻宣传工作做得好单位；

区工商联被全国工商联评为2022年调查点工作先进基层单位；

区农商行被中华全国总工会办公厅评为“最美工会户外劳动者服务站点”。

（二）先进个人名单

应建勇被最高人民法院追授为“全国优秀法官”；

林慧被人力资源社会保障部、司法部评为全国司法行政系统先进工作者；

汤丽芳、叶如平被全国总工会授予全国五一劳动奖章。

【受到省委、省政府和省直机关表彰的先进集体和先进个人名单】

（一）先进集体名单

莲都区被省委、省政府授予“平安牌”；

莲都区被省委、省政府评为美丽浙江建设工作考核优秀区；

莲都区被省政府办公厅评为推动工业稳增长和技术改造成效明显的区；

莲都区被省委全面依法治省委员会办公室列入司法所综合改革试点；

莲都区被省禁毒办列入毒品滥用监管系统试点；

莲都区被省强村富民乡村集成改革工作专班列入浙江省数字化改革+强村富民试点；

莲都区被省民政厅列入2022年数字化改革重大应用建设试点；

莲都区被省供销社列入2022年开展基层供销社资产财务委托代理工作试点；

莲都区被省农业农村厅列入农业标准地改革省级试点；

莲都区被省农业农村厅办公室列入2022年“三农”统计监测数字化应用试点；

莲都区被省妇联列入巾帼助力山区26县共同富裕试点；

莲都区被省档案局列入浙江省档案工作数字化转型先行区创建试点；

莲都区被省市场监管局消保分局列入“浙江消保在线”试点；

莲都区被省风貌办评为2022年度第三批城乡风貌样板区；

莲都区被省数字生活服务工作联席办公室评为首批浙江省数字生活新服务样板区；

莲都区被省粮食安全办公室评为第二批省级现代农业园区；

莲都区被省“千村示范、万村整治”工作协调小组办公室评为全省农村生活垃圾分类工作优胜区；

莲都区被省乡村振兴局、省财政厅评为省级革命老区乡村振兴示范区；

莲都区被省农业农村厅评为“浙农富裕”应用农房盘活数字化场景第一批“先行先试”推广应用单位；

莲都区被省农业农村厅评为第二批农业（畜牧）“机器换人”高质量发展先行区；

莲都区被省民政厅评为全省第二批婚俗改革实验区；

区委政法委被省委、省政府评为平安护航建党100周年成绩突出集体；

白云派出所被省委办公厅、省政府办公厅评为全省第二批“枫桥式公安派出所”；

（二）先进个人名单

应建勇被省委、省政府追授为浙江省“人民满意的公务员”；

王永健、王思允、李小富、李春明、林伟俊、褚俊俊被省委、省政府评为平安护航建党100周年成绩突出个人。

【受到市委、市政府表彰的先进集体和先进个人名单】

（一）先进集体名单

区经济商务局、区财政局、区税务局、莲都经开区管委会被市委、市政府评为丽水市高质量绿色发展模范集体；

莲都区人民政府、区卫生健康局被市政府授予丽水市高水平巩固国家卫生城市工作集体二等功；

区市场监管局、区环境卫生服务中心、岩泉街道办事处、紫金街道办事处、白云街道办事处、联城街道办事处、万象街道办事处被市政府授予丽水市高水平巩固国家卫生城市工作集体三等功；

区府办、区公安分局、区财政局、区教育局、区文广旅体局、区经济商务局、区建设局、区融媒体中心、区国投公司、区市场监管局紫金市场监管所、紫金街道社区卫生服务中心、白云街道社区卫生服务中心、岩泉街道朝阳社区、白云街道北郭桥社区、万象街道丽阳门社区、联城街道坑口村、紫金街道东银苑社区被市政府授予丽水市高水平巩固国家卫生城市工作集体嘉奖；

（二）先进个人名单

黄辉、姚开鸿、叶庆武、吴敏敏、季寒梅、丁苗苗、刘江峰、吴益明、徐梦迪、黄兴明被市委、市政府评为丽水市高质量绿色发展先进个人；

陈一娟、孙钧、朱勇长、叶思敏、王永健、李伟军被市政府授予丽水市高水平巩固国家卫生城市工作个人二等功；

杨娇云、郑超敏、舒丽红、赵乐、兰国聪、李霞、雷俊华、陈国伟、柳涛、朱文卿、李啸军、徐屈霞、李朝铨、傅永福、蓝津燕、金凌海被市政府授予丽水市高水平巩固国家卫生城市工作个人三等功；

韦俊俊、蒋华靖、林雄辉、金晶、廖丽聪、姜丽雅、杨塑、邹珊炜、蓝春燕、周文洁、甘龚欣、陈雅萍、楼丽玲、陈艳、陆志强、陈丽强、梁旭亚、吴军峰、涂俊君、陈清其、李俊燕、毛森芳、李恬静、吴青庆、徐士英被市政府授予丽水市高水平巩固国家卫生城市工作个人嘉奖。

【莲都区2022年度岗位目标责任制考核综合优胜单位名单】

（一）乡镇、街道综合优胜单位（6个）

万象街道、岩泉街道、碧湖镇、大港头镇、峰源乡、太平乡。

（二）区直单位综合优胜单位（25个）

党群综合组（13个）：区委办、区人大办、区府办、区政协办、区纪委区监委、区委组织部、区委宣传部、区委统战部、区委政法委、区法院、区总工会、区信访局、区检察院。

发展建设组（5个）：区经济商务局、区农业农村局、区发改局、区财政局、区经济合作交流中心。

社会治理组（7个）：区公安分局、区人力社保局、区教育局、区卫生健康局、区市场监管局、区民政局、区审计局。

（三）垂管部门综合优胜单位（3个）

市自然资源和规划局莲都分局、莲都区供电公司、区税务局。

（四）其他综合优胜单位（1个）

莲都经开区管委会。

2022年度区直单位上级试点、经验推广、表彰表扬汇总表

表2

<table>
<tr><th>单位名称</th><th>类型</th><th>内容</th><th>表彰(发文)主体</th><th>文号</th><th>发文时间</th></tr>
<tr><td rowspan="2">区人大办</td><td>上级试点</td><td>大港头代表联络站被列入首批人大践行全过程人民民主基层单元培育对象</td><td>省人大办</td><td>浙人大常办函〔2022〕28号</td><td>2022年5月7日</td></tr>
<tr><td>经验推广</td><td>《全面推进人大系统党建工作》被纳入全省各级人大常委会主任学习会交流材料汇编</td><td>省人大办</td><td>材料汇编</td><td>2022年8月</td></tr>
<tr><td rowspan="4">区政协办</td><td rowspan="2">经验推广</td><td>《协同联动一线督导,助力中心任务落实》在省政协会议上推广</td><td>省政协办</td><td>省政协办便笺</td><td>2022年</td></tr>
<tr><td>《融入开放共享,探索民生议事堂》获省政协工作“创新案例”</td><td>省政协办</td><td>省政协办便笺</td><td>2022年</td></tr>
<tr><td rowspan="2">表彰表扬</td><td>打造青年发展城市助力发展获市长批示</td><td>市长吴舜泽</td><td>批示办理单</td><td>2022年12月23日</td></tr>
<tr><td>政协督察长制度提升民主监督质效获市长批示</td><td>市委书记胡海峰</td><td>批示办理单</td><td>2022年12月23日</td></tr>
<tr><td rowspan="4">区纪委区监委</td><td>上级试点</td><td>被列入全省基层小微权力事项试点</td><td>省纪委办公厅</td><td>省纪委办公厅便笺</td><td>2022年4月19日</td></tr>
<tr><td>经验推广</td><td>“清廉村居”市级地方标准精准把脉村级政治生态被纳入《浙江信息》</td><td>省委办公厅</td><td>浙江信息</td><td>2022年</td></tr>
<tr><td rowspan="2">表彰表扬</td><td>被评为全省纪检监察系统先进集体</td><td>省纪委机关省监委</td><td>浙纪发〔2022〕10号</td><td>2022年9月19日</td></tr>
<tr><td>莲都区获2021年度浙江省改革突破奖金奖</td><td>省委改革委</td><td>浙委改发〔2022〕1号</td><td>2022年2月8日</td></tr>
<tr><td rowspan="2">区委组织部</td><td rowspan="2">经验推广</td><td>新生代企业家双传承计划场景项目被评为红色根脉强基工程应用</td><td>省委组织部</td><td>省委组织部便笺</td><td>2022年5月30日</td></tr>
<tr><td>在全省干部监督重点工作推进会上作书面经验交流</td><td>省委组织部</td><td>省委组织部便笺</td><td>2022年</td></tr>
</table>

续表2

单位名称	类型	内容	表彰(发文)主体	文号	发文时间
区委统战部（工商联）	经验推广	区民宗局在全省社区民族工作标准化推进会上作经验介绍	省民宗委	便笺	2022年7月12日
		区侨联在全省基层侨联干部暨侨胞之家负责人培训班上作经验介绍	省侨联基层建设部	便笺	2022年9月18日
	表彰表扬	莲都区工商联被评为2022年调查点工作先进基层单位	工商联	全联发〔2022〕19号	2022年12月27日
		区新生代企业家联合会被评为2021-2022年度全国“四好”商会	工商联办公厅	全联厅发〔2022〕65号	2022年11月30日
区委政法委	上级试点	莲都区被列入毒品滥用监管系统试点	省禁毒办	浙禁毒办〔2022〕16号	2022年10月13日
	表彰表扬	莲都区被评为2021年度平安县(市、区)	省委、省政府	省委、省政府便笺	2022年3月29日
		被评为平安护航建党100周年成绩突出集体	省委、省政府	省委、省政府便笺	2022年3月14日
		被评为2021年度全市平安建设表现突出集体	市委、市政府	市委、市政府便笺	2022年2月8日
区法院	上级试点	被列入买卖合同纠纷案由试点法院	省高院	浙高法明传〔2022〕105号	2022年6月7日
		被列入“浙江全域数字法院”2022年重点改革试点单位	省高院	浙高法明传〔2022〕27号	2022年2月21日
		被列入执行“一件事”数字化改革第三批子场景应用试点法院	省高院办公室	浙高法办〔2022〕24号	2022年
	经验推广	黄玉香院长在2022年第一期“院长论坛”上推广莲都共享法庭建设经验	省高院	浙高法明传〔2022〕29号	2022年2月22日
	表彰表扬	被评为2021年度全省法院信息工作先进集体	省高院办公室	浙高法办〔2022〕8号	2022年
区检察院	经验推广	《杨某某二审抗诉案》被纳入全国检察机关优秀刑事抗诉案件	最高检	最高检便笺	2022年7月8日
		《督促治理酒吧非法招录未成年人》被纳入2022年度全省检察机关未成年人司法保护典型案例	省检察院	浙检九部〔2022〕11号	2022年7月5日

续表2

单位名称	类型	内容	表彰(发文)主体	文号	发文时间
区检察院	经验推广	《推动酒吧违规雇佣问题源头治理》在全省检察机关未成年人检察工作会议上推广	省检察院第九监察部	未检工作交流2022年第3期	2022年3月17日
		《让英烈精神永绽光芒》被列入浙江省县级以下烈士纪念设施保护管理典型案例	省检察院、省退役军人事务厅	案例汇编	2022年11月
	表彰表扬	被评为2021年度全省检察机关信息工作成绩突出集体	省检察院	浙检发办字〔2022〕11号	2022年3月4日
		第三检察部被评为2021年年度全省检察机关法律监督和司法行政成绩突出集体	省检察院	浙检发政字〔2022〕12号	2022年3月4日
区委编办	表彰表扬	被评为全省机构编制统计年报工作成绩突出集体	省委编办	省委编办便笺	2022年11月4日
区总工会	经验推广	《红+绿融合推动产业工人队伍成长发展》被纳入深化非公企业产改二十个优秀案例	产业工人队伍建设改革小组	浙产改办〔2022〕27号	2022年11月3日
		“累了么数字化应用”在省总工会关于外卖配送员会议上作交流发言	省总工会	便笺	2022年8月16日
		“累了么”被纳入2022年浙江工会数字化改革地方特色创新项目	省总工会办公室	浙总工办发〔2022〕93号	2022年7月12日
团区委	上级试点	被列入共青团助力“双减”常态化托管志愿服务省级试点	团省委	团省委便笺	2022年3月22日
区妇联	上级试点	莲都区被列入巾帼助力山区26县共同富裕试点	省妇联	省妇联便笺	2022年6月7日
区档案馆和党史研究中心	上级试点	莲都区被列入浙江省档案工作数字化转型先行区创建试点	浙江省档案局	浙档发〔2022〕21号	2022年10月12日
区科协	经验推广	莲都区科普教育基地交流展示被纳入2022年全国科普日优秀活动名单	科协办公厅	科协办函普字〔2022〕139号	2022年12月22日
	表彰表扬	莲都区政府为建设主题的丽水古堰画乡院士之家被评为浙江院士之家	浙江省院士专家工作站建设协调小组	浙院协办〔2022〕11号	2022年11月8日
区财政局	表彰表扬	被评为2018—2021年度全省群众体育工作成绩突出集体	省体育局	省体育局便笺	2022年10月20日
		获2022年度财政信息工作考核三等奖	省财政厅办公室	浙财办〔2022〕16号	2022年12月15日

续表2

单位名称	类型	内容	表彰(发文)主体	文号	发文时间
区财政局	表彰表扬	被评为丽水市高质量绿色发展模范集体	中共丽水市委、丽水市人民政府	市委、市政府便签	2022年7月21日
		被评为丽水市高水平巩固国家卫生城市工作表现突出集体	市政府	丽政发〔2022〕28号	2022年11月17日
区发改局	经验推广	重大产业项目在全省重大产业项目工作交流会上推广	省发改委办公室	省发改委便笺	2022年12月8日
		《大花园建设走在全省前列》被纳入浙西南革命老区振兴发展典型案例集	省发改委	汇编	2022年4月26日
	表彰表扬	丽水市粮食收储有限公司案例被纳入《全省第二批节粮减损工作典型案例》	省粮储局办公室	浙粮办〔2022〕101号	2022年11月23日
区科技局	经验推广	《推进节水抗旱稻产业化落地》被《浙江信息》采录	省委办公厅	浙江信息	2022年10月19日
区建设局	上级试点	莲都“滨水中心”城市新区风貌区被列入浙江省2023年度城乡风貌样板区试点	省住建厅、省城乡风貌整治办	浙建风貌〔2022〕48号	2022年9月15日
	经验推广	“莲都区危房加固”被纳入全国自建房安全专项整治工作简报	全国自建房安全专项整治协调办公室	工作简报	2022年7月29日
	表彰表扬	莲都区被评为2022年度第三批城乡风貌样板区名单	省城乡风貌整治办	浙风貌〔2022〕5号	2022年12月20日
		被评为全省新时代美丽城镇建设2021年度成绩突出集体	省城乡风貌整治办	浙美镇办〔2022〕4号	2022年1月4日
		获丽水市高水平巩固国家卫生城市工作集体嘉奖	市政府	丽政发〔2022〕28号	2022年11月17日
区文广旅体局	经验推广	莲悦读爱心书屋被纳入浙江省公共文化服务高质量发展典型案例	省文旅厅	浙文旅公共〔2022〕30号	2022年6月27日
		承办全省图书馆长培训班并在活动中推广莲都民宿书吧	省文旅厅	省厅汇编	2022年8月1日
区经济商务局	表彰表扬	莲都区被评为推动工业稳增长和技术改造成效明显的县(市、区)	省政府办公厅	浙政办发〔2022〕34号	2022年6月2日
		被评为2021年度促消费和批发零售业改造提升成绩突出集体	省政府办公厅	省政府办公厅便笺	2022年5月18日

续表2

单位名称	类型	内容	表彰(发文)主体	文号	发文时间
区经济商务局	表彰表扬	莲都区被列入2021年度新一轮制造业攻坚行动考核激励名单	省制造业高质量发展办	浙制高办〔2022〕9号	2022年3月28日
区经济商务局	表彰表扬	莲都区被评为首批浙江省数字生活新服务样板县	省数字生活服务工作联席办公室	浙数新办〔2022〕1号	2022年1月10日
区经济商务局	表彰表扬	被评为2021年度中小微企业培育工作成绩突出集体	省促进中小企业发展工作领导小组办公室	浙中小企业办〔2021〕5号	2022年1月4日印发
区经济商务局	表彰表扬	被评为丽水市高质量绿色发展模范集体	市委市政府	市委、市政府便签	2022年7月21日
区经济合作交流中心	表彰表扬	被评为2021年度丽水市问海借力突出贡献集体	市委、市政府	市委、市政府便签	2022年12月20日
区农业农村局	上级试点	莲都区被列入“浙农富裕”应用农房盘活数字化场景第一批“先行先试”推广应用单位	省农业农村厅	浙农字函〔2022〕281号	2022年5月13日
区农业农村局	上级试点	莲都区被列入农业标准地改革省级试点	省农业农村厅	浙农政发〔2022〕8号	2022年12月16日
区农业农村局	上级试点	莲都区被列入省级革命老区乡村振兴示范区	省乡村振兴局、省财政厅	浙乡振函〔2022〕5号	2022年2月5日
区农业农村局	上级试点	莲都区被列入浙江省数字化改革+强村富民试点	省强村富民乡村集成改革工作专班	浙农专班发〔2022〕3号	2022年9月2日
区农业农村局	上级试点	莲都区被列入第二批省级现代农业园区	省粮食安全办	浙农园办〔2022〕1号	2022年1月28日
区农业农村局	上级试点	莲都区被列入2022年“三农”统计监测等数字化应用试点	省农业农村厅办公室	省农业农村厅办公室便笺	2022年9月16日
区农业农村局	经验推广	“老竹新陶村(宅基地改革+乡村建设)”被纳入全省强村富民乡村集成改革典型案例	省农业农村厅	浙农字函〔2022〕356号	2022年6月20日
区农业农村局	经验推广	丽农莲(兽药)罚〔2021〕32号案被纳入2022年全省农业行政执法优秀案卷	省农业农村厅	浙农法发〔2022〕9号	2022年11月18日
区农业农村局	经验推广	“莲都农业项目招引工作经验分享”在全省项目管理培训班上交流发言	省农业农村厅办公室	省农业农村厅办公室便笺	2022年11月10日

续表2

单位名称	类型	内容	表彰(发文)主体	文号	发文时间
区农业农村局	表彰表扬	莲都区被评为第二批农业(畜牧)“机器换人”高质量发展先行县	浙江省农业农村厅	浙农字函〔2022〕739号	2022年12月23日
		莲都区被评为全省农村生活垃圾分类工作优胜县(区)	省“千村示范、万村整治”工作协调小组办公室	浙村整建办〔2022〕15号	2022年12月18日
		莲都区被评为2021年全市实施乡村振兴战略优秀单位	市委办、市政办	市委办、市政办便笺	2022年3月17日
区水利局	表彰表扬	获全国水利安全生产知识网络竞赛优秀组织奖	水利部办公厅	办监督函〔2022〕938号	2022年10月18日
		莲都区被评为2021年度实行最严格水资源管理制度考核优秀等次	市政府办公室	丽政办发〔2022〕9号	2022年3月18日
区生态林业发展中心	经验推广	《智能化技防设备“难建难用”埋下森林火灾隐患》被纳入《浙江信息》	省委办公厅	浙江信息	2022年5月19日
		松材线虫病疫情防控工作在全省松材线虫病疫情防控工作电视电话会议上作经验交流	省林业局	省林业局便笺	2022年1月5日
		森林防火和安全生产工作在全省森林防火和安全生产工作会议上作经验交流	省林业局	省林业局便笺	2022年1月21日
		松材线虫病疫木“即现即清”工作在松材线虫病疫木“即现即清”工作会议上作经验交流	省林业局	省林业局便笺	2022年5月10日
	表彰表扬	被评为浙江省湿地保护修复工作成绩突出集体	省林业厅	浙林湿〔2022〕63号	2022年11月2日
		被评为浙江省关注森林活动15周年成绩突出集体	省关注森林组织委员会	浙森组〔2022〕3号	2022年12月21日
区商务和金融发展中心	表彰表扬	莲都区被评为首批浙江省数字生活新服务先行样板县	省数字生活服务工作联席办公室	浙数新办〔2022〕1号	2022年1月10日
		莲都区人民政府被评为2021年度企业股改上市工作先进单位	市府办	便笺〔2022〕8号	2022年4月4日
		农商行金融实践样板受到市长批示	市长吴舜泽	市长批示	2022年10月21日

续表2

单位名称	类型	内容	表彰(发文)主体	文号	发文时间
区公安分局	上级试点	被列入“公安大脑”建设整体试点单位	省公安厅	浙公发〔2022〕303号	2022年
区公安分局	上级试点	被列入“三能”试点任务单位	省公安厅党委	浙公党发〔2022〕17号	2022年
区公安分局	经验推广	“莲都研判侦查打击三位一体建设工作”在市县公安机关大部门大警种制改革试点工作座谈会上推广	全省公安大脑建设专班	浙公网传〔2022〕85号	2022年6月22日
区公安分局	经验推广	“莲都三能经验”在三能积分评价体系试点建设工作座谈会上推广	省公安厅三能办	便笺	2022年5月27日
区公安分局	经验推广	《枫桥经验数字化转型边界路径探索》被纳入2022年平安浙江论坛论文集	浙江警察学院	论文集	2022年11月1日
区公安分局	表彰表扬	被评为2020—2021年度平安浙江建设先进集体	省委、省政府	省委、省政府便笺	2022年3月29日
区公安分局	表彰表扬	白云派出所被评为全省第二批“枫桥式公安派出所”	省委办、省府办	省委办、省府办便笺	2022年3月17日
区市场监管局	上级试点	被列入全国市场监管数字化试验区建设试点	省市监局	浙市监〔2022〕38号	2022年11月10日
区市场监管局	上级试点	莲都区被列入“浙江消保在线(消费宝)”试点	省市监局消保分局	省市监局便笺	2022年3月7日
区市场监管局	表彰表扬	被评为2021年度地方市场监管工作优秀等次	省市监局党委	浙市监党委〔2022〕7号	2022年2月8日
区市场监管局	表彰表扬	被评为2022年度浙江省食品安全工作成绩突出集体	省食安委	浙食药安委〔2022〕6号	2022年10月8日
区市场监管局	表彰表扬	获丽水市高水平巩固国家卫生城市工作集体二等功	市政府	丽政发〔2022〕28号	2022年11月17日
区市场监管局	表彰表扬	紫金市场监管所获丽水市高水平巩固国家卫生城市工作集体二等功	市政府	丽政发〔2022〕28号	2022年11月17日
区行政服务中心	经验推广	创新三莲三享模式推动小超市变身富民大产业被“竞跑者”录用	省委改革办	竞跑者第十三期	2022年7月14日
区行政服务中心	领导批示	《三化涉企服务助力企业纾困解难》获市长表扬性批示	市长吴舜泽	丽水政务信息	2022年12月14日

续表2

单位名称	类型	内容	表彰(发文)主体	文号	发文时间
区卫生健康局	经验推广	“莲宿码多跨场景”被纳入《数字社会案例集》	省发改委	省发改委便笺	2022年11月24日
		“健康民宿监管应用”被纳入《数字化改革工作动态》	省委改革办	工作动态第11期	2022年6月13日
	表彰表扬	白云街道社区卫生服务中心被评为2021年“优质服务基层行”活动表现突出机构	国家卫健委办公厅	国卫办基层函〔2022〕40号	2022年1月30日
		获丽水市高水平巩固国家卫生城市工作集体二等功	市政府	丽政发〔2022〕28号	2022年11月17日
		白云、紫金街道社区卫生服务中心获丽水市高水平巩固国家卫生城市工作集体嘉奖	市政府	丽政发〔2022〕28号	2022年11月17日
区教育局	上级试点	梅山中学、人民路小学列入浙江省智慧教育平台地方和学校试点名单	省教育厅	省教育厅便笺	2022年6月21日
	经验推广	《五维并举让学生的成长看得见》等4篇被纳入《2022年改进学校教学管理时间案例》	省教育厅教研室	便笺	2022年11月29日
		《五育并举工作实施方案》被纳入《浙江中小学“五育并举”工作实施方案》	省教育厅教研室	便笺	2022年10月28日
	表彰表扬	碧湖第二小学等5所学校被评为2021年度全国特色足球学校	教育部	便笺	2022年2月8日
		水东小学等4所学校被评为2022年浙江省健康促进学校	省爱卫办、省教育厅、省卫健委	浙爱卫办〔2022〕14号	2022年9月19日
		区老竹民族学校等2所学校被评为2021年浙江省现代化学校	省教育厅	浙教厅函〔2022〕30号	2022年12月18日
		东港小学等3所学校被评为2021年浙江省青少年校园足球特色学校	省教育厅办公室	浙教办函〔2022〕25号	2022年2月17日
		莲都外国语学校团委被评为浙江省少先队成绩突出集体	团省委、教育厅、少工委	团浙联〔2022〕14号	2022年7月22日
		城北小学被评为首批浙江省清廉学校建设示范校	省教工办	浙教工委办〔2022〕7号	2022年10月18日
		区老竹民族学校被评为2022年度省级民族团结进步教育基地	省民宗委	浙民宗发〔2022〕47号	2022年12月21日
		被评为2021年度全市平安建设表现突出集体	市委、市政府	市委、市政府便笺	2022年2月8日

续表2

单位名称	类型	内容	表彰(发文)主体	文号	发文时间
区司法局	上级试点	莲都区被列入司法所综合改革试点	省委全面依法治省委员会办公室	浙委法办发〔2022〕5号	2022年8月25日
	经验推广	“政府法务工作”在全省政府法务工作交流会上推广	省司法厅	省司法厅便笺	2022年7月8日
区环境卫生服务中心	表彰表扬	被评为丽水市高水平巩固国家卫生城市工作集体三等功	市政府	丽政发〔2022〕28号	2022年11月17日
市综合行政执法局莲都分局	经验推广	“放心民宿监管一件事”被纳入《“大综合一体化”行政执法改革实践成果100例》汇编推广	省“大综合一体化”改革专班	汇编	2022年9月
区人力社保局	试点工作	列入全省人社数字化改革创新项目居家养老“一卡通”试点	省人社厅办公室	浙人社办发〔2022〕13号	2022年4月2日
	表彰表扬	被评为全国劳动保障新闻宣传工作做得好单位	人社部办公厅	人社厅函〔2022〕163号	2022年11月14日
		被评为全省劳动人事争议案件处理工作成绩突出单位	省人社厅	浙人社发〔2022〕30号	2022年4月18日
区应急管理局	经验推广	《扎实推进应急只会能力建设》被纳入全省应急指挥归还反建设推进会材料	省应急厅应急指挥中心	便笺	2022年11月25日
区退役军人事务局	经验推广	《丽水市莲都区践行初心办实事》被纳入省委退役军人事务工作领导小组办公室简报	省委退役军人事务工作领导小组办公室	简报文件	2022年1月11日
		《三色党建好品牌 当好退役军人“娘家人”》被纳入《党建工作创新案例汇编》	省退役军人事务厅	案例汇编	2022年7月
		《让英烈精神永绽光芒》被纳入《浙江省县级以下烈士纪念设施保护管理典型案例》	省检察院、省退役军人事务厅	案例汇编	2022年11月
	表彰表扬	区军队离休退休干部休养所被评为全省军休工作成绩突出集体	省退役军人事务厅	浙退役军人厅发〔2022〕47号	2022年12月9日
区审计局	上级试点	被列入浙江省领导干部经济体检子应用第一阶段试点	省审计厅办公室	浙审办经责便函〔2022〕54号	2022年9月8日
		被列入浙江审计整改一体化智能管理系统第二批试点	省审计厅办公室	浙审办内审便函〔2022〕26号	2022年6月8日

续表2

单位名称	类型	内容	表彰(发文)主体	文号	发文时间
区审计局	上级试点	被列入社保智审应用建设“揭榜挂帅”试点	省审计厅办公室	浙审办社〔2022〕33号	2022年8月4日
		被列入审计大脑首批试点	省审计厅办公室	浙审办社〔2022〕26号	2022年9月7日
	经验推广	生态公墓案例被纳入七张问题清单2022年度第三季度示范案例	省委办公厅	省委办便笺	2022年9月14日
区民政局	上级试点	莲都区被列入2022年数字化改革重大应用建设试点	省民政厅	浙民法〔2022〕29号	2022年3月1日
		莲都区被列入全省第二批婚俗改革实验县(市、区)	省民政厅	浙民事〔2022〕133号	2022年8月11日
	经验推广	《山区特色城乡社区治理新样板》在全省城乡社区工作会议上推广	省委办、省府办	省委省政府便笺	2022年4月19日
		“村级事务阳光票决制”被纳入浙江省高质量发展建设共富示范区最佳实践案例	省共富办	浙共富办〔2022〕5号	2022年5月27日
		“莲都除险保安工作”在全省民政系统除险保安电视电话会议上推广	省民政厅办公室	〔2022〕办便193号	2022年9月27日
		“未爱初心不改”在全省儿童福利和未成年人保护机构负责人培训班上推广	省民政厅	〔2022〕796号	2022年11月14日
		“生态公墓案例”被纳入七张问题清单2022年度第三季度示范案例	省委办公厅	省委办便笺	2022年9月14日
区供销社	上级试点	莲都区被列入2022年开展基层供销社资产财务委托代理工作试点	省供销社(委托市供销社)	浙供合发〔2022〕28号	2022年9月26日
	经验推广	“莲都供富大篷车”在2022浙江省优质品牌农产品秋季选品会上推广	省供销社	省供销社办公室便笺	2022年8月25日
	表彰表扬	被评为全省供销社清产核资工作优秀集体	省供销社	省供销社笺	2022年1月29日
区大数据发展中心	经验推广	《疫指通应用织密人员输入型疫情风险网》被纳入数字化改革信息	省委改革办	省委改革办第11期	2022年4月24日
莲都经开区管委会	表彰表扬	被评为丽水市高质量绿色发展模范集体	市委、市政府	市委、市政府便签	2022年7月21日
		被评为2021年度丽水市问海借力突出贡献集体	市委、市政府	市委、市政府便签	2022年12月20日
		工业园区管委会规划建设科被评为浙江省特色小镇规划建设工作成绩突出集体	省发改委	浙特镇办〔2022〕3号	2022年11月24日

2022年度乡镇(街道)上级试点、经验推广、表彰表扬汇总表

表3

单位	类别	表彰内容	表彰(发文)主体	文号	时间
岩泉街道	上级试点	天宁社区被列入浙江省第五批未来社区创建名单	省住建厅、省风貌办	浙建风貌〔2022〕29号	2022年5月24日
	表彰表扬	被评为2022年度省现代商贸特色镇	省商务厅	省商务厅便笺	2022年12月28日
		九里村、岩泉村被评为2022年度浙江省“新时代枫桥式退役军人服务中心(站)”	省委退役军人事务办	浙委退役军人办〔2022〕8号	2022年12月19日
		雨伞岗村被评为2021年度返乡入乡合作创业村考核优秀单位	省人社厅	浙人社函〔2022〕41号	2022年5月24日
		天宁社区被评为2021年度省级民主法治社区	省司法厅、省民政厅	浙司〔2022〕5号	2022年1月18日
		正阳社区被评为2022年度省级民主法治社区	省司法厅、省民政厅	浙司〔2022〕118号	2022年12月28日
		被评为2021年度全市平安建设表现突出集体	市委、市政府	市委、市政府便笺	2022年2月8日
		获丽水市高质量巩固国家卫生城市工作集体三等功	市政府	丽政发〔2022〕28号	2022年11月17日
紫金街道	表彰表扬	被评为2022年度美丽城镇建设省级样板	省城乡环境整治小组	浙城乡环治〔2022〕1号	2022年12月21日
		万丰社区、东升社区被评为2022年度浙江省“新时代枫桥式退役军人服务中心(站)”	省委退役军人事务办	浙委退役军人办〔2022〕8号	2022年12月19日
		金苑社区被评为2021年度省级民主法治社区	省司法厅、省民政厅	浙司〔2022〕5号	2022年1月18日
		永辉社区被评为2022年度省级民主法治社区	省司法厅、省民政厅	浙司〔2022〕118号	2022年12月28日
		被评为2021年度全市平安建设表现突出集体	市委、市政府	市委、市政府便笺	2022年2月8日
		获丽水市高质量巩固国家卫生城市工作集体三等功	市政府	丽政发〔2022〕28号	2022年11月17日

续表3

单位	类别	表彰内容	表彰(发文)主体	文号	时间
白云街道	上级、试点	陈道门社区被列入浙江省第五批未来社区创建名单	省住建厅、省风貌办	浙建风貌〔2022〕29号	2022年5月24日
	表彰表扬	被评为2022年度美丽城镇建设省级样板	省城乡环境整治小组	浙城乡环治〔2022〕1号	2022年12月21日
		被评为2022年度食品安全四星级乡镇(街道)	省食安办	浙食药安办〔2022〕20号	2022年12月13日
		三岩寺社区被评为第五批省级民族团结进步创建重点培育单位	省民宗委	浙民宗发〔2022〕47号	2022年12月21日
		城北村被评为2022年度浙江省“新时代枫桥式退役军人服务中心(站)”	省委退役军人事务办	浙委退役军人办〔2022〕8号	2022年12月19日
		接官亭社区被评为2021年度省级民主法治社区	省司法厅、省民政厅	浙司〔2022〕5号	2022年1月18日
		北郭桥社区被评为2022年度省级民主法治社区	省司法厅、省民政厅	浙司〔2022〕118号	2022年12月28日
		被评为丽水市高质量巩固国家卫生城市工作集体三等功	市政府	丽政发〔2022〕28号	2022年11月17日
万象街道	表彰表扬	水南村、丽阳门社区被评为2022年度省级民主法治村(社区)	省司法厅、省民政厅	浙司〔2022〕118号	2022年12月28日
		梅山社区被评为2021年度省级民主法治社区	省司法厅、省民政厅	浙司〔2022〕5号	2022年1月18日
		获丽水市高质量巩固国家卫生城市工作集体三等功	市政府	丽政发〔2022〕28号	2022年11月17日
联城街道	上级试点	被列入首批跨乡镇开展全域土地综合整治试点	省保耕全域土地办	浙保耕办〔2022〕14号	2022年11月2日
		港口村被列入第二批未来乡村创建名单	省农业农村厅、省风貌办	浙农字函〔2022〕218号	2022年3月25日
	表彰表扬	港口村、坑口村被评为2021年度省级除四害样板村	省爱卫办	浙爱卫办〔2022〕12号	2022年8月27日
		港口村被评为2021年度省级民主法治村	省司法厅、省民政厅	浙司〔2022〕5号	2022年1月18日
		瑶畈村被评为2022年度省级民主法治村	省司法厅、省民政厅	浙司〔2022〕118号	2022年12月28日

续表3

单位	类别	表彰内容	表彰(发文)主体	文号	时间
联城街道	表彰表扬	被评为2021年度全市平安建设表现突出集体	市委、市政府	市委、市政府便笺	2022年2月8日
		被评为丽水市高质量巩固国家卫生城市工作集体三等功	市政府	丽政发〔2022〕28号	2022年11月17日
碧湖镇	上级试点	被列入首批跨乡镇开展全域土地综合整治试点	省保耕全域土地办	浙保耕办〔2022〕14号	2022年11月2日
		大陈村等5个村被列入全省第二批低碳村试点	省炭中和办	浙双碳办〔2022〕11号	2022年10月27日
		高溪社区、白口社区被列入浙江省第五批未来社区创建名单	省住建厅、省风貌办	浙建风貌〔2022〕29号	2022年5月24日
		堰头村被列入第二批未来乡村创建名单	省农业农村厅、省风貌办	浙农字函〔2022〕218号	2022年3月25日
	表彰表扬	被评为2022年度美丽城镇建设省级样板	省城乡环境整治小组	浙城乡环治〔2022〕1号	2022年12月21日
		被评为清廉村居建设示范乡镇(街道)	省农办、省农业农村厅	农办、农业农村厅便笺	2022年12月18日
		被评为第一批千年古城复兴试单2021年度良好单位	省小城市培育办	浙镇办〔2022〕3号	2022年11月5日
		九龙村、通济社区、蒲塘村被评为2022年度浙江省“新时代枫桥式退役军人服务中心(站)”	省委退役军人事务办	浙委退役军人办〔2022〕8号	2022年12月19日
		碧一村、高溪村被评为2021年度省级民主法治村	省司法厅、省民政厅	浙司〔2022〕5号	2022年1月18日
		通济社区、堰头村被评为2022年度省级民主法治村(社区)	省司法厅、省民政厅	浙司〔2022〕118号	2022年12月28日
		堰头村获得省级高标准农村生活垃圾分类示范村	省“千村示范、万村整治”工作协调小组办公室	浙村整建办〔2022〕15号	2022年12月18日
		被评为2021年度全市平安建设表现突出集体	市委、市政府	市委、市政府便笺	2022年2月8日

续表3

单位	类别	表彰内容	表彰(发文)主体	文号	时间
大港头镇	上级试点	大港头代表联络站被列入首批人大践行全过程人民民主基层单元培育对象	省人大办	浙人大常办函〔2022〕28号	2022年5月7日
		大港头社区被列入浙江省第五批未来社区创建名单	省住建厅、省风貌办	浙建风貌〔2022〕29号	2022年5月24日
		大港头村被列入浙江省第一批未来乡村建设试点村	省农业农村厅、省财政厅、省风貌办	浙农字函〔2022〕51号	2022年1月7日
		被列入首批跨乡镇开展全域土地综合整治试点	省保耕全域土地办	浙保耕办〔2022〕14号	2022年11月2日
	经验推广	《古堰画乡多措并举营造宣传氛围》被纳入浙江信息	省委办公厅	浙江信息	2022年11月28日
	表彰表扬	被评为首批“浙江省摄影之乡”名单	省摄影家协会	省摄协便笺	2022年4月15日
		被评为共享联盟·最佳微融站	中共浙江日报报业集团委员会	浙报集团党委〔2022〕5号	2022年1月25日
		莲都古堰画乡·诗画田园县域风貌样板区获评浙江省2022年度第三批城乡风貌样板区	省风貌办	浙风貌〔2022〕5号	2022年12月20日
		大港头村被评为2022年度浙江省未来乡村创建成效评价结果优秀等次	省农业农村厅、省财政厅、省风貌办	浙农社发〔2022〕11号	2022年12月14日
		大港头社区获评浙江省2022年度第二批未来社区	省风貌办	浙风貌〔2022〕6号	2022年12月20日
		大港头村被评为省美丽庭院特色村	省妇联、省农业农村厅	浙妇〔2022〕42号	2022年9月28日
		大港头村被评为首批浙江省美育示范村	省文旅厅	浙文旅艺〔2022〕12号	2022年5月27日
		大港头村被评为2022年度省商贸发展示范村	省商务厅	省商务厅便笺	2022年12月28日

续表3

单位	类别	表彰内容	表彰(发文)主体	文号	时间
大港头镇	表彰表扬	河边村获得省级高标准农村生活垃圾分类示范村	省"千村示范、万村整治"工作协调小组办公室	浙村整建办〔2022〕15号	2022年12月18日
		河边村被评为2022年度省级民族乡村振兴试点	省民宗委	浙民宗发〔2022〕47号	2022年12月21日
		河边村被评为2021年度省级民主法治村	省司法厅、省民政厅	浙司〔2022〕5号	2022年1月18日
		北埠村被评为2022年度浙江省"新时代枫桥式退役军人服务中心(站)"	省委退役军人事务办	浙委退役军人办〔2022〕8号	2022年12月19日
		西坑口村被评为2022年度省级民主法治村	省司法厅、省民政厅	浙司〔2022〕118号	2022年12月28日
		被评为2021年度全市平安建设表现突出集体	市委、市政府	市委、市政府便笺	2022年2月8日
雅溪镇	表彰表扬	被评为2022年度美丽城镇建设省级样板	省城乡环境整治小组	浙城乡环治〔2022〕1号	2022年12月21日
		库川村被评为清廉村居建设示范乡镇(街道)	省农办、省农业农村厅	农办、农业农村厅便笺	2022年12月18日
		库川村被评为2021年度省级民主法治村	省司法厅、省民政厅	浙司〔2022〕5号	2022年1月18日
		潘百村被评为2022年度省级民主法治村	省司法厅、省民政厅	浙司〔2022〕118号	2022年12月28日
		潘百村被评为2023年度省级美丽宜居示范村	省住建厅	浙村镇示范办〔2022〕1号	2022年12月23日
老竹镇	经验推广	《"四到"工作发创建零信访镇》被信访与民情刊发	省信访局	信访与民情杂志	2022年2月1日
		《石门源村华丽的蜕变》被纳入全省强村富民乡村集成改革典型案例	省农业农村厅	浙农字〔2022〕356号	2022年6月20日

续表3

单位	类别	表彰内容	表彰(发文)主体	文号	时间
老竹镇	表彰表扬	被评为浙江省农村文化礼堂建设示范乡镇	省委宣传部	浙宣〔2022〕54号	2022年10月9日
		梁村、徐庄村被评为2022年度省级民主法治村	省司法厅、省民政厅	浙司〔2022〕118号	2022年12月28日
		沙溪村被评为2022年浙江省生态文化基地	省林业厅、省文旅厅	浙林办〔2022〕70号	2022年11月24日
		沙溪村被评为2022年返乡入乡合作创业村考核优秀单位	省人社厅	浙人社函〔2022〕107号	2022年12月27日
		新陶村被评为2021年度返乡入乡合作创业村考核优秀单位	省人社厅	浙人社函〔2022〕41号	2022年5月24日
		梁村被评为2022年度省级高标准农村生活垃圾分类示范村	省“千村示范、万村整治”工作协调小组办公室	浙村整建办〔2022〕15号	2022年12月18日
		后坑村被评为2021年度省级民主法治村	省司法厅、省民政厅	浙司〔2022〕5号	2022年1月18日
		郑丰村被评为2022年度省级民族乡村共同富裕点	省民宗委	浙民宗发〔2022〕47号	2022年12月21日
峰源乡	表彰表扬	库坑垟村、新炀村被评为2022年度省级民主法治村	省司法厅、省民政厅	浙司〔2022〕118号	2022年12月28日
		夏庄村被评为2021年度省级民主法治村	省司法厅、省民政厅	浙司〔2022〕5号	2022年1月18日
太平乡	表彰表扬	太平村、下岙村被评为2022年度浙江省“新时代枫桥式退役军人服务中心(站)”	省委退役军人事务办	浙委退役军人办〔2022〕8号	2022年12月19日
		小安村被评为2021年度省级民主法治村	省司法厅、省民政厅	浙司〔2022〕5号	2022年1月18日
		太平村被评为2022年度省级民主法治村	省司法厅、省民政厅	浙司〔2022〕118号	2022年12月28日
		被评为2021年度全市平安建设表现突出集体	市委、市政府	市委、市政府便笺	2022年2月8日

续表3

单位	类别	表彰内容	表彰(发文)主体	文号	时间
仙渡乡	表彰表扬	被评为2022年度省级革命老区乡村振兴示范区	省乡村振兴局、省财政厅	浙乡振函〔2022〕5号	2022年2月15日
		被评为省级信用乡镇	人行杭州中心支行、省农业农村厅	杭银发〔2022〕100号	2022年7月28日
		葛畈村被评为2022年度省级高标准农村生活垃圾分类示范村	省“千村示范、万村整治”工作协调小组办公室	浙村整建办〔2022〕15号	2022年12月18日
		葛畈村被评为2021年度省级民主法治村	省司法厅、省民政厅	浙司〔2022〕5号	2022年1月18日
		被评为2021年度全市平安建设表现突出集体	市委、市政府	市委、市政府便笺	2022年2月8日
丽新乡	上级试点	被评为全省乡镇街道志编修试点单位	省地志办	浙地办〔2022〕29号	2022年7月18日
		马村村被列入第二批未来乡村创建名单	省农业农村厅、省风貌办	浙农字函〔2022〕218号	2022年3月25日
	表彰表扬	被评为2022年度食品安全四星级乡镇(街道)	省食安办	浙食药安办〔2022〕20号	2022年12月13日
		被评为2022年度省级民族乡村共同富裕点	省民宗委	浙民宗发〔2022〕47号	2022年12月21日
		吾赤口、山村村被评为2022年度省级高标准农村生活垃圾分类示范村	省“千村示范、万村整治”工作协调小组办公室	浙村整建办〔2022〕15号	2022年12月18日
		吾赤口被评为2021年度省级民主法治村	省司法厅、省民政厅	浙司〔2022〕5号	2022年1月18日
		马村村被评为2022年度浙江省未来乡村创建成效评价结果良好等次	省农业农村厅、省财政厅、省风貌办	浙农社发〔2022〕11号	2022年12月14日

续表3

单位	类别	表彰内容	表彰(发文)主体	文号	时间
黄村乡	经验推广	“村级事务阳光票决制”被纳入浙江省共富示范区最佳实践案例	省共富办	浙共富办〔2022〕5号	2022年5月27日
	表彰表扬	黄泥墩村被评为2023年度省级美丽宜居示范村	省住建厅	浙村镇示范办〔2022〕1号	2022年12月23日
		郑村村被评为2021年度省级民主法治村	省司法厅、省民政厅	浙司〔2022〕5号	2022年1月18日
		黄泥墩村被评为2022年返乡入乡合作创业村考核优秀单位	省人社厅	浙人社函〔2022〕107号	2022年12月27日

统计资料

2021—2022年莲都区社会经济主要指标一览表

表4

指标名称	计量单位	2022年	2021年	增幅(%)
一、人口				
年末总户数	户	198675	198967	—
年末总人口	人	426757	423924	—
其中:乡村人口	人	225723	224992	—
城镇人口	人	201034	198932	—
人口出生率	‰	7.42	8.61	—
人口死亡率	‰	6.26	6.27	—
人口自然增长率	‰	1.16	2.35	—
二、土地面积				
全区土地面积	万平方米	149344.24	149344.24	—
其中:农用地	万平方米	133574.52	133781.88	—
建设用地	万平方米	11972.66	11782.98	—
未利用地	万平方米	3797.02	3779.34	—
三、生产总值				
区生产总值	亿元	483.18	453.57	4.3
第一产业	亿元	23.68	21.78	4.4
第二产业	亿元	164.69	148.11	8.7
第三产业	亿元	294.81	283.68	2.1
人均生产总值	元/人	85217	80449	3.6

续表4

指标名称	计量单位	2022年	2021年	增幅(%)
四、农业				
粮食产量	吨	40894	41349	-1.10
蔬菜产量	吨	246616	240111	2.71
水果产量	吨	92573	95315	-2.88
茶叶产量	吨	2400	2192	9.49
畜禽肉类总产量	吨	18116	14724	23.04
水产品产量	吨	4893	4839	1.12
五、工业				
工业总产值	亿元	578.40	486.61	—
工业企业数	家	460	393	17.05
工业增加值	亿元	101.42	87.87	—
六、交通				
旅客运输量	万人	181.8	263	—
旅客周转量	万人公里	16312.8	21869	—
货物运输量	万吨	1322	1275	—
货物周转量	万吨公里	206099	197388	—
全年用电量				
其中:工业用用电量	万千瓦时	167769	163646	2.52
城乡居民用电量	万千瓦时	76983	61343	25.50
七、固定资产投资、房地产				
固定资产投资完成额	%	—	—	16.50
其中:制造业投资	%	—	—	45.98
地产开发投资	亿元	193.90	198.28	-2.21
八、内外贸易				
社会消费品零售额	万元	2290224	2128239	7.61
出口总额	亿元	22.2	14.61	52.62
进口总额	亿元	0.16	0.22	-26.76
实际利用外资额	万美元	1997	600	232.83

续表4

指标名称	计量单位	2022年	2021年	增幅(%)
九、财政、金融				
财政总收入	万元	952569	1032080	-0.08
一般预算收入	万元	598960	636677	-0.06
一般预算支出	万元	1552158	1387719	0.11
科学支出	万元	58417	49115	0.16
教育支出	万元	241882	223899	0.07
年末金融机构存款余额	亿元	1667	1283.59	22.99
年末金融机构各项贷款余额	亿元	1572	1359.62	13.51
十、城乡居民收入				
城镇常住居民人均可支配收入	元	58908	56371	4.50
农村常住居民人均可支配收入	元	36602	33766	8.40
十一、教育				
在校学生人数	人	41515	41950	-1.05
小学适龄儿童入学率	%	100	100	0
初中毕业升学率	%	99.40	98.63	0.77
十二、卫生				
医院、卫生院数	家	43	40	7.50
医院、卫生院床位数	张	6199	5700	8.75
医生数(执业医师+执业助理医师)	人	3407	3201	6.44
注册护士数	人	4467	4164	7.28

2022年山区26县主要经济指标统计表

表5

类别	地区	GDP（亿元）	城镇居民人均可支配收入（元）	农村居民人均可支配收入（元）	农林牧渔业增加值（亿元）	旅游业增加值（亿元）	规模以上工业增加值（亿元）
跨越发展类	永嘉县	517	60206	31333	19.6	44.8	87.5
	平阳县	646	61447	32215	23.7	52.5	118.9
	苍南县	428	57465	30322	32.0	42.1	44.7
	武义县	321	51683	25185	17.6	20.1	126.5
	柯城区	651	61822	33521	9.4	34.5	269.4
	衢江区	291	47918	27852	21.7	18.0	100.0
	龙游县	299	59811	32037	14.1	21.8	82.8
	江山市	381	59908	34257	25.8	27.4	78.9
	三门县	333	57062	32735	40.6	15.1	126.4
	天台县	351	56555	30501	17.9	23.4	78.1
	仙居县	300	51962	29027	19.1	22.3	72.6
	莲都区	483	58908	36602	24.0	33.2	112.5
	青田县	279	56673	32613	11.8	22.8	52.1
	缙云县	302	54407	28721	13.7	20.1	75.7
	松阳县	143	49911	25324	15.1	13.6	38.7
生态发展类	淳安县	270	55228	26156	43.1	31.0	34.7
	文成县	127	50327	24400	10.8	14.1	5.6
	泰顺县	144	49175	24375	11.4	15.4	6.7
	磐安县	134	49199	24299	13.9	12.4	24.8
	常山县	201	49442	28996	9.7	15.0	51.9
	开化县	181	45846	24737	14.9	15.9	32.3
	遂昌县	173	57837	27073	14.5	14.0	56.9
	云和县	95	52841	26078	5.9	7.7	24.1
	庆元县	93	49433	23759	8.3	6.8	13.2
	景宁县	93	47807	26139	7.4	6.4	6.6
	龙泉市	170	57331	30424	18.2	16.6	25.3

附 录

2022年区和乡镇、街道机构及负责人名录

【中国共产党丽水市莲都区委员会】

书　记:张壮雄

副书记:张　妍(女)

王国锋(至2022年7月)

朱芝贵(2022年9月始)

常　委:雷　成　曹永跃

王　成　陈永超

蔡　昱(女)

江　山　陶旭峰

骆美祥　王东华

【丽水市莲都区人民代表大会常务委员会】

主　任:陈元龙(至2022年2月)

陈立新(2022年2月始)

副主任:张继芳　雷勇军

陈鲁军(至2022年2月)

卢　进

周贤华(至2022年6月)

俞丽威(2022年2月始)

沈建祖(2022年2月始)

党组书记:陈立新

党组副书记:张继芳　雷勇军

人大常委会办公室

主　任:胡　军(至2022年7月)

魏　俊(2022年7月始)

副主任:蓝晓芬

(女,至2022年12月)

吴理信(至2022年7月)

郑旭军　朱泽霞(女)

蓝炜琮

田伟明(2022年12月始)

黄　芳

(女,2022年12月始)

人大常委会机关党组

书　记:胡　军(至2022年7月)

魏　俊(2022年7月始)

人大常委会法制(监察和司法)工委

主　任:王品伟(至2022年7月)

管青林(2022年7月始)

人大常委会农业农村工委

主　任:徐根发(2022年4月始)

人大常委会代表工委

主　任:王瑶鸿(至2022年7月)

吴理信(2022年7月始)

人大常委会民侨工委

主　任:王　弘(至2022年7月)

王瑶鸿(2022年7月始)

教科文卫工委

主　任:傅瑗君(女)

人大常委会财经工委

主　任:赖志平(至2022年7月)

吴丽云

(女,2022月7月始)

人大常委会城建环资工委

主　任:陈晓宁

人大常委会社会建设工委

主　任:汤永华

人大常委会法制(监察和司法)委员会

主　任:陈鲁军(至2022年2月)

沈建祖(2022年2月始)

副主任:王品伟(至2022年7月)

尚小林(至2022年2月)

徐伟群

胡菊萍

(女,至2022年2月)

人大常委会财政经济委员会

主　任:周贤华(至2022年6月)

副主任:赖志平(至2022年7月)

麻益民(至2022年2月)

沈小聪(至2022年2月)

王伟荣
戴旭伟（至2022年12月）

人大常委会社会建设委员会

主　任：张继芳
副主任：汤永华
叶志军（至2022年12月）
徐柳玉（女）
戴旭伟（至2022年2月）
蓝林余（至2022年4月）
冯巧伟（女，专职，2022年4月始）
周陈亮（2022年12月始）

【丽水市莲都区人民政府】

区　长：张　妍（女，2022年2月始）
副区长：曹永跃
蔡毓良（至2022年4月）
周贤华（2022年6月始）
潘伟峰（2022年2月始）
管兴标（至2022年2月）
陈　勇（挂职，至2022年10月）
龚淑娟（女，挂职）
张小平　孙　苗（女）
周亚军（2022年2月始）
莫乐平（女，挂职，2022年12月始）
党组书记：张　妍（女）
党组副书记：曹永跃

【中国人民政治协商会议丽水市莲都区委员会】

主　席：陈立新（至2022年2月）
李邦生（2022年2月始）
副主席：翁伟标（2022年2月始）
叶晓东　任文红（女）
沈建祖（至2022年2月）
陈岳波（至2022年2月）
虞海雄
叶春晓（女，2022年2月始）
党组书记：李邦生
党组副书记：翁伟标
陈立新（至2022年2月）
秘书长：蒋　嬿（女）
副秘书长：王智勇
谢晓鹏（至2022年7月）
郭跃伟（2022年1月始）
赵军浩（至2022年4月）
翁阁谞（女）
潘春霞（女，至2022年4月）
叶泳梅（女）
孔　振（2022年4月始）
胡　迪（2022年4月始）
章　健（2022年7月始）
李顺富（至2022年1月）

政协办公室

主　任：蒋　嬿
副主任：赵军浩　吕君勇

政协机关党组

书　记：蒋　嬿（女）

政协提案和协商工委

主　任：叶春晓（女，至2022年2月）
徐旭芬（女，2022年7月始）
副主任：周献贤（至2022年4月）
钟金亮（至2022年4月）
翁阁谞（女）
胡　迪（2022年4月始）

政协委员工委

主　任：谢晓鹏（至2022年7月）
吴　铭（2022年7月始）
副主任：林　军
桑小明（至2022年12月）
赵　涌（至2022年4月）

政协经济委

主　任：吴雯华（至2022年1月）
徐旭芬（女，2022年1月至2022年7月）
陈华君（2022年7月始）
副主任：章金宝
潘金发（至2022年4月）
王君伟（至2022年4月）
吴雯华（2022年1月至2022年4月）
郭跃伟（2022年1月始）
李军舫（女，2022年4月始）
李顺富（至2022年1月）

政协农业和农村委

主　任：叶立钦
副主任：赵秀峰
陈森云（至2022年4月）
周文林（至2022年4月）
孔伟仙（女，至2022年2月）
石伟明（2022年4月始）
刘丽娥（女，2022年4月始）

政协人资环委

主　任：吴为晨
副主任：赵礼成（至2022年4月）

李冠武(至2022年4月)
王智勇(2022年4月始)
张莲芬
(女,2022年4月始)

政协教科文卫体委

主　任:叶青春
副主任:吴慧彬(至2022年4月)
李美华
(女,至2022年4月)
徐丽静
(女,至2022年2月)
叶雪军
陈菁和(2022年4月始)
瞿宗囡
(女,至2022年1月)

政协社会法制委

主　任:梁智伟
副主任:朱祖胜(至2022年4月)
田志萍
(女,至2022年4月)
林国友
侯学峰(2022年4月始)
王时豪(2022年4月始)
周陈亮
(2022年12月始)

政协港澳台侨民宗委

主　任:周奇星(至2022年7月)
刘益民(2022年7月始)
副主任:朱瑞亮(至2022年4月)
张　艳(女)
李顺富(至2022年4月)
龚丽丽
(女,2022年4月始)

政协文化文史和学习委

主　任:黄建兵
副主任:王金友
(至2022年12月)
郑永忠(至2022年2月)
留红伟
(2022年12月始)
吴日清
(至2022年12月)
叶泳梅(女)
陆湘阳(2022年4月始)

【中国共产党丽水市莲都区纪律检查委员会、丽水市莲都区监察委员会】

区纪律检查委员会

书　记:蔡　昱(女)
副书记:卜广富　钟勇军
常　委:郑超敏(至2022年7月)
奚海峰
汤杨伟
何瑞芬(女)

区监察委员会

主　任:蔡　昱(女)
副主任:卜广富(2022年1月始)
钟勇军
委　员:汤杨伟
(至2022年12月)
王金炜
郑超敏(2022年1月至2022年7月)
吴　晨(2022年1月始)
何瑞芬
(女,至2022年1月)

派驻纪检监察组

派驻第一纪检监察组
组　长:蓝伟军(至2022年4月)
江慧霞
(女,2022年4月始)
副组长:于伟宏
叶　盈(女)
派驻第二纪检监察组
组　长:诸葛彬
副组长:王　琳(女)
许晓燕(女)
派驻第三纪检监察组
组　长:赵　颖(女)
副组长:王华平
派驻第四纪检监察组
组　长:陈金多
副组长:何惠丽(女)
派驻第五纪检监察组
组　长:蒋华靖
副组长:林　蓓(女)　周建荣
派驻第六纪检监察组
组　长:陈君佐
派驻第七纪检监察组
组　长:张　杰(至2022年12月)
付国栋
(2022年12月始)
派驻区法院纪检监察组
组　长:陈鲍军
派驻区检察院纪检监察组
组　长:周陈亮
(至2022年12月)
张　杰(2022年12月始)
派驻区委组织部纪检组(区委直属机关纪检监察工委)
组　长:吴喆文
副组长:魏国华(女)

【丽水市莲都区人民法院】

院　长:黄玉香
(女,2022年2月始)
副院长:熊　剑　卢建华
韦剑锋　陈　波
党组书记:黄玉香(女)
党组副书记:熊　剑
政治处主任:林杨勇

【丽水市莲都区人民检察院】

检察长：蔡建彧

副检察长：施建伟　黄祖培

王韵俊

（女，至2022年6月）

朱　乐

（女，2022年6月始）

党组书记：蔡建彧

党组副书记：施建伟

政治处主任：傅金霞

【区委工作部门】

办公室

主　任：王东华（至2022年12月）

副主任：周亚军（至2022年2月）

刘海勇（至2022年4月）

蓝　青（至2022年4月）

江慧霞

（女，至2022年4月）

蒋卫青

尚佐方（2022年1月始）

邱丽平（2022年7月始）

政策研究室

副主任：江慧霞

（女，至2022年4月）

国安办

专职副主任：沈伟松

（2022年7月始）

台湾工作办公室

主　任：王东华（至2022年12月）

副主任：龚丽丽（女）

组织部

部　长：陈永超

副部长：魏　俊（至2022年7月）

舒丽红（女）

王　皓（至2022年1月）

梁永光　王伟平

李桂元

罗文双（2022年7月始）

直属机关工作委员会

书　记：陈永超

副书记：应　俊（至2022年4月）

周淑红

（女，2022年4月始）

宣传部

部　长：江　山

常务副部长：陈海波

副部长：陈一娟（女）　侯学峰

统一战线工作部

部　长：王东华

常务副部长：林　军

副部长：梁玮珺（女）

蓝伟军（2022年4月始）

政法委员会

书　记：王国锋

（至2022年9月）

朱芝贵

（2022年12月始）

副书记（分管日常工作）：徐伟乐

副书记：毛利军

郑丽珍

（女，至2022年12月）

王文俊

（2022年12月始）

政治处主任：王文俊

（至2022年12月）

王　青

（女，2022年12月始）

机构编制委员会办公室

主　任：王伟平

副主任：江建东　俞　洁（女）

巡察工作领导小组办公室

主　任：奚海峰

副主任：邹青芬（女）

区委第一巡察组

组　长：叶　波

（至2022年7月）

蓝海霞

（女，2022年7月始）

副组长：何伯成

区委第二巡察组

组　长：杨娇云

（女，2022年7月始）

副组长：吴志明

区委第三巡察组

组　长：梁满云

副组长：徐雪峰

（至2022年12月）

纪正鸿

（女，2022年12月始）

区委第四巡察组

组　长：陈红敏

副组长：姚顺苗

（至2022年12月）

徐雪峰

（2022年12月始）

区委、区政府信访局

局　长：刘益民（至2022年7月）

邱丽平（2022年7月始）

副局长：杨海霞（女）　毛晓飞

李　威

党组书记：刘益民

（至2022年7月）

区委老干部局

局　长：李桂元

副局长：蓝池星（至2022年4月）

樊秀娟（女）

上官潮涌

（2022年4月始）

【区政府工作部门】

办公室

主　任：郭晓波（至2022年7月）

叶向荣（2022年7月始）

副主任:蓝军伟　叶冠俊
杨娇云
(女,至2022年8月)
李益平
(至2022年12月)
田伟明
(至2022年12月)
刘建斌(至2022年4月)
黄民杰
陈　杰(2022年4月始)
朱振新(2022年8月始)
李海慧
(2022年12月始)
党组书记:郭晓波
(至2022年7月)
叶向荣
(2022年7月始)

金融发展中心

主　任:陈雅云
(女,至2022年4月)

区发展和改革局

局　长:叶向荣(至2022年7月)
吴海霞
(女,2022年7月始)
副局长:洪　飞
吴　俊(至2022年4月)
朱振新(至2022年8月)
朱小波(2022年8月始)
方秀英(女,挂职)
潘春霞
(女,2022年4月始)
党组书记:叶向荣
(至2022年7月)
吴海霞
(女,2022年7月始)

区国防动员办公室

主　任:吴海霞
(女,2022年12月始)
副主任:洪　飞
(2022年12月始)

区经济商务局

局　长:陈华君(至2022年7月)
胡春杰(2022年7月始)
副局长:杨忠根(至2022年4月)
韦　康(2022年4月始)
党组书记:陈华君
(至2022年7月)
胡春杰
(2022年7月始)

区教育局

局　长:李小富
副局长:陈菁和　王刘毅
邵　皓
党组书记:李小富

区科学技术局

局　长:叶庆武
副局长:程晓东
纪正鸿
(女,至2022年12月)
张　骊
(女,2022年12月始)
陶金鑫
(挂职,2022年12月始)
党组书记:叶庆武

区民政局

局　长:廖翊慧
副局长:蓝旭华　孔伟仙(女)
何祥权
潘佩蓉
(女,2022年9月始)
党组书记:廖翊慧

区司法局

局　长:杨建贞
副局长:林　慧(女)
纪跃华(至2022年4月)
林　琳
(女,2022年4月始)
政治处主任:吴丽友
党组书记:杨建贞

区财政局

局　长:徐屈霞(女)
副局长:林　伟
李张芬
(女,至2022年8月)
熊鑫俊(2022年8月始)
总会计师:吕焕祺
党组书记:徐屈霞(女)

区人力资源和社会保障局

局　长:梁永光
副局长:蓝丽琴
(女,至2022年12月)
应　俊(2022年4月始)
秦艺峰
(女,2022年12月始)
党组书记:梁永光

区住房和城乡建设局

局　长:蓝海霞
(女,至2022年7月)
李伟军(2022年7月始)
副局长:赵灵敏
(女,至2022年8月)
陈鹤驰　魏　锋(挂职)
雷发元
(2022年12月始)
总工程师:吴大勇
党组书记:蓝海霞
(女,至2022年7月)
李伟军
(2022年7月始)

区交通运输局

局　长:章旭宇
副局长:周志方　李海燕(女)

张仕贤
（挂职，2022年7月始）
区交通运输综合行政执法队队长：刘　俊
党组书记：章旭宇

区农业农村局

局　长：徐根发（至2022年4月）
刘海勇（2022年4月始）
副局长：钟爱平　石伟明
李海慧
（至2022年12月）
陈　伟（挂职）
总农艺师：程碧霞
（女，至2022年12月）
朱杰杰
（2022年12月始）
区农业综合行政执法队队长：
吴小梅（女，至2022年9月）
潘丽兵（2022年12月始）
党组书记：徐根发
（至2022年4月）
刘海勇
（2022年4月始）

区水利局

局　长：蓝小华（至2022年4月）
华官丽（2022年4月始）
副局长：麻伟明
陈礼聪
（女，至2022年4月）
季伟华（2022年4月始）
总工程师：谢　琴（女）
党组书记：蓝小华
（至2022年4月）
华官丽
（2022年4月始）
党组副书记：麻伟明

区文化和广电旅游体育局

局　长：留红伟
（至2022年12月）
蓝　青
（2022年12月始）
副局长：刘宏华（至2022年4月）
郑永忠　徐建梅（女）
喻友贞（女，挂职）
刘建斌（2022年4月始）
朱穗敏（女，挂职）
区文化市场综合行政执法队队长：叶志文
党组书记：留红伟
（至2022年12月）
蓝　青
（2022年12月始）

区卫生健康局

局　长：吴丽云
（女，至2022年7月）
曾　锋（2022年7月始）
副局长：徐丽静（女）　虞海勇
孙　钧
党组书记：吴丽云
（女，至2022年7月）
徐丽静
（女，2022年7月始）
党组副书记：徐丽静
（女，至2022年7月）

区退役军人事务局

局　长：陈　军
副局长：王碧军　朱建勇
陈卓文
陆泰宏
（2022年12月始）
党组书记：陈　军

区应急管理局

局　长：钟海峰（至2022年4月）
吴蔚国（2022年4月始）
副局长：范红胜　傅志伟
胡仙红
（女，至2022年4月）
李永波（2022年4月始）
总工程师：程　涛（女）
党委书记：钟海峰
（至2022年4月）
吴蔚国
（2022年4月始）
党委副书记：范红胜

区审计局

局　长：叶玲娣（女）
副局长：刘朝晖
总审计师：虞君芳（女）
经济责任审计工作联席会议办公室主任：古春锋
党组书记：叶玲娣（女）

区国有资产监督管理办公室

主　任：吴蔚国（至2022年4月）
副主任：王　静（女）
熊鑫俊（至2022年8月）
党组书记：吴蔚国
（至2022年4月）

区市场监督管理局

局　长：林伟群
副局长：张小平　施慧锋
叶思敏（女）
毛湧良（挂职）
区市场监管综合行政执法队队长：张　骊（女，至2022年12月）
党组书记：林伟群

区统计局

局　长：徐建波
副局长：吴武贵
季寒梅（女）
邬　洁（女，挂职，
2022年1月始）

总统计师:上官潮涌
(至2022年4月)
华伟珍
(女,2022年4月始)
党组书记:徐建波

区医疗保障局

局 长:管青林(至2022年7月)
周慧霞
(女,2022年7月始)
副局长:郑雪君(女) 雷永兵
党组书记:管青林
(至2022年7月)
周慧霞
(女,2022年7月始)

丽水市综合行政执法局莲都分局

局 长:陈金奎
副局长:陈伟贤 张伟杰
金益林(至2022年4月)
王 一(2022年8月始)
党组书记:陈金奎

【事业单位】

丽水生态产业集聚区莲都分区管委会(浙江丽水工业园区管委会)(2022.12更名为浙江莲都经济开发区管理委员会)

主 任:王 皓(2022年1月始)
副主任:麻丽云(女)
汤伟波(至2022年4月)
朱伟军(至2022年8月)
张一鸣(2022年4月始)
罗明勇(2022年4月始)
纪检监察工委书记:黄晓波
总工程师:张一鸣
(至2022年4月)
党工委书记:王 皓
(2022年1月始)
党工委副书记:麻丽云
(女,2022年4月始)

邮政管理局

局 长:周林茂
副局长:何卫芳(女)
王淑红
(女,2022年7月始)
党组书记:周林茂

丽水高铁站综合管理中心

主 任:陈江涛
副主任:周建伟 尤恒芳(女)
党组书记:陈江涛

区委党校

校 长:陈永超
常务副校长:陆朝霞(女)
副校长:黄 庆 郭伟平

区商务和金融发展中心

主 任:陈雅云
(女,2022年4月始)
副主任:蓝 青
(2022年4月至2022年12月)
朱千国(2022年4月始)
王建斌
(挂职,2022年12月始)
党组书记:蓝 青
(2022年4月至2022年12月)

东西岩风景区旅游开发建设管理中心

主 任:冯 远(至2022年8月)
副主任:张 丽(女) 梅焕根
党组书记:冯 远
(至2022年7月)

区土地和房屋征收工作指导中心

主 任:金益林(2022年8月始)
副主任:王 一(至2022年8月)
苑桢子(女) 杨孙彬
党组书记:金益林
(2022年7月始)

区环境卫生服务中心

主 任:吴耿王(2022年4月始)
副主任:吴海平 董永悦
章锦欧
党组书记:吴耿王

浙江丽水瓯江风情旅游度假区管理中心

主 任:杨 杰(至2022年4月)
李莉莎
(女,2022年4月始)
副主任:雷建华(至2022年4月)
李莉莎
(女,至2022年4月)
陈维亮(挂职)
党组书记:杨 杰
(至2022年4月)

区机关事务保障中心

主 任:周慧霞
(女,至2022年8月)
李益平
(2022年12月始)
副主任:徐叶艳(女) 周永海
党组书记:周慧霞
(女,至2022年7月)
李益平
(2022年12月始)

区经济合作交流中心

主 任:胡志成(2022年8月始)
副主任:杨作盈(至2022年8月)
叶晓薇(女)
王 巍(挂职)
盛华兵(挂职)
党组书记:胡志成
(2022年7月始)

区档案馆和党史研究中心

主 任:吕春耀
副主任:夏伟文
黄 芳
(女,至2022年12月)

郑永波
（2022年12月始）
党组书记：吕春耀

区行政服务中心

主　任：曾　锋（至2022年8月）
吴玉贞
（女，2022年12月始）
副主任：朱小勇　陈霞云（女）
党组书记：吴玉贞
（女，2022年12月始）

区融媒体中心

主　任：陈真伟
副主任：雷　蕾（女）
总工程师：樊　颖（女）

区全面深化改革服务中心

主　任：吴祥宇（至2022年7月）
郑超敏（2022年7月始）
副主任：刘佩娟

区大数据发展中心

主　任：曾群英
（女，至2022年12月）
副主任：詹周毅（至2022年4月）
吴宏迅
练开友（2022年4月始）
李　鹏（挂职）
总工程师：刘旭龙
党组书记：曾群英
（女，至2022年12月）

数字经济发展中心

副主任：王　迅（至2022年4月）
冯巧伟
（女，至2022年4月）

生态林业发展中心

主　任：华官丽（至2022年4月）
卢　剑（2022年8月始）
副主任：张晓波　胡　伟
袁薇依（女，挂职，
至2022年10月）
毛俪蕒
（女，2022年8月始）
党组书记：华官丽
（至2022年4月）
卢　剑
（2022年8月始）

区移民工作中心

主　任：孙海波
党组书记：孙海波

【国企单位】

区国有资产投资经营公司

董事长：吴玉贞
（女，至2022年12月）
总经理：李张芬
（女，2022年8月始）
副总经理：朱文卿（女）　叶永杰
雷金涛
（2022年8月始）
唐富即（挂职，
2022年12月始）
胡新锋（挂职，2022年
1月至2022年12月）
党委书记：吴玉贞
（女，至2022年12月）
党委副书记：李张芬
（女，2022年7月始）
纪委书记：陈美琪（女）

区城乡建设投资有限公司

董事长：卢　剑
（至2022年8月）
叶达兵（2022年8月始）
总经理：赵灵敏
（女，2022年8月始）
副总经理：刘　良
胡颖丽（女）　邓　骅
刘　俊
（2022年4月始）
项俊猛（挂职，
2022年12月始）
林家锐（挂职，2022年
1月至2022年12月）
单　宁（挂职）
党委书记：卢　剑
（至2022年7月）
叶达兵
（2022年7月始）
党委副书记：赵灵敏
（女，2022年7月始）
纪委书记：李亮德

区旅游投资发展有限公司

董事长：陈雯雯（女）
总经理：瞿　磊（2022年8月始）
副总经理：周玮哲
周桓生
（2022年12月始）
胡琳莉（女，挂职，2022
年1月至2022年12月）
党委书记：陈雯雯（女）
纪委书记：周黎燕（女）

浙江丽甬生态旅游发展有限公司

副总经理：章　莉
（女，2022年8月始）

莲城宾馆有限公司

董事长、总经理：毛仁保

丽水工业园区建设发展有限公司

董事长：刘　俊（至2022年4月）
汤伟波（2022年4月始）
总经理：刘　俊（至2022年4月）
汤伟波（2022年4月
至2022年8月）
杨作盈（2022年8月始）

【区级民主党派】

中国国民党革命委员会莲都区委员会

主　委：虞海雄

副主委:潘春霞(女,驻会,
至2022年4月)
朱泽霞(女)
章　健(驻会,
2022年7月始)

中国民主同盟莲都区委员会

主　委:周贤华
副主委:叶泳梅(女,驻会)
雷建华

中国民主建国会莲都区委员会

主　委:任文红(女)
副主委:翁阁谞(女,驻会)
程晓东

中国民主促进会莲都区委员会

主　委:叶春晓(女)
副主委:胡　迪(驻会)
梅焕根

中国农工民主党莲都区委员会

主　委:曾　锋
副主委:王智勇(驻会)

九三学社莲都区委员会

副主委:孔　振(驻会)
季伟华

区归国华侨联合会

主　席:陈海华
副主席:甘德福　朱贤师
刘　杰　余建栋
吴永建　邱敏婕(女)
周军伟　徐剑毅
徐丽美(女)
郑征波(女)
高益春　章　华
张　艳(女,专职)
张俊杰(挂职,
至2022年12月)
秘书长:张　艳
副秘书长:郑　悦　韩桂花
蒋伟灵
(至2022年12月)

【群众团体】

总工会

主　席:刘　华(女)
副主席:陈靖晶(女)
李丽革(至2022年7月)
朱千国(挂职,
至2022年4月)
吴　俊(2022年7月始)
党组书记:刘　华(女)
经费审查委员会主任:李丽革

团区委

书　记:张莲芬(女)
副书记:毛建鹏
胡　琳(女,挂职)
蓝　艺
(女,2022年7月始)

妇女联合会

主　席:傅佩珍(女)
副主席:王　青
(女,至2022年12月)
张　霓(女)
蓝炜虹(女,挂职)
张　凌
(女,2022年12月始)
党组书记:傅佩珍(女)

区红十字会

会　长:孙　苗
(女,2022年9月始)
专职副会长:唐　键(女)
党组书记:孙　苗
(女,2022年9月始)

区工商业联合会(总商会)

主　席:周国强
副主席:郭跃伟
李栽慧(2022年1月始)
李　飞(至2022年1月)
章　龙
王华文(至2022年1月)
王兆伟(2022年1月始)
王爱凤(女)　陈旭东
陈晓建
周仕真(至2022年1月)
梁　永　吕尚军
刘少宏(至2022年1月)
刘俊毅(至2022年1月)
江世平
徐小君(2022年1月始)
徐仁舜(2022年1月始)
梅　伟(2022年1月始)
李祖军(至2022年1月)
吴　伟(至2022年1月)
徐建华(至2022年1月)
谢亮亮　刘新水
宋武龙　胡建程
梁丽红(女)
党组书记:郭跃伟

区文学艺术界联合会

主　席:陆湘阳
副主席:林　琳
(女,至2022年4月)
雷建华(2022年4月始)

区供销合作社联合社

理事会主任:刘鹤林
理事会副主任:吴朝勇　华俊林
监事会主任:李朝铨
党组书记:刘鹤林

区科学技术协会

主　席:吴　铭(至2022年7月)
吴祥宇(2022年7月始)
副主席:叶雪军　舒跃军
张　静(女,挂职)
党组书记:吴　铭
(至2022年7月)
吴祥宇
(2022年7月始)

区残疾人联合会
理事长:林国友
副理事长:刘黎明
季伟华
（至2022年4月）
胡仙红
（女,2022年4月始）
练晶晶(女,挂职)
黄贤富
（2022年9月始）
党组书记:林国友
区计划生育协会
常务副会长:吴丽云(女)
专职副会长:饶亚丽
区老龄工作委员会
主　任:谢雅贞
（女,至2022年11月）
孙　苗
（女,2022年11月始）
副主任:朱振新(2022年1月始)
蓝军伟
（至2022年11月）
陈江涛
（至2022年11月）
陈海波
（至2022年11月）
梁永光　李桂元
廖翊慧
吴丽云
（女,至2022年7月）
曾　锋
（2022年11月始）
区关心下一代工作委员会
名誉主任:陈永超　孙　苗(女)
主　任:王国荣
副主任:刘宗林　李桂元
张丽青(女)　毛志富
金献章
徐根发(至2022年4月)
刘海勇(2022年4月始)
田伟明
（至2022年12月）
陈海波　李小富
徐伟乐　廖翊慧
专职副主任:尚小军

【垂直管理部门】
丽水市自然资源和规划局莲都分局
局　长:程　炜
副局长:江南平
（至2022年12月）
王肖健
（至2022年12月）
周连军
兰鲜伟
（2022年12月始）
周文兴
（2022年12月始）
党组书记:程　炜
市生态环境局莲都分局
局　长:莫冠华
副局长:张雪峰
总工程师:季立寿
生态环境保护行政执法队专职副队长:蔡小飞
党组书记:莫冠华
莲都供电公司
总经理、党委副书记:
林巧红(女,至2022年5月)
董瑞红(女,2022年5月始)
党委书记、副总经理:
钱　江(至2022年8月)
龚华勇(2022年8月始)
党委委员、副总经理:徐　璟(女)
龚华勇(至2022年8月)
周海波
纪委书记、工会主席:郭　微
（女,至2022年5月）
陈丽明(2022年8月始)
莲都农村商业银行
董事长、党委书记:宋武龙
行长、党委委员:林小勇
纪委书记、监事长:刘李锋
副行长、党委委员:林剑英(女)
王康明
郑建勇
李欣霞(女)
区公安分局
局　长:潜伟峰
政　委:叶伟春
副局长:周德平　马建伟
施国平　王时豪
党委书记:潜伟峰
党委副书记:叶伟春
纪委书记:舒旭勇
政治处主任:楼董杰

【岩泉街道】
中国共产党岩泉街道工作委员会
书　记:吴海霞
（女,至2022年7月）
王永健
（2022年12月始）
副书记:王永健
（至2022年12月）
徐　伟
应晓丽
（女,挂职,2022年1月始）
纪工委书记:李南龙
区人大岩泉街道工作委员会
主　任:杨耀武
副主任:金慧虹(女)

岩泉街道办事处
主　任:王永健
（至2022年12月）
副主任:夏黎平
周苍秀(至2022年4月)
蓝龙军　赵　健
冯　伟(挂职)
叶超红
(女,2022年12月始)

【紫金街道】
中国共产党紫金街道工作委员会
书　记:李勇军
副书记:傅永福　陈黎霞
纪工委书记:朱贤俊
区人大紫金街道工作委员会
主　任:陈岳平
副主任:潘国龙
（至2022年12月）
吴广英
（女,2022年12月始）
紫金街道办事处
主　任:傅永福
副主任:翁靖靖　陈林伟
吴广英
（女,至2022年12月）
吴传周
(2022年12月始)
雷　陆

【白云街道】
中国共产党白云街道工作委员会
书　记:李伟军(至2022年7月)
曾群英
(女,2022年12月始)
副书记:齐国伟　夏海伟
纪工委书记:黄磊磊
区人大白云街道工作委员会
主　任:叶仙美(女)
副主任:雷玉虹(女)
白云街道办事处
主　任:齐国伟
副主任:刘文波　陈肖兰
王晓飞　张旭标
何　理
（挂职,2022年10月始）

【万象街道】
中国共产党万象街道工作委员会
书　记:傅　华
副书记:陈　杰　洪心漪(女)
纪工委书记:刘军武
区人大万象街道工作委员会
主　任:汤　鑫
副主任:丁晓丽(女)
万象街道办事处
主　任:陈　杰
副主任:梁俊武　郭玉伟
刘彤彤(女)
蓝津燕(女)

【联城街道】
中国共产党联城街道工作委员会
书　记:王育波
副书记:洪盛林　金凌海
周　洵
（挂职,2022年1月始）
纪工委书记:叶伟俊
区人大联城街道工作委员会
主　任:尚佐方(至2022年3月)
蓝晓芬
（女,2022年12月始）
副主任:徐绿嫔(女)
联城街道办事处
主　任:洪盛林
副主任:徐煜军　张春华
黄剑波　钟婷婷(女)

【碧湖镇】
中国共产党碧湖镇委员会
书　记:雷　成
副书记:刘丽伟　陈静磊
潘　波　黄荣权(挂职)
陈　玺
（挂职,2022年1月始）
纪委书记:陈昊明
碧湖镇人大主席团
主　席:熊余伟
副主席:陈昊颖(女)
碧湖镇人民政府
镇　长:刘丽伟
副镇长:戴黎明
潘丽兵
（至2022年12月）
吴旭涛　蓝陈浩
李　强
金　盛
（2022年12月始）

【大港头镇】
中国共产党大港头镇委员会
书　记:杨　杰
副书记:叶予序　褚俊俊
王　震
纪委书记:陈煜然
大港头镇人大主席团
主　席:刘　渊
副主席:叶梦琦(女)
大港头镇人民政府
镇　长:叶予序
副镇长:朱泽斌　方　媛(女)
张　伟　周巧波

【峰源乡】

中国共产党峰源乡委员会

书　记:胡志成
副书记:赵　基　桑超迅
纪委书记:祁鹏飞

峰源乡人大主席团

主　席:吴　昊

峰源乡人民政府

乡　长:赵　基
副乡长:许力鹏
　　　郑昆捷(至2022年12月)
　　　桑　埴

【太平乡】

中国共产党太平乡委员会

书　记:邱丽平
　　　(至2022年12月)
副书记:李秀红(女)　李　飞
　　　叶宗甄(挂职)
纪委书记:魏碧虹(女)

太平乡人大主席团

主　席:吴松妹(女)
副主席:李婧菁(女)

太平乡人民政府

乡　长:李秀红(女)
副乡长:琚鹏飞　胡进震
　　　修哲一　周德军

【雅溪镇】

中国共产党雅溪镇委员会

书　记:蓝煜斌
副书记:张　城
　　　雷发元
　　　(至2022年12月)
　　　施　彦(女)
　　　季俊杰(挂职)
纪委书记:陈俊俊

雅溪镇人大主席团

主　席:蒋　超
副主席:叶涌金

雅溪镇人民政府

镇　长:张　城
副镇长:潘林强　项赵洁(女)
　　　蓝晓东　徐颖萍(女)

【仙渡乡】

中国共产党仙渡乡委员会

书　记:胡春杰(至2022年7月)
　　　黄逸帆
　　　(2022年12月始)
副书记:黄逸帆
　　　(至2022年12月)
　　　陈婷莉(女)
纪委书记:杨　勇
　　　(至2022年12月)
　　　陈　俊
　　　(2022年12月始)

仙渡乡人大主席团

主　席:梁媛媛(女)

仙渡乡人民政府

乡　长:黄逸帆
　　　(至2022年12月)
副乡长:华　楠　吴杨琳(女)
　　　武　佩(女)　赵浏阳
　　　陈　仕(挂职)

【老竹畲族镇】

中国共产党老竹畲族镇委员会

书　记:叶刘军
副书记:蓝丽芬(女)　叶伟权
　　　蔡建辉(女)
纪委书记:王　盛

老竹畲族镇人大主席团

主　席:徐　科
副主席:史　品

老竹畲族镇人民政府

镇　长:蓝丽芬(女)
副镇长:胡　帅(2022年7月始)
　　　朱小波(至2022年7月)
　　　饶钦茂　何翠球(女)
　　　梅浙赣
　　　章成之
　　　(挂职,2022年10月始)

【丽新畲族乡】

中国共产党丽新畲族乡委员会

书　记:孙聪龙
副书记:钟文焕　刘丽娥(女)
纪委书记:赵永昌

丽新畲族乡人大主席团

主　席:叶薛超(女)
副主席:叶慧麟

丽新畲族乡人民政府

乡　长:钟文焕
副乡长:雷国亮
　　　陈　俊
　　　(至2022年12月)
　　　汤海波　朱晓锋
　　　孙朝庆
　　　(女,2022年12月始)

【黄村乡】

中国共产党黄村乡委员会

书　记:虞旭萍
副书记:陶　琤(女)
　　　纪学敏(女)
　　　张　颖(女,挂职)
纪委书记:李海花(女)

黄村乡人大主席团

主　席:张　政

黄村乡人民政府

乡　长:陶　琤(女)
副乡长:吴龙兴　叶旭瑶(女)
　　　李常傲　林梦隆

(中共丽水市莲都区委组织部)

以未来眼光发展建设高能级平台
打造革命老区共同富裕先行示范区强大引擎

——在区委十五届二次全体(扩大)会议上

(2022年9月8日)

中共丽水市委常委、莲都区委书记　张壮雄

同志们:

这次区委全会的主要任务是:以习近平新时代中国特色社会主义思想为指导,深入贯彻落实省第十五次、市第五次党代会精神和市委五届二次全会部署要求,回顾总结今年以来的工作,安排部署下阶段任务,审议通过《中国共产党丽水市莲都区委员会工作规则》,动员全区上下在“两个先行”的新征程中实干争先,围绕“一脉三城”发展格局,全面加快碧湖新城发展豹变,以未来眼光发展建设高能级平台,打造革命老区共同富裕先行示范区强大引擎。

下面,我受区委常委会的委托,向全会作报告。

一、致力跨越式高质量发展,今年以来全区经济社会发展稳中向好

今年以来,全区上下认真贯彻中央、省、市的决策部署,高扬“丽水之干”行动奋斗旗帜,在战略部署上锚定建设百万级人口现代化城市的长远目标追求,在战术策略上谋好“三人行”、念好“三业经”、唱好“三城记”,在战役安排上全面开展奋斗实干“八大行动”,心无旁骛抓落实,推动经济社会发展取得了一系列新成效。

(一)坚持稳进提质不偏航,扛住了疫情大考的考验。我们对标习近平总书记“疫情要防住、经济要稳住、发展要安全”的重要指示要求,以“十防十空也要防”的态度抓疫情防控,构建了“平战结合、快响激活”“网格管理、单元作战”“群防群控、依靠群众”的一整套工作体系,有效控制14起相关疫情,既没有发生外溢扩散,又保证了经济社会平稳有序。“4·9”疫情处置工作获得市委胡海峰书记肯定。以“应接尽接、应出尽出、应落尽落”的政策执行力稳经济,集成稳进提质34条措施,打出“周一纾困解难日”“百名干部助百企”“重大项目谋划赛比”等组合拳,最大限度释放了政策红利。1–7月,共为企业减负4.84亿元,落实留抵退税金额8.89亿元,通过消费券拉动消费6.99亿元,推动区本级商品房市场实现销售面积16.09万平方米,同比增长306%。以“时时放心不下”的责任做好“除险保安”各项工作,按照“1+1+X”包案化解模式,持续推进积案清零、重大信访问题整改,坚决把矛盾纠纷化解在萌芽,省平安区创建实现“十六连冠”,为发展营造了安全稳定的社会环境。

(二)坚持塑造变革不停步,激发了跨越发展的活力。我们全面转入创新驱动轨道,出台莲都史上“含金量最高”的人才新政25条、科技新政10条,启用人才科技创新创业服务综合体,全年安排人才科技专项资金较上年增长900%,目前申报国家、省级海外引才计划项目数量创历史新高,居全市前列。大力打造高能级创新载体,与工信部人才

交流中心合作共建丽水（莲都）浙西南产业人才发展研究院，启动建设莲都-义乌山海协作产业园高新科创企业加速中心、白桥双创中心，建立浙西南地区最大的国家科技进步奖一等奖成果“节水抗旱稻”标准化示范基地。坚持系统性重塑、整体性重构，组建浙江莲都经济开发区，专班推进“县乡一体、条抓块统”基层智治系统建设，大综合一体化行政执法改革精简形成“1+7”行政执法体系。创造性打造具有莲都辨识度的“硬核成果”，上半年新增数字化改革工作省级试点16个，形成制度理论成果14项，上线运行数字化应用场景21个，其中“疫指通”应用被列入省数字政府系统十大创新实践案例，在全省数字化改革推进会上获得省委袁家军书记点赞。

（三）坚持产业升级不减速，增强了区域经济的动能。我们把生态工业高质量发展作为主攻方向，总投资50亿元的纳爱斯生态资源研究及产业化项目被列入省级重大产业项目，丽水蚂蚁链产业创新中心、华为（丽水）数字经济创新中心、百度人工智能标注研发基地等项目投入运营，驻深科创“飞地”落户深圳。坚持制造业发展由传统型向现代化转型，推进数字化智能化改造，我区“推动工业稳增长和技术改造，加快传统制造业转型升级，培育‘单项冠军’企业”工作获省政府督查激励，恒大电气入选国家级专精特新“小巨人”企业名单、实现零的突破。大力实施农业“双强行动”，创成全省首批“肥药两制”改革综合试点县，农业节水案例入选省“节水行动优秀实践案例”，总投资15亿元的领源乡村振兴现代农业示范园项目落户莲都，是全市最大的农业产业项目。推进文旅产业转型提质发展，丽水瓯江风情旅游度假区入选全省第一批山区26县“造月工程”培育名单，古堰画乡文化产业园项目开工建设，国家级旅游度假区创建正式启动。

（四）坚持城乡协同不松劲，提升了美丽家园的成色。我们站在生产力科学布局中考量城市，推动新城未来城市启航，与中机建设集团、中铁上海工程局以及农发行浙江省分行、中科院长三角资本、省农发集团、省建设集团开启合作步伐，铺开力度前所未有的碧湖新城有机更新、“一户多宅”清理整治工作，争取到省、市新增建设用地指标支持上千亩，“鱼”你同路——“我为新城取路名”、“鱼”你同框——碧湖未来新城全省摄影大赛等活动引起热烈反响，“大搬快聚”搬迁群众选择到新城安置的已有1600余户、近5000人。注重城乡一体化协同发展，2个街道、5个社区、4个村分别被列入省级山区县城城镇样板、省级未来社区、省级未来乡村创建名单，撤村建（并）居工作有序推进，“村级事务阳光票决制”成为全省首批高质量发展建设共同富裕示范区最佳实践，“红韵遗风·桃醉仙渡”入选省级革命老区乡村振兴示范区项目。坚决打好生态环境巩固提升持久战，碧湖平原水系综合治理工程项目开工建设，我区入选省幸福河湖建设试点县名单，九龙湿地赏萤话题登上微博热搜，阅读量突破1.8亿。

（五）坚持党建引领不动摇，掀起了奋斗实干的热潮。我们突出以“七张问题清单”牵引党建统领整体智治，建立领导班子和干部队伍“红黄蓝”三色评估预警制度，以数识人构建“全量穿透”的考评用人机制和“激励倒逼”的正反考核机制，上半年我区“七张问题清单”管控力量化指数排名全省第5、全市第1，7个单项指数中有5个排名全省前10。开展“红耀绿谷，强基共富”莲都先锋赋能提质计划，谋实现代社区、党群服务矩阵建设，创新打造“三级干部大走访”“三考三比”等特色载体，干部走访农户、企业（项目）超1万人次，解决问题3200余个，办实事6400余件。推出事业单位“编制银行”，发放编制“贷款”42名。认真接续推进上级巡视巡察整改，启动十五届区委首轮巡察，开展“提升政治执行力、护航莲都新发展”专项监督执纪、“执纪执法规范化”提升等行动，全区涉纪信访举报、检举控告量、重复信访量等关键指标持续下降，基层政治生态向善向好。我区参与编制的全国首个《清廉村居建设规范》市级地方标准正式发布，参与试点的基层公权力大数据监督应用获全省改革突破金奖。

二、致力平台跃迁，增强战略定力提高城市能级，锚定共同富裕的莲都关键

党中央不仅支持浙江高质量发展建设共同富裕示范区，而且高度重视革命老区振兴发展工作；省第十五次党代会对此作出“两个先行”的战略部署，赋予丽水创建革命老区共同富裕先行示范区的使命任务；市委五届二次全体（扩大）会议深入贯彻省、市党代会精神，全景式勾勒出革命老区共同富裕先行示范的奋斗蓝图，为我们打开了通向未来的“说明书”。

对莲都而言，基于中国革命老根据地、浙江山区26县之一、丽水唯一市辖区“三重身份”的特殊属性，更应在全市先行探路革命老区共同富裕的进程中扛起首位担当、作出首位贡献。方向很明确，突破口在哪里？首先，必须深刻理解把握共富的时代使命，亟须找到牵一发而动全身的平台抓手，通过高能级平台来赋能跨越式高质量发展，才能更好、更快、更有效地“做大蛋糕”，并最终“分好蛋糕”。其次，必须深刻理解把握市委市政府的决策部署，从“一江双城”到“一脉三城”，碧湖新城是战略级的城市空间，是丽水城市未来发展极其重要的新增长极，必然成为我们切换赛道、跨越赶超的主平台。最后，必须深刻理解把握莲都的区情实际，碧湖新城拥有最好的条件对全区规划空间和生产力布局进行系统重塑，能够最大程度破解“穷在山上、困在路上、弱在散上”的山区瓶颈，激发发展的无限潜能。因此，我们的突破口是以开发碧湖新城为引擎，赋能丽水创建革命老区共同富裕先行示范区。

开发碧湖新城是历史、现实和未来的必然抉择，十分重要更十分必要，具有重大意义。从当前实践看，这是一条落实嘱托的高质量绿色发展新路。习近平总书记在浙江工作期间第七次调研丽水时，强调“绿水青山就是金山银山，对丽水来说尤为如此”，并在碧湖堰头村调研时说，“一眼看过去就是绿水青山，这个地方风景好，有发展前景！”我们推进新城发展提速，加快新时代山水花园城市建设，用生态产品价值实现机制挖掘经济“绿宝藏”，根本上是落实总书记重要嘱托的坚定行动。从历史维度看，这是一条贯通古今的瓯江山水诗路。八百里瓯江孕育了碧湖这片古老的土地，在自然山水图中合出独一无二的鱼形轮廓，构成山水鱼城的天然基底，而跨越一千五百多年的通济堰灌溉网系变水患为水利，造就了得天独厚的建城条件。立足当下，围绕省委省政府建设瓯江山水诗路的决策部署，将千年的镇打造成为世界文化遗产级的独特堰城，处处让历史与未来对话，将为诗路增添新的“耀眼明珠”。从长远视野看，这是一条先行示范的未来发展之路。市党代会报告、市政府工作报告均对新城提出明确要求，市委五届二次全会则再次强调“以未来眼光和现代城市理念开发碧湖新城”。可以预见，整个新城建设将带来一大批10亿元、50亿元乃至上百亿的重大项目，千亿级的投资体量将有效发挥莲都作为支点带动市域西部发展的辐射作用，更好地探索区域均衡、城乡互补、共同繁荣的共富新路径。

当然，我们也要清醒认识到，开发碧湖新城、打造强大引擎绝不是一蹴而就的，必须站在更高层次的维度来谋划和布局变革重塑，破立结合，共创未来，努力打造区域新增长极的火车头。

（一）推动格局之变，必须以“破”为先

一要敢于从传统认知的束缚中跳出来。莲都是物理空间上的山区，但山区不是落后封闭的代名词。我们要深刻领悟“山区不是我们的包袱，而是发展的希望所在”“没有山区县共同富裕，就没有全省共同富裕”的要求，敢于站到云端看莲都、围绕全市大局谋发展，树立“山区也能搞工业，山区也能搞创新”的自我认知和强大自信，在以碧湖新城发展豹变牵引共同富裕先行示范的过程中，进一步坚定使命自觉、发展自信、奋斗自强。

二要敢于从空间结构的桎梏中跳出来。城镇化是现代化的必由之路，是最大需求的潜力

所在。面对大自然的“掣肘”和城镇化的趋势，只有敢于破除先天地形崎岖的桎梏，更加高效地统筹空间布局、重塑经济地理，才能最大限度地释放城市生产力。我们要牢固树立“精明增长”理念，充分尊重并顺应城市发展的客观规律，推动空间结构与城市规模、产业发展、生态容量相适应，加快构建主体功能聚焦、特色优势互补、整体协同并进的区域经济社会发展新格局。

三要敢于从价值理论的定式中跳出来。土地有限用法无限，资源有限发展无限。在新模式、新业态、新经济的冲击下，拼资源、拼土地的传统经济发展模式不可持续、难以为继，必须找到推动跨越式高质量发展的“桥和船”，让有限的资源创造出更大的效益。我们要更新“经营城市”理念，既善于借助市场力量将可经营性资源资本化运作，也善于在最美生态上嫁接最强大脑、最新产业，切实发挥人才科技的“倍增器”作用，打造“高能窄地”的经济新形态。

（二）推动思维之变，必须以“立”为本

一要把牢“人民城市”的根本属性。即践行“人民城市人民建，人民城市为人民”重要理念，奋力打造宜居宜业宜游、令人向往的“未来之城”。我们要坚持以人为核心的新型城镇化，始终按照“人、产、城”的底层逻辑，在追求城市经济效益、基础设施升级等“必需”的同时，更加关注老百姓的就业、住房、生育、消费等“刚需”，把碧湖新城的发展成果具化为广大群众的美好体验，铸就“城因人而兴、人因城而荣”的辉煌诗篇。

二要拓宽“两山”转化的双向通道。即坚定不移走创新实践“绿水青山就是金山银山”理念发展道路，在城市中经营“美丽”，在“山水”间挖掘经济。我们要深化“生态经济化、经济生态化”的内涵建设，坚持将天人合一观念贯穿到新城发展各方面全过程，把城市经济系统性重塑融入构建现代化生态经济体系的大循环中，推动山、水、人、产、城融合共生，涵养自然之美、发展之美、城市之美，将生态、生产、生活“三生合一”特征渲染在“丽水山居图”上。

三要用好“三把金钥匙”的关键招法。即以跨山统筹、创新引领、问海借力赋能碧湖新城发展建设。跨山统筹要按照“形成多中心多层级多节点网络型城市群结构”的要求，推动新城从孤岛式的割裂转向集群式的发展，加快迈向“一脉三城”时代。创新引领要从通济堰千年堰渠体系的治水创新中获得启示，构建风生水起的创新生态，让创新驱动成为发展主动力。问海借力要向历史借瓯江“海丝之路”的成功经验，向长三角一体化借优势资源，向山海协作机制借共同富裕的“密码”，实现“借梯登高”。

（三）推动愿景之变，必须以“创”为径

一要志在创造“青春逐梦”的奋斗乐园。青年因城市而聚，城市因青年而兴。以建设青年发展型城市为导向，围绕“让城市对青年更友好”，突出在年轻的人口、年轻的产业、年轻的技术、年轻的资本、年轻的城市五个方面重点发力，为新城注入年轻化、多样化的发展基因，富集新的“城市合伙人”。围绕“让青年在城市更有为”，营造有利于青年的政策条件、创业环境、成长空间，打造Z世代、互联网原住民的城市故事发生地，搭建起“安居乐业、扎根创业、建功立业”的璀璨舞台，推动青年与城市双向奔赴、青年发展与城市发展互促共进。

二要志在创造“五鱼聚城”的堰城模式。这是基于中国传统城市营造之道的当代创造。畅想新城之未来，当全面激活通济堰渠系这一文化遗产，使其成为具有鲜明辨识度的城市巨构，进而书写新时代“水经注”。在尊重和保护历史原真性的基础上，聚神打造鱼跃之城·白桥、鱼翔之城·高溪、鱼美之城·西乡、鱼火之城·九龙、鱼乐之城·古堰画乡，以山川、河流、田野等自然肌理来串联，将千年文化传承谱系与高速城市化的过程并置呈现，将离散的传统村镇变为聚合的现代城市，从而探索出“由散到聚、以聚促变”的城市营造新模式。

三要志在创造“数字孪生”

的平行世界。数字改变生活，数字创造未来。主动拥抱奔涌而来的数字化浪潮，积极运用数字化改革的理念、思路、方法、手段，加快构建产业大脑和知识图谱，充分运用物联网、人工智能、大数据、云计算、区块链等数字技术，实现数字空间与现实空间充分融合。基于空间地理信息集成，建成政务、安防、教育、医疗、交通、能源等全覆盖智能网，在虚拟空间中完成映射，以数字孪生技术提升城市治理效率，着力打造一个"可以无限知道自己过去、可以预判自己未来"的"超级智慧城市"。

三、致力发展豹变，坚持未来眼光开发碧湖新城，构建先行示范的核心动能

在奋进"两个先行"的新征程中，要发展建设具有牵引性功能的高能级平台，一年见成效、三年大变样、五年成典范，前提是要正确处理"五对关系"，关键是以新城发展豹变打造"五区五景"，为创建革命老区共同富裕先行示范区提供强有力的支撑。

一要处理好城与城的关系。坚持围绕中心、服务主城始终不变、一以贯之，注重将碧湖新城置于"一脉三城"发展格局中来系统考量，唱好"北城、南城、新城"协同共进的"三城记"，推进城市有机更新，全力激活联城片区，注入现代产业动能，提升城市功能品质，破解"钟摆式迁徙"问题，打造区域经济新增长极。

二要处理好城与人的关系。坚持把人才作为新城发展的核心战略资源，谋好"'招才引智'引人、'美好生活'聚人、'大搬快聚'挪人""三人行"，让新城成为人口、人力资源、人才富集的空间新磁场和城乡年轻人的首选集聚地，未来五年常住人口由5万人增至10万人以上。

三要处理好城与产的关系。坚持以产业迭代升级支撑新城能级提升，带头实施生态工业高质量发展倍增行动，念好"提升传统产业、培育现代产业、布局未来产业"的"三业经"，勇闯新的"发展赛道"，实现城市经济的质量变革、效率变革、动力变革。

四要处理好城与地的关系。坚持把土地作为承载优质资源、优化功能布局的稀缺要素，深化"两非"整治，打好"净地清零"、垦造耕地、"一户多宅"清理、全域土地综合整治等组合拳，严格执行耕地占补平衡制度，努力使每一寸宝贵的土地资源在新城建设中发挥最大效益。

五要处理好城与乡的关系。坚持走以城带乡、城乡互济的融合发展之路，注重新城发展带来的有效增量带动全区乡村振兴，提升公共资源配置效率，深化"两进两回"，做到搬迁与增收同步、安居与乐业并重，确保革命老区共同富裕先行示范路上"一个都不能少"。

（一）打造"未来都市"的实践区，畅想能级跃升的璀璨情景。聚焦提升城市能级和城市品质，演绎独具匠心的碧湖新城"进化论"，建设更具实力、更有活力、更富魅力的山水田园未来城。

一要以叙事重塑赋予新想象。叙事即故事。要坚持规划引领、多规合一，用新城总规、控规、城市设计、VI设计的"工笔画"，生动叙述新城的城市故事。更加注重将山水田园特色与现代都市特征自然交融于一体，揽山进城，碧水绕城，融景入城，打造超尺度的当代田园大地景观，让新城山脊线、水岸线、背景线、天际线交织成秀美的人居图景。更加注重打造可阅读、有温度、高品质的城市影像，实施"一个入城口、一个市民中心、一个CBD、一条城市绿道、一批未来社区，一批景观大道、一批公园绿地"的"七个一"基础设施提升工程，强化对空间协调性、风貌整体性、文脉延续性等方面的管控，不断刷新城市的颜值和气质。

二要以万物通济链接新空间。通济即通达。聚焦构建互联网、物联网、时空网"三网融合"的多维场景，强化乘"云"而上、借"智"而为、顺"数"而行，加快5G、网络安全、算力中心、人工智能和下一代互联网规模部署和应用，打造"双千兆"网络示范城市，为"数字产业化、产业数字化"提供高效的数字基础设施。坚持以公共交通为导向的城市发展模式(TOD)，善于从英国伦敦斯特拉特福德城、日本东京六

本木新城的成功案例中汲取灵感，推进桃碧线、石郎线等道路提升工程，谋划高溪区块至丽新快速路、碧湖至机场快速路等项目，建设“交通枢纽+全业态综合体”，构建邻里中心等强大的城市生活“聚能环”，打造车马如龙、人潮涌动、川流不息的繁华景象。

三要以场景营城打开新流量。场景即风景。坚持将城市场景营造融入城市发展战略，加快“五鱼聚城”具象化。白桥板块要强化创新功能导入，打造集科创产业、品质生活、康养服务于一体的田园智谷，成为瓯江左岸城市新门户。高溪板块要升级现有装备制造园区，沿S222建设产城融合示范带，试水超级城市工厂实验地，形成产业重地的城市开放界面。西乡板块要立足碧湖镇区，提升宜居水平，启动沿江发展战略，塑造有情怀的街巷、有故事的建筑、有历史的城市。九龙板块要构建城市生态“绿肺”辐射群，喊响“让生态来到城市”的宣言。古堰画乡板块要打造长三角文艺生活基地、诗画江南山水旅居目的地、瓯江乡愁承载地，扮靓未来新城的水上城市会客厅。

（二）打造“未来产业”的引爆区，彰显工业革新的硬核场景。坚定实施“双招双引”战略性先导工程，勇于引入具有变革性意义甚至颠覆性潜能的未来产业，挺起工业脊梁，为城市“换道赶超”加装新引擎。

一是半导体产业要错位突围。抢抓集成电路产业发展上升至国家战略的机遇，强化与丽水经开区特色半导体新产业平台的对接联动，突出错位发展、借力发展，加快实现从“0”到“1”的突破、从“1”到“N”的跨越，合力打造丽水半导体全链条产业集群。做好延链补链强链的文章，积极培育发展第三代半导体产业，重点引进高端半导体设备制造、存储器、先进封测和抛光、包装等配套耗材。紧扣半导体应用领域，以汽车芯片、消费级传感器、5G射频基站为突破口，努力形成细分领域的竞争力。

二是大健康要领军示范。围绕建链细链固链，牢牢把握消费结构升级的大趋势，直面追求“美”的刚需，全力推进与中科院等机构共建百亿级美丽健康产业园，重点发展“颜值”经济，构建集花卉种植、植物精油提取、整形美容、康复医疗等一体的医养产业链。同时，发展生物制药、中医药产业，促进医疗器械企业、保健食品加工企业培育发展，开发叫得响的“械字号”“健字号”明星产品，构建多元化美丽健康产业“生态圈”。至2026年，引进国内外重点项目30个以上，在全市率先形成美丽健康产业链“雁阵效应”。

三是新能源要蓄势奋进。主动拥抱“双碳时代”，直面能源市场的大变局，成立绿色能源产业基金，聚焦动力电池、储能电池、消费电池，持续盯引行业“链主型”企业，重点引进正极材料、负极材料、隔膜以及PACK等研发生产制造，发展液态电池的同时招引培育半固态、固态电池，努力在新赛道上抢占先机。充分挖掘莲都光能、水能等绿色清洁能源的潜在优势，发展光伏项目、储能项目，实施“风光倍增”工程，打好“绿色能源牌”。未来五年，引进新能源企业20家以上，打造新能源百亿产业集群。

四是数字经济要极速增长。以“数字产业化、产业数字化”为主攻方向，实施互联网大厂加盟计划，植入智慧互联部落，不断扩大与京东、蚂蚁、华为、百度等数字经济头部企业的合作效应，引进5G应用、区块链、人工智能、云计算、算法算力等新业态，让数字生态产业极速生长，创造更多山区青年家门口的就业机会。加快数字经济双创中心落地开工，营造数字经济发展的“雨林型”生态。到“十四五”末期，实现数字经济核心产业增加值占GDP比重翻两番以上，创成省级数字经济创新发展试验区。

（三）打造“未来科创”的先行区，绘就活力迸发的繁华图景。围绕建设碧湖田园智谷，大力推进未来新城科创轴建设，努力成为“桃花源般的创新空间”。

一要建强高端前沿的创新平台。自觉融入浙西南科创走廊“十子连珠”重大科创平台布局，系统推进碧湖田园智谷建设，重点在白桥板块打造集数字农业、数字健康、数字智能等为一体的数字科创平台，发展主导产业实验室集群，更大力度建设创新自由港、挺进科技无人区。全力争取中科院、武大、哈工大等高校和科研院所来新城共建创新高地。注重打开北上广深等离岸创新空间与莲都产业空间的双向通道，加快北京、上海、深圳、杭州、义乌等地“飞地”建设，促进创新要素资源双向流动，实现“研发在当地、产业在莲都，工作在当地、贡献给莲都”的模式创新。

二要激活千帆竞发的创新主体。认真实施硬核科技企业计划，加大平台型创新主体招引，深化工程师协同创新中心建设，大规模培育国家高新技术企业、省级科技型中小企业、专精特新“小巨人”企业等，推进规模以上工业企业建立研发机构，完善以企业为主体的技术创新体系。突出“以产业定位科技、以科技索引人才”，积极谋求与省农科院、华智生物、上海市农业生物基因中心等机构的长效紧密型合作，加快高端生态、高端产业、高端人才融合聚变，打造具有核心竞争力的科技创新共同体。

三要营造近悦远来的创新磁场。坚持好平台千方百计引人才、好政策尽心尽力留人才、好“东家”不拘一格用人才，持续推进人才科技政策动态调整，迭代升级人才管理服务智能化水平，用活“编制银行”，未来五年力争引进大中专院校毕业生50000人，引育高技能人才3000人，在新城建设青年公寓5000套。致力产业链、人才链、资本链、创新链、服务链“五链融合”，推动国有资本加大人才项目和科技创新投入力度，积极招引天使投资、股权投资等机构落地，构筑符合市场导向、凸显山区优势、链接中心城市的创新创业生态。

（四）打造“未来生态”的样板区，呈现景城融合的靓丽美景。坚持将生态文明建设与新城发展建设有机融合，厚植绿色生态本底，塑造城市特色风貌，搭建永不落幕的山水剧场。

一要构建自然友好型生态。以“人不负青山，青山定不负人”的自觉，推进瓯江沿岸森林生态保护和修复等项目，严格湿地保护管理，加强新城“无废城市细胞”建设，积极争取以生态环境为导向的开发模式（EOD）试点，守护好大自然赋予的蓝天白云、绿水青山、良田沃土。回应当代都市人对回归山野、远离尘嚣的内心渴望，构建“一公园一聚落”的公园城市体系，突出涵养九龙国家湿地公园“城市之肺”，发展精品文旅民宿集群，打造生物多样性特色体验地，努力实现从“自然中的城市”到“城市中的自然”的双向蝶变。

二要构建运动休闲型生态。注重依托瓯江山水诗路两岸的景观风貌，融入“丽水山居图”的建设，打造滨江慢行交通系统，绘就“车在景中行，人在景中游”的美丽画卷。注重沿着山脉布置郊野公园慢行步道，一体推进美丽林相、美丽田园建设，抓好“增花添彩”三年行动，推动多彩廊道、浪漫花海、万亩稻浪交相辉映，让群众获得宁静致远的空间体验。注重结合城市公园、自然水系等生态廊道，完善新城网状慢行线路，串联重要人文节点及蓝绿空间，提高公共空间的可达性，打造人人青睐的休闲运动“打卡地”。

三要构建文化体验型生态。讲述“堰”的故事，在保护通济堰渠系这一新城“血脉”的基础上，重塑古堰宗祠的纪念性与仪式感，推进通济堰博物馆建设，全景式展现碧湖平原的治理史与演进史。擦亮“画”的品牌，深挖“丽水巴比松油画”发展文脉，推动油画全产业链发展，勇闯数字艺术领域，探索虚实结合的文化消费新模式。做好“游”的文章，由街入城，由画入艺，由观入境，全力创建国家级旅游度假区，全面实施“1630”工程，努力形成“美居、美心、美颜、美智、美体、美育”“各美其美、美美与共”的大美格局。

（五）打造“未来生活”的示范区，谱写民生幸福的美好愿景。把以人民为中心的发展思想贯穿始终，全维度考量群众对生活品质的追求，奏响“城市，让生活更美好”的澎湃乐章。

一要建设“共富的单元”。按照“一统三化九场景”要求，推进采桑、大港头、白口、高溪、堰头等现代化基本单元建设，提升未来社区以“一老一小”为重点的公共服务能力，增强未来乡村以产业振兴和治理服务为重点的强村富民能力，打造绿色低碳智慧的“有机生命体”、宜居宜业宜游的“生活共同体”、资源高效配置的“社会综合体”。注重老百姓作为社群个体的“升值”，在城乡空间转换中加快农民市民化进程，实现职业转型、身份转换，共享新型城镇化发展红利。积极发展“丽水山超”等富民特色产业，打开城市流量入口，解锁“根在丽水、异地致富”的幸福密码。

二要托起“稳稳的幸福”。始终关注群众牵肠挂肚的关键小事，发展高标准的十五年制义务教育体系和各种创业就业在地转化的职业教育门类，引入高质量的教育资源，新建丽水市公共卫生临床中心(丽水第四人民医院)以及文化、档案、图书、体育等市级重大公共服务设施，切实满足群众对教育、医疗、文化、体育等领域优质资源的需求。全面完善市政设施布局和配置，集中建设一批消防、环卫、供电、供气等基础设施，接入中心城区防洪排涝体系，让高品质生活的城市底色、幸福成色更加可知可感。

三要造就“日常的奇迹”。打造开源城市，畅通新城要素链接、市场链接、资本链接的内外循环通道，创造广泛的经济活力和就业创业机会，完善青年就业创业服务体系，以“来了，就是莲都人”的开放胸怀集聚“莲都发展合伙人”，在共同奋斗中见证“众筹”一座城的美好愿景。激发青春活力，建设安心安居的青年友好之城，打造多层次、可持续、有活力的青年双创空间，塑造青春、时尚、动感的城市生活场景，让青年在充满好奇、热爱生活、终身学习、开放心态和内心温暖的“小日常”中造就更多的“新奇迹”。

四、致力实干争先，扛起使命担当打造强大引擎，激扬革命老区的红色力量

事业成败，关键在党，关键在人。要全面落实新时代党的建设总要求，坚决扛起“红色根脉”的使命担当，大力弘扬践行浙西南革命精神，不断推进以党的自我革命引领社会革命在莲都的生动实践，汇聚起发展建设高能级平台的强大力量。

(一)把牢忠诚使命的内核，升级战斗体系。对党忠诚、对事业忠诚，是共产党人代代相传的政治基因。我们要坚守闻令而动、使命必达的忠诚，充分发挥党总揽全局协调各方的领导核心作用，优化升级以“七张问题清单”为牵引的党建统领工作机制，深化碧湖新城建设管理体制机制改革，构建服从大局、条抓块统、以块为主、多方协同的高效指挥体系。大力推进变革型组织建设，打造党建联盟共同体，实施“亮度提升”工程，深化“县乡一体、条抓块统”基层智治系统建设，推进现代社区建设，积极创建“红色根脉强基工程”示范区，努力把基层党组织打造成为服务保障高能级平台建设的坚强战斗堡垒。

(二)把牢求是挺进的特质，锻造铁军队伍。求是挺进是一种精神力量，也是勇毅前行的坚定决心和顽强意志。我们要激扬“仁者无敌、行者无敌、勇者无敌”的气概，始终把行为惰性作为最大敌人来斗争，先干不争论，先试不议论，先做不评论，构建“动态管理、常态督查、精准反馈、全程亮晒”的落实闭环，确保说一件、干一件、成一件。深化细化全面从严治党“四责协同”机制，培养和弘扬新时代廉洁文化，严格落实对“一把手”和领导班子监督“五张责任清单”，驰而不息正风肃纪反腐，高水平锻造数字赋能、空间聚合、要素保障、工业跃迁、创新引领、全域美丽、服务优享、城市更新八支新时代挺进师队伍。

(三)把牢植根人民的指引，汇聚全民力量。人民群众是党的根基、血脉和力量源泉。我们要将人民城市建设的工作要求转化为紧紧依靠人民、不断造福人民、牢牢植根人民的务实行动，善于把上级要求与群众需求统一起来，落实三级干部大走访常态化长效化工作机制，始终做到问政于民、问需于民、问计于民。建设高能级平台是由每个部门、镇街、村居、企业、个人的奋斗场景构成的，要充分发挥区

四套班子以上率下、党员干部先锋模范作用，最大限度地融合政府、社会、企业、个人四方合力，充分发挥全“丽水之干”放大、叠加、倍增作用，形成城市建设“人人参与、人人尽力、人人享有”的生动局面。

同志们，未来已来，大城将成！让我们更加紧密地团结在以习近平同志为核心的党中央周围，以未来眼光发展建设高能级平台，全力打造革命老区共同富裕先行示范区强大引擎，以优异成绩迎接党的二十大胜利召开！

丽水市莲都区人大常委会工作报告

——在莲都区第十七届人民代表大会第二次会议上

（2023年2月20日）

莲都区人大常委会主任　陈立新

各位代表：

我受莲都区第十七届人民代表大会常务委员会的委托，向大会报告工作，请予审议。

过去一年主要工作

2022年是本届人大及其常委会的开局之年。一年来，区人大常委会以习近平新时代中国特色社会主义思想为指导，在区委的坚强领导和省、市人大常委会的有力指导下，围绕中心、服务大局，圆满完成了区十七届人大一次会议确定的目标任务。全年共召开常委会会议9次，主任会议20次，听取和审议专项工作报告27项，作出决议决定17个，提出审议、评议意见12个。

一、政治统领，坚持党对人大工作的全面领导

深刻认识和把握坚持党的全面领导这一最高政治准则，用习近平新时代中国特色社会主义思想统揽人大工作，确保人大工作正确政治方向。

推动二十大精神入脑入心。把学习宣传、贯彻落实党的二十大精神作为常委会组成人员、人大代表、人大干部的首要政治任务，制定全区人大系统学习宣传贯彻实施方案，常委会成员赴乡镇街道、联系部门宣讲党的二十大精神，人大代表、人大干部参加市人大85后宣讲团，在全区各级人大代表中持续掀起学习贯彻热潮。常委会党组成员、机关党组成员交流学习心得，前往革命纪念馆感受红色精神，机关组织开展党的二十大精神知识竞赛，切实把思想和行动统一到党中央的各项决策部署上来。

坚持理论武装走深走实。坚持常态化学习机制，把及时传达学习习近平总书记系列讲话、中央和省市区委重要会议精神，作为常委会会议、党组会议、主任会议的首要内容和第一议题，增强“四个意识”、坚定“四个自信”。开展“守护红色根脉、增强廉洁自觉”的“履职第一课”，践行浙西南革命精神，拓宽人大系统党建领域，切实把“两个确立”转化为“两个维护”的具体行动。借力“学习强国”和省市人大相关刊物、各主流媒体，综合运用区级融媒体平台，137篇信息通讯在市级以上媒体平台报道，机关干部为中青班学员、街道议政会成员、丽水学院外国留学生宣讲人大制度，全方位讲好莲都践行人民代表大会制度的好经验好做法。

贯彻区委决策不折不扣。严格落实党领导人大工作的各项机制，坚决贯彻落实中央、省委、市委、区委决策部署，确保党的主张和意图贯彻到人大工作中。区委听取上级人代会和全省各级人大常委会主任读书会精神的汇报，并研究贯彻落实意见，区委主要领导专题调研基层单元建设，为人大依法履职提供全力支持和保障。注重发挥好常委会党组“把方向、管大局、保落实”重要作用，落实从严治党主体责任和意识形态工作责任，严格执行向区委请示报告制度。在疫情防控工作中，常委会班子成员担任隔离酒店、高速路口、

健康驿站指挥长，各级人大代表在一线履职，做到“党委有部署、人大有行动”。

二、聚焦重点，全力贯彻落实党委重大决策部署

发挥好人大来自人民、植根人民的优势，全力做到党委中心工作在哪里，人大工作就跟进到哪里、力量就汇聚到哪里、作用就发挥到哪里，展现人大作为。

聚焦共同富裕“大场景”。盯住“走出去”，开展莲都超市产业专题调研，紧扣供应链、金融、品牌、政务服务等关键点提出工作建议，打响“莲都山超”品牌。盯住“搬下来”，把“大搬快聚”作为加快推进城镇化建设的重要民生工程，连续两年审议政府专项工作报告，助力山区偏远群众实现“安居梦”。盯住“补短板”，市区共同研究民族乡村振兴工作，开展就业促进条例执法检查，重点关注高校毕业生、农民工、困难群众、残疾人等特殊群体就业，以高质量就业夯实共同富裕的民生根基。盯住“乡村兴”，关注“一户多宅”整治清理和政策制定，为乡村产业腾出发展空间。开展旅游产业发展审议意见落实情况跟踪监督，调研农业特色产业发展、“三位一体”农合联改革和节水抗旱稻的种植推广，助推农业“双强”行动和乡村旅游提质增效。

聚焦碧湖新城“主舞台”。着眼新城建设，开展地方政府专项债券项目资金绩效管理专题询问，在债券项目推进、规范绩效管理、严格落实法律法规等方面提出明确要求。常委会班子成员带队开展“助企开门红”、经济稳进提质大走访、安全防范大督查，助力优化营商环境。四位常委会副主任兼任区委“八大行动”中城市更新、工业跃迁、要素保障、空间聚合行动督察长，全程跟进，提出合理化建议，助力目标任务加快完成。听取碧湖新城总规、控规、城市设计和全域土地综合整治、浙西南科创中心核心区建设工作汇报，人大干部、人大代表积极参与新城征迁工作，组织省、市、区人大代表视察新城建设情况，在新城发展豹变中汇聚代表力量。

聚焦基层单元“新抓手”。遵循习近平总书记重要理念、省党代会“八个高地”重要部署和省人大基层单元建设重要要求“三大指引”，聚焦“联、商、督、促、智”五大功能，以“3551”工作法加快人大代表联络站数字变革。实现业务下沉，常委会机关各委办对口联系乡镇街道人大代表联络站，联动监督项目、重大决定议题直达基层。实现功能拓展，搭建“局长代表面对面”平台，推动“一府一委两院”负责人进站活动，面对面讲解法律政策、集中听取代表意见、及时回应群众关切。实现数字赋能，以“代表履职一键通”为载体，构建“随手拍，代表钉”应用场景，人民群众、人大代表随时随地反映身边小事、督促问题整改。常委会10项核心业务下沉到全区15个基层单元，基本单元建设工作领跑全市，工作经验在全市交流推广。

三、依法履职，切实用好宪法法律赋予的监督权

坚持以人民为中心的发展思想，实行正确监督、有效监督、依法监督，助力解决一批事关全局、事关长远、事关人民福祉的紧要问题。

推动经济高质量发展。关注经济稳进提质，听取和审议上年度财政决算、审计报告和上半年计划、预算执行以及基本建设项目实施情况汇报，审查和批准2021年财政决算。联合推动审计查出问题整改，防范化解财政资金使用风险隐患。关注资金使用绩效，调研财政收入执行、部门预算标准化体系建设和国企融资情况，听取产业基金组建工作汇报，针对性提出意见建议。关注重点项目建设，开展项目库建设专题调研，督查《政府投资条例》的贯彻落实，调研衢丽铁路莲都段项目施工和莲湖水库项目前期情况，推动社会领域补短板。常委会还听取了自然资源国有资产管理情况专项工作报告。

促进城乡区域协同发展。提高城市治理水平，调研社区拆分调整、城区上放学时段校门口拥堵情况，开展环境保护法、市物业管理条例、市文明行为促进条例执法检查，协调解决相关问题。听取和审议曳岭脚村历史文化名村保护规划。坚持农业

农村优先发展方向，开展乡村振兴"一法一条例"贯彻执行情况检查，组织"两非"整治工作代表视察，对家庭农场、未来乡村、茶产业发展、水利设施建设与维护运营等情况进行专题调研。关注农村小规模学校发展，提出"推进教育提质、优化教育布局、加强教师队伍建设、关注学生健康成长"等审议意见，助力办好"家门口的每一所学校"。

保障公共服务优质共享。顺应"老有所养""幼有所育"的民生期盼，专项审议政府居家养老服务工作报告，助力破解服务基础薄弱、资源分布不均、服务项目不多等问题；开展3岁以下婴幼儿照护服务体系建设调研。围绕义务教育"双减"，市、区人大联动开展中小学教师队伍建设情况调研，助推实现教育现代化。配合市人大调研省华侨捐赠条例实施情况，营造侨胞捐资兴办公益事业的良好环境。加强残疾人权益保护，对全区无障碍环境建设情况开展专题调研。持续紧盯全区数字化改革工作，积极推动省公共数据条例的宣传贯彻，促进全民共享"数字红利"。

四、法治引领，推进各项工作在法治轨道上运行

充分发挥人大在民主法治建设中的重要作用，加强对法律法规贯彻实施情况的检查和对执法、司法工作的监督，推动提升民主法治建设水平。

增强司法监察效能。听取和审议区法院司法公正感受度提升工程开展情况的报告，要求提高司法认同、兑现胜诉权益、合力化解纠纷，努力实现司法公正感受度的主客观评价相统一。听取区监委关于开展整治群众身边不正之风和腐败问题专项工作报告，支持严厉查处基层"微腐败"、规范"小微权力"运行，推进清廉村居建设。聚焦司法监督联动机制建设，制定在履行监督职能中加强与检察机关联动配合的实施意见，实现人大依法监督与检察法律监督有机贯通。组建人大法制委法律咨询专家库，并常态化开展活动。

助力推进依法治区。注重发挥"法律巡视"监督利剑作用，开展节约能源"一法一办法"执法检查，促进政府优化能源供应结构；审议省综合行政执法条例执法检查报告，助力加快推进"大综合一体化"行政执法改革。高度关注电信网络诈骗犯罪打防治理工作，提出要坚持"以防为先、保持高压、数字管控、压实责任"，推动实现"宣传、打击、科技、责任、跨区域警务合作"五位一体综合治理新格局。常委会还组织开展了社区矫正法、退役军人保障法、省宗教事务管理条例等执法检查，全力配合省、市人大进行省固体废物污染环境防治条例、市居家养老服务条例立法调研和市南明湖保护管理条例立法后评估。

常委会重点关注法治莲都建设，书面审议政府关于2021年度全区法治政府建设情况的报告，听取规范性文件备案审查工作年度报告，全年审查规范性文件20件。认真做好人大信访工作，严格执行接访、转办、督办等制度，共受理群众来信来访55件次，省市人大交办11件。常委会领导牵头成功化解信访积案18件。发挥基层立法联系点"直通车"作用，指导大港头联络站、岩泉街道丽阳社区组织召开立法意见征求座谈会26场，反映基层诉求105条，让基层声音直传省、市立法机关。

依法开展人事任免。坚持党管干部和人大依法行使任免权的有机统一，严格落实任前法律知识考试、"两官"任前公示、任职表态发言、宪法宣誓、颁发任命书等制度，进一步规范工作程序，全年共任免国家机关工作人员236人次。加强任后监督，对区退役军人事务局、区文广旅体局、区统计局等3个部门主要负责人和4名员额检察官开展履职评议，对区政府其他组成部门局长（主任）和法院副院长、检察院副检察长开展书面述职，主任会议专题听取区科技局、市自然资源和规划局莲都分局工作汇报，全区44个部门（乡镇街道）372人进行了宪法宣誓，促使国家机关工作人员增强法治意识、人大意识，自觉接受人大监督。

五、代表有为，更好支持和保证人民当家作主

始终把做好代表工作、发挥代表作用摆在重要位置，进一步

拓展阵地、完善机制、加强培训，促进代表强化政治担当、倾心为民履职。

提升督办实效。推动制定《关于落实代表建议办理工作“一把手责任制”的规定》，推进议案建议内容高质量、办理高质量。坚持重点建议政府领导领办和常委会领导督办等制度，紧拉责任链条，推动《关于实施“大搬快聚富民安居”工程接续高质量发展建设碧湖新城的建议》等重点建议办理工作落地见效。区十七届人大一次会议共收到代表议案建议176件，其中重点建议14件，全部在规定时限内办理并答复，代表对办理结果的满意率为99.4%。加快民生实事办理，全力督促十方面的26个民生实事建设项目按时保质完成。各单位积极报送并展播“民生短视频”系列作品26期，获市级三等奖2个、优秀奖4个，莲都获优秀组织奖。

优化服务保障。拓展代表履职平台，以深入推进基层单元建设为抓手，制定代表联络站硬件建设主要指标、代表联络点建设实施方案等，加快区级人大代表联络总站建设，逐步形成“总站+15家联络站+N个联络点”的履职平台新格局。成立教育科技文化卫生“心连心”代表工作室。激发代表履职活力，开展“先锋代表”选树活动，制定代表向原选区选民述职规定，争当政治先锋、学习先锋、履职先锋、服务先锋、活动先锋。设立“代表风采”宣传专栏。加强代表联系服务，制定常委会领导联系组成人员、常委会组成人员联系代表、党员代表联系党外代表等制度规定。常委会依法主持选举(补选)产生了区人大代表11名。

常委会注重代表履职能力的提升，组织市人大代表莲都中心组会前视察、座谈，组织区人大代表任前履职培训、听取上半年经济运行情况通报以及开展全员培训，微信公众号专题汇编“人大代表学习专刊”35期，充分保障代表知情权、表达权、参与权和监督权。

丰富履职活动。组织代表积极参与省市“四级人大八万代表助力八大攻坚行动”“‘六访六促’推动高质量发展建设共同富裕示范区建设”以及区级“代表见行动”等主题活动，助力落实助企纾困、文明创建、共富增收、大搬快聚、防台防汛、抗旱救灾、基层治理等工作。扩大代表对常委会工作的参与和监督，成立法制(监察和司法)、财经、社会建设、农业农村、城建环资、教科文卫、民族宗教华侨七个专业小组，邀请人大代表列席常委会会议90人次，参加执法检查、集中视察、专题调研等活动204人次。切实发挥中共党员先锋模范作用，在莲省人大代表叶如平获全国五一劳动奖章，市人大代表华先妹、雷蕾和区人大常委会委员林巧红获区劳动模范称号。峰源乡人大代表、拥军模范叶美英的事迹登上《人民日报》。

六、守正创新，推动全区人大工作与时俱进

紧紧围绕“四个机关”的定位要求，全面提升依法履职能力，着力打造一支政治坚定、服务人民、尊崇法治、发扬民主、勤勉尽责的人大工作队伍。

增强塑造变革能力。紧紧抓住“人大工作的主体在代表，力量在代表，优势也在代表”这一重要经验，履职之初，常委会班子成员带队赴乡镇街道、政府部门围绕“+代表”开展业务调研，主动学习借鉴兄弟县市先进经验，进一步梳理人大核心业务流程。创新设立“人大讲堂”，领导干部带头讲、工委科室轮流讲、专家学者重点讲、人大代表交流讲，推动人大代表、人大干部强化理想信念、更新知识结构、提升业务能力。

创新人大基层党建。紧紧抓住“人大是党领导下的政治机关”这一根本属性，制定“红耀人大·众行先锋”党建品牌工作实施方案，以代表联络站为依托组建15个人大工作党支部，把人大常委会机关党建拓展到人大基层党建，实现党的组织对党员代表的全覆盖、党的工作对人大代表的全覆盖。发挥好基层党组织战斗堡垒和党员先锋模范“两个作用”。相关工作获时任省人大常委会党组书记、副主任梁黎明批示肯定，在全省、全市人大常委会主任读书会上作典型经验交流，理论研究成果刊登在浙江人大信息专刊和调查研究专刊。

提升基层工作实效。紧紧抓住“乡镇街道人大监督力度不够、监督效能不足”这一短板，组织召开乡镇街道人大交流会、基层单元建设推进会等7次，讲清新时期人大工作要点。创设“代表钉钉”监督平台，以“钉钉子”精神打造“收集民意、分类梳理、钉住办理、结果通报”等环节为一体的闭环监督机制。人大“听政、议政、督政”三者有机贯通，126件党委关注、群众关心的难点问题被纳入“钉事清单”督促办理，目前已解决了106件。指导乡镇人大依法召开人代会、街道人大规范组织新一届居民议政会。加强考核驱动，修订乡镇（街道）人大工作责任制考核实施细则，督促发挥职能优势、服务中心大局。在“莲连看”APP中开设“代表钉钉”专栏，老竹风情养生园产权办理等案例接受群众评议，相关工作被评为“全市人大优秀履职案例”。

乡镇街道积极探索创新，基层人大工作亮点纷呈。如：大港头多跨协同，发挥基层单元五大功能；老竹人大举行“钉事会”，丰富和拓展了“代表钉钉”；仙渡组织“代表夜访”，访出“民生+速度”；峰源同乡纪委一起“钉”，增强了监督刚性；岩泉“议政之声”走进选区，打通联系群众“最后一公里”；白云为民“督”办，打造质效型基层单元；太平多措并举助力枇杷销售，获央视《朝闻天下》点赞。

各位代表，区人大常委会一年来所取得的成绩，是区委正确领导、常委会组成人员和全体代表共同努力的结果，是区人民政府及所属部门，区监察委员会、区人民法院、区人民检察院和各乡镇人大主席团（人大街道工委）支持配合的结果，是区政协、各民主党派、人民团体和社会各界热情帮助的结果。在此，我谨代表区人大常委会，表示衷心的感谢！

在看到成绩的同时，我们也要清醒地看到存在的问题和不足，主要是：区人大常委会服务中心大局的力度还需进一步加大，人大监督的实效还需进一步增强，指导党员人大代表发挥先锋模范作用还需进一步加强，机关的服务保障能力还需进一步提升等。对于存在的问题，常委会将虚心听取各位代表和各方面的意见，认真加以改进。

2023年主要工作

2023年是全面贯彻落实党的二十大精神的开局之年和“八八战略”实施20周年，也是实施“十四五”规划承上启下的关键之年。区人大常委会工作的总体要求是：以习近平新时代中国特色社会主义思想为指导，深入学习贯彻党的二十大精神，全面贯彻落实习近平法治思想、习近平总书记关于坚持和完善人民代表大会制度的重要思想和省委、市委、区委决策部署，坚持党的领导、人民当家作主、依法治国有机统一，牢牢把握“四个机关”定位，突出人大工作的政治性、法治性、人民性、实效性，认真履行法定职责，充分发挥职能作用，深入践行全过程人民民主，以“先行示范当头雁”的奋发图强，助推创新深化、改革攻坚、开放提升，为接续高质量发展建设百万人口大城市、高水平绘就中国式现代化莲都新图景提供强有力的法治保障。

一、旗帜鲜明讲政治，提升对党忠诚新境界

进一步深化理论武装。把贯彻落实党的二十大精神，作为当前和今后一个时期的重大政治任务，全区各级人大必须牢牢把握习近平新时代中国特色社会主义思想的世界观、方法论，做到“六个必须坚持”，忠诚拥护“两个确立”，坚决做到“两个维护”；必须深刻理解中国式现代化的中国特色、本质要求、战略安排和重大原则，为全面推进中华民族伟大复兴凝聚共识、汇聚力量；必须始终牢记“三个务必”的殷殷嘱托，牢牢把握团结奋斗的时代要求，深入践行“五个必由之路”，坚定不移走中国特色社会主义道路。

进一步坚持党的全面领导。坚决维护党总揽全局、协调各方的领导核心作用，主动接受区委的集中统一领导，加强常委会党组、机关党组建设，严格执行党组工作条例，落实好重大事项请示报告制度，把党的领导贯穿于人大工作的全过程，落实到依法履职的各方面。严格落实全面从严治党主体责任,组织党员干部开展廉政教育和警示教育,不断强化纪律意识、规矩意识。层层压实意识形态工作责任,加强人大新闻舆论工作和制度理论研究,深化阵地建设和管理,旗帜鲜明反对和抵制各种错误观点。

进一步提升基层党建。围绕“红耀人大•众行先锋”党建工作品牌创建的总目标,丰富活动内容、健全评价机制,推进工作支部规范化、标准化建设,推进党建首责首业与人大主责主业相结合、政治功能与服务功能相结合、红色党建与人大味道相结合、机关党建与组织党建相结合、品牌创建与规范提升相结合,引导区、乡人大代表争当“五个先锋”。

二、践行使命勇担当,书写服务中心新答卷

助力经济稳进提质。主动把握疫情防控政策重大调整的新形势,以人大方式推进三个“一号工程”,开展以“优化营商环境”为主题的专题询问,护航经济高质量发展。省、市、区三级人大联动开展审议十四五规划纲要实施情况中期评估报告,重点关注交通专项规划的落实。深化主任督察长制度,开展政府重大投资建设项目专题调研,制定监督暂行办法,助力国家级旅游度假区创建。围绕管好“钱袋子”,听取政府和部分组成部门、街道办事处的财政预算、决算汇报,推动审计查出问题整改,审议行政性事业单位国有资产管理情况专项报告,进一步提升财政资金使用效益。

保障碧湖新城建设。坚持以青年发展型城市为导向,审议《莲都区国土空间总体规划(草案)》制定情况,助力碧湖新城发展建设打造高能级平台。提请本次大会行使重大事项决定权,作出《关于发展建设碧湖新城打造革命老区共同富裕先行示范区强大引擎的决议》。闭会期间,时时跟进大会决议的执行和落实,适时听取区政府专项工作汇报,组织人大代表视察碧湖白口双创中心项目建设,引导代表群众主动投身城市更新、双招双引等建设碧湖新城的新实践。聚焦实现搬迁新城群众“稳得住、富得起”,紧盯“大搬快聚富民安居”后半篇文章,再次开展审议。支持碧湖人大聚焦现代化城市标准和未来城市定位,开展“破解城市管理短板”专题调研。

使用好干部任免权。坚持党管干部原则,依法做好人事选举和任免工作。全面落实宪法宣誓和述职述法制度,制定《常委会任命的政府工作部门负责人履职工作评议办法》,继续开展区政府组成部门局长(主任)和员额法官履职评议,主任会议听取部分区直单位工作汇报,督促国家机关工作人员依法履职。

三、履职为民重实效,展现惠民利民新作为

提升基层治理能力。市区联动跟踪物业管理条例审议意见办理及专题询问问题整改的进展,并组织常委会审议。加强对撤村建(并)居工作的监督,审议政府专项工作报告,推动城中村居民更好地融入城市生活。调研监委“清廉村居”建设及基层“小微权力”大数据监督平台等工作推进情况。组织代表视察司法机关基层站所规范化建设情况。听取区政府关于“完善矛盾纠纷多元调解体系”的专项工作报告。

推进法治莲都建设。主任会议听取区法院“出清执行案件终本库,提升司法公正感受度”专项攻坚行动工作情况报告。围绕人民群众反响强烈、社会普遍关注的问题与检察院开展联动监督。开展湿地保护法、省学校消防安全管理办法(试行)贯彻落实情况执法检查。继续做好规范性文件备案审查工作。

促进民生福祉改善。持续聚焦广大群众关心关注的难题,跟踪监督居家养老服务工作审议意见的办理情况,对畲族文化、茶叶全产业链、农村饮用水、道教活动场所、基层医疗机构和文广旅体中心站等相关情况开展专题调研,组织代表视察在莲华侨工作、生活及创业发展情况。继续以人大智慧助力打造“莲都山超”区域公用品牌,加快推进共同富裕。

四、创新实践提能力,激发代表履职新动能

拓展代表履职平台。推动

基层单元体系化制度化规范化建设，丰富拓展全过程人民民主基层实践。优化代表联络站点体系建设，拓展区级总站功能，提升联络站硬件设施，加快建设一批新的联络点。全面落实“代表进网格”制度，发挥代表在促进基层治理中的特殊作用。加强人大数字化应用场景探索，谋求人大监督与政府重大项目投资监督系统、生态环境监督系统和法院“司法公正在线”数字化应用场景的互联互通。

提升代表履职能力。拓宽代表知情知政、反映社情民意渠道，采取“走出去”与“请进来”、业务辅导与经验交流相结合等方式，组织好区、乡人大代表和街道议政会成员的学习培训，不断增强代表的责任意识和履职能力。坚持重点建议区政府领导领办、常委会领导督办制度和民生实事监督小组制度，督促落实办理“一把手”责任制，推动办理工作取得更好效果。

密切同群众的联系。开展“加强人大代表工作能力建设，密切人大代表同人民群众的联系”代表主题活动。坚持人大有方、代表有为、群众有感，把“随手拍，代表钉”“局长代表面对面”“代表钉钉”串联起来，完善群众意见收集办理、反馈评价、综合分析长效机制。扩大代表对常委会工作参与面，组织各专业小组代表、专家咨询库成员活动更经常、更深入、更有效。

五、固本强基增效能，迈向自身建设新高度

加强常委会自身建设。全面落实常委会会议、主任会议议事规则，进一步完善组织制度和工作制度。继续开展常委会组成人员专题培训，加强同兄弟县市的交流合作，全面提升履职能力。加大常委会事务的公开力度，广泛吸纳民意，科学汇集民智。进一步加强审议意见的落实。坚持激情和能力并重、调查研究和基层基础并重，不断夯实人大工作内功。

加强人大常委会机关建设。常态化开展“人大讲堂”，深化政治理论、宪法法律和业务知识的学习，强化年轻干部培养，提高人大干部队伍创新思维和解决问题的能力。加强机关制度建设，不断完善依法履职机制，重视发挥人大各专委、各工委作用，提升机关服务保障“三会”的能力。开展“智慧人大”建设，推进人大数字化。重视人大信访工作，加大信访交办、督办力度。推进清廉机关建设，支持和保障派驻纪检监察组工作。

加强基层人大工作。全面贯彻落实《浙江省乡镇人民代表大会工作条例》《浙江省街道人大工作条例》等法规，坚持常委会领导和专（工）委联系乡镇（街道）人大工作，乡镇（街道）人大负责人列席常委会会议制度。坚持高效管用导向，推动更多的监督议题、意见征求实现下沉。注重提升乡镇街道人大履职效能，探索乡镇人大监督“阳光票决”助力基层民主；注重发挥好“人大街道工委委员”“街道议政会成员”两支队伍的作用。加快推进开发区人大工作。优化年度考评考核，常态化组织工作部署会、工作交流会，全面汇聚区乡两级人大合力。

各位代表，团结凝聚力量、实干成就事业、奋斗赢得未来！让我们更加紧密地团结在以习近平同志为核心的党中央周围，高举习近平新时代中国特色社会主义思想伟大旗帜，在中共丽水市莲都区委的领导下，大力弘扬践行浙西南革命精神，以“先行示范当头雁”的奋发图强，为接续高质量发展建设百万人口大城市、高水平绘就中国式现代化莲都新图景而不懈奋斗！

政府工作报告

——在莲都区第十七届人民代表大会第二次会议上

（2023年2月20日）

莲都区人民政府区长 张妍

各位代表：

现在，我代表区人民政府向大会报告工作，请予审议，并请政协委员和其他列席人员提出意见。

一、2022年工作回顾

过去一年，是新一届政府全面履职的开局之年，是莲都抢抓新机遇、实现新作为、打开新局面的关键一年。一年来，面对世纪疫情冲击和严峻外部环境考验，我们在上级党委政府和区委的坚强领导下，在区人大和区政协的监督支持下，坚持以习近平新时代中国特色社会主义思想为指导，全面贯彻党的十九大、十九届历次全会和二十大精神，认真落实习近平总书记关于"疫情要防住、经济要稳住、发展要安全"重要指示，全面开展"八大行动"，高质量地完成了区第十七届人民代表大会第一次会议确定的目标任务。全区实现地区生产总值增长4.3%，高于全国、全省、全市增速；区本级固定资产投资增长33.4%；农业增加值增长4.4%；区本级规上工业增加值增长6.9%；服务业增加值增长2.1%；社会消费品零售总额增长7.6%；财政收支实现基本平衡；城乡居民人均可支配收入分别增长4.5%和8.4%。省、市、区十方面民生实事圆满完成，以全市第一的优异成绩获得市对区（县）年度综合考核优秀等次。

（一）一年来，我们坚持稳中求进，高效统筹疫情防控和经济社会发展。

稳进提质落地落实。以"应接尽接、应出尽出、应落尽落"的要求顶格承接各级稳经济政策，集成出台经济稳进提质34条措施，联动出台工业、商贸、消费、金融、文旅、建筑业等领域一揽子惠企利企"政策包"，创新推出"周一纾困解难日"、大莲都经济运行监测分析机制、市区重点企业"一企一员一提示"工作机制等举措，深入开展"三级干部大走访""百名干部助百企"等活动，为企业减负6.14亿元，完成增值税留抵退税11.49亿元，兑付涉企政策性补助补贴资金4.09亿元。统筹抓好"两稳一促"，实现外贸出口增长52.6%，实际使用外资增长232.8%，发放消费券9769万元，带动消费8.4亿元，助力市场主体渡难关、复元气。

疫情防控有力有为。坚持人民至上、生命至上，构建"平战结合、快响激活""网格管理、单元作战""群防群控、依靠群众"工作体系，稳妥处置"3·18""4·9"等疫情50起。因时因势调整优化防控措施，扎实推进分级分类诊疗，加强医疗救治能力建设，引导群众累计接种疫苗116.8万剂次，向60岁以上老人发放防疫包9.8万份，推动疫情防控从"防传染"向"保健康、防重症"平稳转换。

（二）一年来，我们坚持抢抓机遇，超常规实施"双招双引"战略性先导工程。

招商引资按下"快进键"。按照"高大上、链群配"的设计定制，切入新赛道、组建新基金、转换新打法，重点围绕半导体、大健康、新能源、数字经济等产业，开展专业化、精准化招商，全年引进项目31个，合同投资额达160.56亿元，同比增长258%，实现半导体产业、新能源产业和10亿级单体制造业项目招引三个零的突破，招商引资考核获全市优秀等次。丽水蚂蚁链产业创新中心、华为（丽水）数字经济创新中心、百度人工智能标注研发基地等数字经济头部企业项目落地运营，链接引进26家数字经济企业入驻莲都。

招才引智跑出“加速度”。出台一揽子人才科技新政，兑现人才科技专项政策经费8196万元，同比增长448.2%，惠及人才3000余人。引进高校毕业生、硕士、博士和新增技能人才数量均创新高；首次入选国家级海外引才计划2人、国家高层次科技创业领军人才1人；获评“浙江杰出工匠”1人。与丽水职业技术学院合作共建“莲都工匠学院”，“古堰画乡·院士之家”成为全市首家“浙江院士之家”。“青年人口态势”和“青年职业发展”两个指标荣获省级青年发展综合指数优秀等次。招才引智成果领跑全市。

（三）一年来，我们坚持项目为王，有效发挥投资稳经济“压舱石”作用。

投资潜力有效释放。共实施建设项目135个，其中入选省重点项目5个、“4+1”项目6个、省市县长工程2个、省集中开工项目7个，完成投资97.9亿元，交通投资同比增长85.2%，生态环保、城市更新和水利设施投资同比增长75.9%。省引领性重大产业项目——纳爱斯生态资源研究及产业化项目落地开工，全市最大农业单体项目——领源现代农业示范园项目开工建设。

要素保障显著增强。全力向上争取要素支持，争取到地方政府债券资金12.8亿元、各类省级补助资金15.5亿元，建设用地指标2142亩，均为历年之最。加强节约集约用地，盘活再利用各类闲置低效建设用地1582亩，完成国有建设用地供应3107亩，其中，出让工业用地617亩，是2021年出让面积的11倍。加快土地整治，启动“一户多宅”清理，拆除房屋11.33万平方米，立项实施垦造耕地1028亩、建设用地复垦1250亩，土地资源得到充分挖掘。

（四）一年来，我们坚持产业为要，着力优化生态产业体系。

生态工业加快转型。启动新一轮制造业“腾笼换鸟、凤凰涅槃”攻坚行动，持续深化“亩均论英雄”改革，整治高耗低效企业20家，新增规上工业企业24家，区本级规上工业亩均税收达到22.76万元，同比增长38.1%。加快产业数字化转型，全力支持电气、阀门等优势传统产业改造升级，完成工业机器人推广应用51台，规上企业自动化、数字化、智能化改造21家。恒大电气入选国家级专精特新“小巨人”企业名单。“推动工业稳增长和技术改造，加快传统制造业转型升级，培育‘单项冠军’企业”工作获省政府督查激励。

生态农业量质齐升。整治优化粮食生产功能区6200亩，全年粮食播种面积稳定在12.77万亩，总产量达到8200万斤，水稻全产业链生产模式被列为全市“粮食增收”最佳实践案例。深入推进农业“双强”行动，创成全省首批“肥药两制”改革综合试点县、省级畜牧业“机器换人”高质量发展先行县。国家级分子育种中心项目入选全国农作物品种展示基地、省级重点农业项目。

文旅融合积极推进。古堰画乡列入国家级旅游度假区意向名单和山区26县“造月工程”培育名单，古堰画乡文化产业园、古堰画乡艺术中心、九龙湿地萤火虫文旅项目等开工建设。创成省4A级景区城，东西岩风景区被评为省生态文明教育基地，九龙湿地公园被评为省中小学研学实践教育基地，括苍古道入选第二批省大花园耀眼明珠，新治河绿道入选全省最美绿道。

（五）一年来，我们坚持引擎带动，加速碧湖新城能级跃升。

系统优化顶层设计。成立碧湖新城发展工作领导小组和委员会，创新构建新城建设管理体制机制，丽水工业园区提档升级为省级经济开发区。围绕“一脉三城”发展格局，高质量描绘新城发展蓝图，按照“多规合一”要求高品质编制新城总规、控规、城市设计，“三区三线”划定成果获自然资源部批复正式启用，规划城镇建设用地面积增至15.92平方公里。

着力集聚发展资源。开展空间聚合行动，分区块有序推进40.25万平方米房屋征收，完成土地清场1277亩，同比增长218%；完成土地流转1511亩，同比增长1118%，有力拓展新城发展空间。碧湖镇等4镇（乡）全域土地综合整治项目入选全省首批试点。大力实施“大搬快聚富民安居”工程，签约搬迁人口选择安置碧湖新城6972人，魏村安置小区一期、二期项目有序推进，新城房地产网签面积达27.81万平方米，同比增长399%，人口集聚初显成效。

全面掀起建设热潮。共谋划实施项目107个，完成年度投资67.24亿元，一批打基础、强功能、利长远的项目全面铺开，碧湖平原水系综合治理工程（一期）、采桑未来社区、碧湖污水处理厂改扩建项目、石郎线改造提升工程、桃碧线改造提升工程（S222连接线段）等61个项目开工建设，万洋区块基础设施PPP项目、碧湖西生活区块开发项目、丽水电大莲都学院新建工程等46个项目顺利完工，碧兴园商业综合体即将投入使用，新城首个居家养老服务中心正式运营。

（六）一年来，我们坚持全域统筹，促进城乡品质提档升级。

提升城乡建设水平。大力实施市区重点政策处理项目“净地清零”和“百日攻坚”行动，销号市、区重点征收项目102个，清场交地3792亩，签约被征收户1011户，市区重大项目用地保障实现度更进一步。持续改善人居环境，实施市区老旧小区改造4个、涉及19万平方米，惠及居民2800余户。紫金街道、白云街道创成山区26县县城城镇省级样板。强化拆违控违，全年共处置违法建筑26.51万平方米。高标准推进现代社区建设，有序推进首批10个村的撤村建居工作，新增7个城市社区，开展市区188个住宅小区无物业管理清零行动，新增专职社工266名，社区治理整体能力迈上新台阶。进一步完善供排水体系，市区供水管网延伸工程老竹丽新线开工建设，老竹-丽新污水处理厂投入运营。

持续推进乡村振兴。碧湖-大港头片区创成“古堰画乡·诗画田园”县域风貌样板区，碧湖镇创成美丽城镇建设省级样板镇。7个社区、3个村分别被列入省级未来社区、省级未来乡村创建名单。将推动转移人口市民化作为乡村振兴的重要路径组成，迭代升级“大搬快聚富民安居”政策2.0版，全区95个自然村启动整村搬迁，共计签约搬迁1.4万余人，城乡一体化发展加速推进。全市率先启动自然村通班车工作，新增班车线路19条，为偏远地区群众出行打通“最后一公里”。衢丽铁路莲都段隧道、桥梁工程进入主体施工阶段，洪渡互通至黄村农村道路改造提升工程（仙渡至黄村段）全线贯通。莲湖水库工程征地移民实物调查工作基本完成。我区蝉联全省深化“千万工程”建设新时代美丽乡村（农村人居环境提升）工作优胜县。“线上+线下”融合举办“云”丰收节，积极带动美丽乡村建设和乡村产业推广，提升农民群众幸福感。

深化美丽莲都建设。全力打好环境质量“双十”攻坚战，下大力气治理秸秆焚烧，市区环境空气质量在全国168个重点城市排名第七；完成白云街道“污水零直排区”创建，市控以上地表水断面水质全面达标、持续提质，助力全市地表水环境质量排名全国第十。社会源危险废物数字化智能监管应用场景被评为全省“无废城市”数字化改革第二批试点。加强生物多样性保护，设立蓝喉蜂虎繁殖栖息地保护区。连续四年获评全省生活垃圾分类工作优秀单位。生态环境公众满意度在全省90个县（市、区）中排名第七。

（七）一年来，我们坚持改革开放，充分激发高质量发展动能。

深化改革纵深推进。以数字化改革引领全面深化改革，承接省级数字化改革试点33个，形成制度理论成果46项，创新深化“云森防”“疫指通”“莲宿码”“九云征收”等特色应用，有力提升政府履职能力和政务服务水平。全面推进国有企业市场化改革，加速国有资产确权划转，建立国企投资风险控制机制，拓展国企多元融资渠道，区属国企总资产增长96.8%，新增融资授信额度135.3亿元，国企活力持续激发。扎实推进“大综合一体化”改革，基本实现“一支队伍管执法”。深化农村产权制度改革，创新农村产权流转交易网络竞价合作模式。成立区商务和金融发展中心、莲都邮政管理局、区气象局，政府职能更趋完备。

科技创新成绩斐然。研究与试验发展（R&D）经费投入强度达2.5%，首次超过全国平均水平，技术创新指数进步位次全省第一。新增国家高新技术企业17家、省级高新技术企业研发中心5家、省科技型中小企业50家，创新主体队伍不断壮大。建立浙西南地区最大的国家科技进步奖一等奖成果“节水抗旱稻”标准化示范基地。持续推进“绿谷精英·创新引领行动计划”，入选项目24个。市区首个科创孵化平台——莲都科创大楼投入运营，白桥双创中心开工建设。

区域协作活力绽放。持续深化与义乌市、宁波江北区的山海协作，成立宁波江北·丽水莲都高新产业协同发展中心，莲都-义乌山海协作产业园高新科创企业加速中心落地开工，义乌-莲都“产业飞地”2个产业项目开工建设，累计完成投资14.33亿元，莲都大厦正式开盘并启动招商，山海协作取得丰硕成果。深圳天安云谷人才科创飞地进入前期招商阶段。莲都-叙永东西部协作持续推进，落实项目资金3900万元。与意大利奥拉市建立友好交流城市关系。

（八）一年来，我们坚持共富为本，不断提升群众幸福感、获得感。

扎实做好民生保障。深化“共富123行动”乡镇试点建设，建成“共富工坊”70个，强化就业服务，实现城镇新增就业1.6万人，城镇登记失业率1.14%，低收入农户人均可支配收入增长17.3%，全区所有行政村实现村总收入20万元且经营性收入10万元以上，群众就业增收取得新实效。城乡低保标准提高至每人每月1035元，特困供养标准提高至每人每月1662元，完成低保户“善居工程”改造70户，新增认知障碍照护床位120张，“浙丽保”惠及9.75万人次。儿童福利院改造项目、桑垵安置公墓三期项目投入使用。我区获评全省“净居亮居”改造工作示范点，入选省第二批婚俗改革实验区，“德不孤——事实孤儿成长关爱志愿服务项目”荣获省慈善奖。

扩容提质基础教育。城西学校初中部和金周园、中骏园2所公办幼儿园投入使用，新增初中学位1200个，幼儿园学位630个。出台碧湖新城基础教育提质“五年行动”方案，碧湖小学纳入大洋路小学教育集团，碧湖中学与丽水学院开启院校共建办学新模式。花园中学顺利启动民转公改制工作，与括苍中学组建花园学校教育集团。中考综合成绩连续19年领跑全市。“创新‘社会监督’机制，助力校外培训治理”获评全国“双减”工作优秀案例。

深化健康莲都建设。新增建有托育机构乡镇2个、托位391个，新改扩建规范化卫生室7家，院前急救服务延伸至乡镇中心卫生院，2分钟内出车率达到95%以上。完成全区23家医疗机构检查检验系统改造提升，实现检测结果全市共享互认。大港头镇、老竹镇建成省级健康乡镇，健康浙江考核连续三年取得优秀等次。

积极推进文化惠民。新建农村文化礼堂18个、“15分钟品质文化生活圈”168个，创成省级乡村博物馆6家，实现公共图书馆、文化馆分馆乡镇（街道）全覆盖。举办莲都区第四届全民运动会等群众体育赛事50余场，“莲悦读爱心书屋”入选省公共文化服务高质量发展典型案例。

（九）一年来，我们坚持预防为主，坚决打好除险保安攻坚战。

严守安全生产红线。出台《关于落实安全防范29条措施》，推进安全防范和消防安全“百日攻坚”等行动，全年未发生较大及以上生产安全事故和亡人火灾事故。全面开展自建房安全专项排查整治，共排查7.8万余幢，整治危房1668幢，实现危房“动态清零”。全链条加强食品药品安全监管，创成省食品安全示范区。

筑牢社会平安底线。深入

开展社会矛盾纠纷化解，诉求类走访信访总量同比下降42.6%，动态化解信访积案264件次，创成省级“无信访积案县”。“创新‘村级事务阳光票决制’探索山区基层治理新路径”入选全省共同富裕最佳实践。常态化推进扫黑除恶斗争，严厉打击电信网络诈骗、养老诈骗，侦破涉案财物金额达2亿元的“3.11特大虚拟币跑分平台案”，有力维护社会治安稳定。

（十）一年来，我们坚持效能建设，努力打造人民群众满意的政府。

坚持政治首位，坚决贯彻党的二十大精神和习近平总书记系列重要讲话重要指示批示精神，把忠诚拥护“两个确立”、坚决做到“两个维护”落实到政府工作的全过程、全领域。坚持民主决策，全面梳理和完善政府议事协调机制，提升政府系统决策科学性，确保形成闭环管理，推动工作落地见效。坚持法治建设，启动基层法治建设三年行动，全面推行重大行政决策目录化管理，严格落实行政执法“三项制度”，助力丽水一举创成全国法治政府建设示范市。依法接受区人大及其常委会监督，主动接受区政协民主监督，2022年两会期间人大代表建议和政协提案全部按时办结。坚持厉行节约，带头过“紧日子”，严格财政支出管理，全年三轮压减非刚性、非急需项目支出2.57亿元，压减比例达17%。

同时，民族、宗教、审计、统计、史志档案、侨台等工作取得新成效，工会、青少年、妇女、儿童、老龄、社科、红十字、关心下一代等事业取得新进步，国防动员、双拥工作和国防后备力量建设得到新加强。

各位代表，这些成绩的取得，得益于市委市政府和区委的坚强领导，得益于区人大、区政协的有效监督和鼎力支持，得益于各民主党派、工商联、无党派人士、人民团体、港澳台同胞以及广大侨胞、社会各界人士和驻莲部队的大力支持，得益于全区广大干部群众的团结拼搏、苦干实干。在此，我谨代表区人民政府，向大家表示衷心的感谢，并致以崇高的敬意！

在肯定成绩的同时，我们也清醒看到，莲都发展还面临不少困难和挑战，主要表现在：新兴产业已起势但未成势，全区综合实力、产业竞争力、创新能力等方面与先进地区仍有较大差距；营商环境创优不够，空间、资金、人才等要素制约尚未破解；公共服务和基础设施还存在不少短板，与群众需求仍有差距；一些领域风险隐患不容忽视，统筹发展和安全任务艰巨；政府效能建设仍需不断加强，干部干事本领与新形势新要求不能完全匹配。面对这些问题，我们将高度重视，以更主动有为的态度、更严谨务实的作风、更科学有效的举措，认真加以解决，决不辜负人民期待。

二、2023年发展目标和重点工作

2023年是全面贯彻党的二十大精神开局之年，是“八八战略”实施20周年，也是实施“十四五”规划承上启下的关键之年，做好各项工作意义重大。今年工作的总体要求是：坚持以习近平新时代中国特色社会主义思想为指导，全面贯彻落实党的二十大精神和省委十五届二次全会、市委五届三次全会、区委十五届三次全会精神，完整准确全面贯彻新发展理念，坚持稳中求进工作总基调，深入实施“八八战略”，以“两个先行”打造“重要窗口”，强力推进创新深化、改革攻坚、开放提升，坚毅笃行“丽水之干”，紧扣共同富裕先行先发、碧湖新城变大变强、产业生态重构重塑三大任务，以“先行示范当头雁”的奋发图强与奋斗实干，高质量推进革命老区共同富裕先行示范，高水平绘就中国式现代化莲都新图景。

综合考虑宏观经济形势和当前经济发展基础，建议2023年全区经济社会发展主要预期目标为：地区生产总值增长6.5%以上，区本级固定资产投资增长25%，区本级规上工业增加值增长10%，农业增加值增长3.5%，服务业增加值增长6%，社会消费品零售总额增长6%，区本级外贸出口总额保持适度增长，区本级一般公共预算收入增长7.5%，研究与试验发展（R&D）经费投入强度达到2.6%，城镇登记失业率控制在3%以内，城乡居民人均可支配收入增长与经济增长基本同步，完成省、市下达的能源和环境指标计划目标。

重点抓好十方面工作：

（一）乘势而上激发市场活力，推动经济企稳回升向好。

大力优化营商环境。实施营商环境优化提升“一号改革工程”，着力打造最优政务、法治、市场、经济生态和人文环境。深化政务服务“一网通办”，深入实施便民利企“一件事”集成改革，推动更多政务服务事项实现“一件事一次办”。严格规范执法司法行为，推行“综合查一次”联合执法机制和“首违不罚+公益减罚+轻微速罚轻罚免罚”等柔性执法制度。深入推进“证照分离”、准入准营、企业迁移等“一件事”改革，持续深化信用“531X”工程。实施“链长+链主”协同机制，深入推进“标准地+”集成改革，深化普惠金融、科创金融、绿色金融和开放金融改革。坚持构建亲清政商关系，旗帜鲜明喊响“企业家是英雄”的口号，营造尊商亲商安商的浓厚氛围。

精准推动政策助企。坚持“快字当头、准字为要、实字托底”原则，集成出台《莲都区承接“8+4”政策体系 推动经济高质量发展的实施意见》及系列配套政策，通过助推企业稳产保链、帮助企业拓展市场、支持企业增产增效、大力刺激市场消费等一系列举措，进一步优化企业发展环境、提振企业发展信心。用足用好“市区同体”的体制红利，扩容提质大莲都经济运行监测分析机制，提升政策协同性与精准性。积极开展“大走访大调研大服务大解题”活动和“链长制”服务，充分发挥“丽即兑”系统作用，加速推进各级政策资金直达快享。

不断提升开放能级。实施地瓜经济提能升级“一号开放工程”，推进外贸、外资、外经“三外”并举，实施外贸“扬帆出海”八大攻坚行动，积极利用侨商资源和超市资源，进一步推动特色产业产品“走出去”开拓国内外市场，力争新增外贸主体20家以上，实际利用外资1000万美元以上。深化与义乌市、宁波江北区的山海协作，打造莲都大厦“科创飞地+产业基地”的产业导入模式，积极推进全省制造业高质量发展促共富示范县（市、区）结对创建，借力“义甬舟”大通道南扩加快建设莲都-义乌双向物流快运专线。更加主动全面融入长三角一体化高质量发展，将北上广深等一线城市作为“双招双引”的第一策源地，在科技创新、人才培养、项目招引等方面，更多实现资源导入、产业链接、发展协同。进一步深化莲都-叙永东西部协作工作。

（二）奋勇当先推进产业重塑，加快构建现代产业体系。

致力新兴产业招引落地。坚持瞄准具有变革性意义甚至颠覆性潜能的未来产业，持续招引战略级项目、“链主型”企业，深化“强链补链延链”工程，强化与市本级、丽水开发区的对接联动，完善产业链协同机制，推动半导体产业错位突围、大健康产业领军示范、新能源产业蓄势奋进。深化“基金+招商”“以投带引”新模式，出台区级产业基金和国企股权投资基金管理办法，加强产业基金运行管理，积极推进与各级产业基金的合作和导入，更好发挥产业基金撬动作用，助推重大产业项目招引落地。坚持加压奋进，不断发扬敢闯敢冲敢拼的奋斗精神，确保全年招引10亿级以上项目10个以上，20亿级项目不少于2个，力争50亿级乃至百亿级项目取得突破，实际到位内资20亿元以上。

致力生态工业加速重构。提速纳爱斯、格派、禾迈、新川、环龙、威固等重大制造业项目建设，持续做好半导体、大健康、新能源等未来产业谋篇布局，加快形成产业发展“龙头雁阵效应”。积极推进传统产业转型升级，联动实施“雏鹰”“雄鹰”“凤凰”行动，力争新增规上工业企业20家，申报国家专精特新“小巨人”企业1家、省级“隐形冠军”企业1家以上。加快缸窑、黄塘窑工业区块建设，力争工业项目开工面积60万平方米以上。实施低效工业用地专项整治三年行动，整治高耗低效企业20家以上，力争盘活低效工业用地300亩以上，基本出清亩均税收3万元以下低效工业企业，区本级规上工业亩均税收达到24万元以上。

致力数字经济做优做强。实施数字经济创新提质"一号发展工程"，大力导入5G应用、区块链、人工智能、云计算等新业态，力争落地数字经济项目30个以上，积极创建以信息技术服务为主要产业发展方向的省现代服务业创新发展区。推动数字经济与实体经济融合发展，完成工业机器人推广应用50台，打造现场标准化管理标杆企业4家以上，实现规上工业企业自动化、数字化、智能化改造覆盖率达71%以上。加快领源现代农业示范园、华智生物国家级分子育种创新服务平台等农业重点项目建设，推动传统零散农业向数字技术驱动的现代农业转型升级，落成全市首个智慧农业数据中心，新建数字化仓储冷链物流基地、数字种业实验室各1家。加快莲都区空间地理数据仓、镇街数据仓建设，不断提升一体化智能化公共数据平台支撑作用，推动数字化改革实战实效。力争全年数字经济核心产业增加值增长15%以上。

致力富民产业融合发展。实施"12361"工程，重点推进古堰画乡文化产业园、主题乐园型综合体等项目建设，强力推进坪地半岛、一号二号艺术区、画乡大酒店等项目招引，积极发展美居、美术、美颜、美智、美体、美育"六美"新业态，力求古堰画乡国家级旅游度假区创建取得实质性进展和阶段性成果。推进"一县一品"品牌赛事培育，办好碧湖新城田园马拉松、"莲都100"越野赛等体育赛事。实施农业"双强"行动，推动茶产业"万千百"工程、水果产业主体升级和道地中药材基地提标创建，创成省级茶产业"机器换人"高质量发展先行县。深入推进林业振兴，推广"一亩山万元钱"模式，盘活毛竹、油茶等资源，培育深加工企业，提升森林资源"生金"能力。积极谋划健康水业、绿色水能、幸福水旅等项目，探索山塘水库水资源使用权交易新模式，实现"水资源"到"水经济"的转化。

（三）不遗余力扩大有效投资，再掀重大项目建设高潮。

全面提速项目建设。精准对接全省扩大有效投资"千项万亿"工程，千方百计推动更多项目进入省级投资盘子，推进纳爱斯生态资源研究及产业化项目、古堰画乡文化产业园等省"千项万亿"工程项目加快建设，力争区本级全年完成投资120亿元以上。持续优化区本级投资结构，狠抓重大基础设施和重点制造业项目建设，力争实现高新技术产业投资增长300%以上，制造业投资，民间项目投资，交通投资，生态环保、城市更新和水利设施投资均增长25%以上。

全力保障项目要素。将有限的土地、资金要素向重大项目集中、重点区域集聚。统筹抓好专项债券项目、政策性金融工具项目的谋划储备，抢抓政策窗口做好中央预算内、省公共建设资金申报，全力争取区域协调、绿色转化等财政专项激励和省政府督查激励。继续深化国企改革，进一步优化主营业务布局，提升企业经营效益，争取完成区旅投公司AA评级，区属国企融资授信总额度超过200亿元。全年力争农转用报批1500亩以上、收储国有建设用地1500亩以上、盘活再利用各类闲置低效建设用地1300亩以上。持续推进土地整治，完工土地垦造项目1500亩、建设用地复垦项目1300亩。积极推进矿地综合开发利用，万洋北区块、徐坑源矿地开发项目挂牌出让。

全程优化项目管理。继续推行重点项目分阶段实施、施工许可证分阶段办理，实施一般企业投资项目"拿地即开工"审批模式，积极开辟项目审批提速新路径。加强项目全周期管理，探索投资强度、设计任务书、合理工期等标准化管理模式，充分发挥"鱼你共进"系统量化晒比、督查推动作用，优化扩大有效投资考核制度，尽早形成更多投资实物量。

（四）快马加鞭推进新城建设，释放能级跃升强大动能。

提级发展空间拓展。加快融入"一脉三城"发展格局，在联城路湾、白岩四都、碧湖白桥"三江口"片区联动开发建设中当先锋、打头阵，一体推进北城、南城、新城联动发展。全力整合拓宽新城国土空间，推进跨乡镇全域土地综合整治，实施碧湖镇蒲塘等村万亩方永农集中连片整治项目。持续推进新城重点项目政策处理，全面开展白桥、缸窑等片区土地征收工作，全面做好碧湖镇区、南山等片区房屋征迁。科学安排土地出让规模和节奏，力争完成工业用地出让800亩以上、商住用地出让400亩以上。

提速人力资源集聚。谋好“三人行”，加快推动新城成为人才发展、人口集聚的主战场、主窗口、主平台。加强新兴产业导入，推进工程师产业协同创新中心、莲都工业社区服务综合体等项目建设，提升新兴产业对人力资源的承载力和吸引力。实施高知识青年、高技能型人才安居工程，加快建设古井青年公寓、万洋众创城职工宿舍等保障性租赁住房，新建高溪市民中心，打造创新创业和生活居住一体化融合空间。适度提前布局新城教育、文体、医疗、便民政务等公共服务类项目，吸引更多群体落户新城。做好“大搬快聚富民安居”工程，推进白桥、高溪等7个安置小区建设，其中魏村安置小区一期交付使用，让更多的搬迁人口在碧湖新家园安居乐业。设立碧湖城市管理中心，全方位提升城市运营管理水平。

提质基础设施支撑。进一步发挥基础设施的重要支撑作用，促进新城加快高质量发展。主动谋划白口–四都大桥、通济路拓宽改造工程、莲都经开区综合供能站等18个前期项目；全力推进桃碧线改造提升工程（下圳至保定段）、碧湖大桥改扩建工程、高溪区块10千伏线路迁改项目等34个新建项目开工建设；着力加快石郎线改造提升工程、碧湖镇镇域自来水管网提升改造工程、碧湖镇城镇污水处理厂改扩建项目等20个在建工程施工进度；努力推进碧湖西生活区块道路网工程（二期）、郎奇–石牛区块配套供水工程、石郎线–高溪区块天然气中压管道工程等25个项目如期完工。

（五）尽心竭力促进富民增收，推进共同富裕先行示范。

完善多渠道持续增收机制。全面实施“扩中”“提低”行动，多措并举扩岗拓岗，优化就业创业服务，高标准建成零工市场2个，新建“共富驿站”80个、“共富工坊”30个，新增流动供销车山区服务线路3条，确保城镇新增就业1.48万人以上，力争低收入农户人均可支配收入增长15%以上。积极推进强村富民乡村集成改革，健全“三资”管理机制，支持强村公司实体化发展，激活农村集体项目“造血”功能，确保全区行政村村集体经济收入30万元和经营性收入15万元以上全覆盖。

探索多领域生态富民模式。深入实施生态产品价值实现机制示范工程，积极培育“两山合作社”等市场主体，完成至少2个品类生态资源收储，健全GEP核算及应用，不断拓宽“红绿金”融合协调发展路径。扎实推进“双碳”工作，助推“6+1”领域绿色低碳转型，全面实施“万亩千兆”农光互补清洁能源示范基地项目建设，开展辖区内风资源、中小型抽蓄可开发资源普查，积极推进大港头徐山抽水蓄能项目进入国家抽蓄中长期规划滚动调整目录，助力全市打造区域性林业碳汇交易平台，探索更具莲都特色的碳汇交易模式。

健全多层次帮扶保障体系。构建“大搬快聚”后续富民帮扶工作体系，出台《建设“大搬快聚富民安居”莲都创新区的实施意见》，根据搬迁群众就近看病、子女入学、就业创业等需求，合理配建医疗机构、中小学校、就业服务中心、创业孵化基地等设施，推动乡村闲置资源盘活，引导搬迁群众将原有山林、耕地等生产要素通过出租、入股等形式进行流转，增加财产性收入，确保搬迁群众“搬得出、稳得住、富得起”。持续推进社保参保扩面，确保市区企业职工基本养老保险新增参保7000人以上，基本养老保险参保率达到98.5%以上，“浙丽保”参保率稳定在90%以上，长期护理险参保人数达“浙丽保”参保人数的60%以上。做好最低生活保障标准提升等社会救助兜底保障工作，深入实施困难残疾人家庭无障碍改造和“净居亮居”工程，争创省级双拥模范区。

（六）坚定不移筑牢三大支撑，创新建设青年发展之城。

擦亮“学在莲都”育人品牌。教育事关千家万户，我们要以先行示范的标准加快推进幼有善育、学有优教，努力让每一个孩子享受更加公平优质的教育，拥有更加光明的未来。落实发展学前教育第四轮三年行动计划，加快公办园建设，完成2所配套幼儿园改造工程，新增幼儿园学位540个，普惠性幼儿园覆盖率达到95%，公办园在园幼儿比例达到50%，创成全国学前教育普及普惠区。实施义务教育“跃阶攀高”行动，优化教育资源布局，深入推进集团化办学、引智办学、院校共建办学和教共体建设，提升碧湖新城、联城区块、括苍区块教育品质。落实“扩容薄改”工程，全面消除“大班额”，建成新青林学校并投入使用，完成2所小学扩建工程，新增中小学学位1260个。以产业需求为导向，积极推动职业教育发展，推广“校企订制”等育才模式，培育更多的应用型、技能型人才。

打造“众创众享”创新体系。围绕“让青年在城市更有为”，实施“315”创新体系建设工程，营造更有利于青年发展的创新创业环境。主动融入浙西南科创中心建设，高标准推进白桥双创中心建设，发展主导产业实验室集群，打造数字科创平台和美丽健康科创平台。推进院地合作，加强招引中科院、浙江大学、浙江清华长三角研究院等院校和研发机构来莲设立分支机构，力争新增省级高新技术企业研发中心3家、省级企业研究院1家。深入实施科技企业“双倍增”计划，新增高新技术企业16家、省科技型中小企业60家，力争省“尖兵”“领雁”项目、实体化研究院项目取得突破。

构建“近悦远来”人才生态。我们要拿出更多的硬核实招，让青年人才引得进、留得住、发展好，在莲都这片创新创业的热土上尽展其能、成就梦想。健全青年创业就业服务体系，推出“青创贷”“电商贷”等更多符合青年需求的普惠性金融产品，打造一批面向青年的创新创业孵化平台、公共服务平台，办好“括苍名士”高层次创业挑战赛，力争入选“绿谷精英”项目20个、落地8个。完善青年社区服务体系，加强青年宜居宜业的商业配套和公共服务体系建设，活跃青年社群，新增人才公寓160套、新建青年社区5个。加强“全链条”育儿婚恋服务，健全青年交友服务体系和育儿保障体系。用好引才驿站、引才大使等招引机制，全年引进高校毕业生8000人、全职硕士200人、全职博士50人，引育技能人才1300人。

（七）统筹融合推进城乡发展，绘就美丽莲都幸福画卷。

聚力保障中心城区建设发展。坚持“服务市区、发展莲都”有机统一，坚决扛起“服务市区第一责”，力争实现市、区重点政策处理当年实施类项目销号应销全销，全力保障市区项目落地。积极推进城市有机更新，持续开展D级危房治理、自建房整治等工作，启动10个老旧小区改造，改造面积40万平方米。完成第二批14个村撤村建居工作，做好“村改居”的“后半篇文章”。扎实推进“滨水中心”“智慧绿谷”等城市新区风貌样板区创建，岩泉街道、万象街道创成山区26县县城城镇样板。纵深推进“大综合一体化”行政执法改革，加快建立执法指挥中心，推进市容管理非现场执法，争创“无违建”创先争优示范区。积极投身“全国文明典范城市”创建，加快打造省级县域商业体系建设示范县。

聚力夯实乡村振兴发展基础。推动综合交通攻坚大会战落地落实，年度计划完成投资3.92亿元，加快衢丽铁路建设，开工建设丽水东西岩客运综合交通枢纽及连接线工程，改建提升农村公路23公里，争创“四好农村路”省级示范区，深化农村客运“村村通”建设，确保常住人口100人以上自然村通等级公路、通客运班车。积极推进全域幸福河湖建设，加快小安溪流域综合治理提升工程、碧湖平原水系综合治理工程等水利项目实施。持续推进美丽乡村建设，新建花园乡村22个、精品村6个，新增省级未来乡村2个以上，完成历史文化（传统）村落活化利用项目2个。推进“农房盘活数字化场景”改革试点，完善农民建房审批体系，探索宅基地资格权有偿退出机制。

聚力推进生态环境提质增优。莲都山清水秀、天生丽质，我们要守护好这片土地，让群众享受最好的生态福利。打好污染防治攻坚战，突出抓好秸秆焚烧、扬尘等大气污染源管控，市区空气质量保持在全国前十，完成岩泉街道、万象街道“污水零直排区”创建，持续提升危险废物利用和安全处置水平。强势抓好松材线虫病防治，实现发生面积与株数分别同比下降15%和20%。积极推进生物多样性保护工作，助推丽水市生物多样性综合观测站和体验地建设。深入开展城乡环境综合整治，新（改）建提升城乡垃圾中转站6座，居住小区垃圾分类集中收集设施建成率达90%，务岭根垃圾填埋场浓缩液处理项目竣工验收。

（八）用心用情完善公共服务，实现民生福祉普惠共享。

建设更高质量文化莲都。深入实施“欢乐莲城”文化惠民工程，推进城市书房、文化驿站建设，新建“15分钟品质文化生活圈”10个，创建省级乡村博物馆2家。加强文化遗产保护，提升省级以上文物保护单位保护传承和安全防护水平，推进丽水鼓词“活态”保护传承，培育大港头镇为省级文化强镇。深入挖掘莲都历史人文底蕴，加强对“瓯江文化”“古堰文化”“艺术文化”等特色文化内核的研究、保护、传承与发展。

建设更高水平健康莲都。加快区人民医院综合大楼投入使用，深化与市中心医院的托管共建，提升碧湖新城综合医疗水平。深入开展“优质服务基层行”活动，全面提高常见病、多发病、慢性病诊疗服务能力，为重点人群开展免费结直肠癌筛查8300人，为70岁以上老年人免费接种流感疫苗1.23万人次。深化家庭医生签约服务，确保十类重点人群签约率保持在80%以上。巩固国家卫生城市、卫生乡镇创建成果，开工建设石牛卫生院拆改建项目，完成区疾控中心、岩泉社区卫生服务中心扩建项目。

建设更高层次养老育幼体系。深入实施“浙丽长寿·山区颐养”专项行动，推进居家养老服务中心、社区养老照料中心、医疗服务机构等养老服务资源整合，全面完成乡镇（街道）居家养老服务中心转型升级，打造养老供需对接平台，实现每万名老人拥有20张认知障碍照护床位和25名持证养老护理员。推动出台市区婴幼儿照护机构布局规划，鼓励社会力量兴办托育机构，挖掘“托幼一体化”幼儿园潜能，不断提高托位供给。持续开展未成年人保护行动，实现乡镇（街道）未成年人保护工作站设立全覆盖。

尽心尽力办好民生实事。牢记习近平总书记“民之所忧，我必念之；民之所盼，我必行之”的教导，厚植“利民之事，丝发必兴”的为民情怀，通过向社会公开征集、多方对接和协商，筛选出十三方面46项民生实事候选项目提交审议。经本次人代会票决后，我们将强化闭环管理，全力把民生实事办快办好办实。

（九）一以贯之防范化解风险，坚决守牢安全发展底线。

守好公共安全“责任田”。常态化推进重点领域“除险保安”，突出抓好高层建筑、经营性自建房等消防高风险场所隐患排查治理，完善安委会工作体系，加大反邪教、反恐怖等工作力度，全面推进防汛防台和森林防灭火标准化、应急救援和应急指挥规范化建设，提升应急救援能力，织密社会安全防护网，坚决遏制各类重特大事故发生，奋力实现省级平安区“十七连冠”。深化“浙食链”“浙冷链”推广应用，深化“网络餐饮、校园食堂、农村家宴”智治管理，助力丽水市创建国家食品安全示范城市。

筑牢社会治理“防护网”。树牢安全发展理念，打好杭州亚运会、亚残运会维稳安保攻坚战。坚持和发展新时代“枫桥经验”，强化基层治理“141”体系建设，高标准推动区级社会治理中心迭代升级，有序推进“初信初访提质增效”试点工作，黄泥墩村全国村级议事协商创新实验试点通过中期评估验收。推进社区夯基补短行动，建实网格驿站基层阵地，建强专职社工队伍，推动省级现代社区创建。健全金融风险监测防控体系，守住不发生区域性金融风险底线。

坚决防范、严厉打击电信网络诈骗、涉众型经济犯罪等违法行为，守好人民群众的“钱袋子”。

打好平稳转段“主动仗”。全面落实新冠病毒感染“乙类乙管”各项措施，强化动态监测预警体系建设，提升重点人群和重点场所防护能力，提高疫苗接种率，最大限度保障人民群众生命安全和身体健康。

（十）持之以恒锻造严实作风，力促政府行政效能提升。

牢记绝对忠诚第一要求。坚持把党的政治建设摆在首位，牢记“国之大者”，不断提高政治判断力、政治领悟力、政治执行力，切实把坚决拥护“两个确立”的理论认知转化为坚决做到“两个维护”的思想自觉，一步一个脚印把党的二十大作出的重大战略、重大决策、重大任务，付诸行动、见之于成效。

践行为民服务第一宗旨。始终牢记政府前面“人民”二字，站在群众的立场上想问题、作决策、办事情，让人民群众获得感、幸福感、安全感更加充实、更有保障、更可持续。始终如一地坚持用政府的“紧日子”换群众的“好日子”，强化预算管理与支出约束，在去年基础上“三公”经费再压减5%以上，一般性支出再压减10%以上，竭尽全力集中财力保民生稳经济。

强化高效履职第一导向。旗帜鲜明弘扬“空谈误国、实干兴邦”的工作作风，深入推进政府效能建设，强化“分秒等不起、时刻坐不住、处处慢不得”的效率意识和“事事马上办、人人钉钉子、个个敢担当”的落地意识，坚决杜绝各种表现的形式主义，健全工作闭环管理机制，确保工作落地见效快。

坚持依法行政第一准则。深入推进法治政府建设，严格履行重大行政决策法定程序，抓好行政争议预防化解。自觉主动接受人大法律监督、政协民主监督、审计监督和社会舆论监督，高质量办理人大代表建议和政协委员提案，发展全过程人民民主。

严守清正廉洁第一底线。始终把牢“严”的主基调，坚决落实全面从严治党主体责任，认真贯彻民主集中制，持续高标准落实中央八项规定精神，不断塑造亲清政商关系，持之以恒深化“四风”纠治，以反腐倡廉的实际成效取信于民，营造公平、正义、清朗的政风、政气。

各位代表，首善之区赋予首善之责，首善之责呼唤首善之为，首善之为创造首善之功！让我们更加紧密地团结在以习近平同志为核心的党中央周围，高举中国特色社会主义伟大旗帜，在上级党委政府和区委的坚强领导下，以舍我其谁的使命感、只争朝夕的紧迫感、恪尽职守的责任感，精诚团结、勇毅前行、奋斗实干、善作善成，为高水平绘就中国式现代化莲都新图景而努力奋斗！

名　词　解　释

1.周一纾困解难日：区委、区政府为推动经济稳进提质创新推出的制度，该制度规定，每周一晚党政班子领导集中研究和协调工作中遇到的重点难点堵点问题。

2.大莲都经济运行监测分析机制：是由丽水市发改委牵头，市本级、莲都区、开发区相关部门参与的经济运行监测分析会议机制，实现多部门信息共享，统筹推动大莲都经济稳进提质。

3.市区重点企业“一企一员一提示”工作机制：是丽水市针对市、区重点企业建立的联动服务机制，通过一对一精准服务重点企业，指导帮助企业及时了解掌握相关扶持政策，实现惠企政策应享尽享，促进企业加快发展。

4.高大上、链群配：是招商选资的标准，“高”即高质量、高科技、高环保、高端化的项目；“大”即大投资、大规模、大牵引的项目；“上”即上档次、上层次、上效益的项目；“链”即产业链上下游的项目；“群”即集群化的项目；“配”即配套化的项目。

5.青年发展综合指数：是全

国首个评价市县两级青年发展状况的省级青年发展综合指数，由省青年工作联席会议办公室牵头，联席会议成员单位等省直相关厅局共同参与，中国青少年研究中心、省社会科学院、省青年发展研究中心等作为学术支持单位编制，具体包括7个一级指标、14个二级指标、54个三级指标，其中一级指标分别为青年发展环境、青年生活品质、青年人文素养、青年职业发展、青年权益保障、青年社会参与和青年人口态势。

6.“4+1”项目：是重点项目工程的分类，围绕交通建设投资、生态环境和公共设施投资、高新技术产业投资、民间投资和省市县长项目工程，科学布局一批标杆性项目。

7.一户多宅：是指农村一户村民拥有多处宅基地、多栋住房，《中华人民共和国土地管理法》明确规定“农村村民一户只能拥有一处宅基地”，即“一户一宅”，违反该标准的为“一户多宅”。

8.专精特新“小巨人”企业：是指符合国家产业政策、成长性好且具有专业化、精细化、特色化、新颖化等特征的中小企业。

9.“单项冠军”企业：是指长期专注于制造业某些细分产品市场，生产技术或工艺国际领先，单项产品市场占有率位居全球或国内前列的企业，代表全球制造业细分领域最高发展水平、最强市场实力。

10.农业“双强”行动：即实施科技强农、机械强农行动。

11.“肥药两制”改革：即化肥定额制施用和农药实名制购买改革，是从源头上规范农业投入品流通使用，推动农业全产业链转型升级的重要举措。

12.造月工程：取意“众星捧月”，旨在为山区26县的文旅产业“造血”，凝聚发展动能。目标是争取每个县拥有或纳入培育5A级旅游景区或国家级旅游度假区1家，打造山区26县旅游核心吸引物，成为旅游业高质量发展的“核动力”。

13.景区城：以县（市、区）建城区为建设范围，具备文化禀赋底蕴深厚，人居环境优美和谐，休闲产品丰富多元，公共服务配套完善，综合管理保障有力的宜居、宜业、宜游区域，分为5A级、4A级和3A级3个等级。

14.一脉三城：《丽水市“一带三区”发展规划》提出，中心城区要以瓯江为脉，激活北城、提升南城、开发碧湖新城，构筑“一脉三城”发展格局。

15.三区三线：是国土空间用途管制的核心框架。根据城镇空间、农业空间、生态空间三种类型的空间，分别对应划定的城镇开发边界、永久基本农田保护红线、生态保护红线三条控制线。

16.净地清零：对市区重点项目及商住用地的政策处理工作，按照土地净地、问题归零的目标，开展一定时间内的集中式攻坚，力求全面实现政策处理工作的大扫尾、大突破、大成效。

17.污水零直排区：是指城镇建成区、工业园区等重点区域建设成为公共污水管网全覆盖、雨污全分流、污水全收集和处理的区域。

18.蓝喉蜂虎：是蜂虎科蜂虎属的鸟类，以蓝喉为特征，属于国家二级保护动物，被誉为“中国最美的小鸟”。

19.云森防：以“无人机+人工智能”的形式深度介入疫情普查、山场清理、验收结算等松材线虫病防治的各个环节，建设具备松材线虫病防控精准普查、分析决策、任务分配、跟踪验收、全程监管、统计核算等全流程管理功能，具有精密智控特色的数字化防控指挥平台。

20.莲宿码：即莲都区健康民宿二维码。应用聚焦游客住宿、业主管理和部门监管需求，通过打造放心食品、安全管理、便民服务、智能监管等功能，形成一码查询、一屏掌控、一站监管的“健康民宿溯源码”，构建多跨协同、高效便捷的山居民宿监督服务新模式。

21.九云征收：围绕市区征收领域工作推进规范度、安置分配精准度、补偿资金安全度、数据管理共享度等重大需求，建设项目云管理、政策云指导、进度云监督、协议云签约、资金云支付、房源云分配、档案云查询、拆除云验收、数据云展示九大子场景，对征收项目进行全生命周期管理。

22.“大综合一体化”改革：构建全覆盖整体政府监管体系、全闭环行政执法体系、全方位协同联动体系、全智治数字执法监管体系、全要素执法能力提升体系，以协同高效的事前事中事后监管为重点，以“一支队伍管执法”为突破，以“综合行政执法+部门专业执法+联合执法”为模式，形成职责更清晰、队伍更精简、协同更高效、机制更健全、行为更规范、监督更有效的“大综合一体化”行政执法新格局。

23.产业飞地：以现有设区市山海协作结对框架为基础，由省统筹安排，在大湾区新区、省级高能级平台等相关产业发展平台为山区26县布局以先进制造业为主的“产业飞地”。

24.共富123行动：通过启动一批共同富裕“扩中”“提低”试点乡镇建设，以产业融合项目、惠民富民项目为抓手，奋力打造丽水共同富裕美好社会山区样板。“1”是完成“一个目标”，即到2025年底，基本形成以中等收入群体为主体的橄榄型社会，全市家庭年可支配收入10万~50万元群体比例达到70%，20万~60万元群体比例提高到20%；“2”是突出“两大项目”，即产业融合项目和惠民富民项目；“3”是紧盯“三个关键”，即每个县（市、区）选择3个以上乡镇开展试点、探索三产融合、市县乡三级联动等3个关键。

25.共富工坊：是浙江省深化强村富民乡村集成改革的创新探索，由村（社区）、企业等党组织结对共建，引导企业将适合的生产加工环节布局到农村，在有效吸纳农村剩余劳动力、低收入农户“家门口”就业的同时，降低企业生产用工用地成本，拓展乡村产业增值增效空间，推动形成“人人有事做、家家有收入”的新机制新气象。

26.“净居亮居”工程：针对部分困难残疾人家庭居住条件差，家居环境不同程度存在“脏兮兮、乱糟糟、黑乎乎、臭烘烘”等状况，通过组织适度改造提升、支持基本家居配置、提供长效保洁服务等，实现家居环境“净化、亮化、美化、优化”，提升残疾人居住环境和生活品质，打造“共同富裕”特殊风景线。

27.院前急救服务：是指具有通信器材、运输工具和医疗基本要素所构成的专业急救机构，在病人到达医院前所实施的现场抢救和途中监护的医疗活动。

28.15分钟品质文化生活圈：是指城乡居民走出家门，步行约15分钟左右，即可到达至少1个必备公共文化场馆和2个以上公益性公共文化空间，享受高品质的基本公共文化服务。其地域范围约为居民住宅区辐射半径1.5公里左右。

29.行政执法“三项制度”：即行政执法公示制度、行政执法全过程记录制度、重大执法决定法制审核制度。

30.政务服务“一网通办”：是指依托一体化在线政务服务平台，深化线上线下融合，全面推进政务服务2.0事项应用推广，构建“网上一站式、大厅就近办、办事更便捷”的服务模式。

31.便民利企“一件事”集成改革：是指通过优化业务流程、打通业务系统、强化数据共享，将关联性强、办事需求量大的跨部门、跨层级政务服务“单项事”整合为企业和群众视角的“一件事”，推行集成化办理，实现“一件事一次办”。

32.信用“531X”工程：是浙江省委省政府深化市场化改革，构建以信用为基础的新型监管机制。“5”是聚焦企业、自然人、社会组织、事业单位和政府机构5类主体；“3”是构建公共信用指标体系、信用综合监管责任体系、公共信用评价及信用联合奖惩体系3大体系；“1”是完善全省统一的公共信用信息平台；“X”是推进信用体系在若干重点领域创新应用。

33.省“8+4”政策体系：浙江在全面评估2022年“5+4”稳进提质政策体系的基础上，系统谋划、综合集成形成了“8+4”政策体系，即扩大有效投资、科技创新、“415X”先进制造业集群培育、现代服务业高质量发展、世界一流强港和交通强省建设、扩大内需和对外开放、乡村振兴和城乡一体化发展、保障和改善民生8个重点领域政策包，财政金融、自然资源、能源、人才等4张要素保障清单。

34.“链长制”服务：是强化产业链责任的制度创新，指以领导挂帅担任链长，通过充分发挥党政一把手集聚内外部资源的能力，提升一个区域的产业链现代化水平、推动产业链高质量发展。

35.“丽即兑”系统：全称为丽水市“丽即兑-政策找企业”系统。通过智能匹配算法配合系统中的数据库，实现政策和企业的双向匹配，完成匹配之后，浙里办、短信都会有消息提醒企业负责人，让政策主动去找企业，企业和个人能找得到、看得懂、用得好政策奖励。同时，部门评定类事项奖励不再需要企业申请，系统通过流程再造，由部门主动完成申报审核，兑现资金直接拨付至企业账户，真正实现企业“零”次跑。

36.地瓜经济：地瓜的藤蔓向四面八方延伸，为的是汲取更多的阳光、雨露和养分，但它的块茎始终是在根基部，藤蔓的延伸扩张最终为的是块茎能长得更加粗壮硕大。2023年，浙江“新春第一会”提出要加快打造高能级开放之省，实施地瓜经济提能升级“一号开放工程”，也就是“跳出浙江发展浙江”，在新的时代浪潮中获取源源不断的强劲动能，把开放进行到底。

37.“链主型”企业：是指处于产业链关键环节，具有较强的核心竞争力、较高的行业市场占有率、较好可持续发展力，能主导行业生态和资源整合的龙头企业。

38.“雏鹰”“雄鹰”“凤凰”行动：雏鹰行动是引导企业走“专精特新”发展之路，培育细分行业的“隐形冠军”企业，推动中小微企业高质量发展的行动。雄鹰行动旨在培育一批资源配置能力强、国际市场占有率高、具有核心竞争力的企业。凤凰行动旨在推动公司上市，培育行业龙头企业和骨干企业，引领带动产业转型升级。

39.“隐形冠军”企业：是指在某个细分行业或市场占据领先地位、拥有核心竞争力和明确战略，其产品、服务难以被超越和模仿的中小型企业。

40.“12361”工程：落实习近平总书记的“1”份嘱托：2006年7月28日，时任浙江省委书记的习近平视察古堰画乡时指出“一眼看过去就是绿水青山，这个地方风景好，有发展前景！”；走好“2”条路：落实嘱托的高质量绿色发展新路，打造贯通古今的瓯江山水诗路；锚定“3”个定位：打造生态美学小镇、人文艺术社区、旅居向往之地；发展“6”美新业态：大力发展休闲度假、艺术文创、美丽健康、数字文旅、户外运动、研学教育等六大产业；完成“1”百亿投资。

41.茶产业“万千百”工程：是指建成万亩绿茶生态茶园、千亩荒野红茶精品基地、百亩白茶试验基地，打造具有莲都特色的生态茶园示范基地。

42.一亩山万元钱：是指一亩山能够产生上万元的收益。“一亩山万元钱”行动是我省助力乡村振兴的重要行动之一。

43.“千项万亿”工程：围绕先进制造业基地、科技创新强基、交通强省、清洁能源保供、水网提升安澜、城镇有机更新、农业农村优先、文化旅游融合、民生设施等九大领域，每年滚动谋划推进省重大项目1000个以上，每年完成投资1万亿元以上，为全省推进“两个先行”提供强劲支撑。

44.AA评级：即以企业为对象进行的主体信用评级，也是衡量企业财务能力的重要指标体系。信用等级是信用（资信）评估机构根据企业资信评估结果对企业信用度划分的等级类别，它反映了企业信用度的高低。我国企业信用评估的信用等级采用国际通行的“四等十级制”评级等级，具体等级分为：AAA，AA，A，BBB，BB，B，CCC，CC，C，D。AAA级信用最好，D级信用最次。

45.“拿地即开工”审批模式：是指确立政企双方投资互信关系后，在地块出让准备阶段，依照意向企业申请，按各项准入条件先行开展项目前期工作，在签订土地出让合同之日后的 5个工作日内完成建设用地规划许可证、建设工程规划许可证、建筑工程施工许可证、不动产证等开工前手续办理，以实现企业拿地即可开工建设。

47.“鱼你共进”系统：即莲都区项目管理系统，该系统围绕一个工作体系贯穿、一套业务流程执行、一个项目库管理、一个驾驶舱掌握"四个一"框架运行，目的是实现政府投资项目过程精细化管理，推动项目又好又快落地。

48. 三人行：莲都区委十五届二次全体（扩大）会议上提出，要谋好"三人行"，即以"招才引智"引人，以"美好生活"聚人，以"大搬快聚"挪人。

49."扩中""提低"：扩大中等收入群体、提高低收入群体收入。

50. 两山合作社：即生态资源资产经营管理综合公司。其根据市场需求，开展区域范围内的生态产品收储、开发及市场化运营。

51. 双碳：是指碳达峰与碳中和。

52."6+1"领域绿色低碳转型：是聚焦重点领域推进碳减排，推动绿色低碳循环发展。"6"是指能源、工业、建筑、交通、农业、居民生活等六大领域；"1"是指绿色低碳科技创新。

53. 教共体：是指义务教育阶段城镇优质学校与乡镇学校结对形成办学共同体，以强带弱，共同发展，提升城乡义务教育优质均衡水平。

54."扩容薄改"工程：扩大教育资源总量，改善薄弱区域或薄弱学校办学条件的教育惠民工程。

55."315"创新体系："3"是"互联网+"、生命健康、新材料三大科创高地，"15"是包括云计算与未来网络、智能计算与人工智能、微电子与光电子等15大战略领域。"315"是一个开放体系，将随着科技革命和产业变革的演化、浙江本身科技发展和人才能力的提升，不断进行动态调整、迭代升级。

56."双倍增"计划：是浙江省政府为加快高新技术企业和科技型中小企业发展而制定的计划。主要目标是到2025年，高新技术企业和科技型中小企业数量均较"十三五"规划目标增长1倍以上。

57. 浙食链：全称是浙江省食品安全追溯闭环管理系统，可以收集整合食品生产、流通、销售等环节信息，完成食品从田间地头到消费者手中的全链条数据追溯，只要扫码就能知道产品的生产、检验、流通情况。发生食品安全生产事故时，政府监管部门可以精准实现风险追溯。

58. 浙冷链：全称是浙江省冷链食品追溯系统，是对进口冷链食品使用的闭环管理系统。消费者可以通过"浙冷链"系统获知购买或食用的进口和省外冷链食品的产品信息，包括输出国家或地区、生产或进口批号、产地证明、生产日期、保质期、进口商或供货者信息、进口产品检验检疫信息等。

59."141"体系：即一中心四平台一网格，指社会治理中心、基层治理四平台、全科网格。

中国人民政治协商会议第十六届丽水市莲都区委员会常务委员会工作报告

——在政协第十六届丽水市莲都区委员会第二次会议上

（2023年2月19日）

政协丽水市莲都区委员会主席　李邦生

各位委员：

我代表政协第十六届丽水市莲都区委员会常务委员会，向大会报告工作，请予审议，并请会议列席人员提出意见。

一、2022年工作回顾

2022年，是十六届区政协开局之年。区政协及其常委会深刻领会习近平总书记关于加强和改进人民政协工作的重要思想，在丽水市政协的有力指导和中共莲都区委的坚强领导下，坚持团结和民主两大主题，坚持建言资政和凝聚共识双向发力，高站位推进政协党建，高质量服务中心大局，高标准构建协商民主矩阵，充分发挥专门协商机构作用，积极践行全过程人民民主，着力推动工作扎实起步良好开局，为我区接续高质量发展建设百万级人口现代化城市贡献了智慧和力量。

一年来，我们坚持党建引领凝心聚力，在打造同心政协中夯实政治底色。

固守“圆心”，政治方向坚定不移。坚持党对政协工作的全面领导，把迎接中共二十大、学习宣传贯彻中共二十大精神作为贯穿全年的重大政治任务，举办“奋进新征程·献礼二十大”七一经典诵读会，开展中共二十大精神学思践悟“十项行动”，组织习近平新时代中国特色社会主义思想学习座谈会28场次，团结引领各党派团体、各族各界人士深刻领悟“两个确立”的决定性意义，进一步增强“四个意识”、坚定“四个自信”、做到“两个维护”。坚决贯彻区委决策部署，认真执行请示报告制度，协助区委制定《莲都区贯彻落实省委“关于加强和改进新时代市县政协工作实施意见”责任分解方案》，推动政协工作更好融入党委工作总体布局，确保政协履职与党委同心同向、同频共振。

拉长“半径”，党建工作持续发力。出台《中共政协丽水市莲都区委员会党组工作规则》，更好发挥政协党组把方向、管大局、保落实的重要作用。实施“红耀绿谷·同心向党”工程，建立党建工作领导小组，成立党员委员履职临时党委，设立党员委员履职临时党支部7个，组建重要视察考察调研临时党支部12个，把党的全面领导覆盖到政协组织的“末梢单元”。召开党建工作部署会，推进党组成员联系党支部、党员委员联系党外委员“双联系”工作，着力拉长履职半径，持续提升党的组织、党的工作“两个全覆盖”水平。

画好“圆周”，凝聚共识广泛深入。把加强思想政治引领、广泛凝聚共识作为中心环节，召开省、市、区政协委员及港澳台侨代表人士参加的座谈联谊会，搭平台、绘同心、致共富，助力对口工作庆祝祖国华诞，这一做法获省政协领导批示肯定。充分发挥委员会客厅、委员工作室的作用，举办碧湖新城建设和招商引资情况通报会等活动30多场次，进一步增进了解、统一思想、凝聚共识。丽水摄影之乡委员会客厅晋升为省级四星级委员会客厅。精心组织主席暑期读书会暨参加单位工作会议，着力提高政治站位，不断深化合作共事。调整充实应用型智库、理论宣讲团、理论研究会、女委员联谊会等团队成员，增进沟通交流，加强团结联谊，进一步凝聚共识凝聚智慧凝聚力量。

一年来，我们坚持围绕中心履职尽责，在打造有为政协中提升履职成色。

政治协商提质效。认真制定并实施年度协商工作计划，开展重要协商活动11场次，邀请区委区政府领导与委员、专家面对面沟通协商，一大批意见建议被党委政府研究采纳。聚焦“一脉三城”发展战略，举办专题议政性常委会会议暨请你来协商活动，形成“打造青年发展型市区”的建议及项目（活动）清单，获市委、区委、区政府主要领导批示肯定，为相关部门制定工作方案提供参考。聚焦“双招双引”战略性先导工程，深入调研协商，形成《关于莲都生态工业如何招大引强的调研报告》，被区委主要领导批示交办，助力我区工业转型升级取得新成效。聚焦华侨要素回流，提出海外人士“家燕归巢”的建议，获省政协领导批示肯定。

民主监督出实招。发挥协商式监督特色优势，组织调研视察活动40多场次。认真落实区委部署，积极履行督察长职责，承担创新引领、数字赋能、全域美丽、服务优享等4项督察任务，在奋斗实干“八大行动”中积极彰显政协作为。开展“专项债”专题民主监督，形成《我区应急医疗救治设施提升工程项目推进情况专项民主监督报告》，助力提升专项债资金支付率。常态化开展“随手拍·快捷报”微监督，助力全国文明典范城市创建等工作。26名政协委员担任部门监督员，切实发挥民主监督职能。集成民主监督系列举措，形成《协同联动一线督导，助力中心任务落实》做法，获省政协领导、市委主要领导和市政协主席批示肯定，被评为全省政协工作创新案例。

参政议政促发展。加强知情明政工作，召开政协常委会会议，专题听取经济社会发展情况通报，发出倡议书，动员委员积极助力碧湖新城征拆工作，被联谊报宣传报道。加强提案工作，交办提案187件，召开重点提案面商会17场次，民主评议区发改局、区农业农村局、区交通局提案办理情况，实现全部提案办结率100%。加强社情民意信息工作，编报信息专刊136期，获市级以上政协采用66期，连续10年蝉联全市政协系统社情民意信息工作第一名。全年各类协商建言成果被省、市、区领导批示46件次，其中被省政协领导批示6件次，被市委、市政府、市政协主要领导批示6件次，被区委、区政府主要领导批示12件次。

一年来，我们坚持倾情助力改善民生，在打造亲民政协中永葆为民本色。

助力乡村振兴“富民”。开展共同富裕示范区建设专题协商议事月活动，“擦亮枇杷之乡金名片，增厚共同富裕底色”专题协商会助推太平乡枇杷产业发展，入选浙江省民生议事堂协商议事典型案例。开展“做大做强强村公司，推进农村强村富民”协商活动，深化股权合作推动强村富民等建议被吸收采纳，助推成立区农投公司。开展联乡助企、联村助农“双联双助”活动，发动委员捐款捐物，走访慰问低收入农户70余户，助推6个民生实事项目落地。持续关注民族区域发展，积极建言献策，助力少数民族群众迈向共同富裕，这一做法被省政协领导批示肯定。

关注社会事业“惠民”。围绕教育事业发展，组织委员调研视察，提出“多举措落实中小学生素质教育五育并举，夯实劳动教育实现学生全面发展”的建议，被全国政协采用。围绕旅游事业发展，组织民生议事堂协商活动，《探寻文旅融合之亲子研学创意，助力疫情背景下村镇旅游业复苏》入选丽水市民生议事堂典型案例。围绕社会保障事业，调研残疾人等特殊群体的通行现状，反映“市区无障碍设施被占严重，亟须加强监管”，被市委、市政府主要领导批示交办。

融入基层治理“安民”。关注社区建设工作，调研形成我区新社区治理工作的系列建议，助推提升社区管理服务水平。发挥“协治会”作用，积极助力化解基层矛盾纠纷。发挥社情民意信息直通车作用，反映“碧湖中学周边有‘三害’，建议靶向推进校园周边环境治理”，被区委、区政府主要领导批示交办。积极参与疫情防控工作，主席会议成员深入联系乡镇（街道）或卡、点靠前指挥，委员立足岗位，各尽所能，助力我区打赢“3.18”和“4.9”疫情遭遇战。

一年来，我们坚持实战实效变革重塑，在打造创新政协中彰显莲都特色。

平台搭建得到新加强。推进政协协商向基层延伸，下沉233名区政协委员和驻莲市政协委员，建成15个乡镇（街道）民生议事堂、委员工作室、社情民意信息联系点“三位一体”平台和236个村（社）协商驿站。《推进协商驿站建设，打造阳光驿站品牌》获省政协领导批示肯定，并入选市政协党建创新案例。雅溪镇、大港头镇民生议事堂获评丽水市五星级民生议事堂，碧湖镇、老竹镇民生议事堂获评丽水市四星级民生议事堂，紫金街道、白云街道民生议事堂获评丽水市三星级民生议事堂。推进政协协商同社会治理相融合，探索实施“民生议事堂+协治会”模式，贯通履职链条，得到市政协主席批示肯定。

制度建设取得新进展。把制度建设摆在突出位置，先后制订和完善制度22项。印发《关于落实委员提案办理工作“一把手责任制”的通知》，推动提案工作更加有效。创新出台《区政协主席会议成员与参加单位负责人、界别召集人谈话连心制度》，以双向沟通增强相关负责人的政协履职意识。制定出台《区政协协商工作规则》等制度，汇编《政协委员手册》，持续推进政协履职制度化规范化程序化。

数字政协实现新突破。承接省政协协商在线、提案在线、同心在线、社情民意在线、学习在线、委员履职在线“六大在线”，推进“指尖上的协商民主”迈出崭新步伐。其中，“协商在线”服务履职活动8400多人次；“学习在线”服务委员发表心得、提出建议意见3600多条次。加强政协网站和微信公众号工作，发布履职动态350余条，《莲都政协委员以高质量履职诠释责任和担当》等28条信息被市级以上媒体宣传报道。

一年来，我们坚持与时俱进固本强基，在打造活力政协中增添工作亮色。

委员责任担当持续强化。重视委员学习培训，邀请省、市政协专家领导来莲授课4场次，提高委员履职能力，引导委员努力做到“懂政协、会协商、善议政，守纪律、讲规矩、重品行”。进一步加强参加单位、专委会和界别活动组建设，为委员更好发挥主体作用创造条件。启动常委述职工作，6位常委作了履职经验交流。规范委员履职量化考评，加强正面引导，评选优秀提案10件、优秀社情民意信息16篇、反映社情民意信息工作先进个人18名。

五型机关建设有序推进。聚焦变革型组织建设要求，推进学习型、服务型、创新型、智慧型、清廉型机关建设，以学习强本领、以服务添干劲、以创新提质量、以智慧增效能、以清廉护事业。创设编发《学习与参考》13期，努力提升干部的创新意识和创新能力。做好全国政协及各地市级以上调研组来莲调研考察工作28批次，关心慰问委员38人次。完成省、市政协理论研究课题3个，《推动政协协商与基层协商有效衔接的实践路径研究》等获评市政协优秀论文。支持派驻纪检监察组工作，进一步巩固风清气正良好政治生态。

三级政协联动不断深化。认真开展“数字化改革推进情况”和“优化营商环境”等三级政协联动监督，取得较好成效。强化市区同体意识，与市政协联动学习联动履职12场次。《强化项目建设要素保障，补齐“一脉三城”发展碧湖新城短板的建议》获评市政协优秀提案，《跨山统筹打造畲乡振兴示范区，推进“竹柳新桥”区块跨越式高质量发展》获评市政协优秀大会发言。响应省委“宋韵文化传世工程”，编撰出版《莲都宋韵》文史专辑；完成省政协《浙江城市名片》征集任务，协助市政协推进文史研究馆筹建工作。

各位委员，过去的一年，我们以排头兵的要求奋发努力、奋勇争先，荣获全市政协系统党委政协工作考核评价优秀单位。这些成绩的取得，是丽水市政协有力指导和中共莲都区委坚强领导的结果，是区人大常委会、区政府大力支持的结果，是各乡镇（街道）、各部门及社会各界配合支持的结果，是政协各参加单位、广大政协委员团结协作、辛勤努力的结果。在此，我代表区政协常委会，向大家表示衷心的感谢！

在肯定成绩的同时，我们也清醒地认识到，工作中还存在一些差距和不足。主要是：党建引领还要进一步强化；民主监督和委员联系界别群众等制度机制还要进一步完善；数字政协建设还要进一步加快；委员、干部“两支队伍”建设还要进一步加强。这些都需要认真研究，切实加以解决。

二、2023年工作任务

2023年，是全面贯彻落实中共二十大精神的开局之年，是“八八战略”实施20周年。省委强力推进创新深化、改革攻坚、开放提升，以“两个先行”打造“重要窗口”。市委以永做新时代“挺进师”的奋斗实干，奋力推进中国式现代化的丽水探索与实践。区委作出了“高水平绘就中国式现代化莲都新图景”的决定。蓝图已经绘就，号角已经吹响。区政协要以习近平新时代中国特色社会主义思想为指导，深入贯彻中共二十大精神，坚定落实习近平总书记关于加强和改进人民政协工作的重要思想，按照区第十五次党代会和区委十五届三次全会战略部署，充分发挥专门协商机构作用，聚焦聚力共同富裕先行先发、碧湖新城变大变强、产业生态重构重塑，积极履行政治协商、民主监督、参政议政职能，努力打造一批具有政协特点、莲都特色的创新性履职成果，以“先行示范当头雁”的奋发图强，助力我区现代化先行和共同富裕先行取得优异成绩。

（一）加强党的领导，在画好团结奋斗同心圆上彰显更强担当。我们要毫不动摇地坚持党对政协工作的全面领导，坚持不懈用习近平新时代中国特色社会主义思想凝心铸魂。强化理论武装，深入学习贯彻中共二十大精神，引导委员筑牢思想政治基础，牢记国之大者，树大局之观、知大事之进、聚大干之力。强化党建引领，接续推进“红耀绿谷·同心向党”工程，压紧压实党建工作、意识形态工作、党风廉政建设责任制，发挥委员履职临时党支部战斗堡垒作用和党员委员先锋模范作用。强化凝聚共识，发挥政协“三个重要”作用，加强与各民主党派、工商联、无党派人士及各界群众的沟通联系，加强同港澳台侨代表人士的团结联谊，加强对民族宗教工作的关心支持，丰富政情通报安排，畅通知情明政渠道，开展“我为碧湖新城代言”系列活动，最大限度地把党委的主张转化为社会各界的共同意志和自觉行动。

（二）加强服务大局，在助力跨越式高质量发展中交出更优答卷。我们要紧扣党委政府中心任务，精准选题、精心组织，用好专题议政性常委会会议、请你来协商和提案建议等平台载体，深入调查研究、积极建言献策。围绕碧湖新城建设、青年发展型市区建设、数字经济创新提质“一号发展工程”、地瓜经济提能升级“一号开放工程”等开展调查研究。围绕营商环境优化提升“一号改革工程”、生态环境保护、重点项目建设、撤村建居工作等开展民主监督。围绕农业“双强”行动、传统制造业智能化改造、旅游业恢复增长、三江口片区联动开发等组织委员视察。助力支持产业招引切换新赛道、山海协作、飞地经济、瓯江风情国家级旅游度假区创建，以及美居、美术、美颜、美智、美体、美育“六美”新业态等工作。

（三）加强履职为民，在增进人民群众获得感上取得更实成效。我们要始终坚持以人民为中心的发展思想，从共同富裕大场景中找准履职小切口，发挥民生议事堂、协商驿站作用，积极助力民生福祉改善。聚焦“扩中提低”行动、“大搬快聚”后续富民帮扶工作等开展调查研究，深入协商建言；聚焦“出山下山进山”创业创富、义务教育“跃阶攀高”行动、基层医疗服务、15分钟品质文化生活圈、“一老一小”服务等组织委员视察，加强收集和反映社情民意信息，多谋惠民生、暖民心的举措。集成各项履职任务，定制服务清单，统筹资源力量，开展好“双联双助”“六送下乡”等活动。

（四）加强创新引领，在践行全过程人民民主中形成更多成果。我们要坚持守正创新，在全过程人民民主中努力打造特色品牌，推动工作不断提质增效。加强数字政协全覆盖，重视网上社情民意，走好网上群众路线，推动各履职场景应用多跨协同，引导委员开启“掌上履职”新时代。加强制度化、规范化、程序化等功能建设，健全委员会客厅、委员工作室常态化联系界别群众机制，完善协商议政事项规范管理机制和协商成果转化跟踪反馈机制，出台提案面商工作实务操作规范和民生议事堂协商规则，完善督察长工作机制、“随手拍·快捷报”平台管理办法等民主监督制度，修订委员履职评价办法。加强新平台新载体建设，谋划建设履职成果发布台，探索全媒体参与协商模式，创新开展文史资料工作，用摄影记录协商民主文化。

（五）加强自身建设，在当好政协工作排头兵上展现更好风采。我们要坚持为国履职、为民尽责的情怀，按照一流标准、一流作风、一流业绩要求，从严从实抓好自身建设。充分发挥委员主体作用，组织委员全员培训，强化委员责任担当，优化委员服务管理，选树一批履职优秀委员，宣传委员履职风采，更大程度激发委员履职的积极性、主动性。充分发挥界别整体作用，强化界别召集人的履职意识，丰富界别活动，促进界别工作更富活力、更具实效。充分发挥机关综合枢纽作用，深化“五型机关”建设，提高机关工作效能，提升服务保障水平，积极营造“主动谋事、认真干事、合力成事”的良好氛围，努力把机关建成服务委员的温暖之家。

各位委员、同志们！奋进新征程，建功新时代。让我们更加紧密地团结在以习近平同志为核心的党中央周围，在中共莲都区委的坚强领导下，团结齐心、锐意进取，踔厉奋发、勇毅前行，为我区高水平绘就中国式现代化莲都新图景作出更大的贡献！

文件目录选编

2022年中共丽水市莲都区委文件目录一览表

表6

莲委发文号	发文日期	文 件 标 题
5	2022-02-28	关于加快人才发展集聚 打造浙西南科创中心助推高质量发展建设百万人口大城市的实施意见
10	2022-04-07	关于莲都区2021年度工作责任制考评结果的通报
11	2022-04-14	关于印发《莲都区2022年度乡镇(街道)岗位目标责任制综合考核实施意见》等三个实施意见的通知
12	2022-04-29	关于命名2021年度区级文明单位的决定
17	2022-07-14	关于认定莲都区第七届道德模范的决定
21	2022-07-14	关于印发《莲都区“八大行动”五年实施方案》的通知
27	2022-10-10	关于对2021年度考核优秀的公务员给予奖励的决定
31	2022-11-15	关于表彰2021年度莲都区“大抓落实年”工作先进集体和先进个人的决定
32	2022-11-15	关于表扬莲都区“区乡村三级联动办实事”等工作成绩突出集体和个人的通报
38	2022-12-29	关于印发《莲都区深化国防动员体制改革实施方案》的通知

2022年丽水市莲都区人大常委会文件目录一览表

表7

莲人大文号	日期	文件标题
1	2022-01-12	丽水市莲都区人民代表大会常务委员会关于召开丽水市莲都区第十七届人民代表大会第一次会议的决定
15	2022-06-30	丽水市莲都区人民代表大会常务委员会关于修改《丽水市莲都区人民代表大会常务委员会议事规则》的决定
21	2022-07-07	莲都区人民代表大会常务委员会关于全区打击电信诈骗犯罪情况专项工作报告的审议意见
25	2022-09-02	丽水市莲都区人民代表大会常务委员关于批准2021年度财政决算的决议
27	2022-09-08	莲都区人民代表大会常务委员会关于莲都区2022年上半年国民经济和社会发展计划执行情况报告及2022年上半年预算执行情况报告的审议意见
28	2022-09-02	莲都区人民代表大会常务委员会关于莲都区2021年度财政预算执行和其他财政收支审计工作报告的审议意见
33	2022-11-02	莲都区人大常委会关于同意莲都区老竹畲族镇曳岭脚村历史文化名村保护规划的决议
34	2022-10-30	莲都区人大常委会关于批准莲都区2022年基本建设项目投资计划调整方案的决议
35	2022-10-30	莲都区人大常委会关于批准莲都区2022年预算调整方案的决议
36	2022-11-09	莲都区人大常委会关于全区居家养老服务工作报告的审议意见
37	2022-11-09	莲都区人大常委会关于我区“大搬快聚富民安居”工程实施情况报告的审议意见
38	2022-11-09	莲都区人大常委会关于莲都区农村小规模学校发展状况专项工作报告的审议意见
39	2022-11-09	莲都区人大常委会关于检查《中华人民共和国节约能源法》和我省实施颁发实施情况报告的审议意见
40	2022-11-09	莲都区人大常委会关于检查《浙江省综合行政执法条例实施情况报告的审议意见》

2022年丽水市莲都区人民政府文件一览表

表8

莲政发文号	日期	发文内容
1	2022-01-05	丽水市莲都区人民政府关于命名2021年度莲都区建筑业龙头企业、重点骨干企业、优秀企业、开拓市场优胜企业、质量先进企业和安全先进企业的通知
2	2022-03-02	丽水市莲都区人民政府关于印发莲都区贯彻落实全省新一轮制造业“腾笼换鸟、凤凰涅槃”攻坚行动实施方案(2021—2023)的通知
3	2022-03-19	丽水市莲都区人民政府关于修改《莲都区“大搬快聚富民安居”工程实施意见》的通知
4	2022-04-26	丽水市莲都区人民政府关于印发莲都区妇女发展“十四五”规划和莲都区儿童发展“十四五”规划的通知
5	2022-04-02	关于印发《莲都区招商引资中介机构奖励实施办法》的通知
6	2022-04-22	丽水市莲都区人民政府关于印发《莲都区农村公路养护管理办法》的通知
7	2022-04-26	关于表彰莲都区劳动模范和模范集体的决定
8	2022-04-29	丽水市莲都区人民政府关于2021年莲都区人民政府质量奖的通报
9	2022-04-29	关于做好2022年民兵工作的通知
10	2022-05-30	丽水市莲都区人民政府关于命名2022年度莲都区建筑业东西部扶贫突出贡献企业和招才引智先进企业的通知
11	2022-06-02	丽水市莲都区人民政府关于印发《莲都区人民政府关于生态工业和数字经济高质量发展的若干意见》的通知
12	2022-06-06	莲都区人民政府 莲都区人民武装部 关于印发莲都区民兵建设“十四五”规划的通知
13	2022-06-09	丽水市莲都区人民政府关于印发《莲都区推动经济稳进提质工作实施方案》的通知
14	2022-07-08	丽水市莲都区人民政府关于区政府领导工作分工调整的通知
15	2022-08-03	丽水市莲都区人民政府关于采桑社区北侧储备土地前期开发项目房屋征收的决定
16	2022-08-22	丽水创新金融中心一期项目公告及周边区块储备土地前期开发项目房屋征收决定

续表8

莲政发文号	日期	发文内容
17	2022-08-22	宇雷小学新建一期项目房屋征收决定
18	2022-08-22	关于城西菜场区块储备土地前期开发项目A区块国有土地房屋征收决定
19	2022-08-30	丽水市莲都区人民政府关于印发《丽水市莲都区灵山（水东桥下）断面水生态环境“一点一策”综合治理方案》的通知
20	2022-09-30	丽水市莲都区人民政府关于琵琶岛南岸储备土地前期开发项目房屋征收的决定
21	2022-09-30	丽水市莲都区人民政府关于丽水市110千伏南明变区块储备土地前期开发项目房屋征收的决定
22	2022-08-31	丽水市莲都区人民政府关于印发莲都区特色生态产业平台五年建设方案（2021—2025）的通知
23	2022-09-29	丽水市莲都区人民政府关于公布莲都区第二批历史建筑名录的通知
24	2022-10-26	丽水市莲都区人民政府关于南山周边收储土地前期开发项目房屋征收的决定
25	2022-10-26	丽水市莲都区人民政府关于白桥周边收储土地前期开发项目房屋征收的决定
26	2022-10-26	丽水市莲都区人民政府关于黄塘窑周边收储土地前期开发项目房屋征收的决定
27	2022-11-02	丽水市莲都区人民政府关于碧湖南山桥头地块项目房屋征收的决定
28	2022-11-21	丽水市莲都区人民政府关于给予2021年度莲都区经常化创建文明城市（含国卫巩固）等工作表现突出的集体和个人行政奖励的决定
29	2022-11-21	丽水市莲都区人民政府关于公布第八批莲都区非物质文化遗产代表性项目名录的通知
30	2022-12-12	丽水市莲都区人民政府关于修改《莲都区人民政府关于生态工业和数字经济高质量发展的若干意见》的通知
31	2022-12-30	丽水市莲都区人民政府关于给予富春伟等4名同志行政奖励的决定
32	2022-12-30	丽水市莲都区人民政府关于《莲都区人民政府关于生态工业和数字经济高质量发展的若干意见》的补充意见
33	2022-11-02	丽水市莲都区人民政府关于印发莲都区全民健身实施计划（2021—2025年）的通知

2022年政协丽水市莲都区委员会文件一览表

表9

莲政协文号	发文日期	文件标题
1	2022-01-25	关于印发政协第十六届丽水市莲都区委员会委员名单的通知
2	2022-02-22	区政协关于主席会议成员工作分工的通知
3	2022-02-25	关于区文广旅体局2021年度提案办理工作民主评议意见
4	2022-02-25	关于碧湖镇人民政府2021年度提案办理工作民主评议意见
5	2022-02-25	关于区经济商务局2021年度提案办理工作民主评议意见
6	2022-02-25	中国人民政治协商会议第十六届丽水市莲都区委员会第一次会议公告
7	2022-03-15	区政协关于主席会议成员工作分工的通知
8	2022-04-25	关于政协第十六届丽水市莲都区委员会专门委员会设置的决定
9	2022-04-25	关于政协第十六届丽水市莲都区委员会办公室主任、副主任的任命决定
10	2022-04-25	关于政协第十六届丽水市莲都区委员会副秘书长的任命决定
11	2022-04-25	关于政协第十六届丽水市莲都区委员会专门委员会主任、副主任的任命决定
12	2022-04-25	关于印发《中国人民政治协商会议丽水市莲都区委员会协商工作规则》的通知